अभिमन्यु अनत

मॉरिशस के प्रवासी भारतीय लेखक अभिमन्यु अनत का जन्म 9 अगस्त, 1937 को हुआ। हिन्दी कथाकार और कवि के रूप में उन्होंने मॉरिशस ही नहीं भारत में भी विशिष्ट ख्याति अर्जित की। अपनी रचनाओं के माध्यम से उन्होंने मॉरिशस में न केवल प्रवासी भारतीयों की अस्मिता को नई पहचान दी, बल्कि वहाँ भारतीय संस्कृति और हिन्दी भाषा व साहित्य का प्रचार-प्रसार भी किया। उपन्यास, कहानी, कविता, नाटक, जीवनी आदि विधाओं में उनकी क़रीब 55 पुस्तकें प्रकाशित हैं। उन्होंने 50 से अधिक हिन्दी नाटकों का लेखन किया है।

उनकी प्रमुख कृतियाँ हैं—'लाल पसीना', 'गांधी जी बोले थे', 'नदी बहती रही', 'एक उम्मीद और', 'एक बीघा प्यार' (उपन्यास); 'ख़ामोशी के चीत्कार' (कहानी-संग्रह); 'नागफनी में उलझी साँसें' (कविता-संग्रह); 'देख कबीरा हाँसी' (नाटक)।

निधन : 4 जून, 2018

लाल पसीना

अभिमन्यु अनत

राजकमल पेपरबैक्स

पहला पुस्तकालय संस्करण
राजकमल प्रकाशन प्राइवेट लिमिटेड द्वारा
1977 में प्रकाशित

राजकमल पेपरबैक्स में
पहला संस्करण : 2010
तीसरा संस्करण : 2023

राजकमल पेपरबैक्स : उत्कृष्ट साहित्य के जनसुलभ संस्करण

राजकमल प्रकाशन प्रा.लि.
1-बी, नेताजी सुभाष मार्ग, दरियागंज
नई दिल्ली-110 002
द्वारा प्रकाशित

शाखाएँ : अशोक राजपथ, साइंस कॉलेज के सामने, पटना-800 006
पहली मंजिल, दरबारी बिल्डिंग, महात्मा गांधी मार्ग, प्रयागराज-211 001
1, अनमोल सोराबजी संतुक लेन, धोबी तलाव, मरीन लाइंस, मुम्बई-400 002
वेबसाइट : www.rajkamalprakashan.com
ई-मेल : info@rajkamalprakashan.com

बी.के. ऑफसेट
नवीन शाहदरा, दिल्ली-110 032
द्वारा मुद्रित

मूल्य : ₹ 399

LAL PASINA
Novel by Abhimanyu Anat

ISBN : 978-81-267-1800-9

खेर जगतसिंह को

जिनके भीतर इतिहास आज भी जीवित है।

—अभिमन्यु अनत

फ्रांस के राजा लुई चौदहवें को जब इतिहास की पुस्तक की ज़रूरत महसूस होती थी, उस समय वह आवाज़ देता था–

"ले आओ, दुनिया के सबसे बड़े झूठ को मेरे सामने!"

'लाल पसीना' उस इतिहास का दावा नहीं करता। यह इसलिए भी इतिहास नहीं क्योंकि शासक, राजनेता, राज्यपाल और इस तरह की अन्य हस्तियाँ इसमें पात्र नहीं हैं...इसके पात्र वे हैं जो इतिहास की चक्की में पिसकर रह जाते हैं; पर उनका पिसा जाना इतिहास रहा है, यह इस उपन्यास का दावा है।

–अभिमन्यु अनत

भूमिका

अफ़्रीकी दासों की यातनाओं के बाद भारतीय मज़दूरों के साथ गोरे ज़मींदारों की क्रूरता जारी रही, गोया कि ये भारतीय मज़दूर आदमी नहीं थे! ये लोग सिर्फ़ औज़ार समझे गए, बल्कि गोरे ज़मींदारों की रखवाली करनेवाले कुत्ते। मालिकों के सरदारों को मौत को छोड़कर हर तरह की सज़ा और अत्याचार की छूट थी।

अभिमन्यु अनत के इस उपन्यास में गोरे मालिकों के इस अमानवीय व्यवहार के वर्णन के साथ यह कानून भी जुड़ा हुआ था कि उन्हें कोठी के सीमित स्थल के बाहर जाने की इजाज़त नहीं थी। इसका पालन न करनेवाले का किसी जानवर की तरह पीछा करके गोरे मालिक के दरिन्दे उसे पकड़कर लाते थे। इन बेबस मज़दूरों को न तो शादी की इजाज़त थी और न ही ज़मीन का कोई टुकड़ा रखने की। उन्हें न तो अपनी भाषा बोलने का अधिकार था और न ही अपने धर्म का। अपने बच्चों तक को पढ़ाने का अधिकार उन्हें नहीं था। उन्हें यह इजाज़त भी नहीं थी कि वे कहीं इकट्‌ठे हो सकें। असहनीय यातनाओं का माहौल रोज़ जारी रहता जिसकी क्रूरता का न ही बखान किया जा सकता और न ही कल्पना।

कुली कहे जाने वाले इन बेबस मज़दूरों के ऊपर किसी भी बहाने कोड़ों की बौछार होनी शुरू हो जाती और उनके घावों पर नमक छिड़क दिया जाता। कुछ मौकों पर तो उन्हें कैक्टस के पौधों के साथ भी बाँध दिया जाता। चीनी छिड़ककर चींटियों को उनके मांस तक को हजम कर देने के लिए उनके घावों पर दौड़ा दिया जाता था। यह अमानवीय व्यवहार काफ़ी दिनों तक चलता रहा। मॉरिशस के रोमन कमीशन की जाँचों से जो कि 1867 और 1872 तक चली थीं, पता चला था कि बेशुमार भारतीय मज़दूर मौत के घाट उतार दिए गए थे। 1867 में वार्कली सरकार के समय यह कानून दर्ज हुआ था कि अगर किसी मज़दूर को अपनी नौकरी की जगह से दूर पाया गया और उसके पास इजाज़ती कार्ड भी नहीं तो उसे तुरन्त कैद किया जाए। जिस जेलखाने में इन मज़दूरों को बन्द रखा जाता, वे लोहे की छड़ों के होते जोकि एकदम सीमित जगह लिए होते।

इन तमाम दंडों, बलात्कारों और हत्याओं के अलावा इनके दयनीय हालात के साथ एक और जुल्म यह जुड़ गया कि अगर मज़दूर एक दिन काम पर नहीं पहुँचा तो उसके दो दिन की तनख्वाह ज़ब्त कर ली जाती थी। यह डबल कट कानूनी तरीके से 1839 और 1909 तक चलता रहा—चाहे मज़दूर बीमार या काम पर घायल होने की वजह से अनुपस्थित हो। इस भयानक बेइन्साफी के साथ यह परिपाटी भी बनी रही कि एक भारतीय मज़दूर, जिसे रोज़ाना दस घंटे काम करना पड़ता था, उसे 26 दिन की कमाई के लिए सिर्फ़ दस शीलिंग मिलते थे। अगर किसी बीमारी के कारण वह मात्र दस दिन ही काम कर पाया तो उसे बारह शीलिंग का जुर्माना भुगतना पड़ता था जिससे यह विवशता आ जाती थी कि उस मज़दूर को हर हालत में 22 दिन ज़्यादा काम करना पड़ता अन्यथा क़ैद की सज़ा। 1869 में 3824 भारतीय मज़दूरों को कैद की सज़ा हुई यानी कि भारतीय मज़दूरों के 20 प्रतिशत। 1870 में 20,000 से अधिक

मज़दूर अपने को इस नर्क से मुक्त कर पाए। 1907 में महात्मा गांधी जी के मॉरिशस आगमन के 6 साल बाद 1462 कैदी ही काल कोठरी में रहे।

यही ज़ालिम दुनिया, यूरोप में भी लुक-छिपकर ज़मींदारी के उसी सामन्ती खेल को खेलती रही। अभिमन्यु अनत का यह श्रेष्ठ उपन्यास हमारे सामने उस घिनौने खेल का पर्दाफाश करता है। लेखक ने इसे सौ प्रतिशत इतिहास नहीं कहा है बल्कि साहसी और धरती के सपूतों की गाथा को हमारे सामने पेश किया है जिन्होंने इतिहास को एक नया आयाम प्रदान किया है। अभिमन्यु अनत हमें एक महाकाव्य की यात्रा करवाते हैं। उनके पात्र भाववाचक और निरपेक्ष हैं। अनत हमें हाड़-मांस के उन सहज व्यक्तियों से मिलाते हैं जो भावनाओं से भी भरे हुए हैं। वे द्विविधा भी लिए हुए हैं और भय और क्रोध भी और इच्छाएँ भी। यहाँ तक कि वे गद्दारी के शिकार भी होते हैं और बेइज़्ज़ती भी करते हैं। वे कभी हताश होते हैं, तो कभी अपने ही जनों के प्रति निर्दय भी हो जाते हैं। इस निर्दयी दुनिया में उनके पास एक ही सहारा है, और वह है उनकी स्मृति और उनका धर्म, जो उन्हें अपनी मौलिक पहचान और पूर्वजों के स्वाभिमान से जोड़े रखता है।

अभिमन्यु उन मूल्यों को रेखांकित करते हैं जो भारत की शक्ति रही है। उनकी प्रतिभा युगों से चली आ रही उस भारतीय उदारता को प्रस्तुत करता है। साथ ही साथ वह उजागर करते हैं उस रहस्य को जो मज़दूर और ज़मीन को जोड़ता है। यह गाथा उन लोगों की है जिन्होंने अपने हाथों धरती को आकार दिया और सींचा अपने पसीने की बूँदों से। उनका माहौल आज भी उन्हें उस भूमिका की याद दिलाता है जिसमें शक्कर कोठी के शोषण को झेला गया—जिन खेतों को उन्होंने जोता, जिनके बीच जीया, उन चट्टानों को जिसे मेरी चाची आलिस कहती है, 'गन्ने के खेतों के शहीदों का स्मारक'।

अनत के पात्र अपने द्वीप से जुड़े लोग हैं और यह द्वीप उनकी विरासत है क्योंकि वे लोग यहाँ दर्द के साथ पहुँचे थे और यहाँ आकर उन्होंने राम के धनुष को थामा। बहुतों के लिए यह वही भूमि है जहाँ वे जनमे और जहाँ मरेंगे—उनका क़ैदख़ाना—उनका एकमात्र भविष्य। पूँजीपति ज़मींदारों के साथ के उनके संघर्ष महज एक वर्ग विशेष का संघर्ष नहीं, न ही सामाजिक शक्ति का विघटन। यह तो एक बहुत ही धीमा और कठिन विद्रोह है जो पीढ़ी-दर-पीढ़ी चला आ रहा है और जिसमें समाहित है पुरुषों का क्रोध और नारियों की शक्ति और प्यार।

इस उपन्यास में मिथक की गहराई है। जहाँ-तहाँ लोकगीत, मुहावरे, लम्बे संवाद एक भारतीय ओपेरा की रचना करते हैं। इसे पढ़ते हुए हमें कभी-कभी रोज़ाना के भय, कभी हँसी, कभी आधुनिक जीवन की बेदर्दी का एहसास होता है और ऐसी नाज़ुक घड़ियों का भी जब किसन सपने में नदी किनारे बैठे चिड़ियों के गाने सुनता है, कभी ख़ूबसूरत सत्या के साथ गन्ने के खेतों के बीच भीगी ज़मीन पर प्यार करता है। कभी मज़दूरों के गड़ासे पर धूप की चमक के साथ क्रोध का उफ़न उठना और ख़ून का धरती पर बहना एकदम मेक्सिको के गन्ना काटने वाले मज़दूरों की तरह। और जैसा कि ताम्बी, मदन, से कहता है, "दो तरह की चीनी होती है, एक बहुत ही मीठी जो गोरे ज़मींदारों के लिए विशेष होती है और दूसरी पनछोछा और तीखी जिसमें कुलियों का ख़ून और पसीना मिल जाता है।"

इस उपन्यास में प्राचीन भारतीय संगीत की सी धुन है और रामायण की कथा सी रोचकता। अभिमन्यु अनत का यह उत्कृष्ट उपन्यास एक मधुर गान है, अतीत की गहराई लिये हुए जो कि मॉरिशस के यथार्थ को एक नई चेतना प्रदान करता है।

—झे.एम.झी. लेक्लेज्यो

नोबल पुरस्कार विजेता, 2009, (फ्रेंच लेखक)

वह नाव ताम्रपर्णी से निकली थी। दोनों भिक्षु नाविक कलिंग के थे। पांड्य देश में दोनों भिक्षुओं ने बाक़ी भिक्षुओं से अलग अपना निर्णय लिया था। उनसे पहले निकले भिक्षु यवन, काम्बोज, गान्धार-जैसे देशों को पहुँच चुके थे। यह सूचना उन्हें कलिंग में ही मिल गई थी। अतः उनकी नौका जब नई भूमि की तलाश में ताम्रपर्णी पहुँची तो उन्होंने देखा कि वहाँ भी पहले से ही भिक्षु पहुँचे हुए थे।

ताम्रपर्णी में उन्होंने चुनी हुई लकड़ियों से अधिक विश्वसनीय नाव बनवाई। नई भूमि पर प्रथम पहुँचने की चाह लिए दोनों ने वहाँ से नई यात्रा शुरू की। सुदूर पूर्व के द्वीपों की चर्चाएँ, वे सुन चुके थे। उस विस्तृत महासागर के एक द्वीप से दूसरे द्वीप को होते हुए फिर तो वे इतने अधिक आगे निकल आए कि न तो उन्हें स्थान का पता रहा, न दिशा का। सामने सागर विस्तृत होता चला गया था। इधर कई दिनों से वर्षा न होने के कारण और जल-पात्र ख़ाली हो जाने से उनकी अपनी स्थिति तो नाज़ुक थी ही, उनके साथ पीपल का जो अन्तिम पौधा था, वह भी मुरझाने लगा था। बीच पानी, पानी को मुहताज!

प्रथम भिक्षु ने दूसरे भिक्षु की ओर देखा। उसके साहस को बढ़ाने के लिए उसने धीरे से कहा, "बहुजन हिताय, बहुजन सुखाय! जाओ, बढ़ते जाओ!"

दूसरे ने अपने सूखे होंठों को हिलने दिया। कोई स्वर नहीं फूटा। फिर भी प्रथम भिक्षु ने नेत्र बंद कर लिए, "बुद्धं शरणं गच्छामि...।"

नाव चलती रही...

एकाएक—उस दोपहर में शाम का-सा धुँधलका छा गया। दोनों एक-दूसरे को देखते हुए मौन रहे। दूर, काफ़ी दूर, जहाँ एक क्षण पहले सागर और आकाश के रंग आपस में मिले हुए लग रहे थे, वहाँ लाली छा गई थी। देखते-ही-देखते सामने पहाड़-जैसे ऊँचे ज्वार-भाटे उठने लगे। हवा में उष्णता आ गई थी। दूर के प्रलयंकर ज्वार-भाटे अपने फेनिल उफान के साथ नाव के पास आते गए। कूपदंड डगमगाने लगा, उसके साथ ही नाव भी ज़ोरों से हिलने लगी। दोनों ने पूरी स्फूर्ति के साथ पाल को नीचे उतारा। नाव डगमगाती ही रही।

सागर का उथल-पुथल बढ़ता गया। उसके गहरे नीलेपन को भेदकर गहराई से

दूध की-सी फेनिल लहरें गम्भीर गर्जन के साथ उठती रहीं। उस भयानक नाद से दोनों भिक्षु सहम गए थे।

बवंडर! चक्रवात!!

और सागर चिंघाड़ता रहा। दूर की वह लालिमा विस्तार पाती गई। अपने स्वर को सागर के गम्भीर गर्जन से ऊपर उठाते हुए एक नाविक ने अपने भय को प्रकट किया, "आँधी?"

दूसरे ने उसी आश्चर्य-भरे स्वर में कहा, "विचित्र!"

यात्रा के दौरान यात्रियों ने कई आँधियाँ देखी थीं। चक्रवात, बवंडर सभी देखे थे, लेकिन इससे भिन्न। अचानक ही एक घटाटोप अँधेरे ने पूरे वातावरण को अपने में लपेट लिया। हाथ को हाथ नहीं सूझ पा रहा था। धड़कनें तेज़ होकर भी एहसास नहीं की जा रही थीं। नाव के डोलते रहने के कारण दोनों को अपने अस्तित्व का बोध बना रहा। दोनों के हाथ से पतवारें छूट गई थीं। उस गहन अदृश्य वातावरण में दोनों के हाथ आगे बढ़े। स्पर्श होते ही दोनों हाथ एक-दूसरे के साथ बँध गए। मुखड़ों पर झंझावात के थपेड़ों से दोनों ने एक बार फिर अपने जीवित होने का प्रमाण पाया। कुछ दिखाई पड़ जाना नितान्त असम्भव था।

दोनों एक-दूसरे के हाथों को थामे महासागर की उपद्रवी स्थिति का अनुभव करते रहे। भयानक कालेपन के बीच दोनों जकड़े रहे। भारी कोलाहल होता रहा। झटास का पानी नाव में भरने लगा। नाव के आसपास का पानी उबलता-सा प्रतीत हो रहा था।

बिजली कौंधी! उसके साथ ही अँधेरा फट गया। दोनों ने विस्फारित नेत्रों से अपने सामने देखा। ऊँचे ज्वार-भाटे एकदम पास आ गए थे। पानी का रंग नीलेपन से हटकर कालेपन को आ गया था। दोनों ने चारों ओर देखा। कोई क्षितिज नहीं था सामने। चारों ओर से उफनती लहरें, विद्रोही ज्वार-भाटे...।

धमाके के साथ विस्फोट हुआ। वातावरण रंग बदलता रहा। दूसरा प्रलयंकर विस्फोट हुआ। दोनों नाव के भीतर लुढ़क गए। किसी तरह एक-दूसरे का सहारा लेकर दोनों खड़े हुए...उनके नेत्र खुले-के-खुले रह गए। जीवन का सबसे बड़ा आश्चर्य उनके नेत्रों के सामने व्यतीत हो रहा था। कुछ ही दूरी पर सागर के बीच अंगारे और लपटें उठती दिखाई पड़ीं। गरमी से दोनों के शरीर दग्ध हो चले थे। उनके मुखड़ों पर पानी के छींटे अब भी थे, फिर भी उन्हें पसीने का अनुभव हुआ।

ज्वार-भाटे शिथिल होते गए। सागर के रंग बदलते रहे। आँधी, चक्रवात, बवंडर सभी कुछ थमता जा रहा था। नाव पानी से भर जाने के कारण डूबने लगी थी कि तभी बादल का-सा कोई गर्जन हुआ। बिजलियाँ चमकीं। एक-दो साधारण विस्फोट हुए...ज्वार-भाटे अपने-आप में टूट-टूटकर लहरों का रूप लेते गए। तभी दोनों को

लगा कि समुद्र के पानी का तापमान बढ़ता जा रहा था...लहरें उबलती दीख रही थीं। वातावरण इतना अधिक उष्ण हो चला था कि श्वास लेना कठिन प्रतीत हो रहा था।

अभी वे सोच ही रहे थे कि यह समुद्र के बीच से निकलनेवाला कैसा ज्वालामुखी है कि तभी दूरी पर सागर को फाड़कर पहाड़-सी कोई चीज़ ऊपर आती दिखाई पड़ी। एक बार फिर चारों ओर से ज्वार-भाटे उठते दिखाई पड़े और बीच से उठनेवाला पहाड़ ऊपर को उठता गया। सागर फेनिल ज्वार-भाटों के साथ पीछे को हटता गया और पहाड़ फैलते गए...। भिक्षुओं की नाव के नीचे से भी ज्वार-भाटे उठे और नाव को दोनों भिक्षुओं के साथ-साथ ऊपर, बहुत ऊपर उठाकर फिर लपेट में ले लिया। इससे आगे का दृश्य भिक्षुओं ने नहीं देखा। वे अथाह गहराई में विलीन हो गए। द्वीप विस्तृत होता गया जब तक कि बीच के ज्वालामुखी से अंगारे निकलने बन्द न हो गए...। और इसी तरह महासागर के बीच एक नए द्वीप का जन्म हुआ।

लम्बे समय तक वह धरती बंजर बनी रही। फिर धीरे-धीरे धरती ठंडी होती गई। ज्वालामुखी का विषाक्त प्रभाव कम होता गया। वनस्पतियों का उगना आरम्भ हुआ। पक्षी और पशु भी पैदा होते गए।

इतिहास के धूमिल पन्नों से इस द्वीप को पहुँचनेवाला पहला जहाज़ द्रविड़ नाविकों का था जो सम्भवतः दिशाहीन होकर इधर भटक आया था। उस समय द्वीप निर्जीव था। द्रविड़ नाविकों को जब अन्य जहाज़ों और लोगों के इधर पहुँचने की सम्भावना नहीं दिखी तो वे वहाँ से चल पड़े।

इसी तरह समय बीतता गया। ईसा के बाद पहली शताब्दी के लगभग भारत की ओर जाते हुए अरबों की नज़र इस वीरान द्वीप पर पड़ी। उन्होंने भी सम्भवतः अधिक उम्मीद न करके उसे छोड़ दिया। इसी तरह समय-समय पर जातियाँ आती रहीं, जाती रहीं।

इतिहास के पन्ने कुछ स्पष्ट हुए। हिन्द महासागर से यात्रा करते हुए पुर्तगालियों का आगमन इस द्वीप में हुआ। इसे बसाना जब उन्हें टेढ़ी खीर प्रतीत हुआ तो वे आगे बढ़ गए। उनकी इच्छा भारत जीतने की थी। पुर्तगालियों के बाद और भी लोग आए और गए।

भारत पर अधिकार जमाने के लिए फ्रांस और इंग्लैंड के बीच संघर्ष था। उसी समय इस द्वीप को भारतविजय की सुविधा के लिए लक्ष्य में रखा गया। इसी द्वीप से होकर फ्रांसीसियों ने मद्रास में अंग्रेज़ों के खिलाफ़ पहली लड़ाई लड़ी। इन्हीं लोगों के समय में मॉरिशस में भारतीयों का आगमन शुरू हो गया था। इस द्वीप के महत्त्व को समझकर अंग्रेज़ों ने भारतीय सेना के साथ फ्रांसीसियों पर आक्रमण किया और द्वीप उनके अधिकार में आ गया।

यहाँ से मॉरिशस में भारतीयों के आगमन की महत्त्वपूर्ण कहानी शुरू होती है।

इतिहास के पन्नों पर धूल जमती गई और कई पृष्ठों को जला भी दिया गया। फिर भी कुछ पन्नों को एक ऐसी स्याही से लिखा गया था, जिस पर धूल टिक नहीं पाई। चन्द ऐसे भी पन्ने थे जो भारतीय मज़दूरों के ख़ून-पसीने से कुछ इस तरह भीगे हुए थे कि उन्हें आग जला न सकी और जो पन्ने जले भी उनकी राख को खाद समझ नियति ने खेतों में बिखेर दिया। इतिहास की बलि का वह सारा रक्त बहकर खेतों के रक्त से जा मिला और...

और दबोचा हुआ वह इतिहास परतों के नीचे कैसे साँसों के लिए संघर्ष करता रहा, उसकी गवाही आज भी धरती की सोंधी गन्ध देती रहती है। लेकिन उस इतिहास को कैसे जिया गया था?

आगे उसी जीवन की कहानी है।

2

अपनी साँसों को महसूसते हुए वह घास पर पड़ा रहा। उन साँसों के साथ-साथ वह ख़ामोशी की गहराई को भी भाँप रहा था। आकाश के झिलमिलाते तारों को वह अपने मस्तिष्क के भीतर टिमटिमाता अनुभव करता रहा। सामने के अँधेरे में अपनी साँसों से चीरने के प्रयास में असफल वह अपने-आप उसके मिटने की आस में बैठा रहा। अँधेरे में एक हाथ से दूसरे हाथ को टटोलकर उसने घासों को हटाया। भूमि की हलकी गरमी को अनुभव किया। फिर अपने दाहिने हाथ को अपने शरीर पर दौड़ाते हुए उसे नाक तक पहुँचाया। वहाँ भी साँसों के साथ उसी तरह की गरमी थी। उसे अपने सही-सलामत होने का पूरा यक़ीन हो गया था।

उसने पैरों को हिलाकर देखा। अभी ताक़त बाक़ी थी। दोनों हाथों को धरती पर टिकाकर वह धीरे से खड़ा हुआ। सीधा खड़ा हो जाने के बाद उसे लगा कि जाँघों में बहुत कम ताक़त बाक़ी थी। दाहिनी जाँघ पर हाथ फेरकर उसने मुँडेर पर से गिरने के बाद के घाव को महसूसा। उसकी अँगुलियाँ तरल हो गई थीं। उस कालेपन में लाल रंग को बस महसूसा ही जा सकता था। वह रंग गहरा था। अधिक गहरा था। चोट गहरी थी। हाथ से छू जाने के बाद उसे दर्द का अनुभव हुआ।

आँखें ऊपर करके तारों को देखा। फिर ख़याल आया, धुँधलके में रास्ता टटोलकर उसे बढ़ना था। अभी वह बहुत दूर नहीं निकल पाया था। अँधेरे का लाभ उठाकर उसे दूर निकल जाना था। दूर, जहाँ उसके भीतर का डर मिट जाए। जहाँ से क्षितिज उसे विस्तृत लगे। साँसों की अकुलाहट कम हो जाए। पर वह स्थान अभी दूर था। अभी उसे बहुत अधिक चलना था। उसने क़दम उठाया। एक के बाद दूसरा।

बड़ी कठिनाई से तीसरा उठा, फिर चौथा भी। थकान अभी बनी हुई थी। पूरी कठोरता के साथ जाँघ की पीड़ा को नकारकर वह बढ़ने लगा। घाव रिसता जा रहा था। वह उसे चलने से रोक रहा था। लेकिन उसे रोक पाना आसान नहीं था। उसका दाहिना पाँव ज़मीन पर अच्छी तरह पड़ नहीं पा रहा था, फिर भी वह चलता रहा।

उसका अपना शरीर अधिक बोझिल प्रतीत होने लगा था। लग रहा था, वह इतिहास के सभी बोझ को अपने ऊपर लिए चल रहा है। इतिहास तो कुछ लोगों को कुछ भी नहीं देता। बोझ ही सही, उसे कुछ तो मिला था। लेकिन यह गठरी इतनी भारी कभी नहीं थी। थकान और चोट का ख़याल करके उसके होंठों के बीच जो फीकी मुस्कान आई वह क्षणिक रही। उस अँधेरे में उसका ओझल हो जाना बड़ा सहज और तेज़ रहा। एक क्षण उसे ऐसा ख़याल भी आया कि जाँघ के घाव के कारण पाँव बेकार हैं। हाथों और घुटनों के बल चलने की इच्छा हुई। वह फीकी हँसी एक बार फिर आई और उसी तेज़ी के साथ फिर ग़ायब हो गई। सामने के अँधेरे को टटोलते हुए उसके हाथ झाड़ियों से छू गए। उन्हें हटाता हुआ वह बढ़ता गया।

दर्द के अधिक बढ़ जाने पर वह झींगुरों और जंगली कीड़ों की आवाज़ों की झनझनाहट को अपने ही भीतर पाने लगता। रात के घटाटोप अँधेरे को टटोलता-पकड़ता वह बढ़ता गया। उसकी वह पकड़ कहीं मुलायम थी, कहीं एकदम कठोर और कहीं तो वह स्पर्श से बाहर थी। तब उसके क़दम अनुमान से उठते और अचानक किसी खरगोश या चिड़िया द्वारा पैदा की गई खरखराहट से वह सिहर जाता। उसकी ज़ोरों से आती-जाती साँसें और काँपते क़दम वर्षों पहले के फ़ौजी जीवन की याद दिला जाते। उस समय वह कभी नहीं हाँफ़ता था। उसे पसीना बहुत आता था, पर पसीना आने का मतलब थकान नहीं होता था।

पैर जब जवाब-से देने लगे तो वह क्षण-भर को ठिठका, फिर रात के उस भारी सन्नाटे में उसने धीरे-से कहा, “नहीं! लोग मुझे यहाँ पड़े हुए नहीं पा सकते, मुझे बेबस पाकर यहाँ से बाँध नहीं ले जा सकते। नहीं...नहीं!” वह फिर से चलने लगा। वह अभी उतनी दूर नहीं आ सका था, जहाँ से चारदीवारी की अकुलाहट पीछे छूट चुकी हो। वह नर्क अब भी उसके मस्तिष्क के अंश-अंश में था। वह लम्बा अतीत अब पास ही था। उसे मरना भी था तो उससे दूर जाकर, उससे कटकर। जीवन के एक-दो क्षण ही सही, वह अलग से उन वेदनाओं को नकारकर ही जीना चाहता था। वह ठौर दूर था, फिर भी उसके संकल्प में वह उतना अधिक दूर नहीं था, जहाँ पहुँचा न जा सके। वह हाथों के बल रेंगकर भी वहाँ पहुँचना चाहता था। उसके अपने भीतर की सीली आवाज़ भीतर-ही-भीतर अकुलाती रही...। आगे का यह दूर तक तना हुआ एकान्त और पीछे की वह सीमित चारदीवारी...। बीच में वह...

उसके क़दम बोझिल थे। सभी कुछ युग-सा लम्बा लग रहा था। उसकी अपनी

साँसें भी। एक टिमटिमाता चिराग़ भी दीख जाता तो उसका हौसला इस तरह पिघलकर बह न जाता। अपने बहते हौसले को वह अँजुली में थामे एक क़दम को ऊपर उठाकर आगे बढ़ाता और दूसरे को घसीट लाता। वह अपनी हड्डियों को ढीली-सी होते हुए महसूसने लगा था। उसके भीतर एक भय, जो पहले कभी नहीं था, घर करता जा रहा था। चारदीवारी के भीतर वर्षों तक रहकर वहाँ की उस यन्त्रणा से वह जितना डरा था, उससे अधिक वह वहाँ फिर से लौटने के ख़याल से काँप रहा था। इसी तरह की स्थिति उसकी भारत छोड़ते वक़्त भी हुई थी। भावना में अन्तर था, पर स्थिति वही थी। अपने गाँव और देश से दूर होकर ही वह वहाँ के अपनापन को पहचान सका था। जहाज़ में पहली बार उसे ज्ञात हुआ था कि सभी अभावों के बावजूद वह स्थान उसका एकमात्र स्थान था। इस बार वही स्थिति, एकदम विपरीत ढंग से। क़ैद से बाहर उसकी वीभत्सता सामने आई थी। अब तो मरकर भी वहाँ नहीं लौटना चाहेगा।

एक बड़े-से पत्थर से टकराकर वह उसी पर बैठ गया। पहली बार उसे यह ख़याल आया कि जंगलों में जीया जा सकता है। कम-से-कम मारीच की एक चीज़ तो सराहनीय रही। भयानक जंगली जानवरों से रहित इस देश का जंगल ही वह स्थान था, जहाँ स्वच्छन्द घूमा जा सकता था। पहाड़ों, नालों और नदियों के बीच का स्वतन्त्रतामय जीवन! सामने के गहरे अँधेरे में उसे जेल के सिपाहियों के चेहरे झिलमिलाते-से नज़र आए। उस अँधेरे में मालगासी काले चेहरे और भी भयानक प्रतीत हुए। उसके ख़याल को पीछे की ओर उछलते देर नहीं लगी। बहुत पीछे...बिहार की एक डरावनी रात। अहीरों के मुहल्ले से वह बिरहा सुनकर लौट रहा था। बहुत पुरानी याद समय की झिलमिल परतों से एकदम धूमिल थी। न जाने मस्तिष्क के किस भाग में मुद्दतों तक छिपे रहने के बाद आज सम्पूर्ण अस्पष्टता के साथ वह दृश्य सामने कौंध गया। वह रात एकदम ऐसी ही थी। ऐसी ही बोझिल, इसी तरह की गन्ध लिए। दो रात पहले चन्दर महतो के खेत से उसने अधकच्ची मकई चुराई होगी और हाथ में लट्ठ लिए चन्दर महतो का काला शरीर लाल और...और...। बाक़ी यादें स्पष्ट नहीं हो सकीं और उसने भी नहीं चाहा कि उसके जीवन का वह प्रथम भय, प्रथम आन्तरिक पीड़ा उसके भीतर फिर से जीवन्त हो...उसने मस्तिष्क पर ज़ोर नहीं दिया।

सामने का अँधेरा क़ैद की दीवार की तरह उसे अपने सामने की चीज़ों को देखने से रोक रहा था। उस घटाटोप अँधेरे में उसके लिए एक ही उपाय था। उसने वैसा ही किया। आँखें मूँद लीं उसने। नए आनेवालों से चारदीवारी के भीतर कई नई बातें वह सुनता आ रहा था। उसने उन सारी बातों को एक-एक करके याद किया। उसी के देश के, उसी के प्रान्त के लोग...झोंपड़ियाँ एकदम वहीं-जैसी...वहीं की बोली...वहीं

के रीति-रिवाज़। किसी पिछले क़ैदी ने तो हनुमानजी के चौथरे तक की चर्चा की थी...। उसे बिहार के गाँव याद आए। अपने गाँव की कालीमाई याद आई। इसके साथ ही नए क़ैदी का फुसफुसाना उसे सुनाई पड़ा...।

"हम सबन मिलकर गाँव में कालीमाई की स्थापना करना चाहत रहीं पर कोठी वाले गोरवा ने आज्ञा ही ना दी...साले मौगों को मालूम नाहीं कि राज करते राजा जइहें, रूप करते रानी, बेद पढ़ते पंडित जइहें, रह जयहीं नेक निशानी।"

उसने मन-ही-मन पूछा : आख़िर धरम-करम के मामले में दखल देनेवाले ये कौन होते हैं? इन हरामजादों ने अभी देवी मैया का कोप नहीं देखा। सारी शेखी निकल जाएगी। इधर नए क़ैदियों से उसने जो कुछ सुन रखा था, उसे देखने की इच्छा उसके भीतर तीव्र हो चली थी। वह रेंगकर भी एक ऐसे गाँव में पहुँचना चाहता था, जहाँ बिहार का भी कोई टुकड़ा आनेवाले कुलियों के साथ आ गया था।

उसके कानों में मुर्गे की बाँग आई। एकदम वैसी ही जो वह मुद्दतों पहले अपने गाँव में सुनता था। उसके क़दमों ने उत्साह पा लिया था। वह आगे बढ़ा। सामने के अँधियारे की आड़ से दूर कोई चिराग़ झिलमिलाता नज़र आया। शायद वे पेड़ के पत्ते रहे होंगे, जिनसे आँखमिचौली खेलती हुई वह धूमिल रोशनी ओझल हो गई। दूसरे ही क्षण एक दूसरा चिराग़ दिखाई पड़ा, उसी तरह दूरी की टिमटिमाहट लिए। फिर तो दो-तीन दीखने लगे। अपने घायल पाँव को खींचता हुआ वह उस अनजान डगर के लिए इस तरह बेताब हो गया जैसे कि वह उसका अपना ही गाँव हो और वहाँ उसके अपने ही लोग उसकी प्रतीक्षा कर रहे हों। उसने दो बहुत ही उतावले क़दम उठाए, फिर एकाएक सहमकर स्थिर हो गया। कुछ ही समय में पौ फटनेवाला था। जिस गहरे अँधेरे को कुछ ही देर पहले वह कोस रहा था, उसके बहुत जल्द मिट जाने के ख़याल से वह काँप उठा। यह अँधेरा उसका रक्षक था। उसके बिना सामने के नए गाँव में पहुँचने की उसकी हिम्मत नहीं हो रही थी।

बड़ी कठिनाई से उसने समय का अनुमान किया। सुबह क़रीब होने पर भी तीन-चार घंटों के फासले पर थी। बग़ल से जो कल-कल ध्वनि आ रही थी, उससे यह समझते उसे देर नहीं लगी थी कि चन्द ही क़दमों पर कोई नदी थी। वह गाँव की ओर न बढ़कर नदी की ओर बढ़ गया। नदी किनारे पेड़ों के झुरमुट के कारण अँधेरा और भी गहन था। चट्टान पर बैठकर उसने सामने के अँधेरे में छिपे गाँव के बारे में सोचा...वहाँ के लोगों के बारे में। गाँव के किसी व्यक्ति की नज़र उस पर पड़ जाए, इससे पहले वह खुद गाँव के किसी आदमी को देखकर उस गाँव के बारे में अपने विचार निर्धारित कर लेना चाहता था; क्योंकि इतनी दूर आकर भी वह चारदीवारी को नहीं भूल सका था।

गाँव के किसी व्यक्ति का इधर आना हो सके, इसमें अभी तीन-चार घंटे बाक़ी

थे। समय पहले ही से उसके लिए युग-सा लम्बा था। उसे काटने के लिए उसने एक बार पीछे छोड़ आए लोगों के बारे में सोचना चाहा—चाहे वह याद दर्दनाक ही क्यों न ठहरे। पीछे वह जो छोड़ आया था, वहाँ भी घनिष्ठता थी और...एकाएक नदी की ठंडक को अपने भीतर तक महसूस करके उसे अपनी मुक्ति पर आश्चर्य हुआ। क्या यह सम्भव था? कुछ भी हो, वह सपना नहीं देख रहा था, इसका उसे पूरा यक़ीन था...तो फिर? खैर कुछ भी हो, वह चारदीवारी से बाहर आ गया था।

वह सुबह की प्रतीक्षा में बैठा रहा।

वह सुबह अभी तीन-चार घंटे की दूरी पर थी। इस लम्बे समय को काटने के लिए उसने चारदीवारी की उस घनिष्ठता को याद किया, जिससे घुल-मिलकर एक अलग संसार बना था। एक सीमित इच्छा का संसार। लम्बी साँसों का संकुचित जीवन...यादें घिस गई थीं।

अधिक आगे की यादें कोड़ों और जूतों के प्रहार से छिन्न-भिन्न थीं। इसलिए उसने अधिक आगे की स्मृति का सहारा न लेकर उसी क्षण तक अपनी याद को पीछे जाने दिया जब वह जेल के अस्पताल में था—जहाँ से बाहर के ईख के खेत ठीक सामने थे...।

3

ईख के खेत ठीक सामने थे। वहाँ की हरियाली स्वतन्त्र थी। कुन्दन की चारपाई खिड़की के पास होने के कारण उसकी आँखें उस दुर्लभ स्वतन्त्रता को घूरा करतीं। कुछ वर्ष पहले यह हरियाली वहाँ नहीं थी। सभी कुछ देखते-ही-देखते हो गया था। उस हरियाली को हाथों से स्पर्श करने को वह लालायित-सा था। वहाँ की स्वतन्त्रता की महसूसते हुए उसके अपने भीतर की चाह सामने के कँटीले तारों की ऊँची दीवार से टकराकर रह जाती। उस हरे-भरे खेतों से भी पास थी वह काले पत्थरों की चारदीवारी, जहाँ वह इतने लम्बे समय से था कि वह युग-सा प्रतीत होने लगा था। इस स्थान को क़ैदी दो नामों से पुकारते थे। कभी वे खुश होते तो उसे ननिहाल कह लेते थे अन्यथा वह चारदीवारी से ही जाना जाता था। साँसें जितनी वहाँ घुटती थीं, यहाँ भी घुटती हैं। अन्तर केवल इतना होता कि यहाँ कुन्दन अपने को ज़ंजीर में नहीं पाता। उसे पड़े रहने के लिए यहाँ लकड़ी की चारपाई पर वाक्वा की चटाई होती। नंगी लकड़ी और उस पर पतली चटाई कुन्दन के लिए कोई विशेष अन्तर नहीं पैदा करती। दोनों स्थानों की व्यवस्था दो बूँद पानी की तरह एक-दूसरे से मिलती थी।

क़ैदखाने का यह बारह चारपाइयों का छोटा-सा अस्पताल क़ैदखाने के पिछवाड़े

में पड़ता था। उस दिन क़ैदखाने के भीतर एक और दीवार खड़ी करते समय कुन्दन के पाँव पर पत्थर लुढ़क आया था। चोट गहरी थी। यहाँ अस्पताल में आने पर भी क़ैद का एहसास क्षणभर के लिए भी नहीं मिटता। यहाँ भी एक सिपाही भीतर बैठा होता और दूसरा दरवाज़े पर तैनात रहता। दरवाज़ा एक ही था। टट्टी के लिए जाते वक़्त भी एक सिपाही साथ हो जाता था। कुन्दन का आज यहाँ दसवाँ दिन था। यह तो वह अँगुलियों पर गिनकर याद किए हुए था, लेकिन उसकी गिरफ़्तारी के बाद आज तक कितने दिन हुए थे, उन्हें दीवार की लकीरें भी बताने में असफल थीं। पहले तीन वर्षों के बाद दूसरी लकीरों के लिए दीवार पर जगह ही नहीं रह गई थी। कुन्दन को इतना अनुमान अवश्य था कि इस तरह की कोई और दस दीवारें अब तक भर गई होतीं।

उसके पैर का घाव अभी भी दूसरे दिन जैसा था। दर्द भी लगभग वैसा ही था। यहाँ प्रवेश पाने पर तीन दिन तो उसे एक-दूसरे के साथ उसी की चारपाई पर टिकना पड़ा था। आज भी कई चारपाइयों पर दो-दो बीमार पड़े हुए थे। अस्पताल में दाखिल होने पर दो दिन तक मुँह में पहुँचाने के लिए कुन्दन को एक दाना तक नहीं मिला था। दवाई के नाम पर इधर दो दिन से काले रंग की कोई चीज़ उसके घाव में लगाई जा रही थी, जिसका कोई ख़ास असर भी नहीं था।

रावेनाल की दीवार के बीच कटी हुई छोटी-सी खिड़की से वह दूर के नए उपजे खेतों को देखा करता। वहाँ की हरियाली के उस पार की कुछ यादें उसके भीतर कभी विद्रोह कर जातीं। ठीक सामने के मुड़िया पर्वत के पार्श्व में थी वह छोटी-सी बस्ती, जहाँ लड़ाई की जीत के तीसरे ही दिन बाद उसे अपने लोग मिल गए थे...अपने देश से आए लोग। उनमें उसका कोई नहीं था, पर सभी अपने हो गए थे। टुकड़ी के सबसे जवान सिपाही के नाते उस समय उसकी उम्र उन्नीस की रही होगी। अपने गठीले शरीर के कारण फौज मे दाखिल होने में उसे तनिक भी कठिनाई नहीं हुई थी। आरा की छोटी-सी अस्थायी छावनी में उसने प्रशिक्षण पाया था। और बहुत कम समय में बहादुरी की कई दाद पा चुका था।

...और एक दिन सिपाही-जीवन के दस साल बाद मॉरिशस को जीतने की चाह लिए वह भी सैकड़ों भारतीय सिपाहियों के साथ जहाज़ पर सवार हो गया। सभी सिपाहियों की तरह उसे भी यही बताया गया था कि अंग्रेज़ मॉरिशस को फ्रांसीसियों से जीतकर भारतीयों के हवाले कर देंगे। अंग्रेज़ों के चन्द ठेकेदारों ने सभी सिपाहियों को यही सुनाया था कि उनकी वफ़ादारी और वीरता के लिए मॉरिशस उन्हें भेंट कर दिया जाएगा। कुन्दन ने कई सिपाहियों से भी यही सुना था कि वह टापू उन लोगों का अपना हो जाएगा। कुन्दन मन-ही-मन खुश था–'रोवे के जी करले रहल अँखवे खोदना गईल।' घाटम मामा का स्वर रहा होगा वह।

उस समय कुन्दन के भीतर यही एक बहुत बड़ी खुशी थी। भारत में तो वे गुलाम थे, मॉरिशस में कम-से-कम इस लाघव भावना से बच जाने की आशा उसके भीतर की सबसे बड़ी प्रसन्नता थी। जहाज़ के सभी लोगों की आँखों में आँसू थे। अपने जनों से बिछुड़ने का दुख था। कुन्दन की अपनी आँखों में आँसू नहीं थे। जिन लोगों से बिछुड़ना था वे सभी तो बहुत पहले ही उससे बिछुड़ चुके थे। कुन्दन एक नए द्वीप को जा रहा था। एक नए संसार को। उसके अपने भीतर एक टीस-सी अवश्य पैदा हुई थी। काश! उसके वे अपने लोग अकाल के शिकार न होकर उस बेहतर संसार के लिए जहाज़ में साथ होते। इस ख़याल मात्र से उस समय कुन्दन की वह खुशी सीमित और क्षणिक रह गई थी।

मालगासी था वह काला परिचारक, जिसने उसके पास पहुँचकर उसके ख़यालों को झकझोर दिया। न चाहते हुए भी कुन्दन को उसके हाथ से बूयों की कटोरी लेनी पड़ी। टीन की वह पतली अधमैली कटोरी भीतर के गरम बूयों के कारण बाहर से भी गरम हो गई थी। उसे एक हाथ से दूसरे हाथ में पहुँचाते हुए कुन्दन ने काले परिचारक को गौर से देखा। वह डीलडौलवाला था। कुन्दन उसके उस साहस को भीतर-ही-भीतर आजमाता रहा, जिससे उस मालगासी और उसके साथियों ने दासता को नकारा था। आज उन सभी क्रियाओं को हलके-फुलके कामों में लगे देख कुन्दन कभी उनके साहस को सराह उठता, कभी उन्हें आलसी मान उन्हें कोस जाता। एकाध बार उसके मन में यह विचार भी आया था कि इन्हीं मालगासी गुलामों की तरह अगर भारतीय मज़दूर भी खेतों में काम करने से हट जाएँ तो मालिकों की दशा दयनीय हो सकती थी। पर ऐसा होने से रहा। वह बिहारियों को बहुत अच्छी तरह से जानता था।

आख़िर वह भी तो उन्हीं में से एक ठहरा! परिश्रम से कभी न थकनेवाली जाति खेतों से भागे तो क्यों? लेकिन हाल के क़ैदियों के मुँह से जिस अत्याचार की कहानी वह सुनता आ रहा था, उसके खिलाफ़ तो वे खड़े हो सकते थे! यहाँ भी कुन्दन को उन लोगों की सहनशीलता याद आ जाती, सन्तोष याद आ जाता। उसे इन दोनों शब्दों से चिढ़ थी। कभी वह बिहारी मज़दूरों के भूमि-प्रेम को अन्धविश्वास मान लेता, कभी उस आस्था को इस देश का भविष्य मानकर गम्भीर हो उठता।

उसकी अपनी चारपाई के ठीक सामने मंगरू की चारपाई थी। इस अस्पताल में मंगरू ही एक व्यक्ति था, जिससे उसकी घनिष्ठता क़ैदखाने से शुरू हुई थी। मंगरू से जेलर के पानी का बरतन नीचे गिरकर फूट गया था, जिसके बदले में भीमकाय जेलर ने पूरी ताक़त के साथ अपनी लात उस पर दे मारी थी। आसपास के सभी क़ैदियों के देखते-ही-देखते मंगरू उछलकर सामने की दीवार से जा टकराया था। उसके सिर से ख़ून बहते देखकर भी किसी क़ैदी की हिम्मत नहीं हुई थी कि बढ़कर

उसे उठाए। हंटरों की परवाह किए बिना कुन्दन ने उस वक़्त उसके सिर को अपनी गोद में लिया था, जब उसने उसे बेहोश पाया था। फिर तो दो और क़ैदियों की हिम्मत आगे बढ़ने की हो सकी थी, पर किसी से कुछ नहीं हो सका था क्योंकि दो सिपाही क्रिओली में गालियाँ देते हुए सामने आ गए थे।

कुन्दन का ख़ून कई अवसरों पर खौला था। सिपाहियों के कन्धे से बन्दूक छीन लेने के लिए कई बार उसकी अँगुलियाँ हिल-डुलकर रह गई थीं। उसके दाँत कई बार कड़कड़ा उठे थे। हर बार उसके भीतर का सिपाही-आवेश मोम की तरह भीतर-ही-भीतर जमकर रह गया था। बेबस बने मालगासी सिपाहियों के कन्धों की बेढंगी लटकी बन्दूकों को देखकर उसे अपने बेहतर सिपाही होने का मन-ही-मन गर्व होता। कभी अवसर आ जाए तो वह प्रमाणित कर दे। पर अवसर आए तब तो! उसे अपनी नादानी पर हँसी आ जाती। इस क़ैद में उसके दिमागी तर्क तक संकुचित हो गए थे। यहाँ उमर ढली जा रही थी, फिर भी उसका बच्चों की तरह सोच लेना बन्द नहीं होता।

कई अन्य अवसरों की तरह उस दिन भी बड़े संयम के साथ उसे अपने को सँभालना ही पड़ा था। वह पीछे हट गया था। फौजी जीवन में हमेशा आगे बढ़ना सीखकर भी वह अपनी उस सीख का उपयोग नहीं कर पाता। जब से उसके फौजी कपड़े उस पर से उतरे थे, वह लगातार पीछे ही हटता जा रहा था। उसकी हर छोटी गुस्ताखी के लिए उसके सिर पर भारी बोझ रखकर उसे पीछे को झपटाया जाता। कई बार गिरने पर सिर का भारी पत्थर उसके ऊपर आने से बचा था। उसे पीछे हटना गवारा नहीं था, पर क्या करता! पीछे हट चुकने के बाद ही उसे अपने फौजी प्रशिक्षण के चन्द उसूल याद आते। आरा जिले की छावनी में कर्नल भगूसिंह कई बार उससे कह चुका था कि क्षत्रिय जितनी बार पीछे को हटता है, उतनी बार उसकी मृत्यु होती रहती है। इस याद के साथ कर्नल की बड़ी-बड़ी मूँछोंवाला गोरा चेहरा उसकी आँखों के सामने झिलमिलाने लगता और कुन्दन का अपना गोरा चेहरा लाल हो जाता।

आज का बूयों भी पतले माँड के ऊपर सजीहन के चार-पाँच पत्तों के सिवाय कुछ भी नहीं था। नमक ज़्यादा पड़ गया था, यह भी हो सकता है कि जानबूझकर ऐसा किया गया हो। दो दिन पहले तीन मरीज़ों ने यह कहकर बूयों नहीं पिया था कि वह एकदम पनछोछर बना था। नमक की उस कमी को इस बार बहुत ही अच्छी तरह से पूरा कर दिया गया था। सामने के सिपाही की आँखें बचाकर कुन्दन ने खिड़की के जरिए कटोरी को ख़ाली कर दिया।

अस्पताल के भीतर बैठे सिपाही को भोजपुरी नहीं आती थी, यह जानकर क़ैदी आपस में कुछ समय खुलकर बातें कर लेते थे। मंगरू ने अपनी चारपाई पर पड़े-पड़े

कुन्दन से पूछा, "क्यों कुन्दन, आज भी कोनो डाक्टर आई कि नाहीं?"

"अभी तो डाक्टर के यहाँ से गए तीन ही दिन हुए हैं, मंगरू भैया!" बग़ल के जगेसर ने धीरे से कहा।

"अरे अभी कोयके मरे की नौबत तो आए।" मंगरू ने एक लम्बी साँस लेकर कहा, "दिन मोरे ओही दिवस भये आन, खात रहली मेवा पीयत रहली गुड़ पान।" उसके चेहरे पर जो मुस्कान थिरक आई थी, वह व्यंग्य से सनी हुई थी। वह व्यंग्य, जो आदमी का अपने ही ऊपर हो।

मंगरू की बग़ल की चारपाई पर दो रोगी दो अलग दिशाओं को मुँह किए सो रहे थे। दीवार की ओर वाले जगलाल ने, जो यहाँ से भाग निकलने के दो असफल प्रयास कर चुका था, दबे स्वर में कहा कि उस डाक्टर के आने-न-आने से क्या लाभ जो रोगी से चार क़दम दूर ही खड़े रहकर चिकित्सा पूरी कर जाता है। सप्ताह के भीतर दो क़ैदी मरे थे और चार नए आ गए थे। चारों नए दाखिल हुए रोगियों को ज़ोरों का बुखार था, फिर भी दो दिन उन्हें नीचे के बोरों पर एक ही साथ पड़े रहने दिया गया था। कुन्दन ने चाहा था कि अपनी जगह वह उन चारों में से सबसे अधिक पीड़ित को दे दे। इस पर अस्पताल के मुख्य परिचारक ने उसे माँ की गाली सुनाते हुए पीछे को ढकेल दिया था। उसके पाँव की चोट से ख़ून बह चला था। दर्द बढ़ गया था। रात को वह सो नहीं सका।

रात को काफ़ी देर तक वह मन-ही-मन गुनगुनाता रहा :

"ओ रे मोरी नींदवा कहाँ खेले गुली डंडवा...।"

इस अस्पताल में सुबह महीनों देर से आती थी। सुबह होते ही दो मरीज़ों को हाथ में ज़ंजीर पहनाकर काली कोठी को लौटा दिया गया था। दूसरे दिन मंगरू की बारी थी। मुख्य परिचारक से अपनी बारी सुनकर उसे हँसी आ गई थी। खुशी से नहीं, बल्कि उस करारे व्यंग्य के कारण जिसे वह भीतर ही महसूस रहा था। उसके माथे की चोट कुछ-कुछ अच्छी हुई थी, पर इधर तीन-चार रात से उसके पेट का दर्द और भी बढ़ गया था। दर्द इतना अधिक था कि वह बच्चे की तरह रोने लगता था। चीत्कार कर उठता। यहाँ के अन्य मरीज़ों को उसकी चीख़ से बचाने के लिए उसे चारदीवारी को लौटाया जा रहा था। कम-से-कम इस बात की थोड़ी-बहुत खुशी मंगरू को थी कि रोगी क़ैदियों का इतना ख़याल तो रखा ही गया था। दिन में उसका दर्द कम होता था और उसके अपने हाथों में...कुछ न करने के कारण खुजली-सी होने लगी थी। पिछले दिनों रोगियों को वाक्वा के पत्तों से चटाई बुननी पड़ती थी। सूखे पत्तों के अभाव के कारण वह भी बन्द था।

ज़िन्दगी में इससे पहले मंगरू कभी बीमार नहीं पड़ा था। उसकी छोटी अँगुली कभी नहीं दुखी थी। एक दिन के लिए भी वह कभी बेकार नहीं रहा, जबकि यहाँ

पूरे तीन सप्ताह से बैठे-बैठे वह ऊब गया था। इन तीन सप्ताहों में उसे बहुत कम नींद आई थी, पर जब भी आई थी सपने में उसने अपने को पत्थर ही तोड़ते पाया था। वह सभी क़ैदियों से अधिक फुर्तीला था। सबसे अधिक पत्थर तोड़ता था। उस काम को करते हुए चिपचिपाती गरमी में भी अपने शरीर के बहते पसीने की ठंडक को महसूसता रहता। उस सक्रियता में वह अपने परिवार की याद को बिसार जाता, जबकि अस्पताल की चारपाई पर ऐसा करना उसके लिए असम्भव था। यहाँ तो हर क्षण उसे फूलवन्ती की याद आती। दोनों बच्चों के चेहरे सारा धुँधलापन लिए आँखों के सामने झिलमिला उठते। उनकी इस समय की हालत के ख़याल से वह भीतर-ही-भीतर काँप उठता।

सात लम्बे नीरस साल बीत चुके थे। उसकी पुष्पा तो उसी समय दस वर्ष की थी। अब तो विवाह-योग्य हो गई होगी। इस ख़याल से उसको धमनियों का रक्त जमता-सा प्रतीत होने लग जाता। फूलवन्ती क्या कर पाई होगी? यह प्रश्न वह कुन्दन से कई बार कर चुका था। बार-बार उसे सान्त्वना देकर कुन्दन अपनी उस सान्त्वना को अधिक खोखला पाने लगता। कुन्दन ही तो था वह, जिसे सिपाही और परिचारक की आँखें बचाकर वह अपनी कहानी सुनाया करता। मंगरू को अपनी उम्र मालूम नहीं थी, पर जब कुन्दन अपनी उम्र का अनुमान पैंसठ के लगभग कहता, उस समय मंगरू अपनी उम्र का अन्दाज़ा पचास का लगा लेता। वह इससे भी दो-तीन वर्ष अधिक ही का होगा—कुन्दन सोचता।

उसके चेहरे की झुर्रियों और सलवटों को देखकर वह ऐसा नहीं सोचता क्योंकि उनसे तो वह और भी बूढ़ा प्रतीत होता था। दिन में खाना काफ़ी देर से पहुँचा। तीन दिन से लगातार मिलनेवाले मकई के भात को इस बार भी अपने आगे पाकर मंगरू के होंठों के बीच से वही फीकी मुस्कान निकल पड़ी। तीन दिन से वह अपने हिस्से के भात को बग़ल के मरीज़ों में बाँटते आ रहा था। इस मकई के भात से उसके पेट का दर्द और भी बढ़ जाता था। मंगरू को एकटक मिट्टी की थाली की ओर देखते हुए कुन्दन से नहीं रहा गया। उसने परिचारक से टूटी-फूटी क्रिओली में कहा, "यह आदमी इसी मकई के भात को खा-खाकर रात-भर सो नहीं पाता। पेट के दर्द से चिल्लाता रहता है। कम-से-कम इस व्यक्ति के लिए तो किसी हलकी चीज़ का प्रबन्ध किया जा सकता है।"

परिचारक ने पहले तो कुन्दन को घूरकर देखा। उसकी आँखों में किसी तरह का भय न पाकर उसने हँसकर व्यंग्य किया, "कल से यह हलवा खाने के लिए बड़े घर को लौट रहा है। तुम्हें चिन्ता करने की कोई ज़रूरत नहीं।"

"दोक्तेर फ़िन आँपेस ली माँज जीरी माई।" बिसेसर ने बड़े साहस के साथ कहा।

परिचारक ने बिसेसर के ही स्वर में उत्तर दिया, "क्यों नहीं—डाक्टर ने सचमुच ही इसे मकई का भात खाने से मना किया है। उसने तो तुम सभी की सेहत के लिए बासमती चावल का हुक्म दिया है। साला छिनरझप करता है।"

उसके इस व्यंग्य पर भात परोसनेवाला काला रसोइया अपनी भयंकर हँसी से ईख के सूखे पत्तों के छाजन तक को हिला गया। कुन्दन ने तो ऐसा ही महसूस किया। हँसी थमने के बाद एक क्षण का सन्नाटा रहा। दूसरे क्षण जगेसर ने अपने मोटे स्वर में अप्रत्यक्ष प्रश्न किया, "अभी तक दवाई नहीं मिली है?"

परिचारक की चिल्लाहट के साथ निकली आवाज़ में प्रत्यक्ष उत्तर आया, "खाने के बाद।"

"भाई, हियाँ त सोझिया के मुँह कुत्ता चाटेला।" बिसेसर की आवाज़ धीरे-से आई।

दवाई कभी खाने से पहले दी जाती थी, कभी बाद में। कभी यह कहकर बिलकुल ही नहीं दी जाती कि दवाई अभी पहुँची नहीं। सभी मरीज़ों को एक ही दवाई दी जाती थी। वही सफ़ेद रंगवाली। सूखे नारियल का आधा छिलका था वह, जिससे कटोरे का काम लिया जाता। एक ही कटोरे से सभी मरीज़ों को पीना पड़ता था। पिछले दिनों उस लम्बी चोटीवाले व्यक्ति की मृत्यु का कारण परिचारिका ने उसकी दवाई लेने की इनकारी को बताया था। इस पर किसी ने हँसकर कह दिया था कि वह तो दवाई लेने-पीनेवालों से भी अधिक समय तक छटपटाता रहा। मंगरू ने पूरे गाम्भीर्य के साथ कहा था कि इन जल्लादों को ब्राह्मण की मृत्यु से ब्रह्महत्या लगकर रहेगी।

रात को धीमे स्वर में जगलाल अपने आसपास के दो-चार व्यक्तियों को अपने दोनों बार के भागने की असफलता की कहानी सुनाता रहा। एक बार तो वह कँटीले तारों के कारण पकड़ा गया था, दूसरी बार अपने साथ के डरपोक साथी के कारण। फिर तो यहाँ से निकल सकने की बात को एकदम असम्भव मानने से नए प्रयास की नौबत ही नहीं आई। किसी के इस प्रश्न पर जगलाल चुप हो गया था कि अगर सचमुच ही यहाँ से भागना असम्भव था तो फिर कई लोग कैसे फरार हो सके थे। मंगरू के पेट का दर्द कुछ कम हुआ। उसे नींद आ गई थी। लेकिन कुन्दन उस कहानी को बड़े ध्यान से सुनता रहा। इससे पहले वह सन्तू के भाग जाने की कहानी सुन चुका था। उस युवक ने अपने ऊपर बाँस की बौछार करते हुए एक गोरे को एक ही कुदाली में मार डाला था। अपनी गिरफ़्तारी के तीसरे ही दिन वह क़ैदखाने की ऊँची दीवारों को फाँद गया था। अपने घर पहुँचकर हताश हो उसने दूसरे ही दिन अपने को फिर से सिपाहियों के हवाले कर दिया था, क्योंकि उसकी नवविवाहिता पत्नी ने बलात्कार का शिकार होकर आत्महत्या कर ली थी। सन्तू की कहानी से अपने को हटाकर कुन्दन जगलाल की योजनाओं की असफलता पर गहरे दुख का

अनुमान करता रहा। उससे हुई भूलों पर वह उस समय तक गौर करता रहा जब तक सभी मरीज़ों के बाद उसे भी नींद न आ गई।

कुन्दन सबसे बूढ़ा न होते हुए भी सबसे पुराना क़ैदी था। जिस दिन उसकी गिरफ़्तारी हुई थी, उस दिन तक तो उसके इर्द-गिर्द के ये सारे लोग इस द्वीप में पहुँचे भी नहीं थे। इन लोगों के इधर पहुँचने से कोई बीस-पच्चीस वर्ष पहले ही कुन्दन अपनी टोली के कुछ मित्रों के साथ भारत को लौट गया होता अगर...

अगर उस दिन छावनी से छुट्टी पाकर रास्ते में वह उस नदी के किनारे सुस्ताने के लिए रुक न जाता। अपनी पुरानी कहानी कुन्दन को सुना चुकने के बाद मंगरू ने बार-बार यह चाहा था कि कुन्दन भी उसे अपनी कहानी सुनाए। बार-बार वह कुन्दन से अनुरोध करता रह गया था और कुन्दन हर बार 'फिर कभी' कहकर टाल जाता। आज मंगरू के उधर लौट जाने के बाद उसका हृदय एकाएक भारी-सा हो गया था। मन-ही-मन पश्चात्ताप को झेलते हुए वह अपने-आपको अपनी वही कहानी सुनाता रहा, जिसकी वजह से वह क़ैद हुआ था। नदी किनारे के राफ़िया के पेड़ के नीचे वह अपने हाथों पर सिर को पीछे की ओर टिकाए लेट गया था। सामने की पहाड़ी से आती ठंडी हवा उसके शरीर के पसीने को सोखती हुई उसकी साँस तक को ठंडक पहुँचा रही थी कि...

कि तभी एकाएक सामने के पानी में छपाक् की आवाज़ हुई थी। हलकी नींद के उचट जाने की घबराहट के साथ वह अपनी जगह पर खड़ा हो गया था। आवाज़ को लक्ष्य करके उसने अपने सामने जो दृश्य पाया, उसे देख स्तम्भित रह गया था। वह अपने को भीतर-ही-भीतर काँपकर गर्म हो जाने से रोक नहीं सका।

देखता रह गया...सामने के उस दुर्लभ दृश्य को। वह अपनी साँसों को थामे उस दृश्य को अपलक देखता रह गया था। उस समय वह अपने सामने जो कुछ देख रहा था, जीवन में पहली बार के लिए।

अपनी भीतर की उष्णता और बाहर की ख़ामोशी के साथ वह उस वक़्त भी उसी ओर देख रहा था, जब पीछे से किसी का धक्का खाकर वह मुँह के बल जा गिरा था। फिर तो फ्रेंच में चुनींदी गालियों की बौछार थी और सामने के टोप पहने उस गोरे की लातों की मार थी। इससे भी बाज न आकर गोरे ने सामने से पत्थर उठाकर कुन्दन पर पटकना चाहा था कि तभी कुन्दन ने प्रशिक्षण पाए सिपाही की फुर्ती के साथ उछलकर वार को ख़ाली कर दिया था। गोरे ने पत्थर को दोबारा उठाकर जब उसे कुन्दन पर उछालना चाहा तो कुन्दन के लिए बस अपने को बचाने का एक ही उपाय था—उसके पैरों से लिपट जाना। उसने तेज़ी के साथ वैसा ही किया। गोरा पत्थर के साथ गिर पड़ा था और उसकी कनपटी उसी पत्थर से टकराकर रह गई थी।

उस घटना के तीन दिन बाद कुन्दन को एक गोरी औरत को नंगे स्नान करते देखने और उसके पति की हत्या के अभियोग में उम्रक़ैद की सज़ा हो गई थी। अपने लिए एक फौजी अदालत की रियायत माँगते हुए कुन्दन ने क़ैदखाने की सबसे काली कोठरी पाई थी। मंगरू को अपनी कहानी न सुनाकर वह अपने हृदय को बोझिल कर गया था। अपने को पश्चात्ताप से बचाने के लिए वह स्वयं को सान्त्वना देता रहा कि चारदीवारी में लौटते ही वह मंगरू को अपनी कहानी सुना डालेगा।

मुद्दत पहले जब वह क़ैदखाने के भीतर ज़ंजीर के साथ पहुँचा था, उस समय क़ैदियों में सभी मलगासी गुलाम थे। तीन दिन बाद उसे पता चला था कि क़ैदखाने के बीच की दीवार के उस पार चार भारतीय भी थे। कुछ दिन बाद उनमें से दो से वह मिल भी सका था। अंग्रेज़ों द्वारा मॉरिशस के जीते जाने के कई साल पहले वे दोनों वहाँ पहुँचे थे। एक व्यापार करने आया था। दूसरे का इस द्वीप में आगमन इंजीनियर के रूप में हुआ था। दोनों व्यक्तियों पर एक ही आरोप था, मज़दूरों को बहकाकर जमींदारों के विरुद्ध खड़ा करना। न जाने क्यों कुन्दन को यह आरोप बहुत अच्छा प्रतीत हुआ था। उसने चाहा कि ख़ून के बदले उसके ऊपर भी ऐसा ही आरोप होता।

उस समय क़ैदखाना विस्तृत भी नहीं था। दाहिनी ओर की दीवारें नहीं खड़ी हुई थीं। क़ैदियों की संख्या दो सौ से अधिक नहीं रही होगी। क़ैदियों में एक भी गोरे रंग का नहीं था। सभी मालगाली थे। साँवले-काले और भीमकाय। उनके पैरों में हर वक़्त ज़ंजीरें होती थीं। शुरू में जब वे पत्थर तोड़ने के लिए एकसाथ मिलकर फिर टुकड़ियों में बँटते तो कुन्दन को उनसे डर लगता, लेकिन समय के साथ वह उन लोगों से हिलमिल गया था। वे लोग इसे अपनी जबान सिखाते। वह उन लोगों को चीज़ों के हिन्दी नाम सिखाता।

जिस दिन कुन्दन ने गाब्रियल नाम के क्रिओल क़ैदी को पीछे करके उसकी जगह चाबुक की मार को अपने ऊपर सह लिया था, उस दिन से सभी मलगासी क़ैदी उसे 'फ्रेर' कहकर पुकारने लगे थे। जब तक वे लोग वहाँ रहे, कुन्दन उन लोगों का भाई ही बनकर रहा। गाब्रियल कहता, "तू त्रावायेर फ्रेर।"

कुन्दन मन-ही-मन सोचता। काश गाब्रियल के कहेनुसार सभी मज़दूर भाई-भाई होते।

4

जुल्म ढानेवाले दो व्यक्ति भाई होते हैं, जुल्म सहनेवाले दो व्यक्ति भाई नहीं हो पाते। मालगासी बन्दियों ने सीधे बालोंवाले साँवले बन्दियों को अपना भाई नहीं माना।

बारी-बारी से मालगासी बन्दी चारदीवारी से बाहर होते गए थे। उनमें से दो, जिन्हें उम्रक़ैद की सज़ा थी, वे अवधि से पहले ही चल बसे थे। मालगासी क़ैदी जाते रहे, कुछ मालाबार क़ैदी भीतर आनेवाले थे। कुन्दन ने उधर कोई विशेष ध्यान नहीं दिया था। लेकिन मालाबार नाम से भारतीयों को क़ैद के भीतर पाकर उसे जितनी हैरानी हुई भी, उतना ही हर्ष भी। वह हर्ष भी अपने ढंग का था...हँसी आँसू को साथ लिए। हर दूसरे-तीसरे दिन कोई-न-कोई नया क़ैदी भीतर आ ही जाता। क़ैदियों की संख्या बढ़ती गई थी। सभी की कहानियाँ एक-सी होतीं...

...पत्थरों के नीचे सोना पाने की वही एक-सी चाह लिए 'मारीच देसवा' पहुँचना। जहाज़ से उतरते ही गले में नम्बर लटकाए खेतों को झोंका जाना। आधा पेट खाना, आधी देह कपड़ा। पीठ पर बाँसों की बौछार और...

कोई बैल-जैसा काम करने से इनकारी के कारण इधर आ गया था। कोई भारत लौटने की माँग करके। कोई न्याय की दुहाई करता हुआ, तो कोई बीमारी की वजह से तीन दिन नौकरी पर न पहुँच सकने के कारण। किसी की गिरफ़्तारी केवल इसलिए हो गई थी कि उसने अपने गले से नम्बर लिखे टीन के टुकड़े को निकाल फेंका था। किसी ने सरदार से मुँह लगाने की हिम्मत की थी। जिस व्यक्ति ने पहले दिन भीतर आते ही आत्महत्या कर ली थी, उसकी गिरफ़्तारी इसलिए हुई थी कि सरदार की माँग पर उसने अपनी खूबसूरत पत्नी को पहली रात मालिक के घर नहीं पहुँचाया था।

अस्पताल में कुल चार खिड़कियाँ थीं, वे भी इतनी छोटी कि उनसे बाहर निकलना कठिन था। यदा-कदा थोड़ी-बहुत हवा भीतर आ ही जाती थी, जिससे दोपहर की चिपचिपाती गरमी से द्वार पर का सिपाही ऊँघने लगता था। उसके पासवाला रोगी उसके पसीने की गन्ध से नाक सिकुड़ते ही अपने मुँह को दूसरी ओर फेर लेता। लोग बताते कि न नहाने के कारण उसके पसीने से इस तरह की दुर्गन्ध आती थी। इधर तो सभी रोगियों के लिए भी नहाने का कोई ख़ास प्रबन्ध नहीं था। कुन्दन को भी नहाए कई दिन हो गए थे, फिर भी उसके पसीने की गन्ध इतनी बुरी नहीं हो पाई थी। कुछ लोग इसे त्वचाभेद बताकर चुप रह जाते।

खिड़की से हाथ बाहर करके कुन्दन ने बाहर की हवा को महसूसना चाहा, पर ऐसा लगा कि हवा बह ही नहीं रही थी। अपने शरीर का पसीना उसे लेई की तरह लसलस लगने लगा था। टट्टी के द्वार की बाल्टी में इतना कम पानी होता था कि उससे हाथ के अलावा बाक़ी अंगों को भिगाना तक कठिन था। वह पानी भी बिरले ही साफ़ होता था। कई दिनों तक बाल्टी के न धुलने के कारण उसके भीतर के रेंगते सफ़ेद कीड़े साफ़ दिखाई पड़ने लगते थे। जिस लोटे के साथ टट्टी के भीतर प्रवेश करना पड़ता था, उसकी पेंदी घिस गई थी। भीतर निवृत्त होते-होते लोटे का आधा पानी बह जाता था।

उस मौलिक आवश्यकता की पूर्ति के लिए सभी को शीघ्रता होती थी। लोटे में छेद तो था ही, उसी तरह के कई छोटे छेद अस्पताल के छप्पर में भी थे। छोटी-सी बारिश के वक़्त भी छाजन रीसने लगता था और चारपाइयों को इधर से उधर करना पड़ जाता था।

दिन में रोगियों को जो मान्योक परोसा गया था, वह अच्छी तरह सीझ नहीं पाया था। यह कन्द अच्छी तरह सीझ जाने पर मकई के भात से अच्छा ही होता था। शायद यही कारण था कि उसे अच्छी तरह सीझने नहीं दिया जाता। उस तरह का अवसर बहुत कम होता, जब सीझे हुए रूप में मान्योक मरीज़ों के सामने रखा जाता। वैसा रसोइये की भूल से हो जाता होगा। अपने दाँतों के नीचे उसे 'कच-कच' पाकर कुन्दन ने उसे उगल देना चाहा था, पर उसके भीतर की भूख ने उसे ऐसा करने दिया ही नहीं। किसी तरह जी जाँतकर खाना ही पड़ा था। बालू में पड़े हर बैल को अपनी आँखें तो बचानी ही थीं।

पिछली रात कुन्दन के पाँव का दर्द बहुत अधिक बढ़ गया था। बड़ी कठिनाई से वह चल सका था। उधर सप्ताह-भर भूमि पर सोते रहनेवाला व्यक्ति भी, जो मंगरू के जाने के बाद उसकी चारपाई पर आ गया था, रात-भर कराहकर कुन्दन के दर्द को दुगुना कर गया था। इस व्यक्ति की जाँघ का घाव पककर चमकीले पीले रंग का हो गया था। उसके काटे जाने के दिन को रोज़ ही स्थगित किया जा रहा था। सात दिन लगातार उससे यह कहकर उसे जिलाया जाता रहा कि दूसरे दिन डॉक्टर के पहुँचते ही पहला काम उसके घाव को काटना होगा। पिछली बार डॉक्टर घाव को दूर ही से देखकर कह गया था कि अभी वह काटे जाने के लिए तैयार नहीं था।

सुबह अपने पाँव के दर्द से खुद दुखी कुन्दन ने जब घाववाले व्यक्ति के पास पहुँचकर उसकी हालत जाननी चाही तो उस समय वह खाट पर बेहोश था। रात में उसका घाव अपने-आप फूट गया था। ख़ून और पीव से वह लथपथ था। ख़ून कुछ इतना अधिक बहा-सा दीख रहा था कि सभी मरीज़ घबरा गए थे। दिन में ख़बर आई थी कि डॉक्टर खुद बीमार हो जाने के कारण बिलकुल नहीं पहुँच सकता। परिचारक घाव को बिना पोंछे, मरीज़ की बेहोशी हालत में उसमें बिना कुछ लगाए उसे अधमैली पट्टी से बाँध गया था।

दूसरे दिन उसे एकदम चंगा बताकर डॉक्टर उसे क़ैदखाने में भिजवा देने का आदेश दे गया। वह व्यक्ति अपनी जाँघ थामे गिड़गिड़ाता रहा और परिचारक ने उसके हाथों में ज़ंजीर पहनाकर सिपाही के हवाले कर दिया। एक पैर से चलकर रोता-चिल्लाता वह क़ैदखाने को चल पड़ा। उसे घूम-घूमकर अपनी चारपाई की ओर देखते पाकर सभी मरीज़ों को उसकी हालत पर दया आ गई थी। किसी से कुछ होना तो दूर, किसी का अपनी दया ज़ाहिर करना भी असम्भव था।

और फिर यह तो रोज़ की बात थी। आगे भी सभी को यहाँ से इसी हालत में निकलना था। कुछ अच्छा हो जाने पर मरीज़ को घर भेज दिया जाता है, पर चूँकि इन क़ैदियों के लिए घर का प्रश्न ही नहीं उठता था, इसलिए उनके चंगे होने का इन्तज़ार भी नहीं हो पाता था। डॉक्टर के मन की बात थी, जब चाहे वह किसी को अच्छा बता सकता था और जब चाहे किसी को सबसे नाज़ुक स्थिति में चारदीवारी को लौटा सकता था।

कुन्दन के सामनेवाली छोटी-सी खिड़की से वह बकाइन का निपाती पेड़ स्पष्ट दिखाई पड़ता, जिसकी डालियों पर मैना की जोड़ी फुदकती रहती थी। ये मैनाएँ ही भारत के अपने गाँव की सबसे अधिक याद दिलाती थीं। इन मैनाओं को यहाँ की फ़सल की रक्षा के लिए लाया गया था। पहली बार क़ैद की दीवार पर एक मैना को देखकर वह हैरान रह गया था। पहले तो मॉरिशस में उसने कहीं भी मैना नहीं देखी थी। बहुत बाद में उसके अन्य साथियों ने बताया था कि उन्हीं लोगों के साथ मैना की पचास जोड़ियाँ आई थीं। अपने साथियों से सभी कुछ सुन चुकने के बाद कुन्दन ने हँसकर कहा था—"वाह रे मेरे देश की मैना! जहाँ तुम्हारे देश के लोग खुरी घँस-घँसकर बंजर ज़मीन को खेतों में बदल रहे हैं, वहाँ तुम भी फ़सलों पर उत्पात करनेवाली टिड्डियों को मिटाकर इस देश को सँवारने में अपने ढंग से सहयोग दे रही हो।"

भारत में मैना को देखना तक कुन्दन नहीं चाहता था। लेकिन यहाँ उसी पक्षी से उसे अगाध प्यार हो चला था। चारदीवारी के भीतर से मैना की टाँय-टाँय में उसके लिए जितनी आत्मीयता थी, वह कहीं नहीं थी। वह लम्बे समय तक मैनाओं को देखता और उन्हें सुनता रहता। कभी अपनी मुट्ठी में रोटी का छोटा टुकड़ा या मकई का थोड़ा-सा भात छिपाकर पत्थर तोड़ने निकलता। उन चीज़ों को मैनाओं के बीच फेंककर वह गद्‌गद हो उठता। उनकी टाँय-टाँय में उसके लिए कहानियाँ होतीं। उनमें उसके गाँव की नदियाँ थीं। पनघट की औरतों की घाँवमाँव थीं। गाँवों की वे तमाम यादें थीं उनमें, जिन्हें वह बिसार गया था। वहाँ की हरियाली, वहाँ की सुखारी। सभी कुछ आँखों के सामने बरबस ही आ जाते। कुन्दन चाहता कि इन पक्षियों में से एक तो कभी उसके कन्धे पर आ टिके, लेकिन लगता कि मैनाओं को अपनी स्वतन्त्रता कहीं अधिक प्यारी थी।

परिचारक को अपना पाँव दिखाते हुए कुन्दन ने चाहा कि उस पर लगाने के लिए उसे कोई दवा मिले। उसकी बात सुनी-अनसुनी करके परिचारक चला गया। दूसरी बार जब कुन्दन ने फिर से दवाई का आग्रह किया तो एक दूसरा मोटा परिचारक मिट्टी की सुराही जैसी किसी चीज़ के साथ उसके पास पहुँचा। नीले रंग के एक तरह के पदार्थ की कुछ बूँदों को घाव पर टपकाकर वह चला गया। उन बूँदों से कुन्दन का समूचा पैर झनझना उठा।

ज़हर का-सा जलन था वह। अच्छा ही हुआ, परिचारक वहाँ से उसी क्षण टल गया था अन्यथा कुन्दन ने अपने हाथ का जूठा बरतन उस पर चला दिया होता।

कुछ देर बार कुन्दन को अपना पैर और भी बेकार लगने लगा। घाव एक बार फिर ताज़ा हो गया था। जगलाल ने सहानुभूति प्रकट करते हुए कहा, "दवाइयवा काम करत बाते इही ख़ातिर वह दुख रहल बा। साँझ तक अच्छा हो जाए कुन्दन, जरा धीरज धर।"

साँझ से रात हो गई। कुन्दन के चेहरे की पीड़ा बनी रही। जगलाल ने इस बार बड़ी सहानुभूति के साथ प्रश्न किया, "बहुत ज़्यादा अंगरत बा का?"

कुन्दन ने होंठों के बीच एक कठिन मुस्कान लाकर सचाई को छुपाने का प्रयत्न किया। रात-भर बिना कराहे वह दर्द को भीतर-ही-भीतर महसूसता हुआ करवटें बदलता रहा। एक पल के लिए भी उसकी आँखें नहीं झपक सकीं। रात में क़ैदखाने से आते किसी क़ैदी के चीत्कार को वह रह-रहकर सुनता रहा। उस चीत्कार से उधर की पीड़ा का अधिक असह्य होना स्पष्ट था। अपनी पीड़ा को भूलने के लिए कुन्दन को मनोबल मिला।

"तुम्हें बड़े घर लौट जाने की आज्ञा मिली है।"

कुन्दन को हैरानी नहीं हुई। पहले ही बात उसकी समझ में आ गई थी। दोपहर में सिपाही अस्पताल के भीतर पहुँचा। कुन्दन के हाथों को ज़ंजीर से जकड़ा और उसे लिए अस्पताल से बाहर होने लगा। बारी-बारी से सभी मरीज़ों की आँखों से कुन्दन की आँखें मिलीं और हटती गईं। सभी आँखों ने गोया यही कहा :

"फिर मिलेंगे—चारदीवारी के भीतर!"

क़ैदखाने की पत्थर की ऊँची दीवारों से झनझनाता हुआ किसी बन्दी का स्वर गूँजता रहा—

मूसे मारतें के खेतवा में सोना फड़ल बा
हमर तोहर हथवा में लोहा उगल बा।

कुन्दन इस स्वर को पहचानता था। वही पागल क़ैदी लोहे की छड़ों को दोनों मुट्ठियों से पकड़े कभी उन्हें ईख समझकर दाँतों से छिलके उतारने की कोशिश करने लगता था। कहा जाता है, वह भारत का कोई बहुत बड़ा क्रान्तिकारी था। अंग्रेज़ सरकार ने गिरफ़्तारी के बाद उसे इस द्वीप में भेज दिया था। कालापानी।

5

इस द्वीप के चारों ओर समुद्र-ही-समुद्र था, जिसे लाँघने के प्रयास में उसी में विलीन हो जाना कई लोगों ने बेहतर समझा। उन ज्वार-भाटों के बीच अकुलाते हुए दम का घुटना क्षणिक था, चारदीवारी की तरह वह लम्बा और स्थायी नहीं था।

चारदीवारी के भीतर कई नए लोग आ गए थे। वापसी पर कुन्दन को लगा कि वह किसी यात्रा के बाद अपने घर लौट आया था। अपने पैर के दर्द के बावजूद वह खुश था। जानी-पहचानी दीवारें, अपने जैसे लगनेवाले खम्भे। वही तारों का परदा, लोहे की सलाखें। पहरेदारों की वही सूरतें, वे ही सिपाही। परिचारक भी वे ही। वे ही बन्दी बन्धुगण। ज़ंजीरों की वही झनझनाहट, वही ख़नखनाहट। जेलर का कर्कश स्वर! सभी कुछ वही था। वहाँ के धुँधलके में अपनापन का यही आभास था।

दुख अगर थोड़ा-बहुत हुआ था तो बस इस बात का कि उसे पैंतालीस नम्बर की वह कोठरी नहीं मिल सकी थी, जिसकी दीवारों पर उसने समय की छाप छोड़ी थी। सिपाही से पूछने पर पता चला कि उसमें किसी बहुत ही ख़तरनाक क़ैदी को रखा गया है। यह बात कुन्दन को दूसरे क़ैदी से मालूम हुई कि उसकी पुरानी कोठरी में जो क़ैदी था, उसे बगावत के जुल्म में सात वर्ष की सज़ा हुई थी। कुन्दन के भीतर उस व्यक्ति को जल्द-से-जल्द देखने की इच्छा पैदा हो गई थी। लेकिन उसकी उस इच्छा और उस बागी के बीच एक दूसरी ऊँची दीवार थी। वह उत्तरी विभाग में था और कुन्दन तो इस नए पूर्वी विभाग में आ गया था।

क़ैदियों के बीच बन्दीगृह के सिपाहियों के अलग-अलग नाम थे। उनके सही नाम जानना क़ैदियों के लिए असम्भव था, इसलिए उस एक सौ पैंतीस नम्बर का क़ैदी मरने से पहले सभी को अपने ढंग के नाम दे गया था। किसी का नाम दुःशासन था, किसी का जरासन्ध। वह जो द्वार पर खड़ा-खड़ा ऊँघने का आदी था, उसे सभी कुम्भकरण नाम से जानते थे। लम्बी मूँछोंवाले सिपाही को कंस मामा कहकर पुकारा जाता था। दुबला-पतला, जो कुछ रहमदिल था, उसे क़ैदी विभीषण कहकर पुकारते थे। यह विभीषण अपने नाम की तरह जितनी डरावनी सूरत का था, भीतर से वह उतना ही कोमल था। यही एक सिपाही था जिसे सभी क़ैदी आदर से देखते थे। उसे पास से गुज़रते देखकर कुन्दन ने कहा, “विभीषण भैया, नमस्ते!”

उसके पास पहुँचकर सलाखों के इसी ओर से विभीषण ने उसकी नमस्ते का उत्तर देते हुए पूछा, “कां तो फिन रेतुने?”

“आज ही।”

“तुम्हारा पाँव कैसा है?”

“कुछ अच्छा है।” शिष्टाचार के नाते कुन्दन को झूठ बोलना पड़ा।

एक तरह से इस चारदीवारी के भीतर सभी कठोरता और बेरहमी के बावजूद कुन्दन को कभी-कभार थोड़ा-बहुत आदर-सा मिल जाता था। विभीषण के अलावा दूसरे सिपाही भी अच्छी मनःस्थिति में होने पर उससे एकाध बातें कर ही लेते थे। दो कारणों से। एक तो उसके स्वयं सिपाही होने के कारण और दूसरी वजह थी उसका यहाँ सबसे पुराना होना।

कुछ देर पहले एक परिचारक कुन्दन को उसकी पुरानी गठरी दे गया था। लकड़ी की खाट पर बैठकर कुन्दन ने गठरी खोली। उसके हाथ के कड़े छोटे-के-छोटे रह गए थे और वह बढ़कर अब ढलने को था। बीते दिनों की याद दिला जाने की कई चीज़ें थीं उस गठरी में। लेकिन...कुन्दन उन बीते दिनों को याद करके चुभन का शिकार होना नहीं चाहता था। इसलिए उन चीज़ों को फिर से बाँध दिया। बस, उस फूलदार रूमाल को अपने हाथ में रह जाने दिया। मरनेवाले ने अपनी मृत्यु के एक दिन पहले कुन्दन को भेंट किया था। उस मरनेवाले के बारे में भी कुन्दन ने अधिक सोचना नहीं चाहा। बस रूमाल को अपने सिर और दीवार के बीच तकिये की तरह रखकर उठँग गया। पहली बार चारदीवारी के भीतर आकर कुन्दन ने इसी छोटी-सी गठरी को बाँधा था, उसी क्षण वह गठरी उससे ले ली गई थी। उस दिन वह जेलर की हिफ़ाजत से निकलकर फिर से उसके हाथों में आ गई थी। चारदीवारी के भीतर उसके बीस वर्ष पूरे होने को थे। तब से यह गठरी लगातार उसकी अपनी कोठरी में थी। जिस दिन वह अस्पताल जाने लगा था, उससे गठरी ले ली गई थी। आज उसे फिर से पाकर उसने जैसे एक घनिष्ठ साथी को पा लिया था।

दूसरे दिन कुन्दन के साथ रियायत की गई। उसकी टोली के क़ैदियों के साथ उसे शहर के रास्ते बनाने को नहीं ले जाया गया। उसे कोठरी से निकालकर ऊँची दीवारों के बीच के विस्तृत स्थान में मकई के दाने छुड़ाने का काम सौंपते हुए विभीषण ने हँसकर कहा, "दो दिन के लिए तुम बड़े काम पर नहीं जा रहे हो।"

वहाँ से जाने के पहले उसने कुन्दन के घायल पैर को गौर से देखा, फिर यह बोलता हुआ आगे बढ़ गया, "जल्द अच्छा हो जाएगा। पात्राकासे।"

कुन्दन को लगा कि उसके घाव पर यह पहली मरहम-पट्टी थी।

जिस स्थान पर वह दो अन्य क़ैदियों के साथ मक्की के दाने छुड़ाने के लिए बैठा था, वहाँ से सामने की पत्थरों की दीवार के बीच की दो खिड़कियाँ एकदम सामने पड़ती थीं। खिड़कियाँ काफ़ी चौड़ी थीं, पर सलाखों के फासले बहुत कम थे। फिर भी, बाहर के दृश्य काफ़ी विस्तृत थे। दूर आदमी की-सी आकृति में खड़ा पहाड़। यहाँ के आसपास की हरियाली।

दूसरी ओर शान्त समुद्र का गहरा नीलापन...उड़ते हुए पक्षी...सभी कुछ कुन्दन को एक दूसरी दुनिया की तरह लग रहा था। वह कोई अदृश्य गिरजाघर था, जिसके घंटे की आवाज़ क़ैद की चारदीवारियों के भीतर भी प्रतिध्वनित हो रही थी।

जिस मरनेवाले की गठरी को अपनी गोद में लिए हुए भी कुन्दन उसके बारे में सोचना नहीं चाहता, उसकी आवाज़ इस घंटे की आवाज़ के साथ मिलकर उसके कानों में गूँजने लगी। उन प्रतिध्वनियों के बीच कुन्दन उस नौजवान के स्वर की अनुध्वनियाँ सुनता रहा—"कुन्दन भैया...मुझसे बार-बार यही कहा जाता कि मैं अपने

गले के उस तावीज़ को उतार फेकूँ जिसके भीतर हनुमानजी का चित्र था। मैं इनकार करता रहा, मेरी पीठ पर कोड़े बरसते रहे। मुझे गिरजाघर के आँगन में खड़ा करके घंटे को ज़ोर से बजाया जाता...और...और...फिर मुझसे कहा जाता कि मैं घुटने टेककर असली परमात्मा का नाम लूँ।...कुन्दन भैया, मैंने सलीबवाली चेन लेने से इनकार किया...मेरे गले से मेरी माँ की निशानी उस तावीज़ को नोच लिया गया।... बस, यही मेरा जुर्म रहा...इसीलिए मैं यहाँ हूँ...। जिन्होंने चेन ले ली, चैन से हैं। तुम पतियाओगे नहीं कि उनके साथ हमारे अपने लोग भी मिले हुए थे।"

कुन्दन हँसकर रह जाता।

...उग्रसेन के वंश में कंस!

कुन्दन की आँखों में आँसू नहीं आए। वे बहुत अधिक मात्रा में आ चुके थे। वह अपने होंठों के बीच की उस विचित्र मुस्कान के साथ मकई के दानों को छुड़ाता रहा। यह दाने छुड़ाने का काम कुन्दन को तनिक भी पसन्द नहीं था। पहले भी कई अवसरों पर वह ऐसा कर चुका था। बड़ा अजीब था यह काम। अँगुलियों की सक्रियता के साथ मस्तिष्क के तारों की सक्रियता भी बढ़ जाती थी। ख़याल बरबस ही पीछे को लौट जाते और...

वह बार-बार एकाग्रता का प्रयत्न करता और बार-बार खंडित होता रहता। एक याद से दूसरी याद, फिर तीसरी और वह यादगारों के खोखले जर्जर सोपानों के सहारे शून्य में आ गिरता।

शाम को रोटी लेने के लिए क़तार में आगे बढ़ते हुए कुन्दन को मंगरू मिल गया। कड़कती धूप में पत्थर तोड़ने के बाद लौटा था वह। उसकी आँखों में अब भी थकान थी। चेहरे का रंग अधिक साँवला हो चला था। उसके समूचे शरीर से कमज़ोरी फूट रही थी। कुन्दन को लगा, यह आदमी वर्षों से बीमार है। पहली बात कुन्दन के मुँह से निकली, "तुम्हारे पेट का दर्द कैसा है?"

"लगता है उसके साथ ही जाना पड़ेगा।"

"ऐसा क्यों कहते हो?"

"छोड़ो इस बात को। तुम इसे अपने पास रख लो।" यह कहते हुए मंगरू ने एक छोटी-सी पुड़िया कुन्दन के हाथों पर रख दी।

"क्या है यह?"

दुःशासन के सामने आकर खड़ा हो जाने से दोनों चुप हो गए। तार के बीच की छोटी-सी खिड़की के रास्ते से बासी फ्रांसीसी रोटी के टुकड़े लिए क़ैदी अपने-अपने ठौर को जाते रहे। सिपाही ज़ंजीरों का निरीक्षण कर-करके लोगों को कोरियों की ओर भेजते रहे, जहाँ दूसरे सिपाही पहले ही से तैनात था। दुःशासन के हटते ही अपनी मुट्ठी में छिपाई वस्तु को गौर से देखते हुए कुन्दन ने दोबारा पूछा, "क्या है यह मंगरू भाई?"

"तुम्हारे घाव में लगाने के लिए।"

"कहाँ मिला?"

"मैंने खुद तैयार किया है घास-पत्तों से। तीन बार लगाओगे, बस पाँव एकदम चंगा हो जाएगा। मैंने अपने बाप से सीखा था। और भी कई दवाइयाँ मुझे आती हैं। बस, अपने पेट के इस जालिम दर्द की क्या दवा है, यही नहीं पता मुझे। साला नया रोग होगा, नहीं तो इसकी क्या चलती!"

कुछ देर चुप रहकर उसने आगे कहा, "साले आदमी अस्पताल आते हैं अच्छा होने के लिए, यहाँ तो रोग को और भी बढ़ाने के लिए जाना पड़ता है। जहाँ लँगी से पानी पिलाया जाता है। दवाई तक के लिए छिछियाय पड़ेला।"

दुःशासन फिर सामने आ गया। बातें फिर रुक गईं। इस बीच कुन्दन के हाथ में पत्थर की-सी कठोर रोटी आ गई। उसे लिए हुए वह पूर्वी इलाके की ओर जाते हुए मंगरू को उत्तरी विभाग की ओर बढ़ते हुए देखता रहा।

अपनी कोठरी में पहुँचकर सबसे पहले उसने उस पुलिन्दे को खोला, जिसमें हरे रंग का लेप था। उसने तुरन्त उसमें से थोड़ा-सा लेकर अपने घाव पर लगाया। लगाते ही उसे एक ठंडक-सी महसूस हुई। पुड़िया को उसी तरह बन्द करके उसने उसे मोटरी के भीतर सँजोकर रख दिया। यह नई कोठरी उसकी पिछली कोठरी से थोड़ी बड़ी थी। इसमें दो-तीन क़ैदियों को एकसाथ रखा जाता था। कुन्दन को अकेले रखने का उन लोगों का न जाने क्या कारण रहा हो। यहाँ रोशनी भी अच्छी थी। तीन ओर पत्थर की दीवारें थीं। सामने लोहे की छड़ें थीं। दाहिने ओर की दीवार के पत्थरों के बीच से मुट्ठी बराबर के एक पत्थर को हटा लिया गया था, जिससे बग़ल की कोठरी तक कम-से-कम आवाज़ पहुँचाई जा सकती थी।

बाहर अँधेरा छाने में अभी कुछ देर थी, लेकिन कोठरियों के भीतर रात होने लगी थी। निरीक्षण पर निकले हुए विभीषण को रोककर कुन्दन ने पता लगा लिया कि यह कोठरी छह महीनों से ख़ाली थी। इससे पहले इसमें एक इंजीनियर दूसरे क़ैदी के साथ तीन साल की सज़ा भुगतकर एक पहरेदार की गोली का शिकार हो गया था। विभीषण ने बड़ी धीमी आवाज़ में कुन्दन को बताया कि वह इंजीनियर बहुत ही साहसी था। अपने साथी को चाबुक की मार से बचाने के लिए उसने एक सिपाही की गरदन दबोच ली थी। पीछे से पहरेदार ने उस पर गोली चला दी थी।

बहुत जल्दी-जल्दी बातें बताकर विभीषण वहाँ से आगे बढ़ गया था। ऊँची दीवार के उस पार से कुन्दन इस कहानी को उसी समय सुन चुका था, पर सच्चाई पहली बार मालूम हुई। जाते-जाते विभीषण उसके हाथ में आधी रोटी थमा गया था। हाथ से छूटकर उसके नीचे गिर जाने पर कुन्दन उसे उठाने के लिए झुका ही था कि उस धुँधलेपन में भी चारपाई के निचले भाग में उसने काग़ज़ के एक टुकड़े को

लटके पाया। उसे बिना ज़्यादा महत्त्व दिए वह खड़ा हो गया। चारपाई पर बैठते हुए फिर एकाएक न जाने क्या सोचकर वह नीचे आ गया। उकड़ूँ बैठकर उसने काग़ज़ को ध्यान से देखा और हाथ बढ़ाकर उसे वहाँ से निकाल लिया। काग़ज़ का अधफटा पुराना टुकड़ा कई तहों में लिपटा हुआ था। उस पर काफ़ी अस्पष्ट-सी हिन्दी में कुछ लिखा हुआ था। मुद्दत बाद किसी दूर देश में निहत्थेपन की स्थिति को जीते हुए अपनी भाषा के अक्षरों पर नज़र पड़ जाने का मतलब होता है नवजीवन पा लेना और किसी घटाटोप अँधेरे में एकाएक प्रकाश का कौंध जाना।

6

कोठरी के भीतर गलियारे से आते हुए प्रकाश का केवल एहसास-सा होता। उस दूरी से आते-आते वह कुन्दन की कोठरी में दम तोड़ता-सा लगता था। अपने हाथ के काग़ज़ को कुन्दन उलटकर देखता रहा। यह जानकर कि उस पर की लिखी हुई भाषा को वह पढ़ सकता था, उसके भीतर एक उत्सुकता जाग उठी थी। वह अपने किसी बन्धु के विचार जानने को अधीर हुआ, पर उस धुँधलेपन में पढ़ पाना उसके लिए कठिन रहा। पहली ही नज़र में अक्षरों की अस्पष्टता उसे दिखाई पड़ गई थी। दिन के उजाले में भी आसानी से वह उसे नहीं पढ़ पाएगा, यह उसे मालूम था। काग़ज़ों को टेंट के हवाले कर वह चारपाई पर जा बैठा।

उसके पाँव का दर्द कम था। बग़ल की कोठरी से छिद्र के रास्ते दूसरे क़ैदी के बिरहा की धीमी आवाज़ रह-रहकर आती। कुन्दन को बहुत जल्दी नींद आ गई। यहाँ की चारपाई बकाईन के तने के अलावा कुछ नहीं थी, फिर भी अस्पताल की चारपाई से अच्छी ही थी। कुन्दन की पीठ की कठोरता की चारपाई की सख़्ती से काफ़ी घनिष्ठता हो चली थी। कुन्दन की नींद इतनी गहरी रही कि सुबह चार बजे के घंटे की प्रलयंकर आवाज़ से भी वह नहीं जाग पाया। दुःशासन ने लोहे की छड़ों को ज़ोर से झनझनाकर उसे जगाया।

क़ैदियों के जमा होनेवाले विस्तृत स्थान पर पहुँचने पर उसने सभी क़ैदियों को पहले ही से क़तार में खड़े पाया। हवा में शरीर को सिहरन दे जानेवाली ठंडक थी। सूरज की किरणों के ऊपर आने में अभी काफ़ी समय था, फिर भी अँधेरा धीरे-धीरे मिटकर उजाले के लिए स्थान बना रहा था। दूर से आती हुई मुर्गों की एकाध बाँगें सुनाई पड़ जाती थीं। जरासन्ध ने अपने भारी-भरकम स्वर में चिल्लाकर क़तारों को सीधा करने का आदेश दिया। हलके शोरगुल के साथ क़ैदी हिल-डोलकर सीध में खड़े होने लगे। जरासन्ध ने दोबारा चिल्लाकर हल्ला-गुल्ला बन्द करने का हुक्म दिया।

उसने तथा क़ैदियों ने सभी कुछ यान्त्रिकता के साथ किया।

"प्रिज़ोन्ये दे सां त्रुवा।"

एकदम पहली क़तार के उस छोर से इस छोर तक चिल्लाता हुआ कंस मामा बीच में आ खड़ा हुआ। उसकी इस आवाज़ की पुनरावृत्ति अन्य सिपाहियों ने भी की। अन्त में विभीषण ने अपने क्रिओली उच्चारण के साथ हिन्दी में आवाज़ दी :

"क़ैदी दो सौ तीन।"

कोई उत्तर नहीं मिला।

पन्द्रह मिनट बाद क़ैदियों की कानाफूसी से पता चला कि क़ैदी दो सौ तीन अपनी कोठरी में मरा पाया गया। कुन्दन उसे अच्छी तरह जानता था। रूपलाल तो सबसे तगड़ा, सबसे चंगा क़ैदी था।

उसकी यह अकस्मात् मौत? क़ैदियों के बीच एक बार फिर कानाफूसी हुई। कई प्रश्न उठे। कहीं रामदेव की तरह सिपाहियों ने इसे भी ज़हर तो नहीं दे दिया? दबी आवाज़ में कई लोगों ने सहमति दी।

"ऐसा ही हुआ होगा। कई दिनों से ये लोग उसे रास्ते से हटाने की सोच रहे थे। अभी परसों उसने अधपका पनछोछर भात रसोइये के मुँह पर फेंक दिया था।"

पीछे से एक दूसरी आवाज़ आई, "अरे कल की बात है। उसने जरासन्ध के गाल पर थप्पड़ जड़ते हुए कह दिया था–एक दिन तोर पारी, एक दिन मोर पारी, आज भैया पारी-पारी।"

लोगों की कानाफूसी देर तक नहीं चल सकी। क़ैदखाने के लगभग सभी कर्मचारी सामने आ गए थे। रामदेव के शव को दफनाने की बात सुनकर कुन्दन से चुप नहीं रहा गया। उसने कंस मामा को सम्बोधित करके कहा, "कंस मामा, पिछली बार भी हमने इस बात के लिए अपना विरोध प्रकट किया था। रूपलाल भी हिन्दू है, उसे दफनाया नहीं जा सकता। जलाना होगा उसे।"

पल-भर का सन्नाटा रहा।

कुछ देर बाद कंस मामा ने क्रोध-भरे स्वर में कड़ककर कहा, "ठीक है, उसे जला आने की तैयारी की जाए।"

"इतनी जल्दी क्यों पड़ी है? डॉक्टर को तो आने दिया जाए।"

"फेंर्म ता गेल!" कंस मामा चिल्ला पड़ा।

और कुन्दन को चुप रह जाना पड़ा। उसके पीछे से किसी साथी ने धीरे-से कहा, "डाक्टर के आइल न आइल बराबर का कुन्दन भैया।"

मान्योक वितरण करते वक़्त विभीषण ने कुन्दन के कानों में कहा कि उसकी छुट्टी रद्द कर दी गई। उसके साथ कोई रियायत नहीं होगी और उसे घायल पाँव के साथ शहर की सड़कें बनाने जाना ही होगा। कुन्दन को इस बात से जरा भी दुख

नहीं हुआ। मान्योक खाकर उसने भरपेट पानी पी लिया और फिर काम पर जाने के लिए अपने को तैयार पाया।

उजाला होने लगा था, फिर भी सूरज की प्रथम किरणें धरती को छू नहीं पाई थीं। जब क़ैदखाने के फाटक से क़ैदियों की दो टोलियाँ निकलीं, तीन-तीन क़ैदियों के पैर एक ही लम्बी ज़ंजीर में बँधे हुए थे। हेमन्त की आख़िरी ठंडक को अनुभव करते हुए वे चल रहे थे। ज़ंजीरों की खनक के साथ उनके क़दम बढ़ रहे थे। कभी-कभार आदत से मजबूर सिपाही उन्हें अनुशासन में लाने के लिए अकारण ही चिल्ला पड़ते।

शहर के उस भाग में पहुँचने पर, जहाँ क़ैदियों को काम में लगना था, सूरज पूर्वी पेड़ों के ऊपर आ गया था।

चलकर आने की थकान अभी मिटी भी नहीं थी कि उन्हें काम का हुक्म मिल गया। चलने के कारण कुन्दन के पैर का दर्द बढ़ आया था। उसे भीतर-ही-भीतर झेलता हुआ वह कंकड़ों को सड़क पर बिछाने में लगा रहा। क़ैदियों के पाँव और हाथ में ज़ंजीर थी। इस पर भी किसी को कमर सीधी करने की इज़ाजत नहीं थी। मुँह पर बहते पसीने को पोंछने का मतलब था, पीछे से बन्दूक की मूठ का पीठ से लग जाना। पुल और इमारतें बनाते समय भी लोगों की यही दशा होती थी।

पाँच घंटों के लगातार काम के बाद सीटी बजी। जिसको जहाँ जगह मिली, बैठ जाना पड़ा। मैले हाथों से ही सभी को सूखी रोटी और उबली हुई अरवी लेनी पड़ी। खाने के दौरान कुन्दन का हाथ कोई तीन-चार बार टेंट पर पहुँचा। उस काग़ज़ को वह अब भी उसी स्थान पर महसूस रहा था। उन्हें एक बार पढ़ जाने की चाह अब भी उसके भीतर बनी हुई थी। अपनी उत्सुकता को उसे दबाना पड़ा, क्योंकि इस खुली जगह में सिपाहियों की आँखें एक क्षण के लिए भी उन्हें नहीं छोड़तीं। उसके ठीक सामने था जरासन्ध। कुछ देर के लिए अगर वह थोड़ा-सा हट पाता तो सम्भवतः कुन्दन उस काग़ज़ पर नज़र दौड़ा सकता। कुन्दन इस ताक में रोटी को धीरे-धीरे चबाता रहा। कुछ देर बाद आख़िर वह होकर रहा, जो कुन्दन मन-ही-मन चाह रहा था। धूप से तंग आकर जरासन्ध कुछ आगे जा बैठा जहाँ थोड़ी-सी छाँव थी। उसे उम्मीद बँधी। उसके हटते ही कुन्दन ने आगे-पीछे देखकर टेंट से काग़ज़ को बाहर निकाला। सींक और किसी जंगली फूल के रस से लिखी हुई अस्त-व्यस्त पंक्तियाँ थीं।

"...जिस दिन सिर पर बोझ लिए दंड भुगतता हुआ मैं बड़ी दीवारों के चक्कर काट रहा था, उसी दिन मेरी पैनी नज़र को मेरी कोठरी के नीचे की सुरंग का पता लग गया था। यह बात तो मुझे पहले ही से मालूम थी कि इस इलाके में जलदस्यु सुरंग बनाकर अपने खजाने छुपा जाते थे। दूसरी ही रात मैंने अपनी कोठरी में सूराख

की खोज शुरू कर दी थी। आज पूरे सुरंग का पता चल गया है। अपनी चारपाई के नीचे के दो पत्थरों को हटाकर मैंने उनको सतही रख दिया है। सुरंग चालीस फुट का है, इसका यह मतलब है कि वह नाले के पास निकलता होगा। दीवार पार का मेरा साथी कुछ डरपोक है, फिर भी कल रात हमें इस नर्क से बाहर होकर रहना है—लेकिन यहाँ हर दूसरे क्षण कुछ-से-कुछ हो जाता है—कल की रात हम दोनों के लिए कैसी रहेगी—मालूम नहीं, इसलिए सुरंग का पता इस काग़ज़ पर लिखे जा रहा हूँ—भाग्य हमारे पक्ष में रहा तो यह काग़ज़ भी हमारे साथ इस चारदीवारी से पार हो जाएगा—और अगर ऐसा नहीं हुआ तो—जिसके हाथ यह काग़ज़ लगे—उसे आज़ादी मुबारक...।"

कुन्दन ने जल्दी से काग़ज़ को मरोड़कर टेंट के हवाले कर दिया। उसकी हैरानी कम होने पर पहला प्रश्न उसके मस्तिष्क में पैदा हुआ—लिखनेवाला है कौन?

सीटी बज चुकी थी। काम शुरू हो चुका था। हाथों की सक्रियता के साथ-साथ कुन्दन का दिमाग भी सक्रिय रहा। वह सोचता रहा।

—गोली खाकर मर जानेवाला इंजीनियर...।

एक दूसरी उत्सुकता से कुन्दन का ख़याल बोझिल होता गया। अपनी कोठरी में पहुँचकर सच्चाई जानने की उसकी अधीरता बढ़ती गई। क़ैदी जीवन की इस लम्बी अवधि ने जीवन की अलग परिभाषा दे दी थी। यही मानकर साँसें लेने में उसे सुविधा होती कि उसका तो जन्म ही इस चारदीवारी के भीतर हुआ था और मरना भी उसे इसी के भीतर था। इस दायरे से बाहर होकर सोचने से कोई लाभ नहीं था। चारदीवारी के बाहर की कल्पनाएँ अगर कभी-कभार कर लेता तो न जाने किस भावना से विवश होकर। अपने शरीर को दीवारों के भीतर क़ैद रखकर वह अपने ख़यालों को भी अपने ही भीतर बन्द किए हुए था। लेकिन...आज अचानक ही उसके ख़यालों ने मुक्ति के लिए संघर्ष किया। उसने अपने आगे चन्द बचे हुए दिनों की कल्पना की। कैसी हो सकती है वह? अब तक उसका यह ख़याल असम्भव की सलाखों के भीतर बेवस था। वे सलाखें एकाएक गल गई थीं। दीवारें ढह गई थीं और सामने पहाड़ थे, नदियाँ थीं, खेत थे, हरियाली थी...साँसों की स्वतन्त्रता थी...। विस्तृत क्षितिज था और...और क्या था...उसने अपने ख़याल को एक बार फिर से असम्भव की सलाखों की ऊँची दीवारों के बीच बन्द हो जाने दिया।

शाम को अपनी कोठरी के भीतर पहुँचने के लिए वह सामने खड़ा विभीषण का इन्तज़ार कर रहा था। विभीषण बाक़ी क़ैदियों को भीतर पहुँचाकर कुन्दन की कोठरी के पास आया। उसकी बग़ल में मंगरू था। कुन्दन से उसने धीरे से कहा, "कुन्दन, मुझे लगता है कि मेरा दिन एकदम पास आ गया है। शायद तीन-चार दिन और... खैर तुम्हारी बग़ल में मरना लिखा है, इसलिए मेरी कोठरी बदली जा रही है। ठीक

तुम्हारी बग़लवाली में आ रहा हूँ।"

कुन्दन कुछ कह पता कि तब तक विभीषण ने सलाखोंवाला दरवाज़ा खोलकर कुन्दन को धीरे से भीतर ढकेल दिया, "तुम्हें कल शाम जेलर साहब के सामने हाज़िर होना है।"

यह कहते हुए विभीषण मंगरू के साथ दूसरी कोठरी की ओर बढ़ गया। जाते-जाते कुन्दन ने मंगरू की आँखों में देख लिया था। उसमें मृत्यु की निर्धारित आभा थी।

अपनी कोठरी के भीतर कुन्दन ने विभीषण के वाक्य को दोहराते हुए मन-ही-मन कहा—कल शाम जेलर साहब के सामने? वही धूप में नंगी पीठ पर सौ कोड़े और पन्द्रह दिनों तक उस बड़ी चक्की को अकेले चलाना? या इससे भी अधिक?

चारपाई पर बैठकर वह अँधेरा होने की प्रतीक्षा करता रहा। बार-बार उसकी आँखें चारपाई के नीचे पहुँचकर कुछ ढूँढ़ निकालना चाहती थीं। वहाँ अँधेरा था। वह अँधेरा और कुछ ही समय में पूरी कोठरी को अपने शिकंजे में कस लेगा। बग़ल की कोठरी से बिरहे की आवाज़ आती रही, अँधेरा बढ़ता गया। वह पूरी कोठरी में छा गया। उस अँधेरे को टटोलती हुई कुन्दन की अँगुलियाँ आगे बढ़ीं।

धीरे-धीरे उसने चारपाई हटाई। दीवार को टटोलता रहा। उसकी अँगुलियाँ एक अडिग पत्थर से दूसरे अडिग पत्थर को जाती रहीं। एकाएक उसकी धड़कनें तेज़ हो गईं। एक पत्थर डगमगाया, फिर दूसरा। अपनी साँसों को थामे उसने एक पत्थर को धीरे-धीरे खिसकाकर पीछे की ओर हटाया। दूसरा पत्थर आसानी से पीछे आ गया। कुन्दन ने हाथों से सुरंग का अन्दाज़ा लगाया। तीन फुट। वह आसानी से उसके भीतर रेंग सकता था। मंगरू की कोठरी में मौत-सा सन्नाटा था। बग़ल की दूसरी कोठरी से बिरहे की कम्पन-भरी आवाज़ आती रही। गठरी उठाकर कुन्दन ने अँधेरे की आँखों से एक बार कोठरी के चारों ओर के अँधेरे को देखा। पहली बार उसे अँधेरा प्यारा लगा। उसमें आत्मीयता थी, शीतलता थी। उस अँधेरे में शान्ति की भीनी-भीनी-सी गन्ध थी।

7

गन्ने का रस उबलते समय हवा सोंधी गन्ध से लद जाती थी। कारख़ाने के काले धुएँ से वातावरण धूमिल और बोझिल प्रतीत होने लगता था। धुएँ से मुक्त स्थानों में आकाश जितना स्पष्ट दीखता, कारख़ाने के इर्द-गिर्द वह उतना ही मैला-मैला-सा लगता था। इसीलिए काम समाप्त होते ही किसन पहाड़ी की गोद में चला जाता और

वहाँ की साफ़ नदी में साफ़ आकाश को देखा करता। ऐसा करने का अवसर उसे बहुत कम मिलता, क्योंकि उसका काम कभी न ख़त्म होनेवाला काम था। यही कारण था कि वह उस पहाड़ी और शीतल नदी-तट के लिए हमेशा लालायित रहता। नदी के पानी में तैरती हुई पेड़ों की हरियाली, पुरैन और कच्चू के पत्ते। उन पर चमकती हुई पानी की बूँदें। वह सभी कुछ उसके भीतर के तार-तार को झंकृत कर जाता। चट्टानों से टकराती फेनिल तरंगों की थपकियाँ उसे उस रोज़ के नीरस और ऊब के जीवन से काटकर क्षणिक स्वतन्त्रता और आनन्द का आभास देती थीं। कल ही रात की निर्मल चाँदनी को वह नदी के पानी में देख रहा था। स्वच्छ आकाश के तारे इतने पास लग रहे थे कि किसन सोच सका था—बस, थोड़े ही ऊपर जाने पर उन्हें छुआ जा सकता था। ये ही तारे उसकी अपनी धुआँधार बस्ती में कितनी दूर प्रतीत होते थे।

कल काम से छूटकर वह सीधे नदी के किनारे पहुँच गया था। वहाँ से नहाकर घर लौटा था और फिर चाँदनी रात का ख़याल आ जाने पर वह अपनी माँ द्वारा लाख रोके जाने पर भी फिर से नदी को दौड़ गया था। किसन अपना उन्नीसवाँ वर्ष पार कर चुका था। अठारह की उम्र तक वह वह इतना अधिक डरपोक था कि रात को एक क़दम भी अकेले चलने से डरता था। अठारह के बाद उसमें भारी परिवर्तन आ गया था। पहली बार जब रात के वक़्त वह नदी की ओर निकला था, उस समय उसके बाप के साथ-साथ पूरी बस्ती हैरान रह गई थी। नदी एकदम दूर न होकर भी एकदम पास नहीं थी। एक बार किसन ने गिनकर देखा। पूरे बारह सौ क़दम पर थी।

आज जब फिर काम पर से लौटते ही किसन ने नदी की ओर पहला क़दम उठाया तो रघुसिंह ने उसे रोकने का प्रयत्न किया, "अभी कल दस बजे रात के उधर से लौटल रहले। तोर माँ हियाँ रात भर परेशान रहल।"

"आज रात होने से पहले लौट जाऊँगा।"

"ई अपन साथ का लिए जात रहे हो?"

"नहाकर बदलने के लिए फतुही।"

झूठ कहकर किसन दौड़ गया। लम्बी चक्करदार पगडंडी से होता हुआ वह जब नदी-किनारे पहुँचा तो वहाँ के पेड़ों के झुरमुट के कारण शाम का साँवलापन घना था। काली चट्टान पर खड़े होकर उसने चारों ओर देखा। ज़ोर से सीटी बजाई, फिर अपने हाथ की मारकीन की फतुही को चट्टान पर रखकर वहीं बैठ गया। उसकी आँखें रह-रहकर अगल-बग़ल को देख जातीं। चट्टान से टकराती फेनिल लहरें उसके पाँवों से भी आँखमिचौली-सी खेल जातीं। कुछ दूरी पर के किसी घने पेड़ पर गाँव-भर के पक्षी इकट्ठे होकर अजीब कोलाहल पैदा कर रहे थे। इस स्थान से किसन को बहुत अधिक प्यार था।

जब वे लोग कुएँ-सी संकुचित उस दूसरी कोठी से इस इलाके में आए थे, उस समय किसन दस-ग्यारह का रहा होगा। इस जगह का पता उसे तीन-चार वर्ष बाद ही लगा था, जब पहली बार कन्धे पर कुदाली लिए वह नौकरी के लिए निकला था। इससे पहले अपने घर के आसपास से वह पेड़ों के झुरमुट को बस देखा करता था और सुनता रहता था कि वहाँ नदी है। उसके पार्श्व की पहाड़ी तो उसी समय से उसे मोहे हुए थी। नदी और पहाड़ी की सुन्दरता को निरखते हुए वह मन-ही-मन पूछा करता कि जब लोगों को गाँव ही बसाना था तो फिर इस सुन्दर स्थान में क्यों नहीं बसाया? अगर उसकी बस्ती नदी के क़रीब और पहाड़ी के एकदम नीचे होती तो कितना अच्छा होता! इसके साथ ही उसे यह भी ख़याल आ जाता कि यहाँ अपनी पसन्द से कौन कुछ कर पाता है। कोठीवाले चाहें तो पहाड़ पर बिठा दें, चाहें तो बाड़े में बिस्तर लगवा दें।

किसन के पास केवल प्रश्न-ही-प्रश्न थे। उत्तर नहीं था उसके पास। जब भी वह प्रश्न करता, रघु उसके मुँह पर हाथ रख देता। उसका हर वक़्त यही कहना होता कि दास प्रश्न नहीं करते, आज्ञा का पालन करते हैं। इतने पर भी किसन के प्रश्न नहीं रुकते। वह उसी स्वर में अपने बाप से पूछ बैठता, "आख़िर हम दास क्यों?"

किसन अपने हर प्रश्न को गम्भीर प्रश्न मानता, जबकि रघुसिंह उन्हें बच्चों की जिज्ञासा मानकर उन्हें इधर-उधर के उत्तरों से टाल जाता। अपने बाप के किसी भी उत्तर से किसन सन्तुष्ट नहीं था। उसने तय कर लिया था कि उसके प्रश्नों के उत्तर मिलें न मिलें, वह प्रश्न करता ही रहेगा। अपने इर्द-गिर्द के लोगों की हालत को देखते हुए उसे लगता कि इन सारे लोगों ने अपने प्रश्न करने की ताक़त को भुला दिया है। उनके अभावग्रस्त जीवन का यही कारण था। अपनी जीभ को भीतर चिपकाकर वे चुपचाप दारुण दंडों को झेलते आ रहे थे। किसन बार-बार पूछता—यह चुप्पी क्यों?

एक बात वह समझ नहीं पाता। तीन वर्षों से वह इधर काम कर रहा था। अपने बड़ों का अनुकरण करते हुए वह भी देह-तोड़ परिश्रम करता। उसकी अपनी किस्मत में भी गालियाँ थीं, बाँसों की बौछार थी। वह क्यों चुपचाप सह लेता था? क्या केवल इसलिए कि शुरू से अब तक सभी लोग सहते आ रहे थे, इसलिए उसका भी वैसा ही करना अनिवार्य था? या वह भी उतना ही बेबस था, उतना ही डरपोक था, जितना कि सभी लोग थे? उसके अपने पास केवल प्रश्न होते। तो फिर क्या कारण था कि इन प्रश्नों को जिनके सामने करना चाहिए उनके सामने न करके वह अपने लोगों से किया करता? यह उसके अपने-आप से प्रश्न था।

पिछले सप्ताह खेतों में काम करते हुए वह मुँडेर से नीचे आ गया था। पैर में मोच आ जाने के कारण दो दिन काम पर नहीं जा सका था और उसके लिए उसके चार दिन के पैसे जब्त कर लिए गए थे। कुली बीमार होकर भी घर पर नहीं रह

सकता। ऐसा क्यों? जिस गोरे से वह यह प्रश्न करना चाहता था, उसके सामने पहुँचते ही उसकी घिग्घी बन्द हो जाती थी? क्यों?

जिस दिन अपनी आँखों से उसने अपने बाप को बैल की जगह ईख के बोझ को खींचते पाया था, उस दिन उसके भीतर के सभी प्रश्नों ने पिघलकर आक्रोश का रूप ले लिया था। वह आक्रोश भी सीला निकला। वह कुछ नहीं कर सकता था, क्योंकि औरों की तरह उसके अपने ख़यालों में भी उसके अपने हाथ-पाँव बँधे हुए थे। उस दिन वह और कुछ न कर सका था। उसके मन और हृदय के कुछ आँसू बहकर रह गए थे। वे आँसू भी इतने गाढ़े थे कि वे उसके तमाम सवालों को बहा न सके। लेकिन क्या प्रश्नों से मुक्ति पाकर वह जी लेगा? उसने तो प्रश्न करते रहने को जीवन मान लिया था। एक बार अपने बाप से यहाँ तक कह गया था कि उसके प्रश्न करने की शक्ति को बने रहने दिया जाए।

—अगर शुरू से ही प्रश्न किया गया होता तो स्थिति यह नहीं रहती।

फिर उसे लगता—प्रश्न तो आज भी नहीं किया जा रहा। जो आवाज़ हस्तियों के कानों के लिए हो, उनके चारदीवारी के भीतर गूँजते रहने से क्या होता है?

वह यह मानने को विवश हो जाता कि वह आज भी डरपोक था। कायर था, भीरु था। एक वर्ष पहले की उसकी वह कायरता, वह भीरुता आज भी उसकी अपनी धमनियों में सजीव थी। उसका इस तरह अपने को बहुत अधिक साहसी बताते हुए रात में जंगलों की ओर आ जाना उसकी निर्भयता का द्योतक नहीं था। वह उसके अपने ढंग का भय था। उसकी ऊपरी निर्भयता उसके भीतर के भीषण भय को छिपाने का तरीक़ा था, और कुछ नहीं।

इस एकान्त स्थान में पहुँचकर किसन अपने-आपसे संघर्ष करता रहता। जब थक जाता तो प्राकृतिक सुषमाओं में अपने अन्तर्द्वन्द्व को डुबो देता। आज भी लहरों को चट्टानों से टकराकर उन्हें चूर-चूर करने के उस प्रण पर वह गम्भीरता से सोचते रहने के बाद अपने प्रश्न कर बैठा—इस तरह अपनी सतही निर्भयता का प्रदर्शन करके क्या मैं भी लहरों की तरह सीले आक्रोश को ही व्यक्त तो नहीं कर रहा? क्या मेरा यह साहस भी इसी तरह फेनिल नहीं? अगर यही साहस है तो फिर...?

वह उस व्यक्ति के बारे में सोचने लगा जो सचमुच ही साहसी था। जो कल रात को उसे यहाँ मिला था। जिसे देखते ही उसकी सारी निर्भयता काफ़ूर हो गई थी। वह डर गया था। भीतर-ही-भीतर काँप गया था।

इस समय उसे उसी व्यक्ति की प्रतीक्षा थी। उसी साहसी व्यक्ति की। उस ढलती उम्र में भी उस आदमी के भीतर के साहस की कल्पना मात्र से किसन प्रभावित था। वह सचमुच ही हिम्मतवाला था। निर्भीकता थी उसमें तभी तो...।

सूरज ढलने के बाद उसके पहुँचने की बात हुई थी। क्षितिज की लालिमा भी

धीरे-धीरे मिट रही थी। थके-माँदे दिन को विदाई देकर शाम रात की अगवानी करती सूरज की दिशा को बढ़ती जा रही थी। कल किसन उससे बहुत अधिक बातें नहीं कर सका था। अगर वह ठीक समय पर पहुँच जाता तो काफ़ी बातें हो सकती थीं। किसन उसके लिए फतुही ले आया था। कुल मिलाकर किसन के पास दो ही कमीज़ें थीं। एक उसके शरीर पर थी, दूसरी को वह घर से उठा लाया था। कल रात उसे यह ख़याल ज़रूर आया था कि अगर वह एक फतुही उस व्यक्ति को दे बैठता है तो फिर एक ही से वह कैसे पार पाएगा? एक क्षण चिन्तित होकर दूसरे ही क्षण उसने अपने-आपसे कहा था कि आगे की बात आगे देखी जाएगी।

अँधियारे को बढ़ते पाकर उसे इस बात की चिन्ता हो चली कि कहीं वह नहीं पहुँचा तो! उसने इस चिन्ता को अपने भीतर घर करने नहीं दिया। उसे झकझोरकर वह अगल-बग़ल को देखता रहा। एक बार फिर से ज़ोर की सीटी बजाई। उधर का कलरव धीरे-धीरे कम होने लगा था। नदी की कलकल की आवाज़ बढ़ आई थी। अँधेरा अभी उस गहनता को नहीं पहुँचा था कि सामने की चीज़ दिखाई न पड़े। किसन ने अपने-आपसे पूछा—और अगर वह नहीं आया तो? पर क्यों नहीं आएगा? कई कारण हो सकते हैं। यह भी हो सकता है कि वह गिरफ़्तार कर लिया गया हो?

पर नहीं। किसन इतनी आसानी से यह मानने को तैयार नहीं था। उस आदमी के आने का विश्वास उसे अब भी था। शायद अपने छिपे हुए स्थान से बाहर आने के लिए वह कुछ और अँधेरा चाह रहा हो। हालाँकि क़ैदख़ाने के पतलून को बदलकर उसने अधफटी पुरानी धोती पहन रखी थी, फिर भी क़ैदख़ाने की कमीज़ तो उसी पर थी। किसन इस तरह सोच ही रहा था कि झाड़ियों के बीच खड़खड़ाहट हुई। उसने उधर देखा। दूसरे ही क्षण आकृति दिखाई पड़ी और धुँधलके में भी किसन ने कुन्दन को पहचान लिया। सामने आते ही कुन्दन ने पूछा, “क्यों बेटे, तुम अकेले हो न?”

“मैंने कहा था न अकेले ही आऊँगा?”

“गाँव में तुमने किसी से मेरी चर्चा तो नहीं की है न?”

“न करने का मैंने आपको वचन दिया था।”

कुन्दन ठीक किसन के पास चट्टान पर बैठ गया।

“दिन-भर आप भूखे रहे क्या?”

“नहीं...कुछ पपीते मिल गए थे।”

“मैं आपके लिए फतुही ले आया हूँ। आप इसे तुरन्त पहन लीजिए...कुछ छोटी होगी पर...। कोई बात नहीं।”

कुन्दन ने जल्दी से अपने ऊपर से क़ैद की कमीज़ उतारी। आत्म-शान्ति की गहरी साँस ली। अपने शरीर को बिलकुल स्वच्छन्द और बोझ से निवृत्त पाया। वर्षों बाद की स्वतन्त्र मुस्कान के साथ किसन की ओर देखा। उसके हाथ से फतुही ली

और उसे पहन लिया।

वह, वह क्षण था, जब आदमी के भीतर दर्द पहुँचानेवाले कीड़े कुतरना भूल जाते हैं। और चोट, चोट-सी नहीं लगती।

8

कुन्दन की चोट ताज़ा थी। पहले दिन अपने को खेतों के बीच पाकर उसे जो खुशी हुई थी, वह अधिक देर तक टिक नहीं सकी थी। ईख के पैने पत्तों से उसके पैर का घाव छिल गया था। धोती के अँगोछे से वह उस पर के ख़ून को पोंछ ही रहा था कि पीछे से आवाज़ आई थी। उस समय उसने उस आवाज़ को विभीषण की आवाज़ मानकर उस ओर अधिक ध्यान नहीं दिया था। दूसरी बार जब आवाज़ के साथ उसने माँ की गाली सुनी तो झुके न रहकर उसने कमर सीधी की थी। पर इससे पहले कि वह सरदार से गाली की वजह पूछ पाता, उसके कन्धे पर ईख का ज़ोरदार प्रहार हो चुका था। वह उसके लिए बिलकुल तैयार नहीं था। इससे पहले कि होश सँभालकर वह स्थिति को समझ पाता, वह मोटी-सी ईख उसकी पीठ पर टूट गई थी।

काफ़ी देर बाद होश आने पर कुन्दन ने अपने को ईखों के ढेर पर पाया था। मज़दूरों की धुँधली आकृतियाँ दूरी पर थीं। वह अकेला था। अपने पाँव की चोट से एक असह्य जलन का उसे अनुभव हुआ था। पीड़ा उसकी हड्डियों तक प्रवेश कर गई थी। उसकी आँखों से पहले उसका हाथ दर्द पर पहुँचा था। कुछ रूखड़े-से दाने थे उस घाव पर। उसने अपनी आँखें उधर की थीं। उस भारी दर्द से उसकी आँखें पूरी खुल न सकी थीं। अपने पाँव को हिलाना तक उससे नहीं हुआ था। उस रात क़ैद से भागते हुए जब चोट आई थी, उस समय भी दर्द इतना अधिक नहीं था।

कुन्दन भीतर-ही-भीतर कराहता रह गया था।

उसे दोबारा बेहोशी आकर टूट भी गई थी। उसके कन्धों पर ईखों की छाप लाल थी। पूरी पीठ में हलकी पीड़ा थी। पर घाव की पीड़ा के कारण कन्धों और पीठ की पीड़ा, पीड़ा-सी नहीं लग रही थी। अपने पाँव के घाव के आसपास के भाग को कुन्दन अपने दोनों हाथों से दबाए रह गया था। क़ैद के अपने लम्बे जीवन में उसने शायद ही इतना दर्द जाना हो।

उस समय शाम का धुँधलापन छाने लगा था, जब किसन को उसने अपने पास पाया था। किसन ने उसे अपने कन्धे का सहारा देकर खड़ा किया था। गाँव को जाती हुई पगडंडी पर अपने कानों से उसने अपनी ही आवाज़ सुनी थी। पहले तो उसे अपनी वह आवाज़ किसी दूसरे की आवाज़-सी लगी थी। उसकी अपनी आवाज़ मंगरू

की आवाज़-सी थी। उसका अपना कराहना क़ैद के भीतर से मंगरू का वही पुराना कराहना था। बहुत दिन बाद उसे मंगरू की याद आई थी। उसे दुख हुआ कि उस घनिष्ठता की याद उसे पीड़ा के सहारे आई थी। उसने अपने स्वर को दोबारा सुना था।

"किसन!"

"बहुत अधिक दर्द हो रहा है न चाचा?"

"उसने सिर हिलाकर हामी भर दी थी।"

घर पहुँचकर अपने को रावेनाल की टाटी के सहारे छोड़ते हुए उसने किसन से पूछा था, "यह मेरे घाव पर क्या डाला गया है।"

"यहाँ सभी को अधिक-से-अधिक यातना पहुँचाने के लिए ऐसा किया जाता है चाचा।"

"पर यह चीज़ है क्या?"

"नमक!"

''घाव में नमक?''

"यहाँ ज़हर ही दवा होता है।"

दूसरे दिन जब उसी हालत में उसे काम पर जाना पड़ा था तो एक बार फिर उसे ख़याल आया था कि बेहतर तो चारदीवारी के दिन ही थे। मंगरू की याद फिर ताजी हो गई थी। अस्पताल में चारदीवारी की याद करते हुए वह कहता था– आसमान का छूटा बबूल पर। उसका वह वाक्य कुन्दन के भीतर अनुध्वनित होता रह गया था। शाम को धधकते बुखार के साथ वह घर लौटा था। किसन की बात उसने मान ली थी। उस रात गौतम के यहाँ न टिककर वह किसन के घर आ गया था। रघुसिंह ने अपने हाथों उसके घावों पर कच्चे अदरक के लेप दिए थे। किसन ने उसके तलुवों पर पीतल का कटोरा रगड़कर उसके बुखार को उतारने का प्रयास किया था।

तभी से कुन्दन गौतम के साथ रहते हुए भी कभी-कभार किसन के घर भी रात बिता देता था। जिस दिन उसकी इच्छा आल्हा सुनने की होती, उस दिन वह जतन के यहाँ डेरा डाल देता। उन रातों में टीस पैदा कर देनेवाली बिहार की रातों की यादें होतीं। उस दिन वह किसन ही के यहाँ टिका हुआ था, जब रघुसिंह ने किसन को डाँटते हुए उसे सरदारों के विरुद्ध जाते रहने से रोका था।

"तोर ईसब हरकतवन से एक दिन हियाँ रहल मुश्किल हो जाए। तू हर दूसरे ख़ातिर लड़ पड़ते हो। इराना मरे बिराना फिकिर, बूरबक मरे पराया फिकिर।"

कुन्दन को बीच में बोलना पड़ गया था, "रघु भैया, चुप रहकर भी तो यहाँ रहना आसान नहीं होता।"

इस पर रघुसिंह कुन्दन पर भी बरस पड़ा था, "देवननन् भाई, तू कहाँ ई लईक्वन के अच्छा रास्ता पर डलबे उलटे तू ही उलोगन के भड़कावत रहत हो।"

"तुम जिसे अच्छा रास्ता कहते हो रघु भाई, वह बुजदिली का रास्ता है।"

बाद में कुन्दन को लगा था कि रघुसिंह के साथ उसकी बहस का कोई भी मतलब नहीं था। काफ़ी देर तक शान्त भाव से सोचते रहने के बाद उसे यह भी मालूम हो गया था कि इस तरह की बातों के लिए रघुसिंह को दोष नहीं दिया जा सकता। उसे बुजदिल समझकर उसने भूल की थी। वह बुजदिली नहीं थी, एक बेबसी थी। रघुसिंह के दोनों हाथ बस्ती के सभी लोगों की तरह पत्थर के नीचे थे। उन हाथों को उस पत्थर के नीचे से खींचकर निकालने में हाथों को घायल कर जाने की सम्भावना थी। लेकिन कुन्दन को तो ऐसा आभास हो रहा था कि ये लोग अपने हाथों को धीरे-धीरे भी पत्थरों के नीचे से निकालने की बात नहीं सोच रहे थे। हाथों के लहूलुहान हो जाने के भय से उन्होंने बिना हिले-डोले अपने हाथों को पत्थरों के नीचे पड़े रहने को छोड़ दिया था। किसन की आँखों में कई बार उसने इस प्रश्न को चमकते पाया था।

—इन हाथों को अभी और कब तक इसी तरह पत्थर के नीचे रहना है?

किसन से बातें करके वह उसके भीतर बेशुमार प्रश्न पाता। वह चाहता कि उन तमाम प्रश्नों में से किसी एक का भी उत्तर किसन को देकर वैसा कर जाना उतना आसान नहीं था।

उसका अपना घाव अभी पूरी तरह भरा नहीं था। पिछली मार और गालियों की बौछार उसे अब भी याद थी, पर वह चुप था। कोई दूसरा रास्ता नहीं था। उसने बोलने की कोशिश की थी और उसका नतीजा भी देख लिया था। उसने तो चन्द दिनों को झेला था और चुप हो गया था, जबकि और बाक़ी लोग कोई बीस वर्ष से झेलते आ रहे थे। ऐसे तो चारदीवारी के भीतर उसने भी बहुत-कुछ झेला था, पर चारदीवारी से बाहर खुले मैदान में उसने उससे बदतर की बाद कभी नहीं सोची थी। चारदीवारी से तो वह भाग सका था। यहाँ से कहाँ भागना था।

कई अवसरों पर कुन्दन को ऐसा प्रतीत हुआ था कि यह बस्ती अपने ढंग की चारदीवारी थी। जिन बाक़ी बस्तियों के बारे में वह सुनता, उनके बारे में भी यही सोचता। बिना दीवारों की इस चारदीवारी में सभी मज़दूर क़ैदी थे। सभी के हाथ-पाँव बँधे थे। सभी के होंठ सिले हुए थे। जीभ जकड़ी हुई थी।

दीवारें दीखने पर उन्हें फाँदा जा सकता है। बेड़ियाँ होने पर उन्हें तोड़ा जा सकता है, पर जहाँ ये चीज़ें बाहर न होकर आदमी के भीतर हों वहाँ उन्हें कैसे फाँदा और तोड़ा जा सकता है? ये प्रश्न किसन के थे।...और ख़ामोशी होती थी कुन्दन की। एक बोझिल ख़ामोशी जिससे कुन्दन ऊबने लगा था। वह सोचने लगता...।

उसके अपने आगे बहुत कम दिन थे। अपना समूचा जीवन उसने चारदीवारी को भेंट कर दिया था। जो बाक़ी था, उसे वह अँगुलियों पर गिन सकता था। यह बाक़ी अवधि अँगड़ाई के साथ समाप्त हो सकती थी। यही एक बात कुन्दन को पसन्द नहीं थी। वह चाहता था कि यह अवधि बिना लम्बी प्रतीत हुए अपने-आप में लम्बी प्रमाणित हो। यहाँ के चन्द दिनों से वह जो लम्बाई महसूसने लगा था, वह बोझिल थी। उसे इस तरह की लम्बाई नहीं चाहिए थी।

कल का दिन भी उसी चारदीवारी के दिनों की लम्बाई लिए हुए था। उस तरह की उमस और ऊब पैदा कर देनेवाली लम्बाई उसे नहीं चाहिए थी। चारदीवारी के लम्बे दिनों में सबसे लम्बा दिन उसके लिए वह दिन था जब रूपलाल के नंगे शरीर पर कोड़े बरसाने के बाद उस पर मिर्चे रगड़ दिए गए थे। कल का दिन उस दिन की याद को एकदम ताज़ा कर गया था। कल साहब के जूतों की मार से जतन के वे चीत्कार मानो रूपलाल के चीत्कार थे। रूपलाल के चीत्कार के समय वह सलाखों के कारण आगे बढ़ने से बेबस था। जबकि कल जतन के चीत्कार के वक़्त वह उसके एकदम पास होकर भी उस तक नहीं पहुँच सका था। फासले की इस लम्बाई से कुन्दन को नफरत थी। बहुत लम्बे समय तक उस फासले की लम्बाई को मिटाने का उपाय ढूँढ़ते-ढूँढ़ते वह हार गया था।

बस्ती के मज़दूरों पर जो कुछ बीतता था, उसके सभी लोग आदी थे। उन बातों से किसी के बीच कोई विशेष प्रतिक्रिया नहीं थी। घटनाएँ इस तरह घट जाती थीं गोया आँगन में बैठे हुए कुत्ते पर अकारण ही कोई कंकड़ चला दे। कुत्ते के काँय-काँय करके दुम को टाँगों के बीच छिपा लेना जैसे रोज़ की साधारण बातें थीं, उसी तरह मज़दूरों का कराहना था। बस्ती में कुन्दन नया था। वह अकेला था जो इन घटनाओं का आदी नहीं था। उसके अकेले के लिए वे बातें भिन्न थीं। कुत्तों के काँय-काँय और आदमी के कराहने को वह अकेला था जो अलग-अलग देखता था।

जतन के घर पहुँचकर उसने अपने हाथों से उसके कोड़ों से कटे भागों पर मरहम लगाया था। पड़ोस से आए हुए भात को उसने अपने हाथ से उसे खिलाया था। उस समय अपनी गहरी चोट के बावजूद जतन ने तख्ते से 'आल्हा' उतारा था और उदल-ब्याह का भाग गाने लगा था। ऊपर से छलनी हुए उस आदमी के स्वर में उस समय भी ओज था। लेकिन इसके साथ ही जिस विडम्बना पर कुन्दन को दुखद आश्चर्य हुआ, वह साहस के गान करनेवाले उस आदमी की निरीहता थी।

बस्ती के वे घर क्या थे, एक ही दालान और एक ही छत के नीचे कोई चालीस घिरावटें थीं। हर घिरावट को एक घर कहा जाता था। जतन अकेला था, इसलिए उसका घर बाक़ी घरों से कुछ छोटा था। पिछवाड़े की सभी दीवारें राफ़िया की थीं और बीच की दीवारें किसी घर में रावेनाल की थीं तो किसी में सन के पुराने बोरों

की। कुन्दन की रातें जब इस घर में बीततीं तो न जाने क्यों चारदीवारी का अस्पताल याद आ जाता। दोनों जगहों में कोई सम्बन्ध न होते हुए भी न जाने क्यों उसे यह याद अनायास ही आ जाती थी। बाद में उसने जतन के चेहरे को इसका कारण मान लिया था। चेहरे से जतन मंगरू और यहाँ के सभी बीमार लोगों से भी अधिक बीमार दीखता था।

मंगरू की अपनी पीठ के घाव ताजे थे। लेकिन जतन के घावों को देखकर उसे अपने घाव का ख़याल जाता रहा था। यह आदत उसे क़ैद से बनी थी।

रात को काफ़ी देर तक जतन से आल्हा सुनते रहने के बाद उसने मन-ही-मन पूछा था—रात में आल्हा गानेवाला यह ओजपूर्ण स्वर दिन होते-होते दब क्यों जाता है? बाँसों और कोड़ों के भय से?

अपने इसी प्रश्न के साथ उसे बस्ती की औरतों और बच्चों की याद आ गई थी और उसे नींद आ गई थी। नींद में उसने सपना देखा। एक गधे और एक घोड़े का। गधा काम कर रहा था। घोड़ा सो रहा था। वह सपना जतन की बातों का असर था। जतन ने कहा था, "गधा काम करे, घोड़ा खाय!"

9

चावल खाने योग्य था ही नहीं। घोड़ा तो घोड़ा होता है, गधा भी शायद उसे सूँघना न चाहे।

इस सप्ताह मज़दूरों को जो चावल मिले थे, उनमें खुद्दियों की भरमार थी। शाम के वक़्त ओरियानी की शीतल छाया में बैठी किसन की माँ सूप के चावलों को फटक रही थी। धान और खुद्दियों को अलग करने के साथ-साथ वह गोपाल की माँ, रुकमीनवा की बहन और सन्ध्या को पिछली महामारी की घटनाएँ सुना रही थी। घटनाओं के गवाह वे लोग भी थे, परन्तु कोसिला तो खुद मरते-मरते बची थी। उसे अलग की उस छावनी में रखा गया था, जहाँ रोज़ दस-बीस लोग मर रहे थे। गाड़ियों में लदी लाशों को श्मशान की ओर ले जाते हुए वह उन काले लबादेवाले आदमियों को अधखुली खिड़की से देखा करती थी। उसे लगता था कि कुछ ही दिनों में उसकी लाश को भी लाशों के ऊपर लादकर सभी लाशों के साथ एक ही गड्ढे में दफना दिया जाएगा। अगर महामारी के टल जाने पर उसने अपने को जीवित पाया था तो आश्चर्य के साथ।

रघुसिंह ने उसकी उस वापसी को उसका दूसरा जन्म मानकर दूसरे ही दिन देवी की पूजा की थी। वह पूजा चोरी-चुपके की गई थी, फिर भी मालिक को उसका पता

लग ही गया था। दूसरे दिन रघुसिंह से बीसों प्रश्न किए गए थे। कोसिला उन्हीं पुरानी बातों को सुना रही थी। जब वह बिहार में थी तो उसके घर देवी मैया की बहुत बड़ी पूजा होती थी। एक अवसर चूक जाने पर पूरे परिवार पर देवी मैया का प्रकोप छा जाता था। एक तरह से प्रकोप देवी मैया का नहीं होता था। वह सुनुआ गूँगा की छाया थी जो मरी की तरह लोगों को सताने लग जाती थी। उसी से बचने के लिए हर वर्ष देवी मैया की पूजा आवश्यक हो जाती थी। सुनुआ गूँगा के बारे में अधिक जानने के लिए गोपाल की माँ ने जब जिज्ञासा जाहिर की तो कोसिला ने पूरी कहानी विस्तार से सुना दी।

सुनुआ गूँगा हमारे यहाँ बहुत पुराना नौकर था। उस समय हमारे अच्छे दिन थे। ज़मीन-जायदाद थी। मैं छोटी थी। बात आँखों देखी तो नहीं है, पर हमारे खानदान में सभी लोग उस कहानी से परिचित थे। सुनुआ बहरा और गूँगा भी था, पर बहुत ही मेहनती और आज्ञाकारी था। एक दिन खेत में बोआई हो रही थी। मेरे बाबा ने सुनुआ को खेत से घर भेजा ताकि वह बीज की टोकरी वहाँ से ले आए। मेरे बड़े भाई की नई-नई शादी हुई थी। घर पर हम दो-तीन छोटे बच्चों के अलावा एक ही सयाना आदमी था। वह थी बड़े भाई की दुल्हन। गूँगे से जब बीज की भारी टोकरी नहीं उठी तो मेरी भौजी ने आगे आकर टोकरी को उसके सिर पर पहुँचाने में मदद की। ऐसा करते हुए उसकी माँग से थोड़ा-सा सिन्दूर टोकरी पर गिर पड़ा था। खेत पहुँचकर सुनुआ ने जैसे ही सिर से टोकरी नीचे उतारी, मेरे बाप की नज़र सबसे पहले टोकरी पर के सिन्दूर पर पड़ी। उसी क्षण खीस से तमतमाते हुए उसने गूँगे से पूछा, "तुमने घर पर बहू से छेड़छाड़ की है, तभी तो उसके माथे का सिन्दूर इस टोकरी में गिर सका है। बोल, तुम बोलते क्यों नहीं?"

और जब सुनुआ गूँगे से अपने बचाव के लिए शब्द भी नहीं कहा जा सका तो मेरे बाप ने आपे से बाहर होकर हाथ की कुदाली उसके सर पर दे मारी थी। उसी क्षण सुनुआ गूँगे की मृत्यु हो गई थी। तभी से हमारे खेत की रौनक तो जाती ही रही, साथ-साथ हमारे परिवार पर उसकी वह भटकती आत्मा सवार हो गई।

कहानी समाप्त करती हुई कोसिला बोली, "हमके त अभी भी ओकर डर लगेला बहिन।"

सन्ध्या को हँसते पाकर कोसिला गोपाल की माँ से बोली, "देखत हवे बहिन। एकर और किसनवा के लिए त ई सब भरम के बात है। अभी सिर पर ना पड़ल बा। परी तब जनियन स।"

गोपाल की माँ आँखें बन्द करके मन्त्र पढ़ने लगी।

जिस समय पुष्पा अपनी ओढ़नी में पेबन्द लगाती हुई वहाँ पहुँची, गौतम की

माँ उस चुड़ैल की कहानी सुना रही थी, जिसके कारण उसके सातों बच्चों में से एक का भी स्वास्थ्य अच्छा नहीं था। किसी को रोहानी नहीं थी। उसके ससुर की जान भी लेकर वह चुड़ैल बच्चों का पीछा नहीं छोड़ रही थी।

पुष्पा हँसती हुई पीढ़े पर बैठ गई। गौतम की माँ की कहानी समाप्त होने से पहले गोपाल की माँ ने अपनी कहानी शुरू कर दी। उसका आदमी तो बड़े-बड़े भूत-प्रेत और चुड़ैलों को मुट्ठी में बाँधे रहता था। घर के कोने में जो देवकूर था, वहाँ उसके घुटने के बल हो जाने पर बस...बोल भगत, का चाहेला? जलते हुए कपूर को उसने हाथों में लेकर शरीर को झकझोरा और वर्षों से लगा हुआ भूत पाँवों को सिर पर रखे भाग खड़ा होता है।

सन्ध्या और पुष्पा एकसाथ हँसती रहीं।

गौतम की माँ कुढ़कर रह गई। मन-ही-मन बोली—देख छौंड़ी समधिन।

सन्ध्या और पुष्पा बात करती हुई बरगद के नीचे के चबूतरे के पास जा पहुँची। पुष्पा को चिकोटी लेती हुई सन्ध्या बोली, "तू इस तरह बेशरम-सी हमारे यहाँ न आया-जाया करना!"

"क्यों री? मेरा आना-जाना तुम्हारी आँखों में खटकता है क्या?"

"तुम्हें मेरे भाई की दुल्हन बनकर जो आना है।"

पुष्पा का चेहरा लाल हो गया। दोनों के ठीक सामने दो गौरैया ज़मीन से कीड़े-मकोड़े चुगने में लगी हुई थीं।

"अरी हाँ, तुम्हें एक बात बताना भूल गई।"

"कौन-सी बात?"

"सत्या ने किसन के लिए धोती और सर का रूमाल भेजा था।"

"मुफ्त में?"

"भेंट में दी थी।"

"क्यों?"

"लो? मैं कैसे जानूँ क्यों?"

"किसन ने क्या किया?"

"तुम्हीं बताओ तो उसने क्या किया होगा?"

"भेंट को स्वीकार कर लिया होगा।"

"नहीं। उसने उसी क्षण चीज़ें लौटा दी थीं।"

पुष्पा की आँखों में चमक आ गई।

कुछ देर तक वहाँ बैठकर इधर-उधर की बातें करते रहने के बाद दोनों अपने-अपने घर लौटने के लिए खड़ी हुईं। उसी समय सन्ध्या को एक बात याद आ गई, "आज तो मैं गोदना गोदाके ही रहूँगी।"

"अरी तू अभी तक यह बात भूली नहीं। पर मेरी माँ इस समय कामों में न बझी हो तब तो!"

"मैं कुछ नहीं जानती। चाची हर बार इसी बहाने से बात टालती आई है। आज मैं बिन हाथ गोदाए घर नहीं जाऊँगी।"

पुष्पा के बाएँ हाथ को अपने हाथों में लेकर वह उसके गोदनाओं को देखती रही। सचमुच पुष्पा के हाथ का गोदना बहुत सुन्दर था। फूलवन्ती ने काफ़ी समय लगाकर अपनी बेटी के हाथ में सबसे भिन्न गोदना की थी। सन्ध्या भी ठीक उसी तरह की गोदना अपने हाथ में चाहती थी। इसीलिए फूलवन्ती हर बार उसे टालती रहती थी। उस तरह की गोदाई आसान नहीं थी।

फूलवन्ती घर लीपने के लिए गोबर सान रही थी, जब दोनों उसके सामने पहुँचीं।

"माँ, तुम सन्ध्या का हाथ गोद दो, मैं घर लीपे देती हूँ।"

"आज त बहुत काम बाते बेटी! काल ज़रूर गोद सकब।"

"नहीं चाची, तुम्हें आज ही गोदना होगा।" सन्ध्या ठुनकती हुई बोली।

"हाँ माँ, आज ही गोद दे।"

दोनों एकसाथ जिद करती रहीं और फूलवन्ती को अपनी जगह से उठकर गोबर से सने हाथों को धोना ही पड़ा। पुष्पा उसी क्षण घर लीपने बैठ गई और फूलवन्ती हाथ में सुई और काली स्याही लिए सन्ध्या के आगे बैठ गई।

"बोल, कोंची गोदवाएगी? शंखा चुड़ी कि कदमगाँछ?"

"जो पुष्पा के हाथ में है।"

"ओकर हाथ मे त शंखा चुड़ी है।"

"तो फिर वही गोदो।"

"सुई के दरद सहे सकबे न?"

"अरी चाची, तुम गोदोगी भी या यों ही बातें करती रहोगी?"

"अच्छा ला हाथ।"

"कौन-सा?"

"बायाँ।"

अपने हाथ को आगे बढ़ाते हुए सन्ध्या ने कहा, "चाची ज़ोर से मत दुखाना।"

"अभिये से तोर जान जाई लगल!"

गोदना का गीत गुनगुनाती हुई फूलवन्ती अपने काम में लग गई। उन चुभती सुइयों को सन्ध्या चुपचाप सहती रही। दर्द बहुत अधिक होने पर वह अपने निचले होंठ को दाँतों से दबा जाती और फूलवन्ती हँसती हुई उसके हाथ को फूँकने लग जाती। इधर अगर फूलवन्ती किसी का भी हाथ नहीं गोदती थी तो उसका एक दूसरा कारण यह भी था कि ऐसा करते हुए उसे अपने घरवाले की याद बहुत अधिक आने

लगती थी। उसके अपने हाथ में जो कदमगाँछ था, उसे उसके घरवाले ही ने गोदा था। उस गोदने के नीचे उसने अपने नाम का पहला अक्षर भी लिख दिया। उसी से फूलवन्ती ने गोदाई सीखी थी। उसकी अनुपस्थिति में यह काम करते हुए उसके भीतर कसक पैदा होती थी।

घर लीपती हुई पुष्पा अपनी माँ की ओर मुड़ पड़ी।

"माँ, तुमने सुना?"

"कोंची?"

"कुएँ पर आज जो चर्चा हुई थी।"

"घर बैठल हम कुआँ के बात कैसे सुनब पुष्पी?"

"तुमने सुना सन्ध्या?"

"नहीं।"

"पड़ोस की बस्ती में एक गर्भवती औरत को गोली मार दी गई।"

फूलवन्ती ने गोदना रोककर पुष्पा की ओर देखा।

"उसके पति से कोल्हू चलवाने के बाद उसे पेड़ से लटका दिया गया था। उसकी औरत ने गोरे के मुँह पर थूक दिया था और इसीलिए गोरे ने उस पर गोली चला दी।"

"यह कब की बात है पुष्पी?"

"परसों की तो बात है।"

एक लम्बी साँस के साथ फूलवन्ती ने फिर से गोदना शुरू कर दिया।

ऊपर का आकाश बादलरहित था।

10

आकाश के चाँद और फिर उसके इर्द-गिर्द के तारों को ध्यान से देखते हुए रघुसिंह ने उन्हीं महत्त्व खोते तारों में से किसी एक तारे की तरह अपने को पाया। देवननन् को कोठी में आए अभी पूरा महीना भी नहीं हुआ था, फिर भी कोठी में उसका वही स्थान हो गया था जो आकाश में चाँद को था। रघुसिंह को लगता कि इस आगन्तुक की उपस्थिति से उसकी अपनी चमक घट गई थी। इस बस्ती के डेढ़ सौ मज़दूरों के बीच उसकी जो हैसियत थी, जो महत्त्व था, वह अचानक ही कम हो गया था। उसने मस्तिष्क पर ज़ोर देकर कुछ बीती हुई घटनाओं को याद किया।

...सात वर्ष से ज़्यादा ही हुआ होगा उस पहली कोठी से हटे। इतने लम्बे समय से वह वहाँ के लोगों के बीच था, सामने के गन्ने का कारख़ाना उसकी आँखों के

सामने बना था। कोठी उसके देखते-देखते बसी थी। दोनों कुएँ उसने खुदवाए थे। तीन वर्ष लगातार पंचायत का मुखिया होते चला आ रहा था। बड़े ही साहस के साथ देश की पहली शादी का आयोजन उसी ने करवाया था। इस द्वीप में हिन्दू रीति-रिवाज़ से हुआ सन्तू और सोमा का विवाह पहला विवाह माना जाता है। कुलियों को विवाह करने का अधिकार ही कहाँ था। खुद रघुसिंह ने तो क़तार में घूँघट में खड़ी कोसिला के पाँव की केवल पातली देखकर उसे पत्नी मान लिया था। रघुसिंह ने इस बस्ती में और भी कई छोटे-बड़े काम किए थे, जिनके कारण गाँव के उमर वाले भी उसे उतने ही आदर के साथ देखते थे। लेकिन इधर कुछ दिनों से उसे लोगों के बीच का अपना महत्त्व घटता-सा दीखने लगा था।

शुरू में जब यह कोठी बनी थी, उस समय कठिनाई से पचास आदमी रहे होंगे। घरों की एक ही क़तार थी। सामने की दूसरी क़तार तो उस वक़्त बनी थी जब दूर की किसी कोठी से भागकर एक ही सप्ताह के भीतर कोई सौ मज़दूर इधर आ गए थे। कुछ ने अपने भागने का कारण वहाँ के मालिक की चरित्रहीनता बताई थी। दिन-दहाड़े वह औरतों को अपनी बाँहों में कस लेता था। कुछ लोगों को इसी बात के विरुद्ध आवाज़ उठाने के कारण वहाँ से जबरन निकाला गया था। सभी के लिए रघु ने खुद लँगड़वा साहब से बातें की थी। लँगड़वा साहब को नई कोठी के लिए मज़दूरों की सख्त ज़रूरत थी, इसलिए वह रियायत कर गया था। दो-तीन मज़दूर तो अपने काग़ज़-पत्र वहीं भूल आए थे। रघु के गिड़गिड़ाने पर लँगड़वा साहब ने उन लोगों को भी कोठी में रख लिया था। उसी क्षण से रघु बस्ती का मुखिया समझा जाने लगा था।

बस्ती के दो आदमी देवननन् के फेरे में इस तरह आ गए थे कि वही उनके लिए सभी कुछ था। रघुसिंह का अपना बेटा तो था ही, परसदवा का बेटा भी अब उसका पिछलगवा बन गया था। इस अहीर के छोकरे गोपाल को तो रघुसिंह ने क़ैद होने से बचाया था।

यही नहीं, उस देवननन् के साथ पूनम की रात होने के कारण गोपाल घरों की दोनों क़तारों के बीच के चबूतरे पर बैठा चिल्लाए जा रहा था।

उसका कभी न ख़त्म होनेवाला वह बिरहा रघु के कानों को चुभने लगा था। वहाँ के कोलाहल के कारण उसे नींद भी नहीं आ रही थी। उस कोलाहल में उसे किसन का स्वर भी सुनाई पड़ जाता था, जिससे उसकी खीज और भी बढ़ जाती। अपनी बग़ल की दूसरी चटाई पर लेटी हुई कोसिला से उसने पूछा, "इतना देरी ले उ किसुनवा हुआँ करत का बा?"

"जहाँ पूरा बस्ती गावत-बजावत बा हुआँ तोहरे किसुनवा का क्या फिकर होवे लगल।"

"जोन बाँस बाँसुरी तोने बाँस सूप दौरी।"

कुन्दन ने केवल अपना नाम ही नहीं बदला था। देवननन् होने के साथ-साथ अपना चेहरा भी बदल लिया था। घनी मूँछ-दाढ़ी में उसका चेहरा और भी गम्भीर हो गया था। कोठी के मालिक के सामने पहुँचकर जब उसने नौकरी की माँग की थी तो मालिक ने बड़ी-बड़ी आँखों से उसे घूरते हुए कहा था कि वह पहले अपनी दाढ़ी बना आए। किसन, जो कि बग़ल में खड़ा था, झट शुद्ध फ्रेंच में कह गया था, "साहब! देवननन् पंजाबी है और पंजाबी के लिए दाढ़ी रख छोड़ना धर्म है।"

आसानी से बात न माननेवाला लँगड़वा साहब ने किसन की बातों में आकर कुन्दन का नाम मज़दूरों की सूची में लिख लिया था। वह काग़ज़-पत्तर की बात करता कि इससे पहले ही किसन ने उसे बता दिया कि पिछली कोठी से निकाले जाने के कारण देवननन् की सभी चीज़ें जब्त कर ली गई थीं।

मुद्दत बाद की अपनी स्वतन्त्रता को कुन्दन ने जी-भरकर भोगा। कोड़े की हर मार, गालियों की हर बौछार को वह दूसरे ही दिन भूल जाता। उसे अपनी उस सहजता पर स्वयं आश्चर्य था। एक तरह से पूरी बस्ती उसके साथ सहज सजीवता पा गई थी। रात हलकी ठंड लिए हुए थी। चबूतरे के बीच की आग के प्रकाश में सभी के चेहरों पर की उमंगें साफ़ चमकती दीख रही थीं। कुन्दन को गाना तो बिलकुल नहीं आता था, फिर भी गोपाल के राग से प्रभावित होकर वह भी स्वर में स्वर मिला आता था।

पहली बार जब काफ़ी रात तक लोगों का गाना-बजाना होता रहा था तो लँगड़वा साहब ने आदमियों को भेजकर उसे रोकने का आदेश दिया था। सुबह किसन कुन्दन और गोपाल को साथ लिए कोठी पर पहुँचा था। बड़ी कठिनाई से वह लँगड़वा साहब तक पहुँच पाया था, पर उसकी दरखास्त को साहब ने मानने से इनकार कर दिया था। बाद में तीनों के बीच यह तय हुआ था कि आगे जो होगा देखा जाएगा। अभी कल ही किसन को साहब के सामने प्रस्तुत किया था। धमकियों के बावजूद आज भी आधी रात तक महफिल जमी रही। किसन को विश्वास था कि इस बार वह साहब के सामने जो दलील रख आया था, वह ख़ाली नहीं जा सकती। लँगड़वा साहब का असली नाम रेमों साहब था। उसने कहा था, "तुम लोग जंगलियों की तरह शोर मचाते हो।"

ढिठाई के साथ किसन ने कहा था, "नहीं साहब, हम अपनी थकान दूर करते हैं ताकि दूसरे दिन ताज़गी के साथ काम शुरू कर सकें।"

उसकी इस बात से रेमों साहब का क्रोध थोड़ा-बहुत कम हो गया था। इसी को किसन ने अपने ढंग की इजाजत मान ली थी। आज रात पिछली रातों से भी अधिक देर तक गाना-बजाना होता रहा। गोपाल के स्वर में थकान के कारण एक तरह का कम्पन-सा आ गया था।

...ईखवन के कट जाने से हो रे मोरे भैया हो।
पनिया से बचना होवे ला बड़ा ही मुश्किलवा।
चप-चप भीग के उधर टक-टक देखी ला हो।
जहाँ सजनी की ओढ़नी नीचे छीपे ला कोई और...।

हर दूसरी पंक्ति के चार शब्दों को सभी लोग मिलकर दोहरा जाते और उसके बाद ही किसन अपने हाथ की ढपली को इस तरह थपथपा उठता कि बैठे-ही-बैठे लोग झूमने लग जाते। लोग दिन-भर की कड़ी मेहनत की थकान को सचमुच ही भूल जाते...कोड़ों और बाँसों की बौछार के दर्द भी अपने-आप कम हो जाते थे। गा-बजाकर तथा खुली हवा को अपनी फरियाद सुनाकर ये सभी मज़दूर आश्वासन पा जाते। भीतर और बाहर की पीड़ा को कम करने के लिए इससे अच्छा उपाय उनके लिए दूसरा था ही नहीं। वह उल्लास उनके अपने ढंग का रो-तड़पकर अपनी कुंठा को मिटाना था। उसे भूल जाना था।

जिस दिन किसन की आँखों के सामने गोपाल की पीठ पर एक ही साथ बाँस, चाबुक और जूतों की बौछार हुई थी, उस दिन किसन दाँतों से अपने निचले होंठ को काटकर घटनास्थल पर अपने को रोक पाया था, पर उससे उसके भीतर का रोदन बन्द नहीं हुआ था। उसके जीवन का वही एक दिन था जब नदी किनारे काली चट्टान पर बैठकर वह घंटों तक जो भी मन में आया था गाता रह गया था। अपने हृदय के आँसुओं को सुखा देने का यही एक सहज उपाय कोई उन्हें बता गया था। कभी यह भी होता कि यह महज उन्हें असमर्थता का आभास देकर उन्हें और भी दुखी कर जाता, पर किसन उसे क्षणिक मानकर आगे के लिए बहुत-कुछ सोचने में लगा रहता।

टोपवाले दूसरे साहब को एक बार खुश-सा पाकर किसन ने डरते-डरते धीरे-से पूछा था, "साहब! इस जी-जान की मेहनत का हमें ग़लत इनाम क्यों दिया जाता है?"

टोपवाले साहब के चेहरे का रंग बदलते देर नहीं लगी थी। उत्तर के बदले में उसने डाँटकर पूछा था, "क्या कहा तूने?"

अपने को सँभालने में किसन ने थोड़ा समय लिया था। उसके पास प्रश्नों की कमी नहीं थी, इसलिए उसने इस बार कुछ और धीमे स्वर में पूछा था, "गाड़ियों के बाँस हमारी पीठ पर क्यों तोड़े जाते हैं साहब?"

"तुम सभी को आदमी बनाने के लिए।"

किसन के भीतर एक ही साथ कई प्रश्न पैदा हुए थे, पर साहब की ओर देखकर उससे प्रश्न करने की हिम्मत जाती रही थी। साहब ने अपने कुत्ते की ज़ंजीर किसन के हाथ में थमाते हुए आदेश दिया था, "इसे नदी से नहला लाओ।"

नदी के उस विशेष ठौर पर जहाँ साहब के कुत्ते को नहलाया जाता था, वहाँ

आज भी किसी आदमी को नहाने की इज़ाजत नहीं मिलती। एक बार खुद किसन को वहाँ नहाते पकड़ा गया था और उसके लिए उसे अपनी नंगी पीठ पर दस कोड़े सहने पड़े थे। सज़ा उसे सात कोड़े की हुई थी, पर चूँकि उसने प्रश्न करना चाहा था, इसलिए तीन कोड़े और भुगतने पड़े थे। उसी दिन उसने नया गीत बनाया था। गीत इतना अच्छा बन गया था कि तीन ही चार दिन में बस्ती के कई लोग उसे गुनगुनाने लगे थे।

बाद में उस गीत के लिए भी उसे चन्द कोड़े और खाने पड़े थे। बीच खेत में दो साहबों के पीछे से सरदार ने सभी मज़दूरों को चेतावनी दी थी कि आइन्दा किसी ने उस गीत को गाने की कोशिश की तो उसे नौकरी और बस्ती से निकाल दिया जाएगा। फिर तो कभी-कभार घर के भीतर एकदम ही धीमे स्वर में उस गीत को गा लिया जाता।

आज की महफिल में जब सभी कुछ भूलकर लोग झूमने लगे थे तो किसन भी सभी कुछ भूलकर उस गीत को शुरू कर गया—

...ओ रे रे मूसे लँगड़वा के राज में।
कुतवन के बड़ा भाग बा
दुम हिलावल से ओकर त बनल बात बा
मूसे रेतों के राज में।
गोर चाटे के मोल बा
आदमी बा कुत्ता। कुत्ता सरदार बा
ओ रे...रे मूसे।

किसन की आवाज़ पुष्पा को आज बहुत अधिक अच्छी लगी।

11

पुष्पा ने किसन को जिस घटना की याद दिलाई, वह महामारी के छह महीने बाद की थी। एक संकट के मारे वे लोग अभी अच्छी तरह सँभल भी नहीं पाए थे कि वह तूफ़ान आ गया था। उस घड़ी को याद करते ही सभी कुछ एक बार फिर से आँखों के सामने गुजरने-सा लगता था। सभी कुछ आकाश के लाल होने से शुरू हुआ था। फिर अकुलाहट-भरी उमस फैली थी। हवा साँय-साँय करने लगी थी। रात होते-होते वर्षा मूसलाधार हो गई थी। बादल ग़रज़ने लगे थे। डरावनी बिजलियाँ चमकने लगी थीं। और देखते-ही-देखते हवा की रफ्तार एकदम बढ़ गई थी। बस्ती के घरों की सभी खिड़कियाँ, सभी दरवाज़े बन्द कर लिए गए थे। घरों के भीतर सहमे हुए लोग हनुमान

चालीसा का पाठ करने लग गए थे।

इस तरह की भय-भरी स्थिति का यह एक ही वर्ष के भीतर तीसरा अवसर था। पहला अवसर महामारी के तीन महीने पहले था। जब पश्चिमी आकाश में धूमकेतु देखकर पूरी बस्ती में यह डरावना स्वर फैल गया था कि आकाश में तारे के साथ झाड़ू उगा है। जवान लोगों ने पहली बार सुना कि झाड़ू उगना आगे के दिनों के बहुत बड़े संकट का संकेत होता है। वह झाड़ू सात दिनों तक आकाश पर रहा। उससे लोगों का भय बढ़ता ही गया था। उस अवसर पर भी सभी दरवाज़े-खिड़कियाँ सवेरे ही बन्द हो जाती थीं।

पुष्पा ने तूफ़ान की याद दिलाई थी। तूफ़ान के उस भयावह अवसर पर ही उसकी और किसन की घनिष्ठता बढ़ी थी। पेड़ों के साथ-साथ घर की दीवारें तक हिलने लगी थीं। छप्पर टुकड़े-टुकड़े होकर उड़े जा रहे थे। उसी डरावनी रात में किसन ने पुष्पा को मौत के मुँह से बचा लिया था। अपना घर बिना छत का हो जाने के कारण पुष्पा अपनी माँ के साथ उस मूसलाधार वर्षा और प्रलयकारी हवा वाली रात में दूसरे आश्रय की ओर बढ़ रही थी। जब बरगद के पेड़ की एक मोटी-सी डाली उस पर गिरने ही वाली थी कि न जाने किस संयोग से बिजली के क्षणिक प्रकाश में किसन ने उस चरमराती डाली को देख लिया था। वह भी बिजली ही की तरह पुष्पा तक पहुँच गया था और उसे धक्का देकर उसके साथ खुद दूरी पर जा गिरा था जहाँ सिर्फ़ डाली के पत्ते दोनों को छू सके थे।

तूफ़ान भयंकर होता गया था। दोनों ने रात जतन की छत के नीचे बिताई थी। उसी घटना की याद पुष्पा आज किसन को दिला गई। उस समय किसन आज से अधिक डरपोक था। आकाश में उगे झाड़ू से वह दहल गया था। आशंकाओं से जकड़ा हुआ वह घर से बाहर नहीं होना चाहता था। तूफ़ान का भी उसे उतना ही डर था। लेकिन न जाने वह कौन-सी दैवी शक्ति थी, जिसके कारण पुष्पा के सामने वह सबसे साहसी प्रमाणित होकर रह गया था।

तूफ़ान की समाप्ति पर जब वातावरण शान्त और सुहावना था तो पुष्पा के घर की छत को ठीक करने के लिए किसन ही पहला आदमी वहाँ पहुँचा था। इस तरह की कुछ और बातें थीं जिनके कारण पुष्पा किसन का हर समय आभार मानती रहती थी और किसन को इन बातों से चिढ़ थी।

तूफ़ान के तीन दिन बाद किसन नदी किनारे बैठा नया गीत तैयार करने में लगा हुआ था, जब सूखे कपड़ों की गठरी लिए पुष्पा उसके पास आ गई थी। गठरी में पूरी बस्ती के कपड़े थे, जिन्हें पुष्पा और सन्ध्या ने मिलकर धोए थे, पर उन्हें बटोरने पुष्पा अकेली आई थी। वह शाम पहले ही से सुहानी थी। तूफ़ान के कारण सभी पेड़ निपाती थे, जिससे दूर के पहाड़ किरणों की आख़िरी छाप लिए दिखाई पड़ रहे

थे। पश्चिम की ओर काफ़ी दूरी के क्षितिज पर गहरा नीलापन था। किसन जानता था कि वह समुद्र है। कई बार समुद्र देखने की भारी इच्छा उसे हुई थी, पर उधर जाना उतना आसान नहीं था। पुष्पा उसके एकदम पास ही बैठ गई थी।

निपाती पेड़ों से आते हुए पक्षियों के कलरव में एक टीस थी। उन पक्षियों के स्वर में घोंसले के टूट जाने और बन्धु-बान्धवों से बिछुड़ जाने की पीड़ा थी। बस्ती में अब भी कुछ घरों के छप्पर उजड़े हुए थे। तूफ़ान में दो आदमियों की मृत्यु भी हो गई थी। लेकिन पुष्पा को सामने पाकर किसन उन सभी बातों को भूल गया था। पक्षियों की दर्द-भरी आवाज़ भी उससे अनसुनी रह गई थी।

नदी किनारे की उस बात का पता न जाने रामजी सरदार की बेटी को कैसे लग गया था। दूसरे दिन उसने किसन से मुँह फुला लिया था। उन सवालों से किसन को हैरानी हुई थी। उसने जो भी उत्तर दिए, सभी सही नहीं थे। बाद में उसे झूठ के लिए दुख भी हुआ था। सत्या सरदार की बेटी थी, इसीलिए क्या वह उससे भी डरता था?

किसन को उन यादगारों में खोए पाकर पुष्पा ने उसके कन्धे को झकझोरते हुए कहा, "इतने सवेरे सोने लगे क्या?"

सचमुच ही नींद से जागते हुए किसन ने उसकी ओर देखा और दोनों ठहाके के साथ हँस पड़े। पुष्पा के दोनों पाँव हर दूसरे क्षण पानी में नई तरंगें पैदा कर रहे थे, जबकि उसके दोनों हाथ कुश के हरे पत्तों से चिड़िया बनाने में लगे हुए थे। सूरज की अन्तिम किरणें अब भी पेड़-पत्तों के आलिंगन में थीं।

किसन के मन में जो नया गीत आया था, उसे उसने पुष्पा को सुनाया। गीत की पहली पंक्ति थी–'उजड़े खोंतवा से चिड़िया उड़ी गयले दूसरे बसेरा को'। पुष्पा को यह गाना बहुत पसन्द आया। अपने घर के काम-काज के समय वह किसन के गानों को गुनगुनाती रहती थी। किसन का गाना पुष्पा का सबसे अच्छा साथी होता था। उससे कभी भी उसे अकेलेपन का आभास नहीं होता था। किसन अपनी जगह से उठा और उसने अपने हाथ को पुष्पा की ओर बढ़ा दिया।

उसके हाथ को पकड़कर पुष्पा भी अपनी जगह से उठ खड़ी हुई। बस्ती से विपरीत दिशा की उस ओर दोनों बढ़ गए, जिस ओर उन लोगों का जाना बहुत कम होता था। दो खरगोश दोनों के सामने से निकलकर भाग गए। किसन को गौतम की याद आ गई। अगर वह होता तो दोनों खरगोशों के पीछे हाथ धोकर पीछे पड़ जाता।

पगडंडी के एक ओर पेड़ों का झुरमुट था, दूसरी ओर कटे हुए ईख के खेत थे, ईख के सूखे पत्तों से ढँके हुए। एक-दूसरे का हाथ थामे दोनों सुनसान पगडंडी पर चलते रहे। दोनों के पास बातें नहीं थीं। दोनों के बीच हमेशा ऐसा ही होता आया है। एक-दूसरे से दूर उनके पास बहुत-सारी बातें होती हैं, पर आमने-सामने होते ही

बातें कपूर की तरह उड़ जाती हैं।

एक लम्बी चुप्पी के बाद पुष्पा को कुछ-न-कुछ बोलने के लिए एक विषय मिल ही गया। अपनी चाल को कुछ और धीमा करती हुई वह बोल उठी, "कल माँ फिर भारत की बातें सुना रही थी।"

"क्या फ़ायदा है?"

"मन को शान्ति मिल जाती होगी।"

"दुख को और अधिक बढ़ाना हुआ।"

"एक बात मेरी समझ में नहीं आती।"

"कौन-सी?"

पुष्पा तुरन्त नहीं बोली। कटे हुए खेतों के पार हो जाने पर उसने कहा, "माँ कहती है कि वहाँ के मन्दिर इतने ऊँचे हैं कि सिर उठाकर कलश देखनेवाले आदमी के सिर से पगड़ी नीचे गिर जाती है।"

"गिर जाती होगी।"

"तो फिर जिस देश में इतने बड़े-बड़े मन्दिर हैं, वहाँ ग़रीबी कैसे हो सकती है? ऐसे देश को छोड़ने की नौबत क्यों आई?"

"वहाँ हमारे अपने लोगों का राज थोड़े ही है!"

"यहाँ भी वही हाल। क्या हमारे लोग इसीलिए पैदा हुए हैं?"

"छोड़ो इन बातों को।"

"माँ कहती थी कि मेरे नाना के यहाँ दूध देनेवाली सात गायें थीं।"

कुछ देर चुप रहकर पुष्पा ही ने आगे कहा, "मेरे यहाँ भी एक गाय होती तो... ।"

उसकी बात को बीच ही में काटते हुए किसन बोला, "न पैसा न कौड़ी बाज़ार चले छौंड़ी।"

"हाँ किसन, काश हमारे यहाँ भी एक गाय होती! मैं उसके लिए घास लाया करती और..."

"तुम केवल सपना ही क्यों देखती रहती हो?"

एक सूखी सरसराती हवा आई और पुष्पा के कन्धे से उसकी ओढ़नी उड़ा ले गई। दोनों अपने हाथों को बिना छुड़ाए हँसते हुए उसके पीछे दौड़ गए। हवा ने सहमकर ओढ़नी को छोड़ दिया। उसे उठाते हुए किसन ने कहा, "हवा को जब ओढ़नी उड़ानी ही थी तो कुछ दूर तक उड़ाए जाती।"

उसके हाथ से ओढ़नी लेकर पुष्पा ने उसे अपने गले में लपेट लिया। गाय का उसका सपना अभी ख़त्म नहीं हुआ था। कुछ अधिक गम्भीर होकर बोली, "सच मानो किसन, अपनी बस्ती में कहीं से एक गाय आ जाती हो... ।"

"तो तुम्हें भी दूध का स्वाद आ जाता।"

किसन से हाथ छुड़ाकर पुष्पा खड़ी हो गई, “तुम तो हर बात को मज़ाक में लेते हो।”

“तुम पगली हो पुष्पा!”

“क्यों, हमारे भाग्य में कभी गाय नहीं हो सकती क्या? सुना है, पड़ोस की किसी बस्ती में चार-चार गायें हैं।”

“अपने घरों में तो जूठा-कूँठा खाने के लिए चूहा भी नहीं है। जहाँ चूहों को बिना खाए मर जाना होता है, वहाँ तुम गाय की बात कर रही हो।”

“तो फिर यह स्थिति कब तक रहेगी?”

“लो! अब तुमने की मतलब की बात! पर रोना तो इसी बात का है पुष्पी, कि हमलोग इस स्थिति के आदी होते जा रहे हैं। उसके लिए हमारे भीतर मोह पैदा होने लगा है। इस बेबसी के सामने उसे बदलने का तो प्रश्न ही नहीं पैदा होता।”

इसके बाद दोनों के बीच बातें नहीं हुईं।

वातावरण साँवला होता गया। काफ़ी दूर निकल जाने के बाद दोनों फिर से बस्ती की ओर लौट पड़े। कुश के पत्तों की बनी चिड़िया को पुष्पा ने किसन के हाथ में रख दिया। बस्ती के द्वार पर पहुँचने से पहले पुष्पा ने किसन से पूछा, “किसू! यहाँ तुम्हारा सबसे अच्छा मित्र कौन है?”

“बस तुम हो।”

“मैं!”

“हाँ, तुम।”

“मैं तुम्हारी मित्र हूँ?”

“हाँ। वह भी सबसे अच्छी।”

“बस, केवल तुम्हारी मित्र हूँ?”

“कहा न सबसे अच्छी।”

फाटक से प्रवेश करके दोनों को दो तरफ़ जाना पड़ा।

बग़ल के जतन के घर से दबे स्वर में कुछ बच्चे रामागती पढ़ने में लगे हुए थे। अब धूप नहीं थी, फिर भी धूप में सूखने के लिए जो कपड़े रस्सी पर टँगे हुए थे, अब भी झूल रहे थे।

12

धूपीली दोपहर। ईख का झुलसा हुआ खेत। पसीने से लथपथ मज़दूर भीगे कपड़ों की तरह निचोड़े जा रहे थे कि तभी खाने की छुट्टी हुई। खाने के लिए उतना ही

समय मिलता था, जितने समय में सरदार की थूक चट्टान पर सूख जाए।

जामुन के पेड़ से अपनी भात की टोकरी उतारने के बाद किसन को मालूम हुआ था कि टोकरी के भीतर की ईख की भेली के कारण भात के बरतन में लाल चींटियाँ भर आई थीं। पहले तो वह बरतन को धूप में रखकर काफ़ी देर तक चींटियाँ निकालता रह गया था। बाद में यह जानकर कि चींटियाँ भात के साथ-साथ सहीजन की भूँजरी तक चली गई थीं, उसने बरतन को बन्द करके टोकरी में रख दिया था और इस बात का पता किसी को नहीं लगने दिया था। कुन्दन को भी नहीं। वह यह नहीं चाहता था कि किसी को अपना खाना उसके साथ बाँटना पड़े। खाने के समय कुन्दन से आँखें बचाकर वह चट्टान के पीछे चला गया था। खाने के नाम पर कुन्दन अगर कुछ लाता था तो बस अपने हाथ की तैयार की हुई मक्की की रोटी। कभी साथ में कोई चटनी होती, कभी वह भी नहीं। केवल किसन ही था जिससे कभी-कभार वह थोड़ी-बहुत तरकारी-चटनी ले लिया करता था।

कुन्दन के यह पूछने पर कि भोजन के समय वह कहाँ ओझल हो गया था, किसन ने दूसरी बात छेड़कर बात टाल दी थी। सूरज ढलते ही घर पहुँचकर उसने सबसे पहले खाना ढूँढ़ा था, पर उस समय ऐसी कोई भी चीज़ तैयार नहीं थी, जिससे वह अपनी भूख को मिटा पाता। माँ और बहन दोनों को अपने ढंग से कुछ खरी-खोटी सुनाकर वह नदी को चला आया था। चट्टान पर बैठकर डूबते सूरज की स्वर्णिम छाप को तरंगों के साथ अठखेलियाँ करते देखता हुआ वह दिन की घटना के बारे में सोचता रहा। दोनों साहबों की निगरानी के बाद लम्बी साँस लेते हुए सोनालाल किसन से सीखे उस नए गीत को गुनगुनाने लगा था :

रामजी की ईख की तू चूस लेईली मिठसवा
हमरो ख़ातिर छोड़ गइले सीठिया हो रामा।

सरदार ने दूर ही से चिल्लाकर उसे चुप करा दिया था। उसके चुप होते ही गौतम का बाप उस गीत को गुनगुनाने लगा था।

"यह खेत आज कटकर साफ़ नहीं हुआ तो समझ जाओगे!"

"सरदार!" किसन ने बड़े अन्दाज़ से पुकारा था।

"क्या है?"

"तुम्हारे और मेरे दादा अगर श्मशान से लौट भी आएँ तो यह खेत आज पूरा कटने को नहीं।"

"चुप रहो!"

और फिर गौतमवा के बाप के पास पहुँचकर सरदार ने अपनी हमेशा वाली गाली से बात शुरू की थी, "अरे सात छोटे सुअरों के बाप! औरत से मज़ा लूट-लूटकर बच्चे पैदा करना तो तुम्हें खूब आता है, पर खेत में जाँगर के चोर निकले।"

गौतम कुछ दूरी पर था, फिर भी अपने बाप के प्रति उन घृणित शब्दों से उसकी भौहें चढ़ गईं। अगर वह रुकमिनवा के कारण अपने बाप से अलग रहता था तो उसका मतलब यह नहीं था कि वह अपने बाप के अपमानित होने पर चुपचाप रह जाए। उसने सरदार की ओर देखा। गड़ाँसे पर उसकी मुट्ठी कसती जा रही थी। चेहरे पर पसीने की लकीरें अधिक स्पष्ट हो आई थीं। सूरज की दग्ध किरणों को अपनी आँखों में सहेजे वह घूरता रहा। बग़ल से दाऊद ने धीरे से कहा, "गौतमवा, अपने काम में लग जाओ।"

तब तक उधर से सरदार के मुँह से दो-तीन गालियाँ और भी निकल चुकी थीं। गौतम का पूरा शरीर काँपकर रह गया। वह कम्पन भय का नहीं था। बेबसी का कम्पन था वह। उसके हाथ में चोखा गड़ाँसा था, फिर भी वह अजीब निहत्थेपन की स्थिति में था। गड़ाँसेवाले हाथ को ऊपर उठाकर जब उसने माथे के पसीने को पोंछने की कोशिश की, उस समय उसके चमकीले भाग में पूरा सूरज कौंध गया। उस तेज़ चमक से उसकी आँखें चौंधिया गईं। दाऊद ने फिर से उसे काम में जुट जाने को कहा। बग़ल से सोनालाल ने भी यही कहा।

दाऊद के तीसरी बार कहने पर गौतम ने कमर झुकाई। एक हाथ से सामने के मोटे गन्ने को थामकर दूसरे हाथ से गड़ाँसा चलाना चाहा कि पीछे से गेंडे की चोट खाकर वह लोचिया-सा गया। उसके सँभलते-सँभलते गेंडा उसकी पीठ पर बती-बती हो गया। वह भूल गया था कि मार खाते समय बोलना मना होता है। सूरज की लाल किरणों को अपनी आँखों में लिए हुए उसने पूछा, "क्यों मार रहे हो मुझे?"

इसके तुरन्त बाद सभी कुछ यान्त्रिक गति से हो गया था। दो और सरदार दो तरफ़ से आकर एकदम सामने खड़े हो गए थे। वह हिल पाता कि तभी तीनों सरदारों ने उसे दबोच लिया। सामने की ऊँचाई पर से लँगड़वा साहब के दामाद ने इशारे से कुछ कहा और गौतम को ईखों के ऊपर से घसीटते हुए चट्टानों के पिछवाड़े में ले जाकर पूरी ताक़त के साथ ढकेल दिया गया। बेहोशी हालत में उसे जामुन के पेड़ से बाँधकर कोड़ों की मार से होश में लाने की कोशिश होती रही।

गौतम के बाप की सज़ा इससे एकदम भिन्न रही। ईख से लदी गाड़ी से बैल को हटाकर उसे बैल की जगह बाँध दिया गया और चाबुक की आवाज़ के साथ उससे गाड़ी को आगे खिंचवाया गया। उसने गन्ने काटते समय जो गाना शुरू किया था, उसको दोहरवाते हुए उसके शब्द-शब्द पर दस-दस कोड़े लगवाए गए।

सूरज के खेत छोड़कर भाग जाने पर साँवली पगडंडी से गुज़रते हुए कुन्दन ने सभी को सुनाकर अपने को धिक्कारा, "यह नामर्दी ही तो हुई!"

"साफ़-साफ़ क्यों नहीं कहते कि हम सभी नामर्द हैं?" जतन ने कहा।

सूरज के अस्त हो जाने के बाद की भी हवा उसके ताप को अपने में लिए हुए

थी। वातावरण में वही अकुलाहट थी, जिसे सभी मज़दूर भीतर से महसूस रहे थे। लिजलिजेपन को बाहर और भीतर से लिए हुए वे अपने बोझिल क़दमों को उठाए आगे बढ़ रहे थे। उन क़दमों में दिन-भर के घोर परिश्रम के बाद घर लौटने की उमंग थी।

रात में कुछ मज़दूरों ने बासी भात से गुज़ारा किया। कुछ लोगों को भूखा रहना पड़ा। जो नए चावल मिले थे, उन्हें पकाना किसी से नहीं हो सका। बरगद के पीछे चाँदनी में बैठे मातम मनाने पर उन लोगों को कोसती हुई पुष्पा की माँ बोल पड़ी थी, "चावल-दाल दूनों में खद-खद पिलवा भरल बा। जोन चीज़ कुत्ता भी न खाई खोजी ओके कैसे पकावल जाय? के वा तू लोग में जे सकी मालिक के सामने चावल-दाल रखकर पूछे कि यह अनाज़ आदमी कैसे खाई?"

लोगों की चुप्पी बनी रही।

चाँदनी रात में सभी के चेहरों की लाचारी स्पष्ट थी। झाल-ढोलक ओरियानी में पड़े हुए थे। न कोई झनक, न कोई थाप। गुनगुनाहट भी नहीं थी। पुष्पा की माँ से पहले कई स्त्रियाँ सामूहिक स्वर में मर्दों की बेबसी बखान चुकी थीं। सभी मर्दों को ऐसा आभास हुआ था कि पहली बार औरतों ने विद्रोह किया हो। उनके बात करने के ढंग में रूखापन था। आवाज़ों में झाल की झनक थी और आँखों में स्नेह और हमदर्दी की जगह कोई दूसरी झलकती चीज़ थी। सभी औरतों ने एक-जैसी बात की थी। लोगों को समझते देर नहीं लगी थी कि दिन में औरतों की कोई सभा अवश्य लगी होगी।

कुन्दन और किसन दोनों चुप थे। किसन पहली बार अपनी माँ को अपने बाप पर बरसते देख चुका था। बरगद के नीचे चबूतरे पर कोई बीस आदमी बैठे थे। कोई बोल नहीं रहा था। सभी सोच रहे थे। जो सभी लोग सोच रहे थे, वह किसन नहीं सोच रहा था और जो किसन सोच रहा था, वह सभी लोग नहीं सोच रहे थे। कुन्दन सभी लोगों और किसन के बीच में सोच रहा था। वह लोगों और किसन के बीच जो अन्तर था, उसे दूर करने के बारे में सोच रहा था। उसके अपने विचार में सभी लोगों और किसन दोनों पक्षों का हित तभी था, जब बीच की खाई को पाटकर कुछ सोचा जाए, कुछ किया जाए। लाचारी और उद्दंडता की दरार को भरकर ही आन्दोलन का रूप सही हो सकता है। जीवन के लम्बे पीड़न ने उसे भावुकता और संवेदना से एकदम काट दिया हो, यह बात नहीं थी, लेकिन मात्र संवेदना और भावुकता उसके लिए खोखली चीज़ थी। इसीलिए कभी जितने खोखले उसे सभी लोग लगते थे, उतना ही खोखला किसन भी लगता।

वह चंडी का रूप था जब...

सभी लोगों ने पुष्पा की माँ को मुट्ठी में कीड़ों से भरे चावल लिए सामने खड़े

यह करते सुना, "तुम लोगन से अगर ना होई त कह दो। हम जाब मालिक के सामने। तुम लोगन के हियां गाना सुझत बानी। घर में भूँजी भाँग नाहीं देहरी पर नाच।"

कुछ लोग अवाक् थे। कुछ को काठ मार गया था।

किसन चावल और दाल देख चुका था। दाल इतनी सड़ी हुई थी कि उससे बदबू आ रही थी। क्या करना था? लोग सोच रहे थे। कुछ तय नहीं हो पा रहा था। कुछ तय हो पाता कि तभी ईख के कारख़ाने से बुलावा आ गया। दो सरदार सामने आकर खड़े हो गए। एक ने अपनी मोटी क्रिओली में कहा, "त्रावाय इन ब्लोके लाबा। बीज़ें केन्ज़ जीमून।"

अगर ईख के कारख़ाने में काम पिछड़ गया था तो इसका कारण किसन को भली-भाँति मालूम था। वहाँ के चालीस मज़दूर बिना खाए काम पर लगे हुए थे। जब पूरी बस्ती में खाना पका ही नहीं था तो फिर उन्हें पहुँचता कहाँ से? किसन ने ढिठाई की, "कितने आदमी चाहिए?"

"कहा न पन्द्रह आदमी!"

"हम कैसे जा सकते हैं?"

"क्यों नहीं चल सकते?"

"हमलोग भूखे हैं। अभी तक कुछ खाया नहीं। ख़ाली पेट काम कैसे कर सकेंगे?"

"तुम लोग यहाँ बैठने के लिए नहीं, काम करने के लिए हो।"

"पर हमें जो काम करना था हम कर चुके!"

"साले, तुम्हें चावल-दाल के अलावा जो मकई, मान्योक आदि चीज़ें मिलती हैं, उन्हें तुम्हें मुफ्त में देने के लिए तुम्हारा कोई माँ का भतार बैठा है यहाँ क्या?"

"सरदार, मुँह सँभालकर बात करो। इस समय हम ईख के खेत में नहीं हैं।"

कुन्दन बीच में आ गया। किसन को पीछे करते हुए उसने कहा, "सरदार, इस समय हमलोगों से कैसे काम हो सकेगा?"

"क्यों नहीं हो सकेगा?"

"भूखे हैं।"

"यह बात तुम साहब को बताना।" दूसरे सरदार ने कहा।

"देगाज़े।"

"जल्दी चलो। पन्द्रह आदमी चाहिए हमें।"

क्षण-भर की छोटी-सी चुप्पी के बाद सबसे पहले दाऊद अपनी जगह से उठा। उसके बाद कुन्दन का क़दम आगे बढ़ा और अन्त में सिर झुकाए आगे बढ़नेवाला पन्द्रहवाँ आदमी किसन था।

रास्ते में जब दाऊद ने अपने-आपसे कहा कि आख़िर कब तक इस तरह बैल

बनकर जीवन जीना होगा तो उसकी बात सुनकर उत्तर में सरदार ने व्यंग्य किया, "पास्यौंस गेरी लागाल।"

किसन ने मन-ही-मन पूछा—होता है सबूरी का फल मीठा?

कारख़ाने का धुआँ काली रात से भी अधिक काला होता। काली रात बहुत ऊँचाई तक आकर ख़ालीपन में ओझल हो गई थी और उसमें लिपटा हुआ था बोझिल धुआँ। धरती की उदासी और भी बढ़ गई थी। खेतों की पगडंडियाँ सो रही थीं। बेसुध। उन पर के मज़दूरों के पदचिह्न थे, जो जाग रहे थे—अँधेरे में चमक रहे थे; क्योंकि ऊपर कारख़ाने के काले धुएँ में तारे ओझल थे। कल के सूरज की न जाने क्या दशा होगी!

13

बुढ़ापे से टूटा हुआ सूरज कमर पर ज़ोर देते हुए धीरे-धीरे आगे बढ़ रहा था। अभी दिन बीतने में आधा दिन बाक़ी था। अभी माटी मज़दूरों के पसीने से भीगी नहीं थी। कटनी की विडम्बना। दिन दुगुना लम्बा लगता है। सूरज मज़दूरों की थकान की गठरी को सिर पर लिए चलता है। लम्बे दिन को गड़ाँसे से काटकर भी मज़दूर उसे छोटा नहीं कर पा रहे थे। उनके पसीने की ठंडक से गरमी धुल नहीं पा रही थी। अभी सूरज ठीक सिर के ऊपर था। अभी आधा दिन बाक़ी था, आधा दम भी बाक़ी था।

लँगड़वा साहब का अभी बग्घी से उतरना भी नहीं हुआ था कि उसके खेत में पहुँच आने की ख़बर कानाकानी इस छोर से उस छोर तक पहुँच गई। लम्बी छड़ की बड़ी-सी छतरी को दोनों हाथों से थामे मालगासी नौकर पगडंडी की छोटी-मोटी ठोकरें खाते हुए भी आँखों को छतरी और...साहब के सिर पर टिकाए चल रहा था। उसे अपने रास्ते और घायल अँगूठे से बहुत अधिक ख़याल मालिक के सिर का रखना होता था। कुन्दन और किसन पगडंडी से सटकर एक ही मुँड़ेर के दोनों ओर से ईखों को काटे जा रहे थे। लँगड़वा साहब के इस आगमन का किसन पर कोई विशेष प्रभाव तो नहीं पड़ा। कुन्दन भी उसी की तरह बिलकुल न दहला हो, यह बात नहीं थी। बाक़ी सभी मज़दूरों से कम डरकर भी वह भीतर-ही-भीतर ज़रूर ही काँपा था।

कुन्दन की बग़ल के दाऊद के पास रुककर लँगड़वा साहब ने ज़ोर से सरदार को आवाज़ दी। उस चीख़ से पूरा खेत काँप गया। सरदार मुँडेरों को फाँदता हुआ सामने आ गया। कम्पन-भरे स्वर में उसने पूछा, "वही ग्रां मीस्ये!"

लँगड़वा साहब ने अपने हाथ की छड़ से दाऊद की ओर इशारा करते हुए कड़ककर फ्रेंच में कहा, "यह आदमी ईख को इतने ऊपर से क्यों काट रहा है?"

मालगासी सरदार ने कटे हुए गन्नों से एक गन्ना उठाया और दाऊद की पीठ पर दो ज़ोरदार वार करने के बाद अस्पष्ट क्रिओली में चिल्लाकर कहा, "तीन इंच गन्ने अपने बाप के लिए छोड़ रहे हो क्या? अगर तुम्हारी कमर लकड़ी की है और काम को ढंग से करने के लिए झुक नहीं पाती तो काम पर क्यों आते हो?"

किसन एक पल के लिए ठिठका। अपने हाथ के कटे हुए गन्ने को पीछे की ओर फेंकते हुए एक छिपी नज़र से लँगड़वा साहब और सरदार दोनों की ओर देखा। कुन्दन ने दबे हुए स्वर में कुछ कहा और वह फिर से अपने काम में लग गया। लँगड़वा साहब ने अपनी आगे की चौड़ी चट्टान पर खड़े होकर एक बार चारों ओर देखा, फिर अपने सिर से टोप उतारकर हाथ के रूमाल से चेहरे के अकारण झलक आए पसीने को पोंछा। किसन की ओर देखा, फिर पसीने से लथपथ चट्टान से नीचे आकर आगे बढ़ गया। सरदार उसके पीछे हो लिया। उनके आगे चले जाने पर किसन ने दाऊद की ओर देखा। गठीले शरीर का दाऊद इस तरह काम में लगा रहा जैसे कि गन्ने के प्रहार का उसके शरीर पर कोई ख़ास असर हुआ ही नहीं था। किसन ने मार की पीड़ा को कुन्दन के चेहरे पर देखा, अपने भीतर अनुभव किया और बग़ल से दूसरे सरदार को आते देख ईख काटने में लग गया।

आगे निकल गए लँगड़वा साहब के चिल्लाने की आवाज़ आती रही। उसके साथ-साथ बाँसों के कड़ाक-कड़ाक टूटने की आवाज़ को भी वह सुनता रहा और सिर झुकाए अपनी खोज को ईखों के हवाले करता रहा।

"अभी तक पानी लेके कोई ना आया?" कुन्दन ने धीरे से पूछा।

कुन्दन के इस प्रश्न का कोई उत्तर दिए बिना किसन ने गाँव से आती हुई बग़ल की पगडंडी की ओर देखा। वह सुनसान थी। इस सुनसान लम्बी पगडंडी को देखकर किसन को अपना कंठ भी सूखा-सा लगा। उसके माथे से टपकती बूँदें चेहरे पर फैलकर अपने खारेपन को जीभ तक पहुँचा गई थीं। अपनी प्यास की जुगाली करता हुआ वह काम में लगा रहा। दोनों सरदारों के साथ लँगड़वा साहब के आगे निकल जाने के बाद उसने दाऊद की ओर देखा। आगे दोनों ओर से ईख कट जाने के कारण इमली के पेड़ तक का दृश्य साफ़ दिखाई पड़ रहा था। किसन ने जल्दी से छलाँग मारकर दाऊद के पास पहुँचते हुए कहा, "कुछ देर के लिए तुम उधर बैठ जाओ।"

अपनी सारी फुरती के साथ कोई तीन-चार गज तक गन्नों को काट चुकने के बाद जब उसने देखा कि दाऊद की क़तार भी बाक़ी लोगों तक पहुँच गई थी, तो फिर बिना कुछ कहे वह जल्दी से अपनी क़तार को लौट गया। अपने चेहरे के ताजे पसीने की ठंडक का अनुभव करते हुए वह फिर से अपने काम में जुट गया। आकाश पर बादल का कोई भी ऐसा टुकड़ा नहीं दिखाई पड़ रहा था जो क्षण-भर के लिए

सूरज को ढाँपकर मज़दूरों की थकान और अकुलाहट को जरा-सा कम कर जाता।

कुन्दन ने दूसरी बार पानी की बात की। किसन ने दूसरी बार अपनी जीभ को होंठों से बहते हुए पसीने पर फेरा।

"कुन्दन चाचा!"

"क्या है किसन?"

"कल रात मैंने एक सपना देखा था।"

"मुझे तो वह भी नहीं दीखता।"

"सपनों का क्या मतलब होता है?"

"सपनों का भी कोई मतलब होता है?"

"होता तो होगा।"

"जिस तरह तुम्हारे इस पसीने का कोई मतलब नहीं होता, उसी तरह...।"

"पसीने का तो मतलब होता है।"

"क्या मतलब होता है?"

"अपनी हरियाली, फ़सल, ये सारी बातें तो पसीने से ही होती हैं।"

"लेकिन किसन बेटा, इन बातों का अधिक लाभ तो उन लोगों को होता है, जिनका पसीना तनिक भी नहीं बहता, जो बग्घी में आते हैं, पालकी में जाते हैं।"

"सपने तो सभी को बराबर आते होंगे चाचा?"

"बराबर काहे को? अरे, तुम्हारे सपने भी तो किसी और के हो जाते हैं।"

बग़ल से किसी ने बताया कि लँगड़वा साहब लौट रहा है। दोनों की बातचीत बन्द हो गई। सामने से गुज़रते हुए लँगड़वा साहब ने कर्कश स्वर में आसपास के सभी मज़दूरों को सुनाते हुए कहा कि अगर आज यह पूरा खेत कटकर समाप्त नहीं होता है, तो सभी के आधे पैसे काट लिए जाएँगे। मज़दूर उसे कनखियों से देखते रहे। वह बग्घी पर चढ़ा और दूसरे खेतों की ओर बढ़ गया। राहत की साँस किसी ने नहीं ली। वे दोनों सरदार हाथों में बाँस लिए हुए सामने थे। किसन ने धीमे स्वर में कहा, "चाचा कल रात का मेरा सपना बहुत ही लम्बा रहा होगा। पर सभी बातें याद नहीं आ रही हैं।"

"मैं जानता हूँ, तुम सुनाकर ही दम लोगे। सुना दे जो भी याद है।"

दूसरे खेत से किसी के चीत्कारने की आवाज़ आई। सुनना मना नहीं था, इसलिए सभी ने सुना। प्रतिक्रिया मना थी, इसलिए सुनी-अनसुनी करके लोग कामों में लगे रहे। किसन ने फुसफुसाहट-से स्वर में आगे कहा, "बिनसहारा का सपना था।"

कुन्दन अपनी धुन में ईख काटे जा रहा था।

"चाचा तुम सुनो भी तो मैं सुनाऊँ।"

"सुन तो रहा हूँ।"

"गड़ाँसे चलाए जा रहे हो।"

"सुन भी तो रहा हूँ। तू बता तो सही।"

"एक खुले हुए मैदान में एक ओर सारे मालिक खड़े थे। उनकी बग्गियाँ थीं। बन्दूकें थामे कई सिपाही थे। बाँस थे। कुत्ते थे। उसी तरफ़ उनके पीछे उनकी बड़ी इमारतें थीं, कारख़ाने थे। और भी बहुत-कुछ था उधर। दूसरी ओर हम थे। दो-तीन मज़दूर निहत्थेपन की स्थिति में। बेबस सारी दयनीयता के साथ।"

उसके चुप होते ही कुन्दन ने पूछा, "और?"

"और कुछ नहीं!"

"यह भी कोई सपना हुआ।"

"हमारे हाथ में हमारी कुदाली भी नहीं थी। हमारे गड़ाँसे भी नहीं थे। हाँ...और भी कुछ था...वे लोग अपनी सभी चीज़ों के साथ हमारी ओर बढ़े आ रहे थे और हम बेबस अपने ख़ाली हाथों के साथ पीछे को हटते जा रहे थे।"

"बिना सिर-पाँव का है तुम्हारा सपना।"

"वह भयानक था। इतना डर मुझे कभी नहीं लगा था।"

दाऊद फिर से पीछे छूटने लगा था।

सरदारों से आँख बचाकर कुन्दन ने कमर सीधी की। माथे के पसीने को आस्तीन से पोंछकर उसने पगडंडी की ओर देखा। वह अब भी सुनसान थी। अपने होंठों पर जीभ फेरकर कुन्दन शिथिलता के साथ गड़ाँसे को चलाता रहा। आगे की ओर सरदार की गालियों की बौछार होती रही। किसन ने अपने आगे से ईख के सूखे पत्तों को हटाते हुए कहा, "आज पानी नहीं पहुँचेगा चाचा!"

कुन्दन को क़ैद की चारदीवारी के भीतर की एक घटना याद आ गई। तीन दिन उसे बिना पानी के रखा गया था। चौथे दिन भी उसे पानी नहीं मिलता। वह विभीषण था जिसने चुपके से भीगा हुआ रूमाल कोठरी के भीतर फेंक दिया था। उसे अपने मुँह में निचोड़कर उसने तीन दिनों की प्यास बुझाई थी। वह प्यास कुछ भी रही हो, इस तरह की नहीं थी। उस समय वह तिलमिलाया नहीं था।

किसी दूसरे मज़दूर की ज़ोरदार आवाज़ आई, "अभी तक पानी क्यों नहीं पहुँचा?"

"लाए कौन?" किसन ने पूछा।

"हरबसिया कहाँ है?"

"उसे रेमों साहब के यहाँ से छुट्टी मिले तब तो!"

कई आँखें एकसाथ पगडंडी की ओर मुड़ीं।

पगडंडी उसी तरह सुनसान थी।

"एक-दो मज़दूर चोरी-चुपके ईख चूसने लगे थे। यह जानकर भी कि रस की

मिठास कुछ ही देर में उनकी प्यास को और भी बढ़ा जाएगी। ठीक सर के ऊपर का सूरज भी किसन को प्यासा-सा प्रतीत हुआ। पर उसके पीने के लिए तो मज़दूरों के शरीर में पसीना-ही-पसीना था। किसन को हँसी आ गई। सूरज पसीने को नहीं पीता। उसे अपने ठंडे हो जाने का डर रहता है। शायद यही कारण हो कि मज़दूर भी अपने पसीने से अपने प्यास को नहीं बुझा पाता। पर यह परहेज़ धरती को नहीं था। मज़दूरों के माथों से छूटती हर बूँद को धरती पीती गई। निगलती गई एक-एक बूँद को...पर...। किसन सोचता रहा...पर पसीने की इन बूँदों के बदले में धरती जो दूसरी कीमती बूँदें उगलती रहती हैं, वे किसी दूसरे की मुट्ठियों को पहुँच जाती हैं।

किसन पूछता है, "ऐसा क्यों?"

पगडंडी उसी तरह सुनसान पड़ी रही। ईख के पत्ते झूमते रहे।

14

ईखों को कारख़ाने तक पहुँचाते हुए जतन की अचानक मृत्यु से खेतों का काम एकाएक रुक गया। लोग क्षण-भर को अपने-अपने स्थानों पर ठिठके रह गए थे। एक-दो लोगों ने बढ़ने के लिए जो पहले क़दम उठाए थे, उन्हें पीछे को लौटा लेना पड़ा था। चारों दिशाओं से सरदारों की चेतावनी एक साथ आई थी कि कोई अपना काम छोड़ने का साहस न करे। उन बुलन्द आवाज़ों से लोगों की आगे बढ़ने की इच्छा मोम की तरह जम गई थी। वह केवल किसन था जो सुनी-अनसुनी करके उस चौराहे पर पहुँच ही गया था, जहाँ ईख के बोझ के नीचे जतन का शव दबा पड़ा था।

बाद में लोगों ने उसकी मृत्यु के कई कारण बताए थे। किसी ने कहा था कि तीन दिन से ख़ाली पेट वह काम कर रहा था। किसी ने धीरे से बताया था कि पिछले दिनों की बाँसों की वह बौछार थी, जिसने जतन को आधे दम का कर दिया था। उसका पीला शरीर कुछ और ही कहता-सा प्रतीत हुआ था। लाश को उसकी झोंपड़ी के भीतर रखते हुए किसन एकटक उस निचुड़े हुए शव को देखता रह गया था। उसे लगा था कि जतन बहुत पहले से मरा हुआ था। इधर के कुछ दिनों को उसने बड़े साहस के साथ जीया था। उसकी बन्द आँखों के आसपास की गहराई मिट्टी के ख़ाली चिराग़-सी लग रही थी। उसके गोरेपन को खेतों की धूप ने बेरहमी से झुलसकर साँवला कर दिया था। चूसे हुए आम-जैसे उसके पिचके गालों को भरने के लिए अँजुली-भर चावल भी कम होते। सामने की वह लाश एक टूटे-सिमटे-घुटे जीवन का जीवन्त प्रमाण-सी प्रतीत हुई थी। उन यन्त्रणाओं को किसन ने पहली बार उतना

सजीव पाया था।

जतन मरा था। गोरों के खेतों में काम करनेवाला एक कुली मरा था। किसन के बाप के साथ मारीच के पत्थरों को बीस वर्ष तक लगातार उलट-उलटकर सोना ढूँढनेवाले एक बिहारी की मृत्यु हुई थी। मरते-मरते गंगाजल की जगह जिसके मुँह में थूक भी बाक़ी नहीं था। गले में नम्बर लटकाए एक दास मरा था, पर उसकी चिल्लाहट, तड़प और चीत्कार अभी जीवित थे। किसन के भीतर के सभी प्रश्न जम गए थे, बर्फ की तरह। वह सामने की लाश के मौन प्रश्नों को सुनता रह गया था। निरन्तर।

एक लिजलिजेपन की स्थिति को वह झेलता रह गया था। उसे अपने आसपास की बेचारगी चीत्कारती-सी लगी थी। उसके भीतर का सीला आक्रोश एक ठंडे पड़े विद्रोह से अधिक कोई दूसरा रूप ले ही नहीं सका था। उसे लगा था कि जतन मौत से नहीं मरा था। उसे उसकी अपनी निरीहता, बेबसी और ठंडेपन ने मारा था। सैकड़ों लोग दो के सामने विकलांग थे। हत्यारा अगर कोई था तो जुल्म ढानेवाला नहीं, बल्कि उसके अपने ही लोगों की असमर्थता!

असमर्थता?

किसन को यह कवच पसन्द नहीं था। वह असमर्थता नहीं थी। नामर्दी थी। भय था। नपुंसकता थी। उसने आसपास के सभी चेहरों की ओर देखा था। मुरझाए हुए रंगों में वे अपाहिजों के चेहरे-से लगे थे। वह पहली मृत्यु नहीं थी।

किसन के भीतर का विद्रोह पहला विद्रोह नहीं था। वह पहला दिन नहीं था कि घर लौटकर किसन ने कहा हो कि आज मुझे भूख नहीं।

उस दिन नदी किनारे चट्टान पर अकेले बैठे अपने बाप से सुनी हुई कुछ बातों को मस्तिष्क से बाहर करके उन्हें धुँधली आकृतियों में देखने का प्रयास किया था उसने। उसका बाप और जतन दोनों एकसाथ चले थे। आरा जिले से मॉरिशस के बन्दरगाह तक! जहाज़ पर सवार होने से पहले दोनों ने एकसाथ गोरों के ठेकेदारों को यह कहते सुना था—चलो! मारीच के देश चलो।

अकाल से पीड़ित लोग डगमगाते खड़े हो गए थे। आँखें फाड़े लोगों ने आपातकाल में पहुँचे उन मसीहों से सुना था :

“यहाँ अब पार पाना मुश्किल है। यहाँ की इस बंजर पड़ी ज़मीन के मोह में तुम सभी कुत्ते-बिल्ली की मौत मरोगे। यहाँ कोई वर्तमान नहीं, कोई भविष्य नहीं।...”

कितनी ही बातें थीं, जिन्हें लोग समझ नहीं पाए थे। उन उलझी हुई बातों ने सभी के भीतर जिज्ञासा पैदा कर दी थी। लोगों ने अधिक जानना चाहा था। प्रश्न किए गए थे :

"कहाँ है मारीच? क्या है वहाँ?"

"वह बहुत दूर नहीं। वहाँ कोई भूखा नहीं मर सकता। अनाज़ बेशुमार है वहाँ। रुपया और सोना तो हर पत्थर के नीचे है। जिन चीज़ों के लिए तुम लोग यहाँ तड़प रहे हो, वहाँ ये ही चीज़ें तुम लोगों के लिए तड़प रही हैं।"

लोगों की कल्पनाएँ बावली हो गई थीं।

अपने-अपने ख़यालों की लकीरों से उन्होंने आकृतियाँ बनाई थीं।...और अन्त में एक नए जीवन के लिए लोगों ने बच्चे-कच्चों की गठरियाँ बाँध ली थीं। उमंगों के भारी बोझ के साथ जहाज़ नए क्षितिज को चल पड़ा था।

फिर तो मॉरिशस की धरती पर पाँव पड़ते ही लोगों के सपने बिखर गए। उमंगें पश्चात्ताप में बदल गई थीं। लोगों ने सामने के अथाह सागर पर दौड़कर अपनी धरती को लौट जाना चाहा था, जब उन्हें स्थिति की जानकारी हुई थी। जब उन्होंने एक अनजान धरती पर अपने को गुलाम के रूप में पाया था, उस समय पहले सभी ने उन ठेकेदारों को मन-ही-मन गालियाँ दीं, जिन्होंने उन्हें ठगकर इधर घसीटा था। बाद में वे लोग अपने-आपको कोस बैठे थे। ललक में आकर लोगों की यह दशा हुई थी।

—लेकिन वह ललक हमारी मजबूरी थी...हमारी बेबसी थी...।

अपने बाप की इस दलील को मान लेने की स्थिति में किसन ने अपने को कभी नहीं पाया। पर इधर कुछ दिनों से वह मजबूरी और बेबसी जैसे शब्दों के बारे में पूरी गम्भीरता के साथ सोचता आ रहा था।

आज की उसकी स्थिति का कारण क्या था?

क्या यही मजबूरी और बेबसी?

अब जतन नहीं था।

उसी घर में चोरी-चुपके किसन ने अक्षर और शब्द पहचाने थे। बस्ती के और भी कुछ लोगों को जतन ने पढ़ना सिखाया था। कभी झूठ न बोलनेवाले जतन को जब लँगड़वा साहब के सामने खड़ा किया गया था, तो उस दिन पहली बार उसने साहब के इस प्रश्न का झूठा उत्तर दिया था।

"मना करने पर भी लोगों को तुम अपने घर के भीतर पढ़ाते हो?"

"नहीं माई-बाप!"

यह उसके जीवन का एकमात्र झूठ था जो हर वक़्त उसके ऊपर बोझ-सा बना रहा। जतन थोड़ा-बहुत रामायण गुनगुना लेता था। हनुमानचालीसा की चौपाइयाँ उसे कंठस्थ थीं। किस्से-कहानियों की एक-दो पुस्तकें भी वह पढ़ लेता था। इसी के बल उसे शब्दों का थोड़ा-बहुत ज्ञान औरों से अच्छा ही था। मजबूरी और बेबसी दो ऐसे शब्द थे—जो उसे बिलकुल पसन्द नहीं थे। इन दो शब्दों से उसे घृणा थी पर क्या करे—यहाँ भी बेबसी शब्द अपनी हस्ती को बना ही जाता।

अभी दो सप्ताह पहले जतन उससे कह रहा था, "किसन! मेरे बाद ये सारी पुस्तकें, जिन्हें मैं अपना सबसे बड़ा ऐश्वर्य मानता हूँ, तुम्हारी होंगी। इन्हें लुका-छिपाकर बड़ी कठिनाई से यहाँ तक ला सका था। यहाँ की कठिन-से-कठिन घड़ियों में इन पुस्तकों ने मुझे धैर्य दिया है, इसलिए मैं चाहूँगा कि इनका सही उपयोग होता रहे।"

उस दिन जतन की अचानक मृत्यु के वक़्त किसन को लगा था कि इस आदमी को अपनी मृत्यु का आभास पहले हो चुका था। उसकी वह बात, जिसे उस समय उसने कोई बहुत बड़ी बात नहीं मानी थी, अब उसको एक बहुत बड़ी जिम्मेवारी प्रतीत हुई। उसके जतन चाचा की एक बहुत बड़ी इच्छा यह थी कि मालिक को किसी तरह मनाकर ज़मीन का एक छोटा-सा टुकड़ा माँगा जाए और उसमें एक बैठक खड़ी की जाए। पहले तो किसन को इस बैठक शब्द का सही अर्थ ही नहीं मालूम हुआ था। बाद में जतन ने विस्तार से उसे बताया था कि उससे क्या लाभ होगा।

जतन की अकस्मात् मृत्यु के बाद किसन में कई नई बातों ने जन्म लिया था, जिनमें बैठक उसकी सबसे बड़ी चिन्ता थी। वह भी महसूसने लगा था कि वह स्थान एक बैठक ही होगा, जहाँ से एक संघर्ष को पूरी सशक्तता के साथ आरम्भ किया जा सकता था। इस बात की चर्चा वह कुन्दन से कर चुका था। कुन्दन पूरी योजना से सहमत था, पर इसके साथ ही उसे योज़ना के साकार होने की आशा कम थी। किसन को हताश न करते हुए भी उसने उससे पूछा था, "ये लोग तुम्हें गाने-बजाने और धार्मिक ग्रन्थों के पाठ के लिए कोड़े लगाते हैं, क्या तुम्हें बैठकों के लिए ज़मीन देंगे?"

"ज़रूरी नहीं है कि ज़मीन मिले तभी उसकी नींव डाली जाए।"

"तो फिर?"

"जतन का घर ख़ाली है।"

"तुम्हारा मतलब है उसे ही बैठक मान लिया जाए?"

"बस और क्या?"

"उसमें कोठीवाले कल किसी नए आदमी को भेज देंगे।"

"इससे पहले हम साहब से मिलकर वह घर तुम्हारे लिए ले लेते हैं।"

"लेकिन बैठक के लिए तो अलग से कुछ होना चाहिए। यह घर तो सभी घरों से मिली हुई एक चारदीवारी है।"

"तो क्या हुआ?"

"गुप्त बातें भी तो होंगी।"

"अपने ही लोग तो होंगे। अपने लोगों से क्या छिपाना?"

"कभी-कभार ये अपने ही लोग ज़्यादा ख़तरनाक निकलते हैं। जो हमारे लोगों को यहाँ ठगकर लाए, वे भी तो अपने ही लोग थे और फिर कोड़े बरसानेवाले सरदारों में भी तो कई अपने ही लोग हैं। कंस भी तो भगवान किसन का अपना ही था। अपना जब वैरी होता है तो बहुत बड़ा वैरी होता है। महाभारत की लड़ाई अपनों के बीच की लड़ाई थी।"

"तुम ग़लत तो नहीं कह रहे चाचा, लेकिन हमें तो विश्वास ही के बल पर सभी कुछ करना है।"

"ठीक है किसन, मैं तुम्हारे साथ हूँ।"

"बस, यही चाहिए मुझे।"

कुन्दन का यह वाक्य किसन के हौसले को दुगुना कर गया था। पहली बार उसने यह अनुभव किया था कि अपने किसी प्रण में वह अकेला नहीं था। देवननन् चाचा उसके साथ था। कुन्दन उसे अपनी पूरी कहानी सुना चुका था। अपने को एक सिपाही के सम्पर्क में पाकर किसन के अपने भीतर भी एक दिलेरी-सी आ गई थी। कुन्दन संकट के जिन क्षणों से गुजरा था, उन्हें मात्र अनुभव करके किसन की निर्भयता बढ़ गई थी। जब उसने कुन्दन से उन खतरों के बारे में प्रश्न किए थे, तो कुन्दन ने मुस्कराकर धीरे से कहा था, "ज़िन्दगी अगर मुसीबतों और खतरों की आगाही न देती रहे, तो उससे ऊब जाने की नौबत आ सकती है।"

दूसरे दिन जतन की पुस्तकों से बच्चों को किसन ने ही कहानी सुनाई।

बैठक में बच्चों का पढ़ना नियमित हो गया। वह कुन्दन का घर भी था और बैठक भी थी।

कुन्दन के घर में पहली बैठक उस समय लगी जब गोपाल की माँ की आत्महत्या के कारण से अवगत होकर पूरे गाँव में खलबली-सी थी। एक सहमी हुई खलबली। लोग बरगद के नीचे घटना की चर्चा कर चुके थे। कुएँ पर औरतों के बीच भी कानाफूसी हो चुकी थी। जो जिससे मिला था, दबे हुए स्वर में उसी बात को छेड़ गया था। कुन्दन के घर में पहला जुटाव करने की बात खेत में चली थी। सभी लोगों को बात अच्छी नहीं लगी थी, कुछ लोगों के लिए वह मुफ्त में मुसीबत मोल लेनेवाली बात थी।...

15

पर निर्णय चूँकि किसन का था और कुन्दन ने उस पर ज़ोर दिया था, इसलिए गड़ाँसों की आवाज़ में बात सभी तक पहुँच गई थी। अन्त में सभी ने गड़ाँसों को दो बार झनझनाकर अपनी स्वीकृति दे दी थी।

जुटाव का समय आते-आते कुछ लोगों का भय दुगुना हो गया था, पर जिन बीस व्यक्तियों को बैठक में पहुँचना था, वे उस रिमझिम में भी पहुँच गए थे। काली बदली से वातावरण काफ़ी अँधेरा था। उस गहन अँधेरे से लोगों के भीतर जो भय था, वह बढ़ गया था। आकाश अगर साफ़ होता तो चार दिन का चाँद साफ़ दिखाई पड़ता। जुटाव का पता कारख़ाने के पास के दोनों सरदारों के घर तक न पहुँचे, इसके लिए उस घटाटोप अँधेरे में भी बाहर कोई मशाल का प्रबन्ध नहीं हुआ था। लोग टटोलते हुए किसी तरह कुन्दन के घर तक पहुँच ही गए थे। घर के भीतर टीन के चिराग़ के प्रकाश में लोगों का भय थोड़ा-बहुत जाता रहा।

इधर किसन के घर के सामने गाने-बजाने का कार्यक्रम भी जारी था। वैसा करके सरदारों के ध्यान को इधर आकर्षित होने से रोक दिया गया था। किसन ने सबसे बाद में वाक्वा की चटाई पर जगह ली। कुन्दन उसी की ओर देख रहा था। आँखों से उसका इशारा पाकर उसने बात शुरू की, "पहले क्या होता रहा है मैं नहीं जानता, लेकिन जबसे मैं यहाँ हूँ इस तरह की यह दूसरी घटना है। अब आप ही लोग सोच लें कि इस तरह की और कितनी घटनाओं को होने देना है।"

उसने फिर से किसन की ओर देखा और किसन ने उसे इशारे से बात को जारी रखने को कहा।

"गोपाल की माँ को आप लोगों में से कुछ लोगों की सुना-सुनी मैं भी बेटी कहने लगा था। उसके पति की मृत्यु किन हालातों में हुई थी, सो तो आप लोग मुझसे अधिक अच्छी तरह जानते हैं। गोपाल की माँ को पहली बार देखकर मैंने कभी यह नहीं सोचा था कि उसका गोपाल जैसा लड़का हो सकता है। गोपाल की माँ की तरह अभी और भी कई विधवाओं को जबरदस्ती अपने यहाँ मँगवाकर ये लोग ऐसा करते रहेंगे।"

वह चुप हो गया। कुछ लोगों के बीच कानाफूसी शुरू हो चुकी थी। उन्हें शान्त करते हुए कुन्दन ने आगे कहा, "हमलोग यहाँ इसलिए जुटे हैं कि और कुछ तो हमसे हो नहीं सकता, कम-से-कम अपनी बहू-बेटियाँ को लुटने से तो बचाएँ।"

"देवननन् भाई, ऐसा सोचे के तू पहला ना बानी।" बग़ल से दाऊद के बाप ने कहा।

"मैं जानता हूँ चाचा, कि तुम लोग पहले भी इस पर सोच चुके हो। पर अब तक कुछ कर नहीं पाए।"

"ऊ त् अब भी ना होई देवननन्!"

"क्यों नहीं होगा?" किसन ने धीरे से पूछा।

"कौन करेगा?"

"हम सभी को करना होगा।"

किसन की इस बात पर दो-तीन बूढ़े हँस पड़े। उनकी हँसी का गोया यह मतलब हो कि अरे कभी हमने भी ऐसा ही कहा था! बीच में कई लोगों ने धीमे स्वर में बातें कीं। कई लोग कुन्दन के साथ थे, कई आज भी उसकी इधर की वास्तविक परिस्थिति से अनभिज्ञ रहे। जब लोगों के बीच घाँव-माँव होने लगा तो किसन के बाप ने पहली बार बात शुरू की, "देवननन्, जो आज सोचत रहली ओके हम लोगन बरीसन पहले से सोचते आवत बानी जा पर सोचल कुछ होवेला और करल और कुछ। सौ बात के एक ही बात बा।"

"वह क्या?"

"किसी से कुछ भी होने को नाहीं।"

"तो फिर जो कुछ हो रहा है उसे आँखें मूँदकर होने दिया जाए?"

रघुसिंह ने अपने बेटे की ओर देखा। अपने नारियल के हुक्के का लम्बा कश लिया और उसी गाम्भीर्य के साथ कहा, "करके क्या पाना है?"

कुछ देर तक कानाफूसी होती रही। किसन ने ऊँचे स्वर में सभी को चुप कराकर उनके ध्यान को अपनी ओर आकर्षित किया।

"अब तक हम सोचते रहे हैं और अगर अब तक कुछ नहीं हो सका है तो इसका यह मतलब थोड़े ही हो जाता है कि हम कभी भी कुछ नहीं कर सकते!"

रघुसिंह ने डाँट-भरे स्वर में पूछा, "का करेके विचार बा?"

"यह तो हम सभी को मिलकर सोचना है।"

"गोरवन से जाकर ई कहना है कि वे लोगन अपन ई आदत को छोड़े, नाहीं तो...?"

"बापू, तुम इस बात को इस तरह कह रहे हो जैसे कि यह दुनिया का सबसे कठिन काम हो।"

"तुम अगर ऐके सबसे आसान मानत हो तो करके देखो।"

"मैं अगर इसे आसान नहीं मानता तो कठिन भी नहीं।"

उसका बाप चिल्ला पड़ा, "तो फिर देरी काहे के। जाके कोशिश करके देख ले बेकहल कहीं के। हर बखत उलटी-सीधी बातें करत रहत हो। अगर हम सभन को दिन दहाड़े मरवाना है तो फिर अपने इस देवननन् को साथ ले ले और बढ़ जा मालिकन की टाँग तोड़ने।" किसन पर से आँखें हटाकर वह देवननन् को घूर उठा, "तू तो आते ही इन लड़कवन के उलटा-सीधा पाठ सिखला गएले। लगत बा कि जौन कोठी से भागके इधर आल बाले उधर भी तू एही तरह के ऊटपटाँग काम किया होगा।"

पीछे से किसी ने कहा, "मियाँ के हारे मियायन के बकोटे।"

फिर वह सभी को संकेत करके शान्त स्वर में बोला, "हम सब कोई के मालूम

बा कि गोरवन के विरुद्ध एगो शब्द के नतीजा का है।"

"उसका तो यही अर्थ होता है कि हम गूँगे के गूँगे रहें?" किसन ने पूछा।

"जहाँ ना बोले के बा हुआ काहे बोलल जाए?"

बहस में कुछ और लोगों ने भाग लिया और अन्त में बाप-बेटे के बीच की तानातनी और भी बढ़ गई। रघुसिंह अपनी जगह से उठ खड़ा हुआ और क्रोध से काँपते हुए उसने सभी को चेतावनी दी, "तुम लोगन के कुत्ता के मौत मरे के बा। जोन मन में आए कर से। पर बोल देवत हैं कहीं गोरवा तरे के और हथवो तरे के न चल जाए!"

इसके साथ ही वह उस भीगी अँधेरी रात में बाहर निकल गया।

क्षण-भर की ख़ामोशी में दूसरी ओर से आता हुआ बिरहे का स्वर सुनाई पड़ा। फिर बातों के शुरू होते ही बन्द हो गया। दाऊद के बाप ने अपनी खाँसी के दौरे के बीच पूछा कि क्या करने को सोचा गया है। इस पर कुन्दन ने बताया कि पहले से जो कुछ भी सोचना है, उसे यहाँ सोचा जाएगा।

किसी ने पीछे से कहा, "जब मुखिया ही चला गया तो फिर क्या सोचना बाक़ी है?"

"अभी बहुत-कुछ सोचना बाक़ी है।" किसन बोला।

"पहले हम यहाँ आदमी तो समझे जाएँ! जब तक हमारी गिनती यहाँ आदमी में नहीं होती तब तक कुछ भी होने को नहीं।"

"हमें आदमी तभी समझा जाएगा जब हम भी जानवर की तरह पेश आएँगे।"

दाऊद के बाप की इस बात को सभी लोगों ने अपने-अपने ढंग से समझा, किसन ने अपने ढंग से। इसीलिए उसने झट से कहा, "तो फिर एक बार जानवर बन जाने में मुझे कोई दिक्कत नहीं।"

"हम अपनी स्थिति में सुधार की बात सोचते तो ज़्यादा अच्छा होता।"

देवननन् को अभी कुछ और कहना था कि किसी ने बीच में ही कह दिया, "यह काम एक जगह से नहीं शुरू हो सकता।"

"मतलब?"

"जब तक हर कोठी के मज़दूर एकसाथ न खड़े हों तब तक कुछ भी सम्भव नहीं।"

"मैं इसका ठीक विपरीत समझता हूँ।"

कुन्दन के बाद किसन ने कहा, "मैं भी यह नहीं मानता कि जब तक हर कोठी के लोग तैयार न हो जाएँ तब तक हमें इसी तरह मन मारे बैठे रहना है। कहीं से एक शुरू तो होना है। अगर हम यहाँ पूरे संकल्प के साथ खड़ा हो पाते हैं तो फिर कोई कारण नहीं कि धीरे-धीरे सभी कोठियों के लोग हमारा साथ देने को तैयार न हो जाएँ।"

अपनी सफ़ेद दाढ़ी पर हाथ फेरते हुए दाऊद के बाप ने सिर हिलाया, जिससे सभी लोगों ने यही समझा कि शुरुआत तो कहीं-न-कहीं से होनी ही है।

"हम अपने यहाँ से शुरू करने को तैयार हैं। पर क्या शुरू करना है?"

सोनालाल का बाप जो अब तक चुप था, अपने कमज़ोर स्वर में बोला, "जब तक हम अपने ऊपर उठनेवाले हाथों में से एक को मरोड़ते नहीं, तब तक ये रुकने को नहीं।"

सोनालाल के बाप से इस तरह की बात सुनने की उम्मीद किसी को नहीं थी। चिराग़ के प्रकाश के साथ-साथ लोगों की आँखों में हैरत भी चमकी। कुछ लोगों ने सीधे सोनालाल के बाप की आँखों में देखा। एक लम्बे सन्नाटे के बाद किसन ने एकाएक कहा, "नहीं।"

सभी लोगों की आँखें उसकी ओर मुड़ गईं।

"हमारे पास उतनी ताक़त नहीं है कि हम अपने ऊपर उठते हुए हाथ को मरोड़ सकें।"

"तो फिर?"

"हमें पहले अपने को ताक़तवर बनाना है।"

"यह जो आधा पेट खाना मिलता है उससे?"

"हाँ, उसी से।"

"असम्भव!"

"नहीं! हज़ारों की संख्या में होते हुए भी अगर हम शक्तिशाली नहीं बन सके, इस देश को फल-फूल देकर भी अगर हम आज ही की-सी स्थिति में रहना मान लें, तो बस वे हाथ हमारे ऊपर उठते रहने से कभी नहीं थमेंगे और तब सचमुच ही आनेवाले हर कल के लिए हम कमज़ोर रह जाएँगे। हमें अपनी ताक़त को बहुत ही सावधानी और होशियारी से बढ़ाना है। इस तरह धीरे-धीरे इस काम को करना है ताकि किसी को कानोंकान इसका पता न चले। एक कोठी से दूसरी कोठी तक जाना इस समय हमारे लिए बहुत ही कठिन होता है। पहले इस कठिनाई को हम दूर करें। हर कोठी के लोगों से हम मिल सकें, इसका प्रबन्ध सबसे पहले करना है; फिर तो हमारा एक स्थान का निर्णय दूसरे से तीसरे स्थान तक पहुँचेगा और अवसर आने पर सभी कोठियों के लोग एकसाथ खड़े होंगे। तब कहीं जाकर लोगों को हमारी शक्ति का भान होगा और हमारे ऊपर उठनेवाले ये हाथ दोबारा उठने की हिम्मत नहीं कर सकेंगे।"

किसन की बातें सभी लोगों की समझ में नहीं आई थीं, पर जिन थोड़े लोगों की समझ में वह आई थीं, उससे किसन सन्तुष्ट था। कुन्दन भी।

16

किसन का सन्तोष कभी बहुत जल्दी ही व्यग्रता का रूप ले लेता।

इधर कुछ दिनों से किसन में एक व्यग्रता-सी देखकर रघुसिंह कह उठता कि हड़बड़ी से गूलर ना पकेला। किसन हमेशा से यही तो सुनते आ रहा था कि वह समय अपने-आप आएगा। वह जानता था कि जिस समय की सभी को प्रतीक्षा थी, वह कभी नहीं आएगा। इस तरह के समय को सामने लाने के लिए आगे बढ़ना पड़ता है और उसे घसीटकर ही अपने बीच लाया जा सकता है। बहुत सोचने के बाद किसन को लगता कि समय को घसीट लाने की वह शक्ति अभी बस्ती के लोगों में नहीं आई है। वह कुन्दन से कई बार पूछ चुका था कि उस बल को कैसे पैदा किया जाए। उत्तर में कुन्दन कहता, "वह बल समय के साथ ही आएगा।" और किसन फिर से उसी प्रश्न के सामने अपने को खड़ा पाता—वह समय कब आएगा?

समय को समय से पहले घसीट लाने के प्रयास में किसन को लगता कि समय उससे बलवान था। कुन्दन यह भी कहता कि हम आसपास की सभी बस्तियों की शक्ति को अगर एकसूत्र में बाँधकर आगे बढ़ें तो सम्भवतः हम समय से अधिक बलवान प्रमाणित हो जाएँ। लेकिन यह काम सम्भव था? इसके उत्तर में किसी के मुँह से कभी 'हाँ' नहीं निकलता।

कुन्दन के यहाँ पहुँचने से पहले उस दिन जब फूलवन्ती के बच्चे की मृत्यु हुई थी, मातमपुरसी के समय कुछ वृद्धों और जवानों के बीच बहस छिड़ गई थी। वह पहला अवसर था जब सभी जवानों का अपना अलग स्वर था। बेचारगी की स्थिति को उस दिन पहली बार नकारा गया था। बूढ़ों के भीतर पहली बार यह डर पैदा हुआ था कि इस धरती के ये पहले जन्मे बच्चे कहीं हिंसात्मक कार्य न कर बैठें। इधर कुन्दन की उपस्थिति में रघुसिंह के भीतर यह डर और भी बढ़ गया था।

बीस-पच्चीस वर्ष से वे जिस जीवन को जीते आ रहे थे, उसके इतने अधिक आदी हो गए थे कि स्थिति में परिवर्तन का विचार उन्हें कभी छूता भी नहीं था। जबकि जवानों में एक चेतना-सी आने लगी थी। उसी चेतना के विरुद्ध बोलते हुए रघुसिंह कहता कि उफनल दूध बरतन से बाहर जा गिरेला। किसन को इस बात की परवाह नहीं थी, इसके लिए रघुसिंह उसे कोसता ही रहता। कभी किसन की माँ पर भी बरस पड़ता, यह कहता हुआ कि वही उसे बढ़ावा देती है। अपने सामने कुन्दन को पाकर किसन एक आन्दोलन का रूप तैयार करने लगा था और उसका बाप उस आन्दोलन को दुधमुँहा बच्चा मानता।

किसन की माँ सिल पर नीम के पत्ते पीस रही थी, जब रघुसिंह ने बात छेड़ी थी।

"कैसनो त मुट्ठी-भर खायके मिलत बा पर तोर लड़का के कारन लगत बा एकरो मोहाल हो जाए। तुम्हारा बेटा त बस कालहे बनिया आज है सेठ, जमा चुकाए सारा देश। हम पूछत बानी कि दूसर लोगन के झंझट को ई अपन माथे काहे लेवत फिरत है?"

लोढ़े को चलाती हुई बिना सिर उठाए किसन की माँ बोली, "तोहरा त ओकर कोई भी काम अच्छा ना लगेला।"

"सरदार लोगन के त मुँह देवत ही रहल, अब मालिक के साथ भी झगड़ा खोज रहल बा। आजकल देवननन् ओकर गुरु बनल बा।"

कुछ ही दूरी पर किसन बस्ती के बच्चों को कबड्डी सिखाने में लगा हुआ था। दो दिन पहले इन्हीं बच्चों को सरदार ने अपने यहाँ मक्की के दाने छुड़ाने की आज्ञा दी थी। और किसन ने बच्चों को उस मुफ्त के काम से रोक लिया था। रामजी सरदार शिकायत लिए रघुसिंह के पास पहुँचा था। एक-एक करके सभी बच्चों के बापों को धमकी दी थी। यह कह गया था कि अगर आज वे बच्चे उसके काम नहीं करते तो फिर वह उन सभी से ईख की गाड़ियाँ खिंचवाकर रहेगा। किसन अगर तड़के ही बच्चों को कबड्डी के खेल में लगा चुका था तो बस इसीलिए कि वे सरदार के यहाँ न पहुँचकर अपने खेल में लगे रहें।

"अपने हाथ के दतवन को फेंकते हुए रघुसिंह ने कहा, "पानी में रहके इ लईका मगरमच्छ से बैर करत बाते।"

मैदान से लौटते हुए कुन्दन अपने हाथ के लोटे को आगे रखकर सामने के पत्थर पर बैठ गया। उसे अपने दिन याद आ गए थे।

पक्षियों के कलरव के बन्द होने पर जब किसन खेत की ओर बढ़ा, उस समय बस्ती के सभी मज़दूर जा चुके थे। वह पिछड़ गया था। उसे इमली के पेड़ तक छोड़ने के लिए पुष्पा साथ ही गई थी। पगडंडी की दूबों पर ओस की बूँदें चमक रही थीं। पाँवों से छू जानेवाली उसकी ठंडक प्रिय थी। किसन की अँगुली को छोड़ते हुए पुष्पा बोली, "बस्ती के कुछ लोगों को तुम्हारी बातें पसन्द नहीं हैं।"

"तुम्हें तो पसन्द हैं न?"

"कभी-कभी तो मुझे भी...।"

"इसका मतलब है कभी-कभी तुम भी बूढ़ों की तरह सोचने लगती हो!"

दोनों उस स्थान पर पहुँच गए थे जहाँ से पुष्पा को पीछे लौट जाना था। दोनों रुक गए। किसन की निगाह ईख के कारख़ाने की ओर थी। पुष्पा ने किसन को देखा। उसके आगे आकर उसने धीरे से कहा, "तुमने कलवाला उत्तर नहीं दिया।"

"कलवाला उत्तर?"

"भूल गए?"

याद करने का अभिनय करते हुए किसन ने मुस्कराकर कहा, "कल तुमने एक ही बात थोड़े ही पूछी थी?"

"मुझे पिछली बात का उत्तर चाहिए।"

"क्या थी वह?"

"कुछ लोग सत्या से तुम्हारे ब्याह की बात करते हैं।"

"मुझे जिस लड़की से ब्याह करना है, वह अभी मुझे दिखी ही नहीं है।"

"तुम सत्या से ब्याह मत करना।"

"क्यों? वह अच्छी लड़की नहीं?"

"अच्छी तो है लेकिन...।"

"बोलो!"

"उससे ब्याह करके तुम भी बड़े आदमी बन जाओगे।"

"क्यों, मेरा बड़ा बनना तुम्हें गवारा नहीं!"

"मेरे कहने का मतलब है कि फिर तो तुम हम ग़रीबों से कट जाओगे।"

"कैसे कट जाऊँगा?"

"जिस लड़ाई की तुम बात करते हो उसे फिर कैसे लड़ सकोगे?"

किसन जाने लगा। पुष्पा की ओर देखा और ऊँचे स्वर में बोला, "मैं सत्या से ब्याह नहीं कर रहा हूँ।"

पुष्पा दौड़ती हुई बस्ती की ओर लौट पड़ी।

कुछ देर बाद आकाश पर जो सूरज चमकता दिखाई पड़ा, वह इस प्रण के साथ ऊपर आया था कि मज़दूरों के शरीर से सभी पसीने को निचोड़कर रहेगा। दौड़ती हुई पुष्पा कुएँ के पास से गुजरी ही थी कि हरबसिया ने उसे आवाज़ देकर रोक लिया।

"क्या है चाची?"

"अरी कलमुँही, कै बार तोके कहलीं कि हम तोर चाची नाहीं मौसी लागत बानी।"

"ठीक है, चाची और मौसी दोनों एक ही बात है।"

"हमर डोलवा उठाके जाना।"

"चाची, मरदों को...।"

"फिर चाची बोली हवे?"

"मौसी, मरदों को तुम्हारे हाथ का पानी बहुत मीठा लगता होगा।"

सूरज की चमचमाती किरणें सीधे पुष्पा के चेहरे पर पड़ रही थीं। हरबसिया कुछ देर तक उसे एकटक देखती रही।

"क्या देख रही हो मौसी?"

दौड़कर आने के कारण पुष्पा अब भी हाँफ रही थी। नीचे-ऊपर को होती उसकी छाती को देखती हुई हरबसिया बोल उठी, "देखत ही देखत तोर में त जवानी डबडबा गईल पुष्पी!"

पुष्पा कुछ और लाल हो गई, "मौसी, मैं डोल उठा दूँ?"

"अरे कोई जल्दी ना बा। थोड़ा बात त कर ले।"

"तुम्हारा लहँगा बहुत सुन्दर है मौसी।"

"पुष्पा, तू हमार एक बात मानेगी?"

"तुम्हारे पास तो बस एक ही बात होती है, कोई नई बात हो तब तो!"

"पगली, जेतना तू हवे ओतना ही तोर माँ भी बाते।"

"मैं डोल तो उठा जाऊँ, मुझे भी पानी भरना है।"

"तू हमर बात मान जायबे त मादाम बनके जयबे।"

"चाची, फिर वही बात!"

"अरी पगली, तू दूनों के दिन फिर जाए।"

"अगर तुम्हें डोल नहीं उठवाना है तो मैं चलती हूँ।"

"हम तोके बोली ला कि एक दिन हमर संगे ख़ाली कोठी घूमे चलिहे।"

"मैं जाती हूँ।"

"अरी हमर डोल उठाती जा।"

हरबसिया ने अपने सिर पर कपड़े का बिठा रखा और पुष्पा ने झुककर डोल को उठाकर उसके सिर पर रख दिया। खेतों की ओर बढ़ने से पहले हरबसिया ने एक बार फिर कहा, "घर पहुँच के सोचना।"

पुष्पा मन-ही-मन खुश थी कि आज हरबसिया ने बात को छोटे ही में खतम कर दिया। अपने प्रयोजन का न तो विस्तार किया और न ही प्रलोभन गिनाए। उन प्रलोभनों के असर से अपने को बचाते हुए भी पुष्पा कई बार सोचती रही थी... कोठी...वहाँ की हवेली...गहने...सुन्दर कपड़े...।

उसकी माँ ने एक ही थप्पड़ में उसके गाल को लाल कर दिया था।

बहुत अधिक गरमी थी।

हरबसिया की कुछ पुरानी बातों को सोचती हुई पुष्पा घर की ओर बढ़ गई। वह गरम जितनी बाहर थी, उतनी ही भीतर भी। वह मन-ही-मन सोचती रही। चन्द बातों में किसन सचमुच ही बहुत ही पीछे था। उन्हीं चन्द बातों की उष्णता से जूझती हुई वह चलती रही। उसकी पलकें बोझिल हो चली थीं। उसके चेहरे पर पसीने के कई दाने चमक आए थे। भीतर से उस गरमी की अकुलाहट को लिए वह घर पहुँची। खटिया पर लेटकर उसने आँखें मूँद लीं। सूरज उसके भीतर धधकता रहा।

17

पुष्पा के बारे में कुन्दन ने सबसे पहले किसन के ही मुँह से कुछ सुना था। जतन के यहाँ टिकते हुए एकाध बार उसने उस साँवली धुआँधार आँखोंवाली लड़की को देखा भी था। इधर जब से जतन का घर उसका अपना घर हो गया था तब से पुष्पा सुबह-शाम उसके सामने होती थी। जतन के घर के ठीक सामनेवाली क़तार में था वह घर। दोनों तरफ़ के घरों के बीच में जो बरगद का विस्तृत पेड़ था, उसी के नीचे के चबूतरे पर वह कभी चक्की में आटा पीसती नज़र आ जाती तो कभी कपड़ों में पेबन्द जोड़ती हुई। दिन में दो-तीन बार कुन्दन की अनुपस्थिति में भी वह कुन्दन के घर पहुँचकर उसके जूठे बरतनों को माँजने के लिए उठा ले जाती और घर के बाक़ी कामों को भी निबटा जाती।

किसन ने जो बातें कुन्दन को नहीं बताई थीं, उन्हें पुष्पा ने भी उसे नहीं बताया था। फिर भी कुन्दन के बारे में पुष्पा जो भी बात करती उससे एक दुर्लभ घनिष्ठता का आभास होता। उसकी उन धुआँधार आँखों की धुँधली मायूसियत कुन्दन को बहुत अच्छी लगती। उसे बात-बात पर मुस्कराते पाकर कुन्दन मन-ही-मन दुआ कर बैठता कि वह निर्मल मुस्कान सभी मज़दूरों की स्थायी मुस्कान बन जाए।

इस घर में आकर और पुष्पा को नज़दीक से जानकर कुन्दन को एक रात अचानक ही ख़याल आया कि कहीं पुष्पा तक अपनी पहुँच को अधिक सुविधाजनक बनाने के लिए तो किसन ने उसे उस घर का नहीं बनाया था? दूसरे क्षण वह अपने-आप पर झुँझला उठा था। किसन के इरादे पर शक कर उसने अच्छा नहीं किया था। उसने इस बात को संयोग ही मानना चाहा कि पुष्पा के घर के पास ही घर ख़ाली हुआ था। किसन का जो नदी की ओर कम जाकर इधर की ओर अधिक आना शुरू हो गया था, उसका भी कुन्दन ने अपने को ही कारण समझा।

किसन के बारे में सोचते हुए उसे लगता कि पूरे गाँव में वह अकेला था। अकेला जिसके भीतर एक चिनगारी थी। कई वर्षों से चली आनेवाली एक बेबसी को जलाकर राख कर देनेवाली चिनगारी। किसन के मुँह से वह सन्तू और राधन की कहानी सुन चुका था। वे दोनों प्रथम चिनगारियाँ थीं, पर एक को चारदीवारी निगल गई थी और दूसरे की छाती से बग्घी गुजर गई थी। इस ख़याल से कुन्दन काँप जाता कि कहीं किसन के भीतर की चिनगारी को भी भड़कते ही उसे मिटा न दिया जाए। पुष्पा को उसने सुबह और शाम के धुँधलके में अधिक देखा था, फिर भी वह उसे बहुत निकट की मानने लगा था। उसे निकट की मानने पर तो उसकी किसन के प्रति चिन्ता और भी बढ़ जाती।

यहाँ नए घर में आए कुन्दन का पहला रविवार था। पहली बार वह काम पर

से सूर्यास्त से पूर्व लौटा था। पहली बार बरगद के नीचे वह पुष्पा से काफ़ी देर तक बात कर सका था। पुष्पा से बात शुरू करने का उसे एक ही तरीक़ा सूझा था।

"तुम पराठे बहुत अच्छा बनाती हो।"

"माँ तो कहती है कि मेरा पकाया पराठा लीटी की तरह होता है।"

"घर की मुरगिया साग बरोबर बेटी!"

"पर क्या आपको सचमुच ही पसन्द है?"

"जो चीज़ अच्छी न लगे उसे अच्छा क्यों कहूँ?"

"मुझे खुश करने के लिए आप कह भी सकते हैं।"

"अच्छा, यह तो बता कि तू कब तक मेरे पराठे बनाती रहेगी?"

"जब तक यहाँ रहूँगी।"

"क्यों, यहाँ से कहीं जाने की बात भी तूने सोच रखी है क्या?"

"चाचा!"

"उसका ठुनककर कहना कुन्दन को बहुत अच्छा लगा।"

"पुष्पी!"

पुष्पा ने आँखें उठाकर कुन्दन की ओर देखा।

"अगर तेरा बाप होता तो तू उसे क्या कहती?"

"बापू कहती और क्या कहती?"

"नहीं, मेरा मतलब यह नहीं।"

"तो?"

"तू उसे आप-आप कहकर पुकारती या प्यार से तुम कहती?"

"यह तो मैं नहीं जानती चाचा!"

"अच्छा तो तू अपनी माँ को कैसे पुकारती है?"

"तुम कहकर।"

"तो फिर इसका मतलब है कि तू मुझे कम चाहती है।"

"और आपको भी तुम कहना शुरू कर दूँ तो?"

"तो अधिक चाहने लगेगी।"

"तो फिर अब आपको तुम कहूँगी।"

कुछ देर के लिए दोनों के बीच बातें बन्द रहीं।

"पुष्पी, तेरी माँ बीमार रहती है, फिर भी वह सरदार की गाय के लिए घास काटती रहती है।"

"उसी से तो हमें थोड़ा-बहुत आटा-चावल मिल जाता है चाचा!"

यह तो कुन्दन को बाद में मालूम हुआ था कि रोज़ाना तीन गाय और दस बकरों के लिए घास जुटाने पर पुष्पा की माँ को क्या मिलता था। सप्ताह में दो डिबिया

चावल, तीन डिबिया आटा, मुट्ठी-भर दाल और अँजुली-भर तेल। उसी में दो प्राणियों का गुजारा हो जाता था, इससे कुन्दन को हैरत हुई थी। प्रश्न करने पर पुष्पा की माँ के मुँह से उसने सुना था, "भैया चिरैई के पेट ख़ातिर चिरैई ही के खुराक चाही न।"

शाम को काम से लौटते हुए कुन्दन कुएँ के पास रुक गया था। पुष्पा कुएँ से पानी निकाल रही थी और कुछ औरतें कुएँ के इर्द-गिर्द खड़ी थीं। कुन्दन को अपने बीच आते देख सभी को हैरानी हुई थी। पुष्पा ने हँसकर पूछा था, "देवननन् चाचा! प्यास लगी है क्या? लगता है हरबसिया मौसी ने आज तुम लोगों को पानी नहीं पिलाया होगा।"

किसी को यह नहीं मालूम हो सका था कि कुन्दन सामने से आते हुए दो सिपाहियों से आँखें बचाने के लिए औरतों के बीच आ पहुँचा था। बस्ती में पहली बार दो सिपाहियों को देखकर कुन्दन डर गया था। एक के हाथ में जो ज़ंजीर थी, वह काफ़ी देर तक कुन्दन के कानों में खनकती रह गई थी। बाद में जब पुष्पा की माँ के मुँह से उसने सुना कि वे यों ही गश्ती लगाने आ गए थे तो कुन्दन ने चैन की लम्बी साँस ली। फिर अपने चेहरे पर की लम्बी दाढ़ी-मूँछ पर हाथ फेरते हुए मन-ही-मन हँस पड़ा। उसे पहचानना आसान थोड़े ही था, पर उस समय सिपाहियों पर नज़र पड़ते ही उसे अपनी दाढ़ी-मूँछ की याद जाती रही थी।

बरगद के पेड़ के नीचे औरतें मकई पीसती हुई चक्की की घरघराहट के साथ स्वर मिलाए जँतसार गाए जा रही थीं। जाँते की उस घरघराहट ने सबसे पहले उसे क़ैद की याद दिलाई, फिर जँतसार के राग से बिहार का वह गाँव याद आ गया जहाँ उसकी माँ एकदम इसी तरह सतवा पीसती हुई गाया करती थी। उन जँतसारों की इधर-उधर की एकाध पंक्तियाँ उसे आज भी याद थीं। औरतों के स्वर के साथ वह भीतर-ही-भीतर गुनगुनाता रहा। धुन के बाद शब्द भी आ गए, अस्पष्ट से :

मोरे नैहर के सँदेसवा लेके तू पहुँचो
मोरे भैया ताक़त हूँ मैं तोरी राह
गवाँ के कुवाँ पानी से भरल होवे
कि अकाल मचेला चहूँ ओर
ननदीया मोरी जो तोहे आने न देवे
मोरे भैया देना न तू ओके चन्दरहार
मोरे नैहर...

गौतम की माँ अपने सातवें बच्चे को नहाने के लिए उसके पीछे-पीछे चिल्लाती हुई दौड़ रही थी। कुन्दन ने आगे बढ़कर बच्चे को पकड़ लिया। गौतम की माँ एक हाथ से अपनी ओढ़नी को ठीक करती हुई आगे आई और दूसरे हाथ को आगे

बढ़ाकर बच्चे का हाथ थामना चाहा कि कुन्दन ने बच्चे को अपने पीछे कर लिया।

"इसे मारोगी तो नहीं?"

घूँघट के नीचे से गौतम की माँ ने सिर हिला दिया और कुन्दन ने बच्चे के हाथ को उसके हाथ में थमा दिया।

अपने हाथ-पाँव धोते हुए भी कुन्दन चक्की की घरघराहट और जँतसार सुनता रहा। बिहार के खलिहानों और क़ैद की दीवारों के बीच भटकता रहा जब तक कि पुष्पा सामने आकर खड़ी न हो गई। उसके हाथ में मिट्टी का बरतन था। हाथ-पाँव धो चुकने के बाद खड़े होते हुए कुन्दन को पता चला कि मिट्टी के बरतन में ईख के रस से बनी भेली के दो टुकड़े थे। उसे समझते देर नहीं लगी कि एक टुकड़ा उसके लिए था और दूसरा किसन के लिए, जो वहाँ पहुँचने ही वाला था।

बस्ती में ईख की भेली चोरी-चुपके तैयार की जाती थी। अगर किसी सरदार को यह बात मालूम हो जाती तो उस घर के मज़दूर को रस की चोरी के अभियोग में मालिक के सामने पेश किया जाता था। फिर तो उस व्यक्ति के शरीर से कुर्ता और धोती उतार ली जाती थी और चकोतरे के कँटीले पेड़ के साथ उसे बाँधकर तब तक कोड़े लगाए जाते थे, जब तक कि चीत्कार बन्द न हो जाता था और वह बेहोश होकर लुढ़क न जाता था।

यह दृश्य अभी कुन्दन को देखने को नहीं मिला था। पर जो उसने सुना था उससे तो यह भेली सहज में पचनेवाली चीज़-सी नहीं लगी। उसे डर था कि इस चीज़ को खाने का मतलब कहीं अपने जिगर पर लोहे के टुकड़े रख लेना तो नहीं था।

पुष्पा जब घर के भीतर जाने लगी तब कुन्दन ने देखा कि उसका लहँगा फटा हुआ था। उसे दुख हुआ। यह दुख उस समय और भी बढ़ गया जब उसे मालूम हुआ कि पूरे वर्ष-भर में एक ही लहँगे और एक ही चोली भर का कपड़ा सभी औरतों को मिलता है। मर्दों के लिए भी तो वही बात थी। एक धोती, एक कुर्ते में पूरा वर्ष बिताना पड़ता था। पुष्पा का लहँगा उस हालत में बिलकुल नहीं था कि उसमें पेबन्द आदि लगाकर कुछ और दिन बिताए जा सकते थे।

उसे उस गठरी की एकाएक याद आ गई जिसे अपने साथ लिए वह क़ैद से भागा था। उसमें मंगरू की वह पीली धोती अब भी उसी तरह थी। कई यादें सामने आने के लिए दिमाग में छटपटाईं, पर कुन्दन ने उन्हें जेहन के भीतर ही बन्द रहने दिया। एकाएक उसके भीतर एक उल्लास की व्यग्रता पैदा हो गई थी। पहली बार उसके सामने किसी को कुछ भेंट करने का अवसर आया था। वह उससे चूकना नहीं चाहता था। वह तुरन्त अपने स्थान से आगे बढ़ा। घर के कोने में पहुँचकर उसने पुस्तकों के तख़्ते की बग़लवाले मचान पर हाथ पहुँचाया। गठरी उसके हाथ आ गई।

उसने उसे खोला। मंगरू की वह पीली धोती अपनी दयनीय हालत में उसके सामने थी। एक बार फिर यादगारों ने उसके भीतर अकुलाहट पैदा की। एक बार फिर कुन्दन ने यादगारों को फेनिल बुलबुलियों की तरह मिट जाने दिया। उसने उस धोती को उलट-पुलटकर देखा। अब भी उससे पुष्पा के लिए दो लहँगे और दो चोलियाँ बन सकती थीं।

18

पुष्पा के हाथ से पीली धोती लेकर फूलवन्ती ने उसे गौर से देखा।

दूसरे ही क्षण उसकी आँखों के सामने एक से ऊपर एक कई चित्र झिलमिला उठे। उन पिछले सैकड़ों सपनों की तरह इसे भी उसने सपना ही समझा। लेकिन सपने दूसरे क्षण मिट जाते थे। यह तो आँखें मूँदते-खोलते ज्यों-का-त्यों बना रहा। धोती को हाथ में लिए फूलो बाहर से आते हुए बिरहे को सुनती रही। वह बिरहा सपना नहीं था...और अगर वह बिरहा सपना नहीं था तो वह धोती सपने की नहीं हो सकती थी। वह उसे उलट-पलटकर देखती रही। वर्षों पहले की कई यादें एक साथ आईं—

नदी किनारे धोती धोते समय उसके निचले छोर में केले के दाग़ का लग जाना। एकदम ऊपर के भाग में अपने पति की रक्षा के लिए फूलों ने केले के दूध से जो मंगल-चिह्न बना दिया था...वह भी ज्यों-का-त्यों था।

वह वही धोती थी।

इस बात का पूरा विश्वास हो जाने पर फूलो बारी-बारी से पुष्पा और धोती को देखती रही। कई चेष्टा के उपरान्त भी उसके मुँह से शब्द नहीं निकला। उस कम समय में अपनी माँ के चेहरे की उन विचित्र प्रतिक्रियाओं से पुष्पा हैरान थी। वह भी निःशब्द उसे घूरती रही। उसने अपनी माँ की आँखों को सजल हो जाते देखा और अन्त में उसके मुँह से निकल ही पड़ा, "क्या बात है माँ?"

फूलवन्ती कुछ नहीं बोली। उसने जल्दी से अपनी आँखें पोंछ लीं, फिर भी भीतर से डबडबाई आँखों के कारण उसके सामने की चीज़ें धूमिल रहीं। पुष्पा का चेहरा भी धुँधियारी में डूबा रहा।

फूलवन्ती की ओर एकटक देखती हुई पुष्पा ने दोबारा प्रश्न किया।

उसकी माँ चुप ही रही। उसकी वह ऊपर की चुप्पी भीतर की खलबली को स्पष्ट कर रही थी। भीतर की उथल-पुथल के कारण को जानने के लिए अधीर पुष्पा एकदम छोटी बच्ची की तरह माँ से लिपट गई। ऐसा करके मौन रूप से उसने अपने प्रश्न

को फिर से दोहराया। उत्तर में फूलवन्ती का हाथ उसके बालों को सहलाता रहा। दिन में पुष्पा की एक छोटी-सी भूल पर वही हाथ थप्पड़ के रूप में उसके गाल पर पड़ा था।

कई बार ऐसा हुआ था।

कई बार अपनी माँ से थप्पड़ खाने के कुछ ही देर बाद पुष्पा को उसका स्नेह मिल जाता, पर आज का स्नेह भिन्न था। अपने सिर पर की अँगुलियों से वह उस भिन्नता को महसूसती रही।

सूर्यकिरणों के साथ बाहर के बकाइन के पत्तों की जो छाया भीतर आ गई थी, उसी कम्पन के साथ पुष्पा के ख़याल भी भीतर-ही-भीतर कम्पित रहे। जब एकाएक किसी बदली के कारण पत्तों की छाया सूर्यकिरणों के साथ ओझल हो गई तो उसकी जगह पुष्पा ने अपने भीतर के ख़यालों को आँखमिचौली खेलते पाया।

—माँ को बीते दिन याद आ गए होंगे...पर यह धोती?...शायद पिताजी इसी रंग की धोती पहनते होंगे...

और भी कई तरह के ख़याल धूप में पत्तों की परछाईं की तरह झिलमिलाते रहे। जिस तरह धूप के बीच से पत्तों की परछाईं को पकड़ना असम्भव था, ठीक उसी तरह अपने सम्भावित ख़यालों में से एक को सही मान लेना उसके लिए कठिन रहा। उसकी माँ कई बार रोई थी। कई बार उसकी आँखों से आँसू बहे थे। कई बार पुष्पा को अपने से सटाकर उसने परिस्थिति की पीड़ा को सहा था। लेकिन हर बार की विकलता के कारण स्पष्ट होते थे। वजह जानने में पुष्पा को इतनी देर कभी नहीं हुई थी। स्वयं विकल होकर उसने धीरे-से भिन्न स्वर में पूछा, "क्या बात है माँ?"

फूलवन्ती की ख़ामोशी टूटकर रही, "है धोती तोके के देलक बेटी?"

"देवननन् चाचा ने।"

दूसरे ही क्षण पुष्पा के साथ फूलो कुन्दन के घर के भीतर थी।

"भैया, है केकर धोती है?"

"मेरी है, क्यों?"

''नाहीं...ई आपकी नहीं।''

"कैसे कह सकती हो?"

"सच-सच बता भैया, ई केकर है?"

"सच-सव यह है कि..."

कुन्दन के चुप होते ही पुष्पा ने कहा, "चुप क्यों हो गए चाचा?"

"मेरे एक मित्र की है।"

फूलवन्ती ने तुरन्त कहा, "नाही देवननन् भैया, ई धोती मेरे पति के रहल।"

"तुम्हारे पति की?"

“हाँ, भैया।”

“तुम भूल रही हो। धोती धोती की तरह हुआ करती है।”

“भैया, आप क़ैद से आईल हैं न?”

“नहीं तो।”

“है धोती त हम लाख धोती में पहचान लेवब भैया!”

“क्या था तुम्हारे पति का नाम?”

“बता दे पुष्पा!”

“मेरे पिता का नाम मंगरू है चाचा!”

“कुन्दन को अपने कानों पर विश्वास नहीं हुआ।”

बाहर बच्चों का शोर पराकाष्ठा पर था।

एक सप्ताह पहले बस्ती के बच्चों को चोर-सिपाही का खेल खेलते पाकर कुन्दन ने सभी को अपने इर्द-गिर्द बुला लिया था। बच्चों के सामने ही उसने अमरूद की लकड़ी काटकर गुल्ली-डंडा बनाया था और अपने बचपन के दिनों को याद करता हुआ बच्चों को वह खेल सिखाया था। चोर-सिपाही का खेल खेलते हुए बच्चों को उसने इसलिए गुल्ली-डंडा की ओर आकर्षित किया था कि जिस ढंग से वे बच्चे चोर-सिपाही का खेल खेलते, वह कुन्दन को अच्छा नहीं लगता था। नए खेल से बच्चे बहुत खुश थे। उनकी उमंग कोलाहल का रूप ले लेती थी।

शाम के उस धूमिल वातावरण में भी घरों की दोनों क़तारों के बीच के खुले भाग में बच्चे खेल में लगे हुए थे। किसन काम से अभी-अभी लौटा था। हाथ-पाँव धोने के लिए घड़े में पानी नहीं था। कुएँ सूखे पड़े थे। किसन चौखट के पास बैठा बच्चों का खेल देख रहा था। काम से लौटते हुए रास्ते में उसने ईख की जो पिछली गुल्ली चूसी थी, उससे उसके हाथ-मुँह लसलस हो गए थे।

किसन का जी बच्चों के साथ मिल जाने को करता। वे सभी खेल में इस तरह खोए हुए थे कि आसपास की बाक़ी चीज़ों का उन्हें तनिक भी भान नहीं था। किसन ने बार-बार चाहा था कि वह भी कुछ घड़ी के लिए अपने को सामने की स्थिति-परिस्थिति से काट ले। असम्भव था ऐसा करना। एक बार उसने गोपाल के बाप से पूछा था कि उसके गाँजे पीने का क्या कारण था, इस पर गोपाल के बाप ने गाँजे के धुएँ से ललछँव मूँछों पर ताव देते हुए कहा था, “अपन को इ सब झंझट से अलग करके और कोई उपाय भी तो नाहीं।”

अपने को झंझटों से अलग करने के लिए एक बार किसन ने भी चुपके से उस पौधे का एक कश ले ही लिया था, जिसे गोपाल का बाप चोरी-चुपके पिछवाड़े के जंगल से ले आता था। कहा जाता था कि इस पौधे को रोपनेवाला वही पहला आदमी था। उस कश से किसन का सर चकराकर रह गया था, उसे झंझट से राहत नहीं

मिली थी। इस समय बच्चों को पूरी निश्चिन्तता के साथ खेल में जुटे पाकर उसका मन ललच-ललचकर रह जाता था। दिन-भर की अपनी सभी थकान को भूलकर भी वह बच्चों के साथ बच्चा बन जाने की सोच रहा था।

घर के भीतर से आती हुई चक्की की घरघराहट उसके भीतर के ख़यालों को और भी बोझिल किए जा रही थी। चावल के पकाने योग्य न होने के कारण चक्की में मकई पीसी जा रही थी। इधर दो दिन से लोग मकई के भात से गुजारा कर रहे थे। माँ का गुनगुनाना, जो उसे हमेशा बहुत अच्छा लगता था, इस समय उसके कानों को खल रहा था। जाँते की वह घरघराहट उसके कानों में बजती हुई उसे कीड़े-भरे चावल की याद दिला रही थी। कानों के रास्ते से चुभती हुई मस्तिष्क को पहुँचकर वह आवाज़ उसे झनझनाती रही।

अँधेरा एकाएक घिर आया था। इसका ख़याल किए बिना किसन हाथ-पाँव धोने के लिए नदी की ओर चल पड़ा, अपने-आप सोचते हुए कि जब कारख़ाने में पानी ही की ज़रूरत थी तो वह नदी से भी लिया जा सकता था। गाँव का सभी पानी क्यों बटोर लिया गया था। छोटी-छोटी बातों पर मज़दूरों को बड़ी-बड़ी यातनाएँ देने के लिए। निर्ममता की हद उसके ख़याल को और भी अस्त-व्यस्त कर जाती।

वह रास्ते से लौटकर कुन्दन के घर आ गया। कुन्दन पहले ही नदी को पहुँच गया था। पुष्पा घर के भीतर चिराग़ जलाकर बाहर आ रही थी। किसन को देखकर ठिठक गई। उसके मुँह से निकला, "देवननन् चाचा नदी की ओर गए हैं।"

"मैंने कुछ और ही सोचा था।"

"क्या सोचा था? मैं जाती हूँ।"

"पूरी बात तो सुन जाओ।"

"तुम्हीं बोलो, तुम्हीं सुनो।"

"अच्छा तो फिर नहीं बोलता। अब तो ठहरो।"

"मैं नहीं ठहरती?"

नीचे बिछी हुई वाक्वा की चटाई पर बैठते हुए किसन ने पूछा, "क्यों नहीं ठहरती?"

"तुम अब पहले जैसे नहीं रहे।"

"तुम चाहती हो कि मैं पहले ही जैसा रहूँ—उसी घुटनों तक की कमीज़ में बहती हुई नाक के साथ..."

"तुम मेरा मतलब अच्छी तरह समझते हो।"

"समझता हूँ, तभी तो कह रहा हूँ कि...।"

"पहले तुम इस तरह रूखेपन के साथ बातें नहीं करते थे। हर समय मेरे पीछे-पीछे रहते थे। कहानियाँ सुनाते थे। मेरे लिए गीत गाते थे।"

"तुम उस समय की बात कर रही हो, पुष्पा, जब मैं गुलाम की उम्र का नहीं था।"

कुछ क्षण के लिए दोनों चुप हो गए।

घर के बीच की दीवार के पीछे से सहमे हुए स्वर में हनुमानचालीसा सुनाई पड़ता रहा।

19

लोटे को राख से माँज चुकने के बाद उसे अपनी ओढ़नी के घेर से पोंछती हुई फूलवन्ती उसके चमकीले भाग पर अपलक आँखें गड़ाए रही। धीरे-धीरे सामने के माहौल से कटती हुई वह पीछे को लौटती गई...लौटती गई और...

वह भारत छोड़कर सात समुद्र पार आना चाहती थी। उसने तो अपनी माँ से कहा था कि वह वहीं रहकर सभी कुछ झेल सकती है। उसकी माँ, जो पति की मृत्यु के बाद से अपनी कमर को सीधी नहीं कर पाई थी, फूलो से लिपट गई थी। उसे अपने जीवन की कोई आशा नहीं थी। महामारी में सभी कुछ तहस-नहस हो गया था। उस लम्बी सुखारी ने उसे भी भीतर-बाहर से सुखा दिया था। बिहार की भूमि बंजर-सी पड़ी हुई थी। आरा के इस छोर से उस छोर तक हाहाकार था। फूलो का गाँव बेबसी की साँसें लेता-सा लग रहा था। खेतों में अस्त-व्यस्तता थी। न काम था, न रोटी थी। फूलो की माँ अपने दो बच्चों को भूख से मरते देख चुकी थी। उसका बड़ा लड़का माधो मारीच देश को चला गया था। धीरे-धीरे गाँव ख़ाली होने लगा था। झोंपड़ियों की छतों पर कौवों की संख्या बढ़ती गई थी। तालाब-नदी-नाले सभी सूखे पड़े थे। जहाँ-तहाँ की बची हुई फीकी हरियाली के ऊपर पीलापन गहरा होता जा रहा था।

तीन दिन की भूखी-प्यासी फूलो के माथे पर हाथ फेरती हुई उसकी माँ ने उससे यही तो कहा था कि बस्ती उजड़ी जा रही थी। सगे-सम्बन्धी सभी रोटी की तलाश में इधर-उधर जा चुके थे। गाँव में कोई नहीं बचा था, जिससे जान-पहचान हो। फूलो की माँ को अपनी अन्तिम घड़ी पास आती-सी प्रतीत हुई थी। वह चाहती थी कि कोई काफिला बनारस की ओर जाता मिल जाए तो वह उसमें से किसी एक व्यक्ति के जिम्मे फूलो को सौंप सके। अपनी मृत्यु पर अधिकार जमाए वह प्रतीक्षा करती रही।

उस दिन पन्द्रह-बीस व्यक्तियों के साथ घनवा सरदार गाँव से गुजरा था। फूलो की माँ से भी उसने वही कहा था जो गाँव-गाँव कहता आ रहा था। उसकी बातों

पर फूलो की माँ कैसे विश्वास नहीं करती, जबकि उसके माथे का टीका उतने गहरे रंग का था। उस झुंड में सात स्त्रियाँ भी थीं। उन्हीं में से सबसे अधेड़ के हाथों में फूलो को सौंपती हुई माँ ने कहा था, "बहन, अपन ही समझयो।"

लोटा ही वह आख़िरी चीज़ था, जिसे गठरी में रखकर फूलो की माँ अपनी बेटी से लिपट गई थी। मन-ही-मन उसने कामना की थी कि मारीच में फूलो को माधो मिल जाएगा। दोनों भाई-बहन मिलकर सुख से रहेंगे। धनवा सरदार की बात सच निकलेगी, हर पत्थर के नीचे से सोना निकलेगा और यहाँ के रोटी-कपड़े के मोहताज ये सभी लोग धनधान्य से पूर्ण हो जाएँगे।

जहाज़ में फूलो एक क्षण अपनी माँ के बारे में सोचती थी तो दूसरे क्षण सात समुद्र पर के उस जंज़ीरे के बारे में, जहाँ वह जहाज़ के तीन सौ व्यक्तियों के साथ पहुँचने जा रही थी। अपनी माँ, अपने गाँव, अपनी झोंपड़ी से दूर होने के दुख को वह यह सोचकर कम कर पाती थी कि मारीच में उसे अपना भाई मिल जाएगा। दोनों मिलकर उस मायावी देश के पत्थरों के नीचे से बहुत सोना बटोरेंगे और फिर अपने देश को लौट आएँगे। उस समय वह सोलह पार कर गई थी, फिर भी उस समय उसकी कल्पना बच्चों की-सी हो गई थी। वह अकेली नहीं, जहाज़ के सभी लोग प्रायः उसी की तरह सोच रहे थे। सरदार ने कुछ इस तरह से बातें सुनाई थीं कि जहाज़ का हर-एक आदमी यही सोचने लगा था कि वे परियों के देश को जा रहे थे। यात्रा कई दिनों की हो जाने पर भी जब किसी द्वीप का नामोनिशान नहीं दीखा तो लोग विचलित-से होकर एक स्वर में पूछ बैठे थे, "कहाँ बाते मारीच का देश?"

सरदार ने हँसकर उत्तर दिया था, "मैं तुम सबों की अधीरता को समझता हूँ। हम पहुँच ही रहे हैं। बस, कुछ दिनों की बात है। सबूरी रखो। सभी मालामाल हो जाओगे।"

अधीरता के दिन लम्बे प्रतीत होने लगे थे। सभी यात्रियों को ऐसा लग रहा था कि जहाज़ अथाह सागर में रुक गया था। उसके चलने का आभास किसी को नहीं हो रहा था। फूलो के मन में कई बार यह विचार पैदा हुआ था कि वह जहाज़ से कूदकर पीछे को लौट जाए। अगर ऐसा कर जाना सहज होता तो वह कर गई होती। उसके लिए बस अपने को कोसना ही बाक़ी रह गया था। उसे किसी भी हालत में अपनी माँ को नहीं छोड़ना चाहिए था। उसे अन्तिम क्षण में, उस दयनीयता में छोड़कर उसने पाप किया था। वह दुखी थी, भयभीत थी। इस अनर्थ के लिए आगे के आनेवाले दिनों में उसकी क्या दशा होगी। जिस पराये देश में वह जा रही थी, वहाँ शान्ति से कैसे रह सकती थी? क्या करे वह?

सिर के फूलदार रूमालवाला वह आदमी जो यात्रा के पहले दिन से उसके

आसपास ही रहता था, उसके अति पास आ गया था। उस समय मौसी, जिसके जिम्मे फूलो को सौंपा गया था, जहाज़ के दूसरे छोर पर थी, वह व्यक्ति उसके पास की गठरियों को हटाकर फूलो के पास बैठ गया था। फूलो ने आँखें ऊपर कीं और उसने प्रश्न किया था, "तू एतना उदास काहे बानी?"

फूलो ने एक क्षण उसे देखकर फिर से आँखें झुका ली थीं। आसपास के लोग अपनी-अपनी बातें किए जा रहे थे। एक क्षण चुप रहकर उस व्यक्ति ने दूसरा प्रश्न करने का साहस किया था, "घर के बहुत याद आवता ना?"

जहाज़ के बोरों के बीच इधर-उधर सभी लोगों ने अपने लिए जगह बना रखी थी। कभी-कभार जहाज़ के कर्मचारी उनके साथ इस तरह पेश आ जाते जैसे कि बोरों के बीच वे भी बोरे हों। वे अपनी धड़कनों को रोके बोरे बन जाने को विवश हो जाते थे। एक दिन चावल का बोरा समझकर जहाज़ का एक कर्मचारी नींद में सोई हुई फूलवन्ती को उठाकर एकान्त कोने में पहुँच गया था। फूलो चिल्लाई थी। कई लोग अपनी-अपनी जगह पर उठकर बैठ गए थे। पर आगे कोई नहीं आया था। कर्मचारी ने फूलवन्ती को दूसरे बोरों के ढेर पर पटक दिया था। सामने खड़े दलाल के हाथ से चाँदी का सिक्का लेकर वह वहाँ से टल गया था। दलाल ने मीठे स्वर में बात शुरू की थी। फूलो अपने में सिमटती गई थी। धीरे-धीरे दलाल उसके पास आता गया था और फूलवन्ती भीतर-ही-भीतर दहलती गई थी। अपनी डरावनी मुस्कान के साथ दलाल ने हाथ आगे बढ़ाया था...पर उसका वह हाथ फूलो के लहँगे तक पहुँच जाता कि तभी पीछे से किसी ने उसकी गरदन दबोच ली थी। फूलो ने उस धुँधलके में भी उस आदमी को पहचान लिया था, वह वही उसका हाल पूछनेवाला आदमी था। अपनी सभी ताक़त के साथ दलाल को पीछे खींचकर उसने उसे पीछे के बोरों पर फेंक दिया था। दलाल ने कठिनाई से उठकर उसे तरेरा था और गालियाँ बकता हुआ चला गया था।

तीन दिन बाद जहाज़ बन्दरगाह से लगा था और तीन सौ बीस कुलियों में केवल तीन सौ उन्नीस ही जहाज़ से उतरे थे। एक कम था, पर उस मामूली कमी पर कोई विशेष ध्यान नहीं दिया गया। उसके लिए कोई चिन्तित भी नहीं हुआ। इसके बाद फूलो का हाल पूछने कभी नहीं कोई आया। हिन्द महासागर की गहराई अथाह थी। उसके भीतर की आवाज़ बाहर कभी नहीं सुनाई पड़ती। चट्टानों से टकराती सतही ज्वार-भाटे की आवाज़ें फूलवन्ती तब से अब तक सुनती आ रही है। समुद्र की उन लहरों के कारण को वह कभी नहीं जान सकी। आज बुढ़िया हो जाने पर भी वह एकान्त में अपने प्रश्न को सुना करती, इस द्वीप की ये लहरें इस तरह कराहती क्यों हैं?

आज तक किसी ने उसको यह नहीं बताया कि चारों दिशाओं से ये लहरें ही थीं जो द्वीप में घटनेवाले एक-एक क्षण की गवाह थीं। सभी ऊँचे पहाड़ अपनी

कठोरता के कारण ख़ामोश थे, पर ये लहरें अपनी फेनिल तरलता के कारण गाने को विवश थीं।

कुछ असह्य क्षणों को जीते समय फूलो कई बार अपने से पूछ चुकी थी कि उसके भारत छोड़ने की नौबत क्यों आई थी। कौन-सा ऐसा संकट था, जो इससे भी भयंकर था? फिर तो पुरानी धुँधली यादें धीरे-धीरे उसके मस्तिष्क में उभरने लग जातीं। भारत में स्वतन्त्रता के लिए आन्दोलन हो रहा था। उसका भाई माधो बिहार के गाँव-गाँव में लोगों को उस आन्दोलन में सक्रिय भाग लेने के लिए प्रेरित कर रहा था। अंग्रेज़ उसके पीछे थे। पकड़े जाने के भय से वह मारीच को भाग आया था। अंग्रेजों के हाथ जब क्रान्तिकारी नहीं आए तो उसने बिहार को मटियामेट कर देने के ख़याल से वह सभी कुछ किया, जिससे महामारी दुगुनी हो गई। खेत सुखारी सूखते रहे और झोंपड़ियाँ आग से जलती रहीं। प्रकृति की निर्दयता के साथ-साथ अंग्रेज़ों की निर्दयता मिल गई। खेत उजड़ते गए। बिहार का ऐश्वर्य मिटता गया, भूख बढ़ती गई। लाशें सड़ती गईं। और बीमारियाँ बढ़ती गईं। फूलो ने कई लोगों से सुना था कि बिहार पाँच सौ वर्ष पीछे हो गया था। तभी तो उसकी माँ ने भी उससे यही कहा था कि जो धरती पाँच सौ वर्ष पिछड़ गई, वहाँ जीवन के चन्द वर्षों को किस आस पर जिया जाए! बहुत बाद में मारीच की कठिनाइयों को झेलती हुई, जूझती हुई फूलो ने कई बार अपने से कहा था कि इधर के इस जीवन से बेहतर तो यह होता कि वहाँ की उस स्थिति को वहीं झेला जाता। उससे वहीं जूझा जाता। किसी भी हालत में वहाँ की स्थितियाँ यहाँ से बदतर नहीं थीं। पर चुग गए खेतों के लिए पछताने से क्या होता है?

अभी उस दिन सात मज़दूरों के पूरे महीने का पैसा जब्त कर लिए जाने पर उसके मुँह से निकल गया था, "अपन देश के संकट में छोड़के भाग आवल के ई सब फल मिल रहल बा!"

बाड़े से सटी हुई छोटी-सी कोठरी से छूटकर जब गौतम घर लौटा तो उस समय वह आधे दम का था। फूलवन्ती ने अपने हाथों उसे तीन दिन माँड़ पिलाकर हिल-डोल सकने के काबिल बनाया था। तीन फीट चौड़ी और पाँच फीट ऊँची उस कोठरी में गौतम को पन्द्रह दिन रहने पड़े थे। दिन में बस एक मुट्ठी अधउबला चावल दरार से उसके सामने फेंक दिया जाता था। पन्द्रह दिन में कभी एक पल के लिए भी उस कोठरी का दरवाज़ा नहीं खोला गया था। पन्द्रह वर्ष से उस कोठरी में न कभी झाड़ू फेरा गया था और न कभी वहाँ की सीली दुर्गन्ध को बिखर जाने के लिए दरवाज़े को पूरा खोला गया था। आठ-दस दिन के भीतर दंडित मज़दूर या तो अपने ही मल-मूत्र की दुर्गन्ध से खुद लाश में बदलकर दुर्गन्धित हो उठता था या तो पन्द्रह दिन बाद दरवाज़े के थोड़ा खुलने पर अधमरी हालत में बाहर आता था।

तीसरे दिन फूलो ने गौतम को दाल का पानी दिया। वह थोड़ा-बहुत बात कर सका था। उसने अपने बाप का हाल पूछा। फूलवन्ती ने कोई उत्तर नहीं दिया। शाम को गौतम ने किसन से पूछा। किसन ने उसके प्रश्न का उत्तर दिया तो सही, पर झूठ बोल गया। दो दिन और बीते जब गौतम खाट से उठकर चल-फिर सका।

शाम को वह अपने बाप के घर पहुँचा। बहुत दिनों के बाद वह भीतर गया था। उसके सभी भाई-बहनों ने उसे घेर लिया। उसकी माँ उससे लिपट गई, पर...

उसका बाप सामने नहीं आया।

उस घर में एक मर्द की आवश्यकता थी, इसलिए गौतम नहीं लौटा।

वह वहीं रह गया।

फूलवन्ती को जब यह बात मालूम हुई तो उसकी आँखों में खुशी के आँसू भर आए।

ऊपर आकाश की काली बदली ने चाँद को रिहा कर दिया था।

चाँद की चाँदनी उसकी आँखों में धीरे-धीरे टपक रही थी। उन सारी बूँदों को अपनी आँखों में डबाडब भरकर उसने किसन की ओर देखा। किसन ने सूखी लकड़ियों की जो आग जलाई थी, वह अब भी लपटें लिए धधक रही थी। माहौल गूँगा था। दोनों पेड़ों की ओट में चले गए, जहाँ वातावरण अन्धा था। झाड़ी से नेवला निकला और भाग गया। झुरमुट के बीच के गड्ढे में इकट्ठा बरसात का पानी सो रहा था। किसन के हाथ से हाथ छुड़ाकर उसने एक कंकड़ पानी में फेंका। छपाक की आवाज़ हुई। पेड़ों की छाया से दूर खुली जगहों पर चाँदनी ने अपनी सफ़ेदी को छितरा रखा था। खेतों की हर मुँडेर पर वह रंग छिटका हुआ था, पर ये दोनों उस उजाले से दूर थे। पहाड़ी से लेकर दूर तक के फैले खेतों ने रात के एक-एक टुकड़े को आपस में बाँट लिया था। हवा के बालों से झर-झर की आवाज़ ने एकाएक माहौल के गूँगेपन को तोड़ डाला।

"तुम मुझसे दूर क्यों भागते हो?"

किसन चुप रहा।

"तुम बोलोगे भी नहीं? मेरे बाप से डरते हो न?"

किसन ने अपनी आवाज़ अकेले सुनी, "नहीं। मैं किसी से नहीं डरता।"

"तुम्हारा बन्धन बहुत ढीला है किसन!" यह कहती हुई उसने किसन की छाती से अपने पूरे बोझ को लगा दिया।

इस समय किसन को ईख के कारख़ाने में होना चाहिए था। मालगासी नौकरों ने ईख पेरने के काम को ठाले छोड़ दिया था। बस्ती के पन्द्रह मज़दूर चीनी पकाने में लगे हुए थे। किसन को वहाँ से उठा लाया गया था।

"तुम्हें मालूम है किसन, साहब ने एक बार मेरे बाप से क्या कहा था?"

किसन ने सिर हिला दिया।

"उसने कहा था कि मैं बस्ती में सबसे मादक हूँ। यह बात मेरी माँ ने मुझे सुनाई थी। जानते हो मैंने माँ से क्या कहा था?"

किसन ने फिर से सिर हिला दिया।

"मैंने कहा था, साहब से कह देना कि मेरी मादकता का हकदार कोई है। वह हकदार तुम हो किसन!"

अपने से सटी मांसलता को महसूसकर किसन भीतर से ज्वालामुखी बनता रहा। अपनी धमनियों में उसने उष्णता को तीव्र होते पाया।

"किसन! अगर तुम नहीं बोलोगे तो मैं चुप हो जाती हूँ।"

उसकी साँसों की गरमी ने, जो किसन की अपनी साँसों के अति निकट थी, किसन की उष्णता को और भी उत्तेजित कर दिया। दोनों चुप रहे।

साँसें बोलती रहीं। चाँदनी पत्तों के छिद्रों से चुपचाप झाँकती रही। डाली के पक्षियों ने करवटें लीं। डैनों की फड़फड़ाहट हुई। दोनों की साँसों ने एक ही साथ रफ़्तार तेज़ की।

टिप-टिप बूँदें टपकीं। झींसी-सी आई। उसके बाद बारिश भी शुरू हो गई। दोनों पाकड़ के पेड़ से सटे रहे। किसन ने नहीं चाहा कि जो उसके साथ थी वह भीगे। उसने उसे जकड़कर अपने सिर को उस पर झुका दिया। वह बच्ची-सी उसके अंक में सिकुड़ गई। चाँदनी की सफ़ेदी लुप्त थी। अँधेरा ईख के पके हुए रस की तरह गाढ़ा हो चला था। उस घटाटोप में ईख का कारख़ाना और बस्ती सभी कुछ दूर हो चला था।

किसन ने अपने कान के पास गुदगुदी अनुभव की। होंठों की गरमी और फिर कराहती हुई-सी फुसफुसाहट, "किसन, तुम अपने बाप को मेरे बाप से मिलने क्यों नहीं भेजते?"

किसन की अँगुलियों को उसने अपने होंठों पर विचरते पाया। उसके समूचे शरीर में फिर से सिहरन पैदा हो गई। फिर से गरमी पाकर धमनियों का ख़ून खौला...फिर से...।

एक सुस्ती-सी आई। दोनों निर्जीव पड़े रहे। एक लम्बी ख़ामोशी बनी रही। डैनों की फड़फड़ाहट ने उसे तोड़ा।

"किसन! तुम उत्तर नहीं दोगे?"

"... ।"

"कब भेजोगे अपने बाप को मेरे यहाँ?"

किसन जानता था कि इन प्रश्नों का कोई अर्थ नहीं था। वह क्षणिक था। इस क्षणिक बन्धन के खुलते ही वह प्रश्न ठंड से जम जाएगा।

किसन ने बन्धन को थोड़ा-सा शिथिल किया।

"मुझे लौटना होगा।"

"अभी कारख़ाने का काम पूरा नहीं हुआ।"

"तड़के ही खेतों में पहुँचना है।"

"अभी समय है।"

"तुम्हारा बाप अगर घर पहुँच गया हो तो?"

"कुछ नहीं होगा।"

जिस सरलता के साथ उसने उत्तर दिया, वह किसन को बहुत अच्छी लगी। किसन कई बार अपने-आपसे पूछता रहता था कि आख़िर जो साहस और निर्भयता लड़कों में है, वह लड़कियों में क्यों नहीं? घूँघटवाली लड़की किसन को कभी भी अच्छी नहीं लगी। उसने चाहा था कि लड़कियाँ भी स्थिति को बदलने में सक्रिय भाग लें। यह लड़की कुछ हद तक स्वतन्त्र और दिलेर थी, लेकिन इसकी यह स्वतन्त्रता और दिलेरी उस लक्ष्य को नहीं छू पाती जो किसन का था।

बारिश के थमने के बाद भी चाँद ओझल ही रहा। समय का अनुमान नहीं हो पा रहा था। किसी तरह अपने को अँधेरे के झालर से मुक्त करके किसन ने उस ओर देखा, जहाँ टिमटिमाते चिराग़ अँधेरे को चीरने का भरसक प्रयत्न कर रहे थे।

"चलो, पहले तुम्हें अहाते तक छोड़ आऊँ!"

"अभी तो मुर्गों की बाँग भी शुरू नहीं हुई।"

"तुम भीग गई हो। कपड़े बदलने होंगे तुम्हें।"

"भीगे तो मुझसे अधिक तुम हो।"

"मैं आदी हूँ।"

"तुम तो बहुत-सी चीजों के आदी हो।"

"समझा नहीं।"

"खैर...अब कब मिलोगे?"

"तुम सोचती हो हमारा इस तरह का मिलना अच्छा रहेगा?"

"अच्छे-बुरे की परख मुझे नहीं आती, तुम्हें आती है क्या?"

"केवल एक स्थिति ऐसी होती है, जब आदमी बरसात और गरमी के प्रभाव को भी परख नहीं पाता।"

"कौन-सी स्थिति होती है वह?"

"वह बीत गई।"

"दोहराई नहीं जा सकती क्या?"

"बस, अब चलना होगा।"

"तुम पुष्पा से भी इसी तरह कतराते रहते हो क्या?"

किसन इस प्रश्न के लिए बिलकुल तैयार नहीं था, "मैं तुम्हें कारख़ाने के उस पार तक छोड़ आता हूँ।"

"सुना है, पुष्पा तुम्हें देखे बिना भात नहीं खाती है।"

"कारख़ाने में मेरा काम अधूरा रह गया होगा।"

"तुम्हारी माँ को भी पुष्पा बहुत प्यारी है।"

दोनों उस कुछ-कुछ फटते हुए अँधेरे में चलने लगे थे।

"तुम डरती नहीं हो?" किसन ने पूछा।

"तुमसे?"

"नहीं। अँधेरी रात में, अकेली।"

"मैं अकेली हूँ क्या?"

चीनी पकने की गन्ध से भीगा माहौल तर था। कल की आवाज़ रुकी हुई थी। किसन ने अनुमान लगाकर जान लिया कि कल में फिर से गड़बड़ी आ गई होगी और उसकी जगह मज़दूर उस भारी पहिये को घुमा रहे होंगे। उनका पसीना ईख के रस में मिलकर चीनी बन रहा होगा। एक आवारा ख़याल आ गया उसे—कभी ऐसा नहीं होगा कि मज़दूरों के पसीने की मात्रा चीनी में कुछ अधिक हो जाए और चीनी मीठी न होकर नमकीन हो जाए!

कारख़ाने के भीतर मशालें जल रही थीं। बाहर भी उसका प्रकाश था। उस प्रकाश से कतराकर दोनों पत्थर की ऊँची दीवार के आसपास चलने लगे थे। भीतर काम पराकाष्ठा पर था। सरदार के चिल्लाने की आवाज़ दीवारों को भेदकर बाहर तक गूँज रही थी। दीवारों के भीतर के दृश्यों को किसन आँखें मूँदे भी देख सकता था। अपने को बस कोसने के अलावा उसके पास कुछ और था भी नहीं।

सामने के घर से टिमटिमाता चिराग़ दिखाई पड़ रहा था। किसन ने रुककर पूछा, "अब मैं कारख़ाने को लौट सकता हूँ?"

"वहाँ मेरा बाप पहुँच गया होगा।"

"तो फिर क्या करूँ?"

"घर क्यों नहीं चले जाते?"

"घर?"

"हाँ, तो क्या? पर देखो, यह बताकर ही जाना होगा कि अब कब मिलोगे?"

"तुम मेरे लिए एक काम नहीं कर सकती हो?"

"मुझे इस योग्य तो समझा तुमने!"

"तुम वचन दो तो मैं कुछ कहूँ।"

दोनों के बीच थोड़ा-सा जो फासला बन गया था, वह कम हो गया। वह फिर से किसन के उतने ही पास आ गई जहाँ से दोनों की साँसें टकराकर एक हो जाती थीं।

"मैं तुम्हारे इतने क़रीब हूँ। और किस दूसरे वचन की बात कर रहे हो?"

"तुम अपने बाप को मना तो सकती हो।"

"हमारी शादी के लिए?"

"इससे भी बड़ी चीज़ के लिए।"

"इससे भी बड़ी चीज़ क्या हो सकती है?"

"तुम अपने बाप से कहना, वह मज़दूरों के साथ कुछ कम क्रूरता के साथ पेश आए।"

"जहाँ तक मैं जानती हूँ, मेरा बाप सभी सरदारों से अच्छा सरदार है।"

"जो तुम जानती हो वह सच नहीं।"

"मेरा बाप सभी से क्रूर है क्या?"

"मज़दूरों से पूछकर क्यों नहीं देखती?"

"मैं अपने बाप को मना लूँगी...एक शर्त...।"

"कैसी शर्त?"

"हमारे बीच का सम्बन्ध।"

"क्या मतलब इसका?"

"कोई मतलब नहीं इसका?"

"मेरा मतलब है कि क्या करना है हमारे बीच के सम्बन्ध के साथ?"

"इसे सही सम्बन्ध बनाया जा सकता है।"

अधिक अनजान बनना किसन से नहीं हो सका। इस सौदे के भाव को वह पहले ही से जानता था। दोनों के बीच का यह संवाद हमेशा इसी ठौर पर आकर रुकता था। दोनों यहीं से विदा होकर कई दिनों तक एक-दूसरे से दूर रहते थे। फिर नई उम्मीदों के साथ दोनों एक बार फिर अपनी-अपनी बातों के साथ एक-दूसरे से मिलते।

किसन ने अपनी गरदन से उसकी बाँहों को ढीला किया और अपनी भीगी आस्तीन से मुँह पोंछकर धीरे से कहा, "शायद तुम्हारी माँ अब भी जाग रही है।"

किसन की नाक को ज़ोरों से खींचकर सत्या अपने घर की ओर दौड़ गई। दूसरे क्षण किसन भी अपने घर की ओर चल पड़ा। किसन की अन्धी चाल के लिए रास्ता वहाँ से सीधा था।

20

कुन्दन के घर में हिन्दी की पढ़ाई होती है, रामायण और आल्हा गाए जाते हैं तथा बैठकें लगती हैं—इस बात का पता ठेकेदारों को चल गया था। कुन्दन को चेतावनी

देने के बाद उस पर कड़ी नज़र रखी जा रही थी। यही कारण था कि पिछली बैठक उस समय लगी थी जब मूसलाधार वर्षा हो रही थी। लोगों के बीच दो घंटों की जो बातचीत हुई वह भय और झिझक के बीच हुई थी। जब दूसरी कोठियों में पहुँचकर सभी लोगों को सजग और संगठित करने की बात चली तो किसन खुद जाने को तैयार हो गया था। इस पर कई लोगों ने एकसाथ आपत्ति की थी। सभी ने यही कहा था कि किसन को यहीं रहकर सभी कुछ करना है। इसके बाद सोनालाल खड़ा हो गया था। सोनालाल को किस तरह दूसरी कोठियों में प्रवेश करके काम करना था यह सभी कुछ उसे बताने की जिम्मेवारी कुन्दन ने अपने ऊपर ले ली थी।

उस रात पौ फटने तक लोग आल्हा गाते रहे। पानी भी जी भरकर बरसता रहा। उस रात किसन की हर बात को गम्भीरता के साथ सुना और समझा गया था। भीतर के भय और झिझक के बावजूद उस रात संकल्प लिए गए। पहली बार एक मकसद के लिए लोग तैयार दीखे। लोगों के ध्यान को अपनी आँखों में बाँधकर किसन ने कहा था, "एक-न-एक दिन तो हमें इन सभी अनर्थों के विरुद्ध अपनी छाती को सामने करना ही है।...वह दिन आज ही क्यों न हो?"

सभी के बीच इस प्रश्न की प्रतिध्वनि हुई थी। काफ़ी देर तक उसकी अनुगूँज घर के भीतर होती रह गई थी। उस अनुगूँज के भीतर लोग उस समय तक जकड़े रहे जब तक कि कोठी के रखवार की आवाज़ की गूँज पूरी बस्ती में न फैल गई।

"फजीर होवे के बा। काम पर पहुँचे के तैयारी में लग जावो...फजीर होवे के बा...।"

उस धुँधलके में सभी घरों से चिराग़ टिमटिमा उठे थे। बरतनों की खनक-झनक शुरू हो गई थी।

हाथ में पीतल का लोटा थामे सोनालाल मैदान को चल पड़ा। उसकी पहली मंज़िल थी आंत्वानेत कोठी, जहाँ उसका चचेरा भाई ज़मीन से पत्थर निकालकर उसे खेतों में परिवर्तित करने में लगा हुआ था। इलाके की वह सबसे बड़ी बस्ती थी, पूरे तीन सौ मज़दूरों की। अपने भीतर भय और साहस लिए वह पहाड़ी को पार कर गया।

रघुसिंह को जब रात की बैठक के निर्णय का पता चला तो वह किसन पर बरस पड़ा, यह कहते हुए कि उसके समय में परिस्थिति इससे भी नाजुक थी। एक ही देगची में चावल पकता था और हर मज़दूर के सामने कलछी-भर फेंक दिया जाता था। कपड़े की जगह कई वर्ष बोरे पर दिन गुजारे गए थे। आँखों के सामने घर की औरतों की इज़्ज़त लूट ली जाती थी। उन सभी परिस्थितियों को हम झेल आए थे। आज जब स्थिति में काफ़ी सुधार आ गया था तब इस तरह का विद्रोह करना अपने भविष्य को माटी में मिलाना था। वह यह कहकर आज के नौजवानों को कोसता रहा

कि इन गरम ख़ूनवालों के भीतर सबूरी नाम की कोई भी चीज़ नहीं थी। उनमें न सन्तोष था, न सहने की हिम्मत। अन्त में पूरी गम्भीरता के साथ उसने किसन से पूछा, "तुम लोगन हमनी के समय में होतस त का करके रहतस?"

किसन अपने बाप की बातों को चुपचाप सुनता रहा। उससे तर्क करना उसके क्रोध को और भी बढ़ाना था। अगर किसन को हैरत थी, तो इस बात की कि उसके बाप का यह आक्रोश किसी विशेष कारण के लिए क्यों नहीं था। ऐसा होने पर कम-से-कम बेकार होने से तो बच जाता। लेकिन किसन के अपने भीतर का आक्रोश भी बेकार था। वह भी तो उसी पुरानी बेचारगी की स्थिति में था। निहत्था वह भी था। वह यह भी जानता था और इन सभी के विरुद्ध उसका विद्रोह भी सीलेपन से मुक्त नहीं था।

सोनालाल की माँ को जब मालूम हुआ कि उसका बेटा दूसरी कोठी में मज़दूरों को सजग और सुसंगठित करने पहुँचा है तो वह भय से काँप उठी। सीधे किसन के घर पहुँचकर उसने अपने बेटे के बारे में पूछताछ शुरू कर दी। सोनालाल की माँ की उपस्थिति में ही रघुसिंह किसन को बुरा-भला कहता रहा। सोनालाल की माँ को रोते पाकर किसन की माँ भी अपने बेटे पर बरस पड़ी। रघुसिंह के एक लड़का और दो लड़कियाँ थीं। इन तीनों से पहले भी उसके यहाँ दो बच्चे जन्मे थे, पर कुछ ही दिन जीकर दोनों ही मर गए थे। गाँव की कई औरतों ने एकसाथ कहा था, "रघुसिंह की बहुरिया, तुम्हारे को बच्चा नहीं सहता।"

इसीलिए जब तीसरी बार किसन का जन्म हुआ था तो सोनालाल की माँ ने आगे आकर अपने खूँटे से एक पैसा निकाला था और रघुसिंह की पत्नी के हाथ में रखकर बच्चे को अपनी गोद में ले लिया था। इसी तरह बारी-बारी से उसने किसन की दोनों बहनों को भी ख़रीद लिया था और तीनों बच्चों के जीवित रह जाने का यही कारण समझा जाता था। रघुसिंह के बच्चे सोनालाल की माँ को भी 'माँ' कहते थे। तीनों बच्चों ने सबसे पहले उसी का दूध पिया था।

सोनालाल की माँ को रोते पाकर किसन ने उससे धीरे से कहा, "तुम सोनालाल की चिन्ता नहीं करो माँ! वह एक बहुत बड़े काम के लिए उधर गया है। काम पूरा होते ही लौट आएगा।"

किसन नहीं चाहता था कि वह बात फैले। उसके फैलने से सोनालाल संकट में तो पड़ेगा ही, उसके साथ-साथ काम बनने के बदले और भी बिगड़ जाएगा। दूसरे दिन शाम के वक़्त नदी किनारे अकेले होने पर किसन ने अपने-आपसे बातें करते हुए कहा कि सोनालाल की जगह उसे खुद जाकर दूसरी कोठियों के मज़दूरों से मिलना चाहिए था। पर उसकी अनुपस्थिति पर बहुत जल्दी सन्देह हो जाता। वह अपनी कोठी से बाहर कभी नहीं गया था, जबकि सोनालाल का किसी बहाने इधर-उधर जाना होता

ही रहता था। इस लिहाज से उसके बारे में सन्देह की कम सम्भावना थी। इन कारणों के बावजूद किसन को प्रतीत होता रहा कि निर्भयता का उसमें अभाव था अन्यथा इस खतरे को उसे अपने सिर पर लेना चाहिए था।

नदी की ओर जाते हुए सरदार के खेत के पासवाली पगडंडी पर उसे सत्या मिल गई थी। उसके हाथ में हरी मकई थी। उसने किसन से पूछा था, "भुनी हुई मकई खाओगे किसू?"

"नहीं।"

"देखती हूँ तुम खाए बिना कैसे आगे बढ़ते हो।"

कुछ ही दूरी पर सत्या की माँ सूखी लकड़ियों के अंगारे पर मकई भून रही थी। उसके पास तक पहुँचकर सत्या एक मकई उठा लाई थी। किसन के हाथ में जबरदस्ती थमाती हुई बोली थी, "एकदम सोंधी है।"

"मैं नहीं खाऊँगा।"

"नदी की ओर जा रहे हो न?"

"हाँ।"

"तो उसी में फेंक देना।"

वह एक दूसरी बात थी जिसे सत्या ने कहा था और जो इस समय उसके कान में बज रही थी, "किसू, लोग कहते हैं तुम बड़े साहसी हो।"

वह व्यंग्य नहीं था, लेकिन इस समय वह उसे व्यंग्य-सा प्रतीत हो रहा था। उसने मन-ही-मन कई बार प्रश्न किया–क्या मैं सचमुच साहसी हूँ? अगर सत्या ने व्यंग्य न किया हो तब तो। नहीं, वह व्यंग्य नहीं था। और भी कई अवसरों पर कई लोगों ने इस तरह की बात कही है। लेकिन मैंने तो इसका अब तक कोई भी प्रमाण नहीं दिया। क्या वक़्त-बेवक़्त नदी की ओर आ जाने से कोई साहसी बन जाता है? बस्ती में गोसाईंजी सबसे अधिक पढ़े-लिखे आदमी थे। किसन एक बार साहस शब्द का अर्थ उनसे पूछकर देखना चाहता था। हो सकता है कि उसके दो अर्थ हों। लोग उसे उस दूसरे अर्थ से पुकारते होंगे जो उसे मालूम नहीं।

सत्या की दी हुई मक्की अब भी उसके हाथ में थी। सत्या ने उसे और भी कई अवसरों पर चीज़ें दी थीं। किसन उन चीज़ों को बस्ती के बच्चों में बाँट देता। मक्की का क्या करे? रात होने को थी। मक्की की सोंधी गन्ध में प्रलोभन था। मक्की में सत्या की याद थी। सत्या की गन्ध थी। किसन को भूख लग आई थी, लेकिन उसे मक्की खाना नहीं था, कम-से-कम अपने इस संकल्प से वह बहुत अच्छी तरह अवगत था।

एक बार सत्या उसका हाथ थामे उसे मकई के खेत के भीतर घसीटे चली गई थी। वह खेत किसन को काँटों की झाड़ी-सी लगी। वह खेत रामजी सरदार

को रेमों मालिक की ओर से भेंट में मिला था। वह वफादारी की भेंट थी। पुष्पा की माँ कहती कि भोले-भाले मज़दूरों का कलपना पाला बनकर उस खेत में गिरेगा। उसका कहना हर वर्ष ग़लत साबित होकर रह जाता। सरदार की फ़सल हर साल अच्छी होती। कोठी के काम के बाद वह बारी-बारी से सभी मज़दूरों से उस खेत में काम करवा लेता था। वह केवल किसन था जिसने उस खेत में कभी भी काम नहीं किया था।

तीन दिन बाद। कड़कती धूप में। ईख की कटाई के वक़्त।

किसन ने सुना—सोनालाल पकड़ा गया।

पूरी ख़बर उसे काम से लौटते समय रास्ते में मिली।

दूसरी कोठी में मज़दूरों को सचेत करते हुए सोनालाल पकड़ा गया था। दूसरी कोठीवाले सरदार ने उसके हाथ-पाँव बँधवाकर उसे लँगड़वा साहब के यहाँ भिजवा दिया था। लँगड़वा साहब ने उसके शरीर के कपड़े उतरवाकर उसकी देह को ईख के रस से चप-चप करवाकर कड़कती धूप में पेड़ से बँधवा दिया था। जिस समय मज़दूरों की नज़र उस पर पड़ी थी, उसका शरीर लाल चींटियों से खदखद भरा हुआ था। पीड़ा से चिल्लाते-चिल्लाते वह बेसुध हो गया था। उसके पास फटकने की इजाज़त किसी को नहीं थी। लँगड़वा साहब के दोनों कुत्ते उसके इर्द-गिर्द घूमने को छोड़ दिए गए थे। बस्ती का शायद ही कोई ऐसा मज़दूर था, जिसका इन कुत्तों से पाला न पड़ा हो। कइयों की बोटी-बोटी नुच जाने से बची थी। दिल दहला देनेवाली वह कड़वी यादगार आज भी कई लोगों के भीतर ताज़ा थी।

किसन सीधे लँगड़वा साहब की कोठी पर पहुँचा। मालगासी पहरेदार ने डाँटते हुए पूछा, "कोत तो पे आले?"

"मुझे मालिक से मिलना है।"

"मालिक को तुमसे मिलना नहीं है।"

"बहुत ज़रूरी काम है।"

किसी तरह वह लँगड़वा साहब के सामने पहुँचकर रहा, "सोनालाल को छोड़ दिया जाए साहब!"

"तुम्हारे कहने से हमें और क्या-क्या करना है?"

दूसरे ही क्षण मालगासी पहरेदार ने अपनी पूरी ताक़त के साथ किसन को ठेलते हुए फाटक से बाहर कर दिया था।

बस्ती को लौटते हुए रास्ते में फिर सत्या मिल गई थी और किसन देर से घर पहुँचा।

सत्या कई बार किसन से कह चुकी थी कि अगर वह चाहे तो उसे कारख़ाने में काम मिल सकता था। किसन ने कभी नहीं चाहा था। उसके न चाहने के कई

कारण थे। किसी भी हालत में वह सत्या और रामजी सरदार का एहसानमन्द होना नहीं चाहता था। सिफारिश के साथ वह कहीं पहुँचे, यह बात भी उसे पसन्द नहीं थी। और ईख के कारख़ाने में कई संकटकालीन स्थितियों में वह काम भी कर चुका था। वहाँ के सभी अच्छे काम मालगासी करते थे। वहाँ जो भारतीय मज़दूर थे, वे तो वहाँ हाड़-मांस के कल की तरह लगाए गए थे। कोल्हू के बैल और उनमें कोई अन्तर था ही नहीं। उन लोगों से किसन ने कई बार पूछा था कि वहाँ के सभी अच्छे कामों पर केवल क्रिओल क्यों थे। इसके उत्तर में उसे हर बार यही कहा जाता—क्योंकि वे लोग भारतीय नहीं। वह उत्तर तेजाब छिड़कनेवाला था। उसकी जलन से किसन भीतर-ही-भीतर कराहकर रह जाता।

सभी योग्यता होने पर भी भारतीय लोगों को कोई भी ऐसा काम नहीं दिया जाता जो बेहतर था और जिस पर गोरों और मालगासियों का एकाधिकार-सा था। सबसे अच्छे काम गोरों के लिए होते थे, कुछ बेहतर काम उनके होते जो न तो गोरे थे और न ही भारतीय। अपने-आपको सान्त्वना देने के लिए अगर भारतीयों के पास कुछ था तो वह यह कि काम, काम होता है। उसके लिए बदतर और बेहतर का प्रश्न ही क्यों?

देवकरन गोसाईं अब नहीं रहा। वह कहा करता था कि इस देश में सबसे अधिक काम करनेवाली हमारी जाति है। एक दिन हमारी ही जाति के हाथ में इस राज्य की बागडोर होगी। यही कहते-कहते देवकरन गोसाईं मरा था। कभी अकेले बैठे-बैठे किसन सोचा करता। इस देश में मेरे ही लोग जंगल काटते हैं। चट्टानों को चीरते हैं। पत्थरों को हटाकर ज़मीन वे ही लोग जोतते हैं। बोआई वे ही करते हैं। मेरे ही लोग पौधों को सींचते हैं, खाद देते हैं। उसकी रखवाली करनेवाले भी वे ही लोग होते हैं। मेरे ही लोग फ़सल काटते हैं, जामुनी ईखों को कारख़ाने तक पहुँचाते हैं। रस वे ही गाड़ते हैं। शक्कर वे ही बनाते हैं, लेकिन शक्कर कोई और खा लेता है। ऐसा क्यों? उस शक्कर में कौन-सा जादू था, जिसे केवल छूकर कुछ लोग समृद्ध थे? कौन बताए?

पहले ही कट गए गन्ने के अंकुर जहाँ-तहाँ घुटनों तक आ गए थे। सत्या को किसन ने दूर ही से देख लिया था। उसके पास आ जाने पर किसन उसके गले का हार और कान के कनफूलों को गौर से देखता रहा। उसे लगा कि एक बार फिर रामजी भगत ने भारत से नई पहुँची हुई किसी औरत के गहनों को यह कहते हुए जब्त कर लिया होगा कि यहाँ किसी को गहने पहनने का अधिकार नहीं है। किसन को अच्छी तरह याद है कि उसकी आँखों के सामने जब रूपा के गहने उतारे गए थे, उस समय सरदार ने यह दलील रखी थी कि गहनों का बोझ आदमी को आलसी बना जाता है। खेतों में काम करने के लिए आलसियों की नहीं, मेहनतकशों की

आवश्यकता होती है। किसन सत्या को देखता रहा। अपने गहनों को अधिक चमकाने के लिए वह मुस्कराती रही। किसन ने मन-ही-मन तर्क किया, फिर मन-ही-मन मुस्कुराकर रह गया। सत्या इन खेतों में काम करने के लिए थोड़े ही थी! वह तो खेतों की सुन्दरता थी।

सत्या चुपचाप खड़ी रही। वह अपने अनपूछे प्रश्नों के उत्तर की प्रतीक्षा में रही। किसन ने उत्तर कुछ देर से दिया, "बहुत सुन्दर लग रही हो आज!"

उत्तर पाकर सत्या की पलकें झपकीं। उसके चेहरे पर नया रंग आया और वह किसन के एकदम पास आ गई। किसन को लगा कि सत्या ने आसपास के सभी जंगली फूलों को निचोड़कर उनके रंग और गन्ध को अपने चेहरे पर पोत लिया था।

कल शाम जब किसन पुष्पा की बग़ल में बैठा था, उस वक़्त हवा के साथ किसी जंगली फूल की गन्ध आ गई थी। उसी के साथ किसन को सत्या की याद आ गई थी। जो उष्णता उस सुगन्ध में थी, वही सत्या की याद में भी थी। पुष्पा की आँखों में झाँकते हुए किसन उसे बहुत सुन्दर पाता था, लेकिन कभी-कभार सत्या के शारीरिक लावण्य में जो आकर्षण होता, वह उसे चुम्बक की तरह अपने पास घसीटकर ही रहता।

हाँफती हुई सत्या उसे और भी आकर्षक प्रतीत हुई। उसकी साँसों को महसूसते हुए किसन ने कहा, "आज बहुत सुन्दर लग रही हो।"

"नज़र मत लगाना, मेरी माँ को औंछना पड़ जाएगा।"

यह कहकर सत्या दौड़ गई। जटाओं को थामे दोनों एक-दूसरे को देखते रहे। बोलने की ज़रूरत किसी ने नहीं समझी। घने बरगद के नीचे अँधेरा पहले ही आ गया था, जिससे सत्या की आँखों की वह चीज़ और भी चमक उठी थी। नदी की सभी तरंगों को किसन ने अपने भीतर उफनते पाया। वह सत्या के कान में गुनगुनाया :

"सरदार की बेटी गुलेल खेलेला। भर माँग सींदूर भरतार खोजेला।"

सत्या नाराज़ नहीं हुई।

कुछ देर बाद।

जब अँधेरा और भी गहन हो गया था। हरी दूब पर लेटे हुए दोनों शान्त थे। दोनों की साँसों में शिथिलता थी।

मादक स्वर में सत्या ने धीरे से कहा, "मैं फिर से कहती हूँ, तुम चाहो तो मैं तुम्हारे लिए कारख़ाने में नौकरी का प्रबन्ध करा दूँ।"

"धूप में मैं ज़्यादा साँवला होने लगा हूँ न?"

"मैं इसलिए नहीं कह रही।"

"तो फिर?"

"कारख़ाने में काम करने से तुम कुछ तो भिन्न हो पाओगे।"

"मैं भिन्न होना नहीं चाहता हूँ सत्या!"

"कारख़ाने का काम उतना कठिन भी नहीं।"

"मैं सहज और आसान काम पसन्द भी तो नहीं करता।"

"चाहो तो मालिक की कोठी में...।"

"वह तो मरकर भी नहीं करूँगा।"

"आख़िर क्यों?"

"कारण तो मैं भी नहीं जानता।"

"तुम हठी बहुत हो किसन।"

"छोड़ो इन बातों को, अब हमें चलना चाहिए।"

वह खड़ा होने लगा। सत्या ने उसका हाथ पकड़ लिया, "तुम मेरे बाप से कब बात करोगे?"

"मैं क्या बात करूँगा?"

"अपने बाप से तो करवा सकोगे।"

"तुम्हारे बाप की एक बात कभी-कभी मुझे बिलकुल अच्छी नहीं लगती है, पर कभी तो वही बात बहुत जँचने लगती है।"

"कौन-सी बात?"

"उसका बात-बात पर यह कहना कि हड़बड़ाल से गूलर ना पकेला।"

"मैं जानती थी, तुम यही कहोगे।"

मज़दूरों को खोखले आश्वासन देने के लिए सरदार के पास यही वैदिक वाक्य था। वह यह कभी नहीं कहता कि तुम लोगों की स्थिति कभी नहीं सुधरेगी। यह उसकी अपनी नीति के विरुद्ध होता। वर्षों से वह यही कहते आ रहा था—सबूरी करो...हड़बड़ाल से गूलर ना पकेला।

बस्ती में लौटने पर किसन ने लोगों को चबूतरे पर पाया। लोगों का गाना-बजाना पराकाष्ठा पर था। पुष्पा अपनी ओरियानी के धुँधलके में अकेली खड़ी थी। बस्ती में पहुँचने से पहले किसन ने चाहा था कि एक बार फिर नदी से नहा आए, पर सत्या ने उसे ऐसा करने नहीं दिया था। वह नहीं चाहती थी कि उसके अपने शरीर की गन्ध किसन के शरीर से इतनी जल्दी धुल जाए। पुष्पा की ओर बिना देखे किसन अपने घर को बढ़ गया।

बरतन माँजने के पास की बाल्टी में बहुत कम पानी था। किसन जब उससे पाँव धोने लगा तो घर के भीतर से उसकी बहन ने कहा, "सुबह बरतन धोने हैं, सभी पानी उछाल न देना।"

चौखट के पास रखे बोरे के टुकड़े से किसन ने पाँव पोंछे। हाथों को आस्तीन से पहले ही पोंछ चुका था। ओरियानी के पास के पत्थर पर वह बैठ गया। उसकी बहन ने दोबारा आवाज़ दी, "भात नहीं खाओगे?"

"बाद में खाऊँगा।"

"मुझे नींद आ रही है।"

"तुम सो जाओ, मैं खुद निकाल लूँगा।"

अँधेरे में बैठा हुआ वह उधर से आनेवाले गाने को सुनता रहा। कुछ देर गुनगुनाकर वह चुप हो गया। आकाश की ओर आँखें उठ गईं। तारे कम थे, क्षीण थे। पत्ता तक नहीं हिल रहा था। कारख़ाने से उठता हुआ धुआँ सामने के वातावरण को धुआँधार और बोझिल किए हुए था। दिन की कड़कती धूप की गरमी को धरती अब भी सँजोए हुए थी। किसन को पुष्पा की याद आई, पर टिक न सकी। सत्या के बारे में सोचने से किसन अपने को रोक नहीं पा रहा था। कशमकश! उसकी वह गन्ध अब भी उसके इर्द-गिर्द थी।

अपनी जगह से उठकर किसन आगे बढ़ गया। वह चबूतरे की विपरीत दिशा को चल पड़ा था। उधर से आती हुई ध्वनि में जो उल्लास था, वह क्षणिक था। मिथ्या था। वह सभी कुछ अपने-आपको छलना था। अपनी निर्बलता को छिपाना था। इस परिपाटी को जीते हुए किसन ऊब गया था। ऊब जाने के बाद भी जब सामने बेबसी खड़ी नज़र आ जाए तो उस ऊब को ही जीवन समझ लेना कितना स्वाभाविक हो जाता है। उसने कई अवसरों पर स्वाभाविकता को भी खंडित करना चाहा था, पर...।

पश्चिम की ऊँची दीवार के किनारे-किनारे किसन चलता रहा। दीवार ऊँची थी, पर कमज़ोर थी। रस्सी टूटी हुई थी। लकड़ियाँ सड़ी हुई थीं। छूने से दीवार ढह सकती थी, फिर भी वह खड़ी-की-खड़ी थी। न जाने कब तक खड़ी रहेगी। उस सड़ी हुई दीवार पर अँगुली रखने की किसी ने कभी हिम्मत नहीं की।

इस विडम्बना को कौन मिटाए?

किसन सोचने लगता—क्या यह दीवार बनी रहेगी? वह तूफ़ान नहीं आएगा, जिसकी उसे प्रतीक्षा थी? पर जिस दीवार को एक छोटी-सी हवा गिरा सकती थी, उससे वह हवा कब तक कतरकर निकलती रहेगी? वह छोटी-सी हवा?

इन्हीं प्रश्नों के साथ किसन घर की ओर लौट पड़ा। उसकी पीठ पर दासता का जो भारी-भरकम बोझ था, वह उसकी आत्मा तक पर हावी हो गया था।

कुछ लोगों से यह कहते सुना गया कि जब दासता के क़ानून में संशोधन किया गया है और जो लोग भारत लौटना चाहते हैं, लौट सकते हैं तो फिर क्यों इस नर्क से छुट्टी न पा ली जाए। कई दिनों तक यह विचार बहस का विषय बना रहा। गिरमिट के मुताबिक कुछ लोगों को बहुत पहले लौट जाना चाहिए था, पर चलकर

भी अपने देश को लौटना होता तब भी यह असम्भव था। किसन इस प्रस्ताव के विरुद्ध बोलता रहा। शुरू से अन्त तक वह सभी नौजवानों से यही माँग करता रहा कि उनका जन्म इस मिट्टी में हुआ है, उन्हें यहीं मरना होगा। सभी लोग उसकी यह बात मानने को तैयार नहीं थे। कोई चिल्ला उठा था कि नर्क को अपना मान लेने से क्या होता है! किसन नहीं चाहता कि नर्क से भागकर नर्क को नर्क ही छोड़ दिया जाए। उसे परिवर्तित कर जाने का किसन को पूरा विश्वास था। पिछले दिन की बैठक में उसका आख़िरी वाक्य था, "हमारे बाद के लोगों के लिए कम-से-कम यह वह न रहे जो आज हमारे लिए है।"

कई दिनों की लगातार बैठक के बाद सभी इसी निष्कर्ष पर पहुँचकर रहे कि जिस माटी पर उन लोगों का ख़ून-पसीना बह रहा हो, उसे पराई धरती नहीं समझा जा सकता। वे अगर उस धरती को समृद्धि देने में लगे हुए थे तो कम-से-कम उसे अपना कहने के हकदार भी तो थे। और वे किसन ही के शब्द थे कि कठिन-से-कठिन स्थिति को झेलकर भी वे इस धरती को अपना समझने के आत्मगौरव को अनुभव करें।

सोनालाल जब अपने बन्धन से छूटकर मुड़िया पहाड़ पर जा छिपा था तो किसन ने अकेले उसकी तलाश में पहाड़ की चढ़ाई शुरू की थी। बड़ी कठिनाई से वह सोनालाल तक पहुँच पाया था। पहाड़ की चोटी पर से नीचे की लहलहाती हरियाली की ओर संकेत करते हुए उसने सोनालाल की हताश आँखों में आशा की नवकिरणें चमकाई थीं, "देख रहे हो नीचे की यह फैली हुई हरियाली! इस छोर से उस छोर तक जो लहलहाते खेत हैं, उन्हें फिर से झुलस जाने को कैसे छोड़ दिया जाए? इन्हें हमरे सँवारा है। हमारी तरह हज़ारों लोग अलग-अलग टुकड़ों में अलग-अलग दिशाओं से इस काम में लगे हुए हैं कि यह जंगल खेतों में परिवर्तित हो जाए। कुछ लोग हमसे भी अधिक यातनाओं को झेलते हुए इस प्रण को पूरा करने में लगे हुए हैं। हमारे बाद जो लोग आएँगे, कम-से-कम उनके लिए तो यह श्मशान न प्रमाणित हो, इसी के लिए हमें अपने संघर्ष को जारी रखना है।"

दोनों ने पेड़ से जामुन तोड़कर खाए थे। सोनालाल ने इस बीच कई प्रश्न किए थे और किसन ने कई के उत्तर दिए थे, कई के उत्तर में कई प्रश्न कर बैठा था और जब उन प्रश्नों के उत्तर देने में सोनालाल ने अपने को असमर्थ पाया तो आँखें झुका ली थीं। फिर तो दोनों एक-दूसरे के हाथ थामे नीचे उतरने लगे थे। उतरते-उतरते किसन ने कहा था, "देखते हो सोना, यह उतरना चढ़ने से भी कितना कठिन होता है।"

अपने साथ वह जो कपड़ा ले गया था, उसे सोनालाल के शरीर पर अपने ही हाथों लपेट दिया था। एक बात, जिससे उस आश्चर्य हुआ था, सोनालाल से पूछना

चाहकर उसने नहीं पूछा। यातना से उतना अधिक निर्बल हो जानेवाला सोनालाल पहाड़ की चोटी तक कैसे पहुँच सका था? अगर यह सम्भव था तो आगे की लड़ाई भी असम्भव नहीं थी। सभी लोग चकनाचूर-जैसी हालत में थे, फिर भी उनका जो आत्मविश्वास था वह थका हुआ नहीं था।

बैठक में किसन ने यह भी कहा था कि जब इतनी दारुण यातना को सहकर इतने दिनों का भूखा आदमी मुड़िया पर्वत की चोटी पर पहुँच सकता है तो कोई कारण नहीं कि उसके अपने अधिकारों की लड़ाई को लड़ा न जा सके।

शाम को सोनालाल के साथ नदी की ओर जाते हुए किसन को लग रहा था कि सोनालाल अब भी डरा हुआ था। भीतर से तो और भी बेहद। जिस पगडंडी से दोनों चल रहे थे, उसके दोनों ओर पेड़ों की खौफनाक आकृतियाँ थीं। ईख के कटे हुए खेत पीछे छूट चुके थे। तैयार मक्की के खेत अभी कुछ और आगे तक फैले हुए थे। पेड़ों में आबनूस के पेड़ सबसे ऊँचे थे। सूरज डूबा नहीं था, पर पेड़ों के कारण वह अदृश्य था। हवा में अब भी उमस थी। सोनालाल के चेहरे पर पसीने की बूँदें ताज़ा थीं। किसन उससे बातें करके उसके भीतर के भय को दूर करना चाहता था। रास्ते-भर वह उपाय सोचता रहा। सोनालाल की वह पहलेवाली चंचलता ग़ायब थी। उसकी आँखों की वह स्थिरता और चेहरे का गाम्भीर्य अपने-आप में भयावह था।

नदी की उस कलकल ध्वनि ने किसन की उमस को कुछ कम किया। जेहन का वह कशमकश ठंडक पाकर ख़त्म हुआ। दोनों चट्टान पर बैठ गए। पैरों के अँगूठों को छूकर बहते पानी को अँजुली में उठाकर किसन ने चाहा कि उस शीतलता को सोनालाल भी महसूस करे। उसने धीरे-से कहा, "देखो तो पानी कितना ठंडा है!"

"यान्त्रिकता के साथ सोनालाल ने भी तरंगों को थपकियाँ दीं। उसकी आँखों की स्थिरता बनी रही। चेहरा प्रतिक्रियाहीन रहा। ठंड का उसके ऊपर कोई असर नहीं था। किसन ने अँगुली में दोबारा पानी लिया और झटके के साथ उसे सोनालाल के चेहरे पर दे मारा। सोनालाल चिहुँक उठा। उसकी तन्द्रा टूटी। चेहरे पर के पानी के छींटों को दोनों हाथों से पोंछकर उसने आसपास के झुरमुटों की ओर नज़र दौड़ाई। धीरे से पूछा, "यह कैसी आवाज़ थी?"

किसन को आवाज़ नहीं सुनाई पड़ी थी। उसने सोचा, सोनालाल को वहम हुआ है। वह चुप रहा। पर तभी एकाएक बग़ल की झाड़ी से कोई निकला और दोनों के सामने आ खड़ा हुआ। किसन उसे नहीं पहचानता था, पर सोनालाल उसे जानता था। वह उसी बस्ती का था जहाँ सोनालाल को भेजा गया था।

उसे देखकर दोनों खड़े हो गए थे। सोनालाल के मुँह से आवाज़ निकलकर रही,

"कैसे आ सके तुम इधर?"

बिना कुछ कहे वह आदमी चट्टान पर बैठ गया। अँजुली से पानी लेकर उसने मुँह पर छींटें दिए। उन छींटों पर जीभ फेरने के बाद उसने कहा, "तुम्हीं से मिलने आया हूँ। मुखियाजी ने भेजा है।"

सोनालाल ने किसन की ओर देखा। उसकी आँखों का वह भय ओझल था। उसके स्थान पर जिज्ञासा की झलक थी। अपनी आँखों की उसी झलक के साथ उसने दोबारा आगन्तुक की ओर देखा। उस आदमी ने सोनालाल के उस मौन प्रश्न को समझकर बोलना शुरू किया, "उन्होंने कहा है कि हमारी पूरी बस्ती तुम्हारे साथ है। हमारे यहाँ से कुछ लोग दूसरी जगहों को जा चुके हैं। आसपास की सभी बस्तियाँ साथ रहेंगी। उन्होंने तुम लोगों को इसका आश्वासन दिया है। जिस व्यक्ति का नाम तुमने बताया था, उसे एक बार मुखियाजी से मिलाना होगा।"

उसके चुप होते ही सोनालाल ने फिर से किसन की ओर देखा। दोनों की आँखों में हौसले की चमक आ गई थी। सोनालाल ने किसन के कन्धे पर हाथ रखते हुए दूसरी कोठी के आदमी से कहा, "यही है वह आदमी।"

"ठीक है, तुम लोगों की ओर से क्या नई बात होगी, उसकी सूचना हमें पहुँच जानी चाहिए। मैं तुमसे मिलने बस्ती में पहुँचा था। बताया गया कि तुम इधर हो। मेरा काम पूरा हो गया, अब मैं चलता हूँ।"

"कुछ ठहरकर आराम तो कर लो।"

"रात में मुझे मकई के खेत की रखवाली करनी है। उधर बन्दरों का काफ़ी उत्पात है।"

"तुम्हें इधर आते किसी सरदार ने देखा तो नहीं?"

"मैं जंगल-जंगल आया हूँ।"

उसे छोड़ने के लिए किसन और सोनालाल पीपल के पेड़ तक पहुँचे। इस पेड़ के बारे में कई कहानियाँ थीं। बस्ती का वह सबसे वृद्ध सुमिरन महतो, जो अब नहीं रहा, कहता था कि इस द्वीप में सबसे पहले बौद्ध पहुँचे थे। उन्होंने ही हर ठौर पर पीपल के पेड़ लगा दिए थे। सुमिरन महतो खुद बौद्ध था। बात-बात पर कहता था, हमें दूसरों के हित के लिए चलते ही जाना है...कभी रुकना नहीं है। किसन का अपना बाप वैष्णव था। वह सुमिरन महतो को नास्तिक कहता, पर किसन को सुमिरन महतो की बातें अच्छी लगती थीं। वह बड़े ध्यान से उन बातों को सुना करता था। सुमिरन महतो बहुत अच्छा कलाकार था। उसने दीवारों पर भगवान बुद्ध के कई चित्र बनाए थे। सभी के नीचे उसने अपना वही प्रिय वाक्य लिखा था। एक दिन सरदारों ने उन दीवारों को ढाह दिया था। लिखावटों और चित्रों को गोबर से लिपवा दिया था।

उस दिन किसन सबसे ज़्यादा नाराज था। उसने चाहा था कि सभी दीवारों पर वह लिख दे कि अनर्थों का अन्त हो। उसकी अपनी दीवार पर जो 'हरि ओम्' लिखा हुआ था, उस पर भी गोबर लिपवा दिया गया था। किसी का कहीं भी हिन्दी का कोई अक्षर लिखना मना था। इस बात का उल्लंघन करने पर गौतम की नंगी पीठ पर कई कोड़े लग चुके थे।

दाऊद के सर की टोपी जब्त कर ली गई थी। अपने आक्रोश को मिटाने के लिए किसन पहाड़ के पत्थरों और नदी के पास की चट्टानों पर लिखता फिरता था। उसके मन में जो भी आता वह लिख देता। वह नदी की जिस चट्टान पर बैठता, उसके ऊपर भी उसने यह लिख छोड़ा था, "हमारे परिश्रम का आदर हो।"

इस वाक्य से नदी की फेनिल लहरें टकराती रहती थीं।

उस व्यक्ति को आगे के लिए छोड़ते हुए किसन ने कहा, "मुखियाजी को कह देना, मैं उनसे बहुत जल्द मिल रहा हूँ।"

सोनालाल के कन्धे पर हाथ रखे किसन इस तरह चलता रहा जैसे कि जीवन में पहली बार वह किसी निर्धारित मंजिल की ओर बढ़ रहा हो। ईख के खेतों के बीच की पतली पगडंडी धीरे-धीरे खुलती हुई बस्ती तक विस्तार पा गई थी। उस पर तैरती हुई चाँदनी किसन के हौसले को भी चमकाती-सी प्रतीत हुई। दोनों चुपचाप छोटे क़दमों के साथ घर को लौटने लगे थे। एक नेवला रास्ता काटते हुए एक खेत से दूसरे खेत के भीतर घुस गया। आकाश साफ़ होने के कारण चाँदनी इतनी स्पष्ट थी कि सरदार के खेत की तैयार मक्कियाँ पत्तों के बीच से झाँकती नज़र आ रही थीं। बरगद के नीचे के कुएँ से मेंढकों की टरटराहट ज़ोर पकड़ती जा रही थी। वर्षा की सम्भावना से किसन को जो भोली-भाली खुशी हासिल हो जाती थी, वह इस समय नहीं हुई। उसे उस क्षणिक खोखलेपन का पता लग गया था। वर्षा अगर सचमुच खुशी लाती है तो किसन जैसे लोगों के लिए थोड़े ही लाती है! वह तो सीमित होती है, उन मुट्ठी-भर लोगों के लिए जिनकी फ़सल दुगुनी हो जाती है। इसके बदले में किसन और उसके साथियों को तो कभी भूल से भी एक दोना ज़्यादा चावल नहीं मिला। अलबत्ता सुखारी का कुछ असर उन लोगों पर ज़रूर होता था। महीने में दो आने काट लिए जाते थे।

चाँदनी में चमकती हुई मक्की की हरियाली से पहली बार किसन को चिढ़-सी हुई। मन में एक ख़याल कौंध गया। खेत को उजाड़ दिया जाए। उसका यह खुदगर्ज विद्रोह क्षणिक रहा। उसे अपने-आप पर हँसी आ गई। चलते-चलते एक पौधे से उसने मक्की की जो लम्बी पत्ती तोड़ ली थी, वह इस समय भी उसके हाथ में थी। उसकी हरियाली गन्ध में बीते दिनों की कई यादें थीं। वर्षा बीत जाएगी, ये यादें घाटी में तैरती रहेंगी।

21

वर्षों बीत जाने के बाद भी वइ इमली का पेड़ वैसा ही था। इमली के पत्ते पीले होते रहे, झड़ते रहे और हरे होते रहे। ऐसा कई बार हुआ। कई बार कुन्दन आदमी और पेड़ों की जवानी के अन्तर को सोचता रहा। इमली का पेड़ उस प्रथम घड़ी से सभी कुछ देखता हुआ आज भी जवान था। आज भी उसमें फूल आए थे, कल के फलों के लिए। इस पेड़ ने इतिहास को जीया है। कल भी गवाह रहेगा। इसकी डालियों में आज भी रस्सी के वे टुकड़े गाँठ लिए हुए थे। कुन्दन सोचता कि अगर सौ वर्ष बाद का आदमी प्रश्न करना जानेगा तो उसे यह पेड़ इतिहास के वे सारे उत्तर दे सकेगा जो सम्भवतः कहीं और न मिलें।

उस दिन इस पेड़ की चीख़ प्रलय तक को आमन्त्रित कर गई थी। इमली के पेड़ से लटका सोनित दम तोड़ रहा था। उस दिन भीड़ का वह आक्रोश, वह कोलाहल हमेशा से अधिक भयावह था। लोग कुल्हाड़ी लिए दौड़ पड़े थे।

"इस हत्यारे पेड़ को टुकड़े-टुकड़े कर दिया जाए!"

"नहीं!" किसन ने चीख़कर लोगों को रोका था, "इतिहास को मत काट डालो।"

लोग अपने-अपने स्थान पर रुक गए थे। किसन की बातें हमेशा मानी गई थीं। उन दिन भी मान ली गई थी। धीरे-धीरे कोलाहल कम हुआ था। किसन ने लोगों को समझाया था, "इस पेड़ को हमारे बाद भी खड़ा रहना है। यह इतिहास का साक्षी होगा।"

लोग धीरे-धीरे बस्ती को लौटने लगे थे। कुछ लोग अन्तिम घड़ी तक पेड़ के इर्द-गिर्द खड़े रह गए थे। पेड़ से सोनित की लाश लटक रही थी। बारह सिपाही उसकी रखवाली कर रहे थे।

थकी-माँदी भीड़ से आख़िरी बार वह एक लड़खड़ाती-सी आवाज़ आई थी :

"लाश को लौटा दो, दाह-क्रिया के लिए।"

मालिक का आदेश था :

"तुम बारह रखवारों को अपनी जान भी देनी पड़ जाए तो कोई हर्ज नहीं, लेकिन यह लाश पेड़ से उतरने न पाए।"

कुन्दन चुप था। किसन भी चुप था। उसे पता था कि आवाज़ों से सोनित का फन्दा टूट नहीं सकता। बन्दूक की दो-दो गोलियों से चौबीस लाशों के बाद ही शायद ऐसा सम्भव होता। इसलिए बहुत कम अवसरों की तरह वह चुप था। अपने स्थान पर खड़े-खड़े उसने सोनित की साँसों को बँधता महसूसा था। उस एक-एक क्षण को उसने थूक निगल-निगलकर झेला था। लोगों ने कुछ दूरी पर लकड़ियाँ जुटाकर आग

जला ली थी। कुन्दन को ठंड नहीं लग रही थी। वह आग के आगे था। लपटों के प्रकाश में सोनित का नंगा शरीर पेड़ से झूल रहा था।

उन उठती लपटों की गति से उसकी झुकी गरदन के बावजूद उसके जीवित होने का भ्रम हो रहा था। यह जानते हुए भी कि सभी कुछ समाप्त हो चुका था, कुन्दन की यह चाह अब तक भीतर-ही-भीतर जीवित थी कि वह सोनित को नीचे उतारकर अपने हाथों अन्तिम बार जल पिलाए।

धधकती आग की झिलमिलाती रोशनी में सोनित का शरीर सोने-सा लग रहा था। वह दृश्य कुन्दन को करारा व्यंग्य-सा प्रतीत हुआ था। सोने की तलाश में आए हुए लोगों की लाशें सोने-सी लग रही थीं। कुन्दन की पलकें झपकना भूल गई थीं। उसके भीतर का तनाव अब तक पिघलकर बह गया था। एक क्रिओल सिपाही ने बन्दूक की नली से शव को झुला दिया। अपने पास खड़े किसन से कुन्दन ने धीरे-से कहा था, "अब वह सभी पीड़न से मुक्त हो गया है।"

किसन ने कुन्दन से पूछा था, "देवननन् चाचा! कितने आदमियों को इस तरह झूलते देखा है?"

कुन्दन ने कोई उत्तर नहीं दिया। उसकी आँखें अतीत के कई दृश्यों से भर आई थीं। आँसुओं के साथ उसने एक-एक दृश्य को टपक जाने दिया। यह धरती की थाती थी। एक दिन ज़मीन उस कहानी को उगलेगी और...। इससे आगे वह सोचना नहीं चाहता था। इससे आगे की पीढ़ी इस बात को सोचेगी। कुन्दन अब बस्ती-भर की इस आगेवाली पीढ़ी का चाचा था। परामर्श के लिए ये नए लोग जब उसके पास पहुँचते, उस समय कुन्दन के सामने अँधेरा-ही-अँधेरा होता। उस अँधेरे की ओर इशारा करके वह कहता, "हर नई पीढ़ी समय के साथ पुरानी होती जाती है। पुरानी होने से पहले वह अगर उस गहन अँधेरे के बीच अपना रास्ता ढूँढ़ निकाले तब तो उस आनेवाली दूसरी पीढ़ी की मंजिल भी साफ़ दिखाई पड़ने लगेगी अन्यथा उसकी दशा हमारी-जैसी हो जाती है। हम न देख पाते हैं, न बता पाते हैं।"

वह एक ही सीख देता था, वह भी चिड़चिड़ाहट-भरे स्वर में, "तुम कभी भी इन लोगों पर विश्वास मत करना। शोषण करनेवाले अपना वचन कभी नहीं निभाते।"

उस वचन को आज बीस दिन होने को थे। इस बीच वचनों को बीस बार से अधिक तोड़ा गया था। सरकार के हस्तक्षेप के बावजूद स्थिति प्रायः वही थी। विशेष आयोग और मज़दूरों के रक्षकों की कई अपीलों का कभी-कभार कोई असर हुआ भी था तो क्षणिक। दूसरे दिन मज़दूरों की हालत और भी बिगड़ी होती। सम्बन्धित अधिकारियों तक फरियाद पहुँचाने ही का तो यह फल था कि सोनित को इमली के पेड़ से झुला दिया गया था।

कभी तो सभी कुछ विचित्र लगता। एक लाश की रखवाली सात दिन तक?

रखवार कपड़े के टुकड़ों से नाक बाँधे पहरा देते रह जाएँगे। मक्खियाँ भिनभिनाएँगी। उभरी हुई हड्डियोंवाले कुत्ते चक्कर काटते रहेंगे।

कुछ लोग बताते थे कि ऐसा जान-बूझकर बीमारियाँ फैलाने के लिए किया जाता था। पिछली बार जब बीमारी फैली थी तो बस्ती उजड़ते-उजड़ते बची थी। वह भी अगर रेखा के गाँव के वैद्य के यहाँ से जड़ी-बूटियाँ नहीं आतीं तो बस्ती का बचना सम्भव ही न होता।

न चाहते हुए भी अतीत की यादों से जूझना ही पड़ता है। कुन्दन के न चाहते हुए भी कई चीज़ें होती रही हैं।

कुन्दन के पास ख़बर लेकर जीतुआ सरदार आया था। आदेश सुनने के बाद कुन्दन ने पूछा था, "तुम्हें मालूम है, उन्होंने क्यों बुलाया है मुझे?"

प्रश्न कर चुकने के बाद कुन्दन को ध्यान आया कि जीतुआ कारण जानते हुए भी नहीं बताएगा। यही वह जीतुआ है, जिसने अपने हाथों से दो मज़दूरों को रेल की पटरी से बाँधकर रेल को हरी झंडी दिखा दी थी। वह सभी कुछ नई पटरियाँ बिछाए जाने की खुशी में हुआ था। अपने समय में इसी जीतुआ के बाप ने ईख के नए कारख़ाने के लिए गाँव के सबसे छोटे बच्चे को कारख़ाने की नींव के नीचे अपने हाथों दबाया था। कुन्दन ने दूसरा सवाल नहीं किया था।

वह मालिक के बँगले पर पहुँचा था। पीछे की कई यादों को वह अपने साथ लिए हुए आया था। मालिक ने उसी क्षण बात छेड़ दी, "हम तुम्हें खुश करना चाहते हैं। तुम्हारे मित्र का क्या नाम है? जीतुआ कहता है कि किसन बहुत ही मेहनती लड़का है, हम उसे सरदार बनाना चाहते हैं। हमारी कोठी का वह सबसे जवान सरदार होगा।"

"मालिक, जो काम जिसको आए वही उसे सौंपना चाहिए।"

"तुम्हारा मतलब?"

"मेरा मित्र मज़दूर है। उसने मज़दूरी सीखी है। इसी काम को वह बहुत अच्छे ढंग से कर सकता है।"

"तुम्हारी इन बातों का मतलब यह समझूँ कि तुम इसे...।"

"आप ग़लत न समझें। मैं तो बस योग्यता और अयोग्यता की बात कर रहा था। अच्छा होता अगर किसन से ही बात करके देखते।"

"इसका मतलब है कि तुम्हें बुलाकर हमने भूल की?"

"नहीं, मेरा यह मतलब नहीं। किसन अपने बारे में खुद निर्णय ले सकता है।"

"ठीक है, मंगल को इसी समय उसे मेरे यहाँ भेज देना।" कुन्दन को आज्ञा स्वीकारने का अवसर दिए बिना ही मालिक बँगले के भीतर चला गया था।

"तुम जा सकते हो।" यह कड़कता हुआ स्वर जीतुआ सरदार का था।

22

नई बैठक एक ऐसी जगह पर थी जहाँ एक ओर आबनूस के पेड़ का जंगल था और दूसरी ओर विस्तृत मैदान, जहाँ शाम के वक़्त बस्ती के बच्चे गुल्ली-डंडा खेलते मिल जाते। नदी से छूटकर एक छोटा-सा नाला इधर से बह निकलता था, जो कुछ ही दूरी पर जाकर दलदल में फैल गया था। दलदल के ठीक आगे था वह स्थान जहाँ की सुरमई चट्टान पर पूर्वीय हवा अपनी सारी ठंडक को लिए हुए गुजरती। यह जगह ऊँचाई पर होने के कारण यहाँ से मैदान के उस पार के पहाड़ी दृश्य बहुत ही सुन्दर लगते। अपने संकुचित संसार की खिड़की से कुन्दन सामने के विस्तृत संसार को देखा करता और पूछा करता अपने-आपसे कि आख़िर उसके अपने संसार के लोगों का संसार इतना मुक्त और इतना फैला हुआ कब होगा—होगा भी या नहीं? पिछली बार बस्ती में दमोदर साब आए थे तो अपने साथ छोटी-मोटी नई पुस्तकें और अखबार भी लाए थे। उन पुस्तकों और अखबारों को पढ़कर कुन्दन को ऐसा लगा था कि यहाँ से बाहर का संसार एकदम भिन्न संसार था। आँखें खुली होने पर वह उस विस्तृत संसार का अन्दाज़ा नहीं लगा पाता। आँखें खुली रहने पर उसके सामने अपनी संकुचित दुनिया होती—अँधेरे से ग्रस्त दुनिया। वह आँखें बन्द करके ही उस फैली हुई दुनिया को देख पाता था। आँखें बन्द करके ही वह उस उजाले को देख सकता था। रोशनी से जगमगाता हुआ संसार अभी तक उसका नहीं हुआ था—आनेवाली पीढ़ी का भी नहीं होगा—उसके आगे, आगे की पीढ़ी का भी नहीं? नहीं होने की वजह क्या थी? कोठीवाले गोरों और मज़दूरों के बीच का ज़मीन-आसमान का अन्तर? इस अन्तर को खींचकर और भी अधिक फैलाया जा रहा था। मज़दूरों के पास वह शक्ति क्या कभी नहीं आएगी जिससे इस फासले को कम किया जा सके?

किसन की तरह कुन्दन भी प्रश्नों के साथ जीने लगा। उसकी हर साँस में प्रश्न था। बेशुमार प्रश्नों के बीच वह अकुला उठता। ये सारे प्रश्न बिना उत्तरों के थे। कब तक? यह 'कब तक' उसकी साँस के साथ गुँथा हुआ था। इन्हीं दो शब्दों के पीछे उसका सारा जीवन, सारी शक्ति चली गई थी। घटाटोप अँधेरे में वह प्रश्नों के उत्तर ढूँढ़ता रहा। इस तरह उत्तर ढूँढ़ने का वह तरीक़ा कितना ग़लत था! वह यह नहीं चाहता था कि कल के नए लोग भी उसी ग़लत तरीक़े को अपनाकर इस अँधेरे में बन्द रहें। जीवन में उत्तर अनिवार्य होता है। बिना उत्तर का जीवन प्रश्नों के भारी बोझ से लुढ़का रहता है। कुछ लोग अगर उससे भिन्न थे तो अच्छा ही था। कम-से-कम वे प्रश्नों को गींज-गींजकर जीवन-भर रेंगते तो न रहेंगे! खोखली उम्मीदों और झूठे आश्वासनों के साथ तो न जीएँगे! निहत्थेपन और बेचारगी की वह स्थिति! वह लिजलिजापन! वह सिला हुआ आक्रोश! ये सारी बातें नपुंसक जीवन

को और भी नामर्दी की स्थिति में ढकेल देती हैं। बेदम, असमर्थ अस्तित्व!

वह किसन पर अपना कोई विचार नहीं लादना चाहता था। उसे न कोई सीख देना चाहता था, न सुझाव। उसके अपने पास जो भी हथियार थे, सभी जंग लगे हुए बिना धार के। उसकी एक ही बड़ी चिन्ता थी अब—कि किसन अपने निजी ढंग से इस लड़ाई को लड़े। स्थिति को खुद महसूसे और उसे बेहतर बनाने का उपाय सोचे। बस्तीवालों की बेपरवाही कभी कुन्दन की चिन्ता का कारण बन जाती। वह उन दिनों के बारे में सोचने लग जाता जब वह इस उम्र का था। उसे नहीं लगता कि उस समय उसमें इतनी लापरवाही रही होगी।

शाम के उस धुँधलके में दूर तक के फैले दृश्यों पर आँखें गड़ाए कुन्दन ने किसन से कहा, "नए मालिक के यहाँ से कल बुलावा आया था।"

कुन्दन के चेहरे के गाम्भीर्य से किसन ने अनुमान लगा लिया था कि कोई गम्भीर बात होनेवाली है। रास्ते-भर वह अधीरता के साथ चलता आया था। उसी अधीरता के साथ वह उस बात को जानने के लिए चुप रहा।

"जो बातें हुई वे नई नहीं थीं।"

अपनी बेसब्री को थामे वह सुनता रहा।

"पहले भी एकाध बार इस तरह की बातें हो चुकी हैं। पर पहले...खैर, छोड़ो पहले की बात। साहेब चाहता है कि तुम्हें सरदार नियुक्त कर दे।"

बेसब्री ने हैरत में बदलकर पूछा, "मुझे?"

"हाँ।"

दो मैनाएँ आगे-पीछे उड़ती हुई एकदम नीचे से निकल गईं। उनके पंखों की फड़फड़ाहट से किसन की आँखों के भाव में हलका-सा परिवर्तन आया। इस बार अपने स्वर से हैरत को कम करते हुए उसने कहा, "मेरी समझ में तो नहीं आता कि आख़िर इतने लोगों के होते हुए मुझे ही क्यों..."

कुन्दन ने उसके इस वाक्य को पूरा नहीं होने दिया, "हो सकता है कि कुछ और लोगों के सामने भी यह प्रस्ताव आया हो।"

"किसी ने नहीं माना?"

"लगता तो ऐसा ही है।"

"एक बात अजीब लग रही है।"

"कौन-सी?"

"ये मालिक तो जबरदस्ती किसी-न-किसी को सरदार बना सकते थे, तो फिर ये प्रस्ताव करते क्यों फिर रहे हैं?"

"शर्तें जो हुआ करती हैं।"

दोनों मैनाएँ चक्कर काटकर फिर उसी पहलेवाली दिशा को उड़ गईं।

"तुमने क्या कहा चाचा?"

"मैं क्या कहता?"

"इनकार कर दिया?"

"तुम्हें खुद वहाँ भेजने की बात कर रहा हूँ।"

"कब?"

"कल।"

"वहाँ जाकर क्या कहना होगा?"

"यह तो तुम जानोगे।"

"मैं?"

"हाँ, तुम। सरदार का ओहदा बहुत बड़ा ओहदा होता है।"

"यह तुम कह रहे हो चाचा?"

"तुम भी यही कहोगे क्या?"

कोई घंटे-भर वहाँ बैठे रहने के बाद दोनों बस्ती की ओर लौट पड़े। किसन की चाल में बोझिल मस्तिष्क का प्रभाव था। वातावरण धीरे-धीरे स्याह हो रहा था। ईख के खेतों के बीच की पगडंडी संकुचित लग रही थी। बस्ती पास आ जाने पर किसी प्यासे बच्चे के रोने की आवाज़ आई। कुन्दन से दो अंगुल ऊँचा होने के कारण किसन को फाटक से भीतर जाने के लिए झुकना पड़ा। कुन्दन पीछे था। इस फाटक से उसका लाखों बार आना-जाना हुआ था, पर झुकने की नौबत नहीं आई थी। वह नाटा नहीं था, किसन कुछ अधिक लम्बा था।

बैठक को लौटते हुए कुन्दन ने इतना कहा, "कुत्ते के मुँह में हड्डी इसलिए डाल दी जाती है ताकि वह भौंकना बन्द कर दे।"

23

पुष्पा कुएँ पर पानी के लिए गई हुई थी। बहुत देर से फूलवन्ती पगडंडी की ओर आँखें किए हुए थी। सामने की यह पगडंडी हर समय उसके लिए निराशा लिए होती। बहुत देर बाद कुन्दन लौटता दिखाई पड़ा। उसने अपनी कुदाली को कन्धे से उतारा ही था कि फूलवन्ती ने कहा, "देवननन् भैया, अपन को एक बात पूछनी है।"

कुन्दन बिना कुछ कहे उसके पास आकर चबूतरे पर बैठ गया। थकान से उसका चेहरा छोटा दीख रहा था। अपने हाथों की मिट्टी को अँगुलियों से मलकर छुड़ाते हुए उसने फूलवन्ती की ओर देखा। फूलवन्ती जिस प्रश्न के साथ तीन दिन से तैयार थी, आख़िर उसे पूछके रही।

"भैया! ऊ तोहरा मिलल रहल ना?"

"कौन?"

फूलवन्ती प्रश्न के लिए तैयार नहीं थी, इसीलिए उत्तर देने में उसे देर हुई, "पुष्पा के बाप।"

कुन्दन ने भी बात समझने के लिए कुछ समय लिया, फूलवन्ती के चेहरे का वह विचित्र भाव देखा और उसके उत्तर को प्रश्न में बदल दिया, "पुष्पा के बाप?"

"हव धोती...।" वह अपनी बात पूरी न कर सकी।

कुन्दन ने एक झटका-सा अनुभव किया। चारदीवारी के वे दृश्य अनायास आँखों के सामने दौड़ गए। मंगरू की कई बातें याद आईं। वर्तमान से कटकर वह बीते हुए उन क्षणों में खो गया, जिनसे वह भाग आया था। उसे इतने बड़े संयोग की उम्मीद नहीं थी और फिर चारदीवारी के सभी क्षणों से तो उसने अपने को काट लिया था। मंगरू की याद के साथ-साथ सभी यादों को उसने मिट जाने दिया था। कुन्दन तो चारदीवारी के भीतर छूट गया था। वह तो अब देवननन् था...पर एकाएक यह बिजली कैसे कौंध गई! वह एक बार फिर कुन्दन कैसे हो गया था? कुन्दन के वे पिछले क्षण उसकी धमनियों में फिर से ताजे कैसे हो गए? उसके कानों में फूलवन्ती की भर्राई हुई आवाज़ आई, "भैया!"

एक खुदगर्ज ख़याल से कुन्दन काँप-सा गया—फूलवन्ती का यह जान लेना कि मैं क़ैद से भाग आया हूँ, कहाँ तक मेरे रहस्य को रहस्य रहने देगा?

फूलवन्ती के इस प्रश्न ने कुन्दन के खुदगर्ज ख़याल को झकझोर दिया। उसका वह प्रश्न उसके कानों में गूँजता रहा। उस गूँज की कई अनुध्वनियाँ उसके हृदय और कानों के बीच के तारों से होती रहीं—वह कैसा है? मंगरू वहाँ कैसा है? कैसा है वह?

भीतर-ही-भीतर के लम्बे तर्क के बाद कुन्दन ने अन्त में यही तय किया कि चारदीवारी के भीतर की सच्चाई उसकी अपनी सच्चाई थी। वहाँ की यन्त्रणा और वेदना को उसे किसी से बाँटना नहीं था। झूठ अगर आदमी को पीड़न के बीच भी एक स्थायी आनन्द दे जाए तो उससे हर्ज ही क्या था! दुख के बीच सच्चाई का एक दूसरा दुख जोड़ देने से तो उसने इसी को बेहतर समझा कि झूठ का आनन्द वर्तमान की पीड़ा को मिटा सके। झूठ पर पश्चात्ताप नहीं हुआ—और फिर चारदीवारी से बाहर तो हर हालत में आदमी अच्छा ही होगा। उसका वह झूठ उतना बड़ा झूठ भी तो नहीं था। मंगरू चारदीवारी के भीतर नहीं था। यह सच्चाई थी...और यह भी झूठ नहीं था कि वह उस नर्क से पीड़ित नहीं था।

रात कुन्दन के लिए तनाव से भरपूर रही। उसने अपने-आपको भावुकता से काटकर किसी उद्देश्य के लिए कठोर बनाया था, पर वही भावुकता एकाएक उसे

जकड़ गई थी। फूलवन्ती और पुष्पा पर तरस खाता रहा। और जब उसने अपने को उससे बचाना चाहा तो हरबसिया की अनचाही याद उसे चुभ उठी। अपने भीतर की बची-खुची भावुकता को मारकर ही उसने उस दिन ईख के खेत की तन्हाई में हरबसिया को अपने पास से खदेड़ दिया था। वह संवेदना अभी उसके भीतर मरी नहीं थी। उसका रूप चाहे कुछ भी हो, पर वह जीवित थी। वह भीतर-ही-भीतर चाहता रहा कि अगर पुष्पा इस समय सामने आ जाती तो वह एक बार ज़ोर से 'बेटी' चिल्लाकर उसे अपने गले से लगा लेता। मंगरू की बेटी उसके लिए किसी पराये की नहीं हो सकती। क़ैद में मंगरू और वह एक जीव की तरह थे। कई दारुण दंडों को दोनों ने एकसाथ झेला था।

रात गहरी नींद में अचेत थी। बाहर हलकी बारिश शुरू हो गई थी। कोई दूसरा अवसर होता तो उसका वह कराहता संगीत कुन्दन के लिए लोरी बन जाता। लोरियों की वह अधमिटी यादें, जो अब भी उसके भीतर थीं। वे उसके लिए नहीं गाई जाती थीं, फिर भी वे उसके भी काम आ जातीं। उस समय वह पाँच वर्ष पार कर चुका था। पड़ोस के नाते में वह उसकी भौजी लगती थी, जो अपने सुरीले स्वर से अपने बच्चे को सुलाया करती थी। कई अवसरों पर कुन्दन भी उन गीतों को सुनता हुआ जँभाई लेने लग जाता।

उन दूर हो गए क्षणों के बाद वह हलकी बारिश का संगीत ही होता जो उसकी आँखों को झपकियाँ दे जाता। लेकिन ऐसा हमेशा नहीं होता। आज भी नहीं हुआ। मन-ही-मन बाहर के माहौल का ख़याल करता हुआ वह करवटें लेता रहा। हरबसिया रेमों साहब की रखैल थी, इस बात का उसे हमेशा दुख हुआ था। वह अपने-आपसे पूछता रह जाता कि आख़िर उसे रेमों साहब की रखैल बनने की क्या आवश्यकता थी! खुद हरबसिया से इसका उत्तर जानने का साहस उसे कभी नहीं हुआ।

बस्ती के लोगों को यह बात उतनी नहीं खटकती थी, क्योंकि कई अवसरों पर हरबसिया लोगों को रेमों साहब से मिलवाकर उनकी सज़ाओं को कम करवा चुकी थी। कुन्दन को यह बात भी पसन्द नहीं थी। रियायत से उसे घृणा थी। वह भी शोषक की रियायत से!

कुछ देर के लिए जंगली कीड़ों का संगीत भी बन्द हो गया था। बारिश भी थम गई थी। मृत्यु का-सा सन्नाटा अँधेरे को और भी भयावह बना गया था। अपनी पलकों को जबरदस्ती बन्द किए कुन्दन ने अपने को अँधेरे से बचाने का प्रयत्न किया। इधर पहली बार उसे बस्ती का अँधेरा चारदीवारी के अँधेरे की याद दिला गया था। उस दर्दनाक अँधेरे को दोबारा न देखने के लिए वह आँखें मूँदे रहा। उस वक़्त तक आँखों को कसे रहा, जब तक कि उसके भीतर का तनाव टूटकर ढीला न हो गया।

उसकी नींद देर से टूटी। सूरज के उदय होने को कुछ क्षण बाक़ी थे। किसन ने उसे झकझोरकर उठाते हुए कहा था, "आज कोड़े खाकर रहेंगे।"

वह जल्दी से उठा। हाथ-मुँह खँगारकर कुदाली उठाई और समय के ख़याल से भयभीत मौलिक कार्यों से निवृत्त हुए बिना ही वह बाहर निकल गया। पगडंडी पर दोनों अकेले थे। खेतों में काम शुरू हुए काफ़ी समय हो गया। कुन्दन ने पूछा, "जगाने की बारी किसकी थी?"

"मथुरा की।"

"लगता है, आवाज़ देने के बदले वह दरवाज़ों के पास से बुदबुदाकर निकल गया होगा।"

"तुम तो घोड़े बेचकर सोए थे।"

झपटते हुए दोनों उस स्थान पर पहुँचे जहाँ बोआई हो रही थी। दोनों पर सबसे पहले रामजी सरदार की नज़र पड़ी। वह अपनी जगह से चिल्ला पड़ा, "अभी आ रहे हो?"

दोनों चुपचाप अपने-अपने कामों में लग जाने के लिए आगे बढ़े कि तभी रामजी सरदार दोनों के आगे आ खड़ा हुआ। इस बार उसका चिल्लाना और भी ज़ोर का रहा, "तुम दोनों यहाँ के लाट साहब हो क्या?"

इतने में दो तरफ़ से दो मालगासी सरदार भी सामने आ गए। एक ने आगे बढ़कर रामजी सरदार के हाथ से उसकी लाठी ले ली। किसन चिल्ला उठा, "ख़बरदार, अगर यह लाठी हममें से किसी एक की पीठ पर पड़ी तो!"

तीनों सरदार स्तब्ध रह गए।

अपने-अपने कामों में लगे हुए मज़दूर अपने-अपने स्थान पर तनकर खड़े हो गए। ऐसा पहली बार हुआ था। सरदारों ने एक-दूसरे को देखा। बात समझ से बाहर की थी। फिर भी एक सरदार ने क़दम आगे बढ़ाने की हिम्मत की, "की तो फिन कोज़े ला?"

किसन ने उसी पहलेवाले स्वर में कहा, "मैंने जो कुछ कहा, वह तुम्हारी समझ में आ गया है, अगर नहीं आया है तो फिर से सुन लो। हम जानते हैं कि हम देर से पहुँचे हैं, लेकिन ऐसा हमेशा नहीं होता। हम दोनों अपनी इस भूल को सुधारने के लिए तैयार हैं। शाम को हम कुछ अधिक देर तक काम करके इसको पूरा कर देंगे।"

हाथ में लाठी लिए हुए सरदार दो क़दम आगे बढ़ा। सभी मज़दूर भी एक ही साथ हिले। वे भी दो क़दम आगे आए। सरदार ठिठक गया। उसने अपने चारों ओर देखा। लोगों की आँखें उसी पर जमी हुई थीं। उसने दोबारा क़दम उठाना चाहा, पर तभी उसे लगा कि उसके क़दम के साथ-साथ सभी मज़दूरों के भी क़दम उठेंगे। वह

चुपचाप खड़ा रहा। उसके साथ-साथ और सरदार भी ज़मीन से चिपके रहे।

एक लम्बी स्थिरता और ख़ामोशी के बाद...

किसन आगे बढ़ा। उसके साथ-साथ कुन्दन भी। सूरज की प्रथम किरणों ने धरती को स्पर्श किया।

तीनों सरदार अपनी जगह पर खड़े रहे। किसन और कुन्दन ने जब तक काम शुरू नहीं किया, तब तक कोई भी मज़दूर अपनी जगह से नहीं हिला। कुछ देर बाद जब सभी अपने-अपने काम में जुट गए तो दोनों सरदार एकसाथ क़दम उठाते हुए आगे बढ़ गए। कुछ दूरी पर से किसी मज़दूर ने गाने के पहले स्वर को शुरू किया, फिर तो दो-तीन आवाज़ें एकसाथ मिल गईं :

रतवा भयानक बीत गयल भैया
टूट गयल नींदवा हमारी हो भैया
अगेवा बढ़न को हो गयल फजीरवा
आगे बढ़न को ओरी बढ़न को।

पहाड़ी के नीचे दूर तक फैले उन खेतों में यह पहला अवसर था जब मज़दूरों के स्वर स्वच्छन्दता के साथ बाहर आकर वातावरण में गूँज सके। पहली बार हवा और लोगों की साँसें भय से मुक्त थीं। पर वह मुक्ति एक सम्पूर्ण मुक्ति नहीं थी, क्योंकि आशंका अब भी उन हृदयों में थी, उन लोगों में थी। लोगों से यह बात नहीं भूली जा सकी कि कुछ ही देर बाद मालिक पहुँच जाएगा और...

वह केवल किसन था, जिसे परिणाम की कोई विशेष चिन्ता नहीं थी।

उसने सरदारी करने से इनकार करके अपने को बहुत दिलेर साबित किया था। सूरज बादलों के पीछे था।

सूरज पूरब के घने पेड़ों की दीवार के ऊपर आ गया था, जब रेमों साहब की बग्घी पहाड़ी के मोड़ पर दिखाई पड़ी। सूरज का एक टुकड़ा पहाड़ पर गिरकर काँच की तरह चकनाचूर हो गया था और उस टुकड़े के अनटुकड़े खेतों में लुढ़क आए थे। हरियाली झुलस रही थी। तीनों सरदार, जो अब तक चुप्पी साधे हुए थे, घोड़े-गाड़ी को देखते ही फिर से तन गए। गाड़ी जैस-जैसे पास आती गई, उनके स्वर भी ऊपर को उठते गए। इक्के से उतरते-उतरते रेमों साहब को सभी बातें मालूम हो गईं। सभी कुछ सुन चुकने के बाद भी उसे शान्त पाकर मज़दूरों को जो हैरानी हुई, वह लम्बे समय तक नहीं टिक सकी। अपने सरदारों के कानों में मालिक ने कुछ कहा और देखते-ही-देखते तीनों आदमी जामुन के पेड़ की ओर बढ़ गए, जिस पर मज़दूरों के भात की टोकरियाँ टँगी हुई थीं। मालिक भी अपने दोनों कुत्तों के साथ उधर को बढ़ गया। सभी मज़दूरों को बात समझ में आती, इससे पहले पेड़ से सभी टोकरियाँ उतारकर उसके भीतर के बरतनों को दोनों कुत्तों के सामने उँड़ेल दिया

गया। कुत्ते खाने को टूट पड़े। किसन ने दौड़कर चट्टान पर खड़ा होते हुए चाहा कि मज़दूरों से इस अनर्थ के विरुद्ध आगे आने को कहे कि उससे पहले रेमों साहब का गर्जन हवा में गूँज उठा, "आतांस्यों। ने प्रोनोंस पा एँ मो...।"

किसन अभी सोच ही रहा था कि धमकी की परवाह करे या न करे, कि तभी कुन्दन ने उसके पास पहुँचकर धीरे से कहा, ''कोई भी शब्द मुँह से मत निकालो। अनर्थ हो जाएगा।''

रेमों का चिल्लाना बन्द नहीं हुआ था, ''अगर तुम लोग इसी क्षण काम में नहीं जुट जाते हो तो तुम्हारे हिस्से के सभी चावल-दाल को बाड़े के सुअरों के सामने डाल दिया जाएगा।''

कुछ देर तक सभी मज़दूर अपने-अपने स्थान पर उसी तरह खड़े रहे। कोई टस-से-मस नहीं हुआ, जब तक कि कुन्दन ने सभी को काम में लग जाने का आदेश न दिया। काम जब स्वाभाविक रूप से होने लगा तो रेमों साहब ने किसन और कुन्दन को नदी किनारे के इमली के पेड़ के पास तलब किया।

"मैंने तुम दोनों को दाद देने के लिए यहाँ बुलाया है।"

कहते हुए रेमों साहब ने एक ही लगे दोनों के गालों पर दो थप्पड़ जमा दिए। कुन्दन चुपचाप खड़ा रहा। किसन भीतर-ही-भीतर खौलकर रह गया। इससे पहले रेमों साहब ने साफ़ शब्दों में कह दिया था--एक और हरकत का नतीजा होगा कि सभी मज़दूरों को अपने चावल-दाल से हाथ धोने पड़ जाएँगे।

"तुम लोगों का इरादा क्या है?"

किसन ने उत्तर भोजपुरी में दिया, "हमारे साथ आदमी जैसा बर्ताव किया जाए।''

"पार्ल फ्रांसे! फ्रेंच में बोलो। तुम्हारी जंगली भाषा मेरी समझ में नहीं आती है।"

"हमें भी तुम्हारी भाषा नहीं आती।" किसन बोला।

"केसके ची जो?"

इतने में कुन्दन बीच में आ गया। उसने तुरन्त अपनी टूटी-फूटी फ्रेंच में बात शुरू की, "साहब! आख़िर हमारा क्या दोष था? जब से यहाँ काम करते हैं, हमेशा हमने समय पर काम शुरू किया है। एक दिन कुछ देर हो जाना स्वाभाविक है..."

"फेर्म ता गेल। क्या स्वाभाविक होता है क्या नहीं, यह तुम मुझे नहीं बताओगे। मैं सिर्फ़ यह जानना चाहता हूँ कि तुम लोगों का इरादा क्या है?"

"यह आपको बताया जा चुका था।"

रेमों साहब अपनी सारी ताक़त के साथ ग़रज़ उठा, "मैं तुमसे सुनना चाहता हूँ।"

"हमारा इरादा अब वह नहीं रहा जो पहले था।"

"पहले क्या था?"

"पहले सभी कुछ चुपचाप सह लेना हमारा प्रण था।"

"फ्रेंच में बोलो।"

"अब हद हो गई। अब हमारा एक ही इरादा है, आप लोग यह जान लें कि हम लोग भी आदमी हैं और आदमी के साथ आदमी की तरह पेश आना चाहिए।"

"यह तुम किससे कह रहे हो?"

"जो अपने को आदमी और हमें कुत्तों से बदतर समझता हो, उससे।"

कुन्दन फिर से बीच में आ गया, "किसन, चुप तो रहो।"

रेमों साहब का रंग गरमी के कारण पहले ही से लाल था। वह और भी लाल हो चला था।

"तुम इसका नतीजा जानते हो?"

"आप बताएँ तो सही।"

"जीवन-भर के लिए क़ैद में ठूँस दिए जाओगे।"

"बस?"

"फिर ये हरे-भरे खेत दोबारा श्मशान हो जाएँगे।"

"फ्रेर्म त्वा मालावार।"

कुन्दन ने किसन के मुँह पर हाथ रख दिया, "किसन, इस तरह कुछ भी बनने को नहीं।"

अपने मुँह के पसीने को पोंछते हुए रेमों साहब ने कहा, "तुम दोनों को मेरे सरदारों से माफ़ी माँगनी होगी।"

इस बार कुन्दन ने प्रश्न किया, "माफ़ी क्यों?"

"तो फिर सज़ा ही चाहते हो?" रेमों साहब ने इस प्रश्न को जितने धीमे स्वर में किया, वह उतना ही बड़ा गजन-सा प्रतीत हुआ। किसन ने उसकी आवाज़ के ऊपर कहा, "हम माफ़ी नहीं माँगेंगे।"

रेमों साहब के चेहरे पर जो मुस्कान आई. वह नकली थी, फिर भी उससे उसके भीतर के वे अकस्मात् के भय और आश्चर्य ऊपर न आ सके। उसके हाथ का कोड़ा जिस तेज़ी से ऊपर को उठ गया था, उसी तेज़ी से नीचे आ गया। हैरानी के साथ वह स्तब्ध खड़ा रहा। सूरज को पश्चिम से उगते पाकर भी उसे हैरत नहीं होती। उसे जितना आश्चर्य किसन के उस अकस्मात् साहस से हुआ था, उतना ही अपने हाथ के बोझिल कोड़े पर भी हुआ। पहली बार किसी कुली के सामने इस तरह उसके हाथ का कोड़ा उसकी मुट्ठी में जम-सा गया था। पहली बार...।

अपने माथे से पसीने की मोटी धाराओं को पोंछकर रेमों साहब बग्घी की ओर बढ़ गया। कोचवान उससे पहले अपनी जगह ले चुका था। रेमों साहब ने अपने सरदारों की ओर देखा, बस इतना कहकर कोचवान से गाड़ी आगे बढ़ाने को कहा,

"इन दोनों आदमियों को इसी वक़्त मेरी कोठी पर पहुँचने को कहा जाए।"

बग्घी के जाते ही सरदारों में जो सबसे तगड़ा था, आगे आया। किसन और कुन्दन के आगे खड़ा होकर उसने धीरे से कहा, "तुम दोनों को इसी वक्त कोठी पर पहुँचना है।"

इस बीच सभी मज़दूर अपने-अपने स्थानों से आगे आ चुके थे। सरदारों की नज़र जब बग्घी की ओर मुड़ी, उस समय वह आँखों से ओझल हो गई थी। अपने तथा सरदारों को सभी मज़दूरों की घिरावट में पाकर किसन ने कहा, "तुम लोग अपने-अपने काम में लग जाओ।"

सोनालाल और दो क़दम आगे बढ़ आया, "तुम दोनों को अकेले नहीं जाने दिया जाएगा।"

"हाँ! हम भी तुम्हारे साथ चलेंगे।"

"नहीं!" किसन चिल्ला उठा।

"तो फिर तुम दोनों भी नहीं जाओगे।"

"न जाने का परिणाम जानते हो?"

"देखा जाएगा!"

किसन ने सोनालाल के कन्धे पर हाथ रख दिया, "चलो, तुम लोग अपने काम में लग जाओ।"

"यह पहला अवसर है कि सभी लोग आगे आ सके हैं। क्या इनको रोकना ठीक होगा?"

इसका उत्तर मिलता तब तक कुन्दन बोल चुका था, "सभी का एकसाथ खड़े होना ही ज़रूरी है, लेकिन यह होना चाहिए ठीक समय पर। अगर यह निर्धारित समय से थोड़ा-सा भी आगे या पीछे हुआ तो लम्बी दौड़ में अच्छा नहीं होगा। मैं अपने अनुभव के बल पर बोल रहा हूँ।"

"हम यह नहीं मानते कि हम समय से आगे या पीछे हैं।"

"इसका पता तो आवेश के कम होने पर ही लग सकता है।"

"यह आवेश बहुत कठिनाई से मिला है हमें।"

"सोनालाल ठीक कह रहा है। अगर कुछ होना है तो इसी आवेश में होगा।"

"नहीं चाचा! मात्र संवेदना से यह काम नहीं होगा। तुम लोग काम करते हुए हमारी प्रतीक्षा करो। हम कोठी से हो आते हैं। मुझे पूरा विश्वास है कि उधर से कोई भी ऐसी हरकत नहीं होगी जिसके कारण...।"

"यही अवसर है हमें अपनी नामर्दी को तजकर आगे आने का।"

"हाँ, किसन, तुम हमें रोककर हमारे लिए पश्चात्ताप की स्थिति मत पैदा करो।"

अपने दोनों हाथों को ऊपर करके सभी को शान्त करने के प्रयास में कुन्दन

बोला, "देखो! तुम सभी से हम केवल दो घंटे माँग रहे हैं। अगर दो घंटों में हम नहीं लौटे तो फिर तुम सभी कोठी पर पहुँच सकते हो। लेकिन इस बीच तुम सभी को अपने-अपने कार्यों में लगे रहना है।"

मज़दूरों के बीच फुसफुसाहट हुई, "देवननन् ठीक कहत बा।"

जब तक सभी लोग अपने काम में जुट नहीं गए, किसन और कुन्दन वहीं खड़े रहे। सभी को काम में लगाकर ही दोनों ने कोठी का रास्ता लिया। भीतर से आशंकित होते हुए भी दोनों ने अपनी आशंका को एक-दूसरे पर प्रकट नहीं किया। कोठी के दोनों रखवारों के साथ किसन और कुन्दन रेमों साहब के सामने पहुँचे। रेमों साहब की आँखें उस समय भी लाल थीं, पर उसकी बग़ल की कुर्सी पर बैठे बड़े साहब का चेहरा शान्त था। उसी शान्त मुद्रा में उसने कोठी के सिपाही को आवाज़ देकर सामने बुलाया और बड़े ही शान्त स्वर में कहा, "दोनों की कमीज़ उतारकर बीस-बीस कोड़े लगाओ।"

निर्धारित समय से पहले दोनों व्यक्ति मज़दूरों के बीच वापस आ गए।

दोनों के चेहरों पर मुस्कान थी। यह पहला अवसर था कि कोठी से कोई मुस्कान के साथ लौटा हो।

रात में जब दोनों व्यक्ति एक-दूसरे की पीठ पर मरहम लगाने बैठे, उस समय कुन्दन के घर के भीतर उन दोनों के सिवाय तीसरा कोई नहीं था। अपनी ही मुट्ठियों में क़ैद बेचारगी की स्थिति से जूझते हुए कल की अनिश्चित सुबह के लिए दोनों दो घंटे की नींद में खो गए और...उसी घिसी-पिटी सुबह की अगवानी के लिए उमस-भरी रात आगे को बढ़ गई।

24

उमस लिए हुई रात। घटाटोप के कारण रास्ते की दुर्गमता। थकान से बोझिल आँखें और भीतर आशंकाएँ। सोनालाल साथ न होता तो अब तक किसन उस गहन अँधेरे में खो गया होता। एक लम्बी चिपचिपाहट से क्षणिक राहत पाते हुए सोनालाल ने ऊपर के तारेरहित आकाश की ओर देखा। नदी पार करने के बाद ठौर पर पहुँच आने की जो उम्मीद बँधी थी, वह जाने लगी। वह खुद भटक गया था, यह जताने की उसकी हिम्मत नहीं हो रही थी। जब किसन ने पूछा कि अभी और कितनी देर चलना है तो वह खड़ा हो गया।

"क्यों, क्या हुआ?"

"मुझे लगता है, हमने ग़लत रास्ता ले लिया।"

"अब क्या किया जाए?"

बिना कुछ कहे बग़ल के पेड़ को टटोलते हुए सोनालाल ऊपर चढ़ा। चारों ओर देखा। कुछ टिमटिमाते दीये दक्षिण की ओर दिखाई पड़े। उसे अपनी भूल मालूम हो गई। पहाड़ी के पास उसने ग़लत पगडंडी ले ली थी, इसीलिए बस्ती की बग़ल से होते हुए वे लोग दूसरी ओर पहुँच गए थे। आबनूस के लम्बे घने पेड़ों के कारण उधर की रोशनी दिखाई नहीं पड़ी थी। पेड़ से उतरते हुए उसने कहा, "हम बस्ती से आगे आ गए हैं।"

"यह कैसे हुआ?"

"थोड़ा पीछे चलकर दक्षिण की ओर मुड़कर देखना होगा।"

दोनों पीछे चलकर दक्षिण की ओर बढ़ गए।

दोनों चुपचाप चल पड़े। सोनालाल को लगा, अच्छा ही हुआ था। इस दूसरी बस्ती के भीतर जाने से डर जाता रहा। पिछली बार चाँदनी रात थी। और सामने से आते हुए दोनों रखवार की बन्दूक के आगे आते-आते बच गए थे। उस दिन दोनों को वहाँ से पीछे लौट जाना पड़ा था। झाड़ियों से होते हुए दोनों किसी तरह बस्ती तक पहुँचे। सिर तक ऊँची राफ़िया की दीवार को फाँदकर दोनों भीतर पहुँचे।

सोनालाल ने धीरे से कहा, "कुत्तों से बचना है।"

अपने सामने के प्रकाश को लक्ष्य करके दोनों बढ़ते रहे। सोनालाल को विश्वास था कि लोग अब भी प्रतीक्षा कर रहे होंगे। वह आगे-आगे था। कुटिया के भीतर से आती आवाज़ को सुनकर दोनों खड़े हो गए। किवाड़ के पास मुँह ले जाकर उसने पुकारा, "मौसाजी, दरवाज़ा खोलना।"

भीतर से आवाज़ आई, "के ह?"

"हम हैं किसन भैया के साथ।"

"खोल दे सोहना।" भीतर की इस आवाज़ के साथ दरवाज़ा खुला और दोनों भीतर पहुँचे।

कोने में मिट्टी का चिराग़ था। उसके मद्धिम प्रकाश में कोई बीस व्यक्ति बैठे हुए थे। सभी के चेहरे पर वही रंग था—वही समस्या के हल ढूँढ़ते हुए थक जाने के बाद का रंग। किसन और सोनालाल को बड़े आदर के साथ बैठाया गया। परिचय के बाद बात शुरू हुई। मुखिया के नाते लछमनसिंह ने सबसे पहले किसन से कुछ प्रश्न किए। दोनों व्यक्तियों के यहाँ पहुँचने से पहले ये सारे प्रश्न लछमनसिंह से किए गए थे। एक-एक प्रश्न के विस्तृत उत्तर से किसन ने अब तक की तय सभी बातें सामने रख दीं। लेकिन सभी बातें उतनी आसान नहीं थीं कि एक ही बार में सरलता के साथ सभी की समझ में आ जातीं। बैठक के अन्त तक प्रश्न होते रहे। किसन उत्तर देता रहा। साहब की हवेली से मुर्गों की पहली बाँग आ चुकी थी, जब

लछमनसिंह ने सभा विसर्जित की। किसन की सभी बातों पर अपनी सहमति देते हुए उसने कहा, "किसन बेटे, कल शाम को नौकरी से छूटते ही अगर तुम मेरे घर आ जाओ तो हम कुछ अधिक बात कर सकेंगे।"

"उस समय तो रखवारों से आँख बचाकर भीतर आना कठिन होगा।"

"तुम इधर की चिन्ता मत करियो। हम सँभाल लेंगे।"

इस पर पीछे से किसी ने कहा, "मैं पहले ही से बरगद के गाछ के पास रहूँगा।"

"ठीक है, मैं आ जाऊँगा।"

"पीछे से कहनेवाला वह आदमी वहाँ सभी लोगों से जवान था। दोनों को दीवार के उस पार तक छोड़ने के लिए वह साथ हो गया। रास्ते में उसने किसन को बताया, "मुखियाजी की बातों से सभी लोग सहमत नहीं हैं।...पर जितने जवान लोग हैं वे तो जी-जान से साथ हैं।"

"बस, यही काफ़ी है।"

"इन बातों को लेकर कुछ घरों में अनबन है।"

"उसके लिए तुम चिन्ता मत करो, सब ठीक हो जाएगा।"

"कल से हमारे दो मित्र मुड़िया पहाड़ के उस दूसरी ओर की बस्ती में गए हैं।"

"उनके लौटते ही हम उनसे मिलना चाहेंगे।"

"यह मेरे ऊपर छोड़ जाओ।"

अभी दोनों अपनी बस्ती से बाहर ही थे कि एक-एक करके घरों के चिराग़ जल उठे थे। पास पहुँचते-पहुँचते भात पकाने के लिए पहले ही से उठ गई औरतों की आवाज़ें भी बरतनों की खनक के साथ सुनाई पड़ने लगी थीं। सोनालाल को घर भेजकर किसन मुनिया के घर के सामने रुक गया। उसने आवाज़ दी। मुनिया बाहर आ गई। उसके एक हाथ में चिराग़ था, दूसरे में चावल के लिए अदहन। किसन को देखते ही उसने कहा, "तुम हो भैया, भीतर जाओ।"

"नहीं मुनिया, मुझे काम पर जाने में देर हो जाएगी। चाचाजी की क्या हालत है?"

मुनिया ने कोई उत्तर नहीं दिया। स्पष्ट था कि मुनिया के बाप की हालत बिलकुल नहीं सुधर सकी थी। तीन महीने से भी ज़्यादा होने को थे, जब से वह चारपाई पर था। इन तीन महीनों के भीतर लोगों की ओर से बार-बार माँग करने पर भी कोई डॉक्टर नहीं भेजा गया। पिछले तीन दिनों से किसन लगातार सरदारों और साहबों से मिलता रहा है, ताकि एक डॉक्टर का इधर आना हो सके। हर बार उसे यही उत्तर दिया जाता था कि मामूली बीमारी के लिए जड़ी-बूटी होती है, डॉक्टर नहीं। पंडितजी अपनी जानकारी की सभी जड़ी-बूटियों से काम ले चुका था। अन्त में उसने सिर हिलाते हुए कह ही दिया था कि इस बीमारी की दवा उसके पास नहीं थी।

भीतर के झिलमिलाते अँजोरे में किसन ने मुनिया के बाप की ओर देखा। पूरी निर्जीवता के साथ वह खाट पर पड़ा हुआ था। शरीर के नाम पर वह चमड़ों और हड्डियों में सिमटा हुआ एक गट्ठर-सा था। छप्पर की ओर उसकी एकदम ख़ाली आँखें अपलक थीं। उसका रंग और भी झाँवर हो चला था। सुनुआ को उसकी बग़ल में होना चाहिए था, पर वह अपनी कमाई हुई आधी चावल-दाल यहाँ छोड़कर दूसरी आधी के साथ बस्ती के दूसरे छोर पर मार्सेलिन के यहाँ रातें बिता लेता था। मुनिया को आज फिर वही खोखली सान्त्वना देने के बाद किसन घर पहुँचा।

घर पर उसके बाप को भी ज़ोरों का बुखार था। उसके सिरहाने पहुँचकर किसन ने उसके ललाट पर हाथ रखकर पूछा, "बुखार कुछ कम है न?"

रघुसिंह ने उसके प्रश्न का उत्तर नहीं दिया। अपने बेटे को कुछ देर तक एकटक देखते रहने के बाद उसने धीरे-से पूछा, "रात-भर तुम कहाँ रहे?"

किसन चुप रहा।

"तू जो कुछ कर रहल बारे उससे अपने के जोखिम में डाल के रहबे...।"

किसन ने अपने हाथ को धीरे से उसके मुँह पर रख दिया। उसके बाप की साँसें कुछ अधिक ही गरम थीं।

अपनी माँ को यह बताकर कि शाम को वह देर से लौटेगा, किसन ने सन के बोरे को कन्धे पर रखा। भात की टोकरी और कुदाली उठाई। नौकरी को चल पड़ा। रास्ते में कुन्दन ने बताया कि पुष्पा की माँ को भी बुखार था। बस्ती के कोई सात-आठ व्यक्ति बीमार थे। एक आशंका से किसन काँप गया। तीन वर्ष पहले ही की तो बात थी—इसी तरह एक के बाद दूसरा, फिर तीसरा और गाँव के पचास-साठ व्यक्ति एक ही साथ बीमार पड़े थे। दूसरी बस्तियों का भी वही हाल था। देखते-ही-देखते उसकी अपनी बस्ती के बाईस आदमी एक ही सप्ताह के भीतर मर गए थे।

उन लाशों को वे लोग जला भी नहीं सके थे। बिना किसी किरिया-करम के उन लाशों को गाड़ी में लादकर जंगल के भीतर एक ही गड्ढे में गाड़ दिया गया था। वह खौफनाक दृश्य किसन के दिमाग में रेंग गया। उस वीभत्सता को भीतर-ही-भीतर अनुभव करते हुए वह काम में जुटा रहा। साहब देर से पहुँचा। किसन अपनी कुदाली को थामे उसके पास पहुँचा। उसे अपने पास आते देख रेमों साहब दूर ही से चिल्ला पड़ा, "ऊ वा ची!"

आवाज़ सुनकर दो सरदार सामने आकर खड़े हो गए।

अपने कन्धे से कुदाली को उतारकर नीचे रखते हुए किसन आगे बढ़ा, "मुझे आपसे ज़रूरी बात करनी है।"

"मेरे पास समय नहीं है।"

"बस्ती में बीमारी फैलती जा रही है।"

"मैं क्या करूँ?"

"हमें दवा और डॉक्टर चाहिए।"

"ज़रूरत समझी जाने पर दवाइयाँ भेज दी जाएँगी।"

"मौत के बाद?"

दोनों सरदारों ने आगे बढ़कर किसन की बाँहों को दोनों तरफ़ से जकड़ लिया।

रेमों साहब बग्घी की ओर बढ़ गया। जब तक बग्घी सामने की पगडंडी से होती हुई आँखों के सामने से ओझल नहीं हो गई, सरदारों ने किसन को उसी तरह पकड़े रखा। सभी मज़दूर ऊँची मुँडेर के उस पार अपने-अपने कार्यों में लगे हुए थे। किसन पर लोगों की नज़र उस समय पड़ी, जब हाथ में कुदाली थामे वह सामने से गुज़रकर अपने ठौर पर पहुँचा।

एक बार वह अपने लोगों को भेड़-बकरियों की तरह मरते देख चुका था। पूरे देश में उस समय एक सप्ताह के भीतर सैकड़ों लोग मरे थे। एक-एक गाड़ी में पचासों लाशें लादी गई थीं। पचासों व्यक्तियों को एक-एक गड्ढे में फेंक दिया गया था। एक बार किसन ने मालिक के मरे हुए कुत्ते को गड्ढे में गाड़ा था। वह इस आशंका से तिलमिला उठा कि उसी तरह उसके अपने लोगों को भी गड्ढों के हवाले कर दिया जाएगा। नहीं। उसने अपने ख़यालों को पूरी शक्ति के साथ रोक लिया। ऐसा नहीं हो सकता। मौसम के परिवर्तन के कारण लोगों को साधारण बीमारी हुई थी। पंडितजी की जड़ी-बूटियों से सभी कुछ ठीक हो जाएगा।

हर कुदाली के साथ वह अपने को यही सान्त्वना देता रहा।

उस बस्ती के घर किसन की बस्ती के घरों की तरह दो क़तारों में न होकर गोलाकार थे। बीच का खुला हुआ भाग अधिक विस्तृत था। पूर्व की पर्वतमालाओं के कारण यह बस्ती बहुत ही सुरक्षित और एक अलग ही दुनिया-सी लगती थी। बीच में पीपल का पेड़ था। उसी के नीचे कुआँ था।

जिस वक़्त किसन वहाँ पहुँचा, अँधेरा छाने लगा था। उसे लिए बस्ती का आदमी सीधे लछमनसिंह के घर पहुँचा। वही रावेनाल की दीवारों के बीच की कोठरी। ऊपर पतले बाँसों के सहारे ईख के सूखे पत्तों का छाजन। सन के बोरे और वाक्वा के पत्तों की चटाई से घर दो भागों में विभाजित किया गया था। पूरब की ओर के रावेनाल की दीवार पर राम-रावण-युद्ध की एक तस्वीर थी। कोठरी के दूसरे भाग से पीढ़ा लाकर किसन के सामने रखते हुए लछमनसिंह ने पास ही की चटाई पर जगह ली। साथ में आनेवाला बलराम भी उसी चटाई पर बैठ गया।

बात शुरू हुई दिन में घटी एक घटना से।

नन्दू को दो दिन कटघरे में बन्द रखने के बाद छोड़ा गया था। पीठ पर कमीज़

न होने के कारण वह कोड़े के निशानों के साथ वहाँ से लौटा था। अपने साथ नीले रंग का लहँगा और सफ़ेद चोली ले आया था। किसी ने उससे नहीं पूछा था कि इन कपड़ों का क्या होगा। बस्तीवालों को उस तरह के कपड़े देखने के अवसर पहले भी कई बार मिल चुके थे। जुवेदा, भगवतिया, ताँगेची—ये सभी लड़कियाँ उन कीमती कपड़ों को पहनकर साहब की कोठी पर जा चुकी थीं। लछमनसिंह चाहकर भी उन लड़कियों को नहीं रोक सका था। सातों लड़कियों को अपनी आँखों से उसने घसीटे जाते देखा था। उनमें से दो-तीन के आँसुओं को वह ज़रूर पोंछ सका था। आज रात नन्दू की लड़की के जाने की बारी थी। नन्दू उसके पाँवों पर गिरकर चिल्ला उठा था, "लछमन भैया! हम अपन बच्ची के ख़ातिर कफन न ले अयती त जास्ती अच्छा रहत।"

बार-बार दुहाई देते हुए भी नन्दू जानता था कि रेखा को वहाँ जाने से रोकना असम्भव था। ऐसा वह अपने प्राण देकर भी नहीं कर सकता था। उसकी पत्नी को मरे अभी मुश्किल से छह महीने हुए होंगे। उसके शोक में खेतों में काम करते-करते वह बेहोश हो गया था। सरदारों ने उसकी बेहोशी को स्वाँग बताकर उसे उठाकर मुँडेर पर ढकेल दिया था। और जब उसका एक पाँव जाता रहा तो उसे कोठी की नौकरी से हटा दिया था। कई दिन उसके घर चूल्हा नहीं जला था। लोगों के एहसान के बोझ से दबकर जीते-जीते वह ऊब गया था। जिस दिन मालिक के सुरक्षित खेत से उसने मकई चुराई थी, उसका एक पाँव बेकार न होता तो वह पकड़ा नहीं जाता। पीठ पर कोड़े की पहली मार से वह चिल्ला उठा था। दर्द से नहीं, बल्कि अपने भीतर के सीले आक्रोश को उसने बाहर आ जाने दिया था।

"क्या चुराने के अलावा कोई दूसरा चारा था मेरे सामने?"

कोड़े की बौछार से उसकी इस आवाज़ को दबा दिया गया था।

भगवती और ताँगेची ने आत्महत्या कर ली थी। दो और लड़कियों ने अपने को नदी की बहती धारा के साथ बह जाने दिया था। इन लड़कियों में से एक की लाश को नन्दू खुद नदी से बाहर निकाल लाया था। किसन के यहाँ पहुँचने से कुछ ही देर पहले नन्दू इस घर में बच्चों की तरह सिसकियाँ ले-लेकर उन तमाम बातों को याद कर रहा था। उसकी अपनी पत्नी पर भी साहब की आँखें थीं। उसकी पत्नी बस्ती की सबसे सुन्दर स्त्री थी। जितनी सुन्दर थी, उतनी ही साहसी भी थी। पूरी निर्भयता से उसने साहब की पहली हरकत पर उसे अपनी ओर ताकने से हमेशा के लिए रोक दिया था। रेखा ने उसका रूप अवश्य पाया था, पर शायद वह हिम्मत उसमें नहीं थी।

जिस समय मुखिया के साथ किसन नन्दू के घर पहुँचा, दोनों बाप-बेटी एक-दूसरे से लिपटे रो रहे थे। जिस रेखा को किसन ने पहली बार देखा, वह आँखों में आँसुओं

की नदियाँ लिए हुए थी। रेखा की आँखों में जो चीज़ थी उससे किसन को लगा कि उसकी रक्षा के लिए एक पूरी बस्ती अपने को निछावर कर जाने से नहीं झिझकेगी। अपने बाप से छूटकर रेखा लछमनसिंह के पाँवों पर आ गई।

एक लम्बी चुप्पी रही। सिसकियाँ भी बन्द थीं। अपने गाल पर आ गए आँसुओं को पोंछते हुए नन्दू ने कहा, "कोठी से लोग आते ही होंगे।"

नन्दू अपनी उम्र से दुगुनी उम्र का लगता था। शरीर के नाम पर उसके पास हड्डियों से चिपके हुए थोड़े-बहुत मांस और चमड़ियाँ थीं। आँखों की जगह दो ख़ाली जलाशय थे। सिर के बाल और दाढ़ी पर समय से पहले की सफ़ेदी थी। वक़्त के प्रहारों की जितनी स्पष्ट छाप इस आदमी के ऊपर थी, उतनी शायद ही कहीं और थी। नन्दू पर अगर वक़्त की यह सख़्ती बहुत अधिक थी तो सिर्फ़ इसलिए कि इस आदमी का सिर हर समय झुका नहीं रहता था। एक बार उसके किसी विरोध के कारण उसे एक नाव से बाँधकर प्रलयंकर ज्वार-भाटों के बीच छोड़ दिया गया था। अगर वह बच पाया था तो तूफ़ान के कारण। तूफ़ान की विरोधी हवा ने लहरों के रूप को बदल दिया था और वह नाव एक-दूसरे तट की चट्टानों से टकराकर चकनाचूर हो गई थी। इस तरह की कई घटनाओं के बाद भी वह आदमी जीवित था। उसने कन्धे पर गोली भी खाई थी। उस आदमी से खेतों में से ऐसे पत्थर उलटवाए गए थे, जिन्हें पाँच व्यक्तियों से भी उलटवाना कठिन होता। उसकी जाँघ पर कुत्तों के दाँतों के कई निशान थे। बाँस और कोड़े का एक घाव कभी अच्छी तरह भर नहीं पाता कि दूसरा पैदा हो जाता। गोरों और सरदारों के बीच वह कभी भी नन्दू नाम से नहीं पुकारा गया था। उन लोगों के लिए वह काला बिलाव था, सात प्राणोंवाला।

रौंदकर ख़त्म किए जा चुके आदमी के ललाट की वह चमक नहीं मिटी थी। किसन को अगर उसके बारे में कुछ भी नहीं बताया जाता तो भी वह ललाट पर सभी कुछ पढ़ लेता। वह इस व्यक्ति को इससे पहले नहीं जान सका, इसका सचमुच उसे दुख था।

एकदम पागलों की-सी हरकत थी नन्दू की। विस्फारित नेत्रों से वह चारों ओर देखने लग जाता। अपनी गम्भीरता के कारण उसका चेहरा भयानक लग रहा था, जबकि रेखा का भिन्न था। प्रतिक्रियाहीन। बस, मासूमियत का गहरा रंग लिए वह कभी अपने बाप को देखती, कभी लछमनसिंह को। किसन की उपस्थिति का जैसे उसे भान ही नहीं था। उसने अब तक मुँह से एक शब्द भी नहीं निकाला था। रह-रहकर उसकी वे सिसकियाँ बाहर आ जातीं, जिन्हें रोकने का वह भरसक प्रयास कर रही थी।

कोठी से आए कपड़े नीचे पड़े हुए थे। जिस कपड़े में रेखा थी, वह पेबन्दों पर

टिका हुआ था। बस्तियों के जीवन भी बेशुमार पेबन्दों वाले जीवन थे। इन बस्तियों के लिए किसन नया जीवन चाहता था, पर वह नया जीवन कोठी की तिज़ोरी में बन्द था। नन्दू ने लछमनसिंह के दोनों हाथों को अपने हाथों में लेकर कहा, "रेखा के अपन घर ले जा। कोठी से गाड़ी आ गईल त बस...।"

"पर नन्दू, रेखा को मेरे यहाँ छुपाना सम्भव है क्या?"

"बस्ती के पाँच सौ लोग मिलके भी हमर बेटी के ना बचा सकी?"

"रेखा हम सबन की बेटी है, लेकिन...।"

"लेकिन ओके साहब के हियाँ जाय ही के परी...इहेना? डूब मरें, सभी डूब मरें।"

वह सिर धुनने लगा। किसन ने आगे बढ़कर उसके हाथों को सिर से अलग किया। घर के सामने कई लोग जमा हो गए थे। कुछ लोगों ने भीतर तक प्रवेश पा लिया था। फाटक की ओर से दौड़ते हुए किसी की आवाज़ आई, "गाड़ी आ रही है।"

"नहीं...नहीं।" नन्दू अपनी कोठरी के भीतर इधर-से-उधर पागल की तरह घूमने लगा। लछमनसिंह आगे बढ़ा। उसने रेखा के सिर पर हाथ रखा, "चलो बेटी, तुम मेरे यहाँ चलो।"

नन्दू बीच कोठरी में रुक गया। रेखा के साथ आगे बढ़ते हुए लछमनसिंह ने कहा, "नन्दू, रेखा मेरे जिम्मे है। तुम यहाँ से भाग जाओ।"

"सच! रेखा को आप छिपा लेब?"

"हाँ, पर तुम जितनी जल्दी हो सके, यहाँ से निकल जाओ, नहीं तो...।"

"नहीं तो हमके कुत्ता से नोचवा देवल जाय। इहे न? एकर चिन्ता नाही।"

रेखा अपने बाप के पैरों पर गिर पड़ी। लछमनसिंह ने उसे उठाते हुए आदेश के स्वर में कहा, "चलो, नहीं तो देर हो जाएगी।"

भीड़ ने जल्दी से रास्ता बना दिया।

रेखा का हाथ थामे लछमनसिंह लम्बे क़दमों के साथ अपने घर की ओर बढ़ गया। किसन उसके पीछे हो लिया। जाते-जाते लछमनसिंह भीड़ को बिखर जाने का आदेश दे गया। नन्दू अपने दरवाज़े पर खड़े लोगों को जाते देखता रहा। दूर से आती हुई गाड़ी की आवाज़ पास आती गई। भीड़ के एक-दो पिछड़े व्यक्तियों ने नन्दू को वहाँ से भाग जाने को कहा। नन्दू अपने स्थान पर खम्बे की तरह खड़ा रहा। वह अकेला रह गया। बाहर अँधेरा पूरी तरह छा चुका था।

उधर अपने घर के भीतर पहुँचकर लछमनसिंह घर के दूसरे भाग से एक बोरा उठा लाया। रेखा के सिर पर रखकर वह किसन की ओर मुड़ा, "किसन, यहाँ से हमारा पहला काम शुरू होता है। मैं रेखा को तुम्हारे हवाले कर रहा हूँ। मैं खुद तुम्हें घिरावट से बाहर छोड़ने चल रहा हूँ। वहाँ से आगे सभी कुछ तुम्हारे ऊपर छोड़ दूँगा।

मैं सोचता हूँ, यहाँ से हम दोनों की बस्तियाँ आगे के क़दमों के लिए एकसाथ जुड़ गईं। तुम हमारी इस इज़्ज़त की रक्षा करोगे, बाक़ी हर मोड़ पर हम तुम्हारे साथ होंगे। कहो, तैयार हो?"

"मैं तैयार हूँ।"

"तो फिर चलो। पीछे के रास्ते से चलो।"

प्रकृति ने पहली बार इन लोगों का साथ दिया था। आकाश पर काली बदली छा जाने के कारण अँधेरा गहन था। उस गहरे अँधेरे में तीनों व्यक्ति बाहर निकलकर आगे को बढ़ने लगे। कुछ ही देर बाद राफिया की दीवार के पास पहुँचकर लछमनसिंह रुक गया।

"किसन, यहाँ से तुम दोनों को अकेले आगे बढ़ना है।"

रेखा सिसकती हुई लछमनसिंह के पाँवों पर गिर पड़ी। किसन ने पहली बार उसके उस करुण स्वर को सुना, "मौसा, मेरे बाबा का ख़याल रखना!"

"तुम अपना ख़याल करना। जल्दी करो, तुम लोग दीवार पार हो जाओ।"

रेखा को सहारा देकर किसन ने उसे दीवार पार करवाई।

लछमनसिंह एक क्षण के लिए वहाँ रुका रहा। जब दोनों आकृतियाँ दीवार के पीछे के अँधेरे में विलीन हो गईं तो उसने आत्मशान्ति की लम्बी साँस ली और घर की ओर लौट पड़ा।

उधर दीवार के उस पार उस घटाटोप अँधेरी रात में वे दोनों गिरते-उठते, दौड़ते रहे।

स्याही में डूबी हुई रात! जंगली कीड़ों की हर आवाज़ के साथ दोनों के भीतर का भय बढ़ जाता। उनके क़दम रुक जाते। साँसों को रोके वे क्षण-भर को ठिठके रहते और फिर एक-दूसरे की धड़कनों को सुनकर मूक आश्वासन पा जाते। उस स्याही-भरी रात को टटोलते हुए दोनों इतनी दूर निकल आए थे, जहाँ से कुत्तों के भौंकने की आवाज़ें पीछे छूट चुकी थीं। आगे का अँधेरा और भी गहरा था। किसन रेखा के एकदम पास-पास चल रहा था, उसे गिरने से बचाता हुआ।

किसन उस जिम्मेवारी को महसूस रहा था। वह बहुत बड़ी जिम्मेवारी थी। रेखा कुछ भी थी, जिस हालत में उसे सौंपी गई थी, वह एक पूरे गाँव की इज़्ज़त और कीमत के रूप में।

गुलाम मज़दूरों की बस्ती की वह इज़्ज़त, वह कीमत। उस कीमत की बग़ल में चलता हुआ किसन अपने भीतर अगाध साहस पाने लगा था। उसे लग रहा था कि एक बस्ती के सभी लोग उसके साथ चल रहे थे। उन सभी लोगों की रक्षा का पूरा दायित्व था उसके ऊपर। अपने भीतर के भय पर विजय पा चुकने के बाद उसने रेखा से पूछा, "तुम्हें डर लग रहा है?"

रेखा ने प्रश्न का कोई उत्तर नहीं दिया।

किसन कहाँ जा रहा था, इसका ख़याल उसे बहुत कम था। बस, एक ख़याल से वह आगे बढ़ रहा था। और वह था जल्द-से-जल्द रेखा की बस्ती से दूर हो जाना। वह दूर आ चुका था, फिर भी उसे विश्वास नहीं हो रहा था।

उस गहन अँधेरे में आगे की ओर खरखराहट हुई। वे कुछ जानवर थे जो बड़ी तेज़ रफ्तार के साथ आगे निकल गए। दोनों सिहर गए। किसन के मुँह से निकला, "हिरणों का झुंड है।"

उस स्याह माहौल में हाथ को हाथ नहीं सूझ रहा था। जिस तेज़ी से जानवर भागे थे, वह रफ्तार केवल हिरणों की हो सकती थी। जंगल में जंगली सुअर भी होते हैं पर वे हिरण ही थे, इसका किसन को विश्वास हो चला था। एक बार नदी के पास उसे हिरण का एक छोटा-सा बच्चा दिखाई पड़ा था। उसे पकड़ने की चाह लिए किसन उसके पीछे दौड़ गया था। उस दिन पहली बार उसने हिरण की रफ्तार देखी थी। वह भी बच्चे की। हैरानी के साथ वह थककर बैठ गया था। उसी दिन मन में एक ख़याल आया था। एक विचित्र ख़याल–जिस हुकूमत में मैं जी रहा हूँ, उससे जूझना जब इतना कठिन है तो फिर अपने पाँवों को भी हिरणों की रफ्तार क्यों नहीं मिल जाती, ताकि उसकी पहुँच से दूर भाग सकूँ!

उसे अपना यह ख़याल बड़ा बेबुनियाद-सा लगा। अपने-आपसे पूछा उसने–भागने से क्या होता है? हुकूमत भी तो जंगल है। हिरण इधर-से-उधर भागकर भी जंगल ही में मरता है। आदमी भी उस जंगल में कहाँ-कहाँ भागे?

पता नहीं क्यों रात अधिक घटाटोप होती गई। आँखों पर उस निस्तब्ध रात की काली पट्टी बाँधे किसन भागता रहा। कुछ ही क़दम चलने पर उसे मालूम हुआ कि वह अकेला चल रहा था। वह रुक गया। कुछ ही क़दम पीछे रेखा की सिसकी-सी सुनाई पड़ी। उसको लक्ष्य करके किसन पीछे को लौटा।

"क्या हुआ?"

उसके प्रश्न के साथ ही सिसकियाँ बन्द हो गईं। वह रेखा से टकराकर खड़ा हो गया, यह जान चुकने के बाद कि रेखा ज़मीन पर बैठी हुई थी, वह भी उसके पास बैठ गया। कीड़ों की मिली-जुली आवाज़ें आईं और फिर बन्द हो गईं। किसन ने धीरे-से पूछा, "तुम्हें चोट आई है?"

रात का वह खल जानेवाला सन्नाटा बना रहा। कीड़ों का बोलना भी बन्द था। कहीं पत्ते तक के हिलने का आभास नहीं हो रहा था। ऊपर आकाश भी निर्जीव-सा लग रहा था। एकदम सपाट। कहीं एक तारा तक नहीं दीख रहा था। उमस बहुत भारी थी। दोनों चुपचाप उस वक़्त तक बैठे रहे, जब तक पश्चिम के आकाश से बदली कुछ फटने-सी न लगी और पहला तारा झाँक न उठा।

जंगली फूलों की भीनी-भीनी गन्ध की मादकता ने पहली बार किसन की पलकों को बोझिल किया, पर नींद की कल्पना असम्भव थी। काफ़ी दूर निकल आने के बाद भी किसन अपने को इस बात का आश्वासन नहीं दे पा रहा था कि वह रेखा की बस्ती के मालिक और वहाँ के सिपाहियों की पहुँच से बाहर आ चुका था। उसने अँधेरे से पूछा—अभी और कितनी दूर है मेरी बस्ती?

यह कुन्दन कहता था कि अँधेरे के कान नहीं होते। किसन को भी ऐसा ही लगा। अँधेरे के अगर कान होते तो वह उसके प्रश्न को अवश्य सुनता। बिना सुने उत्तर कैसे देता?

धीरे-धीरे आकाश पर कुछ और तारे टिमटिमाने लगे थे। उनमें मज़दूरों की निर्बलता थी। किसन ने ज़मीन और तारों के बीच के फासले को मन-ही-मन नापा। लम्बा फासला था। पर उतना लम्बा नहीं जितना आज के युग में मज़दूर और मालिक के बीच हुआ करता है। उस दिन कुन्दन ने ठीक ही तो कहा था कि शायद कभी धरती और तारों के बीच के फासले को कम कर दिया जाए, परन्तु मज़दूर और मालिक के बीच का अन्तर भी कम हो जाएगा, ऐसी सम्भावना बहुत कम है।

बोझिल रात। झींगुरों की झनझनाहट। थके क़दम। बेकार आँखें। दोनों फिर बैठे। फिर थोड़ा आराम हुआ। शीत की बूँदें टपकीं। किसन ने कहा, "सर्दी लग जाएगी।"

दोनों पेड़ के नीचे रुके रहे। बूँदें समाप्त हुईं और दोनों फिर चल पड़े। किसन की बस्ती उस गहरे अँधेरे में विलीन थी। उस तरह अन्धाधुन्ध चलते रहने के बाद उसे यात्रा तय-सी लग रही थी। बस्ती के कहीं पास ही होने का ख़याल आया, पर उस स्याह माहौल में कोई भी चीज़ सामने नहीं थी जिससे ख़याल को निर्धारित किया जा सकता था। उधर से एक झिलमिलाते चिराग़ के दीख जाने की देर थी, फिर तो अपने को पहुँचे ही समझा जा सकता था।

इस वक़्त कुन्दन की कई बातें उसे याद आ रही थीं।

ऐसा भी होता रहता है किसन, कि आदमी अपनी मंज़िल के पास ही चक्कर काटता रहे और मंज़िल पहचानी न जा सके। इस तरह का कुहासा कभी दिनदहाड़े भी हुआ करता है।

"तो फिर देवननन् चाचा, ऐसी हालत में आदमी क्या करे?"

"क़ैद में तो हम अँधेरे की आँखों से अँधेरे को देखते थे।"

उस समय कुन्दन की उस बात पर किसन ने आँखें बन्द कर ली थीं और जो दृश्य उसकी आँखों के सामने झिलमिलाया था, वह था—मज़दूरों का कई क़तारों में आगे बढ़कर मालिक की हवेली को घेर लेना। फिर सिपाहियों का उस दूसरी ओर से आगे आकर बन्दूकें ताने खड़े हो जाना। मज़दूरों का एक क्षण ठिठककर फिर आगे

बढ़ना और उधर से दनादन गोलियों का चलना और मज़दूरों का तितर-बितर हो जाना।

उस दृश्य से काँपकर किसन ने अँधेरे में आँखें बन्द कर ली थीं। आँखें खुलने पर सामने अँधेरा। सभी कुछ अदृश्य था। कुन्दन बोला था, "ये ईख के कारख़ाने सातों दिन सातों रात चलते हैं।"

किसन ने सिर हिलाकर हामी भर दी थी।

"हम सातों दिन सातों रात ईख काटते रहते हैं।"

किसन ने सिर हिलाकर हामी भर दी थी।

"सातों दिन सातों रात हम ख़ून-पसीना एक करके शक्कर पैदा करते रहते हैं।"

किसन ने सिर हिलाकर हामी कर दी थी।

"चीनी मीठी होती है।"

"होती है।"

"फिर भी..."

वह चुप हो गया था। किसन ने अपनी थकी आँखों में प्रश्न लिए उसकी ओर देखा था। उसने एक अस्वाभाविक हँसी हँस दी थी, "सातों दिन हमें कड़ुवाहट की बूँदें मिलती रहती हैं।"

उस रात किसन आवेश में घर लौटा था। कुन्दन की एक-एक बात को अपनी माँ के सामने रखता हुआ वह चिल्लाता रह गया था। उसकी माँ कुछ नहीं समझ पाई थी। जब किसन के सिर का दर्द अधिक बढ़ गया था तो उसकी माँ ने नदी से कच्चू का पत्ता मँगवाकर गरम तेल के लेप के साथ उसे किसन के सिर पर बाँध दिया था। एक बात उसकी समझ में ज़रूर आ गई थी, इसलिए न चाहती हुई भी किसन को समझाने के ख़याल से उसने मालिकों के पक्ष में कहा था, "दुधिया गाय के दूगो लतवो भला।"

किसन और भी भड़क उठा था, "दुधिया वे नहीं हम हैं। लात उन्हें मिलनी चाहिए।"

उसकी माँ नीचे से ऊपर तक काँप गई थी। उसने मुँह पर हाथ रख लिया था।

यह उस दिन की घटना थी जब बैठक में किसन को बोलने नहीं दिया गया था। अपनी माँ के सामने सभी बातों को उगल देने पर उसे राहत मिली थी। उसके सिर का दर्द कम हुआ था। उसी दिन उसने अपने से पूछा था—गन्ने रोज़ काटे जाते हैं। कारख़ाने रोज़ चलते हैं।...एक दिन गन्ना न कटे, कारख़ाना न चले तो?...एक दिन! दो दिन...तीन दिन...वह न हो जो मालिक चाहता है तो क्या हो जाएगा?

उत्तर उसे ही देना था—गोलियाँ चल जाएँगी हमारे ऊपर? ऐसा करके तो देखा जाए!

उस गहरे अँधेरे में रेखा एक बार फिर पीछे छूट चुकी थी। काली बदलियों के धीरे-धीरे हट जाने से अँधेरे की गहराई कुछ कम होती गई थी। रुककर उसने पीछे की ओर देखा, रेखा की धुँधली आकृति कुछ क़दमों पर दिखाई पड़ी। किसन उसके पास पहुँचा। भूलकर कि प्रश्न का उत्तर नहीं होता, उसने पूछा, "क्या बात हुई रेखा?"

रेखा चलने लगी। किसन को लगा कि उसने प्रश्न करके रेखा को चलने का आदेश दिया हो। अँधेरा बहुत ही धीरे-धीरे कम हो रहा था। सुबह काफ़ी दूर थी, फिर भी सामने की चीज़ें कुछ-कुछ स्पष्ट होने लगी थीं।

धीरे-धीरे सुबह होकर रही। उजाला बढ़ता गया। उजाले में दोनों का आगे बढ़ना खतरे से भरा था। किसन इस विडम्बना पर हँस ही तो सकता था। उनकी नज़र घोड़ों पर आते हुए दो गोरों पर पड़ी। दोनों झाड़ी में छुप गए।

एक झाड़ी से दूसरी झाड़ी में छिपते हुए दोनों ने किसी तरह दिन को बीतने दिया। वह दिन जो रात से भी ख़तरनाक था!

25

दिन किसी तरह ढल पाया। दोनों ने फिर से दौड़ना आरम्भ किया। रेखा की सारी हिम्मत जवाब दे चुकी थी। उसके पाँव शक्तिहीन-से होने लगे थे। अपनी साँसों में दर्द महसूसती हुई भी वह दौड़ती ही रही। दोनों उसी मुड़िया पहाड़ की तराई तक पहुँच आए थे, जिसके बारे में रोचक कहानी सुनकर रेखा उसे देखने को अधीर थी। पीछे अब भी कुत्तों की आवाज़ें थीं। पहाड़ को देखे बिना वे उस पर चढ़ने लगे। शरीर के लथपथ पसीने से एक हलकी ठंडक को महसूसते हुए वे भागते रहे। इस दौड़ की शुरुआत में दो-तीन जगहों पर ठिठककर किसन अपने-आपसे प्रश्न कर बैठा—यह भागना क्यों? न भागने का मतलब था कुत्तों द्वारा नोचे जाना और बन्दूक की गोली से बिंध जाना। इतनी आसान मौत के लिए वह रुक नहीं सकता था। इसीलिए उसने भागना ही ठीक समझा। दूसरी बार ठिठककर उसने अपने-आपसे पूछा था—यह भागना अपने-आपसे भागना तो नहीं? आदमी आख़िर उस उसूल से क्यों चिपका रहे जो बेदम हो गया हो...जो आदमी को लेकर डूब जाए?

झाड़ियों के पीछे की एक चट्टान पर पहुँचकर किसन ने नीचे की ओर झाँका। नीचे धुँधलापन था। आकृतियाँ ओझल थीं, पर आवाज़ों की भनक अब भी थी। सूरज धीरे-धीरे नीचे को उतरता ही गया। क्षितिज को आग-सी लग गई थी। अंगारे का वह रंग दूर तक फैलता जा रहा था। दोनों एक ऐसे स्थान पर आ गए थे, जहाँ से चारों ओर का समुद्र दीखने लगा था। बस, जहाँ-तहाँ पहाड़ों की दीवारें थीं। क्षितिज

धधकता गया। वह धधक बाँझ धधक थी। किसन जानता है कि आज तक उस धधक ने कुछ भी नहीं जलाया था। उसके अपने भीतर की धधक भी वैसी ही थी। एकदम सीली-सी। पश्चिम का समुद्र जलता दीख रहा था।

दोनों चढ़ते गए। पश्चिम के अंगारे का रंग मिटता गया। कोयले की-सी स्याही धीरे-धीरे गाढ़ी होती गई। वे टटोलते हुए आगे बढ़ते रहे। छोटे-मोटे जंगली जीव उसके पाँवों से टकराकर भाग उठते और वे सिहर उठते। अभागा आकाश तो बिना चाँद का था ही, तारे भी ओझल थे। कुत्तों की आवाज़ें फिर आईं। नीचे हिलती मशाल की रोशनी दिखाई पड़ी। उसका पीछा किया जाना अब भी बन्द नहीं हुआ था। किसन के मन में आया कि झाड़ी में चिपक जाए, पर कुत्तों का ख़याल आते ही वह दोनों हाथों से झाड़ियों के बीच रास्ता बनाने लगा। अब उससे दौड़ना नहीं हो रहा था। वह टटोल-टटोलकर रेंगता था। रेखा भी रेंगती रही।

झाड़ियाँ समाप्त हो गई थीं। सामने चिकनी चट्टानें थीं, बारिश की फिसलन लिए हुए। अँधेरे में आगे की चढ़ाई असम्भव थी। किसन अपनी जगह पर पड़ा रहा, अपने ऊपर से चमगादड़ों को निकल जाते महसूसता रहा। नदी पार करते समय अँधेरा नहीं हुआ था। उसने सोचा था, नदी पार कर जाने पर वे बच जाएँगे।

अब आगे कुछ भी सोचने की शक्ति उसमें बाक़ी नहीं थी। पता नहीं, कुत्तों के भौंकने की आवाज़ अब भी थी या नहीं! उसके अपने कानों में बस अपने हाँफने की आवाज़ आ रही थी। उसका अंग-अंग जवाब दे रहा था। अब तो उसके लिए जो निर्धारित था, उसी की उसने कल्पना की—कुत्तों द्वारा नोचे जाना। क्रिओल सिपाहियों के हाथों की लबाका रस्सी, गोरे मालिक का कोड़ा और क़ैदखाने की चारदीवारी। एक क्षण के लिए अपनी साँसों को रोककर उसने कुत्तों की आवाज़ों को सुनना चाहा। अपने हाँफने की आवाज़ के अलावा जो दूसरी आवाज़ उसने सुनी, वह बारिश की थी। आवाज़ सुनने के बाद ही उसे अपने भीग जाने का ख़याल आया। उसके चेहरे पर की पसीने की चिपचिपाहट झंझावात से धुल गई थी। खुले हुए मुँह को ऊपर करके उसने बारिश की बूँदों से प्यास बुझाई। क्षण-भर के लिए वह रेखा को भूल-सा गया था। रेखा के हाथ उसके कन्धों पर थे। उन दोनों हाथों को थामकर उसने रेखा को अपने एकदम पास ले लिया।

किसन को जिस बात का डर था, वही हुआ। जिस समय कुत्तों के झगड़ने की आवाज़ के कारण दोनों ने दिशा बदली थी, उसी समय किसन को अँधेरे की लपेट में अपनी विवशता का आभास हुआ था। काफ़ी देर बाद दिखाई पड़ी थी वह टिमटिमाती रोशनी, जिसको लक्ष्य करके पास पहुँचने पर किसन को अपना सन्देह सच प्रतीत हुआ था। वह दूसरी बस्ती थी। उसने ठिठककर सोचा था—अगर यह वही बस्ती हुई जहाँ देवननन् चाचा को पहुँचना था तो फिर पीछे का रास्ता लेना पड़ेगा।

उसने उस बस्ती को वही मान लिया था।

दोनों पीछे की ओर मुड़ गए थे। किसन ने एक बार फिर रेखा को झूठा आश्वासन दिया था। पगडंडी से छूटकर दोनों एक विस्तृत मैदान में पहुँच आए थे। यह जानकर कि रेखा एकदम थक गई थी, किसन ने थोड़ा विश्राम करना चाहा था। पर रेखा आशंकित थी। उसे अब भी मालिक की गाड़ी और उसके लोगों के पहुँच जाने का डर था। अपनी सारी थकान के बावजूद रेखा उस सुरक्षित ठौर को पहुँचकर ही साँस लेना चाहती थी, जहाँ के लिए उसे मुखिया का आदेश मिला था।

रेखा के साथ होने से किसन को स्थिर होकर कुछ सोचना और भी कठिन प्रतीत हो रहा था। एक तो वह इन इलाकों से परिचित भी नहीं था, उस पर रात का गहन अँधेरा। भय था। रेखा थी। और इन सभी के बीच किसन अस्थिर था। अकेला होता तो इतनी चिन्ता न होती। दोनों चलते रहे। धीरे-धीरे पौ फटने का आभास होने लगा था। अँधेरा कम होता जा रहा था। झाड़ियों के बीच के धुँधलके से होते हुए दोनों एक स्थान पर आ गए थे, जहाँ से सामने का वातावरण कुछ अधिक साफ़ था। समुद्र का गर्जन भी साफ़ सुनाई पड़ने लगा था और उसके साथ-साथ ही लोगों की आवाज़ें भी सुनाई पड़ीं।

पौ फटते ही दोनों ने ऊपर से नीचे के दृश्य को स्पष्ट देखा। वैसा दृश्य देखने का यह अवसर दोनों के लिए पहला था। अपने गाँव की नदी के सामने बैठे हुए किसन ने कई बार उस समुद्र के बारे में सोचा था, जिसकी चर्चा उसका बाप किया करता था। सामने के स्पष्ट हो गए दृश्य से किसन स्तब्ध-सा खड़ा रहा। इसी विशाल सागर को पार करके उसका बाप इस द्वीप को पहुँचा था। चट्टान की ऊँचाई से दोनों सामने की सभी चीज़ों को साफ़ देख रहे थे। समुद्र किनारे सफ़ेद पत्थरों की लम्बी दीवार थी। बीच में एक विस्तृत चबूतरा था, दाईं ओर एक कोठरी थी, जिसके ठीक सामने कन्धे पर बन्दूक थामे एक सिपाही खड़ा था।

दो समुद्री पक्षी काँव-काँव करते हुए दोनों के ऊपर से चले गए। रेखा के मुँह से पहली बार शब्द निकले। उसने अपने भीतर के भय को दबाते हुए पूछा, “कहाँ आ गए हम?”

“अब उजाला छाने लगा है, हम रास्ता ढूँढ़ निकालेंगे।”

उजाले में देखे और पकड़े जाने का जो डर था, उसे किसन ने व्यक्त नहीं किया। जहाज़ से होते हुए किनारे की बालू से लगा लकड़ी का एक पुल था जिससे कुलियों को उतारा जा रहा था। जो उतारे जा चुके थे, उन्हें एक लम्बी क़तार में खड़ा कर दिया गया था। सभी के सामने छोटी-बड़ी गठरियाँ थीं। क़तार के दोनों ओर सिपाही तैनात थे। बस्ती के बूढ़े लोगों से सुनी हुई बातों को किसन अपनी आँखों से देख रहा था। वे लोग भी इसी तरह क़तार में खड़े हुए थे। उन लोगों के सामने भी कुलियों

को ख़रीदने के लिए गोरे छत्रियों के नीचे हाथ में चाबुक लिए बैठे थे।

किसन को लगा, इस बार बहुत अधिक कुलियों को लाया गया था। उनमें लहँगे और साड़ियों में लिपटी औरतें भी थीं। एक-दो बच्चे भी नज़र आए थे। कुछ मज़दूर जहाज़ से माल उतारने में लगे हुए थे, कुछ मालिकों के घोड़ों की लगाम थामे खड़े थे। किसन ने सुन रखा था कि इस देश में हर दूसरे क़दम पर समुद्र देखने को मिलता है। पहाड़ी और चट्टानों के ऊपर से उसने जिस समुद्र को देखा था वह उससे भिन्न था। दूर के उस समुद्र में न लहरें दिखती थीं, न ज्वार-भाटे और न ही सुनने को यह नाद मिलता था। दिल दहला जानेवाली ग़रज़ को वह पहली बार सुन रहा था, फिर भी वह समुद्र से आकर्षित नहीं हो रहा था, जिसे देखने की बहुत बड़ी इच्छा उसके भीतर थी।

उसका सारा ध्यान कुलियों की दयनीयता पर चिपका हुआ था। वह ख़बर एकदम झूठी थी कि अब भारत से कुलियों का आना बन्द हो गया था। बस्ती के सभी लोगों को वह जो खुशी हुई थी, उसकी कीमत इस समय किसन को भुगतनी पड़ रही थी। उसने स्वर्ग और नर्क की कहानियाँ सुन रखी थीं। सभी कुछ सामने था। स्वर्ग से ढकेले गए ये लोग इस समय नर्क के किनारे को छू रहे थे। दो सिपाहियों ने एक औरत को ढकेलकर पुल से नीचे गिरा दिया। उसी दूरी से भी किसन उस औरत की सिसकियों को सुनता-सा प्रतीत हुआ। उसकी आँखों का रोष दो बूँद आँसू में पिघलकर टपक गया।

उस दृश्य के सामने अधिक देर तक न रह सकने का एक दूसरा कारण यह भी था कि कभी भी किसी सिपाही की नज़र ऊपर को उठ सकती थी, और दोनों का बच निकलना तब कठिन हो जाता। हृदय से छू जानेवाले गर्म सलाखों के-से उस दृश्य से आँखें मिलाए रहना कठिन था। दोनों आगे बढ़ गए। रेखा के चेहरे पर थकान स्पष्ट थी। उसका वह गोरा चेहरा झाँवर पड़ गया था। आँखों में थकावट और नींद दोनों की खुमारी थी। झावे के जंगल से होते हुए दोनों एक टीले पर पहुँच आए थे। इस बीच सूरज भी पूरब के पेड़ों के ऊपर आ गया था। इधर-उधर से कुछ फल बटोरकर दोनों ने भूख मिटाई। किसन को विश्वास था कि हर हालत में सूरज डूबने से पहले वह अपनी बस्ती को ढूँढ़ निकालेगा।

रास्ते में किसन ने रेखा से कई प्रश्न किए, पर रेखा बहुत कम बोलनेवाली लड़की थी। एक झरने से दोनों ने पानी पिया। जंगली फूलों की भीनी-भीनी गन्ध के बीच सुस्ताने के बाद वे फिर चल पड़े। लोहे की झनझनाहट सुनकर झाड़ियों की आड़ में हो गए। क़ैदी रेल की पटरियाँ बिछाने में लगे हुए थे। दोनों को फिर से चक्कर काटकर पहाड़ी पार करनी पड़ी।

जिन खेतों में काम हो रहा था, उनसे अपने को दूर रखते हुए दोनों दुर्गम रास्तों

से बढ़ते रहे। उस समय सूरज ठीक सिर के ऊपर आ गया था, जब किसन ने नारियल के पेड़ पर चढ़ना चाहा। रेखा को खुलकर बोलने का वह पहला अवसर था, "ऐसे समय पेड़ पर चढ़ना अच्छा नहीं होता।"

एक हाथ से नारियल के पेड़ को पकड़े किसन रेखा की ओर मुड़ पड़ा था। हँसते हुए उसने पूछा था, "इस समय पेड़ों पर भूत होते हैं न?"

भोलेपन के साथ रेखा ने सिर हिलाकर हामी भर दी।

"मैं नहीं मानता।"

"सुग्रीव चाचा ऐसे ही समय पेड़ पर चढ़े थे और गिर पड़े थे।"

"भूतों ने ढकेल दिया होगा।"

यह कहकर किसन पेड़ पर चढ़ गया था। दो नारियल गिराने के बाद जब वह नीचे उतरा, उस समय उसकी आँखों में चमकती हुई खुशी थी।

"हम बस्ती के बहुत पास पहुँच गए हैं। ऊपर से मैंने वह पहाड़ी देखी, जिसके पीछे हमें पहुँचना है।"

इस बात से रेखा का मुरझाया चेहरा भी खिल उठा।

किसन ने एक सूखी लकड़ी तोड़ी, जिसके नुकीले भाग से कच्चे नारियलों में छेद करके एक पहले रेखा को दिया। दूसरे को खुद पीने के बाद दोनों नारियलों पर पत्थर पटककर उन्हें फोड़ा। पतली गरियाँ खाने के बाद दोनों पहाड़ी की ओर चल पड़े। पहाड़ी को पार न करके उसका चक्कर काटकर जाना ही किसन ने सही समझा। ऊपर से होकर जाने पर सरदारों की नज़र पड़ जाने का डर था। उम्मीद बँध जाने के कारण दोनों को अपनी थकान का कोई विशेष ख़याल नहीं रहा।

बस्ती जब सामने दिखाई पड़ने लगी तो रेखा ने पूछा, "साहब के सिपाही यहाँ भी पहुँच जाएँ तो?"

"उन्हें सँभालने के लिए एक पूरी बस्ती है। तुम इसकी चिन्ता क्यों करती हो?"

रेखा की चिन्ता दूर करने के लिए यह आश्वासन पर्याप्त नहीं था। तीसरी बार के लिए रेखा ने पूछा, "मेरे बापू का क्या होगा?"

"कहा न, उनका कोई बाल बाँका नहीं कर सकता।" जबकि किसन खुद आश्वस्त नहीं था।

नदी के पास पहुँचकर दोनों ने हाथ-मुँह धोए। रेखा के भीतर का डर अब भी पूरी तरह से गया नहीं था, पर उसके चेहरे का रंग लगभग सुधर गया था। आँखें एक बार फिर अपनी अथाह गहराई के साथ चमकने लगी थीं। इस दर्गम यात्रा के दौरान पहली बार किसन को पुष्पा और सत्या की याद आई।

सूरज के ढलने में अभी समय था। बस्ती सुनसान थी। कुएँ पर केवल हमजा की माँ मिली। बस्ती में प्रवेश करते ही किसन के सामने उधेड़बुन की स्थिति आ

गई थी—रेखा को साथ लिए सीधे घर पहुँचे या उसे देवननन् के घर छोड़ जाए? घर में उसके बाप की हालत न जाने कैसी होगी। एक रात बस्ती से दूर रहकर उसे ऐसा लग रहा था जैसे कोई लम्बी अवधि बीत गई हो। उसका अन्तिम निर्णय रहा, रेखा को लिए सीधे घर पहुँचना।

बस्ती की औरतों में कानाफूसी शुरू होती, इससे पहले किसन रेखा के साथ घर पहुँच गया। उसकी माँ और बहन दोनों घर के सामने ही मिल गईं। एक ही साँस में किसन ने दोनों को पूरी कहानी बता दी। दूसरे कमरे से रघुसिंह की आवाज़ आई, "के ह किसन के माँ?"

आवाज़ से साफ़ जाहिर था कि उसकी हालत सुधरी थी। किसन के भीतर जो हलका-सा भय था, वह इस खुशी से नहीं दबा। उसका बाप एक ही लगे उससे कई प्रश्न कर बैठेगा। किसन को उन प्रश्नों की चिन्ता नहीं थी। वह एक-एक का उत्तर दे सकता था। लेकिन वे सभी प्रश्न रेखा के सामने किए जाएँ, यह बात किसन को पसन्द नहीं थी। रेखा को अपनी माँ और सन्ध्या के बीच छोड़कर वह सीधे अपने बाप तक पहुँचा। रघुसिंह खाट पर लेटा हुआ था। किसन के लिए उसकी उन सूखी आँखों में बेशुमार प्रश्न थे। उसे उन सभी प्रश्नों के उत्तर बारी-बारी से देने थे।

"दूसरी बस्ती के मुखिया से मिलने गया था।"

"..."

"रात में हम रास्ता भटक गए थे।"

"हम?"

"मेरे साथ दूसरी बस्ती के मुखिया द्वारा सौंपी गई रेखा थी।"

"...।"

"वहाँ के साहब की ओर से रेखा के लिए सिपाही आए थे।"

"कहाँ बा उ छोकरी?"

"रेखा? साथ आई है।"

एक बात स्पष्ट थी। रघुसिंह नाराज़ नहीं था।

26

बस्ती के जिन लोगों को किसन बीमार छोड़ गया था, उन सभी की हालत सुधरी हुई थी। किसन को जो अज्ञात आशंका हुई थी, वह धीरे-धीरे मिटने लगी थी। महामारी के ख़याल मात्र से ही उसका हृदय दहल गया था। पंडितजी की जड़ी-बूटियाँ एक बार फिर महत्त्वपूर्ण काम कर गई थीं। इस बात के आत्मसन्तोष के साथ शाम को

किसन कुन्दन के घर पहुँचा। वह कुन्दन ही के यहाँ था कि उसके लौटने की ख़बर पाकर कई लोग उससे वहीं मिलने आ गए। सभी मज़दूर ख़ाली टोकरियों के साथ लौटे थे। इस सप्ताह चावल-दाल का वितरण नहीं हुआ। किसन ने कारण जानना चाहा, पर वह किसी को मालूम नहीं था।

रात में बैठक लगी। कुन्दन और सोनालाल ने पड़ोस के गाँवों में जो सम्पर्क स्थापित किए थे, उनका विवरण दिया। किसन ने अपनी बातें बताईं। रेखा की चर्चा की। सभी लोगों ने एक स्वर में उसकी रक्षा का दायित्व अपने ऊपर लिया। अन्त में कुन्दन ने स्थिति को सामने रखा। चावल-दाल का वितरण न होने के कारण कई घरों में चूल्हे नहीं जले थे। ऐसा पहले भी कई बार हो चुका था। लेकिन लोगों की हाँड़ियाँ एकदम ख़ाली थीं, यह अवसर पहला था। इसका कारण यह था कि पिछले दो सप्ताह से उन्हें पूरा राशन नहीं मिल पा रहा था।

कुन्दन ने ही सभी लोगों को यह बताया कि कारख़ाने के पास की अनाज़ की दूसरी कोठरी अनाज़ों से भरी पड़ी है। अनाज़ होते हुए भी मज़दूरों को भूखे रखने का कारण क्या हो सकता है? इसके उत्तर में कई लोगों ने एकसाथ कहा कि यह उन लोगों का अपने ढंग का प्रतिशोध है। सबसे बाद में किसन ने अपनी बातें कहीं। उसके स्वर में तत्काल ठोस क़दम उठाने का प्रण था। किसन की संवेदना का अनुमोदन न करनेवाला केवल कुन्दन था। वह पड़ोस के अपने जिम्मे की दोनों बस्तियों की स्थितियों का बहुत निकट से अध्ययन करके लौटा था। वह जानता था कि इसी तरह की घटनाएँ उधर भी होंगी। उसने चाहा कि कुछ क्षण प्रतीक्षा की जाए ताकि छह-सात बस्तियाँ एकसाथ इस जुल्म के खिलाफ़ खड़ी हो सकें।

पूरे घंटे-भर कुन्दन के बोलते रहने के बाद लोगों को उसकी बात समझ में आई। इसके बाद किसन ने भी यही चाहा कि जो पहला क़दम उठे वह ठोस हो, डगमगाता हुआ नहीं। स्थिति में महत्त्वपूर्ण परिवर्तन लाने का यही एकमात्र उपाय था। कुन्दन की इस बात को उसने भी सोचा था कि पहली ही बार अपनी सारी शक्ति के साथ खड़े हो जाने पर जुल्म के हाथ अपने-आप नीचे गिर जाएँगे। बैठक की समाप्ति से पहले सभी लोगों ने हनुमान चालीसा का पाठ किया। सभी लोग जाने को खड़े हुए तो कुन्दन ने किसन से कहा, "तुम थोड़ी देर के लिए ठहर जाओ।"

किसन फिर से वाक्वा के सूखे पत्तों की चटाई पर बैठ गया। सभी लोगों के चले जाने के बाद कुन्दन किसन की बग़ल में आ बैठा। थोड़ी देर दोनों चुप रहे। कुन्दन ने जानना चाहा कि आज की बातों का लोगों पर कैसा प्रभाव पड़ा। किसन के अपने विचार में आज की बैठक अब तक की सभी बैठकों से अधिक सफल रही। कुछ देर तक बैठक की सभी बातों पर टिप्पणियाँ होती रहीं। इसके बाद कुन्दन ने वह बात छेड़ी, जिसके लिए किसन को रोका था, "तुम पुष्पा से मिले?"

"नहीं।"

"वह दुखी है।"

"दुखी है?"

"हाँ।"

"पर किसलिए?"

"रेखा के आने से। उसे कुछ भी न बताकर तुमने उसे और भी दुखी किया है।"

"यह तो अजीब बात हुई।"

"तुम उससे मिल तो लेते!"

"कोई वजह?"

"वह सन्देह और ईर्ष्या से बच जाती।"

"सन्देह और ईर्ष्या कैसी?"

"एक काम करना। सुबह काम पर जाने से पहले उससे मिल लेना।"

किसन जब घर लौटा, उस समय उसकी बहन और रेखा जाग रही थी। घर के दूसरे भाग में एक ही चटाई पर उसकी माँ के साथ दोनों लेटी हुई थीं। किसन के आगमन का पता चल जाने पर दोनों को अपनी बात का विषय बदलते देर नहीं लगी। नींद की बेसुधी से पहले किसन जिस बात पर सबसे अधिक सोचता रह गया था, वह थी पुष्पा की ईर्ष्या।

सुबह जब किसन पुष्पा से मिला, वह ओखली में धान छाँट रही थी। चावल से चुन-चुनकर निकाले गए धान इस समय काम आ रहे थे। पुष्पा ने किसन के साथ उसी तरह बात की थी, जिस तरह हमेशा करती थी। किसन को कुन्दन की बात एकदम निराधार लगी। काफ़ी लम्बे समय तक की बातचीत के दौरान जब पुष्पा ने रेखा की कोई चर्चा नहीं की तो किसन ने भी अपनी ओर से उस बारे में कुछ नहीं कहा।

रास्ते में दाऊद ने कुदाली को एक कन्धे से दूसरे तक पहुँचाते हुए किसन से कहा, "मैं सोचता हूँ कि जब इससे भी कठिन दिनों को हमने देखा है तो इसे भी देख लें। इससे भी बड़ी सज़ा हमने भुगती हैं तो फिर इसे भी चुपचाप भुगत लें।"

"कब तक?"

"जब तक सहना नामुमकिन न हो जाए।"

"तुम्हारे छोटे भाई की क्या उम्र है इस वक़्त?"

"क्यों?"

"बस पूछ रहा हूँ।"

"ढाई साल।"

"एक दिन वह बड़ा होगा। बड़ा होकर अपने चारों ओर देखेगा। यह जानने के

लिए कि हम लोगों ने उसके लिए क्या छोड़ा है। जिस ढंग और तरीक़े से हमारे साथ पेश आया जाता है, क्या यही उसके लिए भी रहे?"

इस प्रश्न का उत्तर दाऊद से नहीं बन पड़ा। आगे का रास्ता दोनों ने चुपचाप चलते रहकर काटा। खेत में पहुँचकर पता चला कि बोआई नहीं होनेवाली थी, क्योंकि इधर सप्ताह-भर वर्षा की कोई सम्भावना नहीं थी। सभी मज़दूरों को जामुनवाले खेत में भेज दिया गया। पत्थरों को उलटकर मुँडेर बनानी थी। अपनी भुजाओं में तीन मज़दूरों की ताक़त लाकर एक-एक मज़दूर पत्थर को उलटने लगे। कहीं कोई कराहता हुआ अपना काम पूरा करने में लगा हुआ था। कोई पत्थर को लुढ़काने में असफल रहने पर बाँसों की बौछार से चिल्ला उठता। कोई एक हाथ से दूसरे हाथ का ख़ून पोंछते हुए सामने के पत्थर को छाती से रोके रहता। दाऊद की ओर देखते हुए किसन ने हाँफते हुए कहा, "क्यों दाऊद, यही ज़िन्दगी अपने छोटे भाई के लिए तैयार छोड़ना चाहते हो?"

थकान से टूट-टूटकर धराशायी होते हुए किसन ने अपनी पीठ पर चाबुक के प्रहार को अनुभव किया। सड़ाक् एक! सड़ाक् दो! सड़ाक् तीन...

सूर्यास्त के समय जब क्षितिज का रंग फ़सल के लिए तैयार ईखों के रंग-सा लग रहा था, किसन ने बस्ती के उस प्रथम सुर से गाने की अन्तिम पंक्तियाँ सुनीं—

पहड़वा के अगवा भैया सब लोगन देखे
अगवा जो लगे हिरदयवा में भैया
ओके कोई ना देखे भैया कोई ना देखे।
चावल के खुदियन घर-घर बाँटे।
पर दुखवा जो बाँटे तो कैसे ओ भैया...

रेखा किसन के ठीक सामने थी। सन्ध्या किसन की चोट पर मरहम लगा रही थी। रेखा चुपचाप खड़ी रही थी। उसकी पीठ पर लम्बे बाल ईख की लम्बी क़तार की तरह थे। दूर तक फैले हुए हरे-भरे खेतों का यह विस्तार उन दोनों आँखों गें बन्द-सा लग रहा था। बहुत धीरे-धीरे चलकर वह किसन के निकट पहुँची। झिझक-भरे स्वर में उसने धीरे से पूछा, "दर्द कुछ कम हुआ?"

किसन ने सिर हिलाकर हामी भर दी।

रेखा उसी तरह खड़ी रही।

किसन की आँखों से विचलित-सी होकर उसने पूछा, "उधर का कोई हाल नहीं मिला अभी तक?"

किसन ने तत्काल उत्तर नहीं दिया। मरहम के बाद वह खाट पर बैठा। रेखा के हाथ से कटोरा-भर पानी लेकर उसे एक ही साँस में पी गया।

"तुम्हें अपने बाप की बहुत अधिक चिन्ता है न?"

ख़ाली कटोरे के साथ उसके चले जाने के बाद किसन ने अपनी बहन की ओर देखा। गोया सन्ध्या से कोई प्रश्न कर बैठा हो जिसके उत्तर में सन्ध्या पहले मुस्कराई, फिर धीरे से बोली, "रेखा बहुत सुन्दर है न?"

"मुझे बता रही हो या जानना चाह रही हो?"

"तुमसे पूछ रही हूँ।"

"तुम खुद क्या सोचती हो?"

सन्ध्या कुछ कह पाती कि तभी बाहर से उसकी माँ ने आवाज़ दी, "अभी तलक चिराग़ ना बरले बेटी? देख लिहे अगारी चिराग़ में तेल बा की नाही।"

किसन के प्रश्न का उत्तर दिए बिना सन्ध्या वहाँ से चली गई।

किसन खाट पर पड़ा रहा। उसने धीरे से पलकें झुका लीं और ऐसा महसूस किया कि दूर के उस ऊँचे पहाड़ पर वह खड़ा है, जिसकी आकृति मनुष्य-जैसी है। वहाँ से नीचे की किसी वस्तु को पहचानने का भरसक प्रयास कर रहा है। चक्कर आ जाने के डर से उसने आँखों को ऊपर उठा लेना चाहा, पर ऐसा सम्भव नहीं था।

किसन उसी तरह बैठा रहा। उसकी पलकें झुकी रहीं। बाहर से कुन्दन के पुकारने पर उसकी पलकें ऊपर उठीं। कुन्दन भीतर आया। वह गम्भीर था। उसका वह गाम्भीर्य अपने में प्रण लिए हुए था। पहले ही वाक्य में उसने कहा, "उधर सभी लोग तैयार हैं। सभी को हमारी प्रतीक्षा है।"

यह सुनते ही किसन खाट से नीचे उतर पड़ा। उधर भगत का स्वर भी ऊपर आ गया था–

न आटा न पाटा है
मैं का बेलूँ सजनी, मैं का बेलूँ!
तोर घर के आटा गीला होयले
मोर चूल्हा रोए जार-बेजार
...सजनी मैं का बेलूँ!

27

अपने ही विचारों के साथ तर्क करते हुए किसन हताश स्थिति में हौसले को बढ़ाने का प्रयत्न करता रहता। परिस्थिति निराशाजनक थी, क्योंकि व्यथा के अन्त का कोई आसार नहीं दीखता। निराशा कभी-कभी पराकाष्ठा पर पहुँचकर सभी विचारों को शिथिल कर जाती। निर्जीवता आ जाती। सुनते आया था कि स्थिति को उसके बदतर रूप में जीकर, उसकी सभी यन्त्रणाओं से जूझकर ही जीवन बनता है। कष्टों को हद

तक जानकर ही आदमी आदमी बनता है। वैद्यजी कहते थे कि शास्त्रों में ऐसा ही कहा गया है। सभी लोगों से पूछ चुकने के बाद किसन अपने-आपसे पूछता कि कष्टों की हद क्या होती है? बस, इसी मोड़ पर किसन में अधीरता आ जाती। एक ओर वह उन दारुण दंडों को हद तक सहने के लिए अपने में शक्ति और संकल्प जुटाता तो दूसरी ओर उसका यह प्रयास भी जारी रहता कि स्थिति को चकनाचूर कर दिया जाए। उसी स्थिति को जिसे सहते जाने का वह हौसला देता। रेखा ने उससे पूछा था, "ये दिन बदल जाएँगे, तुम्हें विश्वास है?"

"मुझे विश्वास है।" किसन ने यह पूरे विश्वास के साथ नहीं कहा था। वह चौपड़ का दाँव खेल रहा था। दोनों सम्भावनाओं के साथ। हार और जीत के चक्कर में पड़नेवाला कोई भी आदमी खेल नहीं सकता। वैद्यजी बात की पुष्टि करते कि कुछ इसी तरह की बात पुस्तक में थी।

"इसमें खतरा बहुत अधिक है।" रेखा बोली थी।

"बिना खतरे का कोई खेल भी होता है क्या?"

"थोड़ा-सा सन्तोष।"

"सामने का वह पहाड़ देखती हो? सन्तोष कोई उससे सीखे। पर जानती हो रेखा, युगों के सन्तोष ने भी उसे कुछ नहीं दिया।"

"जिस लड़ाई में जीत की उम्मीद ही न हो, उसे लड़ने से क्या लाभ?"

"मेरा उद्देश्य लड़ाई लड़ने से है।"

"बस?"

"हाँ। बस इतना ही।"

"हारी हुई लड़ाई?"

"तुमने बोलना कहाँ से सीखा है, रेखा?"

रेखा चुप हो गई थी। उसकी चुप्पी काफ़ी लम्बी होती थी। वह लोगों को सुनती बहुत ध्यान से थी। सुनने की रौ में बोलना पसन्द नहीं करती थी। इसके बाद तो किसन ही बोलता रह गया था, वह सुनती रह गई थी।

"हम लोगों को हवेली की इच्छा नहीं है। हमें अपने कुत्तों को दस मज़दूरों का खाना एक बार में नहीं खिलाना है। अपने पाँवों के सही-सलामत होते तक हमें गाड़ियों और बग्घी की कोई ज़रूरत नहीं। अपने तन ढाँपने के लिए हमें उतने सारे भड़कीले कपड़े नहीं चाहिए। लेकिन इसका यह मतलब नहीं कि हम रौंदे जाने पर भी आह तक न भरें, पगड़ी उछाले जाने पर अपने हाथों को सिर तक भी न पहुँचाएँ! घी-मलाई न सही, पर चावल के साथ कीड़े भी तो नहीं माँगते? पसीने की आख़िरी बूँद देते हुए जब हममें हिचक नहीं तो हम जूतों और बाँसों की बौछार भी नहीं चाहते।"

रेखा को ये सारी बातें सुनाते हुए किसन आनन्द का अनुभव करता। रेखा ही

थी वह जो सम्भवतः उसकी बातों को समझ पाती थी।

उस दिन रेखा के साथ पहली बार समुद्र की सुन्दरता देखने के बाद किसन के भीतर समुद्र के प्रति एक जबरदस्त चाह-सी पैदा हो गई थी। अकेले में वह कई बार अपने से कह चुका था—क्या इस संघर्ष के अन्त में इतनी स्वाधीनता होगी हमें कि हम स्वच्छन्दता के साथ समुद्री सौन्दर्य का आनन्द ले सकें? उस एक ही दृश्य ने उसको मोह लिया था। उसकी चर्चा कुन्दन से करके उसने अपनी अधीरता को और भी बढ़ा लिया था, क्योंकि कुन्दन ने दूसरे समुद्रतटों के जो वर्णन उसके सामने किए थे, उनसे तो वह उन स्थानों को देखने के लिए और भी बेताब हो चला था। पहाड़ियों से दूर के वे दृश्य देखने से मन नहीं भर पाता था।

पिछली रात तनाव के कारण उसे नींद देर से आई थी। इसलिए आज रात उसे सवेरे नींद आ गई। सपने में वह रेखा के साथ समुद्री इलाकों में घूमता रहा। कहीं समुद्र शान्त था, निर्जीव-सा। कहीं उसमें विद्रोह था। लहरें प्रलय को आमन्त्रित करती-सी प्रतीत होती थीं। ज्वार-भाटे प्रलयंकर थे। दूधिया फेनिल लहरें दोनों के पैरों का स्पर्श कर जातीं। सागर कहीं नीलापन लिए हुए था, कहीं हरापन। कहीं ये ही दो रंग भिन्न-भिन्न रंगों-से लग रहे थे। दोनों सामने के उगे हुए इन्द्रधनुष को पकड़ने के लिए दौड़ गए थे।

सुबह उसने रेखा को सपना सुनाया।

रेखा ने बड़े गौर से सुना और बड़ी ही गम्भीरता के साथ किसन से पूछा, "तुम्हें नहीं लगता कि तुम इन्द्रधनुष के पीछे दौड़ रहे हो?"

"क्यों?"

"बस, पूछ रही हूँ। इन्द्रधनुष को पकड़ना असम्भव होता है।"

"बात तो तभी हुई जब असम्भव काम को पूरा किया जा सके। तुम क्या सोचती हो, जबकि सपने की उस दौड़ में तुम भी मेरे साथ थीं?"

रेखा चुप रह गई।

ईख के कारख़ाने का भोंपू चीख़ता रहा। दोनों उस आवाज़ की झनझनाहट को अपने में लिए रहे। सुबह की क्षणिक ठंडी हवा बस्ती में सहमी हुई घूम रही थी। उस निर्मल उजाले में किसन रेखा को देखता रहा। वही सपनेवाली रेखा थी वह। बस, नाक में नकफूली नहीं थी। सपने में उसके कान झुमकों के बोझ लिए हुए थे, इस समय वे मुक्त थे। हाथ में न बाँक था, न जोसन-कटाऊ-चूरी। पैरों के वे झाँझ-पैजन और भिंजी बिच्छियाँ भी नहीं थीं, फिर भी वही सपनेवाली रेखा थी। थी वह हू-ब-हू वही।

शाम को नौकरी से लौटते हुए बातों के दौरान किसन को मालूम हुआ कि कुछ लोगों ने चुपके से बस्ती छोड़ देने की बात सोच रखी थी। बस्तियों से दूर, बहुत दूर

उन पहाड़ियों पर, जहाँ पर सुना जाता है कि मिट्टी सात रंग की होती है, पहुँचकर वे यहाँ के दर्दनाक जीवन से अपने को काट लेना चाहते थे। दूसरी बस्ती के किसी व्यक्ति ने बताया था कि उधर लकड़ियों से कोयले प्राप्त कर उसके सहारे इस जीवन से बेहतर जीवन जिया जा सकता है।

किसन ने लोगों को धिक्कारा, "डरपोक हो तुम सभी!"

उस रात मज़दूरों के बीच बहुत लम्बी बहस हुई। बातें बैठक में न होकर चबूतरे के इर्द-गिर्द हुईं। उस वक़्त रेखा भी बोली और बहुत ही ओजपूर्ण स्वर में बोली। सभी अवाक् थे। किसन ज़्यादा हैरान था। वह बहुत अधिक खुश भी था। उसने पहले ही रेखा को सबसे भिन्न माना था। अब उसे उस भिन्नता का विश्वास हो चला। वह बस्ती की सभी लड़कियों से अलग थी, उसका वह स्वर भी अलग रहा।

"आज हम बहुत दूर भाग सकते हैं। हो सकता है कि कल वहाँ से भी भागना पड़े। इस तरह हम जीवन-भर भागते रहेंगे। चैन और शान्ति न हमारे लिए रहेगी, न ही इन छोटे बच्चों के लिए। पच्चीस-तीस वर्ष की इस ज़िन्दगी में आज पहली बार हालत को बदलने का ख़याल हममें पैदा हुआ है। इस ख़याल को पूरा करने की पूरी कोशिश क्यों न एक बार की जाए?"

यह प्रश्न एकदम भिन्न ढंग से किया गया था। लोगों के बीच लम्बा सन्नाटा रहा। फिर फुसफुसाहट शुरू हुई। ढपली को सेंका नहीं गया।

बहस कुछ देर और चली, अन्त में बस्ती छोड़ भागने के इरादे को छोड़ना पड़ा। आधी रात को घर लौटने पर किसन में नई उमंगें थीं। बिस्तर पर पड़े छाजन के एक छेद से उसने आकाश में एक नया तारा ढूँढ़ निकाला। वह झिलमिलाता तारा न होकर एक दीप्त तारा था। उससे किरणें-सी फूट रही थीं। खुशी के भी कुछ अधिक होने पर आदमी को नींद नहीं आती। किसन करवटें लेता रहा। उस लड़ाई में अब उसका साथी एकमात्र देवननन् चाचा नहीं था। अब रेखा भी आ मिली थी। उसका विश्वास दृढ़ हो चला। अब उसे कोई नहीं हरा सकता था। उस दूसरी ओर उसकी बहन और रेखा भी अब तक जाग रही थीं।

नींद के आगमन से जब किसन के ख़याल कुछ अस्त-व्यस्त होने लगे, उस समय उसके भीतर एक इच्छा-सी जागी। कल के सपने की पुनरावृत्ति। नींद की पूरी बेसुधी उसे आ जाती, इस बीच उसे कई अनु-सपने आए और बिखरते रहे, पर उन सपनों में एक भी वह नहीं रहा जिसकी चाह उसके भीतर थी।

दिन में कुन्दन ने उसे अपने ढंग से आगाह करते हुए कहा था, "किसन यह पहली लड़ाई है, हमें अपनी शक्ति को बँटने नहीं देना है।"

न जाने क्यों देवननन् चाचा ने ऐसा कहा था, लेकिन किसन को ऐसा लगा था कि उसका संकेत रेखा की ओर था। अभियुक्त की तरह वह भी प्रश्न कर बैठा था,

"पर चाचा, हमारी शक्ति क्यों बँटने लगी?"

"यही तो कह रहा हूँ कि न बँटे तो अच्छा है। हमें अपने सारे ध्यान को एक ही स्थान पर केन्द्रित करना है।"

कुन्दन की सभी बातें किसन की समझ में नहीं आई थीं, इसलिए ईख के पौधों के बीच से सूखे पत्तों को मुँडेर पर चढ़ाते हुए वह मन-ही-मन सोचता रह गया था—अगर यह लड़ाई हम हार गए तो?

वह अपने-आपसे बात कर रहा था :

हारने का कारण?

कोई भी कारण हो सकता है।

नहीं, कोई कारण नहीं हो सकता।

वह रेमों साहब का गर्जन था, जिससे किसन के अगले प्रश्न की भ्रूण हत्या हो गई। पालकी ढोनेवाला अगला व्यक्ति चोट खाकर लुढ़क गया था। पालकी नीचे आ गई थी। अपने को सँभालते हुए रेमों साहब पालकी से बाहर हुआ था और उसी क्षण उसने ज़मीन पर पड़े हुए कहार पर चाबुक बरसानी शुरू कर दी थी। चाबुक की 'स्वाँक्-स्वाँक्' आवाज़ से हवा और भी गर्म हो गई थी। कहार की आह तक किसी ने नहीं सुनी। रेमों साहब के हाथ के थक जाने पर बग़ल में आ खड़े हुए रामजी सरदार ने कहार को लात से पीठ के सहारे उलट दिया था। वह निश्चल था। एक-दूसरे मालगासी सरदार ने उसे पेट के सहारे कर दिया था। ऐसा कर चुकने के बाद मालगासी सरदार ने रेमों साहब की ओर देखा था, "लो फ़ीन मोर!"

रामजी सरदार के मुँह से भी निकला था, "हाँ साहब, यह मर गया है।"

किसन की नींद में अगर किसी चीज़ की पुनरावृत्ति हुई तो वह पिछली रात के सपने की नहीं, बल्कि दिन की उस घटना की।

28

सात बस्तियों ने एकसाथ क़दम उठाए।

खेतों में श्मशान-जैसा सन्नाटा छाया रहा। पीपल के नीचे लछमनसिंह ने अपने सभी आदमियों के बीच कहा कि छिलल बकरी भागे न पाए। समुद्री इलाके की बस्ती में रामोतार महतो ने बस्ती के सभी मज़दूरों को समुद्र किनारे इकट्ठा किया। बड़े ही ओजपूर्ण शब्दों में उसने कहा, "सोनरवा के सौ, लोहरवा के एक।" मुखराम साव ने भी अपने लोगों से यही कहा कि "हइ तीता ईख एक ही धार में काट फेंके के होय।" किसन की बस्ती के लोग नदी के पास इकट्ठे हुए थे। पहले वाक्य कुन्दन

के थे—"आज का समय हम सबन के लिए जामवन्त है। जिस तरह जामवन्त ने हनुमानजी को उनकी शक्ति की जानकारी दी थी, उसी तरह आज का समय हम सबन को, हमारी शक्ति को ललकार रहा है। सात बस्तियों की ताक़त है। सात बस्तियों की ताक़त है—हमारे साथ..."

सूरज अभी अच्छी तरह से ऊपर नहीं पहुँचा था, जब कोठी के दो सरदार साहब की धमकियाँ सुनाने पहुँचे। सुनी-अनसुनी रही। सरदार दोबारा आए। लोग चट्टानों पर बैठे रामायण की चौपाइयाँ गाते रहे।

सात बस्तियों के लोग सात स्थानों पर एक ही निर्णय के साथ रामायण गाते रहे। शाम को सूरज के डूबने से पहले मालिक की पालकी नदी किनारे पहुँची। साथ में चार सिपाही थे। उसने बात धमकी से शुरू की और उसे समाप्त किया विनय में—"तुम लोग एक-दो आदमियों के बहकावे में आकर अपना भविष्य बिगाड़ रहे हो।" किसन को ज़ोर से हँसी आ गई। उसने मन-ही-मन कहा—कौन-सा भविष्य? वह जो जन्म लेने से पहले चिता पर चढ़ गया हो?

पालकी लौट गई। सूरज भी डूब गया। और सभी मज़दूर भी बस्ती को लौट आए। हर बस्ती में दूसरी बस्ती से सन्देशवाहक भेजा गया। हर स्थान पर दूसरे दिन के लिए भी वही संकल्प था। सातों बस्तियों में अनाज़ के बरतन ख़ाली पड़े थे। हर बस्ती से तीन-तीन आदमियों को जंगल में भेज दिया गया था, फल और कन्द बटोर लाने के लिए।

दूसरे दिन भी खेतों में मक्खियाँ नहीं भिनकीं। उसी उत्साह के साथ सातों स्थानों पर लोगों के जुटाव हुए। सिपाही और सरदार तीन बार आए और चले गए। रात में सातों कोठियों के मालिकों की बैठक एक स्थान पर हुई।

तीसरे दिन भी खेतों में सूनापन रहा। मूसलाधार वर्षा हुई, लोग अपने-अपने स्थानों पर पेड़ों की आड़ में बैठे रहे। मालिकों की दूसरी बैठक हुई। इसी वर्षा की प्रतीक्षा थी। घनघोर घटा अब भी छाई हुई थी। पूरे सप्ताह वर्षा की सम्भावना थी। बोआई के लिए इससे अच्छा अवसर शायद ही कभी मिले।

शाम के धुँधलके में सातों बस्तियों के प्रतिनिधियों के समुद्री इलाके की कोठी में जुटने का प्रबन्ध हुआ। दूर की बस्तियों के लिए बैलगाड़ी भेजी गई। यह पहली बार हुआ था। उस भव्य कोठी के बरामदे में मालिकों और प्रतिनिधियों की बैठक हुई। यह भी पहली बार। बारी-बारी से सभी गोरों ने बात की, लेकिन सभी प्रतिनिधियों की ओर से केवल किसन बोल रहा था। मालिकों ने जब पाया कि न तो ऊँची आवाज़ से वे लोग दहल रहे थे और न ही धमकियों की उन्हें परवाह थी, तब क्षण-भर के लिए सभी मालिक उठे। भीतर गए। थोड़ी देर बाद हाथों में अंगूरी शराब के पात्रों के साथ लौट आए। एक लम्बी ख़ामोशी के बाद रेमों साहब ने बात शुरू की।

"ठीक है, हम सुनें कि तुम लोगों की माँगें क्या हैं।"

खड़े-खड़े किसन के पाँव थक गए थे। उसने धीमे से पूछा, "हम बैठ सकते हैं?"

मालिकों ने एक-दूसरे को देखा। रेमों साहब ने सिर हिलाकर इजाज़त दे दी। सातों व्यक्ति भूमि पर बैठ गए। किसन ने अपने साथियों के साथ भोजपुरी में एक क्षण के लिए बातें की, फिर साहबों की ओर देखते हुए क्रिओली में कहा, "हमारी पहली माँग यह है कि हमें आदमी समझा जाए। बैल नहीं। हमारी मेहनत के बाद अगर हमारी पीठ नहीं थपथपाई जा सकती तो बदले में बाँसों की बौछार भी हमें नहीं चाहिए। इसका आश्वासन हमें बहुत पहले भी दिया गया था। पर वह आश्वासन झूठा रहा। मैं सातों कोठियों के मज़दूरों की ओर से बोल रहा हूँ। हमने प्रण कर लिया है कि भूखे मर जाएँगे, पर बाँसों की मार खाने को तैयार नहीं होगे।"

"ठीक है, तुम्हारी दूसरी माँग क्या है?"

"पहले इसे स्वीकार किया जाए।"

"पहले तुम अपनी सभी माँगें सामने रख लो।" बग़ल के सबसे मोटे गोरे ने कहा।

"दूसरी बात यह है कि हम बस्तियों के भीतर क़ैदियों की तरह नहीं रह सकते। हमें उस घिरावट से बाहर आने-जाने की स्वतन्त्रता हो।"

"बस?"

"नहीं। हम लोग सात व्यक्ति सात माँगों के साथ आए हैं।"

"तीसरी कहो।"

"हम स्वतन्त्र रूप से अपनी पंचायत और बैठक लगा सकें। पूजा-पाठ कर सकें।"

"वो तो तुम लोग लगाते ही हो, तभी तो आज...।"

"चोरी-चुपके लगाते हैं। हमारी चौथी माँग यह है कि हम अनाज़ और डॉक्टर से वंचित नहीं रहना चाहते।"

मोटे गोरे ने अपने मोटे स्वर में तपाक् से कहा, "मेरी कोठी में कोई भी डॉक्टर और अनाज़ का मोहताज नहीं है।"

"हम एक कोठी की बात लेकर आपके सामने नहीं आए हैं। हमारी माँगें अगर पूरी नहीं हुईं तो कल सात की जगह सत्तर बस्तियाँ यहाँ खड़ी दिखाई पड़ेंगी।"

"धमकी दे रहे हो?"

"आगाह कर रहा हूँ। पाँचवीं बात भी सुन लीजिए। हमारी बहनों और बहू-बेटियों का आदर होना चाहिए। पिछले महीने एक बस्ती में चार लड़कियों ने आत्महत्या कर ली थी।"

"तुम लोग यह चाहते हो कि हम उन लड़कियों को आत्महत्या करने से रोकते फिरें?"

"उन्हें विवश न करें। हम सभी की अन्तिम माँग यह है कि हमारे बच्चों को पढ़ने-लिखने का अवसर दिया जाए।"

"तो ये रही तुम्हारी सात माँगें?"

दूसरे गोरे ने पूछा, "और अगर ये माँगें पूरी नहीं की गईं तो?"

"यह हम बता चुके।"

क्षण-भर की निस्तब्धता के बाद...

समुद्री इलाके के गोरे ने अपनी जगह से उठकर सातों व्यक्तियों को गौर से देखा, फिर अपने साथियों को। सभी को उसी के बोलने की प्रतीक्षा थी। फ्रेंच के अस्त-व्यस्त शब्दों में वह बोला, "उत्तर तुम्हें तीन दिन बाद मिलेगा।"

"हमें हाँ या ना का उत्तर इसी वक़्त चाहिए।"

"कहा न, तीन दिन बाद उत्तर दिया जाएगा?"

"तो हम तीन दिन बाद ही नौकरी पर लौटेंगे।"

"एस्पेस दे बातार!" बोरा चिल्ला पड़ा।

किसन अपने स्थान पर खड़ा हो गया। उसके बाक़ी साथियों ने भी वैसा ही किया।

"हम यहाँ गाली सुनने नहीं आए हैं।"

अपने हाथ को तानकर अँगुली से रास्ता दिखाते हुए गोरे ने कहा, "फ़ू ले काँ!"

"ठीक है, हम जा रहे हैं। तीन दिन बाद उत्तर भिजवा देना।"

किसन अपने साथियों के साथ जाने को हुआ कि तभी मोटे गोरे ने उसे रोक लिया।

"देखो! तुम लोग कल से काम तो शुरू कर दो। तुम्हारी माँगों पर विचार करने के लिए हमें तीन दिन तो चाहिए।"

बाहर अँधेरा गहन हो गया था। बादल ग़रज़ रहे थे। बिजली की चमक से वर्षा की मोटी धार दिखाई पड़ जाती थी। किसन ने बोरे की घोघी को सिर पर रखते हुए कहा, "तो फिर तीन दिन बाद ही काम शुरू होगा।"

"हम कल तुम्हारे अनाज़ भिजवा देते हैं।"

"तीन दिन बाद ही भिजवाइएगा।"

सातों व्यक्ति उस मूसलाधार वर्षा में निकल पड़े। बाक़ी सात के लिए भीतर की लम्बी मेज पर भोजन तैयार था।

कुछ ही देर चलने के बाद सातों व्यक्ति समुद्री इलाकेवाली बस्ती में आ पहुँचे। वहाँ के प्रतिनिधि के साथ सभी लोग मुखिया के घर पहुँचे। वहाँ उनके लिए मक्की

भुनी जा रही थी। अपनी-अपनी घोघी उतारकर खूँटी पर टाँगने के बाद वे सातों भीतर पहुँचे। बीच कोठरी में अँगीठी थी। मोटे-मोटे अंगारों पर की मकई की सोंधी गन्ध से कोठरी सुवासित थी। मुखिया के बालों का रंग ईख के फूल के रंग का था। उसने सातों व्यक्तियों को बड़े आदर से बिठाया। सभी को गरम मकई थमाने के बाद उसने बात शुरू की।

"हम लोगन की बातें मानल गईल की नाही?"

किसन ने बस्ती के प्रतिनिधि की ओर देखा। बस्ती के प्रतिनिधि ने मकई के दानों की जुगाली-सी करते हुए कहा, "उ लोग के मानही के पड़ी चाचा!"

"मानही के पड़ी? एकर मतलब ह कि अभी ना मानल गईल बा।"

किसन को बीच में बोलना पड़ा, "वे लोग तीन दिन बाद उत्तर देंगे।"

"तीन दिन बाद काहे?"

किसी से उत्तर न पाकर मुखिया ने दूसरा प्रश्न किया, "तुम लोगन का करने को सोचा है?"

"बोआई नहीं होगी।"

"सो तो ठीक बाते पर तीन दिन के बाद भी ऊ लोगन हमनी के बात ना मनलक तब?"

"बाप बोलकर मानेंगे। उनका सामना सात ही आदमियों से थोड़े है? सात बस्तियों का सामना करना है उन्हें!"

"तुम सबन से थोड़ा पहले हियाँ चमरू सरदार आईल रहल। कहे लगल कि हमार बस्ती हय संकल्प से अपन के अलग कर देई त साहब हमें दो बीघा ज़मीन दान देई के तैयार बा। हम ओके बोलली, रामोतार महतो लोभ में पड़े ओला जीव नाहीं।"

कुछ देर वहाँ और टिके रहने के बाद जब वर्षा कुछ थमी तो सभी ने अपनी-अपनी घोघी उठाई और वहाँ से अलग-अलग रास्ते को चल पड़े। वर्षा अब भी हो रही थी। बादल का ग़रज़ना बन्द था, पर बिजली रह-रहकर कौंध जाती थी। इस बार रास्ता न भूलने के पूरे विश्वास के साथ किसन ने आगे बढ़ना शुरू किया। देवननन् आधे रास्ते पर उसकी प्रतीक्षा कर रहा होगा।

29

खेतों के सूनेपन का चौथा दिन था।

सूरज उदित होकर भी घने बादलों के पीछे छिपा ही रहा। रात की बरसात थमी

हुई थी, पर मौसम साफ़ नहीं हुआ था। सुबह उमस लिए हुए थी। नदी की धारा में रफ्तार तेज़ थी। आसपास के ईख के पौधे नवजीवन-सा पाकर पहले से अधिक हरे दीखने लगे थे। वह हरापन नदी किनारे जुटे हुए मज़दूरों के चेहरों पर नहीं था। वह हरापन मालिकों के चेहरे पर भी सम्भव नहीं था, जिन्होंने अपने हिरण के शिकार को स्थगित कर दिया था। तड़के ही उनकी विशेष बैठक लगने को थी। वे भली-भाँति जानते थे कि उनके चेहरों का हरापन किस धुँधलके में अदृश्य था। ईखों की यह मुस्कान उनके अपने चेहरों की मुस्कान हो सकती है, बशर्ते...। पर उनकी अपनी प्रतिष्ठा के लिए समझौता उतना आसान नहीं था...और न ही उस मुस्कान को गँवा जाना उन्हें गवारा था।...फिर वही द्विविधा।

किसन की उपस्थिति में मज़दूरों ने रात में जो तय किया था, उस पर तुरन्त अमल करने की बात हुई। प्रस्ताव देवननन् का था, फिर भी वह अनुपस्थित था। उसकी अनुपस्थिति का कारण कुछ लोगों को मालूम था। उसकी ग़ैरहाजिरी में भी लोगों ने चाहा कि काम इसी क्षण शुरू हो जाना चाहिए। और फिर भीगे-भीगे माहौल में जी चट्टानों पर बैठे रहने को न करके कुछ परिश्रम करने के लिए मचल भी तो रहा था। लकड़ी के लिए भी बहुत दूर जाना नहीं था। नदी की बग़ल के जंगल से पेड़ काटे गए। कुछ लोग पत्थर जुटाने में लग गए। नदी के पास ही पथरीली ज़मीन की सफाई भी शुरू हो गई। लोगों को विश्वास था कि सभी लोग मिलकर प्रतिदिन दो घंटे इधर काम कर लेंगे तो दो सप्ताह के भीतर उन लोगों का पहला स्वतन्त्र बैठका बनकर तैयार हो जाएगा।

एक-दो व्यक्तियों ने अपने इस डर को जाहिर भी किया कि क़ानूनी-तौर से ज़मीन पर उन लोगों का कोई अधिकार नहीं था। उस पर बैठका बनाने के बाद में समस्या खड़ी हो सकती है। उत्तर में किसन ने कहा कि इस ज़मीन पर कोठीवालों का भी अधिकार नहीं था। ज़मीन सरकार की थी। अन्त में यही तय हुआ कि यह पहला बैठका बनकर रहेगा। बाद में सरकार को अर्जी लिखकर समस्या का हल निकाल लिया जाएगा। पंडित को क़ानून की बातें थोड़ी-बहुत आती थीं। उसका आश्वासन पा चुकने के बाद फिर तो सभी लोगों ने यही तय कर लिया कि मज़दूरों का पहला बैठका बनकर रहेगा। बाद में जो होगा देखा जाएगा। पंडित ने यह भी कहा था कि मज़दूरों का यह साहस एक ऐतिहासिक साहस था। उसकी निशानी ज़रूरी है।

उस भीगे माहौल में भी काम शुरू होते ही मज़दूरों के शरीर पसीने से चमकने लगे। छाजन के लिए ईख से सूखे पत्ते बटोरकर मुठिया बाँधने की जिम्मेवारी औरतों को सौंपी गई। पत्ते भीगे होने के कारण मुठिया बाँधने में काफ़ी सुविधा थी। चार अलग दिशाओं से काम आरम्भ होने में तनिक भी देरी नहीं हुई। काम करते हुए भगत

का गुनगुनाना जारी रहा—

तोहे का मिलेला ओ राजा
ग़रीबन के रोवा दुखवा के?
खेतवा तोहर होवे
पसीना हमार बहे
फिर भी राजा
हमार तोहर साझा ना होवे
तोहे का मिलेला ओ राजा
हमार हकवा के मार के...

सूरज की अदृश्यता के कारण समय का सही ज्ञान किसी को नहीं था। पक्षियों का कलरव बन्द हो जाने से अनुमान यही किया जा रहा था कि कुछ ही देर में सूरज पूर्व के पेड़ों के ऊपर आ जाएगा। ईख का कारख़ाना भी बन्द था, वरना उसका पहला घंटा अब तक बज गया होता। किसन ने सोचा कि देवननन् जहाँ भी गया होगा अब तक तो उसे लौट आना चाहिए था। उसने सोनालाल को रोककर पूछा, "कहाँ गया है देवननन् चाचा?"

सोनालाल ने किसन को चकित-सा देखा।

"तुम्हीं से तो पूछ रहा हूँ।"

थोड़ी देर के लिए सोनालाल चुप रहा, फिर बोला, "वह रामजी सरदार के पीछे गया है?"

"किसलिए?"

"सत्या ने अपने बाप को यह बता दिया था कि रेखा तुम्हारे घर में है।"

"फिर?"

"फिर क्या! सरदार दौड़ गया लछमनसिंह की बस्ती को। देवननन् चाचा ने यह बात सुनी और वह यह कहता हुआ उसके पीछे दौड़ गया कि देखें वह हरामखोर वहाँ के साहब से कैसे मिलता है।"

"तुम लोगों ने यह बात पहले क्यों नहीं बताई?"

"मैं तो सोच रहा था कि घर पर तुम्हें बात मालूम हो गई होगी।"

कुछ थमकर किसन ने पूछा, "तुमने देवननन् चाचा को रोकने का प्रयत्न नहीं किया?"

सोनालाल चुप रहा।

किसन एक दूसरी आशंका से ग्रस्त हो गया, फिर भी इन आशंकाओं से अधिक व्याकुल वह अपने भीतर की अधीरता से था। मालिकों की बैठक का पता उसे लग गया था। गास्तों कोठी में नौकर था। उसी ने बात बताई थी। किसन को

अब ऐसा लगने लगा था कि अपनी सफलता पर बहुत अधिक विश्वास करके उसने ग़लती की थी। उसे बहुत पहले जान लेना चाहिए था कि बाँसों की बौछार करनेवाले वे गोरे बाँसों की तरह लचकदार नहीं होते। उन्हें इतनी जल्दी मना लेने का उसका विश्वास निराधार प्रतीत होने लगा था। लगता था कि ये गोरे भारी-से-भारी हानि सहकर भी मज़दूरों के हित में आने को तैयार नहीं थे। आज चौथा दिन था। मज़दूरों की दशा पहले ही से खराब थी। घर की हाँड़ियाँ भी तो ख़ाली थीं। दूसरी बस्तियों से जो कुछ पहुँचा था, उससे तो बस दो दिन का गुजारा हो सकता था। इस समय कुन्दन भी पास नहीं था। मालिकों के निर्णय की प्रतीक्षा में अधीर किसन अपने को बोझिल पा रहा था। वह केवल कुन्दन ही था जो पास रहकर उसके बोझ को हलका कर पाता।

वर्षा फिर शुरू हो गई।

पिछली रात गौतम, दाऊद और गोपाल के बीच एकाएक रामजी सरदार को लेकर बात छिड़ गई थी। सबसे पहले गोपाल ने पूछा था, “तुम ही लोगन बताओ कि देखते-ही-देखते रामजी सरदार को ये सारी ज़मीन कहाँ से मिल गई?”

“इसे जानने के लिए पहाड़ पर चढ़ना होगा क्या?” दाऊद ने झट से कहा था।

“तो हम सभी मानते हैं कि हमारे हक को बेच-बेचकर बदले में इसने ये सारी ज़मीन पाई है?”

“लेकिन सभी की जानी हुई इस बात को तुम पूछ क्यों रहे हो?”

एक क्षण चुप रहकर गोपाल ने आगे कहा था, “तो फिर बन्धु, इन बातों से यह स्पष्ट है कि उसके खेत में आज जो कुछ भी है उन सभी में हमारे मारे गए हकों का अंश है।”

“वह तो है ही।”

“यह भी तो सच है न कि इस समय हम लोग अनाज़ के मोहताज हैं?”

“इस पर गौतम कह बैठा था, “अरे, तुम्हारी बात समझ में आ गई।”

“बताओ तो सुनें।”

“तुम यही कहोगे कि जब रामजी सरदरवा के खेतों की चीज़ों में हमारे हकों के अंश हैं तो फिर हम लोगन को भूखे क्यों मरना है।”

“क्यों, क्या ख़याल है तुम्हारा?” दाऊद की ओर देखते हुए गोपाल ने पूछा।

“सही बात तो कह रहे हो।”

“तो फिर धावा बोला जाए?”

“क्यों नहीं? मेरा बाप तो कहता है कि शैतान का धन कभी नहीं छोड़ना चाहिए।”

उसी रिमझिम रात में तीनों व्यक्ति दो बोरों के साथ रामजी सरदार के खेत की

ओर बढ़ गए थे। बिनसहरा जब दोनों घर लौटे थे, उस समय एक बोरा मकई से भरा हुआ था और दूसरा शकरकन्द से।

हवा के कुछ तेज़ होने से वर्षा कुछ धीमी हुई थी। अवसर का लाभ उठाकर पुष्पा दो अन्य लड़कियों के साथ टोकरियों में मकई की लीटी और उबले हुए कन्द लिए हुए नदी के पास आ पहुँचीं। दोनों लड़कियों को मज़दूरों के बीच छोड़कर पुष्पा कुछ आगे बढ़ गई जहाँ किसन खम्बों के लिए गड्ढे कोड़ रहा था। अपने सर की टोकरी को पेड़ की आड़ में रखकर पुष्पा किसन के पास आ गई। कमर सीधी करते हुए किसन ने कहा, "पानी बरस रहा है, तुम पेड़ की आड़ में क्यों नहीं चली जाती?"

"तुमने सुना, घरबसिया क्या कह रही है?"

"क्या कह रही है?"

"कहती है, बहुत बड़ा तूफ़ान आनेवाला है।"

"घरबसिया के कहने से ही सभी कुछ होता है क्या?"

"कल शाम आसमान भी तो लाल था।"

"छोड़ो इस बात को, तुम आड़ में चलकर छिप जाओ।"

"भीगने में आनन्द आता है।"

किसन पेड़ के नीचे चला गया, पुष्पा भी उसके पीछे वहाँ पहुँच गई।

"किसन! तूफ़ान आने से घर टूटते हैं...आशाएँ भी टूट जाती हैं न?"

"देवननन् चाचा अभी तक नहीं लौटे?"

पुष्पा ने टोकरी से मकई की लीटी निकालकर किसन की ओर बढ़ा दी। उसके हाथ से लीटी लेने से पहले किसन ने अपने मैले हाथों को उसके सामने कर दिया। फिर दो क़दम आगे बढ़कर उसने बरसात के पानी से हाथों को धोया। उन्हें धोती के छोर से पोंछते हुए पीछे आ गया। पुष्पा के हाथ से लीटी और शकरकन्द का टुकड़ा लिया और उन्हें खाने लगा। बाक़ी लोग भी अलग-अलग पेड़ों के नीचे खाने में लगे हुए थे।

किसन ने खाते हुए पूछा, "तुम दुखी हो पुष्पा?"

"घर में एक दाना भी नहीं इसलिए?"

"इसलिए नहीं...।"

"तो फिर किस बात का दुख?"

"तुम दुखी नहीं हो?"

"नहीं तो।"

"इसकी मुझे खुशी है पुष्पी।"

वातावरण धुँधला था। पुष्पा की आँखों के नीचे जो बूँदें थीं, उन्हें किसन बरसात की बूँदें समझता रहा। बरसात होती रही।

30

क़दम उठ चुके थे। अब उन्हें पीछे करना असम्भव था।—द्विविधा की स्थिति में किसन के पास आत्मसान्त्वना के लिए ये ही दो छोटे वाक्य थे। उसके साथ उसके सभी साथी भी इसी ख़याल के थे। दो-तीन लोग अब भी ऐसे थे, जिनके लिए दो भिन्न वाक्य थे—'खतरा मोल लिया था। अब तो अनर्थ होकर ही रहेगा।' जो भी हो, उसकी प्रतीक्षा दोनों पक्षों को उसी बेसब्री के साथ थी। कुन्दन की अनुपस्थिति किसन को बहुत खल रही थी। दो-तीन बार वह उसके घर से हो आया था। वह होता तो किसन को मानसिक स्तर पर इतना कुछ सहना नहीं पड़ता।

उसकी माँ से पहले रेखा ने उसे उसकी उस हालत पर टोका था, "दो दिन में तुम्हारी आँखें इतनी धँस गई हैं कि उनमें अँजुली-भर चावल समा सकता है।" अपने सिर को दोनों हाथों में लिए वह दीवार के हनुमानजी के चित्र के सामने बैठा रहा। वह प्रार्थना नहीं कर रहा था। अपने भीतर के अन्तर्द्वन्द्वों को भीतर झेलता रहा। हज़ार से ऊपर लोगों का उसने अपने-आपको जिम्मेदार बनाया था। उसके बाप ने यहाँ तक कहा था, "किसू! हज़ारों लोगन के भविस के जिम्मेवारी तु काहे लेवत बारे? सभी के बन जाए त अच्छा ही बा, न बनी त सभी लोगन तुम्हारे ऊपर टूट परियन स।"

अपने-आपकी बातों पर गौर करने की रौ में वह नहीं था। वह रेखा की एक बात थी, जिससे इन कठिन परिस्थितियों में भी उसकी मुस्कान बनी हुई थी।

"इतना बड़ा निर्णय ले चुकने के बाद भी तुम इस तरह मुरझाई हालत में क्यों हो?"

उसकी आँखों की गहराई में चमक आ गई थी।

अपनी माँ को अपने सामने चुपचाप बैठे पाकर उसने जान लिया था कि वह सूरजनारायण से मन-ही-मन उसकी सफलता की प्रार्थना कर रही थी। वे आठ-दस औरतें, जो ईखों की निराई किया करती थीं, किसन की माँ से कह गई थीं, "भूखे मर जाब स और का? एक हला हमनी के बाद हय जुलूम ना रहे।"

सच पूछा जाए तो किसन ने सभी कुछ झिझकते हुए किया था—भारी उधेड़बुन के साथ। प्रतिक्रिया इतनी जबरदस्त होगी, इसका पूरा विश्वास उसे नहीं था। लेकिन अब इसी पूरे विश्वास के प्रति सन्दिग्ध था। उसके जेहन का सवाल थम नहीं पा रहा था।

जो होना है वह हो क्यों नहीं जाता?

यह अधीरता किसन में बचपन से थी। अधीरता और असन्तोष के लिए कोसे जाने पर भी वह उन्हें अपनी विशेषता मानता था। ये दो चीज़ें उसे शिथिल होने से

रोके रहती थीं।

अपने हाथों को सिर से हटाते हुए उसने सामने की ओर देखा। हनुमानजी के हाथ में पहाड़ था। उसने अपने-आपसे प्रश्न किया—क्यों?

'क्यों' का उत्तर उसके पास नहीं था, लेकिन अपने एक बहुत बड़े प्रश्न का उत्तर उसे अवश्य मिल गया था। इतना बड़ा पहाड़ उठाए हुए भी हनुमानजी के चेहरे पर दुख और चिन्ता नाम की कोई चीज़ नहीं थी!

आवाज़ें जैसे गूँजती रहीं।

पहाड़ उठा लो...उठा लो पहाड़। कौन कहता है, पहाड़ नहीं उठाया जा सकता है? पहाड़...पहाड़...पहाड़...!...हनुमान...शक्ति...शक्ति की ही पूजा तो उसके घर में होती थी। उस दिन जब रेखा आँगन के पेड़ के नीचे उस स्थान को लीपकर एक छोटी-सी लाल झंडी फहरा रही थी, तो इसी शक्ति के देवता के नाम पर। उस लाल झंडे के फहराने से बस्ती का भय, लोगों की आशंका, सभी को मिट जाना चाहिए था। तो फिर किसन क्यों आतंकित था? भय-सा कोई भाव उसके भीतर क्यों था?

इन सभी विचारों को झकझोरते हुए किसन अपने स्थान से उठा। आँगन में उसने रेखा को हनुमानजी के चबूतरे के पास अर्घ्य देते पाया। उस लाल ध्वजा का रंग किसन को कुछ और भड़कीला लगा। रेखा ने कहा था कि यही ध्वजा महाभारत के उस रथ पर भी थी, जिसे भगवान कृष्ण अर्जुन के लिए चला रहे थे।

रेखा ने किसन की ओर देखा, "वह क्या नाम है, हरबसिया या घरबसिया चाची?"

"वह दोनों है?"

"तुमसे मिलने आई थी।"

"क्यों?"

"मैंने यह कहकर उसे लौटा दिया कि तुम घर पर नहीं हो।"

"क्यों मिलने आई थी?"

"कह गई, तुमसे मिलकर ही कहेगी।"

"मालिक की ओर से धमकाने आई होगी और क्या!"

"जानते हो, निराई करनेवाली औरतों से उसने क्या कहा है?"

"क्या कहा है?"

"अगर वे लोग काम पर नहीं पहुँचीं तो मालिक उनके कपड़े उतरवाकर उन्हें बस्ती से बाहर कर देगा।"

"ठीक है रेखा। मैं ज़रा देवननन् चाचा को देख आऊँ, शायद लौट आए हों।"

किसन के कुछ आगे बढ़ जाने पर रेखा ने कहा, "देखो! तुम अकेले कोठी की

ओर मत जाना।"

अभी सूरज का उदय नहीं हुआ था। पक्षियों का कलरव पराकाष्ठा पर था। मज़दूरों को खेतों में पहुँचने की जल्दी नहीं थी, इसलिए बहुत कम लोग बाहर दिखाई पड़ रहे थे। न बरतनों की खनक, न चक्की की घरघराहट। पूर्व से आती हुई एक ठंडी हवा के झोंके को किसन ने अपने चेहरे पर अनुभव किया। गीली मिट्टी की सोंधी गन्ध को एक लम्बी साँस के साथ वह देर तक सूँघता रहा। उसमें गुलैची के फूल की गन्ध भी मिश्रित थी।

बहुत दिनों के बाद सुबह की हवा में वह ठंडक और महक थी। गीली मिट्टी की परतों को अपने पैरों में चिपकाए भारी क़दमों के साथ वह आगे बढ़ता रहा। दाऊद के घर के सामने उसे सोनालाल मिल गया। पंडित तुलसी के पौधे के सामने हाथ जोड़े श्लोक पढ़े जा रहा था। गोपाल की बहन आँगन बुहार रही थी। दतवन करता हुआ गौतम भी पीछे की ओर से आ गया। पंडित ने आज निर्भयता के साथ पूजा समाप्त की। किसन के पास पहुँचकर बोला, "तुम लोग आत्मा को साक्षी रखकर अन्त तक आगे बढ़ना। शरीर हमें नरक को पहुँचाता है, आत्मा स्वर्ग को।"

पंडित की बहुत कम बातें किसन की समझ में आती थीं। सोनालाल और गौतम के साथ किसन कुएँ की ओर बढ़ गया। पंडित की श्लोक सुनाई पड़ता रहा। पिछली शाम को अपनी माँ के अनुरोध पर किसन ने प्रार्थना की थी। उस समय उसे प्रार्थना समाप्त करने की जल्दी पड़ी हुई थी। प्रार्थना को पूरा करके उसने आत्म-शान्ति अनुभव की थी।

सामने बरसात का जमा पानी था। गौतम और किसन ने अपनी धोती को घुटनों के काफ़ी ऊपर तक उठा लिया। सोनालाल जाँघिया पहने था। किसन की अपनी धोती बत्ती-बत्ती हो गई थी। रेखा द्वारा पेबन्द लगाए जाने के बाद उसने अपने बाप की पुरानी धोती पहन रखी थी। इस पुरानी धोती का रंग लाख धोने पर भी मैलछौं रह जाता था। उस पर मिट्टी ने अपना रंग चढ़ा दिया था।

सुगवा के घर से निकलती हरबसिया मिल गई। इससे पहले कि वह कुछ कहती, किसन ही पूछ बैठा, "क्यों मौसी, तुम मुझसे मिलने गई थीं?"

"तोके साहब के ख़बर देबे के रहल।"

चलते हुए उनमें बातें होती रहीं।

"क्या ख़बर थी?"

"तोके चाहे ला ओकर से मिले के।"

"कल ही मिलकर आया हूँ।"

"ऊ बहुत खिसियाल बा, ना मिलबे त हम सबन पर मुसीबत आ जाइ।"

सोनालाल ने बीच में व्यंग्य किया, "तुम्हारे ऊपर क्या मुसीबत आएगी मौसी?"

"हमके जौन बोले के रहल बोल देली। अब तू लोग अपन काम जान!"

बड़ी ही नम्रता के साथ किसन बोला, "मौसी, तुम हमारे लिए एक काम करोगी?"

"कोंची?"

"मालिक से कह देना कि हम कोठी में मिलना नहीं चाहते। मिलना है तो इन खेतों के बीच खुले मैदान में मिले।"

"तुम सभी लड़कन आग मूतने लगे हो। पूरे गाँव को जोखिम में डाल रहे हो।"

सोनालाल ने फिर से व्यंग्य किया, "तुम्हें इसकी क्या चिन्ता? तुम गाँव की थोड़े ठहरी, तुम्हारी जगह तो हवेली में है।"

"तू लोगन के मति मारल गईल बा। हौ देवननन् के बहकावे में आके अपन खना में माटी डाले बैठ गयल हव स।"

तीनों रुक गए। हरबसिया बड़बड़ाती हुई आगे बढ़ गई।

कुन्दन का दरवाज़ा अब भी बन्द था। तीनों बैठ गए। किसन को कुन्दन की ज़रूरत थी। वही था जो उसके दबते हुए हौसले को बढ़ा सकता था। पुष्पा सामने आई, किसन ने पूछा, "अभी तक नहीं लौटा?"

पुष्पा सिर हिलाकर खड़ी रही।

अपने तलुवों में सटी हुई मिट्टी की मोटी तह को लकड़ी के टुकड़े से निकालते हुए सोनालाल ने किसन से प्रश्न किया, "तुम्हें अब भी विश्वास है कि मालिक हमारे हित के लिए झुककर रहेंगे?"

"हाँ।" किसन के इस उत्तर में आत्मविश्वास का अभाव था।

"और अगर ऐसा नहीं हुआ तो?"

पुष्पा बीच में बोल उठी, "ऐसा ही होगा।"

किसन ने पुष्पा की ओर देखा, फिर सोनालाल की ओर देखते हुए बोला, "अगर ऐसा नहीं हुआ तो हमारी हालत बदतर हो जाएगी। यही न?"

सोनालाल चुप रहा।

"लेकिन सोना, जो हालत अभी है, उससे बदतर और क्या हो सकती है!"

"तुम इतने हताश क्यों लग रहे हो किसन?"

किसन ने गौतम की ओर देखा। एक उधार ली हुई मुस्कान के साथ बोला, "नहीं गौतम, मैं हताश नहीं हूँ। देवननन् चाचा के बारे में सोच रहा हूँ। खैर उठो, सूरज उगने से पहले हम सभी को नदी के पास इकट्ठा होना है।"

तीनों उठे और आगे को बढ़ गए। पुष्पा खड़ी तीनों को जाते देखती रही। बादल अब भी घिरे हुए थे। वर्षा फिर कभी हो सकती थी।

31

उस रात जब रात का पिछला पहर बाक़ी था, कुन्दन रामजी सरदार के पीछे बिना कुछ ओढ़े निकल पड़ा था। रास्ते में अगर बरसात की फिसलन न होती और रामजी सरदार के पाँव में चोट न आई होती तो सम्भवतः कुन्दन को इधर-उधर चक्कर काटते हुए रह जाना पड़ता। एक तो लछमनसिंह की बस्ती का रास्ता उसे नहीं मालूम था। ऊपर से अँधेरी रात। रामजी सरदार का पीछा करने में जो दूसरी बात सहायक रही, वह थी गाँजे की गन्ध। उसी गन्ध को संकेत करके कुन्दन ने पहली आवाज़ दी थी :

"रामजी सरदार, रुक जाओ।"

आवाज़ सुनकर सरदार घबरा गया था। अपने घायल पाँवों के साथ जिधर रास्ता पाया, उधर ही को बढ़ गया। उसके पीछे कुन्दन को भी पहाड़ी पर चढ़कर दूसरी ओर उतरना पड़ा। उस दुर्गम रास्ते में कुन्दन ने कई बार उसे रुकने को कहा। उन आवाज़ों से घबराकर सरदार कई बार फिसला, कई बार सँभला। कुन्दन भी दो बार फिसलकर अपना घुटना फोड़ चुका था।

बहुत धीरे-धीरे उजाला शुरू हुआ था। वर्षा भी धीरे-धीरे थमी थी। आगे-आगे भागते हुए रामजी सरदार की आकृति साफ़ होती गई। दोनों के बीच का फासला बहुत लम्बा नहीं था, पर अगर वह कम नहीं हो रहा था तो इसलिए नहीं कि कुन्दन की रफ्तार कम थी। भय के साथ भागते हुए सरदार के पाँव कुछ अधिक तेज़ी के साथ उठ रहे थे। कुन्दन से वह हमेशा भयभीत रहा है। इस सुनसान डगर में उसके भय का बढ़ जाना एकदम स्वाभाविक था। वह जान बचाने के लिए दौड़ रहा था, जबकि कुन्दन उसे समझा-बुझाकर एक अनर्थ से रोकना चाह रहा था।

वह किसी भी हालत में रेखा को उस बस्ती में नहीं लौटने देने का संकल्प कर चुका था, जहाँ से वहाँ के गोरे का उस पर अधिकार बनता था। अधिकार! इस शब्द पर कुन्दन को कई बार हँसी आई थी। कई बार रोना भी। इस अधिकार की इस देश में बहुमुखी परिभाषा थी। अधिकारवंचित। अधिकार का नाजायज़ फ़ायदा। मिट्टी में दफन हो गया अधिकार। कुचलने का अधिकार! खाने का अधिकार। भूखे मरने का अधिकार।

रेखा की रक्षा उसका बहुत बड़ा कर्तव्य बन गया था। रेखा को उसने बस दो बार देखा था। इस दौरान उसने किसन को बहुत अधिक देखा था। बहुत निकट से देखा था और इसी निष्कर्ष पर पहुँचा था कि किसन को नए आयाम मिल गए थे। कुन्दन ने पुष्पा को भी बहुत महत्त्व दिया था। उसे पुष्पा के प्रति सहानुभूति थी।

वह यह भी जान पाया था कि पुष्पा बहुत ही साहसी लड़की थी। हर स्थिति का सामना करने की शक्ति थी उसमें। किसन की हर गतिविधि को कुन्दन ने हृदय की आँखों से देखा था। किसन को जितना वह जानता था, उतना कोई और उसे नहीं जान सकता। यही कारण है कि रेखा को इस बस्ती से निकाल ले जानेवाली हर ताक़त के सामने कुन्दन दीवार बनकर खड़ा होने को तैयार था।

बरसात एकदम थम गई थी। उजाला ठिठुरी हुई हरियाली पर विस्तार पा चुका था। सामने की पर्वतमाला की उतरती-चढ़ती चोटियों से बादल बिखरते-से लग रहे थे। रश्मियाँ फूटकर बाहर होनेवाली थीं जब नाले के पास घायल पड़े सरदार के पास कुन्दन पहुँचा। सरदार की आँखों में भय था। उसका मुँह खुला हुआ था। सुबह की भीनी-भीनी गन्ध के ऊपर उसके कपड़ों की गाँजे की गन्ध अधिक भारी थी। उसकी एड़ी से ख़ून बह रहा था। उसके हाथ और माथे पर भी घाव थे। कुन्दन चुपचाप उसके पास बैठ गया। काफ़ी देर तक किसी ने किसी से कुछ नहीं कहा। थोड़ी दूरी पर कल-कल बहती नदी थी। आम के पेड़ों का झुरमुट था। तीन दिशाओं को जानेवाली तीन पगडंडियाँ थीं। तीन ओर स्थित बस्तियों का यह वह मध्य स्थान था जहाँ शायद थके-माँदे लोग विश्राम के लिए ठहर जाते होंगे। नाले के ठंडे पानी से कुन्दन ने हाथ-मुँह धोए और पूर्व की ओर मुँह करके खड़ा हो गया।

सामने का दृश्य उसे जाना-पहचाना-सा लगा। उसे हैरानी हुई। आज से पहले वह इधर कभी नहीं आया था। वही नदी। वही बरगद का पेड़। उसके पीछे वही विचित्र आकृति वाला पर्वत! कुन्दन के भीतर की वर्षों पुरानी याद जाग उठी। छावनी से लौटता हुआ सिपाही...नदी का किनारा...नंगी नहाती हुई गोरी औरत...घोड़ा... सिपाही...। क़ैदखाने की ऊँची दीवारें...।

अतीत की उन यन्त्रणाओं को भीतर झेलता हुआ कुन्दन पहाड़ की तरह अचल खड़ा रहा। नदी उसी तरह बही जा रही थी। पहाड़ उसी तरह खड़ा था। वे ही रंग...केवल कुन्दन के अपने बाल काले से श्वेत हो गए थे। उसका अपना रंग केवल मुरझा गया था। ऊपर की ठंडक के बावजूद कुन्दन ने भीतर से चिपचिपाहट महसूस की। अतीत की याद पूरी बारीकी से उसकी साँसों के सामने आ खड़ी हुई थी। उसकी तन्द्रा तब टूटी जब रामजी सरदार अपनी जगह से उठकर नाले को पार कर गया। झटके के साथ कुन्दन ने उसकी ओर देखा और चिल्ला पड़ा, "रुक जाओ!"

उसकी आवाज़ पहाड़ों के बीच गूँजती रह गई। उसी गूँज की लय के साथ सरदार दौड़ता रहा। झाड़ियों से होता हुआ पागल की तरह टेढ़े-मेढ़े वह भागता रहा। कुन्दन दोबारा चिल्लाया। दोबारा प्रतिध्वनियाँ होती रहीं। वह भागता रहा, गिरता-उठता

वह दौड़ता रहा। उसके हाँफने की आवाज़ नाले की तरंगों की आवाज़ से भी तेज़ थी। क्षण-भर के लिए जो बदली फटी थी, वह फिर घनी होने लगी। नदी पार करने से पहले कुन्दन रामजी सरदार के आगे जा खड़ा हुआ।

दोनों एक-दूसरे के सामने खड़े रहे। ढीले पड़ जाने से दोनों एक-दूसरे को हाँफते देखते रहे। आती-जाती लम्बी साँसों के साथ कुन्दन ने कहा, "तुम अब इससे आगे नहीं जा सकते सरदार!"

"तुम मुझको रोकत है?"

"बैठ जाओ।"

"मैं नहीं बैठने को।"

"मैं कहता हूँ बैठ जाओ।"

"तुम काहे को हो हमार पीछे?"

"जीवन-भर तुम मज़दूरों के पीछे रहे हो।"

"तुम्हारी शिकायत कर दूँगा।"

"किससे?"

"मालिक से।"

"इससे पहले मैं तुम्हें ऊपरवाले मालिक के पास भेज दूँगा।"

"तू पागल है।"

"तुम बैठते हो या नहीं?"

"मुझे क्यों रोक रहे हो?"

"क्यों? जुल्म ढाते ही रहना चाहते हो?"

"का चाहत हो तुम?"

"तुमने ज़िन्दगी-भर चुगली की है। अब आगे नहीं करोगे।"

"मुझे जाने दो।"

"कहाँ?"

"घर।"

"तुम्हारा घर इधर भी है क्या?"

"आख़िर क्या चाहते हो तुम?"

"तुमने ज़िन्दगी-भर मज़दूरों को धोखा दिया है। अब आगे नहीं दोगे।"

"ठीक है, अब हम किसी को धोके नाहीं देंगे।"

"तुमने ज़िन्दगी-भर मज़दूरों पर बाँसों की बौछार की है।"

"अब आगे नाहीं करूँगा।"

"ज़िन्दगी-भर तुमने हमारी बहू-बेटियों को बेचा है। एक-एक मज़दूर का हक मारा है तुमने।"

"अब नाहीं मारता।"

"तुमने बाज़ार में आदमी को गुलाम की तरह बेचा है।"

"यह पुरानी बात है।"

"आज भी तुम व्यवसाय करते हो। मज़दूरों की हाय को बेच-बेचकर तुम आय बढ़ा रहे हो।"

"मुझे देर होवत है।"

"नहीं, तुम्हें देर नहीं होगी। तुम ठीक समय पर पहुँचोगे।"

"कहाँ?"

"जहाँ तुम्हें पहुँचना है।"

"मुझे कहीं नहीं पहुँचना है।"

"तो फिर बैठ जाओ।"

"मैं नहीं बैठूँगा।"

"बैठ जाओ।"

रामजी सरदार इस तरह बैठ जाता है जैसे किसी ने धक्का देकर बिठा दिया हो। उसके बैठ जाने पर कुन्दन भी भीगी घास पर बैठ जाता है। कुन्दन व्यंग्य-भरी हँसी के साथ कहता है, "तुम मालिक को रेखा का पता बताने जा रहे थे। अब अच्छी तरह से जान लो कि रेखा तुम्हारे काले कारनामों के लिए लक्ष्मण-रेखा है। अब तो मरकर भी तुम इसे पार नहीं कर सकते।"

"नहीं...मैं...मैं किसी को रेखा का पता नहीं बताऊँगा।"

"तुम झूठे हो।"

"तुम्हारे को जो भी चाहिए मिल जाएगा।"

"मुझे तुम्हारी जान चाहिए।"

"तुम्हारे को मालिक से कहकर ज़मीन दिलवा दूँगा।"

"तुम्हें ज़मीन की ज़रूरत होगी। तुम्हारी लाश को दफनाने के लिए।"

रामजी सरदार जल्दी से उठकर भागने लगता है। कुछ ही दूर जाकर लुढ़क जाता है। कुन्दन धीरे-धीरे चलकर उसके पास पहुँचता है। सरदार हाथ जोड़कर गिड़गिड़ाने लगता है।

"मुझे माफ़ कर दो।"

"तुम्हारे रहते हुए इतिहास नया मोड़ नहीं ले सकता।"

दूर से कुत्तों के भौंकने की आवाज़ें आती हैं। सरदार तनकर खड़ा हो जाता है। रोब-भरे स्वर में कहता है, "सिपाही आ रहे हैं। कहो। बोलो...बोलो, अब क्यों बोलना है!"

कुन्दन मौन खड़ा रहा।

उसकी आँखों में चमक आई। वह अपने स्थान से हिला।

कुत्तों की आवाज़ें पास आती गईं।

32

तीन दिन की वह लगातार बरसात! किसन को जहाँ उससे खुश होना था, वहाँ वह उससे ऊबने लगा। वही भीगी-भीगी हवा, वही ठिठुरा हुआ वातावरण। उसके भीतर की अधीरता भी धीरे-धीरे ठंडी पड़ती जा रही थी। एक चौथाई दिन बीतने को था। मालिकों की बैठक का अब तक कोई उत्तर नहीं पहुँचा।

किसन ने एक बार फिर उस ऊँचाई से पगडंडी के दूसरे छोर की ओर देखा। वही सन्नाटा। सभी कुछ मोम की तरह जमा हुआ था। इर्द-गिर्द के सभी मज़दूर पहली बार अपने निजी काम में लगे हुए थे, फिर भी उनमें जो सक्रियता होनी चाहिए थी वह नहीं थी। हिम्मत हारे हुए लोग-से लग रहे थे सभी। आसपास के जंगली फूल भी सूर्यकिरणों के अभाव के कारण निखार को बढ़ा नहीं पाए थे। पानी की बूँदों के साथ पत्ते-पत्ते पर उदासी जमी हुई थी। और...।

और किसन उन सभी को अपने भीतर झेल रहा था। उसकी भी आशाएँ भीतर-ही-भीतर मोम की तरह जम जाएँ, उसे गवारा नहीं था। वह खोखले आश्वासनों से जूझता रहा। बाहर की सारी शिथिलता, उदासी, जमाव, बेचारगी और निहत्थेपन को वह अपने भीतर बटोर लेना चाहता था, ताकि वातावरण मुखरित हो सके, ताकि उसके मित्रों की मुस्कानें वापस आ जाएँ। पर वह इच्छा कठिन इच्छा थी। यह लड़ाई भारी लड़ाई थी। किसन को अपनी चेतना पर हथौड़े के प्रहार होते-से प्रतीत हो रहे थे।

पुष्पा को लौटे अभी कुछ ही देर हुई थी। वह भी जाते-जाते उसे एक उदासी ही तो दे गई थी। उसके चले जाने के बाद के कुछ क्षण किसन ने रेखा की उसी निश्छल मुस्कान को याद करते हुए बिताए। इस बार बाँसों और कोड़ों की जो बौछार हो रही थी, वह किसन की पीठ पर न होकर उसके हृदय के स्पन्दनों पर हो रही थी। वह पीड़ा कुछ इतनी अधिक थी कि उसे अपना अस्तित्वबोध धूमिल होता-सा प्रतीत होने लगा। आसपास की सारी सच्चाई मिथ्या-सी लगी। चिल्लाना चाहकर भी उससे चिल्लाया नहीं जा सका।

सभी कठिनाइयाँ, सभी समस्याएँ, उलझनें, सभी बाधाएँ अपने आकार के दायरे से बाहर होकर बढ़ती ही चली गई थीं। अब सभी कुछ दैत्य जैसा लग रहा था। किसन एक बार फिर पूरे निहत्थेपन के साथ सारी लाचारी से उस दैत्य के सामने

खड़ा था। लेकिन जमी हुई आशा को पिघलाने का उसका प्रयास कम नहीं हुआ था। विकृत स्थितियों में भी किसन को खड़े रहना था, वह खड़ा था।

कुछ ही दूरी पर पेड़ काटे जा रहे थे। पेड़ों के गिरने की आवाज़ उसके कानों में उस दिन के चट्टानों से टकराते ज्वार-भाटों की आवाज़ पैदा कर रही थी, जब रेखा को साथ लिए वह बस्ती का रास्ता तलाश रहा था। वे आवाज़ें उसके भीतर की उम्मीदों को झनझनाती हुई, उसके कान के परदों के भीतर विस्तृत होती चली गई थीं। प्रलयकारी-सी। आवाजों की वह बरछी झनझनाहट के साथ अब उसके मस्तिष्क को भेदती चली जा रही थी। भीतर-ही-भीतर वह लहूलुहान होता रहा। उसके भीतर के भय और संशय ने प्रश्न किया—मालिकों ने हमारी माँगों को ठुकरा दिया तो? उसके भीतर के पुरुष ने उत्तर दिया—प्रलय तो नहीं आ जाएगा! लेकिन उसका वही पुरुष रह-रहकर तिलमिला भी उठता था।

कुन्दन अभी तक नहीं लौटा था। जो मनोबल उसे मिलना चाहिए था, वह भी नहीं मिल रहा था। अपने हाथ की कुदाली को नीचे रखकर किसन कुछ देर खड़ा रहा। फिर उसने चहलकदमी शुरू कर दी। सुबह जब वह घर से निकल रहा था, उसकी बहन और रेखा दोनों उसे फाटक तक छोड़ने आई थीं। रेखा ने मृदु स्वर में पूछा था, "अगर मालिकों का निर्णय हम लोगों के पक्ष में नहीं रहा तो क्या होगा?"

उस समय किसन ने बड़े आत्मविश्वास के साथ उत्तर दिया था, "उन्हें विवश होकर निर्णय हमारे ही पक्ष में देना होगा और वह भी आज ही।"

न जाने किस आवेश और संवेदना में उसने रेखा को यह उत्तर दिया था। शाम को घर लौटने पर रेखा उसके कन्धे से कुदाली उतारने सामने आ जाएगी। उसकी आँखों में नया प्रश्न होगा। किसन क्या उत्तर देगा उसका? रेखा के सामने वह हारे हुए व्यक्ति की तरह नहीं पहुँचना चाहता था।

उसकी प्रतिक्रियाओं में विरोधाभास था। वह सोचने लगता, इतनी सारी बरसात नाहक चली जा रही थी। खेतों में गड्ढों की क़तारें तैयार थीं। ईख की गुलियाँ कटी पड़ी थीं। बस, खाद बिछाकर गुलियों पर माटी चढ़ानी थी। वे लोग स्वर्ण-अवसर से चूक रहे थे। फिर वह अपने-आपसे प्रश्न कर बैठता—कौन अवसर चूक रहा है? हम या मालिक? दोनों बँटे तो नहीं थे। दोनों को एक ही ज़मीन पर जीना-मरना था। ऐसा ही था तो फिर समझौता इतना असम्भव क्यों? पर समझौता किसका और किससे? उसके विचार अस्त-व्यस्त हो जाते। उसकी चहलक़दमी बढ़ जाती।

किसन के पास प्रश्न बहुत थे। उत्तर एक भी नहीं था।

उत्तर उसके पास उस समय भी नहीं था, जब रेखा ने उससे पूछा था कि वह उसे इतना अधिक महत्त्व क्यों देने लगा था। पुष्पा ने भी जब सवाल किया था कि बरसात के समय भी उमस और उष्णता क्यों होती है, तो इसका भी उत्तर उसने नहीं

दिया था। बाँसों की बौछार के बाद ख़ून से लथपथ रेखा के बाप ने भी दम तोड़ते हुए लछमनसिंह की साक्षी में किसन से पूछा था, "तोर हाथ छोड़े जात बानी न अपने रेखा के जीवन?"

इसका भी उत्तर किसन से नहीं बन पड़ा था। उसके अन्तःकरण ने हामी अवश्य भरी थी।

तोरे हाथ छोड़े जात बानी न अपने रेखा के जीवन?

इसका भी उत्तर किसन से नहीं बन पड़ा था। उसके अपने कन्धे की लकड़ी को नीचे फेंकते हुए सोनालाल उसी पर बैठ गया। उसके एक हाथ में अब भी शकरकन्द-लिपटी लीटी थी। आस्तीन से अपने चेहरे के पानी के छींटों को पोंछते हुए उसने लीटी का पहला टुकड़ा दाँत से काटा। आँखों में प्रश्न लिए उसने किसन की ओर देखा। किसन निरुत्तर-सा खड़ा रहा। उसकी आँखें पगडंडी की ओर मुड़ गईं। वह सुनसान थी। अपने हाथ की लीटी के आख़िरी टुकड़े को खाने के बाद सोनालाल चलने को हुआ। किसन ने उसे रोकते हुए पूछा, "तुम्हें पता है, दिन कितना गया होगा?"

इस प्रश्न से चौंककर सोनालाल किसन की ओर देखता रहा। काफ़ी देर बाद उसने जवाब दिया, "आधा दिन होने को है।"

तभी पगडंडी के दूसरे छोर पर कोई दौड़ता हुआ दिखाई पड़ा। अपनी बढ़ गई धड़कनों की रफ्तार पर काबू पाते हुए किसन उस आनेवाले व्यक्ति की ओर एकटक देखता रहा। वह अभी दूर ही था, जब किसन ने उसे पहचान लिया। अपने स्थान ही से चिल्लाकर पूछा, "क्या ख़बर है दाऊद?"

एकदम पास आ जाने पर ही हाँफते हुए दाऊद ने कहा, "साहब तुमसे मिलने आ रहा है। उसने तुम्हें सभी लोगों के साथ कारख़ाने के पास पहुँचने को कहा है।"

सुनने की देर थी कि किसन ने एक ज़ोरदार आवाज़ में आसपास के लोगों को कारख़ाने के पास पहुँचने को कहा और खुद सबसे आगे दौड़ गया। उसके भीतर की उत्सुकता पराकाष्ठा पर पहुँच गई थी। उसी की जैसी स्थिति में कई लोग उसके पीछे दौड़ पड़े। कारख़ाना बहुत दूर नहीं था। जहाँ से कारख़ाना साफ़ दिखाई पड़ना शुरू होता था, वहाँ से दौड़ना बन्द करके किसन झपटते हुए चलने लगा। अब तक कोई चालीस से ऊपर लोग दौड़ पड़े थे। साहब बग्घी पर बैठा हुआ था। सभी लोग बग्घी के इर्द-गिर्द खड़े हो गए। किसन चुप रहा। दोनों मालिकों ने बाक़ी लोगों के भी आ जाने की प्रतीक्षा की। लोगों के धैर्य के बाँध के टूटने से पहले रेमों साहब बग्घी से नीचे उतरा और ऊँचे स्वर में बोला, "हम लोग तुम सभी की माँगों को मानते हैं।"

इसके आगे बोलने की आवश्यकता उसे नहीं हुई, क्योंकि भीड़ के उल्लास-भरे स्वर में उसकी बाक़ी बातों को सुनना असम्भव था। किसन आगे बढ़ा। भर्राये हुए स्वर में उसने कठिनाई से कहा, "बहुत-बहुत धन्यवाद साहब!"

"कल सुबह बोआई शुरू कर देनी होगी।"

"आज्ञा हो तो अभी ही शुरू कर दें।"

"आज तुम लोग आराम करो।"

एकसाथ कई लोगों को अपने कानों पर विश्वास नहीं हुआ। बग्घी के चले जाने के बाद किसन को आगे रखे हुए वह भीड़ गाती-बजाती बस्ती की ओर लौट पड़ी। उस उल्लसित क्षण में भी किसन को कुन्दन की अनुपस्थिति खटकी। वह देवननन् चाचा के गले में बाँहें डालकर नाचना चाहता था। वह कुन्दन ही था, जिसे इस नए दिन का सारा श्रेय वह देना चाह रहा था। भीड़ के कई लोगों से उसने कुन्दन के बारे में पूछा। उसकी ख़बर किसी को नहीं थी।

बस्ती तक पहुँचते-पहुँचते औरतें भी उनके साथ मिलकर अपनी खुशी जाहिर करने लगी थीं। बिना कुछ समझे-बूझे बच्चों ने भी अपने ढंग से लोगों का साथ दिया। वर्षा अब भी हो रही थी। बादल अब भी उमड़े हुए थे। लोग गाते रहे, बजाते रहे। एक झूमर के बाद दूसरा झूमर...वह चलता रहा। शाम कैसे हो गई, किसी को पता तक नहीं चला।

किसन की नज़र रेखा पर पड़ी। उसका अपना मस्तक ऊपर उठ गया। रेखा के चेहरे पर वही निर्मल मुस्कान थी। वह उतनी ही खुश थी, जितना किसन था। भीड़ के बीच होते हुए भी दोनों एक-दूसरे को मुस्कराते देखते रहे। किसन को रेखा के बाप की एक क्षणिक याद आई। उसने अभी तक रेखा को उसके बाप के चल बसने की बात नहीं बताई थी। यह क्षण भी उस बात के लिए थोड़े ही था। किसन आगे बढ़ा और रेखा के दोनों हाथों को अपने हाथों में लेकर घूम गया। रेखा के नेत्रों में खुशी के आँसू डबडबा आए थे।

अँधेरा छाने लगा था। मशालें जलाई गईं और उनके प्रकाश में गाना-बजाना होता रहा। वह गोपाल था जो सबसे देर से पहुँचा था। सातों माँगें मंजूर कर ली गई थीं, यह सुनकर वह भी पागलों की तरह उछलने लगा। उस खुशी में वह लोगों को यह बताना तक भूल गया कि रामजी सरदार की हत्या के जुर्म में कुन्दन को गिरफ़्तार किए जाने के बाद बड़े क़ैदखाने में भेज दिया गया था। ज़ंजीरों से जकड़े अपने हाथों को ऊपर उठाते हुए कुन्दन गोपाल से केवल इतना कह पाया था, "किसन से कह देना, मैं अपने घर को लौट रहा हूँ।"

इस वाक्य का अर्थ गोपाल की समझ में नहीं आया था।

वर्षा होती रही। लोग गाते-बजाते रहे।

33

बस्ती के आठ आदमियों के एक ही साथ बीमार पड़ने की बात से सभी लोग भयभीत हो गए थे। पिछले ही सप्ताह यह सुनने को मिला था कि उधर दक्षिण की दो बस्तियाँ इस रोग से उजड़ी जा रही थीं। यह ख़बर वह आदमी लाया था जो आज भी बैठके में छिपा हुआ था। वह अपनी पत्नी और बच्चे की लाशों को जलाने के लिए लकड़ी काटते हुए पकड़ा गया था। उसने गोरे के हाथ से चाबुक छीनकर उसी से उसकी नरेटी कस दी थी। वह बुखार लिए इस बस्ती में पहुँचा था। वैद्यजी की दवाई से जिस दिन उसका बुखार उतरा, उसी दिन बस्ती के आठ आदमी एकसाथ बीमार पड़े। वह बुखार जो माथे पर धधकता-सा लगे और जिससे शरीर का रंग साँवला हो जाए। रेखा की बस्ती की ओर जाने का रास्ता बन्द था। सुनने को मिला था कि वैद्यजी भी नहीं रहे। जड़ी-बूटियाँ समाप्त हो चली थीं। किसन तीन बार मालिक से मिल आया था...तीनों बार दवा के प्रबन्ध का आश्वासन लेकर लौटा था। देखते-ही-देखते कुछ अधिक लोग बीमार हो गए थे। सरदारों ने ज्वर से दग्ध लोगों को घर के भीतर से घसीटकर बाहर निकाला था। उन्हें कुदालियाँ थमाकर खेतों में ढकेल दिया था।

अभी सात दिन भी नहीं बीते थे। वह सन्धि! वे सारे आश्वासन! सभी वायदे उड़ गए वे कपूर की तरह। मिठुवा का शरीर उसी समय ठंडा पड़ गया था, जब दो सरदार उसे दो तरफ़ से घसीटे लिए जा रहे थे। तालिब भी खेतों के बीच पहुँचने से पहले ही चल बसा था। दो सरदारों ने मिलकर उसकी लाश को उसी कुएँ में फेंक दिया, जिसका पानी पूरी बस्तीवाले पीते थे। रात को मशाल लिए दो आदमी कुएँ में उतरे थे और किसी तरह तालिब की गली हुई लाश के एक भाग को ऊपर किया था। उसी रात उसे दफनाया गया था। तीन दिन तक लोगों ने कुएँ का पानी नहीं पिया। पर और कब तक? जब जीने को मजबूर हुए तो नाक दाबकर कुएँ से पानी निकाला गया था। नदी जाने का रास्ता बन्द था। और फिर वहाँ का पानी भी साफ़ होता तब तो?

किसन ने पहले चिल्लाकर सरदारों, फिर मालिकों से कहा था कि अगर बस्ती में कोई वैद्य नहीं पहुँचा और दवाइयों का प्रबन्ध नहीं हुआ तो वह मज़दूरों के उस रक्षक से मिलेगा जिसकी चर्चा कुछ दिनों से हो रही थी। उसके साथ वह उस नई सरकार तक पहुँचेगा जो कि सुनने में आया था कि मज़दूरों के पक्ष में है। मालिक ने बड़ी ही गम्भीरता के साथ किसन से छोटा-सा प्रश्न किया था, "तुम वहाँ जाओगे कैसे?"

किसन के पास कोई उत्तर नहीं था। कोई रास्ता नहीं था। अगर कोई रास्ता

निकल भी सकता था तो वह नहीं निकल सका, क्योंकि उसी क्षण किसन को दबोच लिया गया था। उसके हाथ-पाँव बाँधकर उसे काली कोठरी में ढकेल दिया गया, जिसमें कठिनाई से दो क़दम चला जा सकता था। तीन दिन बाद किसन को कोठरी से बाहर किया गया था। जब बस्ती की तीन लाशों को एकसाथ चिता पर चढ़ाया जा रहा था। पहली बात किसन ने यही सुनी थी कि उस फैलते हुए रोग ने बीस से ऊपर लोगों को दबोच लिया था। किसन को इस शर्त पर आजाद किया गया था कि अगर उसने मज़दूरों को भड़काया या शिकायत लेकर मालिक के पास पहुँचा तो उसी क्षण उसे फिर से कोठरी के हवाले कर दिया जाएगा। सामने की चिता की धधकती लपटों के बीच किसन के ख़याल उधेड़बुन की तरह प्रज्वलित होते रहे। क्या करें? उस काली कोठरी में बन्द होने से कौन डरता है। पर बात सिर्फ़ इतनी ही होती तब तो? कोठरी में बन्द हो जाने के बाद बस्ती में फैलती हुई बीमारी...और फिर उसके अपने घर के लोग भी थे। वहाँ की ख़बर तो उसे किसी ने दी ही नहीं। सबसे पहले रेखा का ख़याल आया। वह घर की ओर दौड़ पड़ा। उससे दौड़ना भी नहीं हो रहा था। इतनी अधिक कमज़ोरी वह पहली बार महसूस रहा था। सामने के डिठौरी के पेड़ की डाली को थामकर वह खड़ा हो गया। उसका अपना शरीर लुढ़कता-सा लगा। एक साथ से चकराते हुए माथे को उसने थाम लिया, दूसरी से डिठौरी की डाली को कसने का प्रयास किया। मुट्ठी में दम नहीं था। उसका हाँफना कुछ कम हुआ और वह चल पड़ा। बस्ती के वे सभी घर दूर भागते-से लग रहे थे। पगडंडी उसके पाँवों के नीचे से खिसकती-सी प्रतीत हो रही थी।

जिसकी याद उसे बिलकुल नहीं आई थी, वही सबसे पहले उसे मिली। पुष्पा अँकवारी में हरी घास लिए हुई थी। किसन की लड़खड़ाती हालत को देखकर उसने घास को नीचे रख दिया। किसन के पास पहुँची।

"क्या हालत बन गई है तुम्हारी?"

किसन ने अपने हाथ को उसके कन्धे पर रख दिया। पुष्पा ने उसे घास की चट्टान पर बिठाया।

"मेरे घर के लोग कैसे हैं?"

"निश्चिन्त रहो। सभी अच्छे हैं।"

कुछ देर बाद किसन ने फिर पूछा, "तुम कैसी हो?"

"मैं तो सबसे अच्छी हूँ।"

बिना सूरज की दोपहर थी। उस साँवले वातावरण में डालियों के पत्ते तक नहीं हिल-डोल रहे थे। कुछ ही दूरी पर की बस्ती की भूरी दीवार पर किसन की आँखें टिकी रहीं। उस दीवार को बाहर से देखने पर उसे तोड़ डालने का हौसला और भी बढ़ जाता है। केवल बाहर ही से ऐसा लगता है कि इस दीवार को ढाने में जो कठिनाई

महसूस होती है, वह भ्रम है। उसे तोड़ा जा सकता है...फिर उसने अपने-आपसे पूछा—क्या भीतर से भी?

"मैं तुम्हारे लिए पानी ले आऊँ?"

पुष्पा के इस प्रश्न से वह चौंक उठा, "नहीं!"

दोनों बस्ती को चल पड़े।

"यह इतनी-सी घास?"

"हिरण के बच्चे के लिए।"

"हिरण के बच्चे?"

"तुम्हें नहीं मालूम क्या? अरे हाँ, इधर तुम मिलते भी कहाँ हो? दाऊद भैया जंगल से पकड़ लाया था। मैंने उसे पालकर इतना बड़ा कर दिया है। चलो, देख लेना।"

"इस वक़्त नहीं पुष्पा, फिर कभी।"

घने बादल आकाश को घेरे हुए थे। दोनों बिना परछाइयों के चलते हुए फाटक तक आ गए। ऊपर के घने बादल स्थिर थे। उस मोटी परत के पीछे कौन जाने सूरज भी ठिठक गया होगा। लोगों की आँखें चुराकर वह इतना तो कर ही सकता है। तभी तो पीड़न-भरे दिन अधिक लम्बे हुआ करते हैं। किसन भी सूरज की तरह ख़ालीपन में आश्रय तलाश रहा था। एक बार उसने अपने को उस कुत्ते की तरह पाया था जो आकाश के चाँद से एक टुकड़ा काटने के लिए ऊपर मुँह किए भौंकता ही रह गया था। सम्भवतः भौंकते-भौंकते वह कुत्ता मर गया होगा और चाँद अब भी गोल-का-गोल था।

पुष्पा को उसके घर के पास छोड़कर किसन आगे बढ़ गया था। बस्ती सुनसान थी। सभी लोग नदी के पास दो शवों को जला रहे थे। उस धुँधलके में लपटें ऊपर को उठ रही होंगी...और अपने घर के सामने पहुँचकर किसन नें पीछे की सभी बातों को पीछे छोड़ दिया। अपने बाप को उसने उसी तरह लेटे पाया जिस तरह वह छोड़ गया था। माँ उसके बाप के पाँव दबा रही थी। सन्ध्या और रेखा कपड़ों में पेबन्द लगा रही थीं। सभी को एकसाथ पाकर किसन की जान-में-जान आई। किसन को सामने पाकर चारों के चेहरे की वह उदासी मिट गई। उन आठों आँखों में एकसाथ एक आभा तैरी। स्वर उसके बाप के मुँह से पहले निकला, "किसन!"

माँ उससे लिपट गई। सन्ध्या अपनी जगह से खड़ी हो गई। रेखा की आँखें भर आईं।

किसन जानता था कि घर में कुछ भी नहीं था। कोने के चूल्हे को बुझे तीन दिन होने को थे। उसने रेखा की ओर देखकर कहा, "थोड़ा पानी।"

34

कारख़ाने की ठेलागाड़ी से लाशों को नदी के उस पार किया जाता। पिछली चिता पर एक ही साथ चार लाशों को रखा गया था। बस्ती अधिया गई थी। बदबू के कारण लोगों के हाथ हर वक़्त नाक पर होते थे। कई लोगों की मृत्यु खेतों में काम करते-करते हो गई थी। बस्ती से खेतों तक फैलती चली जा रही थी बुखार में सनी हुई खाँसी। और खाँसी को रोकने के लिए खड़ी थी मौत की वह ऊँची दीवार। स्पेन के किसी जहाज़ द्वारा लाई गई सौगात थी वह महामारी, जिसे भारतीय मज़दूरों के बीच बिखरने दिया गया था। प्राणों के लाले पड़े थे जिन क्षणों में, उन्हीं क्षणों में रेमों साहब के बेटे ने अपने घोड़े पर से दाऊद को अपने पास बुलाया था।

"कोमाँ तापेल ची?"

"दाऊद।"

"तो तुम्हीं हो?"

दो दिन हुए थे, दाऊद ने एक सरदार को कह दिया था कि जहन्नुम में जाए मालिक का हुकुम। छोटे साहब की बन्दूक की नली पर नज़र पड़ते ही दाऊद को अपने बड़े भाई की याद आ गई। इसी नली का वह शिकार हुआ था। दाऊद के मुँह से शब्द नहीं निकला। वह खड़ा रहा। तैयार था मालिक के हुक्म को जहन्नुम भेजने की सज़ा भुगतने के लिए कि तभी रेमों साहब के बेटे ने कहा, "पास आओ।"

वह पास पहुँच गया।

"तो तुम्हीं दाऊद हो?"

"हाँ साहब।"

"ता फ़ाम ए त्रे बेल!"

"मालिक, समझा नहीं।"

"तुम्हारी औरत..."

पहले भय के मिटते ही दूसरे भय ने दाऊद को घेर लिया।

"त्रे जोली! बहुत सुन्दर।"

"मालिक, मेरी माँ और बहन कल ही मरी है...एकसाथ।"

"तुम्हारा कोई बच्चा नहीं?"

"नहीं मालिक।"

"तुम अपनी औरत को मेरे पास भेजो...तुम्हें एक गोरा बच्चा मिलेगा। शाम को गास्तों आएगा। उसी के साथ भेज देना।"

दाऊद खड़ा रहा। घोड़ा आगे बढ़ गया।

कुछ ही दूरी पर चिताएँ जल रही थीं।

कुछ ही दूरी पर औरतें जार-बेजार रो रही थीं।

दाऊद खड़ा रहा। घोड़ा ओझल हो गया, पर उसकी टाप दाऊद के सीने के भीतर उसकी उस भावना को रौंदती रही जो उसकी अपनी अस्मिता थी।

कुछ ही दूरी पर जीनत अपनी सास और ननद की मातम मना रही थी।

कुछ ही दूरी पर कारख़ाना बन्द था। खेत सूने पड़े थे।

बस्ती के बच्चे भूख से तड़प रहे थे। बेबसी इस छोर से उस छोर तक थी। लोग बिलख रहे थे। ज़ोर से रोने की वह शक्ति चली गई थी।

कुछ ही दूरी पर अपने पंजे को फैलाती हुई खूँखार मौत थी।

दाऊद अपने स्थान पर खड़ा रहा। अडिग। घोड़े की टापों से भीतर-ही-भीतर जूझता रहा। शान्त!

पर माहौल शान्त नहीं था। इधर दो-तीन दिनों से मनहूस हवा बह रही थी, वह मँडराती हुई मौत थी साँय-साँय की आवाज़ लिए हुई।

पीछे से किसन ने दाऊद के कन्धे पर हाथ रख दिया, “क्या बोल रहा था वह?”

दाऊद चुप रहा।

“कल का जनमा आज राकस बन गया। तुम उसका वह चेहरा नोंच तो सकते थे!” किसन भली-भाँति जानता था कि वह खुद वैसा नहीं कर सकता था।

दाऊद ने किसन की ओर देखा, “शाम को गास्तों आएगा।”

“ठीक है, मैं उससे निबट लूँगा।”

“नतीजा?”

“अब और क्या होना बाक़ी है? अनाज़ रोक लिया गया। दवाई रोक ली गई है। अब और क्या रोकेंगे?”

वे बस्ती को लौट आए।

वहाँ की अस्त-व्यस्तता से जूझती एक दूसरी समस्या थी। लोगों का रोना-चिल्लाना जारी था। बस्ती सीली हुई गन्ध से बोझिल थी। हर खिड़की से खाँव-खाँव की आवाज़, कराहने की आवाज़। रोने-पीटने की आवाज़। किसन के अपने घर में उसके माँ-बाप साँसें गिन रहे थे। तीन दिन के भीतर किसन कोई चार बस्तियों का दौरा कर आया था। कहीं भी दवा नहीं थी, कहीं भी हकीम नहीं था।

एक चीज़ हर जगह थी। बैलगाड़ियाँ और लाशें!

कल रात एक और बैठक लगी थी। वही मालिक की कोठी पर धावा बोलने का प्रस्ताव। किसन ने फिर से कह दिया था, “अभी नहीं।” पीछे से आवाज़ आई थी, “किसन की जवानी बूढ़ी होती जा रही है।”

किसन हँसकर रह गया था। उस समय उसे अपने बाप की एक बात याद आ

गई थी—लबर-लबर करे बादी, एको चावर न पड़े हाँड़ी।

निर्णय सिला रह गया था। वही बेबसी, वही ठंडे पड़ गए प्रण।

दाऊद ने अपने को उसी स्थिति में पाया। वही बाँझ की-सी स्थिति। निहत्थेपन की स्थिति। वही जीवन-भर की बेबसी। वह विकलांग था। बीच बस्ती में खड़ा होकर दाऊद ज़ोर से चिल्ला उठा। वह पागलों की चीख़ थी। कई लोग घर से बाहर आ गए। दाऊद घुटनों के बल पड़ा रहा।

चीख़ के बाद तनाव कम हो गया था। वह शिथिल-सा पड़ा रहा। कई लोगों ने एकसाथ पूछा, "का होईल दाऊद?"

किसन ने सभी को वहाँ से हटाकर दाऊद को उठाया। उसे उसके घर तक ले जाकर जीनत को पुकारा। मुरझाई सूरत में वह जीनत सामने आई जो सचमुच सुन्दर थी। उन धँसी हुई आँखों में वह और भी अच्छी लग रही थी। किसन पहले भी सोचकर मन-ही-मन मुस्करा चुका था कि मुखड़े पर की पीड़ा मुखड़े को एक रौनक दे जाती है।

"जीनत, तुम इसका ख़याल रखना।"

"किसन भैया, इसे हुआ क्या है?" निर्बल स्वर में उसने पूछा।

"कुछ नहीं, बस कमज़ोरी के कारण...। खैर तुम्हारी कैसी तबीयत है? तुम्हें बुखार तो नहीं?''

"नहीं भैया, मैं एकदम ठीक हूँ।"

किसन के चले जाने के बाद दाऊद ने आँखें ऊपर उठाईं। जीनत को देखा और उसे देखता ही रहा।

"क्या देख रहे हो इस तरह?" उसी निर्बल स्वर में जीनत ने पूछा।

"देख रहा हूँ।"

"क्या?"

"इतनी अधिक खूबसूरत तुम्हें नहीं समझा था।"

"यह क्या ऊटपटाँग बात कर रहे हो?"

"तुम किसकी ख़ातिर हो?"

"क्या मतलब?" सारे भोलेपन को साथ लिए हुए था यह छोटा-सा सवाल।

"तुम सिर्फ़ मेरी ख़ातिर क्यों नहीं हुई?"

"मैं सिर्फ़ तुम्हारी ख़ातिर हूँ।"

"नहीं जीनत, नहीं।"

"और जिनकी ख़ातिर थी वे तो चल बसीं।"

"तुम सिर्फ़ मेरी ख़ातिर नहीं हो जीनत...।"

एक गहरे सन्नाटे के बाद हुआ वह विस्फोट।

"शाम को तुम्हें रेमों साहब के बेटे के यहाँ जाना है।"

विस्फोट के बाद फिर सन्नाटा। फिर तनाव। फिर आन्तरिक कोलाहल। जीनत की सूखी हुई आँखों से पहले आँसू टपके, फिर दाऊद की आँखों से। जीनत के दोनों हाथों को अपने हाथों में लेकर दाऊद ने धीरे से कहा, "जीनत, ऐसा पहली बार तो नहीं हो रहा।"

जीनत चुप रही।

"लोग मर रहे हैं बिना खाना, बिना दवाई।"

जीनत सुनती रही।

"यह फैलती महामारी। इसे रोकने की कोशिश तो की जा सकती है। हम दोनों शायद इसे कर सकें। अगर कर पाए तो कितना बड़ा काम काम होगा, जानती हो?"

जीनत को लगा, दाऊद के स्वर में वह लहजा था जो पागलों की आवाज़ों में होता है। फिर भी वह चुपचाप सुनती रही।

"एक जाति तबाह होने से बच जाएगी। एक छोटी-सी कीमत में यहाँ अनाज़ पहुँच सकता है, दवाइयाँ आ सकती हैं। तुम सुन तो रही हो न?"

जीनत ने सिर हिलाकर हामी भर दी।

"मौका अच्छा है। क्यों न उठा लें इसका फ़ायदा? क्यों, क्या कहती हो तुम? बस, इस तरह चुप बैठी रहोगी? कुछ बोलो भी तो...।"

"क्या, बोलो?"

"तुम्हें मंजूर है न?"

"क्या?"

"बस, यहाँ पर दवाई और अनाज़ पहुँच सके।"

"यह मंजूर क्यों न हो?"

"ठीक है। तो फिर...शाम होने में अधिक देर नहीं...तुम तैयार हो जाओ।"

"कहाँ जाने के लिए?"

"बस्ती के लिए अनाज़ और दाना लाने।"

"कहाँ?"

"रेमों साहब के बेटे के पास।"

"तुम पागल तो नहीं हो गए?"

"पागल क्यों? मौके की बात कर रहा हूँ। मौका अच्छा है। एक बहुत बड़े उद्‌देश्य के लिए थोड़ी देर आँखें मूँद लेने से क्या अनर्थ हो जाएगा? तुम औरत हो जीनत। और औरत की देह रोटी का कोई टुकड़ा नहीं होती जो किसी के मुँह लगने से जूठी हो जाए। तुम जूठी नहीं होओगी। पर याद रहे, अपने को उसके हवाले करने

से पहले सौदा हो जाना चाहिए। तुम पहले उसे राज़ी कर लेना, फिर अपने को समर्पित करना।"

बग़ल से किसी के रोने की आवाज़ आई। मर गया होगा फिर कोई!

35

जहाँ पगडंडी मरती थी, वहाँ से आगे विस्तृत मैदान खुलता था। सारी बची-खुची ताक़त के साथ दौड़ता हुआ किसन दाऊद और जीनत के आगे जा खड़ा हुआ। उससे खड़ा नहीं रहा गया। बिछी हुई हरी दूब पर वह लुढ़क गया। दाऊद और जीनत से आगे नहीं बढ़ा गया। दोनों खड़े रहे। किसन ज़ोरों से हाँफता हुआ थोड़ी-बहुत शक्ति बटोरने के प्रयास में लगा रहा। तब तक वे दोनों चुपचाप खड़े रहे।

आँखों को ऊपर करके दोनों को देखते हुए किसन आख़िर बोल सका, "कहाँ जा रहे हो तुम दोनों?"

उत्तर देर से आया। वह भी प्रश्न बनकर।

"क्या करेंगे यहाँ?"

"भाग रहे हो?"

"कोई दूसरा चारा भी है क्या?"

"कहाँ-कहाँ भागोगे?"

"तुम चाहते हो कि मैं जीनत को उस भेड़िये के हवाले कर दूँ?"

"मैं यह चाहता हूँ क्या?"

"तो फिर क्या चाहते हो?"

प्रश्न-ही-प्रश्न। अब तक एक भी उत्तर सामने नहीं आया था। किसन ही को उत्तर देना पड़ा, "सामना किया जा सकता है।"

"वह तो उस पहली घड़ी से किया जा रहा है जब सभी के सामने पहली औरत को नंगी किया था। सभी के सामने उस औरत के साथ...।"

जीनत बीच में बोल उठी, "किसन भैया, हम किसी दूसरी जगह तो जी सकते हैं।"

"वह दूसरी जगह इस टापू में कहीं नहीं है जीनत! यह कटघरा इतना बड़ा है कि इसमें खुली जगहों का भ्रम हो जाता है, जबकि यहाँ ऐसी कोई भी जगह नहीं। तुम्हें इस छोर से उस छोर तक कोई भी जगह नहीं मिलेगी जहाँ गोरे जमींदारों के खूँखार कुत्ते तुम्हारी बोटी को नोचने के लिए दौड़ न आएँ।"

"मर जाने के लिए तो कोई जगह मिल जाएगी?"

"दाऊद, यह तुम कह रहे हो?"

सूरज स्याही फैलाकर भाग गया था।

अपनी जगह से उठते हुए किसन ने धीरे से कहा, "अँधेरा फैलता जा रहा है।"

"अभी जान रहे हो?" व्यंग्य-भरी धुँधली मुस्कान के साथ दाऊद ने पूछा।

"लौट चलें।"

"कहाँ?"

"यह क्या बचपना करने लगे?"

"पूछ रहा हूँ कहाँ लौटने की बात कर रहे हो?"

"तुम्हारा कोई घर भी तो है।"

"है क्या?"

"तुम्हारे घर को अगर कभी तुम्हारी ज़रूरत हुई तो वह आज है। आज पूरी बस्ती को तुम्हारी ज़रूरत है दाऊद।"

"बस्ती को लाशों का अभाव पड़ गया क्या?"

"कन्धों का अभाव पड़ गया है। लाशों को उठानेवाले कन्धों का।"

आकाश पर पहला तारा झिलमिलाया। किसन ने अपने दाहिने हाथ को दाऊद के कन्धे पर रखा। अपने हाथ को वहाँ रखे-रखे किसन ने कई प्रश्न किए। दाऊद से एक का भी उत्तर नहीं बन पड़ा। अपने पिछले प्रश्न को किसन ने फिर से दोहराया :

"कहो दाऊद, अब और कौन रह गया है तुम्हारे बिना? अगर तुम्हें जाना ही है तो कम-से-कम एक ऐसे व्यक्ति का नाम तो बताते जाओ जो उस समय भी मेरी बग़ल में होगा, जब इस लड़ाई में मेरी उम्मीद की एक आख़िरी साँस बाक़ी रह जाएगी!"

जीनत की आँखों से जो बूँदें टप् से टपक गईं, उन्हें दोनों ने नहीं देखा।

"लौट चलो दाऊद। मरने के लिए अपने आँगन से बेहतर कोई दूसरी जगह हो ही नहीं सकती।"

दाऊद अब भी चुप था। उसे अपने बाप की एक बात याद आ गई थी—आदमी के ना चाहेला हार माने के जनावर से।

इस वाक्य का सन्दर्भ दाऊद को भली-भाँति ज्ञात था। वह भीतर-ही-भीतर काँप गया। जीनत ने भर्राई हुई आवाज़ में कहा, "हम बस्ती को लौट चलें।"

दाऊद कुछ नहीं बोला।

उसके पाँव उठे। और कलमानव की तरह वह बस्ती की ओर चल पड़ा। अब तक की रोकी हुई साँस को छोड़कर किसन ने लम्बी साँस ली। जीनत की ओर देखा। अँधेरा बढ़ गया था। दोनों दाऊद के पीछे चल पड़े। आकाश तारों से खचाखच भर

आया था। पूर्व की ठंडी हवा दो पहाड़ों के बीच से होती हुई विस्तार पाने लगी थी। दाऊद अब भी उस अँधेरे में नींद में चलनेवाले की तरह चल रहा था। उसके कानों में इस्लाम मियाँ के वे शब्द बज रहे थे, जो मरने से पहले कह गया था—इस दुनिया को तीन चीज़ों की ज़रूरत होती है।...वह टिकी रहती है, इन्हीं तीन चीज़ों पर—मुद्दतों से चली आई अच्छाइयों की परतें...उसी जोड़न से तैयार वह लड़ाई जो बुराई को उखाड़ फेंकने के लिए हो...और लड़नेवालों का अपने ऊपर का भरोसा।

दाऊद के क़दम तेज़ हो गए। अगर मरना ही है तो इस्लाम मियाँ की मृत्यु क्यों न मरा जाए? बहुत बड़ी कीमत चुकानी पड़ी थी उसे, बस्ती के कुएँ में मालगासी सरदार को पेशाब करने से रोकने के लिए।

दाऊद को अपने ऊपर हैरत हुई। वह कैसे भाग सकता था इस बस्ती से?

कई दिनों से लोग सुनते आ रहे थे कि बस्ती में मज़दूरों का रक्षक पहुँचनेवाला है। जितने मुँह उतनी बातें। कोई कहता, उसके आते ही हमारी स्थिति सुधर जाएगी। कोई कहता, वह हमारी सभी फरियादों को सरकार तक ले जाएगा। सरकार मामले पर ध्यान देगी या नहीं, यह नहीं कह सकते। दिन बीतते गए, बस्ती में मज़दूरों के रक्षक की चर्चा रोज़ होती रहती, पर कभी कोई रक्षक नहीं पहुँचा। लोगों को जो पिछली ख़बर मिली वह यह थी कि मज़दूरों का वह रक्षक इस ओर आया अवश्य था, परन्तु मालिक की कोठी से आगे नहीं बढ़ सका। वह उधर ही से खुशी-खुशी लौट गया था। इसी तरह वह आयोग भी अपनी सभी छानबीन को कोठी तक ही पूरा करके लौट गया था। मालिक और सरदारों के मुँह से मज़दूरों की सन्तोषजनक कहानी उसने वहीं सुन ली थी।

किसन बार-बार अपने-आपसे यह कहकर रह जाता—ऐसी घड़ी में देवननन् चाचा साथ नहीं। कुन्दन का अभाव किसन के सभी हौसले को डगमगा जाता। कुन्दन जो योजना बना गया, वह आज भी बैठके की पुस्तकों के बीच दबी पड़ी थी। किसन को लगता कि उस योजना को साकार करने का यही समय था...लेकिन कुन्दन के बिना? उस दिन बैठक के बाद वह उस पुस्तक को साथ ले आया था, जिसमें कुन्दन की सारी योजना के चार-पाँच पन्ने थे। उसने उन्हें दो बार पढ़ा। अब इस योजना के अलावा कोई दूसरा चारा नहीं था।

महामारी एक-एक करके लोगों को निगलती जा रही थी। अब तक बच्चों और औरतों को छोड़कर बाईस मर्द महामारी के शिकार हो चुके थे। चौवालीस भुजाएँ कम हो गई थीं। मृत्यु का यह सिलसिला बना रहा तो पूरी बस्ती को श्मशान में परिवर्तित होने में महीना-भर से अधिक नहीं लगेगा। किसन को भय था तो बस देरी का। कहीं देर न हो जाए और...। बस्ती की मृत्यु का बस महीना-भर बाक़ी था। पूरी बस्ती भयभीत थी। आँखों में भूख थी। पीड़ा थी। मृत्यु का भय था। बस्ती का गाना-बजाना

बन्द था। सुनसान! सभी दरवाज़े बन्द होते गए, मौत बस्ती में मँडरा रही थी और उसे अपने घर के भीतर प्रविष्ट होने से रोकना था। अपने भीतर के भय को हटाने के लिए जहाँ-तहाँ से हनुमान चालीसा का स्वर सुनाई पड़ता रहता। लोग अपने वर्तमान और भविष्य सभी कुछ बेचकर बैठे-से लग रहे थे। जो भी लोग बचे हुए थे, अपने सामने की निर्धारित मृत्यु को जानते थे। सभी जानते थे कि वह आएगी और सभी को उसकी प्रतीक्षा थी, फिर भी लोग ताबीज बाँधे जा रहे थे। देवी मैया की मनौतियाँ होती जा रही थीं।

किसन के बाप की पलकें बोझिल होती गईं। शरीर का रंग सफ़ेद होता गया। आँखें सूखती गईं। शरीर का तापमान घटता गया। किसन की माँ अपने बेटे से लिपटकर चिल्ला उठी, "अब कोई ना बची किसन!"

"नहीं माँ, अभी भी समय है।"

लेकिन उसके बाप का जो समय बाक़ी थी, वह बहुत कम था। शाम होते-होते वह समय पूरा हो गया। किसन कोने में खड़ा-खड़ा सभी को रोते देखता रहा। होश आने पर वह आगे बढ़ा। सबसे पहले अपनी माँ को अपने बाप के शव से अलग किया। फिर सन्ध्या को हटाया और उसके बाद रेखा को। उसकी माँ फिर से लाश की ओर बढ़ी। किसन चिल्ला उठा, "नहीं!"

उसने यह 'नहीं' उस मौत को कहा था जो उसके अपने घर के भीतर भी आ ही गई थी। उसका वह बाप जीवन से इस्तीफा दे ही चुका जो यह कहते आया था कि जीवन में इस्तीफा नहीं होता। क्या वह सचमुच इस्तीफा था या ज़िन्दगी की हद थी? अपने सामने के गहरे अँधेरे में भी किसन ने उन सारे दृश्यों को देखा जहाँ उसके बाप का जीवन उस हद तक पहुँचता रहा था। इस्तीफा का मतलब तो हट जाना होता है। कब हटा था उसका बाप? तो फिर वह संघर्ष समाप्त हो गया क्या? संघर्ष कैसे मिट सकता है? वह तो एक हाथ से दूसरे हाथ को पहुँचनेवाली चीज़ होती है। एक हाथ थका और दूसरे ने उसे थाम लिया।

किसन की माँ की बेहोशी लम्बी रही। उतनी ही लम्बी रही उसके बाद की वह ख़ामोशी, तीन रातों की एक लम्बी रात, अपलक और घटाटोप। किसन के भीतर का भय उसके दुख से अधिक था। भय क्यों? भय चेतना और साहस को मारनेवाला होता है। भय भी तो एक दूसरी तरह की मृत्यु ही होती है। वह मृत्यु आदमी के संकल्प और शक्ति की मृत्यु होती है। किसन को लगा कि उसके बाप की मृत्यु मात्र एक शरीर की मृत्यु नहीं थी। वह मृत्यु एक युग की थी। उसने वर्तमान के लिए भय पैदा कर दिया था। वह भय किसन को भूल-भुलैया में ढकेल गया था। वह स्थिति अपने अस्तित्व को भूल जानेवाली स्थिति होती है। उस बेसुधी में भी किसन का प्रण जाग रहा था। उसे भय का सामना करना था। यह भय उसके ऊपर से और उसके

भीतर गुजर जाएगा और वह तटस्थ रहेगा। रहेगा?

उसके पाँव काँप रहे थे। उसके होंठ हिले और उसने सुना अपनी ही आवाज़ को—एक जाति के लिए मृत्यु से भी गई-गुजरी कोई चीज़ होती है, जिसके सहारे वह जीने को विवश होता है।

मस्तिष्क शरीर को आदेश देकर हर तरह का काम करवा लेता है, लेकिन मस्तिष्क अपने-आपको आदेश देकर उस आज्ञा का पालन नहीं करवा पाता। वही बात किसन के साथ हो रही थी। शरीर की कमज़ोरी ने उसे अब तक नहीं कँपाया था, पर वह दूसरी कमज़ोरी उसको कँपा ही गई।

काँपता हुआ वह बाहर आ गया।

किसी दूसरी मृत्यु का आगम देने के लिए कोई भी कुत्ता बाक़ी नहीं था रोने को।

पहले तो लोगों को हैरत हुई थी कि मालिक इन मज़दूरों को इस तरह मरने क्यों दे रहा था। मज़दूरों की कमी हो जाने पर सबसे बड़ी हानि तो उसी को थी। सारे खेत सूख जाएँगे। मालिक के महलों के चारों ओर जंगल उग आएँगे। लोगों की यह हैरानी उस दिन मिटी जब किसी दूसरे सरदार के मुँह से यह सुना गया कि कौन परवाह करे इन विद्रोही मज़दूरों की। दो ही तीन दिन में वह जहाज़ द्वीप के किनारे से लगनेवाला था, जिसमें सत्या का चाचा मालिक के लिए साढ़े तीन सौ मज़दूरों को ला रहा था। इस बार बिहार के चुने हुए मेहनती मज़दूर होंगे जिसके लिए सत्या के चाचा को हर मज़दूर पर माहवार दस आने से लेकर पन्द्रह आने तक मिलने की बात हुई थी। फिर तो मरनेवाले मरते रहे।

36

पिछली शाम जब एक बार फिर साहस बटोरकर किसन मालिक की कोठी पर पहुँचा तो उस समय उसके सातों कुत्ते तीन बड़ी हाँड़ियों को घेरे हुए थे, जिनके भीतर के उबले हुए चावल से बस्ती के सभी मज़दूर तीन दिन तक अपने पेट पाल सकते थे। किसन ने उन हाँड़ियों को देखा और भूख से विवश जीभ को होंठों पर आने से रोक लिया, फिर भी एक बार कुत्तों के बीच कुत्ता होकर उन हाँड़ियों पर टूट पड़ने के लिए मन-ही-मन तिलमिलाकर रह गया था।

कुत्ते उसकी ओर नहीं लपके थे।

किसी सिपाही ने उसे नहीं रोका था। और न ही मालिक ने उसे गुरेड़कर देखा था। कभी वह पहाड़ी की पगडंडी से चिल्लाकर अपनी ही आवाज़ की प्रतिध्वनियाँ

सुनने का आदी था। उस बचपन से भिन्न लग रही थी इस बार की उसकी अपनी ही आवाज़ की ख़ामोश अनुगूँज।

वह लौट आया था।

पर लौटकर चुप नहीं रहा गया था। चुप्पी के विस्फोट से जो धमाका हुआ था, उससे उसके कान के परदे फट गए थे। उस दर्द के कारण प्रतिक्रिया को रोकना उससे सम्भव नहीं हो सका। उधर उसकी माँ लेटी हुई थी। अब-तब।

वह निर्णय तो लेना ही था। इसलिए उसी क्षण बैठक हुई और पन्द्रह व्यक्ति निकल पड़े उस कोठरी को जहाँ अनाज़ बन्द था।

जहाँ अनाज़ बन्द था वहाँ कुत्ते खुले हुए थे। किसन की अगवानी में आते हुए जुलूस को देखकर चारों सिपाहियों ने बन्दूकें तान ली थीं। इस बार तो ये लोग प्रण के साथ पहुँचे थे। सिपाही स्थिति को समझ पाते कि इससे पहले पन्द्रहों व्यक्ति झपट पड़े थे।

कुत्ते भी झपटे, फिर भाग गए थे।

बन्दूकें दूसरे हाथों में आ गई थीं। चारों सिपाहियों को एकसाथ बाँध दिया गया था। अनाज़ की कोठरी का दरवाज़ा खोलकर आठ व्यक्ति भीतर पहुँचे थे। चारों सिपाही उन्हें बोरों के साथ जाते देखते रह गए थे। बन्दूकें तोड़कर नाले में फेंक दी गई थीं।

सभी कुछ बहुत कम समय में हो गया था और बहुत ही कम समय में किसन की माँ भी चल बसी थी।

किसन मुक्त था। वे बाक़ी चौदह व्यक्ति भी मुक्त थे। कोई सिपाही बस्ती तक नहीं पहुँचा। बाँसों की कोई बौछार नहीं हुई। कोई गिरफ़्तार नहीं हुआ। ज़ंजीरें खनखनाईं नहीं। मालिक चुरूट पीता हुआ अपनी झूलती हुई कुरसी से नहीं उठा।

आज तीसरा दिन था, लोग अब भी मुक्त थे।

और आज ही समुद्रतट से वह जहाज़ लगा जो नए और अधिक परिश्रमी मज़दूरों के साथ पहुँचा था।

भाग : 2

जिस दिन आहों से कंकड़ हीरे में बदलने लगेंगे, उस दिन ग़रीबों की आहें जब्त कर ली जाएँगी।

जिस दिन पसीने और आँसू की बूँद मोती में बदलेंगे, उस दिन मज़दूरों के रोम-कूपों को चुन दिया जाएगा, उनके आँसुओं पर पाबन्दी लग जाएगी।

धरती, स्मृतियों की गँधीली धरती। मिट्टी की महक, भीनी-भीनी महक। खेतों की हरियाली पर तैरती हुई सोंधी हवा। झीनी-झीनी हवा।

और—

सात लम्बे वर्षों की प्रतीक्षा।

कुटिया के पिछवाड़े की मुँडेर गरदन तक आ गई थी। उस पहले दिन से रोज़ एक पत्थर को वह मुँडेर पर चढ़ाता आ रहा था। सात वर्ष लम्बी मुँडेर थी वह। अब उसकी ताक़त के साथ उसका धैर्य भी जवाब देने लगा था। कुटिया के पिछवाड़े में मुँडेर की कोई ख़ास ज़रूरत नहीं थी। पहाड़ के काफ़ी ऊपर तक देवदारु के पेड़ थे, जो बहुत घनी दीवार का काम कर रहे थे। उस ऊँची दीवार के बावजूद वह मुँडेर बनाता रह गया था—सात सूने नीरस वर्षों तक।

सात वर्ष की सज़ा।

उसका अपना बेटा अपनी सात वर्ष की सज़ा पूरा कर रहा था। सात वर्ष की वह अवधि पूरी होकर भी अभी अधूरी थी। अभी कुछ दिन और बाक़ी थे। मुँडेर पर कुछ पत्थरों को चढ़ना था। उसने सुन रखा था कि क़ैद में अगर क़ैदी का व्यवहार अच्छा रहा तो उसकी रिहाई समय से पहले हो जाती है। उसके अपने बेटे के साथ ऐसा नहीं हुआ था। मुँडेर के एक-एक पत्थर को गिनकर उसे इस बात का विश्वास हो गया था कि बेटे के साथ किसी तरह की रियायत नहीं हो पाई थी।

कुटिया के आगे की बड़ी-सी चट्टान के पास खड़े होकर वह नीचे की ओर देखा करता। बहुत नीचे थी वह पगडंडी जो बस्ती तक जाकर ओझल हो गई थी। उस दिन उस दुर्गम पगडंडी से वह उतर ही गया था। बस्ती के लोग उसे देखकर हैरान रह गए थे। उस जर्जर शरीर के साथ उसका नीचे उतर आना सभी को अचरज-सा लगा था। पर वह अचरज सपना नहीं था, क्योंकि उसी शाम वह उसी पगडंडी से ऊपर लौट भी गया था। धनलाल ने कितना चाहा था कि दो व्यक्ति उसे कुटिया तक छोड़ने उसके साथ जाएँ। मगर उसने नहीं चाहा था। बहुत लम्बे समय बाद वह नीचे उतरा था, धनलाल से पता लगाने कि सात वर्ष पूरा होने में कितने दिन बाक़ी थे। धनलाल की गिनती में भी सात साल की अवधि पूरी हो गई थी। एक-एक पल

को काटकर उसने इतने लम्बे समय को बिताया था। वह सौ साल का लगने लगा था—अपनी उम्र से दोगुनी उम्र का। ईख के बोझ, कोड़ों की बौछार और कोल्हू ने तो तोड़ा ही था, रेखा की उस अचानक मृत्यु और मदन की गिरफ़्तारी ने तो उसे और भी बूढ़ा बना दिया था। पचास-पचपन के बीच की थी उसकी उम्र, पर कमर टूट चुकी थी। वह निचोड़ लिया गया था।

बस्ती के कुछ लोगों ने सोचा था, मदन रिहा होकर रास्ता भूल गया होगा। वह द्वीप के किसी दूसरे कोने में भटक रहा होगा। पर सभी ने उम्मीद बँधाई थी। वह आएगा ज़रूर। इसी आस के साथ वह अपनी कुटिया को लौट आया था। रात में बस्ती के लोगों ने ऊपर रोशनी देखी थी और आश्वस्त हो गए थे कि वह सही-सलामत पहुँचा था। इसी हर रात की रोशनी को देखकर ही लोगों को उसके जीवित होने का विश्वास होता था। यह विश्वास कोई दो-तीन बार खंडित भी हुआ था। और लोग घबराए हुए ऊपर दौड़ गए थे। पर वे अवसर मृत्यु के नहीं थे—बस, थकान और...बुखार। उस हालत में लोग उसे बस्ती में ले आने की सोचते। उसके न चाहने पर लोग लौट आते। दूसरे-तीसरे दिन ऊपर रोशनी दिखाई पड़ जाती और लोग फिर आश्वस्त हो जाते।

कभी चट्टान के पास से वह अपनी कुटिया को लौटकर अपने सामने अँधेरा पाता और उसे लगता जैसे कि वह अपनी आँखों को धूपीली पगडंडी पर छोड़ आया हो। उस चमकती हुई पगडंडी ने ही उसकी आँखों को निस्तेज किया था। अब वह उसके भीतर की आस को भी हताश करने लगी थी। पर नहीं, उसकी वह आस उसकी आँखों की तरह थोड़े ही थी! पर फिर अपने-आपसे पूछ बैठता—क्यों नहीं थी? आँखों के साथ-साथ समय ने उसकी आस को भी हर मोड़ पर पछाड़ा था। समय की उस धूप ने जहाँ उसकी आँखों की शक्ति को क्षीण किया था, वहाँ वह उसकी आस को भी पिघला-पिघलाकर बहाती रही है। उस बहाव में उसकी बहुत-सारी चीज़ें बहीं...

नीचे की बस्ती के लोग आज भी उसे वही मानते थे, जो वह कभी था। लेकिन वह जानता था कि बस्ती के लोगों की वह नेकनीयती थी। वह श्रद्धांजलि थी एक मृत हस्ती को। अपनी ही नज़र में वह एक मृत क्रान्ति का वह कंकाल था, जिसे बस्तीवाले यादगार के रूप में आज भी अपने किसी वृक्ष से लटकाए हुए थे। वह झूल रहा था—उसके अपने ऊपर के मांस भी उस बहाव में बह गए थे। पानी ख़ून में मिलकर कभी ख़ून नहीं हुआ, लेकिन ख़ून पानी में मिलकर पानी हो गया। वह उस पानी को बहते हुए अब भी देख रहा था।

एकाध बार उसके भीतर आशंका भी उठी थी—कहीं मदन भी उसी बहाव में...

मदन की धमनियों में वही ख़ून था, जो उसकी अपनी धमनियों में कभी था।

जिस तरह बहाव में उसकी चीज़ें बहती रहीं, पर वह खुद कभी नहीं बहा...उसी तरह मदन का भी बह जाना नितान्त असम्भव था। मदन में इतनी ताक़त तो होनी चाहिए कि वह धारा के विरुद्ध तैर सके। धारा के विरुद्ध तैरनेवाला आदमी बहता नहीं—वह डूबता भी नहीं। मदन को उससे भी अच्छा तैराक होना है, अन्यथा ये खबोर बवंडर और प्रलयंकर ज्वार-भाटे उसे निगल जाएँगे।

मदन के बन्दी हो जाने का उसे दुख तो था, पर गर्व भी था। उसने जो अपने बारे में चाहा था, वह उसके बेटे को प्राप्त हुआ था। उसके जीवन की एक अधूरी कड़ी की मदन ने पूर्ति की थी। मदन का तो उस समय जन्म भी नहीं हुआ था, जब से वह अपने भीतर चारदीवारी के भीतर पहुँचने की चाह को सँजोए हुए था। उस चारदीवारी के भीतर, जहाँ देवननन् चाचा ने ज़िन्दगी बिता दी थी। धारा के खिलाफ जाना जुर्म था, फिर भी उसे इस जुर्म की वह मनचाही सज़ा कभी नहीं मिली। इसीलिए कई बार उसे ऐसा आभास होने लगता कि उसका आन्दोलन दमदार नहीं था। उसकी क्रान्ति में गहनता नहीं थी। उसका विद्रोह सशक्त नहीं था। तभी तो वह मुक्त रहा! और...और यही वजह भी रही हो स्थिति के आज भी लगभग वैसा ही रह जाने की।...देवननन् चाचा, हमारी यह स्थिति यहाँ होते कभी नहीं बदल सकती। कम-से-कम एक बार तो हमें हद तक पहुँचकर ही देखना होगा।

फिर तो जीवन-भर के लिए क़ैद कर लिए जाएँगे।

स्थिति में परिवर्तन तो आ जाएगा चाहे वह बदतर ही क्यों न हो।

वे दिन अब केवल याद करने के लिए रह गए थे।

अभी बहुत दिन नहीं हुए थे। उस दिन वह गेंदे के पौधे रोप रहा था। अभी तो गेंदे के उन पौधों में पहले फूल भी नहीं आए थे। एक आदमी पगडंडी चढ़ता हुआ ऊपर आ गया था। वह लँगोटी में था। पीठ नंगी थी उसकी। उस पर कई लकीरें थीं। पँजरी की हड्डियाँ बाहर झाँक रही थीं। उसकी आँखें सूखी हुई झील की तरह थीं। गाल पिचके हुए थे। दाढ़ी बस जहाँ-तहाँ काली बची हुई थी। वह आगन्तुक क़ैद से आया था। मदन की ओर से सन्देश लाया था।

"चिन्ता नाँ करिय—ऊ हुवाँ अच्छा से बा।"

उसने आगन्तुक को सोते का ठंडा पानी पिलाया था। वह व्यक्ति क़ैद की कहानियाँ सुनाकर अपने सन्देश को झुठला गया था।

"अभी और केतना दिन...?"

"दूसरका पुरनवासी तक ओके चाहेला आ जाय के।"

तब से चार पूर्णमासी बीत चुकी थी। अगली पूर्णमासी तक के लिए उसके पास अधिक साँसें बाक़ी नहीं थीं। अब उसे डर लगने लगा था आनेवाली उस पूर्णमासी से, जो कि अमावस-सी काली थी, उसके अपने ख़यालों के भीतर।

पिछले वर्ष की तरह इस वर्ष भी तूफ़ान की सम्भावना थी। पिछली बार जब हवा की रफ्तार तेज़ होनी शुरू हुई थी तो लोग उसे लेने नीचे से ऊपर आ गए थे, लेकिन वह कुटिया का कौरा पकड़े रह गया था। तूफ़ान को ज़ोर पकड़ते देख लोग बस्ती को लौट गए थे। अपनी कुटिया के भीतर से वह बाहर के प्रलयंकर क्षणों की लम्बाई से जूझता रहा।

हवा हाहास कर रही थी। बादल ग़रज़ने से पिछवाड़े का पहाड़ चकनाचूर होता-सा प्रतीत हो रहा था। उसकी कुटिया एक बार हिली थी—दो बार हिली थी और तीसरी बार छत नीचे आ गई थी। इमली के उस चीमड़ पेड़ के कारण वह खुद दब जाने से बच गया था। उसी इमली के तने को पकड़े वह बिजलियों को चमकते और पेड़ों को टूटते-गिरते देखता रह गया था। कई लम्बे घंटों के बाद सुबह हुई थी। हवा थमी थी, पर वर्षा और भी मूसलाधार हो चली थी। उस भारी बरसात में धनलाल दो साथियों के साथ ऊपर पहुँचा था। कुटिया ढह जाने पर भी उसने धनलाल की बात नहीं मानी थी। अन्त में बस्तीवालों को फिर से कुटिया को खड़ा करना ही पड़ा था। उसे अपनी कुटिया टूट जाने का उतना दुख नहीं था जितना बस्तीवालों की तैयार फ़सलों के तहस-नहस हो जाने का।

इस बार भी अगर यह तूफ़ान आ गया तो बस वही महीनों के लिए सब्जियों के लाले पड़ जाएँगे। तूफ़ान की याद से उसे सब्जियों के लिए मोहताज रहने की याद आती थी और सब्जियों की याद से उसे मदन की माँ याद आ जाती थी। मदन की माँ को तो तूफ़ान का पूर्वाभास सबसे पहले होता था। आनेवाले तूफ़ान का आभास पाकर मदन की माँ सब्जियों को सुखा-सुखाकर रखने लगती थी। वे ही सब्जियाँ तूफ़ान के बाद पूरी बस्ती के काम आती थीं।

मदन की माँ की मृत्यु बस्ती में न होकर यहीं इसी कुटिया में हुई थी। उसी के कहने पर यह कुटिया बनी थी। उसी के कहने पर दोनों बस्ती से अलग इस कुटिया में आ बसे थे। एक दिन अचानक ही मदन की माँ कह उठी थी, “अपना जनम गोरों की कोठी में हुआ। न चाहने पर भी सारी उमिरवा बीत गई उसी कोठी में, लेकिन... सच मानो, मैं मरना कहीं और चाहती हूँ। खुली हवाओं में... ।”

बस, कुछ ही दिन बाद उसने मदन की माँ के साथ बस्ती छोड़ दी थी। पहाड़ी के इसी मुक्त स्थान पर आ गया था, जहाँ मदन की माँ सात दिन से अधिक जीवित नहीं रही। उसे इस बात का सन्तोष हो गया था कि उसकी पत्नी गिरमिट नहीं मरी थी... । उसकी राख भी उस जगह की ज़मीन से मिली थी, जिस पर गोरे मालिकों का अधिकार नहीं था। पहाड़ की गोद की काली चट्टानों पर उसने अपनी पत्नी की लाश जलाई थी...क्योंकि उसकी अपनी नज़र में दो ही स्थान थे, जिन पर किसी जमींदार का प्रभुत्व नहीं था—समुद्र और पहाड़ के वे बंजर भाग जिन पर चट्टानें उगी थीं।

नीचे की बस्ती में वह जब तक था सबसे अधिक उम्रवाला था, इसीलिए लोगों को कभी-कभार उपदेश भी दे दिया करता था। उसने कई बार लोगों से कहा था कि इस जीवन के बाद भी एक जीवन होता है, लेकिन जब वह अकेले में होता तो यह सोच जाने को विवश हो जाता था कि उसके तो अपने इस एक ही जीवन में कई जीवन जुड़े हुए थे। उसके जीवन में कभी वह जीवन भी था, जब वह ईख के खेतों का बन्दी था–उस समय पूरे दिन में कठिनाई से उसका कोई अपना क्षण होता था। जबकि आज समूचा दिन उसका अपना होता था।

यह अलग जीवन था। नया जीवन। सात वर्ष पुराना जीवन। प्रतीक्षा का जीवन। सात वर्षों से वह अकेले जीता आ रहा था, अपने बेटे की प्रतीक्षा करता हुआ। उसके पिछले जीवनों से भिन्न इसका हर क्षण उसका अपना होते हुए भी अपना-जैसा नहीं लगता था। अगर अपना ही था तो फिर साथ क्यों नहीं देता था? उसके प्रश्न उत्तर के लिए नहीं हुआ करते थे। जीवन के उन बेशुमार प्रश्नों के उत्तर अगर उसे मिले होते तो आज वह उन्हें रखता कहाँ? अब तो उसकी मुट्ठियाँ भी नहीं बँध पाती हैं।

हवा यों ही तेज़ हो जाया करती थी। मैनाओं, गौरैयों और बुलबुलों की आवाज़ें हवा के झोंकों से टकराती हुई सम्मिश्रित अनुगूँज के साथ बिखर जातीं। कभी पूर्वी हवा के ऊपर से पश्चिमी हवा के झोंके बिना साँय-साँय किए निकल जाते। समुद्र से बटोरी हुई उमस को पूरे माहौल में छिड़क जाते। दूसरे दिन पौधों के कोमल कल्ले मुरझा जाते। इसी हवा ने एक बार अपनी एक प्रतिध्वनि को उसके आँगन में छोड़ दिया था। उस प्रतिध्वनि की अनुध्वनि कई दिनों तक उसके कानों में गूँजती रह गई थी–जब उन ताक़तों का सामना करने की शक्ति बाक़ी न रहे तो बुद्धिमानी इसी में होती है कि उनके साथ हो लिया जाए।

वह बुद्धू ही रह गया था। हार को हार माने अपने जीर्ण अस्तित्व का एहसास करता आ रहा था।

और वह एक बहुत ही मोहताज हवा होती थी जो उसके कानों में गुनगुना जाती–तुम्हें याद है, देवननन् कहा करता था कि युद्ध में कई मोर्चे होते हैं। एक मोर्चे की हार का मतलब पूरी लड़ाई की हार नहीं हुआ करती।

तो क्या लड़ाई आज भी ज़ारी थी?

और उसे आगे बढ़ाने के लिए उसका बेटा आएगा?

उसे प्रश्नों के उत्तर की प्रतीक्षा नहीं थी। यह प्रतीक्षा बहुत ही लम्बी हुआ करती है। कभी तो सात लम्बे वर्षों से भी अधिक लम्बी।

उसे प्रतीक्षा अगर थी तो सात लम्बे वर्षों के अवसान की–उस निहत्थेपन की स्थिति की, मृत्यु की।

2

उस थरथराती ठंड से अपने दाँतों को कड़कने से बचाता हुआ किसनसिंह अपने दोनों हाथों को दोनों काँखों से नीचे दबाए रहा। दबाए रहता पर दाँत दाँतों से फिसलकर कड़क ही जाते। उस आवाज़ की ठंडक से उसका शरीर सिहर जाता और वह अपने शरीर को थोड़ा और सिकोड़ लेता। कुछ क्षण पहले उसने अपने पूरे शरीर को अपने हाथों में लपेटकर गरमी पाने का प्रयास किया था। अब वे ही हाथ काँखों के नीचे दबे हुए थे। वहाँ हलकी गरमी थी और उससे अपने हाथों को वहाँ से हटाना नहीं हो पा रहा था। वहाँ की उस गरमी को नोचकर वह अपने शरीर के दूसरे भागों में पहुँचाने की सोचता, पर उसके वे हाथ उसके मस्तिष्क की आज्ञा की अवहेलना कर ही जाते।

ठंड की भीगी परत में लिपटा माहौल। उसके छोर से टपकती बूँदों की सिहरन से तर हवा। हवा के चुभते स्पर्श को अपने गालों पर झेलता हुआ किसनसिंह नीचे की बस्ती के झिलमिलाते चिराग़ों के तिलमिलाते प्रकाश की गरमी की उस दूरी को महसूसता हुआ खड़ा रहता। उसकी अपनी कुटिया का दीया बिना लौ के लकड़ी के खम्भे से लटका हुआ था—अँधेरे को अपने से लपेटे हुए। बाहर पेड़-पौधों की पत्तियाँ अपने ही कम्पन से सहमी हुई थीं।

उसे अपने आसपास की निर्जीवता और भी सिहरा गई थी। यह ठंड एक-सी कभी नहीं रही। पिछले दो-तीन सप्ताहों के बाद ही अचानक ऐसी ठंड पड़ी थी। कभी सोच उठता कि यह ठंड हमेशा एक-सी ही रहती होगी। वह उसके अपने शरीर की सहनशक्ति का उतार-चढ़ाव रहा होगा। बस्तीवाले ने उसे सन के धागों से बुनी हुई एक फतुही दी थी। अपने को ठंड से बचाने के लिए उसे उसने कभी पहना ही नहीं। शरीर की गरमी के बिना वह फतुही भी जिस कोने में थी, ठंडी पड़ी थी।

सरदी के शिकंजे में बन्द अपनी ठंडी साँसों को महसूसते हुए किसनसिंह उस गहरी ख़ामोशी को ध्यान से सुन रहा था। न मेंढकों की टरटराहट थी, न नीचे की बस्ती से आती हुई कुत्तों की आवाज़ें। जाड़े का सन्नाटा था। उसके अपने शरीर के अध-सूखे गोश्त हड्डियों से चिपके हुए थे। चमड़े पर सर्दी की फुंसियों के साथ रोएँ भी खड़े हो आए थे। ठंड से सिकुड़ा उसका शरीर चुप था। ऊपर आसमान पर बस मुट्ठी-भर तारे थे—वे भी सहमे हुए। उसके जबड़े रह-रहकर हिल जाते और दाँत कटकटाक् की आवाज़ से फिसल जाते। वह फिर से मसूड़ों पर जोड़ देता हुआ उन्हें जकड़ लेता।

किसनसिंह के हाथ काँखों के नीचे से निकलकर गरदन पर आ गए। वहाँ की

ठंडी त्वचा उसे अपनी कुटिया में टँगी ढपली पर के चमड़े-सी लगी। एकदम निर्जीव! पर...उस ढपली की वे पुरानी यादें निर्जीव नहीं थीं। वे तो जेहन पर कीड़ों की तरह रेंगती रहती थीं। वह उसके अपने बेटे की उम्र की थी। दोनों की आवाज़ें पहली बार एक ही साथ गूँजी थीं। उधर बच्चे का रोना हुआ था और दाऊद की अँगुलियाँ ढपली पर थिरक गई थीं। दस दिन पहले से दाऊद उसकी तैयारी में लग गया था। उस समय नई बस्ती में कोई बकरा था ही नहीं, फिर भी दाऊद को न जाने कहाँ से वह काला चमड़ा मिल गया था। तीन दिन से लगातार वह ढपली के अंगारों पर सेंके जा रहा था और बच्चे के रोने की आवाज़ सुनते ही वह ढपली के साथ खड़ा हो गया था, पहाड़ के नीचे की नई बस्ती में जन्मा वह बच्चा था और जीनत ने पहला 'ललना' गाया था।

ठंड को अपने दाँतों से दबाए किसनसिंह बस्ती की धुँधली रोशनी को देखता रहा, जिसके बीच जन्म लिया था उसके उस लड़के ने। छब्बीस लम्बे वर्ष बीत चुके थे, जब बस्ती में पहली बार द्वीप के पूर्वी भाग से पँवरिया आया था। फूल की थरिया का बजना उसके फूटने के बाद ही रुका था।

जिस दिन नई बस्ती की आख़िरी कुटिया के छाजन के लिए बाँस बाँधे जा रहे थे, उसी दिन बस्ती को सिपाहियों ने घेर लिया था। अपनी बग्घी से उतरकर आगे आते हुए मोरेल साहब ने सभी मज़दूरों के आगे खड़े किसन से कहा था, "सा बान लाकाज़ ला ली दाँ मों लातेर।"

उसके हाथ में लम्बे-चौड़े काग़ज़ात थे, जिससे वह प्रमाणित कर रहा था कि वे सभी झोंपड़ियाँ उसकी अपनी ज़मीन में बनाई गई थीं। किसन की आपत्ति पर वह चिल्ला उठा था कि ज़मीन सरकार की नहीं, उसकी अपनी ज़रख़रीद थी। फिर तो नई बस्ती के लोगों के सामने दो ही रास्ते थे। अपने पूरे वर्ष-भर के परिश्रम को छोड़कर फिर मारे-मारे फिरना या तो शर्त की मंजूरी। शर्त थी—बस्ती में रहते हुए मोरेल साहब के खेतों में काम। किसन को लगा कि वही पुरानी गुलामी फिर से नया जामा पहने सामने आ गई थी। बस्ती को जिस लगन और श्रम से सज़ाया गया था, उसे छोड़कर बेघर और बेकार होना किसी को गवारा नहीं था। साथ-साथ उस ज़मीन को भी तो छोड़ना होता जिस पर बस्तीवालों ने खेती शुरू की थी। बाद में किसन को पता चल ही गया था कि उस खेती की हरियाली और उपज के कारण ही मोरेल साहब ने उस पूरे इलाके पर अधिकार जमाया था। इस बात का विरोध करते हुए किसन ने जो कुछ भुगता था, उससे आदमी का जीवित रह जाना अपने-आप में आश्चर्य की बात थी।

किसनसिंह इस शर्त के सामने चुप रह गया था कि तीन साल की मज़दूरी के बाद बस्ती के सभी घर ज़मीन सहित मज़दूरों के नाम पर दिए जाएँगे। तीस वर्ष बाद

भी वह शर्त पूरी नहीं हुई थी। यह अवश्य हुआ था कि कुछ दूरी के पहाड़ी इलाके की पथरीली ज़मीन पर मज़दूरों को अपनी निजी खेती करने की छूट दे दी गई थी। मालिक की नौकरी से छुट्टी पाने के बाद ही शाम के धुँधलके में कोई डेढ़ घंटे के लिए बस्तीवाले अपने खेत में काम कर पाते थे। सब्जियों की बोआई करके मज़दूर अपनी स्थिति में थोड़ा-बहुत सुधार लाने में सफल हुए थे। बस, इसी बात के लिए किसनसिंह का विरोध शिथिल पड़ गया था।

सामने के टिमटिमाते चिराग़ों को देखते रहने के कुछ ही देर बाद किसनसिंह की निस्तेज आँखों के सामने अँधेरा छा जाता। उसे अपनी आँखें मरी हुई प्रतीत होने लगतीं। उसकी पलकें एकाध बार झपककर बन्द रह जातीं और उसके मस्तिष्क के भीतर एक क्षणिक प्रकाश झिलमिलाकर फिर बिखर जाता। लगता कि उसके पाँव ज़मीन से सटे हुए न हों। आगे की बढ़ती हुई रात ठंड को अपने साथ घसीटे लिए जाती और अपनी देह को अपने-आपसे जकड़े वह ठंड स्याह परतों से ढँकने का प्रयत्न करता रह जाता। धीरे-धीरे नीचे की बस्ती के चिराग़ एक-एक करके बुझ जाते। स्याह परतों पर एक मोटी स्याह परत के आ जाने से वह धुँधला दृश्य भी विलीन हो जाता। फिर तो दो ही चीज़ें उसके सामने रह जातीं—अँधेरे की शून्यता और ठंड का कम्पन।

और जब ठंड ने सचमुच ही उसे झकझोर दिया तो वह ठिठुरन लिए अपनी झोंपड़ी को लौट आया। एकदम रिक्त और शक्तिहीन। एकदम हताश और अकेला। पर इसी स्थिति में उसे झोंपड़ी के अँधेरे में अँधेरे के स्पन्दन का एहसास होने लगता। उस घटाटोप अँधेरे में उसे रेखा की उन तेज़ साँसों की मौजूदगी का आभास होने लगता, जिन्हें अपने में समेटकर मौत उड़ गई थी। रेखा की वे आख़िरी साँखें इतनी अधिक तेज़ थीं कि उसके सामने किसनसिंह की अपनी साँसें अनसुनी रह गई थीं। झोंपड़ी की दीवारों से चिपकी उन साँसों ने कभी उसे इस घर में अकेलेपन का भय नहीं दिया। उन साँसों में लिपटी हुई रेखा की अदृश्य देह कुटिया के भीतर चहलक़दमी करती रहती।

रेखा की साँसों की उस आवाज़ के बाद एक गहरी ख़ामोशी उस चारदीवारी को अपने में बाँध लेती और फिर वह ख़ामोशी की फुसफुसाहट होती जो किसनसिंह के कानों में खटमल की तरह रेंगती रह जाती—यह आवाज़ उसके अपने ही गीतों की अनुध्वनियाँ होती थीं। खेतों का वह स्वर अब अकुलाहट लिए हुए था। उसमें रेखा की अन्तिम साँसोंवाली वही धुकधुकी थी।

अभी महीना भी नहीं हुआ होगा, उस दिन न जाने किस ख़याल से पहाड़ की झाड़ियों से होता हुआ वह काफ़ी ऊपर पहुँच गया था। और जब साँसें फूलने लगी थीं तो वह चट्टान पर बैठ गया था। वहाँ से पश्चिम का सागर एकदम पास दीख

रहा था...सामने के जहाज़ को उसने वही जहाज़ समझा था, जिससे कुलियों के साथ उसके बाप का भी यहाँ आना हुआ था। उसी जहाज़ ने उसे मजबूर कर दिया था, मुद्दतों बाद एक बार फिर नया गीत गुनगुना जाने को। उस गीत में उसने अपना सारा क्रोध जहाज़ पर उतारा था, उसे यह कोसते हुए कि अभी और कब तक करना है उसे कुलियों को लाने का यह धन्धा! इसके साथ ही मस्तिष्क में समेटकर रखी हुई कहानी के चन्द टुकड़े खौल उठते—

....................भारत.................बिहार.................

.........................आरा............

..................छपरा..................

दलाल...................कलकत्ता.................जहाज़

कुली लोग.................पत्थरों के नीचे सोना

मॉरिशस.................बाँस..................कोड़े

कोल्हू..................महामारी

रात ठिठकी रही मध्य बिन्दु पर। उसकी साँसें आँतों तक चिपके हुए पेट के साथ ठिठक गईं। फिर उसने लम्बी साँस ली। पेट थोड़ा-सा फूला, फिर पचक गया। उस अँधेरे में बिना अड़चन वह लकड़ी के खाट पर जा बैठा। जीभ को अपने पनचोछर होंठों पर फेरा। गला साफ़ किया। आँखों पर हथेली ले जाकर वहाँ के गीलेपन को पोंछा और खाट पर लेट गया।

झोंपड़ी के छप्पर के छिद्रों से भी कोई तारा नज़र नहीं आया। गोरतारी से सन के बोरे को खींचकर अपने को ढाँप लिया। बोरे के रूखेपन से ठंड कुछ कम हुई। बाहर नीरवता रही। वही काली नीरवता जिसको वह पीछे छोड़ आया था, पर जो उसके साथ-साथ भीतर आ गई थी। उसने—

उसने आँखें मूँद लीं।

कुछ चेहरे झिलमिलाए...उनमें से एक भी मदन का नहीं था।

और हर रात की पहली झपकी के साथ उसने उसी घिस गए वाक्य को भीतर-ही-भीतर सुना—कल फजीरवा के मदन आ जाई।

हर बार, वह सूरज जो अपने साथ मदन को लाता, पहाड़ों के उस पार कंन्नी काटकर निकल जाता।

बाहर की झींसों ने ठंड को पराकाष्ठा तक पहुँचा दिया था। अपने को अपनी ही अँकवारी में समेटकर वह खाट पर पड़ा रहा। बोरे के एक छोर को अपने पाँव से दाबकर दूसरे छोर से पूरे सिर को ढाँप लिया। कोयले ख़त्म हो जाने के कारण अँगीठी आज नहीं जल पाई थी। पिछली मूसलाधार वर्षा के कारण तन्दूर की सभी लकड़ियाँ गीली हो गई थीं और कोयले नहीं पक पाए थे। बस्तीवाले जब भी नीचे

से मक्की का मोहनभोग या कोई दूसरी खाने की चीज़ लेकर ऊपर आते तो किशनसिंह उनकी टोकरी को बदले में कोयलों से भर देता था।

मदन की प्रतीक्षा ने उसे इतना बेकार बना दिया था कि लाख चाहकर भी वह तन्दूर के लिए दूसरी लकड़ियाँ नहीं जुटा पा रहा था। कोयले न पकाकर उसे लगता कि वह अपनी अन्तिम घड़ी को मुफ्त की ज़िन्दगी बना चुका था। उसे चिढ़ थी उस ज़िन्दगी से। रोज़ यह तय करके भी कि कल से वह अपने काम में फिर जुट जाएगा, वह ऐसा नहीं कर पाता। काम न करने से उसे भूख भी नहीं लगती थी। दो दिन पहले की उबली हुई अरवी अब भी देगची में पड़ी हुई थी। इधर दो दिन से दाऊद के बेटे का आना भी इधर नहीं हुआ था और फ़रीद के न आने से उसके कुत्ते का भी आना नहीं हो रहा था। यही वजह थी कि देगची खलियाने की नौबत नहीं आ रही थी।

अपने बोरे के भीतर करवटें बदल-बदलकर वह अपने-आपमें सिकुड़ता गया। नींद उससे उतनी ही दूर थी जितनी कि मदन था।

वह किसी भी तरह की अज्ञात आशंका को अपने पास फटकने नहीं देता।

मदन आएगा।

सात लम्बे वर्ष बीत चुके थे।

मदन के उससे दूर रहने की यह लम्बी अवधि पूरी हो गई थी। उसके अपने भीतर का विश्वास अधीर होकर गुहार करने लगा था।

3

वे धनलाल और दाऊद मियाँ ही थे जो झरने के पास की चट्टान पर बैठे झींगे फँसाने में लगे हुए थे। किसनसिंह उन्हें दूर ही से पहचान गया था। झाड़ियों की खरखराहट सुनकर दोनों चिहुँक गए थे। वह वर्जित स्थान था। झींगे फँसाने की बात तो दूर रही, वहाँ नहाना भी मना था। एक बार वहाँ से कच्चू के पत्ते काटते हुए धनलाल पकड़ा गया था। जब किसनसिंह बाक़ी साथियों को लिए हुए इस इलाके में पहुँचा था, उस समय यह इलाका स्वतन्त्र था। किसी का प्रभुत्व नहीं था इस पर। आसपास की ज़मीन को पथरीली और ऊसर जान उसे जंगल रह जाने दिया गया था। किसनसिंह अपने अधटूटे हताश साथियों के साथ ज़मीन से पत्थर हटाने में लग गया था। पत्थरों की सैकड़ों मेड़ खड़ी करने के बाद कहीं ज़मीन बोआई के योग्य बन पाई थी। चौदह आदमियों ने मिलकर पहली खेती जो की थी वह मकई की थी। वह दाऊद मियाँ ही था जो पहाड़ी के उस पार के किसी खेत से मकई की दो सूखी बालियाँ ले आया

था। धीरे-धीरे लोगों ने कन्द के साथ सब्ज़ियाँ बोना भी शुरू किया था और वह टमाटर का लहलहाता खेत था, जिस पर मोरेल साहब ने अधिकार जमा लिया था। स्वतन्त्रता फिर छीन ली गई थी। और तभी से आज तक पसीने की हर बूँद बन्धक चली आ रही थी। उन बूँदों की फ़सल से मोरेल साहब ने दो गन्ने के कारख़ाने खड़े कर दिए थे। तीन अलग बस्तियों में सात सौ मज़दूरों का स्वामी बन गया था। नदी पार के खेत में आबनूस के पेड़ जैसी ऊँची मेंड़ के लुढ़कने से वह अपनी आँखों के सामने एक ही साथ तेरह मज़दूरों को विकलांग होते और आठ मज़दूरों को मौत के घाट उतरते देख चुका था। कहा जाता है कि मोरेल साहब बहुत ही साहसी आदमी है, क्योंकि उस वीभत्स दृश्य के सामने भी उसके चेहरे की प्रतिक्रिया नहीं बदली थी। उसके हाथ का कोड़ा नीचे नहीं गिरा था।

धनलाल और दाऊद के पास पहुँचते ही किसनसिंह के मुँह से अनायास ही निकल पड़ा, "अभी तक न पहुँचल ऊ त?"

दोनों समझ गए कि उसका आशय मदन से था। वे चुप रहे। जलप्रपात की झरझराहट अनसुनी होती रही। तीनों काफ़ी देर तक अपने बीच की ख़ामोशी को सुनते रहे। कच्चू के डोलते पत्तों पर शीत की बूँदें इधर से उधर लुढ़कती रहीं। किसनसिंह के अपने भीतर के ख़याल भी कच्चू के पत्तों पर की ओस-बूँदों की तरह थे। अस्थिर! पर बूँदों में चमक थी, उसके अपने ख़यालों में नहीं। वे भीतर के घटाटोप अँधेरे में लुढ़क रहे थे। सामने के चकोतरे के पेड़ पर की लालमुनिया ने एक क्षण के लिए उसे अपनी ओर आकर्षित किया। दूसरे ही क्षण उसने आँखें फेर लीं। आम और जामुन की घनी डालियों के बीच अदृश्य बुलबुलें और पिंड़कियाँ चहचहाती रहीं। उसके अपने भीतर की अधीरता भी उसी तरह अदृश्य सिसकियाँ लिए जा रही थी। टेंट से तम्बाकू के सूखे पत्ते को निकालकर दाऊद मियाँ ने उसे हथेली पर मला और महीन किया। काग़ज़ के टुकड़े में लपेटने के बाद धनलाल की ओर देखा। धनलाल को चकमक जलाने में काफ़ी समय लग गया। दाऊद ने तम्बाकू किसनसिंह की ओर बढ़ा दिया। उसके इनकार कर जाने पर दाऊद ने खुद पहला कश लिया और धनलाल की ओर बढ़ा दिया। धनलाल ने दाऊद मियाँ की ओर कनखी से देखते हुए इनकार कर दिया। वह किसनसिंह के सामने तम्बाकू नहीं पी सकता था। किसनसिंह उसके बाप की उम्र का था। किसनसिंह ने धीरे से पूछा, "धनू, ऊ अब नहिएँ आई का?"

फिर एक लम्बी ख़ामोशी, और इसके बाद दाऊद ने किसनसिंह की सूखी आँखों में झाँकते हुए कहा, "किसन भैया, इधर उस घटना के कारण शायद..."

वह चुप हो गया।

"कौन-सी घटना?"

बीच में धनलाल बोल उठा, "सुना है, किसी मन्दिर के आँगन में इकट्ठे हुए

एक लाख मज़दूरों के बीच से साठ हज़ार मज़दूरों को गिरफ़्तार कर लिया गया है।"

"कब हुआ ऐसा?"

"परसों की बात है।"

"तुम लोग न भी हुवाँ थे?"

"तीस कोठियों से लोग वहाँ इकट्ठे हुए थे।"

"काहे ख़ातिर?"

"जुल्मों के खिलाफ़ आवाज़ उठाने के लिए।"

इस बार दाऊद बीच में बोल उठा, "अपने हक की माँग के लिए भी।"

"तो तुम लोगन नहीं थे उसमें, क्यों?"

"हमारी बस्ती तक बात आई ही नहीं थी।"

फिर कुछ देर के लिए पीछे से आती कल-कल ध्वनि ख़ामोशी को चीरकर गुजरती रही।

किसनसिंह के ख़याल में जो प्रश्न आया, उसे न पूछकर उसने दूसरी बात पूछ ली, "इतने लोगन की गिरफ़्तारी मदन की रिहाई से कैसे जुड़ गइल?"

"भैया, यह क्यों भूल रहे हो कि इस देसवा में हम लोगन का जो पहला शिवाला बना था, उसी में मदन ने मज़दूरों का पहला जुटाव किया था। उनकी गिरफ़्तारी भी मन्दिर में हुई थी। दो बातें हो सकेला भैया! एक तो इस घटना के बाद मदन की रिहाई रोक ली गई होगी, या दूसरी बात यह कि रिहाई के बाद रास्ते में मदन भी उन मज़दूरों से जा मिला हो।"

"जिन लोगन की गिरफ़्तारी हुई?"

"हाँ! और यह भी हो सकता है कि वह एक बार फिर पकड़ा गया हो।"

"हमरा से मिले बिना...?"

नहीं, वह यह मानने को तैयार नहीं था। इधर की धनलाल की कोई भी बात सच नहीं हुई थी। वह लगातार कहता आ रहा था कि मदन कल पहुँच रहा है। पर वह कल कभी नहीं पहुँचा था। अब उसकी इस बात को वह क्यों मान लेता कि मदन अब भी बन्दी था?

चकोतरे के पेड़ के उस पार खरखराहट हुई। धनलाल और दाऊद चौकन्ने हो गए, शायद कोई नेवला था। दोनों की राहत की साँसें अभी आधी ही थीं कि तभी दाहिनी ओर की पगडंडी से कोई आता दिखाई पड़ा। वह काफ़ी दूरी पर था, फिर भी उसके सिर के टोप के कारण उन्हें समझते देर नहीं लगी कि वह आंत्वान सरदार था। दूसरे ही क्षण तीनों व्यक्ति चकोतरे के पेड़ की बग़ल से झाड़ियों से होती हुई पगडंडी पर आ गए थे। रास्ते-भर किसनसिंह ने एक भी बात नहीं की। दोनों

व्यक्तियों ने चाहा कि वह उनके साथ बस्ती तक पहुँचे। दोनों ने बारी-बारी से कहा :

"जीनत तुमसे बातें करना चाह रही थी।"

"उधर मन लग जाएगा।"

बिना कुछ कहे किसनसिंह उस दूसरी पगडंडी को पकड़ चुका था जो ढलान से अलग चक्कर काटती हुई ऊपर को चली गई थी।

दूर से आती हुई मालिक के शिकारी कुत्तों की आवाज़—फिर सन्नाटा...फिर दूर जाती हुई उन्हीं कुत्तों की भूँक जो हिरणों के पीछे दौड़ रहे होंगे। इन्हीं कुत्तों ने कभी सुखुवा को नोचकर बत्ती-बत्ती कर दिया था। सुखुवा जंगल में लकड़ी बटोर रहा था। कोंस्ताँ साहब के दामाद ने खरखराहट सुनकर गोली दाग़ दी थी। कुत्ते उस पर टूट पड़े थे। उसकी पीठ से बहते ख़ून को चाट चुकने के बाद वे कुत्ते उसकी अँतरियों के साथ दौड़ गए थे। कोंस्ताँ साहब की बेटी को सुखुवा की विधवा पत्नी और उसके पाँचों बच्चों पर दया आ गई थी। उसने रुकमिनिया के यहाँ सात रुपए भिजवा दिए थे। वह दयालु कुछ अधिक ही थी, इसलिए उसने उस पुलिस अफसर के यहाँ भी दस रुपए भिजवा दिए थे, जिसने थाने की बही में यह लिख दिया था कि कसूर सुखुवा का ही था।

वह सुखुवा ही था जो गौतमवा के बाद बच्चों को बैठका में इकट्ठा करके रामागति सिखाता था। जिस समय मोरेल साहब ने अपने साथ लाए हुए काग़ज़ातों और सिपाहियों के बल पर बस्ती की ज़मीन पर अधिकार पा लिया था, उस समय सुखुवा ही ने सभी बच्चों के आगे मुस्कराते हुए कहा था, "यह देश तुम सभी का है...तुम सभी यहाँ जन्मे हो...यहीं तुम्हें मरना है। काग़ज़ के टुकड़े पर यह चाहे किसी का क्यों न हुआ, लेकिन इस पर कल तुम्हारी श्रमबूँदों का मुहर होगा।...यह तुम्हारा वह सपना है जिसे नींद के बाद भी तुम्हें सँजोकर रखना है..."

बच्चों की समझ में उसकी बातें कहाँ तक आई थीं, कोई नहीं बता सकता, पर उसने अपनी बातें कह दी थीं। उसकी मृत्यु के दिन किसनसिंह उन बातों को दोहराता रह गया था। सुखुवा की बातें तो बड़े लोग ही नहीं समझते थे तो फिर बच्चों की बात तो दूर रही...। वह तो यह भी कहा करता था—

पुराने क़ानून का अन्त और नए का आरम्भ हो...

वह कौन-सा क़ानून होगा—कौन बनाएगा उसे जो पुराने को हटाकर नए को लाए? किसनसिंह का सोचना इसी ठौर पर रुक जाता था।

चिकने काले पत्थरों से फिसलता हुआ नाला। नाले की पानी में अपनी जड़ों को धोता हुआ जंगली बादाम का वह पेड़। यह स्थान किसनसिंह की झोंपड़ी और नीचे की बस्ती के बीच में पड़ता था। यहीं बैठकर वह प्रायः सोचा करता था कि दो तरफ़ की जगहों में वह कहाँ का था। इसी नाले में स्नान करके अपने कपड़ों को कुरी के

पौधों पर सुखाता था। कुरी के छोटे-छोटे फूलों से अपनी हथेलियों को भरकर वह वहाँ बैठा गुनगुनाता रहता। इधर कई दिनों से उसका स्नान रुक गया था। उसकी फतुही और धोती बिना धुली थी। उसका गुनगुनाना भी बन्द था। कुरी के रंग-बिरंगे फूलों के कोमल स्पर्श को भी वह भूला हुआ था। कुरी का वह विस्तृत फैला जंगल।

कुरी के नन्हे-नन्हे फूल।

कुरी के नुकीले काँटे।

और उसका अपना लहूलुहान शरीर।

यहाँ बैठने पर कई बार वह दृश्य उसके सामने आया था—सुखुवा की मृत्यु पर उसकी पत्नी के पास भेजे गए सात रुपए को अपने साथ लिए वह कोंस्ताँ साहब के घर पहुँचा था। साहब के दामाद के सामने पैसे लौटाते हुए उसने कहा था, "मिस्ये एस्कीज़े सा लारज़ाँ नू पा कापाव आक्सेप्ते।"

साहब का दामाद पहले तो आगबबूला हो गया था। पूरी आँखें बाहर निकालकर उसने किसनसिंह को देखा था। उसी क्रोध में वह अपनी दाहिनी मुट्ठी को दाहिने कन्धे पर पीछे की ओर खोलकर चिल्ला उठा था। उसी क्षण पीछे खड़े मालगासी रखबार ने उसकी मुट्ठी में कोड़ा थमा दिया था।

कोड़ा ऊपर उठा था। किसनसिंह के हाथ उसी तरह जुड़े-के-जुड़े रह गए थे। अपनी पत्नी की तरह साहब को भी दया आ गई थी। अपनी आँखों को तरेरे हुए वह हँस पड़ा था। हँसते हुए उसने अपने तीनों शिकारी कुत्तों को चुटकी बजाकर पास बुला लिया था। कुत्तों को पुचकारने के बाद उसने हँसकर अपने ढंग की भोजपुरी में कहा था, ''किसनसिंह।''

"हाँ मालिक।"

"सुना है तुम बहुत तेज़ दौड़ते हो?"

किसनसिंह सिर झुकाए खड़ा था।

"मैं एक से तीन तक गिनूँगा...और तुम भागना शुरू कर दोगे। समझे या नहीं?"

किसनसिंह पहले तो चुप रहा। साहब के डाँटने पर उसने सिर हिलाकर हामी भर दी थी। साहब और भी ज़ोरों से हँस पड़ा था।

"तुम्हारे भागते ही मैं एक से सौ तक गिनूँगा...और इसके बाद मेरे कुत्ते तुम्हारे पीछे हो जाएँगे...एक...दो...तीन!"

किसनसिंह दौड़ गया था।

कुछ ही देर बाद भौंकते हुए तीनों कुत्ते उसके पीछे थे और...कुरी के विस्तृत जंगल को लाँघता हुआ वह भागता रहा—भागता रहा।

और जब तीनों कुत्ते अपने मालिक के पास लौटे होंगे उस समय किसनसिंह की धोती का आधा भाग अपने मुँह में लिए होंगे।

4

ऊपर से वह नीचे की ईख की कटाई को देखता रहा था।

नीचे की वह दुनिया, जिससे उसने अपने को काट लिया था, अपने में पूरी सक्रियता लिए हुए थी। कभी वह उस सक्रिय संसार का एक अंग था। उसके पसीने से भीगकर जामुनी ईख और भी चमकीली हो जाती थी। उसके परिश्रम का फल वह सफ़ेद सोना! उसका मूल्य बढ़ता ही गया था, पर उसके अपने हिस्से में जो आता था, व्रह सफ़ेद चीनी की मिठास न होकर रस की रूसठ सीठियाँ होती थीं।

सीठियों की कड़वाहट को अपने भीतर लिए वह नीचे के दृश्यों को देखता रहता।

कटे हुए ईख के खेतों पर मँडराते मैना के झुंड उसे कभी अच्छे लगे थे, पर अब नहीं। अब नहीं अच्छा लगने का पहला कारण था उन मैनाओं का काँय-काँय करके खेती के माहौल में दखल पहुँचाना। मुँडेर से ईख के सूखे फूलों को चुगती हुई गौरैया पर मैना का झपटकर उसे खदेड़ देना भी उसको खलता था।

वे यादें तो आज भी एकदम ताज़ी थीं।

अगौरे की पुलियाँ बटोरते समय कभी रम्भा से सीता का झगड़ जाना खेत की सबसे स्वाभाविक घटना होती थी। उन अवसरों पर रम्भा के मुँह से जो पहला वाक्य निकलता, वह होता, "तू त मैना जैसन झगड़ालू हवे सीत।"

इस पर रम्भा के आगे की सभी पुलियों को बटोरकर सीता हँसती हुई वहाँ से भाग जाती।

किसनसिंह सीता को बहुत चाहता था। वह जब बहुत छोटी थी, तभी से किसनसिंह के मन में उसे बहू बनाने की लालसा पैदा हो गई थी।

उस दिन–

दोनों ओर के कटे खेतों के बीच की भीगी पगडंडी पर चार-पाँच मैनाओं को झगड़ते पाकर सीता ने चुसी हुई ईख के आख़िरी टुकड़े को उनकी ओर चला दिया था। मैनाएँ वहाँ से कुछ दूरी पर जाकर फिर लड़ने लगी थीं। वही वह अवसर था जब किसनसिंह सीता से पूछ बैठा था, "सीत, तू करबे ब्याह हमर मदनवा से?"

सीता मैनाओं के झुंड के पीछे-पीछे दौड़ गई थी।

उसी रात दाऊद की ढपली को थपथपाते किसनसिंह गुनगुना उठा था–

बाल बचपन के ख़ातिर खुदेरे सब चिरैया दाना
काँव-काँव करके देख भैया बीच कुदेला मैना।
सब चिरैयाँ के खोंतवा लगे छोटे-छोटे गँछवा
मैना गुमानी बसेरा करे नारियल के पेड़वा।

बाद में इसी गीत को मदन के मुँह से सुनकर सीता उस अन्तर के बारे में पूछ बैठी थी, "मदन! आख़िर मैना इतने ऊपर क्यों रहे?"

किसनसिंह गवाह था।

कभी बहुत अधिक सोचते रहने के बाद सीता इसी प्रश्न को दूसरे ढंग से करने लगती, "ये बाक़ी पक्षी भी अपने घोंसले मैना के घोंसले के बराबर क्यों नहीं बनाते?"

इस अनुत्तरित प्रश्न के साथ मदन अपने बाप के पास अत्यन्त ही गम्भीर चेहरे लिए पहुँचता। उसकी उस गम्भीरता को देखकर किसनसिंह भी गम्भीर हो जाता।

और आज बहुत दिनों बाद—एक ही साथ कई पुराने चित्रों का सामने मँडरा जाना।

पहला चित्र—

बारह गाड़ियाँ ईख लादने के बाद मदन का घर लौटाना। उसे अपने सामने पाते ही किसनसिंह का प्रश्न, "मदन! सचमुच ही तुम सीता को प्यार करते हो?"

"आपको इसका उत्तर मालूम है, पिताजी!"

"मुझे नहीं मालूम।"

"आप भी उसे बहू बनाना चाहते हैं।"

"यह मेरे प्रश्न का उत्तर नहीं।"

"आपकी आज्ञा से मैं उसे ब्याहना चाहता हूँ।"

"यह भी मेरे सवाल का जवाब नहीं।"

"मैं उसके बिना..."

"बकवास बन्द करो। मुझे सही उत्तर चाहिए।"

"मैं उसे बहुत अधिक प्यार करता हूँ। अपने से भी अधिक।"

दूसरा चित्र—

पुष्पा का बेटा विवेक। कोल्हू में तीन गाड़ियाँ गन्ने पेरने के बाद कुएँ के पास किसनसिंह के सामने।

"ठहरो विवेक, तुमसे कुछ बातें करनी हैं।"

विवेक का ठिठक जाना।

"तुम और मदन बहुत अच्छे दोस्त हो न?"

"यह पूछने की बात है चाचा?"

"फिर भी पूछ रहा हूँ।"

"उससे अच्छा और घनिष्ठ दोस्त मेरे लिए दूसरा कौन हो सकता है?"

"सीता?"

विवेक से तुरन्त उत्तर नहीं बन पड़ा।

"कहो विवेक!"

"यह भी आप जानते हैं।"

"क्या जानता हूँ मैं?"

"कि मैं सीता को कितना प्यार करता हूँ।"

"जानता तो फिर पूछता ही क्यों?"

"मैं उसके बिना..."

"मेरा प्रश्न था तुम उसे कितना प्यार करते हो?"

"बहुत अधिक।"

"मदन की दोस्ती से भी अधिक?"

"बराबर।"

तीसरा चित्र–

नदी में कपड़े धोती हुई सीता बाक़ी औरतों से कुछ अलग उस स्थान पर, जहाँ पुरैन के पत्तों का गलीचा बिछा होता है।

"सीता, तुमसे एक बात पूछूँ?"

"क्या बात पूछनी है चाचा?"

"तुम जानती हो इस बस्ती के दो सबसे घनिष्ठ मित्र कौन हैं?"

"सभी जानते हैं।"

"तुम जानती हो?"

"हाँ।"

"कौन हैं?"

"मदन और विवेक।"

"तुम चाहती हो कि दोनों की मित्रता स्थायी रहे?"

"सभी चाहते हैं।"

"तुम क्या चाहती हो?"

"मैं भी यही चाहती हूँ।"

"क्या?"

"दोनों की मित्रता सदा बनी रहे।"

चौथा चित्र–

बैठका के सामने गोधूलि में तर वातावरण में पंडितजी के द्वारा विवाह के मन्त्रों का पढ़ा जाना। विवेक की सिन्दूर-भरी चुटकी का सीता की माँग पर ठिठकना और फिर सिन्दूर से माँग का भर जाना। उसी रात बैठका में जन्माष्टमी भी मनाई गई थी और उससे एक रात पहले किसनसिंह को सपना आया था :

सीता सामने खड़ी थी घूँघट में।

मदन और विवेक एकदम तैयार खड़े थे। पंडितजी का शंखनाद सुनते ही दोनों दौड़ पड़े थे। पूरी बस्ती नीम के पेड़ के पास आ खड़ी हुई थी। सूरज के डूबने से पहले

दोनों के लौटने की प्रतीक्षा बनी रही। दोनों बस्ती को छोड़ते हुए पहाड़ी पगडंडी पार करके पहाड़ पर चढ़ने लगे थे। पहाड़ के उस पार मोरेल साहब के बँगले से वह कोड़ा उठा लाना था जो लाल हो चला था मज़दूरों के ख़ून से। सूरज डूबने से पहले मदन और विवेक में से जो भी कोड़े के साथ पहुँचेगा, उसी से सीता का ब्याह निश्चित था।

सूर्यास्त से पहले जो व्यक्ति कोड़े के साथ पहुँचा था वह विवेक था।...

किसनसिंह की नींद टूट गई थी। उसे अपने निर्णय पर पश्चात्ताप नहीं था।

वह पुरानी याद आज यूँ ही आई और यूँ ही गई नहीं। वह आई थी बरछी की धार लिए। आज जब मदन का लौटना नहीं हो रहा था तब किसनसिंह को अपने पुराने इनसाफ़ की उस सख़्ती का आभास हो रहा था। उसने अपने-आपसे पूछा—किसके लिए लौटेगा मदन?

पहली बार उसे मदन की उस क्रान्ति पर सन्देह हुआ। उसे लगा कि वह क्रान्ति निश्छल नहीं थी। वह एक बहाना था यथार्थ से भागने का। उस समय तो किसनसिंह ने सही सोचा था कि मदन के पास बेहिसाब शक्ति थी, परिस्थिति को झेल जाने की। उसने उसे समय के प्रहारों से बना हुआ जीव समझा था। उसकी वह धारणा ग़लत कैसे हो गई? और अगर वह ग़लत नहीं थी तो कहाँ था मदन?

साठ हज़ार लोगों की गिरफ़्तारी, वह भी मन्दिर के आँगन से?

अगर मदन आ भी गया तो क्या होगा! बाप-बेटे का गले मिलकर खुशी के दो आँसू बहा चुकने के बाद एक लम्बी साँस?...और उस लड़ाई का अपने-आप स्खलित हो जाना?

जो ताक़त मन्दिर के आँगन से साठ हज़ार मज़दूरों को हिरासत में ले ले, उसके सामने एक आदमी की लड़ाई। यह उस प्रण और आस्था की आत्महत्या थी जो किसनसिंह की साँस-साँस में बिंधी हुई थी।

नीचे दूर तक फैले हुए हरे-भरे खेतों में ईख की कटाई हो रही थी। खेत घना था, फ़सल बड़ी थी। पिछले वर्ष से बेहतर फ़सल थी। चीनी अधिक होगी। चीनी की कीमत अधिक होगी। पैसा बेशुमार आएगा।

एक और चित्र किसनसिंह के सामने झिलमिला उठा—

सात मज़दूरों के प्रतिनिधिमंडल का सामूहिक स्वर, "मालिक, हमारी मज़दूरी में एक आना बढ़ा दिया जाए। हमारे बच्चों के कपड़े तार-तार हो गए हैं। दो जून की रोटी भले ही पूरी न हो, पर नंगा कैसे रहा जा सकता है?"

पहली बार मालिक ख़ामोश रहा। तीसरी बार मालिक ख़ामोश रहा। सातवीं बार मालिक ख़ामोश रहा।

ईख कटती रही। चीनी बनती रही। कड़वाहट बढ़ती गई।

मदन की प्रतीक्षा अब भी थी।

5

सभी ने सुना कि मज़दूरों की स्थिति में सुधार लाने की अपील सरकार के पास फिर से पहुँची थी। स्थिति की जाँच के लिए नए आयोग की नियुक्ति हुई है। खेतों में इस तरह की बातें रोज़ सुनने को मिलती रहती थीं। अफवाहें यहाँ तक होती थीं कि मज़दूरों की हर पसीने की बूँद का मूल्य चुकाया जाएगा। खेतों के हालात का मुआइना करनेवालों के सामने मज़दूरों की श्रमबूँदें नहीं चमकीं। उन्हें चूस लिया गया। उनका भाव वही रहा। एक आने की करोड़ बूँदें। बाज़ार खुला हुआ था। सिपाही तैनात थे। सौदागर सौदा किए जा रहा था। तसल्ली मिली जा रही थी।

एकबार कोंस्ताँ साहब के मुँह से यह सुना गया, "आंतान दे लो लामेर विन दू।"

इन्तज़ार करो। सबूरी का फल मीठा होता है। तुम सभी की माँगें पूरी होंगी...

उस दिन पूरी होंगी जब...जब समन्दर का खारा पानी मीठा हो जाएगा।

एक-दो लोग मज़दूरों को जहाँ-तहाँ समझाने बैठ जाते—स्थिति में परिवर्तन आएगा...आकर रहेगा। हिम्मत न हारें...कभी स्थिति यह थी कि मुँह खोलने की इजाजत नहीं...आज तो माँगें करने की छूट है।

इसे कुछ लोग व्यंग्य समझते, कुछ लोग आश्वासन।

मालिकों की बैठकों में मज़दूरों के धैर्य को सराहा जाता, सरकारी विभागों में हैरानी जाहिर की जाती और इन सभी के बावजूद परिस्थितियों का आदी मज़दूर खेतों में जूझता रहता। पसीने की बूँदों की बोआई होती रहती। फ़सलें काटी जाती होतीं और सरकार के सामने मालिकों का प्रश्न होता—कहाँ है स्थिति का विरोध? कहाँ है शिकायत?

इस प्रश्न की प्रतिध्वनि कहीं से नहीं हुई कि वह निरीक्षक, जो खेतों की हालत देखने पहुँचा था, कहाँ ओझल हो गया? किस जंगल में खो गया, यह किसी को पता तक न चला।

किसनसिंह के बाद वह धनलाल का बाप था जो सबसे बूढ़ा था। किसनसिंह से दो-तीन महीनों का छोटा था सुगुन भगत। उसकी भी कमर झुक आई थी। चेहरे पर अनगिनत झुर्रियाँ और आँखें चिपके हुए गालों के ऊपर खोखली थीं। जिस दिन वह जहाज़ से उतरा था, उस दिन द्वीप में महामारी अपनी चरमसीमा पर थी। उसके कई जहाज़ी दोस्त भी उस महामारी के शिकार हो गए थे। द्वीप छोड़ भागने की सुगुन भगत ने कई चेष्टाएँ की थीं। सभी असफल! उसके अपने गिरमिटिया अनुबन्ध की अवधि पूरी हो जाने पर भी उसे भारत लौटने की आज्ञा नहीं मिली। कोठी के नियम भंग करने के अभियोग में उसके ऊपर मोटी रकम का जुर्माना था, जिसे कोठी का खजांची हर हफ्ते उसकी तनख़्वाह से वसूल कर लेता था। उसकी तनख़्वाह से एक

तिहाई काट ली जाती थी और इस हिसाब से पूरा जुर्माना भुगतने में उसे और पैंतीस साल का समय चाहिए। धनलाल से वह कहा करता, "हमर हिसाब त मरल के बाद हमार गोश्त के बोटी-बोटी काटके ही पूरा होई।"

सुगुन भगत को बस्तीवाले मनई चाचा कहा करते थे। लोगों की विकलता पर उन्हें धीरज बँधाते हुए वह कहा करता, "हम लोगन के बखत त एक़र से भी गइल-गुजरल दिन रहल। भल मनाव कि अब हम लोगन के गला में नम्बर लिखा टीन के टुकड़ा न लटकल होवे ला। हम लोगन के समय में त नम्बर कहीं बिला गइल के कारण तीन महीनवा के सज़ा होइत रहल।"

बस्ती का हर आदमी जानता था कि उन दिनों को किसनसिंह ने मनई चाचा से अधिक निकट से देखा था। लेकिन जब उससे उन दिनों के बारे में पूछा जाता, वह चुप रहता। उसकी उस चुप्पी में वही गुमसुम-सी स्थिरता होती जो तूफ़ान की भीषणता को सह चुकने के बाद वातावरण में हुआ करती है। सुगुन भगत गाँजे के पौधों की तलाश में तराई से होता जब भी किसनसिंह की कुटिया पर पहुँचता, उसे उसी तूफ़ान के बादवाले गाम्भीर्य में पाता। वह उसे समझाते हुए कहता, "अब अन्तिम दिनों में अपने को जीवन की सफलता-असफलता से जोड़े रखने से क्या लाभ?...भैया, अब तू निकाल ले अपन गोटी खेल में से। दो दिन काटे के बा, बेफिकिर होके काट।"

किसनसिंह सुगुनवा को कभी यह नहीं समझा सका कि वह तो खेल से बहुत पहले निकाला जा चुका है...खेल में भाग न लेते हुए भी वह उसके परिणाम से अपने को नहीं काट पाता... उसके अपने भीतर के बेशुमार प्रश्नों में एक यही प्रश्न तो बाक़ी रह गया था–इसका परिणाम क्या होगा?

परिणाम के लिए खेल की समाप्ति का भी आसार तो दीखे!

आरम्भ हुआ था उसके अपने बाप के जीवन से। उसके बाद उसका अपना जीवन भी पूरा होने को है...दो पीढ़ी के बाद तीसरी पीढ़ी को भी उसी समस्या से जूझना होगा–तो फिर इसका अन्त कब होगा?

सुगुन उसकी इस बात को कभी नहीं समझ सका कि वह खेल में न होकर भी खेल से जुड़ा हुआ था और मौत के बाद भी जुड़ा रहेगा, जब तक कि खेल समाप्त न हो जाए। उस पहली बस्ती में किसनसिंह बस्ती के बच्चों को गुल्ली-डंडा और कबड्डी सिखाया करता था। उस समय बच्चों को वह यही सीख देता रहता कि खेल को बीच में छोड़कर अलग होने का मतलब उससे भागना होता है–भागने का मतलब होता है कायरता। खेल में हारते हुए भी खिलाड़ी को खेल के अन्त तक रहना पड़ता है।

सूरज अभी ऊपर ही था, जब चिलम साफ़ करते हुए सुगुन भगत नीचे उतरने लगा था। आज घंटों तक उसने जो भी बातें किसनसिंह के सामने कीं, उन्हें खुद

कहता और सुनता रह गया था। किसन की उस ख़ामोशी से ऊबकर ही वह समय से पहले कुटिया से बाहर आ गया था। उसके पीछे-पीछे किसनसिंह भी कुटिया से बाहर आकर सहिजन के पेड़ के नीचे के बड़े-से पत्थर पर बैठ गया था। गाँजे की बोझिल गन्ध से अब भी उसकी साँसें भारी थीं। गाँजे के दम तो सुगुन ने लिए थे, पर उसकी गन्ध किसन पर छोड़ गया था।

चीड़ के पेड़ों के बीच से अँकवारी में बकाइन की हरी पत्तियाँ थामे सीता को सामने आते देख किसनसिंह को आश्चर्य हुआ। उसके पास आते ही किसन के मुँह से दिन का पहला वाक्य निकला, "तू इधर कैसे आ गयले?"

सीता अपनी अँकवारी की घास को बग़ल में रखकर डिठौरी के सूखे तने पर बैठ गई। उसके बैठ जाने पर किसनसिंह को लगा कि उसका अपना वह प्रश्न उत्तर के लिए था ही नहीं। वह हैरत का सहज प्रश्न था। उसे भूलकर उसने दूसरा प्रश्न किया, "सुनत बानी कि आजकल बाछी पाल रही हो?"

उसने सिर हिलाकर हामी भर दी।

सीता के झँवराए चेहरे को देखकर किसनसिंह ने उसके उस चेहरे को याद किया जो कभी इससे भिन्न था। बस्ती में जँतसार गुनगुनाती हुई जाँता चलाने में लीन वह सीता। उस समय किसनसिंह उसके बाप के सामने बैठा रामचरितमानस की चौपाइयाँ सुनाता होता। सुखदेवा भी पास बैठा नारियल गुड़गुड़ाता होता। सीता अपनी धुन में चक्की चलाती गुनगुनाती रहती। कई अवसरों पर ऐसा होता कि किसनसिंह का ध्यान सीता के बाप की रामायण की चौपाइयों पर न होकर सीता की कजरी पर होता।

किसनसिंह अभी कोई दूसरा प्रश्न सोच ही रहा था कि सीता पूछ बैठी, "चाचा! अब तुम नीचे नहीं आते?"

"बेटी, इस शरीर से उतरा नहीं जाता।"

"जीनत चाची तो कोई दूसरा ही कारण बता रही थी।"

"क्या कारण बताती है वह?"

"वह कहती है...।"

"तू चुप काहे को हो गई?"

"चाचा, तुम मदन के लिए इस तरह उदास रहते हो न?"

"तोर सास कैसन बा?"

"चाचा, तुम मदन के लिए उदास रहते हो न?"

"जब मदन को हमार फिकर नाहीं त हमके होकर काहे के होय लगल?"

"मैं जानती हूँ, तुम उसी के लिए इतने दुखी हो।"

"दुखी! और मैं? अरे ई तू का कहे लगली?"

"मेरा मन कहता है वह आएगा।"

किसनसिंह चिल्ला उठा, "वह नहीं आएगा!"

सीता इस आवाज़ के लिए तैयार नहीं थी। वह सहमकर चुप रही।

"नहीं बेटी, ऊ नहीं आने को। छोड़ इन बातों को। तू त अच्छी बानी न?"

"मैं तो अच्छी हूँ चाचा, तभी तो इतने ऊपर तक आ सकी हूँ।"

फिर कुछ देर तक दोनों चुप रहे।

झाड़ियों के बीच के चट्टानों से मधुमक्खियों के छाते की तलाश में निकले हुए बंशी और सोहना कुछ दूरी पर जाते दिखाई पड़े। किसन जानता था कि छाता हाथ लग जाने पर दोनों फिर इधर ही से होते हुए मधु की रोटियाँ छोड़ जाएँगे! बंशी मधु का छाता काटने में माहिर था। यह हैरत की बात थी कि मधुमक्खियाँ उसके शरीर पर घने बैठकर भी उसे नहीं डँसती थीं।

"सीता, तुम कैसे कह सकती हो कि वह आएगा?"

"वह आएगा चाचा, ज़रूर आएगा।"

"अभी तक नहीं आया।"

सूरज पश्चिम के आबनूस के पेड़ की चोटी पर ठिठका रहा। खरगोश की जोड़ी दौड़कर झाड़ियों में चली गई। शाम की हवा की पहली सिहरन ने किसन के चमड़े पर फुंसियाँ ला दीं।

"सीता! तोर लयका के नाम पूछे के अवसर कभी ना मिलल।"

"परकाश!"

"परकाश? परकाश का मतलब त अँजोरा होवेला ना?"

"पंडितजी ने तो यही कहा था। कहा था परकाश जोति को कहते हैं।"

"त फिर अँजोरा कब तक बन्दी रही?"

"क्या मतलब चाचा?"

"जोति कब तक अँधेरे की क़ैद में रहे? तुम नहीं समझोगी सीता।"

"मैं समझ गई।"

"का समझ गयली?"

"कब तक यह हालत बनी रहेगी!"

"क्या तुम्हारे परकाश के हिस्से भी यही जीवन होगा?"

"उसका नसीब जाने।"

"नसीब काहे?"

"और क्या कहें?"

"नहीं बेटी, ई सवाल नसीब का नहीं।"

"तो फिर?"

"छोड़ो इसे। तुम्हें विश्वास है मदन आएगा?"

"विश्वास न होने का कोई कारण?"

"कल तक अपन को भी विश्वास था।"

"चाचा, मैं तुम्हें अपने साथ ले चलने आई हूँ। तुम यहाँ और भी उदास रहोगे। और फिर मदन तो पहले बस्ती में ही पहुँचेगा।"

"अब तक ना पहुँचा तो कब पहुँचेगा?"

किसनसिंह की वह लम्बी साँस सीता से टकराकर रह गई।

सूरज आबनूस की चोटी पर अब भी ठिठका हुआ था। ठंड भी ठिठक जाने को विवश हो गई थी। गेंदे की गन्ध लिए सरसराती हवा बह गई।

किसनसिंह अपने स्थान पर बैठा रहा।

सीता भी बैठी रही उसके उठने की प्रतीक्षा में।

किसनसिंह अपनी अधलिखी पोथी को लेकर बैठ गया। बाँस की पतली कलम को जामुन से निचोड़े हुए रंग में डुबोकर उसने पहले उस बस्ती की पुरानी बातें याद कीं जहाँ हर आदमी के मुँह से सोमा और सन्तू की कहानी सुनने को मिलती थी। उसके सामने वह दृश्य झिलमिलाया जिसमें सोमा अपनी सास के साथ चक्की में मक्की दरती हुई कभी कजरी गा रही होगी। किसनसिंह अपनी ज़ोर से कुछ नहीं लिखना चाहता था। वह अपने भीतर सँजोई उन आवाज़ों को ज्यों-का-त्यों लिखता जा रहा था। सोमा और सन्तू की पूरी कहानी संवादों में होगी। दो भाग पूरा करके इधर कई दिनों से उसने कुछ भी नहीं लिखा था। कल रात एकाएक उसने तय किया था कि अब तो इस कहानी को पूरा करके ही दम लेना है। कजरी की कुछ पंक्तियाँ याद आते ही किसनसिंह ने सोमा-सन्तू की कहानी का तीसरा भाग लिखना शुरू कर दिया :

...पुरववा के पश्चिम आई जावे।
तबहू न देवब तोहरो सिंदूरवा का दान
नदिया किनारे राम चितवा बुझाय
ताहि चढ़ी रुदवा बेटी सति होइ जाय
रुदवा के अम्माँ रोवे जार हो बेजार
कैसे तूहू सहे रुदवा अग्नि के धार...

हय अँटवा टोकरी में भर दे बेटी, हम छोड़ले आयला। देखिला करीम भैया हिंया सायद कुछ पीसे के मिल जाए।

तुम्हें विश्वास है माँ कि उसे छुड़ाया जा सकता है?

विश्वास छोड़के जियल बड़ा कठिन होवेला बेटी! सीता माई का विश्वास त रावण के लंका में भी ना टूटल रहल।

मेरा अपना विश्वास तो लड़खड़ाने लगा है। यह घर झाँय-झाँय करता है।

तुम्हारे भाई से भी कुछ नाहीं हुआ।

उसकी बात छोड़ो माँ! ओहदा मिल जाने पर अब वह मज़दूरों का थोड़े ही रहा?

आदमी के बदलत देर ना लगेला।

भैया की बात रहने दो माँ...उसकी याद तो अब बरछी की तरह चुभती है। जब भैया को ख़रीद लिया गया तो फिर अब...

हमके चुप कराके तू खुद दुख पहुँचाईवाली बात दोहरावत बानी। अब त सन्तू के किस्मत ही जानी आगे का होई।

तुम्हारा दिल क्या कहता है माँ?

छूट जाई बेटी!

पर छुड़ाएगा कौन?

भगवान से बड़ा कोई ना ह सोमा!

इतना कुछ हो जाने पर भी तुम यही सोचती हो?

भगवान पर से विश्वास हटाके आगे के सोचल बड़ा कठिन होई बेटी। चल... तू चलके कुछ खा ले। कल भी तू कुछ ना खयले बानी।

मेरे अपने भीतर कभी तो यह विश्वास जोड़ पकड़ता है कि रिहाई होकर रहेगी, पर फिर न जाने क्यों दूसरे ही क्षण वह विश्वास टूटने लगता है।

अपन विश्वास के एतना हाली टूटे ना दे सोमा। जौन आदमी से तोर ससुर मिले गइल बा ओकर से कुछ-न-कुछ ज़रूर होई।

पिताजी को उधर गए दो दिन हो गए। अब तक तो उन्हें लौट आना चाहिए था।

जीवन सबूरी के नाम ह सोमा?

मैं तो भीतर-ही-भीतर दबी जा रही हूँ। ऐसा लगता है कि उधर से भी निराश पिताजी के क़दम उठ नहीं पा रहे होंगे।

बड़े लोगन से मिले में काफ़ी कबाहट होवेला।

कहना चाहती हो कि देरी हो जाना स्वाभाविक है? लेकिन माँ, मैं अपने भीतर की बेसब्री की खलबली को कैसे रोकूँ?

ओके त रोके के ही पड़ी सोमा! हय परदेसवा में तो हय तोर पहला दरद ह। हय तरह के कई दरद हम लोग सहते आवत है। कुछ लोगन के आफत त एकर से भी बड़ा ह। डिबिया में थोड़ा-बहुत आटा बचल होई, ओकर से दूगो लीटी सेंक दिहे बेटी। जाने तोर ससुर कब भूखल-प्यासल आ जाए। अच्छा करले तू आ गइले झुनी! हम हय अँटवा छोड़े जात बानी, तब तक तू सोमा के पास रहना।

ठीक है मौसी, पर तुम जरा जल्दी आना। साँझ में हमारे यहाँ रामायण हो रही है। घर पर काफ़ी काम है।

पर झुनी, कल ही त हरीननन् भगत के रामायण गावे के जुलुम में सिपाही पकड़ ले गयल।

इसका यह मतलब थोड़े ही होता है कि हम अपनी सभी रामायण जलाकर घर में चुपचाप बैठे रहें!

ठीक बा बेटी, पर सावधानी त चाहे ला बरतते रहके।

देखना तो यह है कि कितनी रामायण जब्त होती है, कितने रामायणियों को बन्द किया जाता है। मौसी, तुम जल्दी आ जाना।

झुनी, मेरा विश्वास रह-रहकर काँप क्यों जाता है?

तुम्हारे भीतर धीरज की कमी है सोम!

पहले तो नहीं थी।

खैर छोड़ो...यह जो भात लाई हूँ इसमें से कुछ खा लो।

झुनी, कल से तुम हमारे लिए भात न लाना।

क्यों न लाऊँ?

तुम नहीं समझती कि एहसान कितना भारी प्रतीत होता है।

तुम सर पर एहसान क्यों लिए बैठी हो? मैं एक बात कहूँ सोम? एक बार मुझे अपना समझकर तो देखो।

झुनी, मैं तुम्हें अपना नहीं समझती?

तो फिर यह परायी-जैसी बातें क्यों करती हो?

मैंने कभी भी यह नहीं सोचा था कि मेरे ब्याह के सातवें दिन बाद मेरे ऊपर पहाड़ टूट जाएगा। इस घटाटोप अँधेरे में मुझे अपनी धड़कन से डर लगता है। आज सुबह मेरी माँ आई थी। मेरे भाग्य पर रोती हुई दोपहर को चली गई। सभी कुछ सुनकर मेरे बाप की हालत और भी बिगड़ जाएगी। आसपास के सभी लोग हमारी इस दशा पर हाय-हाय करके चले जाते हैं, पर मुझे खुद अपनी हालत पर रोना नहीं आता। कितनी अजीब हूँ मैं!

तुम्हारा यह भीतर से रोना तो और भी ख़तरनाक है। अपने-आपको इस तरह क्षार कर दोगी। न जाने हमलोगों को क्या सूझा था! अपनी धरती छोड़कर यहाँ की सभी मुसीबतों को सर पर उठाने आ गए थे। ये दिन जो तुम्हें आज देखने पड़ रहे हैं, उन्हें यहाँ की सभी भारतीय स्त्रियाँ अपने-अपने ढंग से देखती आ रही हैं। दुख से आदमी जितना घबराता है, उतना ही वह असह्य लगता है और फिर हम तो यहाँ सोना ढूँढ़ने आए थे। सोने की भी तो कोई कीमत होती है सोमा...वह मात्र पत्थर उलटने से थोड़े ही मिल जाता है! अब हाथ पत्थर के नीचे दब रहे हैं...अभी और सहना है।

अभी हमने एक-दूसरे को अच्छी तरह देखा भी नहीं था।

हो सकता है कि अभी कुछ और प्रतीक्षा करनी पड़े।

तीन दिन पहले उसकी बाँहों से अपने को छुड़ाकर मैं रसोईघर को भाग गई थी। मुझे क्या मालूम था कि यह फासला इतना लम्बा हो सकता था! कहो झुनी, तुम्हारा दिल क्या कहता है? सच-सच बताना।

किसके बारे में?

कहा न कि अपने को तो पूरा विश्वास है कि सभी कुछ ठीक हो जाएगा। बस, थोड़ा-सा धीरज चाहिए।

वह तो पिघला जा रहा है। सच मानो झुनी, मेरा दिल तो बैठा जा रहा है। हर पल युग-सा लगता है। मेरी अपनी ही साँसें मुझे चुभ रही हैं। मैं तो एक अज्ञात भय से दबी जा रही हूँ। झूनी! तुम यह मानने को तैयार हो कि उसने हत्या की है? ...तुम चुप रहो, पर सच मानो तो यह विश्वास नहीं होता कि उससे ऐसा हो सकता है। तुम उस वक़्त यहाँ नहीं थी झुनी, नहीं तो उसकी आँखों की निरीहता और निर्दोषिता देखकर तुम्हें भी यक़ीन नहीं होता।

मैं भी तो नहीं मानती कि सन्तू से ऐसा हो सकता है। लेकिन...

लेकिन क्या?

कड़कती धूप में थके-माँदे मज़दूर बाँसों की बौछार से अपने होश-हवास खोकर कुछ-से-कुछ कर सकते हैं...खैर, उसने जो कुछ किया होगा आत्मरक्षा के लिए किया होगा। यह भी हो सकता है कि कुदाली उसके हाथ से इस तेज़ी के साथ उठ गई हो कि उसे रोकना असम्भव हो गया होगा।

इस समय वह काली चारदीवारी के भीतर होगा...भूखा-प्यासा...दर्द से कराहता हुआ...उसकी पीठ पर के गहरे घाव पर मरहम की जगह चाबुक पड़ रहा होगा। झुनी! हमारे लोग तो ख़ून-पसीना एक करके इस मरुभूमि को समृद्ध करने में लगे हुए हैं। इसके बदले में उनके साथ यह घोर अत्याचार क्यों होता है?

रोना तो इसी बात का है सोम, कि जो लोग वीरान जंगल को काटकर उन्हें रमणीक और हरे-भरे खेतों में बदल रहे हैं, वे ही इस दयनीय हालत में हैं। अनाज़ पैदा करनेवाले खुद भूखे मर रहे हैं। जुल्मों से दब रहे हैं। विडम्बना ही तो है यह कि मालिकों की तिजोरियों को भरकर भी मज़दूर का पेट ख़ाली रहे। तन ढाँपने के लिए भी पर्याप्त कपड़े नहीं। मुट्ठी-भर लोग हज़ारों को अपने पैरों से रौंदे, यह बात मेरी समझ में नहीं आती। ज़मीन हम जोतते हैं। मेहनत हमारी होती है। ख़ून-पसीना हमारा बहता है। और उपज की सारी फ़सल किसी और की हो जाए? यहाँ तो मज़दूर के पसीने की कीमत कुएँ के पानी से भी सस्ती है।

ऐसा कब तक होगा?

तुम्हारे इस प्रश्न का उत्तर कौन दे? हम तो अधिक की इच्छा नहीं रखते, फिर

भी जिससे हमारा गुजारा हो जाए वह भी हमें नसीब नहीं। इज़्ज़त और अधिकार हमें कब मिलेंगे?

हे प्रभु, हमें कब तक दबाया जाएगा?

तुम ग़लत गुहार कर रही हो सोम! हमें दबाया नहीं जाता। यह हमारी अपनी कमज़ोरी है जिससे हम दबते हैं। तुम अपने भाई की ही बात ले लो...

झुनी, भगवान के लिए उसकी चर्चा मत करो!

कहते हैं हर चीज़ का अन्त होता है। कुचले जानेवालों के भी अपने दिन आएँगे। गोस्वामी तुलसीदासजी कहते हैं...सोम! तुम तो रामायण बहुत अच्छी तरह पढ़ लेती हो, फिर तो रामायण पर विश्वास करनेवालों को संकट से घबराना नहीं चाहिए। तुम तो एक ऐसे रामायणी की बेटी हो सोमा, जिसको रामायण पाठ करने के कारण तीन महीने क़ैद में रहना पड़ा था! मुझे वे दिन आज भी याद हैं। इसीलिए तो मुझे इस बात का विश्वास नहीं होता कि विनय गोरों का हिमायती बन गया है।

पर झुनी, तू हरखू सरदार से बात करनेवाली थी न?

तुम भी किसका नाम लेने लगी? एक तरह से उसी के चलते तो बैलों को हटाकर आदमियों से ईख-भरी गाड़ियाँ खिंचवाई जा रही हैं। सुना है, उसकी ठेकेदारी से खुश होकर गोरों ने नदी किनारे उसे दो बीघा ज़मीन दे रखी है। भगवान करे वह श्मशान बन जाए!

वह तो बन ही जाएगा।

मैंने तो यहाँ तक सुना है कि कोई गोरा उसकी अनुपस्थिति में उसके घर आया-जाया करता है।

धुँधलापन छाने लगा। पिताजी भी लौटने में देर कर रहे हैं।

सोम, तुम मन-ही-मन अपने भाग्य को कोस रही हो न! पर पगली, तुम्हारा यह भाग्य हम सभी भारतीयों का भाग्य है।

नहीं झुनी, मैं अपने भाग्य को नहीं कोसती। आज नहीं तो कल किसी-न-किसी को तो ईंट का जवाब पत्थर से देना ही था। मुझे तो सच मानो इस बात का गर्व है कि अन्याय के खिलाफ़ मेरे पति ने पहली बगावत की है।

ठीक है सोम! समय ने तुम्हें बोलना सिखा दिया, पर तुम्हारे भीतर जो अशान्ति है, जो वेदना है उसको मिटाने के लिए मुझे क्या करना होगा—यह मेरी समझ में नहीं आता।

सोम, मैं चलती हूँ नहीं तो मेरी सास आवाज़ देने लग जाएगी। तुम्हें डर तो नहीं लगेगा न?

झुनी, तुम जाओ। यह अकेलापन इतना भारी क्यों होता है?...कौन है?

अरी बहू, तुम हमको देखकर डर काहे गई?

नहीं तो।

हमको नमस्कार करना भूल गई। अरी मैं हरखू सरदार हूँ—चाचा लगता हूँ तुम्हारा। मुझे तुम्हारे ससुर से ज़रूरी काम है।

वह तो बाहर गए हैं। पर आपसे तो मिलकर ही उधर गए होंगे?

अरे हाँ तो। पर क्या अभी तक वह लौटा नहीं? तुम्हारी सास नहीं दीख रही है।

वह पड़ोस में मकई का आटा छोड़ने गई है।

हाय-हाय! इस घर में तुम्हें मकई का भात खाना पड़ रहा होगा। कितनी गई-गुजरी जगह में रहती हो तुम! भला तुम जैसी सुन्दर मासूम लड़की के लिए यह कोई जगह है? घर से यहाँ तक आते-आते मेरे पैर दुखने लगे।

बैठिए न?

कहती हो तो बैठ जाता हूँ। कल कोठीवाले मालिक मुझे एक बग्घी दे रहे हैं, फिर तो नवाबों की तरह ठाठ से निकला करूँगा। थकने की नौबत नहीं आएगी। घोड़ा सफ़ेद होगा। मुझे तुम्हारी इस हालत पर दया आती है। तुमने जसोदा की बेटी की बात सुनी? एकदम तुम्हारी ही सूरत की है वह। उसके शरीर की बनावट भी तुम्हारी ही जैसी है। वह तो मूसे मार्सेल के घर में रानी की तरह जी रही है।

चाचाजी, हमारे घर आकर आपने बड़ी कृपा की। आसपास के सभी लोग यही कहते हैं कि मेरे पति की ज़िन्दगी आप ही के हाथ है।

वह तो है ही...पर तुम चाहो तब तो...

मैं क्या चाहूँ चाचाजी?

तुम्हारा यह घर तो बाड़े-सा लगता है।

चाचाजी, आप उसे बचा लीजिए न!

खेत के मज़दूर कह रहे थे कि अभी तक सन्तू ने तुम्हें छुआ तक नहीं।

चाचाजी, झुनिया ठीक कहती थी कि सभी कुछ आप ही के हाथ में है।

ऐसे तो झुनिया ठीक कहती है, पर इस मामले में...

आप चुप क्यों हो गए?

सन्तू ने ख़ून किया है। वह भी एक गोरे मालिक का। आदमी भगवान की हत्या करके बच सकता है, परन्तु...

नहीं चाचा, वह निर्दोष है। उसे बचा लीजिए।

एक ख़ूनी को बचाना इतना आसान नहीं होता।

पर आपके लिए तो कठिन कार्य भी आसान होता है।

इसकी कीमत काफ़ी महँगी पड़ सकती है।

आप तो हमारी हालत को अच्छी तरह जानते हैं। इस समय तो हमें दाना मुहाल है। फूटी कौड़ी के मोहताज हैं। पैसा तो नहीं उगाह सकेंगे।

पैसा ही सभी कुछ होता है क्या?

तो फिर?

न्याय-अन्याय तो रोलाँ साहब के हाथ में होता है।

आप रोलाँ साहब को मना सकते हैं।

तुम रोलाँ साहब को नहीं जानती। वह पूछ बैठता है कि तुम कौन होते हो दूसरे की सिफारिश करनेवाले! जिसका यह प्रश्न है वही क्यों नहीं आता!

आपका मतलब है कि हममें से ही किसी को उनसे बातें करनी होंगी।

किसी दूसरे की वह थोड़े ही सुनेगा? लेकिन एक कठिनाई यह है कि कल सुबह वह अपने दूसरे बँगले को जा रहे हैं और तीन महीने से पहले वह लौटने को नहीं।

तीन महीने? इस बीच तो कुछ-से-कुछ हो जा सकता है।

एक ही उपाय है। उससे इसी समय मिला जा सकता है।

इस समय? लेकिन इस समय तो पिताजी भी यहाँ नहीं हैं।

अरे लखन से कुछ होने को नाहीं। जितनी आसानी से रोलाँ साहब को तुम मना सकोगी, उतनी आसानी से कोई और नहीं मना सकेगा। तुम्हें तो बस देखते ही उनके भीतर दया आ जाएगी।

लेकिन मेरा जाना? इस समय माताजी बाहर गई हुई हैं।

ठीक है तो मैं जाता हूँ, तुम अपनी सास की प्रतीक्षा करो। इस बीच अगर रोलाँ साहब सो गया तो फिर यह अवसर भी जाता रहेगा।

ठहरिए चाचा! माताजी आती होंगी।

इस बरसात में तो वह कहीं ठहर गई होगी।

तो फिर क्या किया जाए?

क्यों, मेरे साथ चलने में तुम्हें क्या हर्ज है?

कोई हर्ज नहीं, लेकिन...।

ठीक है तो फिर मैं चलता हूँ।

बाहर वर्षा हो रही है।

मैं नमक थोड़े ही हूँ जो गल जाऊँगा?

ठहरिए...। मुझे रोलाँ साहब से मिलवा दीजिए।

तो फिर बोरे की घोघी ले लो और जल्दी चलो।

किसनसिंह ने आत्मशान्ति की लम्बी साँस ली। आज उसने हमेशा से कुछ अधिक लिखा था।

6

उस समय सीता की उम्र बारह की रही होगी। उसी के विवश करने पर उसके बाप ने आलेत कोठी छोड़ी थी। समुद्री इलाके की वह कोठी इस नई बस्ती से एकदम भिन्न थी। बस्ती की लड़कियों के साथ सीता का समय भी वहाँ की चमचमाती रेत पर बीतता था। वहाँ का समुद्र कभी इतना भयंकर होता कि दिल दहला जाता। पहाड़-से ऊँचे ज्वार-भाटे काली चट्टानों से टकराकर अपनी फेनिल झालर से पूरे तट को ढाँप जाते। बालू पर के घरौंदे सभी ढहकर बह जाते। उन घरौंदों के ढह जाने का सीता को बहुत दुख होता। समुद्र के शान्त होने पर वह उस स्थान को ढूँढ़ने लग जाती जहाँ उसका घरौंदा होता। उस धुले हुए सपाट तट पर झाग की छाप के सिवा कुछ नहीं मिलता उसे। कभी झटास का आनन्द लेने के लिए वह काली चट्टानों को पार करती हुई वहाँ पहुँच जाती जहाँ लहरों ने चट्टानों को खखोरकर कन्दराएँ बना दी थीं। बाक़ी लड़कियाँ चिल्लाने लग जातीं और जब सीता उनके पास वापस लौटती, उस समय उसके कपड़े गीले होकर शरीर से चिपके होते। दूसरी लड़कियों के कन्धों से ओढ़नियाँ लेकर वह अपने चेहरे से पानी के छींटों को पोंछने लग जाती और लड़कियाँ उसे धमकाने लग जातीं कि आइन्दा वे लोग सीता को अपने साथ नहीं लाएँगी।

उस स्थान को हमेशा के लिए छोड़ते हुए सीता को बहुत दुख हुआ था, पर वहाँ जो कुछ बीता था उसके बाद वहाँ रहना उसके लिए आसान नहीं था। उसकी माँ मालिक की फुलवारी में काम करती थी। उसके बाप के घायल हो जाने पर बहुत गिड़गिड़ाकर उसकी माँ ने नौकरी पाई थी। तीन आदमियों के पेट पालने के लिए कुछ-न-कुछ तो करना ही था। बस्ती के मुखिया के अनुरोध पर ही सीता की माँ मिस्ये गास्तों के पास गई थी। वह घंटों तक गिड़गिड़ाती रह जाती अगर गास्तों साहब के बड़े बेटे को उस पर दया न आ जाती।

गास्तों साहब के बेटे को साँवले रंग की लड़कियाँ बहुत प्रिय थीं। कई अवसरों पर उसे कहते सुना गया था, "ज़ादोर ला ब्रीन।"

उसके उसी साँवलेपन के प्रति प्यार का परिणाम था कि सीता की माँ को लेकर बातें फैलने लगी थीं।

"उसके पेट में गोरा बच्चा है।"

कोठी में वह सीता का बाप था, जिसने सबसे बाद को यह बात सुनी थी।

"सीता! हम का सुनत बानी सीता?"

दूसरे दिन के बाद सीता की माँ दिखाई नहीं पड़ी। सात दिन की तलाश के बाद सीता के बाप की पीठ के पीछे किसी ने किसी से कहा था :

"समन्दर गंगा होता है। पाप को अगर पनाह मिल सकती है तो उसी की गहराई में।"

यह स्वर एक आदमी का था। दो आदमियों के स्वर इससे अलग थे, "झूठी अफ़वाह उसे निगल गई।"

और, एक रात सीता अपने बाप के साथ कोठी से बाहर हो गई थी। तीन दिन इधर-उधर भटकने के बाद बाप-बेटी किसनसिंह के सामने पहुँच गए थे। किसनसिंह के प्रति आदर के कारण ही सीता ने सिर झुकाकर उसकी आज्ञा मान ली थी। यह सही था कि किसनसिंह की सेवा में हर समय लगे रहने के कारण ही वह मदन और विवेक के उतने अधिक निकट आ गई थी, लेकिन...

लेकिन उस समय सीता ने उन दोनों में से किसे अधिक प्यार किया था, वह नहीं जानती थी। यह तो विवेक की बन जाने के बाद ही उसने महसूस करना शुरू किया था कि दोनों में शायद वह मदन को अधिक चाहती थी। अकेले में वह सोचने लगती—कहीं मदन के दूर चले जाने के कारण उसके भीतर ऐसा ख़याल तो नहीं पैदा हुआ था...यह भी तो हो सकता था कि विवेक के साथ सुखी न रहने से ही वह ऐसा सोचने को विवश थी। अपनी इस धारणा को, कि उसने शायद मदन को अधिक चाहा हो, पुष्ट करने के लिए वह अतीत की गर्द में दब गए क्षणों को खींचकर सामने लाने में लग जाती।

बस्ती के प्रवेशद्वार पर पीपल के नीचे सिन्दूर-टीकेवाले पत्थर को लात मारकर उलट देने के बाद जब कोंस्ताँ साहब का पाँव अच्छा होने से रहा तो उस समय दूसरे प्रकोप के डर से उसने पीपल के नीचे बहरिया पूजा की इजाज़त दे डाली थी। सीता गुलैची के फूलों से माला गूँथ रही थी जब मदन और विवेक दोनों दौड़े हुए उसके पास पहुँचे थे। पूजा शुरू होने में देर हो रही थी। हार लेने के लिए दोनों ने एकसाथ हाथ आगे बढ़ाए थे।

"सीता, हार मुझे दो।"

"सीता, हार मुझे दो।"

सीता हार लिए आगे बढ़ी थी और उसने उसे धीरे से मदन के हाथ पर रख दिया था। मदन हार लिए खुशी से हँसता हुआ कालीमाई की ओर दौड़ गया।

दूसरी घटना भी उसी दिन हुई थी।

पूजा के बाद। कुएँ पर हाथ-पाँव धोने के लिए दोनों एकसाथ पहुँचे थे। दोनों ने एकसाथ कहा था, "सीता, पहली बाल्टी का पानी मुझे देना। परसादी बाँटने के लिए गोपाल चाचा इन्तज़ार कर रहे हैं।"

विवेक एकदम आगे आ गया था, फिर भी सीता ने पहली बाल्टी मदन की ओर बढ़ा दी थी।

कई बार ऐसा हुआ था।

उस दिन भी बाड़े के सामने सीता बकरियों के लिए ईख के गेंड़े टुकड़याने में लगी हुई थी। काम पर से लौटते हुए मदन और विवेक दोनों ने दो तरफ़ से उसकी चोटियाँ खींच ली थीं। सीता ने एक की शिकायत की थी, दूसरे की नहीं। जिसकी शिकायत नहीं हुई थी वह मदन था। नदी किनारे जब विवेक उसे पानी के छींटे मारता, वह नाराज हो जाती, पर वे ही छींटे मदन मारता तो वह चुपचाप आँख मूँदे खड़ी उस झटास को सह लेती। इधर मदन की अवधि पूरी हो जाने पर भी वह नहीं लौट रहा था तो किसनसिंह के बाद वह सीता ही थी जो अधिक दुखी थी। उसके भीतर भी प्रतीक्षा की लगभग वही बेसब्री थी जो किसनसिंह के भीतर थी। कई बार वह विवेक से पूछ चुकी थी, "सज़ा पूरी हो जाने पर भी मदन लौट क्यों नहीं रहा?"

तब कहीं जाकर विवेक को मदन की याद आती और वह भी कह उठता, "आख़िर उसके अब तक न लौटने का कारण क्या हो सकता है?"

"तुम पता क्यों नहीं लगाते?"

"कैसे?"

इस 'कैसे' का उत्तर सीता के पास नहीं होता था।

विवेक जब सुगुन भगत के घर से गाँजे के दम लेकर लौटता, उस समय सीता के इसी प्रश्न का उत्तर दूसरे ढंग से देता।

"तुम खुद पता क्यों नहीं लगाती?"

एकाध अवसर पर विवेक फिलीप सरदार की औरत के यहाँ से घर पहुँचा। उस वक़्त वह चिल्लाकर कहता, "मदनवा का फिकर तुम्हें हमार से ज़्यादा क्यों होने लगा?"

किसनसिंह के यहाँ से लौटने के बाद सीता मदन के बारे में और भी चिन्तित हो चली थी। सात वर्ष पहले जब मदन सिपाहियों की ज़ंजीर में जकड़ा हुआ बन्दीगृह की ओर जा रहा था तब बस्ती के सभी लोगों की तरह सीता के भी आँसू बहे थे, लेकिन अपने आँसुओं के साथ सीता को एक और भी अनुभूति हुई थी, जो शायद ही किसी को हुई होगी। उसने इस बात से गर्व का अनुभव किया था कि मदन अपने लोगों के हित के लिए गिरफ़्तार हुआ था। उसकी नंगी पीठ पर कोड़े के निशान स्पष्ट थे। बहता ख़ून ताज़ा था। मदन के चेहरे पर न भय था, न उदासी थी। अपने आँसुओं के बावजूद सीता को इस बात की प्रसन्नता थी। उसने अपने में एक गर्व-सा अनुभव किया था।

फिर समय के साथ मदन की याद धूमिल भी हुई थी और ताज़ा भी। ताज़ा उस समय जब विवेक के थप्पड़ों की बौछार से वह भीतर-ही-भीतर रो पड़ती थी। विवेक की गालियों और लातों से उसके आँसू कभी नहीं बहे थे। वह ऊपर से कभी नहीं रोई थी। माँ की याद आ जाती थी। बाप की भी। पर अगर कोई जीवित

था जिसको याद करके वह स्वयं को सान्त्वना दे पाती तो वे दो व्यक्ति थे–किसनसिंह और मदन! यही वह क्षण होता जब मदन का इतनी अधिक दूर होना उसे खलने लग जाता।

उस रात जब विवेक आन्द्रेआ के यहाँ से घर नहीं लौटा था तो पुष्पा कुढ़कर कह उठी थी, "तुम्हें अपनी बहू बनाकर मैंने तुम्हारी जवानी माटी में मिला दी सीता! तुम्हें विवेक से नहीं, मदन से ब्याह करना चाहिए था।"

दूसरे दिन अपनी इस बात को पुष्पा ने विवेक के सामने भी कह दिया था, "उस खदमरी आन्द्रेआ के पीछे पागल होना था तो फिर इसको क्यों तबाह किया?"

विवेक उसी स्वर में कह उठा था, "दोनों बखत घर बैठे रोटी मिल रही है, तबाह कैसे हो गई?"

"उसकी दशा ज़रा देखना। गन्ने का पेड़ बनी जा रही है। खूब लगती है तुम्हारी रोटियाँ उसकी देह में! और फिर औरत के लिए रोटी ही सबकुछ होती है क्या? इसका बाप जीवित होता तो मैं इसे तुम्हारे फन्दे से हटा ही लेती।"

सीता अपने ब्याह के उन पहले तीन महीनों को भी याद करती। उन महीनों और इधर के इन वर्षों में कितना अन्तर था! उस समय सचमुच वह घर की रानी थी। काम से लौटकर विवेक एक पल के लिए भी घर से बाहर नहीं होता। सीता के लिए रोज़ जंगल से फूल लाया करता। अँगोछे में अमरूद और जामुन लाता। सीता कहती, "कपड़े में जामुन का दाग़ लग जाएगा।" मगर उसे दाग़ की परवाह नहीं थी।

मादाम आन्द्रेआ के यहाँ से जब विवेक लौटता, उस समय उसके पूरे शरीर से अंगूरी शराब की गन्ध आती। उल्टी के बाद उस महक से घर अँड़रायन हो जाता। सीता पोंछने-पाछने लग जाती और पुष्पा माथा पीटने लगती। अकेले में जब सीता उसे समझाने की कोशिश करती, उस समय वह बरस पड़ता था।

"तुम क्या जानोगी आन्द्रेआ क्या है?"

"मुझ-जैसी औरत ही तो है!"

"वह मर्दों के लिए बनाई गई है।"

"बस, थोड़ी अधिक गोरी होगी और क्या?"

"वह तुम-जैसी नहीं।"

"यह तो मैं जानती हूँ।"

"तुम नहीं जानती। तुम तो सरदी की रात की तरह ठंडी हो, जबकि वह आग है, आग। मर्द को ठंडक नहीं आग चाहिए। तुम जानती हो मरद लोग गाँजा और शराब क्यों पीते हैं? गरमी के लिए। उसी गरमी के लिए उसे औरत चाहिए। जिस औरत की गरमी में मरद पसीना-पसीना न हो जाए, वह औरत किस काम की?"

तभी सीता को मदन की एक पुरानी बात याद आ जाती—"सीता, तुम्हें पाकर आदमी निहाल हो जाएगा।"

तब सीता ने इस वाक्य का अर्थ भी नहीं समझा था। आज वह सोचने लग जाती है। दोनों आदमियों की बातों में से किसे सच मानें! वह घड़ियों तक अपने-आपसे प्रश्न करती रह जाती—क्या थी वह? औरत? क्या होती है औरत? औरत, औरत क्यों नहीं हुआ करती?

मर्द का वह ताकाजा!

औरत का वह अधूरापन...इन दोनों के दरमियान खड़ी रह जाती वह।

7

दस से भी अधिक लोग थे। उन सभी को ऊपर आते देख किसनसिंह के भीतर जो पहली बात कौंधी, वह थी मदन की वापसी। वे लोग काफ़ी नीचे थे। आकृतियाँ पहचानना उसकी निस्तेज़ आँखों के लिए कठिन था। पहला ख़याल आया—लोगों के बीच मदन होगा। वह बस्ती में पहुँचा होगा और लोग उसे लिए चले आ रहे थे। उससे अपनी धड़कनों पर बस नहीं पाया जा रहा था। उधेड़बुन ने उसे अविचलित कर दिया था। वह भी नीचे उतरे या अपने स्थान पर खड़ा रहे? खड़े-खड़े प्रतीक्षा लम्बी होती है। उतरकर वह उस प्रतीक्षा के समय को कम कर सकता था। कुछ तय नहीं हो पा रहा था। वह खड़ा रहा।

सूर्यास्त होने ही वाला था।

उसे लगा कि ऊपर पहुँचने में लोग पूरा समय ले रहे थे। धुँधलका विस्तृत हो जाएगा। वे लोग अँधेरे में पहुँचेंगे और वह मदन को पहचान नहीं पाएगा। उसने चाहा कि आवाज़ देकर लोगों से कहे, 'चिंवटी जैसे काहे चलत हव स?'

उसकी आँखें उन लोगों के बीच मदन को ढूँढ़ लेने में व्यस्त थीं। मदन के चलने का ढंग उसे अभी याद था। उस चाल को पहचानना चाहा। लोग अभी भी दूर थे। अधीरता उस दूरी को तानती जा रही थी। लोग पगडंडी पर आ चुके थे। संकीर्णता के कारण लोग क़तार में आ गए थे। आकृतियाँ धीरे-धीरे पास आती गईं—स्पष्ट होती गईं।...और जब सभी लोग पास आ गए तो किसनसिंह की उमंग ठस रह गई। उसकी पलकों को झपकी नहीं आई। आन्तरिक अँधेरे में वह खड़ा रहा, चेतनाहीन-सा। दाऊद मियाँ की आवाज़ ने उसे अपनी साँसों का आभास दिया।

"अनर्थ हो गया किसन!"

वह आशंकित हो उठा। उसने आँखों से प्रश्न किया—क्या हुआ?

"अब तुम ही कोई उपाय सुझाओ।"

किसनसिंह चुप रहा। अब भी आशंकित, उसकी आँखों में वही प्रश्न था। दूसरा स्वर धनलाल का था, "हमारी कमर तोड़ने के लिए ऐसा किया जा रहा है।"

धनलाल के इस वाक्य से जब किसनसिंह को विश्वास हो गया कि सन्दर्भ मदन का नहीं था तो उसने धीरे से पूछा, "कोंची होल?"

"साहेबवा हुकुम दे गया है।" धनलाल ने उद्वेग में कहा।

घोंसलों को लौटती हुई मैनाओं का झुंड टाँय-टाँय करता हुआ ऊपर से निकल गया।

"का हुकुम देलक साहेबवा?"

"पिछवाड़े की वह ज़मीन, जिसमें हम अपने लिए थोड़ी-बहुत सब्ज़ियाँ उगा लेते हैं, अब..." धनलाल से वाक्य पूरा न हो सका। किसन समझ न सका कि आक्रोश के कारण धनलाल अपने वाक्य को पूरा न कर सका था या रुआँसा हो जाने के कारण।

किसन ने दाऊद की ओर देखा। दाऊद मियाँ ने आगे कहा, "अब हम अपनी खेती नहीं कर सकते।"

"क्यों?"

"साहेब ने रोक दिया।"

"साहेबवा ऐसा ना कर सकी।"

"खेतों को घिरवा दिया गया किसन भैया! अब हम कल से वहाँ नहीं जा सकते।"

"हम ना समझ पावत हैं।"

"उस ज़मीन पर अगले सप्ताह गन्ने का नया कारख़ाना बनेगा।"

क्षण-भर चुप रहकर किसनसिंह बोला, "पर ऐसा ना हो सकी।"

"ऐसा हो गया। खेतों के चारों ओर कँटीले तार लगा दिए गए हैं। दो सिपाही बन्दूक लिए पहरा दे रहे हैं। हमारी फ़सलें उसी में रह गईं।"

"उस ज़मीन का तो निबटारा हो चुका था। साहेब मान गइल रहल कि उ हम लोगन के रही।"

"उस समय उसने माना था किसन भैया, जब उसे हमसे ज़मीन निकलवानी थी। कुत्ते के सामने हड्डी फेंककर पूरा हरिन लेकर भाग जानेवाली बात थी वह।"

"साहेबवा ने तो पूरी बस्ती के सामने वचन दिया था।"

"है कोई काग़ज़-पत्तर इसका हम लोगन के पास?"

किसनसिंह से उत्तर नहीं बन पड़ा।

देवराज ने आगे आकर कहा, "मुझे बताया गया है कि यहाँ कोई भी कारख़ाना

बनने को नहीं।"

"तो फिर?"

"बाहर से कोठी के लिए दो सौ सुअर पहुँचे हैं। उन्हीं के लिए बाड़ा बनेगा।"

डूबे हुए सूरज की लालिमा छिटक आई थी।

दाऊद मियाँ बोला, "किसन भाई, तुम्हीं बताओ हम क्या करें।"

किसनसिंह चुप रहा। मैनाओं की एक दूसरी जोड़ी भी ऊपर से निकल गई। एक टूटे हुए-से स्वर में किसनसिंह ने पूछा, "तुम लोगों ने क्या सोचा है?"

"हमलोग तो सीधे तुमसे मिलने चले आए हैं।"

अपने दायित्व को समझने की उसने कोशिश की। इससे पहले उसने अपने-आपसे दो-तीन प्रश्न कर डाले—'क्या मैं अब भी बस्ती का हूँ?' 'लड़ाई हार चुका आदमी क्या फिर से आगे आ सकता है?' 'क्या मुझे उसी समय इस फरेब का पता नहीं लग जाना चाहिए था?' और भी कई प्रश्न थे जो एक ही साथ उसके मस्तिष्क में उठे और दब गए। अन्तिम प्रश्न था—'अब मेरा क्या कर्तव्य हो जाता है?'

काफ़ी देर तक सोचते रहने के बाद उसने कहा, "खेत नहीं दिए जा सकते।"

"किसन भैया, क्या यह इतना आसान है?"

"तुम लोगों ने क्या तय किया है?"

"हम भी खेत छोड़ने को तैयार नहीं।"

"त फिर आसान और कठिन के चक्कर में काहे पड़त हो? उस तीन बीघे खेत पर किसी भी हालत में साहब का अख़्तियार नहीं हो सकता।"

"क्या करें?"

"काल फजीर के कोई काम पर ना जाई। हम भी साथ रहब। खेत के पास सब मिलें।"

"तुम जानते हो किसन, ऐसा क्यों किया ज़ा रहा है?"

"साहेबवन के मर्ज़ी। जो मन में आवे कर लें।"

"नहीं भैया, इस बार मर्ज़ी की बात नहीं। साहब को पता चल गया है कि खेतों को जोतकर हम अपनी स्थिति में थोड़ा-बहुत सुधार ला सके हैं। हमारी स्थिति में सुधार आए, यह साहबों को गवारा कैसे हो सकता है? इधर की ताज़ा सब्जियों से हमने अपनी सेहत भी कुछ सुधार ली है, यह भी इन्हें पसन्द नहीं। अपने को ये हमारे पसीने की हर बूँद के मालिक मानते हैं। यह कैसे सह सकते हैं कि हम अपनी गिरवी पड़ी पसीने की बूँदों को अपने लिए भी बहाएँ?"

सुगुन ने जो कि अब तक चुप था, गाँजे की खुमारी में पूछा, ''कल खेतवा के पास मिलके का करेके होय?''

"पहले वहाँ मिलें, फिर देखा जाएगा।"

"हम बोलत बानी ई सबसे कोई लाभ होने को नहीं।"

"तो फिर पालथी मारे बैठ जाएँ?"

"वहाँ हम डेढ़ सौ मज़दूर मिलकर साहब से माँग करेंगे।"

"कि खेत हमारे हैं, हमें दे दिए जाएँ?" मंडली का सबसे जवान स्वर था यह।

"बात अगर नहीं मानी गई तो?"

"सरकार के नाम अरजी तैयार की जाएगी।"

"यह क्यों भूल रहे हो कि पिछले दिनों सत्रह हज़ार मज़दूरों के अँगूठे का किसी पर कोई असर नहीं हुआ था।" यह सबसे जवान स्वर दाऊद मियाँ के बेटे का था।

दाऊद मियाँ ने उसे आगे कहने से रोक लिया। वह नहीं चाहता था कि किसनसिंह के सामने फ़रीद बेअदबी के साथ बात करे। फ़रीद के चुप होते ही धनलाल बोल उठा, "किसन चाचा, एक बात हमें अच्छी तरह समझ लेनी चाहिए। इस देश में इस छोर से उस छोर तक हर बस्ती में ये साहब लोग जो मनमानी कर रहे हैं, वह इसलिए कर रहे हैं कि इनको पूरा यक़ीन है कि इनकी करतूतों को हुकूमत कभी गुनाह नहीं करार देगी। पता नहीं, अभी पिछले हफ्ते की बात आप लोगों को मालूम है या नहीं। जुवाँस कोठी की बात है, पुलिस के सिपाही की हाजिरी में दो मज़दूरों पर आधे घंटे तक बाँसों की बौछार होती रह गई थी। ख़ून से तर पीठ के साथ दोनों मज़दूरों को पुलिस ने इस अभियोग में गिरफ़्तार कर लिया कि उन्होंने मज़दूरों को भड़काने की कोशिश की थी। एक मज़दूर की पत्नी जब पुलिस के पाँव पर गिरकर गिड़गिड़ाने लगी तो उसे भी हिरासत में ले लिया गया।"

"हम समझ रहे हैं तुम क्या कहना चाहते हो, लेकिन...।"

"आप लोग नहीं समझते। समझते तो ये जुल्म इतने लम्बे अरसे तक नहीं ढाए जाते। अगर हम इसी तरह नरमी के साथ पेश आते रहे तो अभी और पचास साल हमें इसी स्थिति में रहना होगा। मैं तो कहता हूँ अब सोनार का ठक-ठक नहीं, लोहार का खटाँग होना चाहिए।"

"अभी तुम ही कह रहे थे कि लोग अकेले नहीं हैं। सभी ताक़तें इनके साथ हैं। इस हालत में नरमी के अलावा कोई दूसरा रास्ता हो ही क्या सकता है?"

अपने बाप की इस बात का जवाब फ़रीद ने खुद दिया, "शुरू से आज तक तो नरमी के साथ पेश आए हैं। नतीजा हर वक़्त यही रहा है कि सिर झुकाकर सभी कुछ सह लेने की बात को हमने अपना मजहब बना लिया है। हद हो गई इस मजहब की...मेरा चले तो हाथ में गड़ाँसे लिए हम दौड़ जाएँ इन जुल्मी ताक़तों की ओर।"

"इरादा अगर खुदकुशी का हो तो ठीक है।"

दाऊद मियाँ के बाद किसी ने कुछ नहीं कहा। आकाश पर पहला तारा झिलमिलाने लगा था, जब किसनसिंह ने यह कहते हुए सभी को विदा किया, "कल

फजीर को हम सभी खेत के पास मिल रहे हैं।”

सभी लोगों के चले जाने के बाद–

अँधेरे की स्याह चादर में लिपटे अपने कमरे के भीतर के अदृश्य खाट पर किशनसिंह ने अपने को पाया। अपनी साँसों से अपने को टटोलकर उसने अपने को आश्वस्त किया। वह वही था। वही किसन...जो कभी फ़रीद की उम्र का था। उसका अपना अँधेरा कमरा एक काली कन्दरा-सा था, जिसका दरवाज़ा भी चुन दिया गया था। वह उसके भीतर जीवित था...आगे के क्षणों के लिए विकलांग...अतीत की बैसाखी पर टिका हुआ...अविचलित।

कहीं से झींगुरों की आवाज़ के साथ कोई स्वर आया–फ़रीद का स्वर था वह। उसके कानों में वह बजता रहा। मन में आया कि अपनी अँगुलियों से दीवार को खखोरकर एक सूराख पा ले, जिससे बाहर के आकाश के किसी तारे की झलक भीतर आ जाए और...

और उसी तारे की पतली चमक के सहारे बाहर से थोड़ी-सी हवा भीतर आ जाए ताकि वह साँस ले सके।

अकुलाते हुए उसने अपनी आँखों को किचकिचाकर बन्द कर लिया। वह कल्पना कर उठा...एक खुले हुए मैदान की...जहाँ साँसें न घुटती हों...

तभी दीवार से किट-किट-किट-किट...कीट-कीट-कीट-की...

गिरगिट की आवाज़ ने उसे अकेलेपन की अथाह गहराई में डूब जाने से बचा लिया था।

8

कँटीले तारों के उस पार खेत की विस्फारित हरी आँखें थीं। इस पार थे बस्ती के सभी मज़दूर मटियाली फतुही और धोतियों में। ख़ामोशी सफ़ेद थी। अभी ओस की बूँदें पगडंडी की दूब पर घनी थीं। सूर्योदय से पहले ही मज़दूरों का जमा होना शुरू हो गया था। सभी हाथ में गड़ाँसा और कुदाली लिए हुए थे। खेत के सामने पहरा देनेवाले चार रखवारों में से दो कोठी को दौड़ गए थे। खेत की हरी गन्ध के ऊपर तम्बाकू की गन्ध तैर गई थी। जहाँ-तहाँ कुछ अधेड़ लोग उकड़ूँ बैठे हुए थे। बाक़ी लोग प्रण के साथ खड़े थे। सभी को किसनसिंह के आने की प्रतीक्षा थी।

किसनसिंह ने पहुँचने में देर नहीं की। उसके पहुँचते ही कोई तीन सौ आँखें उसकी ओर इस तरह उठीं गोया पूछ रही हों–क्या करना है? सबसे पहले किसनसिंह ने दाऊद मियाँ से बातें कीं, फिर सोनालाल महतो से। इस बीच दूर

तक फैले हुए लोग नज़दीक आते गए। कुछ देर बाद किसनसिंह के लिए रास्ता बनाया गया ताकि वह सामने की बड़ी चट्टान पर पहुँच सके। वहाँ खड़े होकर उसने एक बार सभी की ओर देखा, फिर कहा, "सबसे पहले हमके एगो सवाल करेके बा।"

क्षण-भर की ख़ामोशी रही। इसके बाद उसने आगे कहा और वह भी बड़ी कठिनाई से अपने स्वर को ऊँचा करते हुए, खेत रखना है या देना है?

आवाज़ें एकसाथ आईं–

"रखना है!"

"नहीं देना है!!"

"किसी भी सूरत में नहीं देना है!!!"

शोर कम होने पर किसनसिंह ने कहना शुरू किया, रुक-रुककर, "आसपास की ये सारी ज़मीन हम लोगन की थी। जंगल काटकर हम सबन ने खेती की थी। सभी खेतवा हमसे ले लिए गए। क़ानून हमनी के साथ ना रहल। चुप रह जायके परल। बची-खुची तीन बीघा ज़मीन है...एकरे में कालीमाई के चौथरा भी बा, बैठका भी। अब तक के सभी परिश्रम के साथ बनाओल गइल कालीमाई के चौथरा भी देबे के पड़ जाए, बैठका भी। पता नहीं तुम सबन के आख़िरी विचार का होय, पर हमार सुन लो।...अब तक तुम लोगों ने कालीमाई पर सिरफ बकरों की बलि दी है...अगर कालीमाई का चौथरा हम लोग के हाथ से गइल त हमार बलि के बाद! हमार मरल देह पर ही हियाँ सुअर के बाड़ा बन सकी, ऐसे नाहीं। कालीमाई के ना कभी सुअर चढ़ल बा ना चढ़ी।"

कुछ लोगों को इसलिए हैरानी हुई कि किसनसिंह ने पहली बार धर्म की दुहाई दी थी। पर चूँकि लोग किसनसिंह को जानते थे, इसलिए उसके निर्णय ने लोगों को और भी गम्भीर कर दिया।

सामने की तीन बीघा ज़मीन पचास विविध खेतों के रूप में थी। हरएक टुकड़े पर बस्ती के मज़दूरों के दो परिवारों का अधिकार था। यह अधिकार कभी बारी-बारी से बदलता भी रहता था। पूरे खेत की देख-रेख की जिम्मेवारी सोनालाल महतो पर थी। किसी परिवार के हिस्से में अगर टीले के पास की पथरीली ज़मीन आ जाती तो दूसरी फ़सल में सोनालाल महतो उसे नदी के पासवाली सबसे अधिक उपजाऊ माटी देता। खेत के हर हिस्से को जोतने का बारी-बारी से सभी को अवसर मिलता था। शाम के वक़्त खेत में रौनक छाई रहती थी। कहीं बैंगन की बोआई तो कहीं टमाटर की तोड़ाई। कई तरह की सब्जियाँ, कई तरह के कन्द। वह केवल सुगुन भगत था, जो सिर्फ़ मकई की खेती करता, बाक़ी लोग मिर्च से लेकर कुम्हड़े तक रोप लेते थे। पूरे खेत की पैदावार पहले बस्ती में बाँटी जाती थी, फिर बाज़ार भेजी जाती थी।

बाज़ार से जो भी थोड़ा-बहुत मिलता था, उसे बैठके के प्रधान के यहाँ जमा करवाया जाता। उसी पैसे से नया बैठका बना था, बस्ती की कई लड़कियों की शादी हुई थी। शिवाला बनाने की योजना थी।

शाम को सूरज डूबने तक बस्ती की औरतें भी हाथ बँटाती थीं। बच्चे टीन के टुकड़े बजा-बजाकर मक्की की बालियों पर से चिड़ियों को उड़ाते थे। लड़कियाँ कुएँ से पानी निकालकर सिंचाई करतीं। निराई का काम भी ये लड़कियाँ ही करतीं। गौतम राऊ का बेटा कुछ न करता हुआ ज़ोर-ज़ोर से बिरहा गाता रहता। कभी रौ में होता तो मकई भूनकर माहौल को सोंधा कर जाता और लड़कियों के बीच बाँटता फिरता। सभी लड़कियाँ उसके हाथ से मक्की नहीं लेती थीं। लोगों की शिकायत होती थी कि गौतम राऊ का बेटवा कभी नहाता ही नहीं। उसके अपने नाम से कभी किसी ने उसे नहीं पुकारा था।

खेतों की वह रमणीयता मिटनेवाली थी। वही वह स्थान था जहाँ पहुँचकर सभी मज़दूर साहब और सरदारों के हंटरों की याद को भुलाते थे। ज़हर से ज़हर को काटनेवाली बात थी। यहाँ काम करते हुए लोग दिन-भर की थकान को भूल जाते थे। इस काम में एक नशा था, एक आनन्द था—लोग स्वतन्त्र रूप से काम करते थे। बाँस और कोड़े नहीं थे। धूप की सख़्ती नहीं होती थी। साहबों की गालियाँ नहीं होती थीं। वह अपना काम होता था—इज़्ज़त का, लगन का। यह ज़रूर था कि अपने सरदारों को भेजकर साहब उन खेतों से मनचाही चीज़ें अपने लिए तोड़वा लेता था, फिर भी फ़सल उन्हीं लोगों की होती थी—जिनका पसीना बहता था। यही उनके जीवन की सबसे बड़ी सान्त्वना थी।

प्रताड़ना, दारुण दंड और भीषण यन्त्रणा के बाद यह तीन बीघा खेत ही इतिहास की धरोहर थे। इस विरासत को इतनी आसानी से खोने को कोई भी तैयार नहीं होता। उस समय यहाँ पहुँचे वे लोग मुट्ठी-भर ही थे। उन मुट्ठी-भर लोगों ने जंगलों को काटा था। पहली बार इस देश की मिट्टी के किसी टुकड़े को तोड़कर, पत्थरों को निकालकर सेंहुड़ और काँपेस के जंगल को खेत में परिवर्तित किया था।

यहाँ पहुँचने से पहले किसनसिंह रात-भर अपलक रहकर सोचता रह गया था—इतने सारे लोगों ने इस देश के चप्पे-चप्पे पर ख़ून-पसीना बहाकर इसको समृद्ध किया था। मालिकों की तिजोरियाँ भरी थीं। इतने सारे लोगों ने पहली बार विस्तृत फैली ज़मीन के एक छोटे-से टुकड़े को अपना बनाया था—यही उनकी अपनी पहचान थी। यही मिट्टी का टुकड़ा उन्हें क्षण-भर को यह ख़याल बिसारने का अवसर दे जाता कि वे लोग सिर्फ़ गुलामी के लिए ही यहाँ नहीं थे। उन्हें अपना संसार बसाने का भी हक था। इसी से दासता की लाघव भावना को वे नकार पाते थे। अगली पीढ़ी

को बन्धेज से छुड़ाने और उन्हें स्वतन्त्र नागरिक बनाने का यही मिट्टी का टुकड़ा पहला सोपान था। अगर यही ज़मीन पाँवों के नीचे से खिसक जाए तो कल की पीढ़ी कहाँ खड़ी होगी?

यही वह प्रश्न था जिसने किसनसिंह को एक पल के लिए भी सोने नहीं दिया था। इस प्रश्न के सामने वह मदन की याद को बिसार गया था।

कुछ लोगों ने तार की घिरावट को तोड़-फाँदकर खेत के भीतर पहुँचना चाहा। किसनसिंह ने उन्हें रोक लिया। तारों के भीतर क़ैद थी लोगों की हरी-भरी आत्मा। टमाटर के पौधों के वे मुलायम स्पर्श, मखमली बैंगनों की चमक, कुम्हरे की लताओं की हरी कोमलता, करेला की बेल के पीले फूल, मक्की की दानेदार बालियाँ और इन सभी को सहलाने के लिए थीं लोगों की बेताब अँगुलियाँ।

गौतम राऊ का बेटा इधर से उधर लोगों के बीच घूमता हुआ बिरहा गाता रहा। सूरज के ऊपर आते-आते सभी लोग जहाँ भी जगह मिली बैठ गए और पुजारीजी के साथ स्वर मिलाकर कई लोग रामायण गाने लगे। लोगों को पूरी पटकथा मालूम थी। सभी जानते थे कि क्या बीतनेवाला था। बस, वही हमेशा की तरह पहले कुत्तों के भौंकने की आवाज़ आएगी, फिर सिपाही होंगे–उनके पीछे मालगासी सरदार और रखवारों के बीच होगी साहब की बग्घी। उन्हीं पिछले दृश्यों की तरह एक निर्धारित खेल की पुनरावृत्ति होगी। पहले कोड़े चलेंगे, फिर गोलियाँ चलेंगी...गिरफ्तारियाँ होंगी और स्थिति पहले की तरह सामान्य हो जाएगी। साहब जीत की अहमी चाल में बँगले को लौट जाएगा...। पर नहीं, इस बार कुछ भिन्न होकर रहेगा–सभी ने ऐसा ही ठाना था...।

शुरुआत चाहे वैसी हो, पर अन्त इस बार दूसरे ढंग का होना था। इस बार सिर झुकाकर आत्मसमर्पण की वह घिस गई पुरानी स्थिति नहीं आएगी, चाहे कुछ भी क्यों न हो जाए।

शुरुआत वैसी ही हुई।

पश्चिमी रास्ते से कुत्तों के भौंकने की आवाज़ आई। कुछ देर बाद दूर से आते हुए लोगों का समूह दिखाई पड़ा, जिसमें सबसे आगे वर्दी पहने सात सिपाही थे। कोठी के सभी सरदारों के पीछे बड़े साहब की बग्घी थी। सातों सिपाही अपनी बन्दूकें थामे थोड़ी-थोड़ी दूरी के फासले पर तैनात हो गए। सरदारों के हाथों में लाठियाँ थीं। वे बड़े साहब के इर्द-गिर्द खड़े रहे।

पहली बार सभी लोगों ने बड़े साहब के सामने बैठे रह जाने का साहस किया था। केवल किसनसिंह अपने स्थान से उठा और बड़े साहब के सामने जा खड़ा हुआ। अपने क्रोध पर कठिनाई से अधिकार पाते हुए बड़े साहब ने धीरे से प्रश्न किया, “केल ए तू सेत ईसत्वार किसनसिंग?”

किसनसिंह ने उसी तरह धीरे से फ्रेंच ही में जवाब दिया, "साहब, हम लोग क्या जानें, बखेड़ा हमने थोड़े ही खड़ा किया है?"

"ये लोग काम पर क्यों नहीं पहुँचे? तुम जानते हो तुम्हारे एक दिन काम पर न आने से हमारा कितना नुकसान होता है?"

पीछे से धनलाल ने उसी तरह धीमे से पूछा, "कितना साहब?"

"केयंज़ मील रुपी।"

"पन्द्रह सौ रुपया? यानी कि हर मज़दूर पर सौ रुपया। हमारा मूल्य जब आदमी पीछे सौ रुपया है तो फिर हमें सिर्फ़ आठ आना रोज़ाना क्यों मिलता है?"

किसनसिंह ने धनलाल को चुप रहने का आदेश दिया, "हम सब पैसा के लेखा-जोखा लेवे ख़ातिर ना जुटल है स।"

बड़े साहब ने अपने स्वर को थोड़ा-सा ऊपर उठाया, "तुम लोग सीधे मन काम पर जाते हो या नहीं?"

किसनसिंह ने अब भी उस तरह धीमे से कहा, "निबटारा हो जाए पहले।"

"कैसा निबटारा?"

"आप ये तीन बीघा खेत हमसे नहीं ले सकते।"

"ये खेत हमारी ज़मीन के बीच हैं।"

पीछे से फ़रीद की आवाज़ आई, "चाचा, इससे कह दो कि हम बहस करना नहीं चाहते। खेत हमारा रहता है या नहीं, हमें बता दे। हमारे पास जाली काग़ज़ देखने का वक़्त भी नहीं।"

बड़े साहब ने और भी कड़ककर कहा, "ये खेत अब तुम्हारे नहीं रहे।"

"तो फिर यह यहाँ से नहीं उठेंगे।"

"तुम लोग पहले भी भुगत चुके हो इस तरह के हठ और बदतमीज़ी की सज़ा। मिस्ये कोंस्ताँ के यहाँ से दस सिपाही यहाँ पहुँचने की वाले हैं। तब तक के लिए मैं तुम लोगों को खेत और कारख़ाने के रास्ते पर पहुँच जाने का अवसर दे रहा हूँ।"

किसनसिंह ने अपने दोनों हाथों को जोड़कर पूरी विनम्रता के साथ क्रिओली में कहा, "साहब, मैंने अपना सारा जीवन...।"

पीछे से फ़रीद चिल्ला पड़ा, "चाचा, इस तरह भीख मत माँगो!"

"साहब, मैंने अपना सारा जीवन आप-जैसे मालिकों की सेवा में लगा दिया। पहली बार और आख़िरी बार आपसे प्रार्थना कर रहा हूँ...यह तीन बीघा खेत हमारे लिए छोड़ दीजिए। इसमें हमारी फ़सल, हमारी कालीमाई और हमारा बैठका है। आप यह मान लें और मैं फिर से अपने अन्तिम दिनों तक आपकी सेवा में लौटने को तैयार हूँ।"

वह दो क़दम आगे बढ़ा ही था कि एक सरदार ने उसे पीछे धकेल दिया। उसके

नीचे गिरते ही धनलाल और फ़रीद सरदार पर झपट पड़े। उन पर लाठियाँ चल पड़ीं। मज़दूर अपनी जगह से उठकर आगे बढ़े। लाठियाँ चलीं धड़ाधड़। बन्दूकें तन गईं। किसनसिंह उठकर आगे बढ़ा, "रुक जाओ तुम लोग...रुक जाओ..."

किसी तरह वह मज़दूरों के आगे आ सका। हाथ फैलाकर उन्हें रोकना चाहा। लोग मुँडेरों से पत्थर उठाने लगे थे। लाठियों के जवाब में पथराव होते देर नहीं लगी। बड़ा साहब भीड़ से हटकर अपनी बग्घी तक पहुँच चुका था। उसने वहीं से गोली चलाने का आदेश दिया। किसनसिंह दौड़ पड़ा बन्दूकधारियों की ओर। पहली गोली चली...धाँय...किसनसिंह की छाती से टकराकर सन गई गरम ख़ून से। किसनसिंह गिर पड़ा—कालीमाई का चौथरा दूर था।

9

किसनसिंह की लाश!

लाश से बहती ख़ून की गरम धाराएँ खेत की मिट्टी पर बह गईं। बहकर जम गईं। मिट्टी ने ख़ून का तिलक लिया था और किसनसिंह के माथे ने मिट्टी का। ख़ून की तरह ही लोगों के चीत्कार, रोना और आँसू सभी जम गए थे।

किसनसिंह की मृत्यु इतिहास की मृत्यु थी।

इतिहास की मृत्यु प्रलय होती है। बड़े साहब को यह समझते देर नहीं लगी थी। उससे पहले बन्दूकधारी ने भी यह बात समझ ली थी। गोली चली ही थी, धाँय की आवाज़ के साथ किसनसिंह धराशायी हुआ ही था—ख़ून बहा ही था कि मज़दूरों के बीच से गर्जन हुआ था। और अभी उस गर्जन की प्रतिध्वनि होने ही वाली थी कि सिपाही, सरदार और बड़े साहब दौड़ गए थे—उसी दिशा को जिस दिशा से आए थे।

पत्थरों की बौछारों के साथ मज़दूर उनके पीछे दौड़ पड़े थे। उसी क्षण किसनसिंह की अन्तिम पुकार को फ़रीद ने सुना :

"रुक जाओ!"

फ़रीद के कंठ से उस स्वर की प्रतिध्वनि हुई :

"रुक जाओ!"

पश्चिम के रास्ते पर सभी मज़दूर रुक गए थे...उधर किसनसिंह की साँसें भी रुक गई थीं।

बस्ती से दौड़ता हुआ स्त्रियों का वह झुंड अभी घटनास्थल पर पहुँच भी नहीं पाया था कि एक ही साथ कई लोगों की नज़र पूर्व से आती हुई पगडंडी पर पड़ी। दाढ़ीवाला लम्बा नौजवान चला आ रहा था। लोगों ने पहले नीली धारीवाली उस

फतुही को पहचाना जिसे पहने सात वर्ष पहले मदन गिरफ़्तार हुआ था, फिर मदन को पहचाना।

पश्चिम से काली घटाओं को अपनी ओर खींचकर सूरज ने अपने चेहरे को छुपा लिया।

मदन पसीने से तर था। उसकी आँखों में सुखारी थी। वह पास पहुँचा। भीड़ में उसके लिए रास्ता बनता गया। नींद में चलनेवाले आदमी की तरह चलकर वह अपने बाप की लाश के सामने पहुँचा। उसकी आँखों की वह सुखारी बनी रही। किसी बुत के चेहरे से हवा टकराकर आगे को बह जाए—उसके चेहरे की वही प्रतिक्रिया रही। प्रतिक्रियाहीन! वे दूसरे लोग थे जो फफक रहे थे, लम्बी साँसें ले रहे थे, आँखों के आँसू पोंछ रहे थे। वह मदन था जो खड़ा रहा—निःशब्द, अविचल।

स्त्रियाँ आ पहुँचीं चीख़ती-चिल्लाती। कुछ औरतें किसनसिंह के शव के पास गईं। कई टकरा गईं मदन से—फिर भी मदन उसी तरह स्तब्ध खड़ा रहा। पुष्पा लाश पर से उठकर मदन से लिपट गई। धनलाल ने आगे बढ़कर पुष्पा को मदन से अलग किया। एकाएक हलकी बारिश शुरू हुई। बहुत कम लोगों को अपने भीगने का आभास हुआ। मदन ने बालों से टपकते हुए पानी के चलते अपनी पलकें बन्द कर लीं। लोग चुप थे। स्त्रियों का रोना सिसकियों में बदल गया था। मदन ने धीरे से पलकें उठाईं। सामने खड़े विवेक को देखा—फिर धनलाल को। उसकी आँखें फ़रीद से मिलीं और फ़रीद ने दाँतों से अपने निचले होंठ को काट लिया।

मदन ने लम्बी साँस ली और उसके शरीर का ऊपरी भाग काँप गया। अपने सिर को दोनों हाथों में थामकर वह उस वक़्त तक सिर हिलाता रह गया जब तक कि विवेक ने आगे आकर उसके माथे को थाम न लिया। पुजारीजी के कहने पर लाश को वहाँ से उठाकर बैठका में पहुँचाया गया। लाश के सिरहाने सफ़ेद मिट्टी की दीवार पर सिर टिकाए मदन नियति की कठोरता पर सोचता रहा। वह दो पल पहले भी तो यहाँ पहुँच सकता था, पर अगर नहीं पहुँच सका तो क्या केवल इसलिए कि नियति की सार्थकता प्रमाणित हो जाए! कुछ समय पहले उसने संयोग की बात सुनी थी। संयोग कैसा? किसके लिए? क्या था वह? फिर उसने होनी की बात सुनी थी। कैसी होनी? अगर यही होनी थी तो अनहोनी क्या होती होगी? और...और इसके बाद धैर्य—धीरज! कैसा धीरज? किसको? हताश को? और हताश अगर धीरज़ का पीछा करता हुआ हो तब?

कोई कहाँ तक भागे!

वह अपने बाप को मौन पा रहा था। बहुत ही बोझिल थी वह ख़ामोशी। अपने भीतर के स्पन्दन को रोके मदन ने उस ख़ामोशी की आवाज़ को सुनना चाहा। वह आवाज़ उससे कुछ तो कह जाए? चलते जाने को—लड़ते रहने को! ख़ामोशी के उस

चीत्कार में कुछ भी स्पष्ट नहीं था।

चारदीवारी के भीतर से ही उसने योजनाएँ बनाई थीं। योजनाएँ—जीने की, जूझने की, संघर्ष की। हारी जा चुकी लड़ाई को लड़ाई समझकर लड़ते रहने की नादानी से बाज़ आ जाने का प्रण। अब कुछ नहीं रहा। कोई लड़ाई बाक़ी नहीं रही। कोई अभियान बाक़ी नहीं रहा। क़ैद से छूटकर घर को लौटते हुए उसने रास्ता खो दिया था। फिर उसे रास्ता मिल गया था। उसने तो सामने के पहाड़ और खेतों को देखते हुए ऐसा ही सोचा था। जाने-पहचाने दृश्यों को सामने पाकर उसने अपनापन अनुभव किया था। वह रास्ता पा लेना और आत्मीयता की अनुभूति सारा-कुछ भ्रम था। घर पहुँचकर भी वह खोया हुआ यात्री था।

दूसरे दिन बैठका से अरथी निकलते समय पहली बार लोगों ने मदन की आँखों में आँसू की सफ़ेद झालर देखी। शव-यात्रा के समय आसपास की अन्य कोठियों से पहुँचे हुए लोगों को देखकर मदन को विस्मय हुआ। अपने जीवनकाल में पहली बार उसने एक बस्ती के लोगों को दूसरी बस्ती के संकट में भाग लेते पाया। पता चला कि किसनसिंह की मृत्यु की ख़बर पाकर आसपास की कोठियों में हड़ताल हो गई थी।

मदन के साथ-साथ कई लोगों को एक ही लगे वह घटना याद आ गई, जब पड़ोस की बस्ती के पाँच विद्रोही मज़दूरों की सज़ा के विरुद्ध बोलते हुए किसनसिंह ने हरएक बस्ती से दूसरी बस्ती के संकट में भाग लेने की माँग की थी। उसने यह भी कहा था कि एक बस्ती में लड़ाई लड़ने से कोई लाभ नहीं होगा। इस लड़ाई को एक ही साथ सभी कोठियों की लड़ाई होना चाहिए। उस समय एक बस्ती के साथ दूसरी बस्ती नहीं जुड़ सकी थी और सज़ा पानेवाले पाँच मज़दूरों में से दो की सातवें दिन मृत्यु हो गई थी। किसनसिंह क्रोध में आकर बोला था कि उसे सात दिन की प्रतीक्षा रहेगी, जब कोठियाँ एकसूत्र में बँधकर अपनी आवाज़ उठाएँ। जलती हुई चिता के पास यह चर्चा हुई थी।

किसनसिंह को जिस दिन की प्रतीक्षा थी, वह उसकी मृत्यु के बाद आया।

मदन ने भी यह सुना और उसने अपने बाप की मृत्यु की सार्थकता का अनुभव किया।

रात की बैठक में रामायण के सत्संग के दौरान दशरथ-मृत्यु के सन्दर्भ में पुजारी जी ने कहा, "किसनसिंह की मृत्यु को हम मृत्यु न समझें।"

पुजारीजी का तात्पर्य चाहे कुछ भी रहा हो, पर अधिक लोगों के लिए उसका अर्थ यही रहा कि यह अवसान एक नए जीवन का जन्म है। आत्मविश्वास और सामूहिक शक्ति से भरे जीवन का, जहाँ लड़ाई को लड़ने का तरीक़ा सिर झुकाकर लड़ना नहीं होगा, बल्कि सिर उठाकर।

जो भाव लोगों के मन में उठ रहे थे, वही मदन के अपने मन का भी भाव नहीं था। उसकी अपनी स्थिति तूफ़ान के बाद के निपाती पेड़ की तरह थी। क़ैद से रिहाई पाने के बाद उसने जिस मुक्ति का आभास पाया था, इस समय उसी मुक्ति के बाहुपाश में जकड़कर शिथिल हो गया था। उसके अपने इर्द-गिर्द के सभी चेहरों पर युग की थकान थी। उन सभी आँखों से निराशा के साथ-साथ भय भी था। लोग जितने शोकाकुल नहीं थे, उतने व्यग्र थे।

सत्संग की समाप्ति के बाद धनलाल का वह स्वर आक्रोश का न होकर व्यग्रता का था। सुगुन भगत के इस प्रश्न के उत्तर में उसने कहना शुरू किया था कि क्यों न सरकार के सामने नई अरजी भेजी जाए।

"हमारी रक्षा के लिए कोई आगे नहीं आएगा। हमें अपनी रक्षा खुद करनी होगी। हमारी लड़ाई को कोई दूसरा नहीं लड़ सकता। अपनी लड़ाई हमें खुद लड़नी है।"

मदन के लिए क़ैद के बाहर का दरवाज़ा खोलने से पहले जेलर साहब ने उससे कहा था, "पा आल फ़ेर ले कुयों आँकोर एन कू! अगर इस बार तुमने किसी मज़दूर को भड़काने की कोशिश की, फसाद खड़ा किया तो जीवन-भर के लिए बन्द कर दिए जाओगे।"

यह नई सज़ा तो मदन को बिना कुछ शुरू किए ही मिल गई थी। अब उसमें बाक़ी ही क्या था कि वह अपनी किसी लड़ाई को लड़ सके! विकलांग क़ैदी से कोई लड़ाई लड़ने की उम्मीद कैसे रख सकता है?

छिटपुट तारों के कारण रात राख का रंग लिए हुए थी। मदन की आँखों के सामने की रात स्याही में डूबी हुई रात थी और उसके कानों में अपने बाप की चिता के धू-धू करके जलने की आवाज़ अब भी आ रही थी। उसके रिक्त मस्तिष्क में एक प्रश्न उठा—क्या चिता ने मात्र किसनसिंह को ही जलाकर राख किया था या उसके साथ-साथ और भी चीज़ें जली थीं उसमें?

उत्तर अगर उसे ही देने थे तो अपने रिक्त मस्तिष्क के किस कोने में उसे तलाशे? प्रश्न के बाद तो वहाँ प्रश्न-ही-प्रश्न थे।

रेखा ने एक बार उससे कहा था, तुम भी अपने बाप की तरह अपने भीतर केवल प्रश्न-ही-प्रश्न रखे हुए हो। प्रश्नों से क्या होता है? तुम उत्तर क्यों नहीं तलाशते?

उसकी माँ!

उसने भी उसकी प्रतीक्षा नहीं...

मदन ने एक दूसरी लम्बी साँस ली जिससे उसका समूचा अस्तित्व काँप गया। उसने आँखें मूँद लीं। किचकिचाकर मूँदने से गारे जा चुके नींबू को दोबारा निचोड़ने की तरह आँखों के नीचे का भाग हलकी तरलता से चमक गया।

पहले दिन जब मदन काम पर से लौटा तो आँखों से आँसू लिए लौटा था। ग्यारह

साल का था, पर चूँकि तगड़े शरीर का था, इसलिए कोठी से मालिक के सामने पहुँचने का तकाजा आ गया था। किसनसिंह ने उसकी पीठ को थपथपाते हुए कहा था, "पहला दिनवा हरएक जना के लिए कड़ा ही होवेला।"

फिर उसने रेखा से कहा था, "तुम देखना, मदन वह कर दिखाएगा जो किसी से नहीं हो सका है। खेतों की यातनाओं को यह हद तक जाने तभी तो वह उस स्थिति को बदलने में कुछ भी बाक़ी नहीं छोड़ेगा। तुम गाँठ बाँध लेना रेखा, हमारा मदन ही वह होगा जो कोड़े और बाँसों के युग को बदलकर रहेगा!"

मदन ने जानना चाहा कि वे पुरानी बातें आज उसे क्यों याद आए चली जा रही थीं।

उसकी बग़ल में धनलाल को नींद आ गई थी।

मदन वाक्वा की चटाई पर अपने सिर को हाथों पर रखे छत को घूरता रहा। जहाँ उसके बाप की लाश थी वहाँ अब भी मिट्टी का चिराग़ जल रहा था। रीहल पर रामायण बन्द पड़ी हुई थी।

कुछ देर पहले जो वर्षा शुरू हुई थी वह थम गई थी, फिर भी बाहर रात सिसकती रही। मिट्टी का चिराग़ बुझने को हुआ। उसकी लौ काँपने लगी। मदन चटाई से उठा। कोने में रखे फूल की कटोरी में तेल था। चिराग़ की बत्ती ठीक की। तेल भरा। चिराग़ ने अधिकार पा लिया सुबह तक जलने का। चटाई पर लौटकर मदन उसी तरह हाथों को सिर के नीचे रखे लेट गया—सुबह तक जागे रहने के लिए।

10

किसनसिंह की मृत्यु के तीसरे दिन सरकार की ओर से नियुक्त मज़दूरों का रक्षक बस्ती में पहुँचा। उसने बस्ती में प्रवेश किया। उसकी बग्घी को मीरा ने उस दूसरे मोड़ पर ही देख लिया था। बकाइन के पेड़ों के बीच से आँखमिचौली खेलती हुई वह बग्घी पास आती गई थी। पहले तो मीरा उसे बड़े साहब की बग्घी समझ बैठी थी। अधिक पास आने पर वह साधारण बग्घी निकली थी। पगडंडी मिलने से पहले वह रुक गई थी। उस आदमी के साथ दो और भी आदमी थे, हाथों में काग़ज़-बहियाँ लिए। एक नाटा था और दूसरा आगे-आगे चलनेवाले आदमी की तरह गठीला था।

मीरा बस्ती की पहली महिला थी. जिसे उस आदमी के आगमन का पता चला था। वह डर गई थी। कहीं यह आदमी मदन को फिर से हिरासत में लेने तो नहीं आ गया था। एक बार बस्ती में ऐसा हो चुका था। मिठुवा की रिहाई के बाद दूसरे ही दिन बिना वर्दी के पाँच आदमी बस्ती में आ पहुँचे थे और उसे दोबारा अपने साथ

लेकर चले गए थे, और फिर तो मिठुवा हमेशा के लिए बस्ती से दूर हो गया था।

अपने दोनों साथियों के साथ उस आदमी के पास आ जाने पर मीरा ने उसे पहचान लिया था। वह दूसरी बार बस्ती में आ रहा था। बस्ती के लोगों से अलग साहबी ठाठ में। पहली बार जब वह आदमी कोठी में पहुँचा था तो बहुत ही लम्बी-चौड़ी चर्चा हुई थी उसकी—अब हमारी स्थिति में परिवर्तन आएगा। यह आदमी हमारा रक्षक है।...

इस आदमी ने उस समय बहुत-सारे वायदे किए थे। इस आदमी को लेकर कोई बहुत बड़ी बात हुई थी। क्या थी वह—मीरा की याददाश्त इससे आगे एक धुँधलके में खोकर रह जाती। उसकी माँ की मृत्यु भी उन्हीं दिनों हुई थी। शायद यही वजह हो कि उसे उस समय की और दूसरी बातें याद न रहीं। जिन परिस्थितियों में उसकी माँ की मृत्यु हुई थी, वे इतनी नुकीली और तीखी थीं कि मीरा के भीतर तक धँसकर कसकती रह गई थीं।

दो घटनाओं के एकसाथ घटने पर प्रायः ऐसा होता है कि एक की छाप सतही होती है और दूसरे की हड्डियों तक धँसी रह जाती है। इतनी याद तो उसे अवश्य ही थी कि उस आदमी के पहुँचते ही उसे एक ही साथ कई हार पहनाए गए थे। उसने बहुत लम्बा भाषण किया था। उसने क्या कहा था यह मीरा को नहीं मालूम, लेकिन उसकी बातों से लोग खुश हो उठे थे। उस ख़ुशी में लोगों का नाचना-गाना अपनी पराकाष्ठा पर था, जब एकाएक मीरा की माँ की मौत से सभी कुछ सन्नाटे में परिवर्तित हो गया था।

मैदान के उस दूसरे छोर पर दो बकरियाँ चर रही थीं। बस्ती के पहले घर की ओरियानी में एक कुत्ता लेटा हुआ था। वह आदमी अपने दोनों साथियों के साथ वहाँ पहुँचा जहाँ बस्ती के सभी लोग इकट्ठे थे। उसे पास आते देख कोई अपनी जगह से नहीं हिला। पहली बार जब वह आया था तो लोगों ने झुक-झुककर सलाम किया था। बहुत अधिक ख़ातिरदारी हुई थी उसकी। वह जाने लगा था तो लोगों ने उसकी बग्घी को चीज़ों से भर दिया था। मीरा अपनी जगह पर खड़ी सोचती रह गई—इस बार इस आदमी के जाने के बाद बस्ती पर क्या गुजरेगा? पिछली बार इसके आने से पहले और आने पर उम्मीदें आई थीं। उसके जाते ही मृत्यु आई थी, गिरफ़्तारी आई थी। निराशा का सूखा पड़ गया था। इस बार क्या होगा? मीरा चिन्तित हो गई थी। उसे सबसे अधिक चिन्ता मदन के लिए थी। वह दौड़ गई जीनत ख़ाला के पास।

जीनत चक्की में मकई पीस रही थी। सपुरा फ़रीद की धोती में पेबन्द लगा रही थी। दोनों के सामने होते ही मीरा बोल पड़ी, “ख़ाला, वह आदमी फिर आ गया!”

चक्की रोककर जीनत ने मीरा की ओर देखा। मीरा ने अपनी बात दोहराई।

जीनत ने पूछा, “कौन आदमी?”

“वही जो मेरी माँ के मरने से पहले आया था। तुम कहती थीं न कि वह मज़दूरों का रक्षक नहीं कोई मनहूस है!”

सपुरा भी मीरा की ओर देखने लगी। ये बातें उसके यहाँ पहुँचने से पहले की थीं।

“ख़ाला, मुझे डर लगने लगा है।”

“किस बात का डर है?”

“इस बार इसके जाने पर क्या होगा?”

“वह तो इसके आने से पहले ही हो गया। किसन भैया की मौत से बड़ा अनर्थ अब और होगा ही क्या?”

“मैं मदन के बारे में सोच रही हूँ।”

“उसके बारे में क्या सोचना है?”

“कहीं मिठवा भैया की तरह इसकी भी फिर गिरफ़्तारी न हो जाए।”

“काहे को होने लगी?” जीनत ने जिस ढंग से प्रश्न किया, उससे मीरा को जैसे यह कह दिया गया कि ऐसा कभी हो ही नहीं सकता।

मीरा उसकी बग़ल में बैठकर उसके साथ जाँता चलाने लगी।

मदन की गिरफ़्तारी के समय वह ग्यारह साल की थी, जिस उम्र में उसकी माँ का ब्याह हुआ था। बस्ती की बहुत-सारी लड़कियों का ब्याह ग्यारह-बारह की उम्र में हो जाता था। दूसरी बस्तियों से जो लड़कियाँ दुल्हन के रूप में यहाँ आतीं, वे भी इसी उम्र की हुआ करती थीं। मीरा के ब्याह के लिए कई बार बैठका में भी चर्चा हुई थी। जीनत की ओर से वह दाऊद मियाँ होता था जो यह कह उठता, “मीरा बिना माँ-बाप की है, पर वह भागी नहीं जा रही। अगर वह खुद शादी के लिए तैयार नहीं तो उसे मजबूर क्यों किया जाए?”

आज वह बस्ती में अठारह साल की अकेली कुँवारी लड़की थी, इस बात से कुछ लोगों को चिढ़ थी। कुछ लोग रियायत करके उसे बस्ती का बोझ नहीं मानते थे। बाद में जब कुछ लोगों ने यह कहकर कि बात की हद हो गई, मीरा के हाथ हर हालत में पीले कर ही देना चाहिए तो किसनसिंह के साथ-साथ पुजारीजी ने भी यही कहा था, “वह किसन की मीरा है, रहने दिया जाए।”

चक्की चलाती हुई मीरा ने पूछा, “ख़ाला, तुम्हें यक़ीन है न कि मदन को फिर से...।”

“अरी पगली, कह दिया न कि उसे कोई नहीं पकड़ सकता। और फिर मदन बस्ती में थोड़े ही है, वह तो ऊपर किसन भैया की झोंपड़ी में है। वहाँ ये लोग थोड़े ही पहुँचेंगे?”

एक लम्बी साँस के साथ मीरा जँतसार गाती हुई जाँता चलाती रही—

लोरवा से भिगी गयले गोरी के चुनरिया
बढ़ी गइली ठंडवा सरदी के रतिया
गरमी के ख़ातिर चलाके रात भर जँतवा
गोरी पिसत रहइले सैयाँ ख़ातिर सतवा
लोरवा से भिगी गयले गोरी के चुनरिया
बढ़ी गइली ठंडवा सरदी के रतिया
सौतन के देसवा के जादू-टोनवा में फँसीके
सैयाँ भूली गयले गोरी के यदवा—
गोरी के यदवा!

आँगन में सूखने के लिए रखे हुए धान पर गौरैयों की आहट पाकर जीनत ने सपुरा से कहा, "सपुरा, गौरैयों को खदेड़ आ।"

अपनी सास के कहने से पहले ही सपुरा अपने हाथ की धोती को खाट पर रखकर उठ गई थी। उसके बाहर निकलते ही जीनत ने चक्की रोक ली।

"मीरा, तुम एकदम वही कर रही हो जो...।"

"क्या बात है ख़ाला, तुम चुप क्यों हो गईं?"

"तुम एकदम वही कर रही हो जो मैंने कभी किया था।"

"क्या किया था तुमने?"

"तुम्हारे खालू के बिना जाने उसे प्यार करती रह गई थी। अगर चाचा रघुसिंह नहीं होते तो हमारा निकाह ही कभी न हो पाता। लगता है, तुम्हारे और मदन के बीच रघु चाचा की तरह मुझे ही आना पड़ेगा।"

मीरा अकेली जाँता चलाने लगी। जीनत हँसकर बोली, "ख़ाली चक्की चला रही हो?"

मीरा ने जल्दी से सामने की डलिया से मक्की के दाने निकालकर चक्की में डाले और उसे घुमाने लगी। जीनत चुप नहीं रही, "अरी पगली, इससे पहले कि मैं तुम दोनों के बीच आऊँ, तुम पहले यह पता तो लगा लो कि मदनवा तुम्हें ब्याहने को तैयार होगा या नहीं।"

मारकीन के कपड़े पर से मक्की के आटे को बटोरकर खोल में रखती हुई जीनत हँस पड़ी।

"मैं भी उल्टी बात करने लगी। यह पता तो मुझे ही लगाना होगा कि मदन तुम्हें चाहता है या नहीं।"

"ख़ाला, एक बात पूछूँ?"

"मदन के बारे में?"

"सपुरा को तुमने फ़रीद भैया के लिए पसन्द किया था या खुद भैया ने...?"

"तुम्हारे फ़रीद भैया में इतना दम कहाँ कि वह किसी लड़की को पसन्द कर

सके और फिर सपुरा को तो उसने निकाह के वक़्त ही देखा था।"

"तो इसका मतलब है कि तुम्हीं ने उसे पसन्द किया था।"

"और कौन करता?"

"सपुरा तो इस बस्ती की नहीं थी।"

"मेरी बुआ सपुरा की बस्ती की थी...पर तुम ये सारी बातें क्यों खोद रही हो?"

"फ़रीद भैया और सपुरा की जोड़ी बहुत अच्छी निकली।"

"तू सीधी बात क्यों नहीं पूछ लेती?"

चक्की पर हाथ बदलते हुए मीरा ने पूछा, "कौन-सी सीधी बात?"

"यही कि तुम्हारी और मदनवा की जोड़ी कैसी रहेगी।"

चक्की की चाल को धीमा करके दाने डालने के बाद मीरा बोली, "मैं तो ब्याह करूँगी ही नहीं, तो फिर जोड़ी कैसी?"

"तू अपनी हरिन की आँखों को नीचे झुकाकर क्यों बात कर रही है? ऊपर करके बात कर, फिर देखूँ। मैं भी तुम्हारी ही तरह छिनरझप किया करती थी।"

सपुरा के लौट आने पर दोनों ने फिर उस विषय पर बात नहीं की।

घर लौटकर मीरा ने अपनी मौसी को उसी हमेशावाली मुद्रा में पाया। वह उसके पास पहुँची। अपने दोनों हाथों से उसके सिर को थामकर अपना सिर उससे दे मारा। उसी हमेशावाले स्वर में मौसी बरस पड़ी, "फोड़ दे हमार मथवा फिर त तोर भलभली हो जाए।"

"मौसी, तुम्हारे माथे से तो मुड़िया पहाड़ का माथा फूट सकता है। तुम्हारे माथे को कौन फोड़े?"

"तू रहले कहाँ अब तक?"

"घूम रही थी।"

"तोर लछन पर कुत्ता मूते। छोकरी होके घरघूमनी बनल रहेले। तोर उमीर में हम पाँच लैका के माँ रहलीं।"

मीरा गम्भीर हो गई, क्योंकि यही वह वाक्य होता था, जिसे अनायास ही कह चुकने के बाद उसकी मौसी उदास हो जाती थी। सचमुच कभी वह पाँच बच्चों की माँ थी। यह उस प्रकोप से पहले की बात थी। उसी तूफ़ान का शिकार मीरा का मौसा भी हुआ था।

पूरी झोंपड़ी ही दब गई थी बरगद के पेड़ के नीचे।

मदन ने किसी तरह अपने मस्तिष्क के तनाव को कुछ कम किया। किसनसिंह की हस्तलिखित उस पुस्तक को अपने साथ लिए वह नदी की ओर बढ़ गया। जंगली

बादाम के पेड़ के नीचे बैठकर उसने पुस्तक खोली—वह सोमा-सन्तू की कहानी थी संवादों में। मोटी थी वह पुस्तक, फिर भी मदन ने उसे पूरा पढ़ने को सोचा। लिखावट स्पष्ट थी। उसे पढ़ना शुरू किया :

सोचता हूँ कल से अपन को नौकरी पर जाना ही पड़ेगा सन्तू की माँ!

कैसे जा सकोगे? अभी तो तुम्हारा गोर अच्छा भी नहीं हुआ।

लछिया, तू ही गावत है, तू ही बजावत है।

मैं तुम्हरे को काम पर जाने को थोड़े ही बोलत बानी?

पर यह तो कह रही थी ना कि सन्तू जो कुछ लाता है वह बस नहीं हो पाता है।

झूठ थोड़े ही बोलत बानी?

मैं जानत हूँ लछिया। एही कारन त कल से नौकरी पर जाने की सोच रहा हूँ। यहाँ बैठल रहल से त चावल-दाल सरदार के हके लगत रही। भगवान को भी कबो न जाने का सूझेला? अपन को उहे बखत लँगड़ा बना गया जब घर में एगो पेट और बढ़ गया है। हम लोगन तो पेट दबाके सो सकते हैं, पर दिन-भर मज़दूरी करनेवाला सन्तू और घर में नया-नया आवल बहू के कब तक भूखे रखल सकी?

भगवान है। तुम काहे फिकर करत बानी?

बस, तुम्हारे को तो एक ही मन्तर आता है।

तुमसे अपने को सँभाला नहीं जाता और काम पर पहुँचने की कहते हो?

रात को फिर से कच्ची हरदी बाँध दोगी तो फ़जीर तक अच्छा हो जाएगा।

लेने के देने न पड़ जाएँ! इस बार कोई दूसरा पत्थर लुढ़क आइल त बस ज़िन्दगी-भर गोर पकड़के रह जाना पड़ेगा।

सोमा! सन्तू के ख़ातिर तुमने लीटी तो सेंक दी न?

सेंक दी है माँ!

तो फिर आकर यहाँ तनी बैठ तो सही।

रसोईघर में अभी कुछ और काम बाक़ी है।

काम के ख़ातिर त इस घर में तुम्हारी ज़िन्दगी पड़ी है...आ बैठ, हम तुमसे दो-चार बातें कर लें।

इधर कई बरस बाद हम लोगन ने किसी का ब्याह देखा।

मैं समझी नहीं।

हाँ बेटी...जब से इस धरती पर हमरे पाँव पड़े हैं, हमने पहला ब्याह देखा यहाँ!

यह कैसे हो सकता है? हमसे पहले भी तो इन सारे लोगों के ब्याह हुए होंगे?

यहाँ कौन किसको ब्याह करने देता? हम लोगन की गिनती आदमी में थोड़े ही होवत रहल!

वह तो अब भी नहीं होवत है सन्तू की माँ।
हाँ, पर हालतवा तो कुछ-कुछ सुधरल है। सोमा बेटी, तुम्हारे को यह नाहीं मालूम कि जब हम लोग जहाज़ से उतरे थे तो घूँघट के साथ। हमारे बीच के मर्दन से कहा गया था कि जिसे चाहें वे लोगन अपनी घरवाली बना लें। घूँघट हटाके पसन्द करे के हुकुम कोई के ना मिलत ई ख़ातिर गोर कि पातली देख-देखके जेकर मन में जे आल ओके पसन्द कर लिया गया। इसने तो मेरे पाँव भी नहीं देखे थे। बस हम एकर सामने थी। गोरे की डाँट से डरके इसने मेरी ओर संकेत कर दिया था।
सभी ब्याह इसी तरह हुए थे?
तुम एके ब्याह कहत बानी?...
लछिया! छोड़ो उन पुरानी बातों को।
सोमा बिटिया, तुम और सन्तू बड़े भागवाली हो। धूम-धाम, गाना-बजाना, खाना-पीना, लोग-बाग के ना होल ता ना होल, कोई बात नहीं, पर सन्तू तुम्हारी माँग में सींदुर तो भर पाया। इस मारीच देसवा की तुम पहली-पहली दुलहनिया हो।
सन्तू की माँ, अपनी इस धोती का पेवनवा देख, फिर फट गया।
अभी त उसी दिन इसे सीले रहली।
इसमें हमर का दोष?
ना-ना, दोष त हमार होना चाहिए।
सन्तू की माँ, वह ना तुम्हार है न हमार, जंगल की झाड़ियों का है। पर इधर तो कई दिन से घर से बाहर हुआ ही नहीं...सोचत बानी तुम्हारा तागा ही अच्छा ना होगा।
बहू! देख छोटे सन्दूक के ऊपर डिबिया में सूई-तागा होई, तनी लेते आना त। इस धोती को छोड़त भी नाहीं बनत। बीस बरस से हर घाम-पानी में साथ देती आई है। भारत से मारीच तक। वे सभी दिन युग-से लम्बे हो-हो के बीतते रहे हैं। कई बार तुमने इसे सिया है–चिथरी-चिथरी होने से बचाया है। पर अब त लगत बा कि एकर दिन पूरे हुए। हये धोती में हम जहाज़ पर चढ़ा था। हमारा माँ बिदाई के बखत कहले रहलीं–लखन...रामायण में राम के बनवास होइल रहल...हमार राम त जी भरके दूध भी ना पी सकल रहल। महामारी में लोप हो गइल।...लखन के अकेला बनवास हो रहल बा...कालीमाई तुम्हारी रच्छा करी बेटा। मारीच में धन कमाके हम लोगन के बिसार न जाना। उस बखत का एक यही हाथ का कड़ा निशानी रह गइल है। माँ बोली थी–हय कड़ा तुम्हारे हाथ को धन कमाने की शक्ति देवेगा। यहाँ त पत्थर उलाट-उलाटकर सोना के बदले हम सबन को लोर-ही-लोर मिलते आया। यह कितनी बड़ी कमाई रही!

जब सुनो तब तुम एही पुरान बातों को दोहरावत रहत हो।
इस नरक में आगे की कोई गुंजाइश भी तो नाहीं।
तुम लोगन से क्या सोचा जाएगा...सोचनेवाले तो सोच ही रहे हैं।
लाख सोचके भी करम के लिखल कोई ना मिटा सकी।
हाँ, तो फिर हाथ-गोर बाँध के चुपचाप बैठे रहो। अपने बाल-बच्चों के लिए भी बैठल-बैठल गुलामी के फन्दे तैयार करते रहो।
तू सभी बातों के लिए अपन ही हो काहे कोसत रहती हो? जब कोई कुछ नहीं कर रहा तो मैं क्या कर पाऊँगा?
के कहत बा कोई कुछ न कर रहा है! क्यों सोमा, तू ही बता बहू, आजकल तुम्हारा भाई क्या-क्या कर रहा है?
अरी हम सभी जानत बानी...पर ई सबसे कुछ भी टस-से-मस नाहीं होई। गोरे लोगन के डरावल न जा सकी।...सोमा का भाई जो आज कर रहा है, उसे हमने बहुत पहले करना चाहा था पर गोरे लोगन के चाबुक के सामने कुछ ना होय सकी।
चाहे सभी मज़दूर एक होके सामने खड़ा हो जाई तब भी नहीं?
तू भी उलटी बात करत बानी। भला मज़दूर जाति कभी एक होके खड़ा हो सकी?
भैया तो यही करने में लगा हुआ है बापू! वह सभी भारतीय मज़दूरों को संगठित करके ही अधिकार के लिए लड़ाई शुरू करेगा। ब्याह से दो दिन पहले ही तो पाँच सौ मज़दूरों के साथ कोठी के मालिक के पास पहुँचा था। उसने सभी गोरों से कह दिया है कि अगर मज़दूरों की माँग पर गौर नहीं किया गया तो वे सभी हड़ताल कर जाएँगे।
इससे गोरवन के का नुकसान होई? हड़ताल करके हम ही लोगन के मरे के पड़ी।
ठीक बा। इस देश में मरके ही जियल जा सकी। तोर भाई जैसे और भी जवानन के चाहेला सामने आई के, तभी तो कुछ हो सकता है।

सुनीके नाम हम मारीच के दीपवा हो...
पहुँचे अरी हम पाने को सोनवा...पाने को...
बदले में मिलेला भाई बाँसों की मार हो...
छिलछिल गयली सब मज़दूरन की पीठवा...मज़दूरन...
कोल्हू के बैल बने इखवन पीसन को...
छोड़ा था देस अपन कुली बनन को...कुली...

बन्द भी तो करो इस गाने को!
क्यों लछी...ई गाना तुम्हरे को चुभत है ना? तभी तो इसे बाहर फेंकता रहता

हूँ। मेरी माँ ठीक बोलती थी कि मारीच की माया का कोई भरोसा नहीं, कौन जाने कब छर जाए!

अहो ये भी सुन लो, हमारी माँ बोलती थी—अब पछताते का होत जब चिरैया चुग गई खेत।

देखती हो हमरी पहचान? हमरे गले का यह टीन का टुकड़ा? भारत में हम लखने ठाकुर बानी, मारीच में पैंतालीस नम्बर से जाना जाता हूँ। यह सब दो जून रोटी के ख़ातिर। भगवान राम के बान के बदला मारीच हम सबन से ले रहा है। बहू, कल के ख़ातिर पकाने को चावर बा कि नाहीं?

कल के लिए हो जाएगा। डिबिया-भर है।

कल के गुजारा त हो जाई, परसों के लिए क्या किया जाए? सन्तू का तलब त चार दिन से आगे होने को नाहीं, तब तक कोंची खाएँगे?

देखत बानी लछी। हमरे दो दिन के रोग के कारन चार दिन के तलब काट लिए गए। न पैसा मिलत, न अनाज़। ऊपर से ब्याह पर करज।

करज का फिकर तुम्हरे को काहे? सन्तू को तुम लूल्हा समझत हो?

जब तक जीवित बानी यह कर्जा मेरा रहेगा, सन्तू का नाहीं। बहुरिया! हमरे लिए थोड़ा-सा पानी ला देना।

मट्ठा ला दूँ बापू?

झुनिया दे गई है।

तो फिर मट्ठा ही ला देना बहू।

अहो! हरखू सरदार तो कहत रहली कि नया लाट साहब आने को है। उसके आते ही हम कुलियन की दशा सुधर जाएगी।

हरखू और ओकर बात? इहे वो हरखू बाटे जो भारत में काग़ज़ पर सही कराते हुए बोला था कि वो हम सबन को स्वरग में ले जाने ख़ातिर आया था। ओकर ठाठ से बोली, वो बातें इतने बरस बाद आज भी अपने कान में गूँजत रहत है। बोलत रहल—हियाँ बिहार में एक दाना चावर के पीछे दस-दस आदमी जूझल बा, जबकि वहाँ मारीच में अनाज़, पैसा और सोना आदमी के लिए तड़पत बा। हमर बात मानो, वहाँ हर चट्टान के नीचे ख़ज़ाना, हर पत्थर के नीचे सोना ही सोना है। एक रात में हमनी के धनी बना देवे के वो दोनों हाथ ऊपर करके किरिया खयले रहल लछी!

हम कहत बानी बस भी करो बीती बात को।

तुम ठीक कहती हो।

थोड़ा-सा बाक़ी है। आपके लिए ला दूँ माँ?

ना बेटी। सन्तू के ख़ातिर छोड़ दे। काम पर से हकासल-पियासल लौटी। फजीरे

बासी बैंगन से मकई की बासी लीटी खाके गया है।
बोल लछी, क्या सुनेगी?
यह भी कोई सुने-सुनाई का बखत है? हमरे को कुछ भी सुनना नाहीं। अपना तो फिर से माथा पका जा रहा है।
अरी पगली, रामायण तो एसन ही बख़त ख़ातिर है। यह संकटमोचन है। इस नरक में यही पोथी तो हम सबन को जीए की चाह देगी।
ठीक बा पर इस समय हमरे को कुछ भी सुनना-उनना नाहीं।
अरी सुनना ना सही, सुना तो सकती हो?
कह देली ना कि इस समय मेरा मन दुखी है।
यहाँ आओ तो बहू!
बहू को और भी कई काम करने को हैं।
ऊ सब होते रही बेटी! सन्तू कहत रहल कि तुम्हें रामायण बहुत अच्छी आती है। तुमने अब तक सुनाया नहीं।
थोड़ी-बहुत आती है।
तो फिर सुनाती क्यों नाहीं?
रात को सुनाऊँगी।
अच्छा तो रामायण रात को सुनाना, अभी थोड़ा-सा आल्हा तो सुना सकती हो।
ऐसा मार करी महलन में नाहर तेरो बुरो होई जाए।
नाहक छेड़ा इन वैरिन को रड़िया करा बुखार गाँव।
मानुष होते तिनसे लड़ते देवता किनपै मार जाएँ।
थोरी उमरियन के लड़िका है और मसभीजे रेख उठान।
बहुतक क्षत्रीय ढेर कर दिए इनके अंग न आई घाव।...
सचहूँ तू तो बहुत ही अच्छा गावत है सोमा! सुनके ख़ून चले लगल।
तुम लोगन का यह ख़ून बस घरवे तक चलता है। बाहर तो वह घोंघा का पानी हो जाता है।
बकती खुद रहत हो और हमें कहती हो कि हम बिन बात की बात करत हैं। अपने इस घायल पाँव के साथ कल तुम्हें खेतों में पहुँचना है, नहीं तो और भी चार दिन की मजूरी काट ली जाएगी...ये सब बिन बात की बात बानी।
तू रोज़ मेरे को ताने देती रहत हो।
ये तुम्हरे अकेले की बात थोड़े ही है। यह सिमटी हुई बेबसी की ज़िन्दगी हर मज़दूर जी रहा है। आल्हा गानेवाले इस तरह बेचारगी का जीवन कब तलक जिएँगे? अपन संगे-संगे अपन औलादों को भी एही तरह की ज़िन्दगी जिलाते आ रहे हो...अब उनके बच्चों के लिए भी वही होगी?

का करेके बोलत बानी?
आख़िर तुम लोगन भी मालगासी गुलामों-जैसे बैल की तरह कड़े काम को करने से इनकार क्यों नहीं कर जाते?
अरी लछी, हम बिहारी लोग काम से डरत नाहीं। काम ही में तो राम होवत है। तुम भी तो इहे कहत रहती हो कि काम भला चाम नाहीं...
एतना काम? ये तो बैल भी ना कर सकेला।
हम लोग कर लेते हैं।
करके पाते क्या हो? गारी सुनते हो, लात खाते हो।
अनाज़ कम मिलने पर पेटवा भरने के लिए और भी तो कोई चीज़ चाहिए लछी?
ठीक है, तुम मरदों के पास अभी और बहुत-कुछ सहे की शक्ति बा, हम औरतन से अब जादा नहीं सहा जाता। मुट्ठी-भर चावर के ख़ातिर दिन-भर ख़ून-पसीना एक करके भी का मिलत है...फजीहत...कल धनवा को बाँसों की इतनी मार पड़ी है कि अब भी ख़ून बह रहल बा। रुकमीन के दोनों लड़कन से दिन-रात लगातार कोल्हू चलवाके भी ओकर देवर को रिहाई नहीं मिली।
समय से आगे तो कुछ भी नहीं होवत है लछी...बखतवा आने पर सभी ठीक हो जाई। सोना की खोज में हम सबन के साथ पत्थर के नीचे आ गइल बा। हड़बड़ाइल से हाथ के और भी छिला जाए का डर है।
इस तरह से घुट-घुटके अत्याचार सहल से त बेहतर यह है कि एक बार डट के ओकर मुकाबला कर लिया जाए। इस मुरदे जैसन जीवन को कब तक जियल जाए?
सबूरी के फल मिठा होवेला लछी!
ऊ कभी सड़ भी जाला।
तुम औरतों की खोपड़ी में यह बात जितनी आसान है, हम मरदन के सामने वह उतना ही कठिन है। बोले और करे में फरक होवेला। मुँह में ताला और पाँव में ज़ंजीर लेके हम लोगन के कुदाली चलावे के पड़ेला। जहाँ कमर सीधा करेके मौका नाहीं मिलता वहाँ तू किस मुकाबले की बात करत है? उस धधकत घाम में जब हम लोग अपने माथे का पसीना नहीं पोंछ सकते तो फिर सवाल कौन करे, जवाब कौन दे?
हम औरत के पास इतना साहस है कि हम सब कोठी को घेर के चिल्ला-चिल्ला के पूछें कि आख़िर कब तक? कब तक खेतवन में गाड़ी के गाड़ी बाँस गिरत रही और मज़दूरन की पीठ पर टूटत रही? कब तक गन्ने से भरल गाड़ी बैल के बदले आदमी से खिंचवाई जाए?...हे सूरजनरायन, कब गजब गिरावोगे इन जुलुम ढाहनेवालों पे?

दूसर की बुराई के बदले अपन भलाई की माँग करती तो जास्ती अच्छा होता। और फिर सन्तू तो कहत है कि हम लोगन का भगवान तो भारत ही में छूट गया है। यहाँ नाहक उसकी दुहाई देने से क्या लाभ? लछी! हय सब पिछले जनम-करम के फल हैं।

ठीक बा! तो फिर आँख-मुँह बन्द करके चुपचाप सबकुछ सहत रह।

अभी सहे के कुछ शक्ती बाक़ी बा।

ख़ून पानी बन गया है तो बस सहते रहो। कहत है बन्धल परजा ना बसत है पर हम लोगन त बसते आ रहे हैं।

सहना भी तो कुछ करना ही होवत है। आदमी पहले अपने-आपसे जूझे, फिर दूसर से जूझने की हिम्मत करे।

पीछे से आवाज़ सुनकर मदन ने पुस्तक से आँखें हटाकर उधर देखा। देवराज था वह।

"मदन भैया, बस्ती में एक आदमी आया है।"

11

वह आदमी मज़दूरों के आगे जा खड़ा हुआ। लोग हिले नहीं, डुले नहीं। उस आदमी ने सरदारी नज़र से मज़दूरों की ओर देखा। डेढ़ सौ मज़दूरों का जमघट था उसके सामने, सभी पालथी मारे बैठे हुए थे। उसके पहुँचते ही रामायण का पाठ बन्द हो गया था। उस आदमी ने अपने साथ के दोनों आदमियों के बीच खड़े होकर एक के हाथ से कोई काग़ज़ लिया। उसे ऊपर उठाते हुए उसने पूछा, "तुम्हारा नेता कौन है?"

बैठे-ही-बैठे धनलाल ने कहा, "सभी नेता हैं।"

"मुझे एक विशेष आदमी से बात करनी है।"

"यहाँ सभी विशेष हैं।"

"मैं मज़दूरों का रक्षक हूँ।"

"हम जानते हैं।"

"मैं सरकार की ओर से आया हूँ।"

"पिछली बार भी आप सरकार की ओर से आए थे।"

"यह काग़ज़ देख रहे हो तुम लोग! कोठी के मालिक ने अपनी ज़मीन वापस चाही है।"

"आप मालिक की ओर से आए हैं या..."

"यह चिट्टी अदालत की ओर से हम लोगों के पास पहुँची है।"

पीछे से किसी की अस्पष्ट आवाज़ आई, "हमारी अर्जी को आप लोगों के यहाँ पहुँचे तीन महीने हो गए, कोई हमें देखने नहीं आया। मालिक की चिट्ठी को बस तीन दिए हुए और आप आ पहुँचे।"

"हंगामे को रोकने के लिए आना पड़ा।"

"कैसा हंगामा?"

अपनी जगह पर खड़े होकर फ़रीद ने कहा, "तुम हमारे आदमी नहीं हो!"

"भटियारा है!"

"दलाल है!"

कई लोग एकसाथ खड़े हो गए।

धनलाल ने कहा, "आप यहाँ से चले जाइए, हम आपका कुछ भी सुनना नहीं चाहते।"

अपने स्वर में कोमलता लाने का प्रयास करते हुए मज़दूरों के उस रक्षक ने कहना शुरू किया, "मैं आप लोगों के हित के लिए यहाँ आया हूँ। आप लोग मुझे ग़लत समझ रहे हैं। वे लोग ताक़तवर हैं, उनके साथ इस तरह की लड़ाई नहीं चल सकती। बाक़ी सभी कोठियों में काम शुरू हो गया है। आप लोगों के लिए भी कोई दूसरा चारा नहीं। पानी में रहकर आदमी मगरमच्छ से बैर नहीं कर सकते।"

फ़रीद आगे आ गया, "चाहे हमारा सर मगरमच्छ के मुँह में आ जाए हमें हिलने-डुलने की भी इजाज़त नहीं मिल सकती। यही न?"

अपने हाथ की चिट्ठी को अपने बाएँ खड़े आदमी को लौटाते हुए मज़दूरों के उस रक्षक ने कहा, "हालात को और भी नाज़ुक मत बनाओ। क़ानून से यह खेत कोठी के मालिक का होता है। इसे लौटा देने में ही तुम सभी का कल्याण है।"

एक ही साथ कई स्वर आए :

"हम खेत नहीं लौटाएँगे!"

"जो ज़मीन इतने वर्षों से हमारी रही है वह एक जाली काग़ज़ के टुकड़े से किसी और की नहीं हो सकती!"

"यह जब जंगल था तो किसी का नहीं था, आज कैसे किसी का हो गया?"

"हमारी फ़सल हमारी है। हम किसी को नहीं देंगे!"

ये आवाज़ें फ्रेंच से लेकर क्रिओली-हिन्दी-भोजपुरी तक थीं। एक-एक करके सभी लोग अपनी जगह पर खड़े हो गए थे।

उस आदमी ने धीरे से सवाल किया, "इस तरह हाथ बाँधे तुम लोग कब तक रहोगे?"

फ़रीद ने उत्तर दिया, "यह सवाल हमारे हमदर्द का होता तो जवाब ज़रूर मिलता।"

"मैं तुम लोगों का हमदर्द हूँ।"

"नहीं हो।"

"एक हफ्ते बाद तुम लोग चावल-आटे के मोहताज हो जाओगे।"

"हम अभी भी मोहताज हैं।"

उस आदमी को आश्चर्य हुआ। पहली बार वह किसी बस्ती के मज़दूरों को इस ढिठाई के साथ बातें करते पा रहा था।

"तुम लोग मेरी बात नहीं मानोगे तो पछताना पड़ेगा।"

"हम तो मानकर पछता रहे हैं।"

"मैं तुम्हारे नेता से बातें करना चाहता हूँ।"

"हमारा कोई नेता नहीं।"

"कोई मुखिया।"

"कोई मुखिया नहीं।"

उसने सबसे अधिक बोलनेवाले धनलाल से पूछा, "मैं तुम्हारा नाम जानना चाहता हूँ।"

"क्या करना है तुम्हें मेरे नाम से?" धनलाल भी तुम पर उतर आया था।

"मैं तुमसे अलग बातें करना चाहता हूँ।"

"तुम्हें मुझसे जो भी बातें करनी हैं यहीं करोगे।"

इस आदमी को धनलाल कई अवसरों पर मालिक की कोठी पर पा चुका था। उसके साथ-साथ पूरी बस्ती जानती थी कि यह आदमी ख़रीदा जा चुका था। मज़दूरों की स्थिति में सुधार लाने के बदले वह मालिकों के साथ मिलकर अपनी निजी स्थिति बनाने में लगा हुआ था। इस बार लोगों को उसकी एक भी बात पर एतबार नहीं था। लोगों में अभी बातें हो ही रही थीं कि दूर से मदन आता दिखाई पड़ा। सभी की नज़रें उधर चली गईं। धूपीली दोपहर के पसीने की बूँदों को अपने माथे पर लिए मदन सामने आ गया। कुछ देर चुपचाप लोगों की बातें सुनते रहने के बाद उसने अपने सामने के तीनों अजनबियों की ओर देखते हुए पूछा, "कौन हैं ये लोग?"

इससे पहले कि लोग बताते, वह आदमी खुद कह उठा, "मैं मज़दूरों का रक्षक हूँ। मैं मज़दूरों के हित के लिए सरकार की ओर से नियुक्त अफसर हूँ।"

"सरकार की ओर से नियुक्त मज़दूरों का यह रक्षक मालिकों का दलाल है। यह हमारे हक में खेत लौटाने की सलाह दे रहा है।" फ़रीद बोला।

कुछ क्षणों तक चुप खड़े रहने के बाद मदन आगे बढ़ा। उस आदमी के एकदम क़रीब पहुँचकर उसने कहा, "आप बड़े मौके से आए हैं।"

इतना कहकर वह पीछे को मुड़ा। लोगों के बीच से होकर सीधे खेत की घिरावट के पास पहुँचा। काँटेदार तार को टिकाए रखनेवाली खूँटी को दो बार झकझोर और तीसरी बार में उसे उखाड़कर ज़मीन पर फेंक दिया। देखते-ही-देखते कई लोग

एकसाथ बाक़ी खूँटियों पर टूट पड़े और कुछ ही देर में घिरावट टूट गई। लोगों के खेत मुक्त थे। सभी लोग अपने-अपने खेतों को दौड़ गए।

मदन लौटकर उसी आदमी के पास आया। बाँह से माथे को पोंछते हुए बोला, "आपको जो उत्तर मिलना चाहिए था, वह मिल चुका। अब आप जा सकते हैं। बयान में यह बताना मत भूलिएगा कि पहली खूँटी मैंने उखाड़ी थी।"

"तुम लोगों ने अपने पाँव पर कुल्हाड़ी मार ली। तुम लोगों ने अंजाम का ख़याल तक नहीं किया।"

"अंजाम जो भी हो।"

वह आदमी अपनी बग्घी की ओर लौट पड़ा। इस बार ख़ाली हाथ।

मुर्च्छित पड़े खेत झूमने लगे।

मदन उस ठौर पर पहुँचकर खड़ा हो गया जहाँ उसके बाप की मृत्यु हुई थी। वहाँ की मिट्टी अभी भी उसके ख़ून के लाल रंग को सँजोए हुए थी। वहाँ कुछ देर तक खड़े रहकर मदन बरगद के पेड़ की ओर बढ़ गया।

उसने जो किया था वह संवेदना और आक्रोश का फल नहीं था। तीन दिन से सारी स्थिति पर सोचते रहने के बाद ही वह उस निर्णय पर पहुँचा था। अब भी बरगद के पेड़ के पास खड़ा वह अपने-आपसे बातें कर रहा था–

...गिरमिटिया अब कोई नहीं रहा...तो फिर क्या वजह है कि हम जीवनभर उसी तरह बन्धेज में रहें। और अगर हम दास नहीं रहे तो क्या कारण है कि हमें मालिक-विशेष की कोठी में काम करने को मज़बूर किया जाए? हमारा जन्म इसी मिट्टी पर हुआ है, इसके चप्पे-चप्पे पर हमारा अधिकार होना चाहिए।

...ये जंगल-भरी वीरान मिट्टी! अगर यह सरकार की है तो फिर इसे हम जहाँ भी चाहें जंगल काटकर जोत तो सकते हैं, स्वतन्त्र रूप से खेती करके जीवन गुजार तो सकते हैं। बाद में यह हमारी हो या न हो इससे क्या लेना-देना? कौन लेकर आया है, कौन लेकर जाएगा?

वह अपने-आपसे बातें करता ही रह जाता अगर फ़रीद, विवेक और धनलाल उसके सामने आकर खड़े न हो जाते। बात धनलाल ने शुरू की।

"सुना है भारत से कोई बहुत बड़ा वकील आया है जो हम मज़दूरों के पक्ष में लड़ रहा है। हम लोग उससे मिलने की सोच रहे हैं।"

"किसलिए?" मदन ने छोटा-सा प्रश्न किया।

"अपनी समस्याओं को उसके सामने रखने के लिए।"

"इससे क्या होता है?"

तीनों एक-दूसरे के मुँह देखने लगे। तीनों का चुप पाकर मदन बोला, "ठीक है, तुम वकील से मिल आओ।"

"अगवानी तो तुम्हें करनी होगी।"

"कब चलना है?"

"कल।"

"कितने लोग होंगे?"

"दाऊद चाचा साथ होगा।"

"ठीक है।"

चारों व्यक्ति एकसाथ बस्ती की ओर चल पड़े। इस बार फ़रीद ने बात शुरू की, "एक और बात है मदन!"

बिना कुछ कहे उस बात को जानने के लिए मदन ने फ़रीद की ओर देखा।

"हम लोग नहीं चाहते हैं कि तुम ऊपर रहो। तुम्हें हमारे साथ, हमारे बीच रहना होगा।"

"और ऊपर का घर?"

"धनलाल अकेले रहता है। तुम्हें उसी के साथ रहना होगा।"

मदन ने आगे कुछ नहीं कहा।

शाम को जब वह ऊपर से सभी पुस्तकें लिए लौट रहा था, सीता उसे कुएँ के पास मिल गई। अगर सीता खुद नहीं टोकती तो मदन सिर झुकाए आगे निकल जाता। उसने उसे उसकी आवाज़ से पहचाना। सीता बदल गई थी। अपने भीतर की उस टीस को मदन ने दबा लिया।

"कैसी हो सीता?"

"मैं तो अच्छी हूँ, तुम कैसे हो?"

"अच्छा हूँ।"

उसके पास बातें नहीं थीं। कठिनाई से बात मिली, "दिन में विवेक मिला था। उससे पूछा था तुम्हारे बारे में।"

"किसन चाचा तुम्हें बहुत याद करते थे।"

यह कह चुकने के बाद सीता ने महसूस किया कि यह बात उसे नहीं छेड़नी चाहिए थी। मदन के होंठों के बीच जो फीकी मुस्कान थिरकी, वह उसकी अपनी नहीं थी। सीता को लगा, वह शाम की हवा से उधार ली हुई थी।

12

सूरज निकलने से पहले ही चार आदमी शहर को रवाना हो गए। विवेक उनके साथ नहीं था। उसने रात अपने घर बिताई ही नहीं थी। जब मदन ने सीता से उसके इस

तरह बस्ती से बाहर रहने की बात पर स्पष्टीकरण चाहा तो सीता ने सिर झुका लिया था। उसकी आँखों में आ गए आँसू को मदन नहीं देख पाया था। रास्ते में धनलाल ने मदन को सारी बातें बताईं।

चारों आदमियों के शहर चले जाने के बाद लोग खेतों में उसी पुरानी लगन के साथ जुट गए। गौतम राव का बेटा जामुन की डाली पर बैठा ज़ोर से गा-गाकर लोगों के हौसले को बढ़ा रहा था। धरती में अब भी रात की गन्ध थी। सूरज सहमा हुआ बादलों के पीछे था। खेत तर था पतली झालर में। आम के पेड़ पर के वे सारे पक्षी थककर चुप हो गए थे। दो-दो चार-चार के झुंड में वे डालियाँ छोड़ने लगे थे। सुबह की छिटकती ज्योति के साथ मज़दूरों के भीतर का भय काफूर होने लगा था। चौथा दिन था, सब्जियों की तोड़ाई नहीं हुई थी। बैंगन, टमाटर और मिर्च की डालियाँ बोझिल थीं। भिंडी मोटाने लग गई थी। मक्की की बालियों को मैनाओं ने नंगा करना शुरू कर दिया था। मूँगफली के पौधों की जड़ में तीतरों ने बिल बना दिए थे। खीरा और तरबूजों में नेवले ने कई छेद कर दिए थे। खेत की अस्त-व्यस्तता का उतना अधिक दुख किसी को नहीं था। सभी लोग मुद्दत बाद अपनों के बीच लौटे हुए लग रहे थे।

सूरज ठीक सिर के ऊपर पहुँच गया था, जब खेत का काम अपनी चरमसीमा पर था। सुगुन भगत की नज़र सबसे पहले कारख़ाने की ओर से आते हुए रास्ते पर पड़ी थी। उस उठती धूल में पहले तो कुछ भी स्पष्ट नहीं हुआ, पर दूरी कम होते ही लोगों ने देखा—बारह-पन्द्रह बन्दूकधारी रखवारों के आगे-पीछे सौ से अधिक सुअर बढ़े चले आ रहे थे। उनको घेरे हुए आठ-दस शिकारी कुत्ते थे। लोग कुछ समझ पाते कि इससे पहले रखवार बन्दूक ताने खेतों के चारों दिशाओं को पहुँच गए। कुत्तों की अगवानी में सभी सुअर धड़ाधड़ खेतों में प्रवेश कर गए। पौधों को रौंदते हुए सुअरों ने समूचे खेत को कुछ ही घड़ी में तहस-नहस कर दिया। कुत्तों और सुअरों को रोकने के प्रयास में सुगुन कुएँ में गिरते-गिरते बचा। हनीफ़ के गिर जाने पर कई सुअर उसके ऊपर दौड़ गए। भरतलाल और रामसेवक ने मुँडेर से गिरकर अपने-अपने पाँव तोड़ लिए। जिन्होंने जानवरों पर पत्थर चलाने की कोशिश की, उनकी गरदन पर बन्दूक की नली टिका दी गई।

रखवारों से हाथापाई करके बन्दूक छीनने की कोशिश में सुमंगल और धनपतवा रस्सी से जकड़े जा चुके थे। सुअरों के झुंड के लौट जाने पर खेत उजड़ा हुआ, लाश-सा प्रतीत हुआ। हरियाली मटियामेट हो गई थी। सुअर की गन्ध में मिट्टी की सोंधी गन्ध विलीन हो गई थी। सभी कुछ सपाट हो गया था। फ़सल चाट ली गई थी। महीनों का सारा परिश्रम देखते-ही-देखते मिट्टी में मिल गया था। सबसे अधिक घायल सोनालाल था। कुत्तों ने उसे नोंच डाला था। खेत की लाश पर सभी लोग लाश

बने-से खड़े रहे। बहुत देर के बाद लोगों को पता चला कि रखवार अपने साथ पाँच आदमियों को बाँध ले गए थे, जिनमें सुमंगल और सोनालाल के बेटे भी थे। किसी ने एक रखवार के मुँह से सुना था कि कारख़ाने में चार दिन से सूखे पड़े गन्नों को उन पाँच आदमियों से पेरवाकर ही रहा जाएगा। एक दूसरे ने कहा था कि अस्सी आदमियों का काम उन्हीं पाँचों को पूरा करना था। उस वीभत्स दृश्य की कल्पना मात्र से लोग दहल गए।

उस बलात्कार के बाद खेत का अकुलाता हुआ सन्नाटा! सन्नाटे का खौलता हुआ वह माहौल! माहौल की दबी हुई अनसुनी सिसकियाँ और बीच में बेबस खड़े निहत्थे, लाचार मज़दूर एक-दूसरे के सामने गुनाहगार की तरह खड़े रहे। वह भारी-भरकम सन्नाटा अकुलाकर फट गया। एक प्रलयंकर चीख़! और सुगुन भगत ने अपने में ऐंठकर अपने दाँतों को पीसते हुए दोनों आँखों को बाहर आ जाने दिया। एक और लम्बी चीख़ मिरगी के दौरे जैसी। वहम में आकर लोग उस तक पहुँचते कि इससे पहले वह शिथिल होकर चट्टान पर बैठ गया। इसी तरह का दौरा उसे उस दिन भी आया था—जब वह जवान था। तीन भाइयों के साथ उसने भारत छोड़ा था। अपनी माँ के सामने तीनों ने एकसाथ जीने-मरने की सौगन्ध खाई थी। जहाज़ से उतरते ही क़तार में से तीनों भाइयों को तीन अलग गोरों ने ख़रीद लिया था। सुगुन सबसे छोटा था। भाइयों से बिछुड़कर वह पछाड़ मारकर गिर पड़ा था। इसी तरह की मिरगी उस वक़्त भी आई थी। तीनों भाई एक-दूसरे से फिर कभी नहीं मिले।

हवा में भँवर काटता हुआ वह उसका अपना ही स्वर था जो परिक्रमा के बाद आज उसके अपने कानों में बजने लगा था। उसने दोनों हाथों से कान बन्द कर लिए। चिलम के पहले कश के बाद ही वह किसनसिंह से तर्क कर उठता था—'यह सामने का पहाड़ है न किसन! इससे लड़ने का मतलब जानते हो क्या होता है? इस लड़ाई की हार और जीत एक समान है। हार का मतलब तो माथा फूटना ही है, पर जीत का मतलब भी वही है। जीत तो तभी न होगी जब पहाड़ टूटेगा? और जानते हो, पहाड़ टूटेगा तो क्या होगा? वह सीधे हमारे ही सिर पर गिरेगा!'

वह गाँजे की खुमारी नहीं होती थी, पर उसे सुननेवाले ने उसके स्वर को कभी उसका स्वर नहीं माना। 'आवाज़ें थाती होती हैं। वे हवा में विलीन नहीं होतीं, उसमें समा जाती हैं। समाकर सुरक्षित रहती हैं और प्रतिध्वनित हो उठती हैं, अनचाहे अवसरों पर।' किसनसिंह की यह बात आज उसे सच प्रतीत हुई।

उसके अपने सामने था—उजड़ा हुआ खेत और उजड़े हुए लोग। उन्हीं में एक था वह। अपनी डबडबा आई आँखों को बहने से रोकने के लिए उसने अपने को वर्तमान से काटना चाहा। लँगोटी की टेंट तक हाथ पहुँचाया और लम्बी साँस लेकर रह गया। उस चीज़ को जब काम आना चाहिए तभी वह सामने नहीं होती। उसने

अपने चारों ओर देखा। विवेक भी सामने नहीं था। ख़ाली चिलम को उसने लँगोटी के छोर में फिर से बाँध लिया।

सूरज ठीक माथे पर था। उसकी बरछियों की तरह नुकीली सलाखें मज़दूरों के सीने और माथे को भेद रही थीं। पसीने की धाराएँ बह रही थीं। दम तोड़ते खेत को गंगाजल नसीब था।

चेतना पाने पर किसी ने प्रश्न किया—"का हालत होई हमारे पाँच भयवन के?"

पिछली बार जंज़ीर में बँधकर कारख़ाने को घसीटे गए उन आठ मज़दूरों के साथ जो कुछ हुआ था उसे सभी लोग जानते थे। सिर्फ़ वे ही नहीं जान सकते जो सात वर्ष के नहीं हुए होंगे। उन आठ आदमियों में सुगुन भगत भी तो एक था! अगर उसकी गरदन आज भी टेढ़ी और कन्धे से सटी हुई थी तो वह इसलिए कि बैलगाड़ी का पहिया उसके कन्धों पर चौबीस घंटे बँधा रह गया था। वह गिरमिटिया था। अनुबन्ध की अवधि समाप्त हो जाने पर जब उसने भारत लौटना चाहा था, तो उसके सारे काग़ज़ात फाड़ देने के बाद उससे कहा गया था कि वह जहाज़ जो उसे भारत लौटा ले जाता, हिन्द महासागर की अथाह गहराई में डूब गया था। कहा जाता है कि उस दिन पहली बार सुगुनवा ने गाँजे का दम मारा था। गाँजा पीकर लोग हँसते हैं, पर सुगुनवा बच्चों की तरह बिलखता रह गया था। आज उजड़े हुए खेत में उस घड़ी की पुनरावृत्ति हुई।

कुछ ही दूरी पर टीले के उस पार राफिया की गेहुँवीं दीवारवाले उस घर में विवेक हँस रहा था। आन्द्रेआ को उसकी वह हँसी बहुत अच्छी लगती थी। विवेक हँसता था तो गाँजे के दम के बाद ही।

शुरू में आन्द्रेआ को गाँजे की वह गन्ध तनिक भी अच्छी नहीं लगी थी। विवेक के सामने फ्रांस की अंगूरी शराब रखने के बाद उसने कई बार उससे कहा था कि नशे के लिए वह चीज़ गाँजे से बेहतर थी। उसकी उस बात को मानकर एक दिन विवेक ने चिलम नहीं जलाई थी। उसकी उस अंगूरी शराब के नशे से आन्द्रेआ घबरा गई थी। वह नशा भिन्न था। विवेक की हँसी ग़ायब थी। वह विवेक नहीं रह पाया था। उसी दिन उसने सामने के शीशे को फोड़ दिया था। दूसरे ही दिन आन्द्रेआ ने बोतल छिपा दी थी और विवेक को फिर से चिलम जलानी पड़ गई थी। उस रात आन्द्रेआ ने उसके कान में धीरे-से कहा था, "विवेक ज़े नेफ पा कोनी लोम प्ली कोंप्ले के त्वा।"

इसके बाद आन्द्रेआ ने अपने इस वाक्य को और भी कई बार विवेक के कानों में दोहराया था, "सचमुच विवेक, पहली बार तुम-जैसे सम्पूर्ण मर्द को जाना है मैंने।"

दोनों उस समय तक जागे रह जाते थे, जब तक कि बिनसहरा मुर्गी की बाँग शुरू न हो जाती।

अपने उन सारे मज़दूर मित्रों से अलगवाली स्थिति में विवेक चारपाई पर लेटा रहा। फ्रांसीसी इत्र की गन्ध अब भी कमरे में तैर रही थी। आन्द्रेआ के गुलाबी कपड़े चारपाई की गोरतारी में पड़े हुए थे। एक भारी बोझ से दबी हुई आन्द्रेआ की आवाज़ उसके कानों के एकदम पास गुदगुदा गई।

"आज रात भी मैं अकेली हूँ। तुम रह तो जाओ।"

"रात में आ जाऊँगा।"

"नो इन फ्वा पार्ची ची ने व्येंद्रा पा से स्वार।"

"मेरी बात पर तुम्हें अब अविश्वास भी होने लगा क्या?"

"नो ज़े ताँ प्री रेस्त!"

"मुझे जाने दो आन्द्रेआ, सूरज डूबते ही आ जाऊँगा।"

"नो।"

उसने विवेक को बाँहों में बाँध लिया।

कारख़ाने में पाँचों मज़दूरों के हाथों को मुक्त करके रस्सी को पाँवों में बाँध दिया गया। कोल्हू के दोनों बैलों की गरदन से पाघा खोलकर मज़दूरों की गरदनों में बाँधा गया। हंटरों की स्याँवाक्-स्याँवाक् की आवाज़ें हुईं।...एक बूँद पसीना...एक बूँद गन्ने का रस! कोड़े की आवाज़–स्याँवाक्! एक बूँद ख़ून...एक कप चीनी...स्याँवाक्!

विवेक का शरीर पसीने से तर हो चला था। आन्द्रेआ का शरीर भी उसमें सन गया। विवेक ने अपने कान में फिर उसी गुदगुदी का अनुभव किया।

"विवेक शेरी!"

फिर दाँत की हलकी चुभन। फिर गुदगुदी।

"ची ए मानीफिक।"

विवेक चुप रहा। उसने यह नहीं पूछा कि वह क्यों अद्भुत था।

"तुम माहिर हो!"

वह चुप ही रहा।

"इतनी देर तक प्यार करते जाने की ताक़त है तुममें। ची ए फोरमिदाब्ल!"

तबाह हो चुके खेत का वह सन्नाटा बना रहा। पौधों के साथ चेहरे भी मुरझाते गए। बस्ती को लौटने की हिम्मत किसी में नहीं थी। सूरज बादलों की घनी परतों के पीछे छिपा रहा। हवा अपने सँजोए स्वर से धिक्कारती रही।

वह उस आनन्द की चरमसीमा होती थी जो विवेक के कानों में प्रशंसा का स्वर लाती थी। साँसों की तेज़ी के साथ आती हुई वह आवाज़ उसे भी तीव्रता दे जाती। गति पाकर वह भी उसके कानों में कुछ बुदबुदाना चाहता, पर चुप रह जाता।

"तुम जादूगर हो विवेक!" उसने इतने धीरे-से कहा गोया दूसरे कमरे में कोई इन बातों को सुन रहा हो। उसकी अँगुलियों की सक्रियता रफ़्तार पा गई। वह

सीत्कार उठी, "विवेक..."

जो कुछ था, कमरे के भीतर था। बाहर कुछ नहीं था। उस समूची दुनिया को, जो कि कमरे के भीतर समा गई थी, दोनों अपनी सारी ताक़त के साथ जकड़े रहे।

"ओ-ओह...वी...वी...वीवे...क!"

और शिथिल सन्नाटा!

उधर खेत का वह सन्नाटा खंडित हो चुका था।

"हमें अपने पाँचों साथियों को उस नर्क से निकाल लाना है।"

"हम सभी की दुर्गति हो जाएगी।"

"उनको उसी तरह नहीं छोड़ सकते।"

"उनको छुड़ाना सम्भव नहीं।"

"हम डेढ़ सौ हैं।"

"डेढ़ सौ निहत्थे हैं।"

"यहाँ रहकर क्या करेंगे? चलो कारख़ाने की ओर।"

सुगुन भगत अब भी चट्टान पर बैठा हुआ सभी कुछ चुपचाप सुन रहा था। धीरे-धीरे अपनी जगह से उठा। अपने एक हाथ को ऊपर उठाते हुए सभी के ध्यान को अपनी ओर आकर्षित किया, "हम कारख़ाना पहुँचेंगे। अवश्य पहुँचेंगे।"

किसी ने पीछे से ज़ोरदार आवाज़ दी, "तो फिर चलें।"

"चलें, दोनों हाथों में पत्थर लेकर!"

सुगुन ने उसी तरह ज़ोर से कहा, "ठहरो! पहले दाऊद मियाँ को शहर से लौट आने दिया जाए।"

लोग ठिठक गए।

13

कमरा ख़ाली था। चारपाई नंगी थी।

चलते-चलते दोनों समुद्र किनारे तक आ गए थे। सूरज नीचे आ गया था। उसे निगलने के लिए लहरें ऊपर को उछल रही थीं। उसके दुधिया झाग काली चट्टानों से टकराकर सफ़ेद बालू पर बिखर जाते थे। बुलबुले कुछ देर टिककर फिर अस्तित्वहीन हो जाते। बालू पर क्षणिक पदचिह्नों को छोड़ते हुए दोनों काफ़ी दूर निकल आए थे। विवेक साँवला था। उसके साथ की आन्द्रेआ गोरे रंग की थी। एक का रंग लहरों के झाग का था, दूसरे का काली चट्टान का। आन्द्रेआ के बहुत विवश करने पर ही विवेक इतनी दूर आया था। उसके भीतर अब भी डर था। पहली बार

वह इतना बड़ा ख़तरा मोल ले रहा था।

आन्द्रेआ ने उसे आश्वासन दिया था, "मेरे होते तुम्हारा कोई बाल बाँका नहीं कर सकता।"

हालाँकि आन्द्रेआ फ्रांसीसी नहीं थी, फिर भी गोरे और क्रिओल के बीच की होने के कारण रंग से गोरी थी। उसे अपने बाप का पता नहीं था, पर उसे विश्वास था कि वह गोरा ही रहा होगा। उसकी माँ क्रिओल थी। वह माँ पर न जाकर एकदम अपने अनजान बाप पर गई थी। विवेक भली-भाँति जानता था कि उस पर गोली चल जाने के लिए इतना ही काफ़ी था कि काली जाति का होकर गोरी औरत की बग़ल में चलने की गुस्ताख़ी की थी उसने। गोरी औरत की ओर नज़र उठाकर देखने की सज़ा को वह जानता था।

दोनों एक ऊँची चट्टान पर पहुँचकर बैठ गए।

"विवेक, मुझे तुमसे एक ज़रूरी बात करनी है।"

"उसी के लिए हम इतनी दूर आए हैं?"

"मेरे साथ अधिक दूर आ जाने का तुम्हें बहुत अधिक दुख है क्या? तुम कह रहे थे कि गाँजे के पौधे के लिए तुम सबसे ऊँचे पहाड़ पर चढ़ सकते हो। मैं उन पत्तियों से भी गई-गुजरी हूँ क्या?"

"क्या है वह ज़रूरी बात?"

"मेस्ये कोंस्ताँ के बारे में तुम्हारा क्या ख़याल है—के पाँस ची दे ल्वी?"

"यह क्यों पूछ रही हो?"

"ख़ैर छोड़ो, इसका उत्तर मुझे बाद में देना। तुम्हें अपनी जाति के बारे में क्या मालूम है?"

"मेरी जाति?"

"हाँ।"

"यह आज कैसे-कैसे प्रश्न करने लगी हो तुम? मेरी जाति की तुम लोगों के सामने क्या स्थिति है, यह तुम अच्छी तरह जानती हो।"

"मैंने यह पूछा है कि तुम अपनी जाति के बारे में क्या जानते हो?"

"उतना ही जितना तुम। हम लोग यहाँ बैल की तरह गुलामी करने के लिए पैदा हुए हैं।"

"मेरा मतलब कुछ और था।"

"तो फिर मैं समझा नहीं।"

"मुझे तो लगता है कि तुम्हें अपनी जाति का बिलकुल गर्व नहीं है।"

"इसलिए कि अपनी जाति के लोगों की परवाह किए बिना मैं तुम्हारे यहाँ आता-जाता रहता हूँ? आन्द्रेआ, तुम एक बात अच्छी तरह जान लो। हम लोगों की

हालत यहाँ चाहे कुछ भी क्यों न हो, पर मुझे अपने हिन्दू होने का गर्व है। हमारे लोग जिस देश से आए हैं, उसके बारे में अगर तुम्हें बताने लग जाऊँ तो मुँह बाए रह जाओगी।"

"मेरा मतलब तुम्हारे हिन्दू होने से नहीं।"

विवेक ने आँखें उठाकर आन्द्रेआ की ओर देखा। हैरत-भरे स्वर में कहा, "तुम मेरी जाति के बारे में पूछ रही थीं।"

"हाँ, तुम्हारी जाति के बारे में। बिसना सरदार बता रहा था कि भारत में पुजारी और किसनसिंह की जातिवाले तुम लोगों को आदमी मानते ही नहीं। वहाँ तो तुम लोगों को मन्दिर के भीतर जाने तक नहीं देते।"

"ये उल्टी-सीधी बातें तुम्हें किसने बता दीं?"

"कहा न कि बिसना सरदार बता रहा था! परसों की तो बात है, कोंस्ताँ साहब के यहाँ दावत थी। वहीं सभी के सामने बिसन बता रहा था कि हिन्दुओं में दस से ऊपर जातियाँ हैं।",

"तुम्हें इतना मालूम नहीं कि बिसना सरदार कितना बड़ा झूठा और फ़रेबी है?"

"बिसना सरदार को छोड़ो। मुझे तुम्हारी भलाई से मतलब है।"

दोनों मौन रहे। लहरों का नाद दोनों के बीच गूँजता रहा। आन्द्रेआ की बातें समझने में विवेक को कुछ कठिनाई हुई।

"मेरी भलाई?"

"हाँ, तुम्हारी भलाई। सुना है तुम्हारी बस्ती के लोग किसनसिंह के बेटे मदन को अपना नेता मानने जा रहे हैं।"

"आज मुझे हैरान करने पर तुली हुई हो। ये सब बातें तुम्हें कैसे मालूम?"

"चूँकि मदन बड़ी जाति का है, इसलिए वही तुम्हारा नेता बन सकता है।"

"देखो आन्द्रेआ, तुम्हें बहुत बड़ी ग़लतफ़हमी हो रही है। हमारी बस्ती में छोटी जात. बड़ी जात का मामला नहीं है। हमने तो हिन्दू-मुसलमान में भी कोई अन्तर कभी नहीं पाया।"

"तुम्हारी बस्ती में तुम्हारी अपनी जाति के लोग पचहत्तर के क़रीब हैं।"

"तुम भूल रही हो, हम वहाँ एक सौ पचास मर्द हैं।"

"मेरा मतलब तुम्हारी अपनी जाति से है। इतनी बड़ी संख्या वहाँ किसी दूसरी जाति की है ही नहीं। नेता तो उन्हीं में से एक को बनना चाहिए. जो संख्या से अधिक हों।"

"आन्द्रेआ, मैं तुमसे एक बात पूछूँ?"

"में ब्यें सीर।"

"ये सारी बातें तुम अपनी ओर से कह रही हो या...।"

"मैंने शुरू ही में तुमसे पूछा था न कि कोंस्ताँ साहब के बारे में तुम्हारा क्या ख़याल है?"

"तो फिर ये सारी बातें वहाँ से आई हैं!"

"तुम्हारे बारे में कोंस्ताँ साहब का ख़याल हमेशा...।"

"नेक रहा है। है न? देखो आन्द्रेआ, करने के लिए बहुत-सारी बातें हैं हमारे सामने। इसको तो छोड़ो।" उसने अपनी धोती की टेंट से गाँजा निकालकर उसे हथेली पर मलना चाहा, पर आन्द्रेआ ने उसे रोक दिया।

"नहीं।"

"क्यों?"

"अच्छा होगा कि इन सारी बातों को तुम पूरे होश-हवास में सुन लो और मुझे उत्तर दो।"

"क्या उत्तर चाहती हो मुझसे?"

"मदन की जगह तुम्हारे नेता होने की बात...।"

"जे तां प्री। छोड़ो इस बात को।"

"नहीं विवेक, हम इस बात को नहीं छोड़ सकते।"

"क्यों?"

"यह कोंस्ताँ साहब की ख्वाहिश है।"

"हम लोगों पर बाँसों की बौछार की ख़्वाहिश अब उसे नहीं रही क्या?"

विवेक उठ खड़ा हुआ।

समन्दर की लहरें उसी तरह उठती रहीं। दो-तीन छोटी लहरें, फिर एक बड़ी-सी दहाड़ती हुई लहर चट्टानों से होकर तट की बालू पर टूटकर तितर-बितर हो जाती। पश्चिमी क्षितिज पर परात-सा लाल सूरज पानी में ओझल होने ही वाला था। उसकी लाली दूर तक फैलने को थी। विवेक ने आन्द्रेआ से चलने का अनुरोध किया। वह बैठी रही।

"एक मिनट, मेरी एक बात सुन लो।"

अपने उठे हुए क़दम को विवेक ने रोक लिया।

"तुम्हें यह जानकर हैरानी होगी कि मेरा पति कहीं गया नहीं!"

"क्या?"

"कल से आज तक वह हमारे घर के उस पीछेवाले कमरे में था, जिसमें तुम्हें जाने से मैं रोकती रही थी।"

विवेक को अपने कानों पर विश्वास नहीं हुआ।

"क्या कह रही हो तुम?"

"उधर देखो, उस दूसरी चट्टान की ओर।"

उधर देखते ही विवेक काँप उठा। काफ़ी देर बाद उसके मुँह से निकला, "तो क्या वह हर वक़्त हमें देखता-सुनता रहा है?"

आन्द्रेआ ने कोई जवाब नहीं दिया। विवेक नीचे से ऊपर तक दहल गया। पहले तो विश्वास नहीं हुआ, फिर सोचा, कैसा मर्द है वह और अन्त में बात उसकी समझ में आ ही गई। उसने धीरे से कहा, "बड़ी देर से बात समझ में आई। कोंस्ताँ साहब को तुम्हारे पति की प्रतीक्षा है और तुम्हारे पति को मेरे उत्तर की। फिर तो ये सारी बातें घर के भीतर भी हो सकती थीं, यहाँ तक पहुँचने की क्या ज़रूरत थी?"

इसके उत्तर में फिलिप सरदार धीरे-धीरे चलकर दोनों के पास पहुँच गया। उसने अपनी पत्नी की ओर देखा। उसे चुप पाकर वह विवेक के आगे आ गया। वह ख़ाली हाथ था। पहली बार विवेक ने उसे बिना बन्दूक़ के पाया था। उसके बारे में एक दिन विवेक ने आन्द्रेआ से पूछा था, "तुम्हारा पति तुमसे इस तरह दूर-दूर क्यों रहता है?"

"तुम भी तो अपनी पत्नी से दूर-दूर रहते हो।"

"बाहर इसकी भी कोई रखैल है क्या?"

"नहीं तो।"

"तो फिर?"

"उसे औरतों में कम दिलचस्पी है।"

विवेक को बस्ती का सुमना याद आ गया था, जिसे लोग सिखंडी कहते थे।

फिलिप सरदार को अपने सामने पाकर उस अवाक् विवेक ने अपने-आपसे पूछा--तो यह आदमी उन क्षणों में भी उस दूसरे कमरे में था? और...?

उससे फिलिप के प्रति कोई विचार निर्धारित नहीं हो पा रहा था। आन्द्रेआ अपनी जगह से उठकर खड़ी हो गई थी। विवेक दोनों के बीच में था। एक क्षणिक घिनौनेपन के आभास से वह भीतर-ही-भीतर तिलमिला गया।

सूरज ओझल हो चुका था।

लालिमा विस्तार पाती गई। सागर दिन-भर दहाड़कर थक-सा गया था। उसकी उफनती लहरों में शिथिलता आने लगी थी। विवेक जानता था कि कुछ ही देर बाद लाली मिट जाएगी। धुँधलका छा जाएगा।

उसने बारी-बारी से दोनों की ओर देखा। दोनों उसे देख रहे थे। दोनों को उसके उत्तर की प्रतीक्षा थी। एक त्रिकोण में तीनों खड़े रहे। उस समय तक खड़े रहे जब तक कि लालिमा समाप्त न हो गई और धुँधलका छा न गया। तीनों एकसाथ चल पड़े। बालू पार करके वे पगडंडी पर आ गए। आन्द्रेआ आगे-आगे चलने लगी। उसका पति एकदम पीछे-पीछे। तीनों चुपचाप चलते रहे। चौराहे के पास तीनों ठिठक गए। विवेक ने धीरे-से पूछा, "तुम्हें मेरा उत्तर चाहिए न?"

सरदार ने भी उसी तरह धीरे-से कहा, ''हाँ।''

"कल शाम को।"

दोनों को दाईं पगडंडी पर छोड़कर विवेक बाईं ओर को झपट पड़ा।

14

मदन ने अपने ही भीतर चिल्लाकर कहा—ज़मीन हमारी है!

उसके अपने भीतर संशय का दूसरा स्वर भी था—ज़मीन हमारी है तो फिर दूसरे की घिरावट में क्यों है?

फिर इन दोनों स्वरों से भिन्न एक शान्त, पर संकल्प-भरे स्वर में उसने अपने को कहते सुना—हमारी अपनी ज़मीन बन्धन में पड़ी नहीं रह सकती। हमें उसे स्वतन्त्र करके ही रहना है। उसकी स्वतन्त्रता में ही हमारी अस्मिता है...हमारा भविष्य है... हमारी प्रतिष्ठा है।

उसने अपने मौन स्वर को पहाड़ियों में गूँजते सुना—स्व...स्वत...स्वतन.. स्वतन्त्र...स्वतन्त्रता हमारी धरती की!

गूँज की प्रतिध्वनियाँ हुईं। प्रतिध्वनियों की अनुध्वनियाँ गूँजती रहीं—जिस मिट्टी को ख़ून से तर लाल पसीने से हमारे लोगों ने खेत का रूप दिया, हरियाली दी! जिस बंजर ज़मीन में प्राण फूँके! जिसके भीतर से पत्थरों को निकालकर उसे उपजाऊ बनाया! उस खेत को कोई कैसे हथिया सकता है? हमारे जीवन के त्याग और परिश्रम के फल को कोई कैसे हमसे हड़प सकता है?

वह झोंपड़ी से बाहर आ गया। सामने की काली चट्टान की बग़ल से निकलकर वह उस ठौर पर आ गया, जहाँ से पगडंडी नीचे को दौड़ी चली गई थी। वहाँ से दूरी पर धुँधलके में छिपा खेत दिखाई पड़ रहा था।

वह उसके अपने लोगों का सिरजा हुआ खेत था। उस खेत पर से गोरे पंजे को हटाकर उसे मुक्त करना था। उसकी रक्षा करनी थी।

वह सहमे हुए लोगों से पूछेगा—जब नागफनी का जंगल किसी का नहीं था, तो फिर उसका परिवर्तित रूप कैसे किसी का हो गया?

एक बार कारख़ाने में कोल्हू चलाते हुए वह अपनी पीठ पर कोड़े की बौछार के लाल निशान लेकर घर लौटा था। जब उसने दूसरे दिन काम पर जाने से इनकार कर दिया तो उसकी माँ ने उसे मनाते हुए कहा था, "अगर मार ही से डरकर घर पर रह जाने की बात होती तो हमारी इस जाति का इस देश से नामोनिशान मिट गया होता।"

"तुम यही कहना चाहती हो न कि लोगों ने सह-सहकर अपने अस्तित्व को बनाए रखा है, तो फिर यह जान लो कि मैं उस जुल्म को चुपचाप नहीं सह सकता। कल नहीं तो परसों मेरा हाथ उठ ही जाएगा और...।"

"ख़ैर, जब तक तुम्हारा गुस्सा कम नहीं हो जाता तब तक तुम अपने ही खेत में काम कर लिया करो।"

"मैं काम नहीं करूँगा। हद हो गई गुलामी की!"

"मैं तो अपने खेत में अपने काम की बात कर रही हूँ। भला अपना काम गुलामी कैसे हो सकता है?"

मदन के कान बजने लगे—अपना काम...अपने खेत...अपनी ज़मीन।

जिस मिट्टी को उतने भोलेपन के साथ अपनी मिट्टी मान लिया गया था, उसे पराई होते कैसे छोड़ा जा सकता था?

मदन को अपने समूचे शरीर पर कुछ रेंगता-सा लग रहा था। वह कोई अदृश्य कोड़ा था जो उस सिहरन को उसके जेहन तक पहुँचा जाता और वह सिहरन-चुभन पैदा करने लग जाती। बन्दीगृह की ऊँची दीवारों के बीच से वह अपनी बस्ती को जिन नए रंगों में देखने की बात सोचा करता था, वे सारे रंग समय के गाढ़े काले रंग में डूबकर रंगहीन हो गए थे। उस स्याही से सूरज भी अछूता नहीं बचा था। बिना सूरज की सुबह थी। पूरा दिन बिना सूरज का रहा।

मदन के मन में लगातार यह ख़याल आता रहा था कि वह उस सूरज की गरदन दबोचकर उसे मार डाले। फिर क़ैदख़ाने जाना पड़ जाएगा। क़ैद का वह जीवन इससे तो बेहतर ही था। कम-से-कम वहाँ अपनी चीज़ों के लूटे जाने का भय तो नहीं होता था। अपने लोगों से दूरी का आभास अवश्य होता था, पर उनकी लाशें तो सामने नहीं होती थीं—बेबसी का घिनौनापन सामने नहीं होता था। वहाँ अँधेरा तो ज़रूर था, उस अँधेरे की आँखें यहाँ के अँधेरे की घूरती हुई आँखों की तरह आदमी के पूरे अस्तित्व को चकाचौंध नहीं कर जाती थीं।

अपने मस्तिष्क की थकान को दूर करने के लिए वह ज़ोर-ज़ोर से चलने लगा, इस ख़याल से कि शायद शरीर के भी थक जाने पर दोनों थकानों में सन्तुलन आ जाएगा। वह जिस रास्ते पर चल रहा था, वह पहाड़ की चढ़ाई की ओर ले जाता था। काफ़ी ऊपर पहुँच जाने के बाद ही मदन को अपनी शारीरिक थकान मानसिक थकान से अधिक लगी। अपनी जगह पर खड़े होकर उसने नीचे की ओर देखा। बस्ती बहुत नीचे थी। उसने अपने चारों ओर देखा। विस्तृत फैली हरियाली। दूर की दो अन्य बस्तियाँ और उनके पार स्थिर सागर का नीलापन था। चक्करदार नदी और उसके पार थे ईख के कारख़ाने। वहाँ से उठते धुएँ और उस धुएँ के आगे की चीज़ें लुप्त थीं कालेपन में।

हरियाली की गहनता थी सामने। इस छोर से उस छोर तक ईख के अधकटे खेत। खेतों के ऊपर मँडराती हुई मज़दूरों की आत्माएँ! उनकी बिलखती ख़ामोशी! सामने की बस्तियों की झोंपड़ियों का गूँगापन!

मदन से और आगे नहीं चढ़ा गया। वह नीचे की ओर लौट पड़ा।

नीचे के विस्तृत फैले खेतों ने उसके मन में दाह-सी कोई प्रतिक्रिया पैदा की—हमारे लोगों की पैदा की हुई यह हरियाली किसकी है? ये खेत किसके हैं? ये लहलहाते गन्ने किसके हैं? ईख के रस की मिठास किसकी है?

उस करारे व्यंग्य के बारे में सोचकर मदन तिलमिला उठा।

पसीना किसी का, फ़सल किसी की।

किसी को मिठास, किसी को कड़वाहट।

एक ओर मज़दूरों की झोंपड़ियाँ थीं घास-फूस की बनी।

दूसरी ओर मालिक का वह नीले रंग का महल था, तीन बीघे की फुलवारी के बीच। देहतोड़ मेहनत करनेवालों और बैठकर खानेवालों के बीच का अन्तर।

इन्हीं अन्तरों पर प्रश्न कर जाने की हिम्मत के अभियोग में क़ैद समुद्री इलाक़े की बस्ती का ताम्बी क़ैदख़ाने में मदन की कोठरी का साथी था। उसी ने मदन से सवाल किया था, "गन्ने से पैदा शक्कर का स्वाद मालूम है, कैसा होता है?"

"सभी जानते हैं, मीठा होता है।"

"मैं सभी की बात नहीं कर रहा।"

"मुझे भी मालूम है, मीठा होता है।"

"तुम नहीं जानते।"

"क्या नहीं जानता मैं?"

"यही कि चीनी के दो स्वाद होते हैं।"

"यह कैसी बात हुई?"

"एकदम सही बात।"

"यानी कि मिठास दो तरह की होती है?"

"चीनी मीठी होती है, चीनी कड़वी भी होती है।"

"चीनी कड़वी कैसे होने लगी?"

"तुम तो चीनी पैदा करनेवालों में हो न?"

"यह तो देश ही गन्नों का है।"

"तो फिर क्या वजह है कि गन्नों के फल से एक आदमी राजा है, दूसरा कंगाल? गन्ने पैदा करके तुमने जीवन में जो कड़वाहटें पाई हैं, क्या वे गन्ने की न होकर महुवे के माहुर फल की हैं क्या?"

ताम्बी की बातें पागल की बातें नहीं थीं, पर पागलखाने में जगह नहीं होने के कारण उसे क़ैदख़ाने में भेज दिया गया था। जेलर ने सभी क़ैदियों से यही तो कहा था कि वे लोग ताम्बी से बचकर रहें, वह पागल है। ताम्बी कहता—कोठी के पादरी ने भी उससे यही कहा था कि तुम पागल हो ताम्बी, भगवान के पुत्र की स्तुति न करके तुम काले-कलूटे देवी-देवताओं की पूजा करते हो; तुम पत्थरों की मूर्तियाँ पूजनेवाले सभी पागल हो!

ताम्बी का बाप पागल नहीं था। उसने काले-कलूटे देवी-देवताओं की पूजा छोड़कर भगवान के बेटे की आराधना शुरू कर दी थी। ताम्बी की माँ और उसकी तीनों बहनें भी पागल नहीं थीं।

उसी ताम्बी से मदन ने पहली बार वह प्रश्न सुना था।

"यह हरियाली...यह समृद्धि जो तुम पैदा किए जा रहे हो, किसकी है?"

पहाड़ से नीचे उतरते हुए मदन अपने-आप में इसी प्रश्न को दोहराता रहा—यह विस्तृत फैली हरियाली...ये खेत...यह अगाध समृद्धि किसकी है? अगर अपने लोगों की नहीं है तो आग लगा दें इन चीज़ों को!

मदन ने ईख के खेतों को धधकते देखना चाहा। ढलान की फिसलन पर अपने पाँवों को जमाते हुए उसने शरीर के बोझ को कुछ पीछे किया और अपने स्थान पर खड़ा हो गया। दूर तक फैले गन्नों के खेतों पर नज़र दौड़ाकर उसने आँखें मूँद लीं। उसने उन खेतों को लपटों में लिपटे पाना चाहा था। उसे हँसी आ गई। उसके चाहने से क्या होना था!

अपने जीवन की बहुत-सारी बातों को भूलकर भी मदन उस एक घटना को नहीं भूल सकता था। ईख के खेत में आग लग चुकी थी। भयंकर आग! दहाड़ती हुई आग! खेतों की हरियाली को निगलती हुई वह बढ़ी चली आ रही थी। ईखों के जामुनी रंग को अपने में समेटती हुई धुएँ की बाढ़ चली आ रही थी। और मज़दूरों के साथ मदन भी अपने प्राणों को हथेली में लेकर आग बुझाने में जुट गया था। लोगों ने एकसाथ आवाज़ बुलन्द की थी—"तबाह हो जाएगा सारा खेत!"

किसका?

यह किसी ने नहीं पूछा था।

उस समय मालिक की तबाही उनकी अपनी तबाही थी।

मालिक की तबाही जब अपनी थी तो उसकी समृद्धि अपनी क्यों नहीं थी?

इस प्रश्न को आज तक किसी ने भी नहीं पूछा था।

उस समय मालिक के खेत की आग को बुझाते हुए मदन ने अपने हाथ जला लिए थे, अपने चेहरे को झाँवर कर लिया था। हाथ का दाग़ आज भी था। सप्ताह-भर तक उसकी आँखों की जलन बनी रह गई थी।

हर फ़सल, हर कटनी से मालिक की तिजोरी भरी थी उसने।

हर फ़सल, हर कटनी के बाद चूहे नाचे थे उनके घरों की ख़ाली हाँड़ियों में।

उन लोगों का अपना था ही क्या? ईख के सूखे पत्तों का छाजन भी कल उनका न रहा। जिस खेत को अपना समझा गया था, उस पर भी मालिक का क़ब्ज़ा होने जा रहा था—हो ही चुका था। वह जंज़ीर में बाँधा जा चुका था।

पहाड़ के नीचे बस्ती के रास्ते पर सूखी लकड़ियों का बोझ सिर पर लिए जीनत मिल गई। मदन ने उसके सिर से बोझ को लेकर अपने कन्धे पर रख लिया।

"खेत का क्या होगा मदन?"

"खेत तो हमारा है चाची?"

"हमने तो ऐसा ही समझा था, पर वह हमारा रहे तब तो?"

"क्यों नहीं रहेगा?"

"साहब ने उसे घिरवा लिया है।"

"हमें उसे आज़ाद करके रहना है।"

दूसरी ओर से सिर पर घास लिए मीरा की मौसी भी साथ हो ली। कुछ दूर चलने पर जीनत ने उसके सिर से घास के बोझ को अपने सिर पर ले लिया।

बस्ती दूर नहीं थी। मदन ने क्षितिज की ओर देखा। बिना सूरज की शाम नंगे क्षितिज पर ठिठकी हुई थी।

15

वकील ने बड़े ध्यान से लोगों की बातें सुनी थीं। उसे पगड़ी बाँधे पाकर चारों व्यक्तियों को सुखद आश्चर्य हुआ था। आत्मीयता पाकर उन्होंने सभी बातें विस्तार से बता दी थीं। सभी कुछ सुन चुकने के बाद वकील ने प्रश्न किया था—

"कोई काग़ज़-पत्तर?"

दाऊद मियाँ बोला था, "काग़ज़-पत्तर तो कुछ भी नाहीं।"

"ज़मीन आप लोगों की कराने से पहले क़ानून सबूत का तकाज़ा करेगा।"

"एकर ले बड़ा सबूत और का हो सकी वकील साहिब, कि बीस बरिस से ज़्यादा समय से ऊ ज़मीन हम लोग जोत रहल हैं।"

बैठका के प्रधान के यहाँ जमा पैसे भी वे अपने साथ लिए आए थे। वकील ने उनसे कुछ भी नहीं लिया। यह कहकर लोगों को गाँव लौटा दिया कि तीसरे दिन वह बस्ती पहुँचकर मामले का नज़दीक से मुआइना करेगा। लोग इस बातों से आश्वस्त होकर लौटे थे कि उनके पक्ष में कुछ तो अवश्य होगा।

पैदल लौटते हुए काफ़ी देर हो गई थी। बस्ती को लौटते समय ही खेत उजाड़े जाने और पाँच व्यक्तियों की गिरफ़्तारी की बात सुनकर मदन निष्प्राण-सा हो गया था। अगर रात नहीं होती तो वह उसी समय कारख़ाने को दौड़ जाता। खेत तक दौड़े बिना तो वह रह नहीं सका। चाँदनी रात में बिलखते खेत को देखकर वह ठस रह गया था। मड़ई के सामने बैठने पर उससे उठा नहीं गया। वह छोटा था, जब अपने बाप के साथ उसने इस खेत में चाँदनी रातों में भी काम किया। दो बार तूफ़ान से खेत को बरबाद होते भी देख चुका था। पर इस तूफ़ान की बेरहमी तो कुछ और ही थी। एक बार खेत में आग लग जाने से भी पूरे वर्ष की मेहनत जलकर राख हो गई थी। मदन उन्हीं दिनों को अपने सामने साकार पाने लगा। वह आग पहाड़ी की ओर से शुरू हुई थी। दहाड़ती हुई लपटें बस्ती को भी जला जातीं, अगर उसके बाप के आदेश पर बस्ती के पास दूसरी आग पैदा करके उन प्रलयंकारी लपटों को नहीं रोका जाता।

उस समय किसनसिंह मदन से कहा करता था, "हम लोगन के चाहेला संकल्प कर लेई के कि काल और भी कड़ा मेहनत करब स, फिर काल के बाद जौन दूसरा काल आई उमें और भी कड़ा मेहनत ताकि आगे के दिन सुधर सकी।"

बस्ती के सभी लोग बारी-बारी से मड़ई में रात बिताकर जंगली सुअरों, खरगोशों और हिरणों से खेत की रक्षा करते थे। इसी खेत में आग के सामने बैठे चिलम से दम लगाते हुए सुगुन भगत भारत की कहानियाँ सुनाया करता था। उसी खेत को इस तरह उजड़े देख मदन को घटनाओं पर घटनाएँ याद आने लगी थीं। कुएँ के पास बैठे-बैठे सीता के साथ लम्बी बातें! फ़सल की खुशियाँ! नाच-गाने! लम्बी सुखारी के बाद की बरसात में भीगकर झूमते रहना! वे यादें धुँधली थीं, पर अस्पष्ट नहीं थीं।

सुबह कोई आठ-दस लोगों के साथ मदन कारख़ाने की ओर चल पड़ा। कई लोगों ने उन्हें रोकने का प्रयत्न किया था। मदन ने शान्त भाव से कहा था कि वे लोग लड़ने नहीं जा रहे थे। वहाँ आठ आदमियों के लड़ने का मतलब आत्महत्या होता। रास्ते में मदन ने अपने-आपसे पूछा—तो फिर? हम गिड़गिड़ाने भी तो नहीं जा रहे। वहाँ पहुँचकर क्या करना था, इसे न मदन जानता था, न उसके साथ जानेवाले लोग ही जानते थे। नदी के पास पहुँचकर मदन खड़ा हो गया। सभी खड़े होकर उसे देखने लगे। सभी आँखों ने एकसाथ मौन प्रश्न किया—हम रुके क्यों?

अपने माथे से सुबह के पसीने को पोंछकर मदन ने कहा, "हममें से कोई आदमी वहाँ आपे से बाहर नहीं होगा।"

सोहना बोला, "हम वकील के पहुँचने तक रुक क्यों नहीं जाते? शायद उसके साथ चलने पर उन सभी को छुड़ा लाने में कठिनाई नहीं हो।"

"यहाँ तक आ पहुँचने पर हम बस्ती को लौट चलें क्या?" अपने उस शान्त भाव

से हटकर मदन ने गम्भीर स्वर में कहा, "अगर हमें लौटना ही है तो कारख़ाने से लौटेंगे।"

"वहाँ रखवार तैनात होंगे।"

"हमें देखते ही गोलियाँ थोड़े ही चला देंगे?"

वे फिर आगे बढ़ गए। कारख़ाने के क़रीब पहुँचते-पहुँचते उनकी दिलेरी जवाब देने लगी थी। कुत्तों के भूँकने की आवाज़ सुनकर मदन भी सहम गया। पर किसी को रुकना नहीं था, इसलिए वे रुके नहीं।

उन्हें आते देख फाटक के पासवाले रखवार ने कुछ दूरी पर के अपने साथी को आवाज़ देकर सजग किया। लोगों के फाटक तक पहुँचते-पहुँचते कोई दस रखवार एक क़तार में आगे आ गए। अपने साथियों को रोककर अकेले आगे बढ़ते हुए मदन बोला, "हम कोंस्ताँ साहब से मिलना चाहते हैं।"

सबसे तगड़े मालगासी रखवार ने चिल्लाकर कहा, "मिस्ये कोंस्ताँ पा रेस इसी... उससे मिलना है तो कोठी पर जाओ।"

"हमारे पाँचों आदमी कहाँ हैं? कोत ज़ोत?"

"भीतर काम कर रहे हैं।" उसी तरह कड़ककर उस भीमकाय ने कहा।

"हम उन्हें देखना चाहते हैं।"

"ओं वा ते मोंत्रे मे फ़ेस! देखना चाहोगे मेरे चूतर?"

मदन चुप रहा। गाली देनेवाला सरदार आगे बढ़कर बोला, "पा गाँय द्रुवा जीबूत इसी...पीछे हटो!"

दो क़दम पीछे हटकर मदन ने शान्त भाव से कहा, "उन लोगों को हमारे हवाले कर दो।"

सरदार ने क्रिओली में व्यंग्य किया, "तुम्हीं सूरज को उगने और अस्त होने का आदेश देते हो क्या?"

"हम दूसरों के सूरज को रोकते भी नहीं।"

"वा ताँ...चले जाओ यहाँ से!"

मदन कई बार अपने-आपसे कह उठा था—चले जाएँ यहाँ से। पर इसके साथ ही हर बार यह प्रश्न भी सामने आ जाता—कहाँ? इस देश से दूर। पर क्यों? तंग आकर? इससे बदतर स्थिति में जब बाप-दादा ने इसे नहीं छोड़ा तो फिर हम क्यों छोड़ें? जिस माटी के कण-कण से हम बने हैं, उससे अधिक अच्छा स्थान तो शायद स्वर्ग भी न हो। आज इस ज़मीन को हम पसीने और ख़ून से ख़रीद रहे हैं। जिस दिन मूल्य-भर की बूँदें टपक जाएँगी, उस दिन तो यह माटी अपनी होनी ही है। नियति को कौन रोक सका है?

नियति तो तब यह भी थी। इसको भी कैसे रोका जा सकता था? गिड़गिड़ाने

से कोड़ेवाले हाथ कभी रुके तो नहीं। वे क्यों रुकने लगे? पैसे और ताक़तवाले अगर रहम खाना शुरू कर दें तो कल ग़रीब और कमज़ोर लोगों की हालत में बदलाव आ जाएगा। किसे गवारा था यह परिवर्तन? कोई क्यों चाहे कि आदमी एक-जैसा हो जाए! एक-जैसा हो जाने पर कौन किसका नौकर, कौन किसका स्वामी होगा?

वह मदन के भीतर की निराशा होती जो ज़ोर पकड़ लेती और हताश हो वह यह बात मानने को विवश हो जाता कि हाथ-पाँव पटककर उन्हें तोड़ भले लें, पर स्थिति बदलने की नहीं। उसकी यह निराशा देर तक नहीं रुकती। उसके भीतर तुरन्त ही दूसरी भावना जाग उठती—स्थिति क्यों नहीं बदलेगी? उसने सुन रखा था कि समय के साथ पहाड़ों की आकृतियाँ भी बदल जाती हैं। फिर वह समय की लम्बाई का ख़याल कर उठता। उस कछुवे की चालवाले समय को घसीट लाने की कोई तरकीब! वह अपने बाप के मुँह से कई बार सुन चुका था कि हर चीज़ की तरकीब होती है—उपाय होता है। बस, उस तरकीब को ढूँढ़ निकालना कठिन होता है और...और वह समय माँगता है।...कठिनाई की उसे चिन्ता नहीं थी, पर समय के लिए वह चिन्तित था। उसके पास अब समय नहीं था...प्रतीक्षा का समय नहीं था। प्रतीक्षा बहुत हो चुकी थी।

फ़रीद और धनलाल मदन के पास आ पहुँचे। सरदार और भी ज़ोर से चिल्लाया, "आले वू जाँ!"

फ़रीद ने भी उसी स्वर में पूछा, "कहाँ जाएँ?"

मदन ने फ़रीद को रोकते हुए धीरे से कहा, "हम लड़ने नहीं आए हैं।"

सरदार ग़रज पड़ा, "तो कापाव लागेर त्वा—लड़ सकते हो तुम?"

मदन उसी तरह शान्त खड़ा रहा।

चूना-लिपटे पत्थरों की दीवार के उस पार कोल्हू की धड़धड़ाहट के रुकने पर कोड़े की आवाज़ें सुनाई पड़ जातीं। इन आवाज़ों के उत्तर में कोई आवाज़ नहीं थी। लग रहा था जैसे कोड़े मुर्दों पर बरसाए जा रहे थे या ख़ाली हवा में। कोड़े की आवाज़ों पर प्रतिक्रिया का अभाव मदन को कँपा गया था। उसे अपनी पीठ के भर आए घाव बासी घाव की तरह चड़चड़ाते-से लगे। कभी कोड़े उसकी चमड़ी को चीरकर गोश्त में दरार पैदा करके हड्डियों तक निशान छोड़ गए थे। उस याद मात्र से कोड़े के वे निशान रिसने लग जाते। वह भीतर-ही-भीतर कराह उठता। उसके इस क्रन्दन से उसकी मुट्ठियाँ बँध जातीं और रक्त का प्रवाह गति पा लेता। अपनी इस प्रतिक्रिया को दबाते-दबाते वह खुद लिजलिजेपन से दब जाता।

अपनी इस स्थिति को मदन उस रात की स्थिति से मिलाने लग जाता। एकदम ऐसी ही दशा हुई थी उसकी उस रात के सपने में। वह उसके क़ैद होने से पहले की बात थी, पर वह सपना इतना भयानक था कि वह भुलाया नहीं गया था।

सोहना समन्दर से भूरे रंग की दो बड़ी-बड़ी चिपटी मछलियाँ ले आया था। उन मछलियों को देखते ही दाऊद मियाँ ने उसे आगाह कर दिया था कि उस तरह की मछली ज़हरीली हुआ करती है। सोहना की पत्नी को मदन भौजी कहता था। उन मछलियों की मसालेदार तरकारी पकाने के बाद उसने मदन को घर बुलाया था। मसालेदार तरकारी की बात सुनकर मदन मछली खाने की अपनी इच्छा को रोक नहीं सका था। उस बस्ती में मसाला विरले ही पकता था। वह तो सोहना दूसरी बस्ती से ले आया था। बोतलवाली चीज़ भी वहीं से लाया था। मदन को हिचकिचाते देख सोहना की पत्नी बोल उठी थी, "तू इतना डरत क्यों बानी? ज़हरीली मछली को नरेटी में सिक्का रखत ही ऊ रंग बदल देवत है। हम परीछा करके देख लेलीं और फिर तोर भैया त तरइते ही दू टुकड़ा खा बैठल।"

बातों में आकर मदन ने भी मक्की के पराठे के साथ दो टुकड़े खा लिए थे। सोहना और उसकी पत्नी को तो कुछ नहीं हुआ, पर मदन को घर लौटते ही पेट झरने लगा था। ओकाई आती रही, पर उल्टी नहीं हुई। रात को जब सोया तो उख-विख...और फिर वह भयावह सपना—वह कटे हुए गन्नों के बीच खड़ा था कि तभी मेंड़ पर से एक बहुत बड़ा पत्थर धीरे-धीरे लुढ़कता हुआ उसकी ओर आने लगा था। उसके पास भागने का पूरा समय था...पर उससे भागा नहीं गया था। उसके पाँव ज़मीन से चिपके हुए थे। तन-बदन पसीने से तर था। चिल्लाना चाहकर भी चिल्ला नहीं पाया था...। फिर दूसरा भयानक सपना आया था—वह रास्ते पर खड़ा था। गन्नों से लदी बैलगाड़ी उसी की ओर दौड़ी चली आ रही थी। मोटी-मोटी आँखोंवाला वह बैल अपने नुकीले सींगों से उसे चीर डालने को दौड़ा आ रहा था। भागने के प्रयास में मदन नीचे लुढ़ककर अपने को पसीने में चपचप पाने लगा था। उससे रेंगना भी नहीं हो पा रहा था...और बैल उसके क़रीब आता ही गया था...लकवा मार गई-सी स्थिति थी वह। बाद में लोगों ने उसे हलके ज़हर का प्रभाव बताया था। इस समय भी मदन की एकदम वही हालत थी—विकलांग की स्थिति... हलके ज़हर के प्रभाव के बाद की सुन्न पड़ गई स्थिति...।

सोमा-सन्तू की कहानी के दूसरे भाग को पढ़ने के लिए मदन बैठ गया—

कल तुम्हारी प्रतीक्षा करती रही। आने को कहकर भी नहीं आए विनय भैया!

माँ आनेवाली थी, वह भी नहीं आई।

पिताजी की तबीयत उतनी अच्छी नहीं थी, इसलिए माँ नहीं आ सकी।

पिताजी को देखे तीन दिन हुए हैं। लगता है, तीन वर्ष से नहीं देखा है।

माँ ने सतवा भेजा है सोमा!

मेरे लिए कुछ कहलवाया है?

वह जानना चाहती है कि यह नया घर तुम्हें कैसा लगा है? कैसे हैं तुम्हारे सास-ससुर? सन्तू के बारे में तो पूछना नहीं है क्योंकि अपना मित्र है। तुम्हारे मित्र को शादी के दूसरे ही दिन से काम पर जाना पड़ रहा है। कभी अच्छी तरह से बातें भी नहीं कर पाए हैं। तुम्हारी वह बात अब मुझे भी सच प्रतीत होने लगी है।

कौन-सी बात?

यही कि यहाँ तो मर्द खुले मैदान में होते हुए भी अपने ढंग से कारागार में होते हैं।

मैंने ऐसा कहा था?

तुम्हारा आन्दोलन कैसा चल रहा है? यहाँ तो सभी लोगों के मुँह पर तुम्हारा नाम होता है। लोग जब तुम्हारी प्रशंसा करते हैं तो मैं खुशी से पागल हो जाती हूँ।

क्या कहते हैं लोग?

सभी तुमको मज़दूरों का नेता मानते हैं।

बस, इतना ही?

लोगों को विश्वास है कि तुम उन पर ढाए गए जुल्मों को मिटाकर रहोगे।

सच?

कल तो इसी घर में यहाँ की कोई दस औरतें एक स्वर में तुम्हारा गुण गा रही थीं। वह जो भौजी लगती है, उसने तो यहाँ तक कहा था कि अब वह समय दूर नहीं जब मज़दूरों को उनके हक़ मिलकर रहेंगे।

छोड़ो इन बातों को, यह बताओ कि...

नहीं भैया, पहले तुम यह बताओ कि मज़दूरों की भलाई के लिए जो लड़ाई लड़ रहे हो, उसमें तुम्हें कहाँ तक सफलता मिली है?

तुम्हें इससे क्या लेना-देना है सोमा?

बताओ भैया, कब सुधर रही है हम लोगों की हालत?

जो काम भगवान नहीं कर सका, वह मुझसे थोड़े ही हो सकता है?

तुम्हारी लड़ाई जारी रहेगी तो यह होकर रहेगा।

यह तुम कह रही हो सोमा?

यह सभी लोग कह रहे हैं, लोग तुम्हारी सराहना करते हुए यही कामना करते हैं कि मज़दूरों का संगठन बना रहे। तुम्हारे नेतृत्व में लड़ाई जारी रहे।

लड़ाई तो ख़त्म हो गई।

सच? समझौता हो गया? मज़दूरों की स्थिति बदल गई?

समझौता हो गया। मज़दूरों की स्थिति का तो मुझे पता नहीं, पर मेरी अपनी

स्थिति ज़रूर बदल गई।

मैं समझी नहीं विनय भैया!

अब तक मैं मूर्ख था। दूसरों के हित के लिए अपना कम ख़याल रखता था। तुम्हें यह जानकर खुशी होगी सोमा, कि तुम्हारा यह भाई कल से कोठी का मुख्य सरदार है। मुझे जो तनख़्वाह मिलेगी, वह अब तक किसी भी काली जाति को इस टापू में नहीं मिल पाई है।

तब तो मज़दूरों की तनख़्वाह में भी वृद्धि हो गई होगी?

कहा न, मैं नहीं जानता।

पर तुम तो इसी के लिए लड़ रहे थे?

लड़ तो इसी के लिए रहा था, पर जब अपने भाग्य को बनते देखा तो उस पागलपन को छोड़ दिया। पहले आदमी अपने घर में चिराग़ जलाता है।

भैया, तुम तो इस तरह का मज़ाक नहीं किया करते हो?

मैं मज़ाक थोड़े ही कर रहा हूँ!

सचमुच मज़दूरों के हित से पहले तुम अपना हित करवा चुके?

पाप तो नहीं किया?

पाप? यह तो विश्वासघात हुआ। सभी मज़दूरों को बीच दरिया में छोड़कर तुम किनारे पर भाग आए।

मुझे तैरना आता था, तैरकर आ गया। सभी के साथ अपने को भी डुबोने से क्या यह बेहतर नहीं रहा?

नहीं भैया...तुम ऐसा नहीं कर सकते। तुम लोगों के नेता थे।

ऐसे बोल रही हो जैसे मैंने दुनिया का सबसे बड़ा अनर्थ कर दिया है।

इससे बड़ा अनर्थ और हो ही क्या सकता है? भारतीय मज़दूरों ने कौन-सा ऐसा पाप किया है जिसके लिए उन्हीं में से एक उनके विनाश का कारण बन जाए?

ठेकेदारों और दलालों को कोस रही हो, जो मेरे-तेरे लोगों को सोने का लालच देकर घसीट लाए थे?

भैया, क्या सचमुच तुमने सभी मज़दूरों को इतने सस्ते दाम में बेच दिया?

मैंने किसी को नहीं बेचा।

तो फिर?

तुम समझौते की बात कर रही थीं। मैंने समझौते से ज़्यादा कुछ भी नहीं किया। मेरे सामने जो प्रस्ताव रखा गया था उसे ठुकराकर मैं अपने को मूर्ख प्रमाणित नहीं कर सकता था।

सभी उम्मीदों पर पानी फिर गया।

मेरी नहीं। तुम्हारी भी नहीं, अब तो मैं सन्तू को बहुत अच्छी जगह पर बिठा

देने की ताक़त रखता हूँ।
और बाक़ी मज़दूरों को काँटों और अंगारों पर बिठाओगे?
आदमी कहाँ बैठ रहा है, यह तो उसे खुद देखना चाहिए।
आज तो मैं तुम्हें बिलकुल नहीं समझ पा रही हूँ। यह तो तुम्हारी ही कही हुई बात है कि इस देश में भारतीय मज़दूर अँधेरे में घिरा है...फिर तुम यह देखकर बैठनेवाली बातें कैसे करने लगे? भूल गए कि कुछ ही दिन पहले मुँडेर के भड़कने से तुम्हारे पैर में गहरी चोट आ गई थी, तीन दिन तुम घर ही रह गए थे और तुम्हारे छह दिन के पैसे काट लिए गए थे?
मैंने अपनी उसी स्थिति को तो बदला है आज।
पर तुम तो सभी मज़दूरों की स्थिति बदलने निकले थे?
जो स्वयं अपनी हालत बदलने की स्थिति में न हो, उसके लिए दूसरे अपनी जान क्यों दें? इन आलसी लोगों से कुछ भी होने को नहीं।
बस, इसी का तो रोना है भैया, कि आज तुम्हें भी ये भारतीय मज़दूर आलसी दीखने लगे। जिन्होंने श्मशान को खेतों की हरियाली में परिवर्तित कर दिया, वे ही आज आलसी हो गए। अन्न के बिना पीले पड़े होने पर भी वे खेतों में दम तोड़ रहे हैं, उन्हें तुम आलसी कह रहे हो? कपड़ों के बिना नंगे और हक़ के बिना सहमे हुए मज़दूर कहीं सैकड़ों की संख्या में थकान और बुखार से मर रहे हैं, उनके लिए न डॉक्टर है न दवा।
ये बातें पुरानी हो गई हैं सोमा, अब मैं इन्हें नहीं कहता।
इसीलिए तो मैं कह रही हूँ। जो आज भी हो रही है, अभी और न जाने कब तक होती रहेगी, उसे तुम पुरानी बात कह रहे हो? अभी तो मेरी शादी के एक दिन पहले तुम आम के पेड़ के नीचे मित्रों के बीच चिल्ला-चिल्लाकर कह रहे थे कि हमारे बच्चों को पढ़ने से रोका जाता है। बहरिया पूजा के लिए हमें आज्ञा नहीं मिल रही। रामायण जब्त की जा रही...कोड़े की बौछार दुगुनी होती जा रही है। आज इन्हें तुम पुरानी बातें बताने लगे?
आख़िर बहन मेरी ही तो हो, तुम्हें भी इस कदर भावुकता और सीले आक्रोश में जी लेने का अधिकार मिल जाता है।
यह मेरा स्वर थोड़े ही है? कल तक तो तुम यही कह रहे थे कि ये जो लोग गोरों के ठेकेदार बनकर आते हैं और जिनके हाथ मज़दूरों की छाती को छलनी कर जाने के औजार बन जाते हैं, उन्हें कुदाली से टुकड़े-टुकड़े कर देना चाहिए...
मैं सन्तू के सामने एक प्रस्ताव रखने आया हूँ। अगर वह बात मान जाए तो फिर कुछ ही दिनों में साहबों की तरह जीने लगेगा।
मैं भी तो सुनूँ क्या है वह प्रस्ताव? सन्तू तुम?

तुम इतने घबराए हुए क्यों हो सन्तू?

विनय...क्या करूँ मैं? मैं क्या करूँ विनय?

क्या बात है सन्तू?

विनय...!

बोल तो सही, हुआ क्या?

मुझे छिपने की जगह बताओ।

क्यों छिपना चाहते हो?

वे लोग आ रहे हैं...वे आ रहे हैं...सभी आ रहे हैं।

कौन आ रहे हैं?

मुझे छिपा लो...छिपा लो मुझे विनय!

विनय भैया! इसे क्या हो गया है?

सोम! वे लोग मुझे मार डालेंगे।

कौन?

इससे पहले कि हरखू सरदार गोरों के साथ यहाँ आ पहुँचे, मुझे कहीं छिपा लो...माँ...मेरी माँ कहाँ?...विनय...विनय, तुम मेरे सार भी, मित्र भी...मुझे बचा लो...कुछ भी नहीं सूझ रहा है मुझे।

कुछ बताओ तो जानें किससे छिपना चाहते हो?

तुम्हीं कर सकते हो मेरी रक्षा...छिपा लो।

आख़िर क्यों छिपना चाहते हो? क्या किया है तुमने?

उनके साथ पुलिस भी आ रही होगी।

पुलिस क्यों आने लगी?

मुझे ज़ंजीर में कसने के लिए...सीमा, वे लोग मुझे बन्दी बनाकर मार डालेंगे।

बैठो तो सही। अब बताओ, बात क्या हुई है?

मैंने उसे मार डाला सोमा!

क्या?

सोमा, तुम चुप रहो।

हाँ, मैंने उसकी हत्या कर डाली विनय!

किसकी हत्या की है तुमने?

नहीं! मेरा यहाँ रहना ठीक नहीं...सुनो...ज़ंजीरों की आवाज़, घोड़े के टाप...पुलिस के पदचाप...वह मर रहा है...उसके चिल्लाने की आवाज़...

सन्तू! यह क्या पागलपन है? यह तो बता किसकी हत्या की है तूने?

हत्या? मैंने?

हाँ, किसकी हत्या?

लाप्येर साहेबवा की। वह मर गया। मैंने ख़ून के कई नाले बहते देखे। वह उसी क्षण मर गया था। वे सभी लोग मिलकर मुझे भी उसी तरह मार डालेंगे। ख़ून उसी तरह बहेगा।

सन्तू! सभी कुछ शुरू से बता। किसने की है लाप्येर साहेब की हत्या?

मैंने...मैंने...की है...मैंने...

नहीं, विनय भैया।

क्यों की?

न जाने क्यों की!

मैं पूछ रहा हूँ तुमने यह ख़ून क्यों किया?

मैंने जान-बूझकर नहीं किया।

तो फिर?

वह हो गया। न जाने कैसे किस तेज़ी के साथ...ईख की बोआई के लिए मैं दरियाँ काट रहा था। गरमी और पसीने से मैं अकुला रहा था। घंटों से झुके होने के कारण मेरी कमर टूटने-सी लगी थी, तभी...

चुप क्यों हो गए? सभी कुछ सुना क्यों नहीं देते?

मेरी कमर दुखने लगी और...

और तुम्हें मुँडेर पर बैठ जाने का बहाना मिल गया होगा?

अपनी ही धुन में मैंने अपनी कमर सीधी करने की कोशिश की थी...अभी वैसा कर भी नहीं पाया था कि लाप्येर साहेबवा हाथ में डबल बाँस लिए मेरे सामने खड़ा हो गया था...और...और इससे पहले कि मैं कुछ कहता, उसने मेरे ऊपर बाँसों की बौछार शुरू कर दी...यह देखो...देखो सोम...

मेरी पीठ ख़ून से लथपथ है।

फिर क्या हुआ?

मैं खुद नहीं जानता फिर क्या हुआ। सभी कुछ बिजली की तरह गुजर गया और...

आपे से बाहर होकर तुमने उसे मार डाला!

हाँ, मैंने उसे मार डाला...उसी क्षण।

किस चीज़ से?

अपने हाथ की कुदाली से। मुझे क्या मालूम था कि एक ही कुदाली में वह ज़मीन पर लोट जाएगा। सोमा! मेरे लिए थोड़ा-सा पानी ले आओ...

बहुत ज़ोरों की प्यास लगी है मुझे।

भैया, अब क्या होगा?

पानी ले आ सोमा...

सन्तू, मैं चलता हूँ।

ठहरो विनय...जब तुम्हीं चले जाओगे तो फिर मुझे बचाएगा कौन?

मैं तुम्हें कैसे बचा सकता हूँ?

तुम मेरे मित्र हो। मेरे सार हो...हम मज़दूरों के तुम्हीं तो सभी कुछ हो।

सन्तू, मुझे बहुत-सारे काम करने हैं...

नहीं विनय...तुम मुझे नहीं छोड़ सकते...वे लोग तो मुझे जान से मार डालेंगे।

तुम मुझे भी मरवाना चाहते हो।

विनय, तुम्हीं मुझे बचा सकते हो, तुम्हीं...

तुम्हें कुदाली चलाते किसने देखा था?

किसी ने नहीं।

तुम भागे क्यों?

सभी साथियों ने भाग जाने को कहा। माँ, तुम आ गईं?

का हाल बेटा?

सोमा, का कहत बानी...बेटा, के मरलक तोके?

माँ!

बैठ बेटा...

पुलिस आ रही है...माँ, मुझे फाँसी हो जाएगी। मैं मरना नहीं चाहता। मैंने उसे जान से मारना नहीं चाहा था। हाँ विनय, मैं उसे मारना नहीं चाहता था। भला मैं क्या जानता था कि एक ही कुदाली में वह मर जाएगा? कुदाली उसकी कनपटी में नहीं लगती अगर वह दूसरा बाँस उठाने के लिए नहीं झुकता। मैंने जानबूझकर नहीं मारा।

विनय बेटा, यह कैसन बात कर रहा है? बहुत अधिक गरमी और थकावट से कहीं एकर माथा तो नाहीं फिर गइल? करीम भैया, तुम्हीं एके समझाओ।

अरे सन्तू, तू हियाँ का करत हो? खुदा के ख़ातिर जेतना जल्दी हो सके हियाँ से भाग निकलो। पुलिस नदी तक पहुँच आल बा। अरे लछमिन बहन, तू मुँह काहे ताक़त है? जितनी जल्दी हो सके अपन लड़कवा के हियाँ से भाग जाने को कह।

का बात ह करीम भैया, तुम्हीं कुछ बता।

पहले सन्तुवा के हियाँ से भगा, फिर बतावत बानी।

पर चाचा, मैं भागूँ तो कहाँ?

करीम भैया, इ सब का होत बा?

अभी कुछ भी बताने का बखत नाहीं। अपन लड़कवा के जान प्यारी मानत हवे त हाली से ओके कहीं भगा दे, नाहीं तो ज़िन्दगी-भर पछताते रहबो।

पर करीम भैया बात का ह?
पेरसोन पा बुजे!
बाहर से घर घेरा जा चुका है। लिमेम सा। यही है। बाँध लो इसे।
हरखू भैया, का बात बा?
हट जाओ तुम!
हमार बेटा से कौन भूल हो गइल साहेब?
आवाँसे!
साहब, हम तुम्हार पाँव पड़त बानी।
माई-बाप एस्कीजे। एस्कीजे मुसे...हमार बेटा को माफ़ कर दो। हमरी रामायण की पोथी हमें छोड़ जाओ।
बाँध लो इस ख़ूनी को!
हमार बेटा के माफ़ करवा दे, बदले में पूरा ज़िन्दगी साहबन के खिदमत में गवाँ देवब स...। दया कर भैया, हमार सन्तू के छोड़वा दे...मुसे पार्दों! मेरे बच्चे को माफ़ कर दो माई-बाप! शुरू से तुम्हारी गुलामी की है, ज़िन्दगी भर करेंगे...दया करो...। एन साँस...
धीरज धरो लखन।
करीम भैया! सन्तू...

मदन को नींद आने लगी, उसने पुस्तक बन्द कर दी।

16

मीरा जीनत से मिलने जा रही थी कि वह उसे बाड़े के पास मैले कपड़ों की गठरी के साथ मिल गई। मीरा ने गठरी उससे ले ली और उसके साथ नदी की ओर बढ़ गई। उसके अपने घर में दो जनों के कपड़े होते थे, जिन्हें सप्ताह में एक बार धोने की नौबत आती थी, पर मीरा का नदी तक पहुँचना प्रतिदिन होता था। कभी वह सुध्या चाची के कपड़े धोने आ जाती, तो कभी लवंगिया को हाथ बटा जाती। कभी नदी जाती हुई कोसिला की माँ उसे आवाज़ देकर साथ ले लेती, कभी रेतनों की माँ उसे बुलाकर अपने कपड़ों की मोटरी दे देती। पुष्पा उसे कभी भी मीरा नाम से नहीं पुकारती थी। उसकी देखा-देखी बस्ती की और भी एक-दो स्त्रियाँ उसे बेलरानी कहकर पुकारतीं। सुगुन भगत से सभी लोगों ने बेलरानी की कहानी सुनी थी। एक राजा के सात राजकुमारों में से छोटे राजकुमार को बेल के नीचे से वह राजकुमारी

मिली थी जो उसके राज्य में पहुँचकर दिन-भर अदृश्य रहती, रात को महल में लौट आती। अदृश्य रहकर ही वह राज्य के सभी घरों के काम करके लोगों को आश्चर्य में डाल जाती थी। उसी कहानी की बेलरानी को याद करके पुष्पा ने मीरा का नाम बेलरानी रख दिया था। मीरा को जब वह कहती कि इतना अधिक काम उसे नहीं करना चाहिए तो वह हँसकर बोलती कि उसके स्वास्थ्य को बनाए रखने के लिए वही एक उपाय था।

पहाड़ के सोपान नीचे हरे थे, बीच में भूरे और ऊपर पहुँचते-पहुँचते नुकीली आकृतियों में काले हो गए थे। पहाड़ कहीं सपाट था, कहीं तराई और कहीं ढलान एकदम चिकनी चढ़ाई लिए हुए। कहीं धूप का चटकीलापन लिए, कहीं छाँव की गहनता में पहाड़ कभी प्रहरी प्रतीत होता, कभी मरे हुए पत्थरों का ढेर। नक्काशी किया हुआ-सा पहाड़। पहाड़ी चश्मे—जहाँ-तहाँ चट्टानों की झुर्रियों से टपकते झरने और ऊपर की अकेली उदास चोटियाँ। मीरा को पहाड़ की चोटी की ओर एकटक ताक़ते पाकर जीनत बोल उठी थी, "अगर किसन भैया तुम्हें इस तरह पहाड़ की चोटी पर नज़र टिकाए पाता तो जानती हो वह क्या कह उठता?"

"कि घबराओ नहीं, यह पहाड़ टूटनेवाला नहीं।"

"यह तो तुम कह रही हो।"

"तो फिर वे क्या कहते?"

"वे कहते कि इससे उम्मीद मत रखो, यह इतिहास का गूँगा गवाह है। यह कभी आगे नहीं आएगा तुम्हारी रक्षा के लिए।"

सामने के पहाड़ों से कभी हवा की साँय-साँय की प्रतिध्वनि आती और उसकी ख़ामोशी एक लम्बी और गहरी नींद का आभास दे जाती। उस नींद के डरावने सपनों को मीरा कभी वहन नहीं कर पाई...वह सपनों के बीच ही में चिल्ला उठती थी। इन पहाड़ों की ही तरह कठोर बोझिल और अडिग थी वह व्यवस्था जिसको परिवर्तित करने के असफल प्रयास में मदन लगा हुआ था। इधर मदन के क़ैद से लौट आने पर मीरा ने चाहा कि उससे पूछे—जो नितान्त असम्भव हो उसके लिए अपने को क्षार करने से क्या लाभ? मदन के निकट पहुँचने का उसका भाग्य कभी नहीं हुआ था। फिर कौन जाने मदन को उसके अस्तित्व का भान था या नहीं! मदन की गिरफ़्तारी से पहले दोनों के बीच जो थोड़ी-बहुत जान-पहचान थी, उसके बल पर मदन को आज भी वह याद होगी, इसे मान लेने में उसे कठिनाई होती। अगर वह मदन को याद रहती तो वह उससे उसी तरह मिलने आता जिस तरह सीता और अन्यों से मिलने पहुँचा था। इधर चार अवसरों पर वह मदन को थोड़े-बहुत फासले पर देख चुकी थी। हर बार उसी उदासी में। वह मन-ही-मन कल्पना करके देखना चाहती कि मदन के चेहरे पर की मुस्कान कैसी हो सकती थी...उसका अपना वह मस्तिष्क उस चित्र को

बना ही नहीं पाता। क़ैद में जाने से पहले मदन के चेहरे पर हरदम मुस्कान ही तो हुआ करती थी...उसे याद करके भी मीरा उसके चेहरे की मुस्कान को सजीव नहीं कर पाती।

पर्वतों के पार्श्व में आकाश का रंग गहरा नीलापन लिए हुए था। उतने ही चमकीले थे वे श्वेत बादल, जो टुकड़ियों में पश्चिम को भागे जा रहे थे। किसी दूर की पहाड़ी कन्दरा से साँय-साँय करती हुई हवा की आवाज़ आज सुनाई नहीं पड़ रही थी, फिर भी रह-रहकर हवा में अधिक झनझनाहट हो जाती थी। वे बाँस के झुरमुट से गुज़र रहे थे, जहाँ हवा की सरसराती आवाज़ झनझनाती आवाज़ से मिलकर अजीब आवाज़ पैदा कर जाती। पगडंडी की लाल मिट्टी रात की हलकी बरसात के गीलेपन को अब भी लिए हुए थी। पाँवों में गीली मिट्टी की मोटी तह चिपक जाने पर मीरा ने किनारे के पत्थरों पर पाँव रगड़कर उन्हें हलका किया। पाँव के लसीलेपन से मुक्त होकर वह फिर चलने लगी।

जिस जगह पर मीरा का लूगाधोवा था वहाँ की चट्टानें कम चिकनी थीं। पिछले तूफ़ान में उखड़ गया बरगद का पेड़ अब भी नदी के ऊपर पुल-सा पड़ा हुआ था। उसी विस्तृत सूखे पेड़ पर धुले हुए कपड़े सूखने को बिछाए जाते थे। अपने सिर की गठरी को बरगद के तने पर रखकर मीरा रीठे के पेड़ की ओर बढ़ गई। वहाँ पहले ही से सीता करंज के फल तोड़ने में लगी हुई थी। उसने दो गुच्छे मीरा की ओर बढ़ा दिए। डाली छोड़कर वह चट्टान से नीचे आई और नीचे के गुच्छों को उठाए मीरा के साथ लूगाधोवे पर आ गई। शुरू में जब मीरा कपड़े धाने नदी पहुँचती थी, तब रीठे के फलों को रगड़ने पर उससे उत्पन्न फेन से वह बुलबुली पैदा करने में लग जाती और कपड़े अनधुले रह जाते थे। उसका वह बचपना अभी हाल तक बना रह गया था। वह रीठे के हरे फलों को कपड़ों पर न रगड़कर हथेलियों पर रगड़ती रह जाती थी। और फिर जब धीरे-धीरे उसकी यह आदत छूटी तो वह सबसे अधिक तेज़ी के साथ कपड़े धोकर सुखा लेती थी।

मीरा के कोरे मस्तिष्क में जितने भी ख़याल आए थे वे सभी चट्टान से टकराती हुई नदी की तरंगों की तरह असफल थे। अपनी बहुत-सारी इच्छाओं को लहरों के साथ बह जाने देकर भी एक ख्वाहिश को उसने पानी के ऊपर लिख छोड़ा था। इस उम्मीद से कि वह पानी के ऊपर उपलाती रहेगी। वह भी डूब गई थी। मीरा डुबकी लगाकर उसे ऊपर ले आई थी। अपनी गरमी और साँसें देकर उसने उसे फिर से जीवित किया था।

समुद्र बस्ती से बहुत अधिक दूरी पर नहीं था, फिर भी मीरा दो ही बार वहाँ पहुँचकर वहाँ की बावली लहरों को अपनी कहानी सुना सकी थी। उसके अपने भीतर यह विश्वास हो गया था कि समुद्र का पानी उसके रहस्य को अपने में सँजोए रहेगा।

उसने लहरों को पहले दिन और दूसरे दिन भी सिसकियाँ लेते सुना था। उन कराहती लहरों पर उसे विश्वास हो चला था। और फिर एक ऐसा दिन भी आया कि उसके भीतर यह चाह पैदा हुई कि लहरें उस धरोहर को किनारे पर फेंक दें। लहरों ने ऐसा नहीं किया। मीरा जीनत के सामने सिसककर रह गई थी। आश्वासन के रूप में जीनत के मुँह से निकल गया था, "समुद्र धरती की हर चीज़ धरती को लौटा देता है।"

मीरा सोच उठी थी—लहरें ऐसा करती होंगी...अपने अस्तित्वहीन होने से पहले। समुद्र से उन लहरों के अवसान का कोई आसार नहीं दिखा। नदी की तरंगों से खेलती हुई मीरा मुस्कराती चली आ रही थी। इसमें कभी अवरोध नहीं आया था। लहरें चाहे समुद्र की थीं या नदी की, उनकी गति कभी नहीं रुकी थी। चट्टानें भी उन्हें नहीं रोक सकी थीं। लहरों में बावलेपन से ही मीरा ने जीवन की बातें सीखी थीं। पर उसकी अपनी धुन को वह गति नहीं मिल पाई थी। अपनी सक्रियता ही उसे वह आनन्द दे जाती जो लहरों को अपनी गति से प्राप्त होती थी।

सभी लोगों के बीच भी कभी उसे एकाकीपन का अनुभव होता। वह थोड़ी-सी दुखी होती, पर फिर समुद्र और नदियों की याद आ जाती। उनके एकाकीपन को अपने एकाकीपन से मिलाकर वह अपनी उदासी को नदी की लहरों के हवाले कर देती और लहरें उन्हें लिए सागर को दौड़ जातीं। मीरा का मौसा जब कोंस्ताँ साहब के यहाँ खाना पकाने का काम करता था, उस समय मीरा को कोंस्ताँ साहब तथा उसके लोगों के जीवन को नज़दीक से देखने का अवसर मिला था। वहाँ के जीवन को उसने अगाध पाया था। उसकी अपनी ज़िन्दगी से भिन्न थी, वहाँ की वह ज़िन्दगी। आलीशान बँगला...भड़कीले कपड़े...हर तरह के पकवान! मीरा छोटी थी, पर इतनी छोटी नहीं थी कि उस अन्तर से अचम्भित न हो जाए। जीवन और जीवन के बीच के अन्तर और दरार में वह अपने को अकेली खड़ी महसूस करती। उसके इर्द-गिर्द के लोग गूँगे थे। किसी ने कभी भी उसके प्रश्नों का उत्तर नहीं दिया।

जब वह पगडंडी पर मज़दूरों की लम्बी क़तार को खेत और कारख़ाने की ओर बढ़ते देखती तो उसे लगता कि वे मज़दूर चल नहीं रहे थे...रेंग रहे थे, रोटी के एक टुकड़े के कारण। लोग भविष्य की बात करते और वह सोचती रह जाती कि वे लाशें थीं जो भविष्य की ओर बढ़ रही थीं। बस्ती का कोई मज़दूर आगे नहीं बढ़ रहा था। वह इतिहास था जो लोगों के पाँवों के नीचे से सरकता जा रहा था।

खेत की किसी मुँडेर पर बैठी हुई वह क्षितिज की ओर देखती रही, इसी आस में कि एक दिन सूरज उसी ओझल हो जानेवाली दिशा से तो उगे। ऐसा अगर हो जाता तो सम्भवतः उस गोरे और इस काले जीवन में थोड़ी-बहुत समानता आ जाती। वह बहुत गहरी और विस्तृत खाई थी, जिससे मीरा डरी हुई थी। एक दिन अचानक

उसके भीतर यह प्रश्न पैदा हो गया था :

"क्या मदन हो सकता है इस खाई को पाटनेवाला?"

उस प्रश्न की पुनरावृत्ति पर जीनत हँस पड़ी थी।

"तुम हर बात को मदन के साथ क्यों जोड़ लेती हो?" कपड़े धोते-धोते जीनत मीरा से पूछ बैठी, "पानी को चीरा जा सकता है क्या? तुम जिस बराबरी की बात करती हो न, वह तो इससे भी कठिन है।"

मीरा के सारे सपने हवा में अकेले मँडराते हुए तरंगों के बीच जा लुढ़कते और तरंगें उनसे आँखमिचौली खेला करतीं।

धुले हुए कपड़े को बरगद के तने पर पसारकर मीरा जीनत के पास लौट आई। जो सवाल वह शुरू से पूछना चाहकर भी नहीं पूछ पाई थी, उसके भीतर से आख़िर निकलकर ही रहा। वह भी झिझक के कारण एकदम धीरे से।

"ख़ाला! मदन को कारख़ाने की ओर जाते हुए तुम तो रोक सकती थी?"

अपने हाथ की भीगी ओढ़नी को निचोड़ती हुई जीनत बोली, "अरी पगली, उसकी उधर जाने की बात तो मुझे उसके चले जाने के बाद ही मालूम हुई।"

"पता नहीं आवेश में वहाँ क्या हो जाए!"

"कुछ भी होने को नहीं, तू घबराती क्यों है?"

अपने साथ मीरा जिस पोटली को लाई थी, उसे बरगद के सूखे पेड़ से उठाकर सीता सामने आ गई। मीरा और जीनत के आगे बैठकर वह गाँठ खोलने लगी। फिर रुककर उसने मीरा की ओर देखा और एक सहज मुस्कान के साथ बोल उठी, "बिना खोले बता सकती हूँ कि इसमें क्या है।"

मीरा चुप रही। जीनत बोली, "तू तो सूँघकर पता लगा लेती है।"

"बिलकुल नहीं।"

"तो फिर बता।"

"इसमें मक्की की खीर है।"

मीरा ने सीता को देखा। सीता ने बात सही बताई थी पर मीरा की आँखों में हैरानी नहीं थी। उन आँखों में एक धुँधली-सी निराशा अवश्य थी।

खीर उसने मदन के लिए तैयार की थी।

आज सीता खुश थी। आज उसे विवेक की वापसी का यक़ीन हो गया था। उसके अपने कानों में अब भी वह वाक्य गूँज रहा था—

"सीता, मुझे बहुत देर से अपनी भूल महसूस हुई है। उस प्रलोभन के पीछे का प्रयोजन मैं आज जान सका।"

सीता ने अपने पति को वापस पाया था, इससे अधिक खुशी उसे उत्तर की थी जो विवेक फिलिप सरदार को देने गया था।

17

बस्ती में न पहुँच सकने की सूचना वकील ने भिजवा दी थी। उन पाँच आदमियों की रिहाई नहीं हो सकी थी, इसका जवाबदेह मदन किसे माने? खुद नहीं समझ पा रहा था। वकील का सन्देश लानेवाला व्यक्ति एक पत्र छोड़ गया था। उसमें अपने न पहुँच सकने का कारण बताते हुए वकील ने समूची बस्ती को आश्वासन दिया था कि वह उन्हीं के काम के लिए राज्यपाल से मिलने जा रहा था। उसके पत्र के अन्तिम भाग को मदन ने तीन बार पढ़कर लोगों को सुनाया :

"आप लोग आवेश में आकर कोई भी ग़लत क़दम न उठाएँ। तनाव के कुछ कम होने पर ही समस्या का हल आसान हो सकेगा। कल आप लोगों की बस्ती में पहुँच रहा हूँ। मुझे पूरी आशा है कि आप सभी की कठिनाई दूर हो जाएगी। इस देश में भारतीय मज़दूरों की स्थिति सुधर जाए, इसके अतिरिक्त मेरी कोई और प्रतिबद्धता नहीं। आप लोग हताश न हों।"

बातें विस्तार से न होते हुए भी लोगों को आसरा दे जाने के लिए पर्याप्त थीं। धनलाल ने लोगों को बताया था कि इस वकील की चर्चा हर बस्ती में थी। दूसरी बस्ती के लोग मिलने पर यही कहते थे कि इस आदमी ने इस बात की सौगन्ध खा रखी है कि मज़दूरों को उनके अधिकार दिलाए बिना वह भारत नहीं लौटेगा। उसी के अनुरोध पर सरकार ने नए लोगों का एक आयोग नियुक्त किया था जो पूरी निश्छलता के साथ मज़दूरों की समस्याओं को सरकार के सामने रख सके।

दाऊद मियाँ किसी को हताश और निराश नहीं करना चाहता था। उसके मन में बात उठी, पर उसने किसी से कहा नहीं कि इस तरह के कई आयोगों और नेताओं को उसने आते-जाते देख लिया है।

दूसरे दिन सुबह से ही लोग वकील की प्रतीक्षा में बैठ गए। बिन बरसात की धुँधलका-भरी बोझिल सुबह थी। रात में अपने भीतर की मायूसी और नाकामयाबी के सीलेपन के साथ मदन पहाड़ी के ऊपर चढ़ गया था। रात उसने वहीं अपने बाप की कुटिया में बिता दी थी। उसके साथ फ़रीद का कुत्ता भी ऊपर पहुँच गया था। कोने में पड़े लकड़ी के पुराने सन्दूक में दो-तीन बची हुई पुस्तकों के बीच वह बही भी थी, जिसमें किसनसिंह अपने गीतों को जमा करते आया था। उन गीतों के बीच किसनसिंह के एकाध संस्मरण भी थे—दस-पन्द्रह पंक्तियों में। मदन ने उस हिस्से को दो बार पढ़ा, जिसे उसके बाप ने अपने जीवन का एक अति सुखद क्षण माना था :

"...अपनी पीठ पर जूतेवाली लात के निशान के साथ घर लौटा। सूरज डूब गया था, पर अँजोरा बना हुआ था। कन्धे से मेरी कुदाली और भात की टोकरी को उतारती

हुई रेखा बोल पड़ी—'बूझो तो जानें आज क्या पका है?' मैं घूम-फिरकर वे ही दो-चार नाम बताता रहा जो जीवन-भर खाता रहा था। रेखा ज़ोर से हँस पड़ी। और जब मुझसे बूझा नहीं गया तो मुझे अपने साथ लिए वह वहाँ ले गई जहाँ रसोई होती थी। पहली बार मैंने घर की चारों देगचियों को एकसाथ गरम पाया। उसने पहली देगची खोली—उसमें दलपूरियाँ थीं, दूसरी—उसमें आलू-बैंगन मसालेदार थे। दूसरी देगची में भुना हुआ कुम्हड़ा और चौथे में टमाटर के साथ मटर का साग। मेरे सुखद आश्चर्य का ठिकाना नहीं था। फिर तो रेखा ने ही बताया कि बस्ती की सभी देगचियों में आज खेत की पहली फ़सल थी। अपने जीवन में पहली बार मैंने टमाटर और मटर का साग खाया। पहली बार बैंगन और आलू मसालेदार—बस्ती पहली बार इतना अच्छा भोजन पा रही थी। बस्ती खुश थी, मैं खुश था। हमारे अपने खेत की उपलब्धि थी वह।"

अन्तिम वाक्य के अपने शब्द को किसनसिंह ने अन्य शब्दों से अधिक बड़े आकार में लिखा था। उसके उसी अपनेपन को छीना जा रहा था...उसकी रक्षा करते-करते तो उसने प्राण दे दिए थे। मदन सोचता जा रहा था—अगर यह खेत ले लिया गया तो मेरे लिए क्या बाक़ी रह जाएगा? बस्ती के सभी लोगों की आशाओं की लाश?

किसनसिंह के संस्मरण के सामनेवाले पन्ने पर एक गीत था। लिखावट धुँधली पड़ गई थी। उसे बड़ी कठिनाई से मदन पढ़ सका जिसका अर्थ लगभग कुछ इस तरह था—

"...अब हमें अपने फूल के कटोरे धोने की आवश्यकता नहीं पड़ती।
वह लकड़ी के तख़्ते पर ख़ाली पड़ा रहता है।
जूठे नहीं हो पाते हमारे फूल के कटोरे।"

नीचे की टिप्पणी पढ़ने के बाद ही मदन को पता चला कि वह गीत उस समय लिखा गया था जब महीने-भर बस्ती में अनाज़ नहीं पहुँचा था। चूल्हे नहीं जले थे।

मदन अपने सामने के अधीर साथियों को देखता रहा। सभी टूटे हुए थे। हारे हुए थे। मदन अपने सामने की तमाम आँखों में उन आँखों को तलाशने लग जाता, जिनमें अभी भी हार को हार न मानने का संकल्प था। उस तरह की बहुत कम आँखें थीं उसके सामने। सिमटे हुए चेहरे। उदास आँखें। लुढ़के हुए कन्धे। झुकी हुई कमर। सभी के बीच उदास आँखें...उदास आँखें...उदास आँखें। उदासी का बड़ा जंगल। उस जंगल में मदन अपने को अकेला पाकर सिहर उठता।

सुबह जब वह सूरज की अगवानी करता हुआ पहाड़ी से नीचे उतर रहा था, सीता मिल गई थी उसे। उन आँखों में उदासी नहीं थी, निराशा नहीं थी। उनमें खुशी थी...मुद्दत से खोई हुई चीज़ के पा जाने की खुशी। उसने कुएँ से पानी निकालकर

लोटा मदन के आगे बढ़ा दिया था। अपने हाथ के दातून को फेंककर मदन ने लोटा थाम लिया था। मुँह खँगारने के बाद सीता को लोटा लौटाते हुए उसने पूछ लिया था, "खुश नज़र आ रही हो। क्या बात है?"

मज़दूर साथियों की क्षीण आँखों से भिन्न थीं सीता की आँखें। उनमें लौट आए विश्वास की आभा थी।

सीता ने उसके प्रश्न का उत्तर नहीं दिया था। वह पुष्पा थी, जिसने मदन को सीता की खुशी का कारण बताया था। सीता की आँखों से ही उसने विवेक के गुमराह हो जाने की ख़बर सुनी थी। आज फिर सीता की आँखों से ही उसने विवेक की वापसी की बात सुनी थी। सभी कुछ सुन चुकने के बाद उसने पुष्पा से पूछा था, "कहाँ है विवेक?"

कुछ क्षण बाद पुष्पा ने उत्तर दिया था, "मैदान से आकर स्नान कर रहा होगा।"

सूरज पूरब के पेड़ों के ऊपर आ जाने के बाद भी ओझल था, जब विवेक मदन के सामने पहुँचा था। कपूर की तरह उड़ गया अतीत फिर से मदन के सामने सजीव हो गया था। गुल्ली-डंडा के खेल के समय विवेक हार के भय से खेल छोड़कर भाग गया था। मदन उसे वापस ले आया था और वह दोबारा खेल में जूझकर जीत गया था। विवेक की इस वापसी से मदन को दुगुनी प्रसन्नता हुई थी। एक खुशी सीता से सम्बद्ध थी, दूसरी उस संघर्ष से जिससे हरएक मज़दूर जुड़ा हुआ था। इस प्रसन्नता के साथ एक आशंका भी मदन को घेर गई। वह आन्द्रेआ को बहुत अच्छी तरह जानता था। वह जितनी सुन्दर थी, उतनी ही पिशाचिनी भी थी। उसकी माँ जादू-टोना करनेवाली वह बूढ़ी औरत थी जो जब चाहे किसी का बुरा कर दे। वह जानता था कि फिलिप सरदार तो विवेक का कुछ नहीं बिगाड़ सकता था, लेकिन आन्द्रेआ चुप रह जाए, इसका विश्वास मदन को नहीं हो रहा था। आन्द्रेआ की माँ घर बैठे अपने दुश्मन के शरीर में खंजर भोंककर उसे मार सकती थी। वह जिस द्वीप से आई थी, वहीं से भूत-प्रेत को साधने के ढंग-तरीक़े से आई थी। बस्ती के कुछ लोग तो उसकी झोंपड़ी के पास से गुज़रते भी डरते थे। यही कारण था कि विवेक के आन्द्रेआ के चंगुल में फँस जाने पर कोई भी खुलकर आगे नहीं आ सका था।

मदन सीता के बच्चे के साथ उस समय तक खेलता रहा जब तक कि नहाने के बाद विवेक पूरी ताज़गी के साथ सामने न आ गया था। वह सचमुच ही नया विवेक लग रहा था। कुछ देर बाद दोनों खेत की ओर चल पड़े थे, जहाँ वकील की बेसब्री के साथ प्रतीक्षा हो रही थी।

"तुम क़ैद से बहुत दुबले होकर लौटे हो मदन!"

मदन को हँसी आ गई थी, "क़ैद से किसी को मोटा होकर लौटते सुना है तुमने?"

तीतर के चार बच्चे दोनों के आगे एक खेत से निकलकर दूसरे खेत को दौड़ गए थे। सूरज अब भी अदृश्य था। सामने ताड़ के पत्तों से लटके अपने घोंसलों में कुछ चोचे झूल रहे थे। इस बार मदन ने बात शुरू की थी।

"तुमने बहुत ही बड़े साहस का काम किया।"

"उधर का वह प्रस्ताव ठुकराकर?"

"नहीं।"

"तो फिर?" विवेक ने उसकी ओर देखते हुए पूछा था।

"आन्द्रेआ को नकार कर।"

विवेक ने कोई जवाब नहीं दिया था।

"आन्द्रेआ को मैंने भी उस दिन देखा। सात वर्ष बाद भी वह एकदम उसी तरह है। उस तरह की कमसिन औरत से अपने को अलग कर लेना कम साहस की बात थोड़े ही हो सकती है!"

विवेक फिर भी चुप रह गया था।

"तुम्हें उसका पछतावा तो नहीं हो रहा?"

फ़रीद का कुत्ता दौड़कर आगे निकल गया था।

"पछतावा क्यों होने लगा?"

"तो फिर यह उदासी? कहीं परिणाम..."

"परिणाम की परवाह कौन करता है? मैं कुछ और ही सोच रहा हूँ।"

"क्या सोच रहे हो?"

"वकील नहीं पहुँचा तो!"

"वह ज़रूर पहुँचेगा।"

"मुझे तो लगता है कि मालिक वहाँ पहुँच गया होगा।"

"तुम्हारा मतलब है घूस खाकर वकील उसका साथ दे बैठेगा?"

"कौन जाने!"

"नहीं विवेक, ऐसा नहीं होगा। उस आदमी को तुमने देखा नहीं, इसलिए उसके बारे में ऐसी धारणा बना रहे हो।"

"मुझे तो लगता है कि इतना दमदार अभी कोई पैदा ही नहीं हुआ, जो गोरी शक्ति को मात कर सके।"

"इसमें किसी शक्ति को मात करने की बात थोड़े ही है? यह तो अधिकार को महत्त्व देने की बात है।"

"किसी को हटाए बिना?"

"सच्चाई के सामने झुकने का मतलब हार थोड़े ही होता है।"

"कोई झुकने को तैयार हो तब तो!"

“इस बार क़ानून का सहारा लिया जा रहा है।”

“तुम्हीं से सुना कभी का एक वाक्य याद आ रहा है मुझे।”

“क्या?”

“शहरों का क़ानून जंगलों-खेतों के लिए नहीं हुआ करता।”

दोनों चुप हो गए थे। खेत सामने आ जाने पर विवेक ने पूछा था, “तुम सोचते हो ये लोग क़ानून की क़दर करेंगे?”

“देखना तो यही है।”

लगभग सभी लोग जमा हो गए थे। मदन और विवेक लोगों के सामने से होते हुए दाऊद मियाँ के पास जा रुके। उनसे पहले फ़रीद का कुत्ता फ़रीद के सामने पहुँचकर दुम हिलाते हुए उस पर उछलने लगा था।

ओझल सूरज काफ़ी ऊपर आ चुका था। लोगों की प्रतीक्षा बनी रही। धुँधलका बना रहा। उमस बढ़ती गई।

“वकील आ रहा है!”

यह स्वर बिजली-सा कौंधा। सभी आँखें एक ही साथ मुड़ीं। सभी अपने-अपने स्थान पर खड़े हो गए।

18

वह आदमी चेहरे से जितना गम्भीर दीखता था, उतना ही गम्भीर उसका स्वर था। उसके बोलते समय ऐसा लगता था कि वह अपने हर शब्द को जीभ पर आजमाकर बाहर लाता था। बोलते समय उसके गोरे रंग पर लाली दौड़ जाती। गरदन के पास की उसकी नसें तन जातीं। उतने प्रभावशाली व्यक्तित्व का आदमी उधर से कभी नहीं गुजरा था। हरएक आदमी अपनी साँस रोके उसे सुनता रह गया था। जाते-जाते वह इतना कह गया था—

“क़ानून ने तुम्हारी रक्षा कर दी, कल तुम्हारा संगठन ही तुम्हारी रक्षा कर सकेगा।”

उसकी इस बात को सभी नहीं समझ पाए थे। मदन को इसका उतना दुख नहीं था, क्योंकि वह जानता था कि जिन्हें बात समझनी थी वे समझ चुके थे।

वकील के चले जाने के बाद कुछ व्यक्तियों को सभी कुछ सपना-सा लगा था। कुछ लोग उस आदमी को लौहपुरुष मान बैठे। उसके बस्ती में पहुँचने के कुछ ही समय बाद उसके दो सहयोगी बस्ती के पाँचों आदमियों को ले आए थे। लोग जितने हैरान थे, उतने ही खुश भी। उनकी वह खुशी उस समय पराकाष्ठा पर थी, जब अपने

गम्भीर स्वर में उस व्यक्ति ने कहा था–

"तुम्हारी खेती नष्ट हो गई है, इसका मुझे दुख है। पर इस बात की मुझे खुशी है कि इस ज़मीन को तुम लोगों से कोई नहीं ले सकता। इस पर तुम लोगों के अधिकार की मुहर लग जाए, इसके लिए ज़रूरी है कि अगले सोमवार को तुम्हारे दो या तीन प्रतिनिधि मेरे दफ़्तर पहुँचें, जहाँ से उन्हें सम्बन्धित स्थान पर ले जाकर सभी औपचारिक कार्यवाही पूरी कर दी जाएगी। बाद में तुम लोग इसका आपसी वितरण भी कर सकोगे। जिस स्थान पर तुम लोगों के घर हैं उसकी भी सरकारी कार्यवाही हो जानी चाहिए। इन औपचारिक बातों के लिए तुम लोगों को कुछ पैसे की भी आवश्यकता होगी...।"

लोगों ने आत्मसन्तोष की लम्बी साँस ली थी। देखते-ही-देखते जंगली फूलों का हार तैयार हो गया था और दाऊद मियाँ ने अपने काँपते हाथों से वकील को वह हार पहना दिया था।

नदी के उस पार तक वकील को छोड़ते हुए मदन ने पूछ लिया था, "हमारे लोग कोठी में काम करना नहीं चाहते। क़ानून से मालिक हमें मजबूर कर सकता है क्या?"

"उसे इस तरह का कोई अधिकार नहीं मिलता। तुम उसके सामने अपनी शर्तें रख सकते हो, अगर वह मान जाए तो फिर तुम लोगों को काम करने में क्या आपत्ति होगी! शर्त की बात तो बिना संगठित हुए तुम लोग कर ही नहीं सकते। तुम्हें यह बता दूँ कि कुछ कोठियों की हालत काफ़ी सुधर चुकी है। आठ आने की जगह अब उन्हें बारह आने मिलने लगे हैं। मैं तो सोचता हूँ कि अपने खेत की देख-रेख के साथ-साथ तुम लोग कोठी के काम को भी कर सकते हो। वहाँ की आमदनी से तुम लोग सरकार से ज़मीन ख़रीद सकते हो और फिर समय के साथ तुम्हें किसी की गुलामी करने की ज़रूरत ही नहीं रह जाएगी। जहाँ तक इस कोठी में तुम लोगों की स्थिति का प्रश्न है, उस पर जाँच शुरू हो गई है और कोठी के मालिक को बहुत जल्द ही सरकार की ओर से चेतावनी भी मिलने जा रही है।"

वकील को नदी के उस पार तक छोड़कर मदन फ़रीद, धनलाल और विवेक के साथ जब बस्ती को लौटा तब वहाँ झाल-ढोलक पर गाना-बजाना शुरू हो गया था। वह तो दूसरे दिन सभी को पता चला कि रात यों ही बीत गई थी बिना सोए। नाचते हुए मदन अपनें सिर पर उसी तरह की पगड़ी बाँधे हुए था, जैसी कि वकील के सिर पर थी। कहीं से उसी के छाते की तरह कोई पुराना छाता भी निकल आया था. जिसे कन्धों के सहारे दोनों हाथों से थामे मदन नाचता रह गया था। वह मीरा की नज़रें थीं जो उस पर से हट नहीं पा रही थीं। मदन की अपनी नज़र अगर एकाध बार कहीं रुकी थी तो सीता पर।

मशाल की रोशनी में मीरा मदन के चमकते चेहरे के उस उल्लास को मापने की कोशिश करती हुई खुद खो गई थी। बेसुधी के अँधेरे में। जंगली बादाम का एक पीला पत्ता ओस की बूँदों से बोझिल होकर डाली से छूट गया था। उसे गिरते देख मीरा उसे आकाश से छूटकर गिरता हुआ कोई तारा समझ बैठी थी। उसकी मौसी कहती थी कि तारे को टूटकर गिरते देखो तो मन में कामना कर लेना, वह पूरी हो जाएगी।

उसने मन-ही-मन कामना की–उसकी वह मुस्कान बनी रहे। कभी न मिटे उसकी वह खुशी। बादाम का पत्ता उसके एकदम पाँव के पास ही गिरा था, उसे पता तक नहीं चला। कुछ ही देर पहले उसकी मौसी सभी को कोसकर चली गई थी, "घरे भूँजी-भाँग नाहीं देहरी पे नाच।"

मीरा के मन में आया था कि वह अपनी मौसी को समझाए कि अनाज़ की चिन्ता से कहीं अधिक बड़ी थी उस कामयाबी की खुशी। अनाज़ तो जान से जुड़ा हुआ था जबकि यह सफलता बस्ती की प्रतिष्ठा थी। प्रतिष्ठा ही तो आत्मा थी। उसकी मौसी इन बातों को क्या समझती? उसके सामने तो सौ बात की एक बात होती है–

"तोर बाप भी बहकल-बहकल बात करत रहल, तू भी।"

जम्भाई लेती हुई सभी औरतें एक-एक करके सोने चली गई थीं। मीरा अपनी जगह पर बैठी रह गई थी। गाँजे और तम्बाकू की महक से माहौल भारी था। हवा उनींदी थी। बिनसहरा की ठंडक शुरू हो गई थी। मशाल की रोशनी क्षीण होकर काँपने लगी थी। गानेवालों का स्वर बैठ गया था। ढपली की आवाज़ ठंडी और ढीली हो चली थी।

मीरा अपने स्थान से उस समय उठी थी जब धनलाल के साथ मदन वहाँ से चला गया था। धीरे-धीरे चलकर वह घर पहुँची थी। बिना चिराग़ जलाए वह खाट पर जा लेटी थी। उसकी मौसी की नाक हमेशा की तरह बजी जा रही थी। अपनी आँखें मूँद लेने पर मीरा को लगा था कि झोंपड़ी के भीतर खाट से लेकर सन्दूक तक हर चीज़ चटाई की तरह ऐंठते चली जा रही है। अपने भीतर की शारीरिक कमज़ोरी को महसूस कर उसने आँखें खोल दीं। सुबह होने में अधिक देर नहीं थी। मुर्गों की बाँग शुरू हो गई थी। जगी-जगी ही मीरा सपना बुनने लगी थी।

वही ऊँची चट्टानोंवाला समुद्र–पहाड़-से ऊँचे उठते हुए वहाँ के श्वेत ज्वार-भाटे–चट्टानों पर लम्बी चोंचवाले मच्छीखवा–मूँगरेखा पर की फेनिल दीवार–ऊपर गहरा नीला आकाश–विविध रंग बदलता सागर–दूधिया बालू का तट–ऊपर आ गई जड़ोंवाला झावे का पुराना पेड़–बालू पर घरौंदा बनाती हुई मीरा–अपना नाम सुनकर पीछे की ओर देखना–मदन का झुककर उसका हाथ पकड़ लेना–एक-दूसरे का हाथ

थामे दोनों का समुद्र के किनारे-किनारे दौड़ जाना—मीरा की ओढ़नी का हवा के झोंके के साथ लहरों के ऊपर उड़ जाना—ओढ़नी के उड़ जाने पर मीरा की साँसों के साथ काँपता हुआ उसका लावण्य—उसके चेहरे और छाती पर आ गए बालों का मदन द्वारा हटाया जाना और...

—मीरा!

मीरा की आँखों का एक क्षण ऊपर उठकर दूसरे ही क्षण झुक जाना।

सागर का और भी दहाड़ने लगना।

मीरा की समझ में बात का न आना।

—तुम्हारा सौन्दर्य ज्वार-भाटों को और भी विद्रोही कर गया।

उससे हाथ छुड़ाकर मीरा का दौड़ जाना—समुद्रगर्जन के साथ होड़ लगाकर मदन का भी उसके पीछे दौड़ना—और...। ऊँ...ऊँ...आँ...आँ आँ...!

एक झटके के साथ मीरा के सपने के टुकड़े लड़खड़ाकर तितर-बितर हो गए। सपने में मीरा की मौसी ज़ोर से बवा उठी थी। मीरा जल्दी से उठी और उस अँधेरे में दो क़दम चलकर अपनी मौसी की चारपाई तक पहुँची। टटोलकर उसने उसके दोनों हाथों को गरदन से अलग किया और जब उसकी अकुलाहट-भरी चीख़ रुक गई तो मीरा अपने खाट तक लौट आई। बाहर पौ फटने में अधिक विलम्ब नहीं था।

एकदम पिछले पहर में मीरा की आँख झपकी और उसे नींद आ गई थी। पहली नींद की हलकी खुमारी में थी वह जब उसकी मौसी ने उसे झकझोरा था।

"ओ री महारानी, दिन चढ़ गइल और कब तलक सुतल रहबे!"

उसी खुमारी में वह बोल उठी थी, "मौसी, सोने भी तो दो।"

"सास के हाथ में तोर एक दिन भी गुजारा न होय।"

मीरा ने करवट बदलकर मारकीन की पेबन्द लगी चादर को अपने ऊपर तान लिया। उसकी मौसी अपने-आपमें बुदबुदाती हुई इधर-उधर के कामों में लग गई। मीरा को खरी-खोटी सुनाना उसकी आदत बन गई थी। वह जितनी खरी-खोटी उसे सुनाती, उतनी ही सराहती भी रहती थी। परमावती जब अपनी पतोहू की सुन्दरता बखानने लगती तो मीरा की मौसी उसे अच्छी तरह सुन चुकने के बाद सिर्फ़ इतना कह जाती, "शायद तू अभी हमार मीरा के दिन में ना देखले हवे।"

मीरा को दोनों बकरियों की घास के लिए नहीं जाना पड़ा। उसकी मौसी मैदान से लौटती हुई भर अँकवारी आकास्या की फलदार पत्तियाँ ले आई थी। बाड़े के पास खड़ी होकर मीरा ने अपनी मौसी से कहा, "मौसी, तू तो घास ले आई, अब दिन-भर इसके बदले कितनी गालियाँ सुनाएगी मुझे?"

"तू बारह बजे तक सोवत रही और बकरयन न में-में करके रामायण पढ़यन स।"

मीरा को हैरानी हुई। इतने लम्बे वाक्य को बिना किसी गाली के उसकी मौसी पूरा कर गई थी।

दतवन करती हुई मीरा पिछवाड़े की मेंड़ पर चढ़ गई, जहाँ से गन्ने के खेत कट जाने से दूरी पर का समुद्र स्थिर और मौन-सा लग रहा था। समुद्र उसके सामने भविष्य के सपने को साकार कर जाता। लेकिन भविष्य जो आकृति पाता वह धुँधली और क्षणिक होती। मन में ख़याल आया...समुद्र! सपना उसे छूकर...उसे बाँहों में समेटकर या फिर उसकी बाँहों में सिमटकर उसी तरह विस्तार पाने लगता है और... नहीं...उसकी चौखट पर लहरें धुनती रह जाती हैं...आत्महत्या कर जाती हैं लहरें... सपने...भविष्य के सपने झाग-से बिखरकर काफ़ूर हो जाते हैं। लहरों पर बिछी हुई साँसें सपने की उम्मीद रखनेवाले के लिए नींद तक नहीं लाती।

अमरूद के दातून को बीच से चीरकर मीरा ने जीभी की और दोनों टुकड़ों को फेंककर कुएँ के पास पहुँची। सपुरा की बाल्टी से पानी लेकर उसने पहले मुँह खँगारा, फिर हाथ-पाँव धोए।

सपुरा ने पूछा, "रात तू कब तक रही?"

"मदन के जाने... ।"

बस, बात मुँह से निकल गई थी। उसने उसे पूरा नहीं किया। सपुरा हँस पड़ी। कुएँ पर का घाँवमाँव बरगद के पेड़ की चिड़ियों के कोलाहली काँव-काँव से कम नहीं था। परमावती की पतोहू सबसे अधिक बोले जा रही थी। कुएँ पर सबसे बाद में पहुँचकर भी वह अपनी बारी सबसे पहले बताती थी क्योंकि उसकी डोल वहाँ पहले ही से होती थी। परमावती इस बात के लिए भी कम गुमान नहीं करती थी कि उसकी पतोहू बस्ती की सबसे चड़बाँक थी।

परमावती की पतोहू के देखते-ही-देखते मीरा उसी की डोल में पानी लिए घर की ओर झपट पड़ी। ओरियानी की बाल्टी में पानी उँड़ेलने के बाद जब मीरा डोल लौटाने कुएँ की ओर मुड़ी तो तभी मदन सामने से आता दिखाई पड़ गया। मीरा ठिठक गई। पल-भर पहले उसके चेहरे पर जो शरारत थी उसे मिटते क्षण भी न लगा। पल्लू ठीक करती हुई वह खड़ी रही। उसे लगा कि उसकी ओढ़नी उससे छूटकर उड़ने ही वाली थी। कलाई की चूड़ियाँ अपने-आप खनक गईं। दूसरी ओर से गौतम राव का बेटा अपनी ही धुन में पीतल के लोटे पर अँगुलियों से ताल देता और गुनगुनाता हुआ निकल गया—

फजीरवा अभी होवल कहाँ
रतवा अभी मिटल कहाँ!

दुनिया-भर के सारे बोझ को अपनी पलकों पर लिए मीरा उन्हें ऊपर नहीं कर सकी।

19

वकील के सहयोग से काग़ज़ात ठीक करवा आने के दूसरे ही दिन बाद खेत का नया बँटवारा हुआ। इस बार नागफनीवाले जंगल को लेकर ज़मीन का बँटवारा एक सौ बाईस टुकड़ों में हुआ। हर परिवार के हिस्से के खेत की लम्बाई तीस और चौड़ाई बीस लकड़ी थी। मीरा की मौसी का खेत ठीक मदन के खेत के सामने निकला। काग़ज़ात के मुताबिक सात महीने बाद इन खेतों पर सभी के अधिकार जीवनपर्यन्त हो जाने की बात निर्धारित थी। बैठका के प्रधान के पास बस्ती का जो पैसा जमा था वह सारा क़ानूनी कार्यवाही में खर्च हो गया था, फिर भी लोग खुश थे। वकील के सामने ही यह बात भी तय हो गई थी कि हर खेतिहर अपने खेत की आमदनी अपने पास ही जमा कर सकता था।

सुना गया कि मोरेल साहब किसी दूसरी कोठी से मज़दूर ले आया था। इस बात की भी चर्चा थी कि कोंस्ताँ साहब गुलाम ख़रीदने के इरादे से यात्रा की तैयारी में था। नदी के उस पार ऊँची दीवार खड़ी कर दी गई थी और 'त्रेसपास' की पट्टी लगा दी गई थी। दो अलग दुनिया हो जाने के कारण अब इधर के मज़दूरों का भूल से भी उधर भटक जाने का मतलब था, गोलियों से बिंध जाना।

वकील के चले जाने के दूसरे ही दिन बाद मोरेल साहब पैदल बस्ती में पहुँचा था। उसने वहाँ के कुएँ का पानी भी पिया था और भोजपुरी में बातें करके लोगों से फिर से काम पर लौटने का अनुरोध किया था। उसने मदन से कहा था, "तुम अपनी शर्तें सामने रखो।"

मदन ने उत्तर दिया था, "हमारी कोई शर्त नहीं। हम आपकी कोठी के मज़दूर अब नहीं रहे।"

फिर उसने दूसरे लोगों से बातें की थीं।

"मदनवा तुम लोगों को भड़का रहा है। काम नहीं करोगे तो बाल-बच्चों को पोसोगे कैसे?"

"काम करने के लिए बस एक आप ही की कोठी, आप ही का कारख़ाना है?"

"तुम लोगों को किसी भी दूसरी जगह नौकरी नहीं मिलेगी।"

"मरद जाति के लिए काम की कमी है क्या?"

"सभी बखेरा मेरे सरदारों के कारण हुआ है। मैं तुम लोगों को यक़ीन दिलाना चाहता हूँ कि आइन्दा तुम लोगों को किसी तरह की शिकायत नहीं होगी। वकील की बातों में न आकर तुम लोग अपने आगे के दिन का ख़याल रखो। वकील का तो काम ही दावपेंच का होता है। तुम लोगों से कुछ अनर्थ करवाके ही तो वह कमा सकता है।"

मदन हँसकर बोला था, "मोरेल साहब, हम आपका काम नहीं करेंगे।"

"मैं दूसरे मज़दूर भर्ती कर लूँ इससे पहले तुम लोगों को कल तक का समय देता हूँ। कल मैं फिर आऊँगा।"

"अच्छा होता अगर आप आने की तक़लीफ़ न करते। हममें से कोई भी आपकी कोठी का मज़दूर नहीं रहा।"

उसी शाम मोरेल साहब की ओर से दो सरदार विवेक को लेने पहुँचे थे। विवेक घर से बाहर नहीं हुआ था। पुष्पा ने दोनों सरदारों से बात की थी।

"साहब से कह देना कि सोने से मढ़वाने पर भी मेरा बेटा नहीं जाएगा।"

अकेले-दुकेले मिल गए एकाध मज़दूरों को सरदारों ने धमकियाँ भी दी थीं, लेकिन धमकियों से डरने का दिन शायद बस्ती के मज़दूरों के लिए ढल गया था। दाऊद मियाँ के साथ स्वर मिलाकर सभी ने प्रण कर लिया था—इस पार या उस पार!

दूसरे ही दिन लोग अपने-अपने खेतों में जूझ गए थे। सभी ने मिलकर तीन दिन में नागफनीवाले जंगल को भी साफ़ करके हिस्सेदारों को सौंप दिया था। उजड़े हुए खेतों से जो भी सब्जी और अनाज़ बटोरा जा सका था उसे बैठका में रखवा दिया गया था। आलू, अरवी, प्याज और कन्द जैसी चीजों को कोई ख़ास नुकसान नहीं हो सका था, इसलिए कोड़ने पर ये चीज़ें कुल मिलाकर अठारह बोरे आई थीं।

मीरा की मौसी के हिस्सेवाले में तुरई, चिंचिंडा और करेला की बेलों से भी कुछ फल मिल गए थे, लेकिन जो खेत एकदम नष्ट हो चुके थे, वे थे बैंगन, टमाटर, गोभी और अन्य सागों के खेत जिन्हें सुअर चर गए थे।

सातवें ही दिन खेतों में बोआई शुरू हो गई थी। भीषण तूफ़ान के बादवाले सुहाने मौसम-सी थी खेतों की वह रौनक। गौतम राव का लड़का इस खेत से उस खेत तक गाता हुआ निकल जाता। खेतों की रौनक पहले से दुगुनी हो जाने का सबसे बड़ा कारण तो यही हो सकता था कि पहली बार क़ानूनी तौर-तरीक़े से वे अपनी निजी ज़मीन जोत रहे थे, पर इसके साथ-साथ एक और कारण था। वह था बस्ती की स्त्रियों का सक्रिय और सम्पूर्ण रूप से खेतों में जुट जाना।

सुगुन भगत के सुझाव पर मीरा की मौसी अपने खेत में मकई और मूँगफली बोने को तैयार हो गई थी। वह तो खेती-बारी के बारे में कुछ भी नहीं जानती थी, पर चूँकि दाऊद मियाँ ने भी उसे यही बताया था कि इन दोनो चीज़ों के लिए मौसम अच्छा था और फिर वह कम मेहनत की खेती थी, इसलिए दूसरे ही दिन वह बोआई में लग गई थी।

अपने खेत के काम पूरा करके मीरा अगल-बग़ल के खेतों में भी हाथ बँटा आती थी। अपने खेत की बोआई के बाद वह अंकुर ऊपर आते देखने को अधीर हो गई थी। हर दूसरे दिन वह मिट्टी हटाकर बीजों को झाँक लेती थी। वर्षा होते ही दूसरे

दिन उसने अंकुरों को अकुलाकर बाहर आते देखा। वह और कुछ न करके घूम-घूम कर उन अंकुरों को देखती रही। उसकी मौसी भी अपनी उत्तेजना को सँभाल नहीं सकी।

"ई त सब फदफदा के जम आईल।"

मीरा ने सुन रखा था कि मकई के पौधे बड़ी तेज़ी के साथ बढ़ते हैं। उसके भीतर पौधों के एकाएक बढ़कर उसकी अपनी बराबरी के हो जाने की जो अधीरता थी, वह उसे यह मानने ही नहीं दे रही थी कि पौधे तेज़ी से बढ़ रहे थे। तीसरे दिन पौधों के इर्द-गिर्द घास भी उग आई थी। पत्थरों की मुँडेर के पास वह निराई में लगी हुई थी कि तभी बग़ल से मदन की सुबह की लम्बी परछाईं का ऊपरी भाग उसके सामने रुक गया। अपने माथे से पसीना पोंछकर मीरा ने आँखें ऊपर कीं।

मदन अगर मुस्कराता नहीं तो मीरा उसे उसकी कटी हुई दाढ़ी के कारण पहचान नहीं पाती।

"तुम तो बाजी मार ले गईं।"

मीरा की समझ में बात नहीं आई। दाहिने हाथ के हँसुवे को बाएँ हाथ में पहुँचाती हुई वह खड़ी हो गई। मदन ने उसी तरह हँसकर कहा, "हम सबों से पहले तुम्हारा खेत अंकुरित हो गया।"

मीरा को अपने भीतर इस बात का गर्व था, पर उसने उसे प्रकट नहीं होने दिया।

मदन उसके उस चेहरे को देखता रहा, जिस पर जहाँ-तहाँ मिट्टी लगी हुई थी। उसके उस गेहुँवे रंग पर मटियाला रंग फब रहा था या उस मटियाले रंग के कारण मीरा का गेहुँवा रंग अधिक निखर आया था—मदन तय नहीं कर पाया।

"आज मौसी दिखाई नहीं पड़ रही?"

मदन उसी तरह हँसता हुआ आगे बढ़ गया। यह मीरा की चुप्पी का पहला अवसर नहीं था। उससे उत्तर की आशा न रखते हुए भी वह हर बार प्रश्न कर ही जाता था। उसने अपने खेत में टमाटर के बीज की धूनी गिराई थी। उनमें अभी अंकुर नहीं आए थे, फिर भी मैनाएँ मिट्टी खुदेड़कर बीज चुग जाती थीं। मैनाओं को दूर रखने के लिए मदन ने जहाँ-तहाँ सफ़ेद झंडिया उड़ा रखी थीं। उसी के खेत में नए कुएँ की खुदाई हो रही थी। बैठका में यह तय हुआ कि सभी खेतों में सिंचाई की सुगमता के लिए तीन नए कुएँ की आवश्यकता थी। एक कुआँ नागफनी इलाक़े में खोदा जा रहा था, दूसरा मदन की ज़मीन में और तीसरे के लिए जगह तय नहीं हुई थी। मदन के खेत का कुआँ पूरा होने को ही था। अनुमान से पहले ही उसमें पानी निकल आया था। सुगुन भगत की बनाई योजना के मुताबिक उस कुएँ का उपयोग आसपास के बीस खेतों में हो सकता था। कुएँ किसकी ज़मीन में खोदे जाएँ यह

विवाद की बात न बन जाए, इसलिए दाऊद मियाँ ने अपनी मुट्ठी से तिनके खिंचवाए थे। सबसे छोटा तिनका पाकर भी मदन अपनी ज़मीन में कुआँ खोदवाकर सबसे अधिक सुविधा पाने के पक्ष में नहीं था, पर यह निर्णय बैठके का होने के कारण अन्त में वह चुप रह गया था। उसकी अधिक सुविधावाली बात के उत्तर में दाऊद मियाँ ने कहा था कि उल्टे उसके पल्ले नुकसान की सम्भावना थी क्योंकि हर दिशा से पगडंडी बनाकर लोग उसके खेत में पहुँचेंगे। इससे सब्जियों के पौधों के कुचले जाने की सम्भावना रहती है। कुएँ के आसपास की ज़मीन के कुछ भाग का उपयोग तो बोआई के लिए किया ही नहीं जा सकता।

इन बातों को सुनने के बाद मदन ने मुस्कराकर स्वीकृति दे दी थी।

उसी के खेत में पड़ा था नीम का वह पेड़ जिसके नीचे बैठकर गम्भीर समस्याओं पर विचार किया जाता था। उसके इर्द-गिर्द चिकने-चिपटे पत्थरों के सुन्दर आसन बने हुए थे। जिस जगह पर बैठका का प्रधान बैठा करता था, उसी पर मदन बैठ गया। अपने पाँव में चुभ आए काँटे को एक-दूसरे काँटे से निकालते हुए वह उस प्रस्ताव के बारे में सोचने लगा जो मोरिपो कोठी से आया था। वे वहाँ दो मज़दूर ही थे जो साहब की ओर से प्रस्ताव लेकर आए थे। सबसे पहले तो दोनों ने वहाँ की स्थिति में आ गए परिवर्तन की चर्चा की थी। परिवर्तन लानेवाले उस आदमी की बातें भी हुई थीं जो किसनसिंह से प्रभावित होकर ही उस लड़ाई को वहाँ अन्त तक लड़ता रह गया था। वहाँ के काम की शर्तें काफ़ी हद तक सन्तोषजनक हो चली थीं। सुबह आठ से शाम के चार बजे तक की नौकरी बुरी नहीं हो सकती थी और रोज़ाना बाहर आना-जाना भी बुरा नहीं था। स्वतन्त्र रूप से काम करना था। बस्ती के कई लोगों को बात पसन्द आ गई थी। पर पाँच पत्थल लम्बे फासले का मतलब था आने-जाने में रोज़ाना दस पत्थल। रात में बैठक लगी थी और बहुमत से यह बात मान ली गई थी कि कुछ लोग, जिनके यहाँ के खेत का काम घर के लोग सँभाल सकेंगे, उस मोरिपो कोठी के काम को शुरू करके देख सकते थे। क्योंकि इन अपने खेतों से गुजारे की उम्मीद सिर्फ़ छह-सात महीने बाद ही की जा सकती थी। तब तक अगर दूसरी जगह पर इज़्ज़त के साथ काम करके कुछ प्राप्त कर लिया जाए तो यह बेहतर ही तो होगा। दस आदमियों को अपने साथ लेकर वहाँ काम शुरू करने की जिम्मेवारी मदन ने अपने ऊपर ले ली थी। अपने खेत की देखभाल का दायित्व उसने धनलाल पर छोड़ दिया था।

सुबह खेत की ओर आते हुए सीता ने उसे रोक लिया था।

"दूसरी कोठी में जाकर काम करने की बात तुम क्यों मान गए?"

"विवेक नहीं जा रहा।"

"तुम तो जा रहे हो!"

"हमारे ये उजड़े हुए खेत हम सभी को दो जून की रोटी दे सकें, इसमें अभी कुछ देर है।"

"और अगर इन लोगों की कोई साजिश हुई तो?"

मदन हँसकर आगे निकल गया था।

आपस में झगड़ती हुई दो मैनाएँ नीम की डाली से छूटकर नीचे आईं और फिर अपने को सँभालती हुई उड़ गईं।

देवराज को हाथ में डोल लिए अपनी ओर आते देख मदन खड़ा हो गया। देवराज के पास आ जाने पर उसने पूछा, "डोल लिए तुम लोगों को पानी पिला रहे हो या खुद के लिए पानी ढूँढ़ रहे हो?"

"मदन भैया, मैं फेनूस बाँट रहा हूँ।"

"लो, मैं तो भूल ही गया था कि गाय को बच्चा पैदा हुआ है। कैसी है बछिया?"

"वह तो कूद-कूदकर दूध पी रही है।"

"देखो, वो सामने मीरा है न? तुम उसी को मेरे हिस्से का फेनूस दे देना।"

देवराज का बाप बस्ती में सबसे मेहनती था। दिन-भर और सभी लोगों से अधिक ही काम कर चुकने के बाद वह बस्ती की दोनों गायों के लिए घास भी जुटा लेता था। झोंपड़ियों के छप्पर छाने में भी वह सबसे आगे था। खेतों में जब चीज़ें बोने की बात चली थी, उस समय देवराज के बाप ने कहा था कि सभी लोग सब्जियाँ बोएँ पर वह तो गन्ना ही बोएगा। और लोगों के 'आख़िर क्यों' का उसने गम्भीरता के साथ उत्तर दिया था, "हय ईखवा के मुलूक होवेला भैया। हैये ईखवा के ख़ातिर त एतना दुर्गत होवल, भला एके कैसे छोड़ल जाए?"

बैठका के प्रधान ने पूछा था, "लेकिन सुकना, अपनी ईख को बेचने कहाँ जाओगे? कारख़ाना तुम्हारी ईख थोड़े ही ख़रीदेगा?"

"अरे एकर फिकिर तुम लोगन ना करो। हम खुद ईख के रस पेरब और ओकर से भेली बनाके बाज़ार में भेजब।"

लोगों को यह ख़याल ग़लत नहीं लगा था।

देवराज के आगे बढ़ जाने पर मदन कुएँ की ओर बढ़ गया।

मदन समुद्री इलाके में बरगद के नीचे बैठा तन्दूर के पकते हुए कोयले की नशीली गन्ध से ऊबकर कुछ आगे को बढ़ गया। बैठे-बैठे उसने सोमा-सन्तू की कहानी का तीसरा भाग पूरा पढ़ लिया था। आगे की कहानी की बेसब्री को अपने में लिए वह समुद्र किनारे पहुँच गया। चट्टान पर बैठकर लहरों की थपकियों को सुनते हुए उसने अपने-आपसे कहा, "सोमा को हरखू सरदार के साथ नहीं जाना चाहिए था..."

आगे की कहानी जानने की अधीरता को न रोक पाकर उसने पुस्तक खोली और

पढ़ना शुरू किया—

अब पछताल से का होई लछी? ई तरह हाथ-पाँव बाँध के बैठे रहल से कुछ ना होई। हम सभी को सोमा की खोज में निकलेके चाही।

न जाने हमके का हो गइल रहल। हम घरवा ना छोड़ती त ई सब ना होवत।

लछी, चुप भी रह। हम कह चुकली कि इ सब होवे ओला रहल। होनी को कौन रोके? अब माथा ठोकल से बेहतर त ई होई कि सोमा के ढूँढल जाए।

अभी त सन्तू के ख़ातिर रोअल बन्द ना होल रहल कि...

हम बोलत बानी चुप भी त रह। देख, विनय आ गया। बैठल से बात ना बनी बेटा!

क्या इतना कुछ हो जाने पर भी मुझसे उठना हो सकेगा? इन्हीं के लिए मैंने अपने लोगों को मँझधार में छोड़ दिया था। आज इन्हीं लोगों ने...

विनय, तू त एक ही बात के ओट रहल बारे बेटा...

बस, अब सिर पीट-पीटकर मरना ही तो बाक़ी रह गया है।

सचमुच ऐसन नौबत आ जाए एकर से पहले उठ खड़ा हो बेटा।

किसी को मुँह दिखाने योग्य छुटा रहता तब तो।

बाहर तुम्हारे सभी साथी तुम्हारी राह देख रहे हैं।

मेरे मुँह पर थूकने के लिए?

उठ बेटे, और चलके खोज शुरू कर दे।

किसकी खोज?

सोमा के खोजे के बा बेटा!

सोमा को खोज निकालने के लिए तो सारा गाँव है। मुझे तो हरखू सरदार की खोज में निकलना है।

तू सोमा के खोज बेटा...समय बा, ऊ अब भी मिल सकी।

सोमा दीखे या न दीखे पता नहीं, पर हरखू सरदार कब तक नहीं दीखेगा यही देखना है।

विनय बेटा, तू ई सब बात बाद में करिहे, पहले सोमा के खोज निकाल।

सोमा?

हाँ, विनय बेटा!

सोमा को ढूँढ़ निकालने का वचन तो मैं आपको नहीं दे सकता, पर हरखू सरदार को हज़ार गोरों के बीच से निकाल के रहूँगा।

विनय, तू कहाँ जात बारे?

यह विनय इस तरह कहाँ जा रहा है करीम भैया?

ओकर सिर पर ख़ून सवार बा करीम भैया! हमके त डर लगत बा, कहीं ऊ सचमुच हरखू सरदार के जान से न मार देय।

ऐसा करके वह बुरा थोड़े ही करेगा? आज नहीं तो कल हममें से किसी को इतनी हिम्मत तो करनी ही है।

हमारी बद्दुवाओं से उसके जुल्म थोड़े ख़त्म होंगे! इस तरह की घिनौनी ज़िन्दगी को ख़त्म करने की कोशिश कभी-न-कभी तो करनी ही है।

करीम भैया! तुम भी विश्वास करत हो कि बुराई के बदला बुराई से लेवल जाए।

अच्छाई के लिए अच्छाई होती है, बुराई के लिए बुराई। ज़हर में दूध मिलाने से वह अमृत थोड़े ही बन जाता है!

भैया, तुम्हारी बातों से हमके हैरानी होवे लगल। ऐसने अनर्थ करके सन्तू क़ैद बाटे, अब एही चाहत हो कि विनय भी वैसा ही कर जाए? भैया, तू दौड़ के विनय के रोक ले। ओकर कपार पर बदला के भूत सवार हो गइल बा।

तुम सोचती हो उसे रोका जा सकता है लछी बहन? समुद्र के उफनते ज्वार-भाटों को कोई नहीं बाँध सकता। यह सही है कि पत्थरों की मुँडेर बनाकर उसे कुछ देर के लिए रोका जा सकता है, लेकिन फिर तो मुँडेर को टूटना ही है—ज्वार-भाटे को आगे बढ़ना ही है। इन ज़ंजीरों ने तो यही एक बड़ी बात हमें सिखाई है। विनय की हरकत समय का तक़ाज़ा है। सुबह का भूला वह शाम को घर आया है। हम सभी हक़ चाहते हैं, आज़ादी चाहते हैं। ये दोनों चीज़ें झुककर नहीं ली जातीं, इनके लिए आदमी को सीधे खड़े होकर आगे बढ़ना पड़ता है।

आगे बढ़ के विनय के रोक ले करीम भाई!

उसे नहीं रोका जा सकता।

बाहर के सभी लोग मिलके ओके रोक सकियत स...

देखता हूँ।

अब और कोंची बाक़ी रह गइल बा होई के?...सिपाही? मेरे घर सिपाही?

कोत निमेरो सेत साँ जीस?

किस सात सौ दस को ढूँढ़ रहे हो?

हम पूछते हैं सन्तू का बच्चा कहाँ है?

ई त तू लोग जनब स।

जल्दी बताओ, सन्तू कहाँ है?

वह तो तुम्हारी क़ैद में है। मैं झुनिया बोल रही हूँ।

वह क़ैद में नहीं है।

तो फिर लाट साहब के महल में होगा।

देख लड़की, हमसे मज़ाक मत कर। जल्दी बता सन्तू कहाँ है वरना हम सभी

को गिरफ़्तार कर ले जाएँगे।
जो तुम सबकी ही क़ैद में हो उसे यहाँ क्यों ढूँढ़ रहे हो?
लिफिन बूरे।
वह रात को क़ैद से भाग गया है। हमें यक़ीन है कि वह इसी घर में छिपा है।
क्या? सचमुच वह क़ैद से भाग गया?
अनजान मत बनो। जल्दी से उसे मेरे हवाले कर दो।
यह हमसे कह रहे हो?
हाँ, तुम सभी से।
पर वह यहाँ हो तब तो?
ली ला मेम।
तो फिर ढूँढ़ लो।
सचमुच सन्तू क़ैद में नहीं है?
तू बीज़ें फुये पार्तु।
तलाशी लेने से पहले काग़ज़ बताना होगा।
लेवे दे बेटी।
सचमुच सन्तू क़ैद से भाग गइल?
के जाने ई सच ह या झूठ।
चुप रहिए आप लोग...
ले पु पेई शेर पुर्शा।
वह हमसे बच नहीं सकता। इस बार उसकी शामत आ गई है।
अगर सचमुच ही वह क़ैद से भाग गया है तो अब आगे क्या किया जाए?
हमरे को तो विश्वास ना होता झुनिया।
एक के बाद एक मुसीबत। उधर उसके क़ैद होने की चिन्ता से ग्रस्त ही थे कि सोमा ग़ायब हो गई। अभी सोमा मिल भी नहीं पाई कि यह दूसरी बात सामने आ गई। तुम ठीक ही कहती हो मौसी! सनी है तुम लोगों पर।
ऊ कैसे भागल?
तुम्हारे को सोमा की चिन्ता जाती रहल का?
कहाँ-कहाँ भागत फिरत होई हमार बेटा?
लछी, हम पूछत बानी कि बहू का ख़याल तुम्हारे को जाता रहा का?
मैं तुम दोनों के लिए कुछ पीने का प्रबन्ध करूँ।
ठहर बेटी। हम लोगन के कुछ ना चाही।
कब तक?
हय त ऊपरवाला ही जानी।

सन्तू! सचमुच तुम क़ैद से छूट गए?
बेटा! तोर मुँह सूख के चोंचा हो गयल बा।
तुम्हारा यहाँ आ जाना ख़तरनाक है बेटा!
तुम्हें इधर आते किसी ने देखा तो नहीं?
तू इतना झाँवर कैसे हो गइले सन्तू? तीन दिन पहले तोर चेहरा फूल जैसल रहल।
माँ!
देख बेटी, हमर लयका के पिये ख़ातिर कुछ लियान।
मैं घर से दूध ले आती हूँ।
पानी चाहिए मुझे।
तोर पीछे सिपाही लगल बा सन्तू। तोर हियाँ रहल ठीक ना बा।
अउ हमार बेटा के कोई ना ले जाए सकी।
नै जनबे कब सिपाही हियाँ पहुँच जाए।
दे बेटी। हमर हाथ से पिही।
हम नीम के नीचे बैठते हैं। तुम लोगन ज़ोर से बातचीत ना करना। हमर अगाह करते ही तू पीछे से भाग जाना।
माँ! सोमा को बुला।
तोर चेहरा एकदम बदल गइल बा सन्तू!
सोमा कहाँ है?
भैया, तुम चुप रहो।
चुप रहकर भी तो सिपाहियों को यहाँ से दूर नहीं रख सकता। वे आते ही होंगे।
नहीं बेटे, ऐसन ना बोल।
सोमा को बुला दो माँ, मैं उसे देखकर तो जाऊँ!
कहाँ जयबे बेटा?
यही तो मैं नहीं जानता माँ, पर...पर मैं किसी भी हालत में यहाँ नहीं रह सकता।
झुनी, तू ही उसे बुला ला।
पहले कुछ साँस भी तो ले ले।
मैं कल रात से फरार हूँ। सिपाहियों का पूरा झुंड मेरे पीछे निकला होगा। और फिर क़ैदी कैसे साँस लेगा जब यहाँ मुक्त आदमी भी साँस नहीं ले सकता? इसी साँस लेने की ख़ातिर ही तो आज बन्दी हूँ।
तुम बैठो तो सही।
थोड़ा और पानी ला दो मेरे लिए।
माँ, तुम बहुत रोती रही हो न? तुम्हारी आँखें इतनी सूजी हुई क्यों हैं?

हमर आँख थोड़े ही सूजल बा। फीका तो तोर चेहरा पड़ गयल बा सन्तू।

माँ, मैं दोबारा उस नर्क को नहीं लौटना चाहता।

झुनी तोर ख़ातिर पानी ले आल।

झुनी! सोमा बीमार है क्या?...मैं ऊँची दीवारें फाँदकर उसे देखने आया हूँ, वह भी सामने नहीं आई...खैर, मैं खुद देखता हूँ।

ठहर बेटा।

सोमा को देख तो सकता हूँ?

सोमा यहाँ नहीं है सन्तू।

सोमा यहाँ नहीं है? क्या कह रही हो तुम?

ओकर माँ आल रहल।

क्यों गई? दुख का एक क्षण भी उससे इस घर में बिताया नहीं गया? ...
तुम सभी इस तरह चुप क्यों हो? क्यों जाने दिया उसे? क्या उसका सम्बन्ध मुझ तक ही था? सोमा इतनी ख़ुदग़र्ज कैसे निकली?

सोमा इतनी ख़ुदग़र्ज नहीं सन्तू।

तो फिर...

वह अपनी माँ के घर नहीं गई है।

माँ, तुम तो...पर जब कहीं नहीं गई तो फिर मेरे सामने आती क्यों नहीं?

इसलिए कि यहाँ नहीं है।

यहाँ भी नहीं, वहाँ भी नहीं...तो फिर वह है कहाँ? मैं पूछ रहा हूँ सोमा कहाँ है?

मोड़ से कुत्ता के भूँके के आवाज़ आवत बा...शायद सिपाही इधर...

आने दो सिपाहियों को...पहले यह तो बताओ कि सोमा कहाँ है?...
पिताजी, मैं तुम्हीं से पूछ रहा हूँ कहाँ है सोमा?

तुम लोगों ने क्या बताया इसे?

पिताजी, सोमा कहाँ है?

अब चुप रहल से का फ़ायदा?

फिर भी चुप हो...

कोंची बताई सन्तू?

कहाँ है तुम्हारी बहू?

ऊ हियाँ नाहीं।

वह तो मैं भी देख रहा हूँ।

कल रात से ऊ...

कल रात से वह घर छोड़कर चली तो नहीं गई? ...क्या इसलिए कि उसे मालूम

हो गया कि यहाँ अब रोटी-कपड़े ही नहीं तो फिर ऐसी जगह चिपके रहने से क्या लाभ?

तुम सोम को ग़लत न समझो। उसने घर छोड़ा है यह सच है, लेकिन इस सच्चाई के पीछे जो सच्चाई है उसे न जानना चाहो तो अच्छा है।

क्या कह रही हो झुनी?

बस इतना ही समझ लो कि औरतें इतनी जल्दी घर नहीं छोड़ा करतीं। ऐसा करने के लिए बहुत बड़ा कारण रहा होगा।

मैं भी तो सुनूँ क्या है वह कारण?

वह तो किसी को नहीं मालूम।

मुझे मालूम है। औरतों का वास्ता भी तो कुछ हद तक रोटी के लिए होता है। उसके अभाव में वह यहाँ भूखी क्यों मरती...

औरत जात को इतनी आसानी से समझने की कोशिश मत करो।

खैर, तुम लोग जानते तो होंगे कि इस चौखट से पाँव निकालकर वह गई तो अब होगी कहाँ?

यही तो हम नहीं जानते। पूरा गाँव उसकी तलाश में है।

उसकी तलाश में पूरा गाँव? तुम लोग मुझे ऊटपटाँग बातें बता रहे हो। क्या बात हो गई है, जिसके लिए पूरा गाँव उसकी तलाश में है? माँ, तुम चुप क्यों हो?

का बताई बेटा?

सोमा ने घर क्यों छोड़ा?

मैं बाहर देखती हूँ, कहीं सिपाही तो नहीं आ पहुँचे।

झुनिया से बात बताई नहीं गई...पर तुम तो बताओ। कहाँ है सोमा?

शायद ऊ अब जीयत ना मिली सन्तू!

क्यों वह जीवित नहीं मिल सकती? यह क्या कह दिया तुमने...अब चुप क्यों हो? क्यों सोमा जीवित नहीं मिल सकती?

तोर गिरफ़्तारी के बाद हम लोग तोके छुड़ावे के कोशिश में इधर-उधर लगल रहलीं स कि तभी हय सबकुछ हो गइल।

क्या?

नाजुक बखत के लाभ उठाके हरखू सरदार...

अपनी बात को पूरा तो करो।

बेबस बहू ओकर सामने कुछ ना कर सकल।

साफ़-साफ़ कहो ताकि मैं कुछ समझ सकूँ।

हरखू सरदार बहू के ले जाके कोठी के मालिक के हाथ में सौंप आल।

फिर...?
ओकर संगे ऊ ही हाल होइल जौन रघुबीर के बेटी के साथ होइल रहल।
नहीं...नहीं...। माँ, तुम क्यों सिसकने लगी? क्या यह सच है? ऐसा क्यों हुआ माँ? ऐसा क्यों हुआ? तुमसे...भी उसकी रक्षा नहीं हुई। सोम! तुम्हें क्या हो गया?...पर वह है कहाँ? इतना कुछ हो जाने के बाद सोम है कहाँ? उसकी तलाश घंटों से जारी है।
ऐसा कब तक होता रहेगा?
विनय आ रहा है।
विनय से भी मेरी सोमा की रक्षा नहीं हुई। इससे बेहतर तो यही होता कि मैं भी काली कोठरी में ही सड़ जाता। यह क्या हो गया माँ, यह क्या हो गया? सोम? यह क्या हो गया तुम्हें सोम? विनय, कहाँ मिली तुम्हें यह लाश? सोम! यह तुमने क्या कर लिया?
तू त अपन कलंक धो लेले बेटी, पर हमनी के दुखवा अब के बाँटी?
विनय, यह क्या हो गया?
सोमा की लाश तुम्हें कहाँ मिली विनय?
सोमा? कहाँ है सोमा? तुम सभी मिलकर लौटावो मेरी सोमा को...मैं एक-एक से अपनी सोमा को वापस लूँगा।...
जरा शान्त हो बेटा, सोमा तोर सामने बा।
कहाँ? यह सोमा नहीं, लाश है। मुझे सजीव सोमा चाहिए...
विनय, तुम इस तरह पत्थर क्यों बने हुए हो? बताओ सोमा तुम्हें कहाँ मिली?
बेटा, तू कुछ बोलत काहे ना हवे? करीम भैया, तू भी त साथ रहले...सोमा के लाश कहाँ रहल?
नदी किनारे। लेकिन इस समय लाश की फिकर छोड़ो। ये जो जिन्दा हैं, इनका ख़याल रखो।
क्यों, क्या बात है चाचा?
तुम लोग सन्तू और विनय दोनों को यहाँ से कहीं और भेजने की सोचो।
दोनों को क्यों?
विनय हरखू सरदार का ख़ून करके आ रहा है।
विनय! सचमुच तुमने उसे मार डाला? ऐसा क्यों किया तुमने?
तुम्हारे ऐसा करने से सोमा जीवित थोड़े ही हो जाएगी?
विनय...क्या सचमुच...सचमुच तुमने उस आदमी को मिटा दिया?
मैं पहाड़ी के पास सिपाहियों को देखकर आ रहा हूँ। वक़्त बहुत कम है। तुम लोग इस बात को छोड़ो...विनय, तुम भी सन्तू के साथ भाग निकलो।

विनय क्यों भागने लगा?

इसने ख़ून जो किया है!

कहाँ हुआ है यह ख़ून?

पहाड़ी के नीचे।

किसी ने ख़ून करते इसे देखा था?

किसी ने नहीं।

ठीक है। इस धरती को काफ़ी पसीना पिलाया जा चुका है...अब इसे एकाध बूँद ख़ून भी तो चाहिए था। विनय, तुम सजग हो चुके हो। तुम्हारे भीतर का भय मर चुका है...सभी कुछ चुपचाप सह जाने की दासभावना को तुम तज चुके। तुम्हीं वह आदमी हो जो अन्याय को जला देनेवाली पहली चिनगारी को जन्म देगा।

सिपाही आ रहे हैं। तुम दोनों भाग निकलो।

आने दो।

वे एकदम पास आ गए हैं।

सन्तू, भाग निकलो।

नहीं।...विनय, एक बार फिर से सुन लो। तुम तो पहले से ही मज़दूरों के नेता रहे हो...फिर भी सुन लो...तुम्हारा संघर्ष अब शुरू हो रहा है। तुम्हीं तो कहते थे कि अच्छाई को मिटाने में जितना बड़ा पाप होता है, उतना ही बड़ा पाप होता बुराई को पनपते छोड़ देने में। तुमने अच्छाई की रक्षा के लिए बुराई को समाप्त किया है...। इस देश की समृद्धि के हकदार वे हों, जिनके पसीने बहें।

वे आ गए, तुम लोग भाग निकलो।

करीम चाचा! भारतीय जान इतनी सस्ती नहीं हो सकती, इसलिए फाँसी एक की होगी, दो की नहीं। यहाँ की स्थिति को सुधारकर विनय अपने हाथों को धो लेगा। ...चाचा, यहाँ के सभी लोगों का ख़याल रखना। विनय की जगह यहाँ के शोषित जनों के बीच है।...बस, सोमा का किरिया-करम अच्छी तरह हो जाए।

तुम भाग नहीं सकते सन्तू!

घबराओ नहीं, मैं भागूँगा नहीं। बाँध लो। पहली बार तुम लोगों ने मुझे एक गोरे की हत्या के जुर्म में बाँधा था, इस बार तुम मुझे एक सरदार की हत्या के लिए गिरफ़्तार करोगे। जकड़कर बाँध लो मुझे, मैंने हरखू सरदार की हत्या कर दी है। उसकी लाश तुम्हें पहाड़ी के नीचे मिल जाएगी।

सन्तू, यह क्या कह रहे हो?

वही जो मुझे कहना चाहिए।

नहीं, तुम अकेले नहीं जा सकते!

खैर विनय, तुम इस घर में सन्तू रहोगे, अपने घर में विनय और मज़दूरों के बीच उनका उज्ज्वल भविष्य! ठीक है, मैं चलने को तैयार हूँ।...पर अपने माँ-बाप के पाँव तो छू सकता हूँ?

कोठरी में जेलर के पाँव भी तो छूने हैं!

पुस्तक समाप्त करके मदन ने लम्बी साँस ली। सामने सागर की लहरें अब भी सिसकियाँ ले रही थीं।

20

गोबर से लिपी हुई बैठका की दीवार पर सफ़ेद मिट्टी का लेप चढ़ाती हुई मीरा ने रम्भा से पूछा :

"तुम मानती हो जादू-टोने की बात?"

"मेरा भाई अपनी मौत थोड़े ही मरा था!"

"जादू-टोने से मरा था?"

"नहीं तो और क्या? हमने बैठकी करवाई थी और दूसरी बस्ती से पहुँचे उस ओझे ने तो साफ़ कह दिया था कि आन्द्रेआ की माँ के चंगुल से उसे बचाना असम्भव है।"

"बस, ओझे के कहने से ही तुम्हें विश्वास हो गया?"

"तुम विश्वास नहीं करती क्या?"

"मैं तो नहीं करती।"

"तो फिर देख लेना विवेक भैया की हालत।"

"तुम्हारा मतलब है कि उसका बचना असम्भव है?"

"तुमने वह गुड़िया देखी थी न जो उसकी चौखट पर पाई गई?"

"तुम भी तो साथ ही थी।"

"गुड़िया की छाती पर सात सुइयाँ चुभी हुई थीं।"

''मैंने तो समझ ही नहीं पा रही कि इस छोटी-सी बात के लिए इतना बड़ा तहलका क्यों मचा हुआ है। सभी लोग आतंकित हैं। मेरी अपनी मौसी तो घर के भीतर काँप रही है। जीनत ख़ाला पहली बार मुझे सहमी दिखाई पड़ी। अकेला विवेक भैया ही है जो बिना डरे हँसता हुआ दिखाई पड़ रहा है।

"ऊपर से।"

"जीनत ख़ाला के सामने तो मैंने उसे कहते भी सुना कि वह बेपरवाह है।"

शाम को बैठका के आगे बस्ती के सभी लोग जुटे। धनलाल ने अपने हाथों से गीली मिट्टी का कुंड बनाया। उसके सामने उसी ने हनुमानजी की छोटी-सी मूर्ति रखी। उसके चारों ओर फूल रखे। पुष्पा ने विवेक को विवश करके अपनी बग़ल में बिठाया। पुजारी जी ने विवेक के माथे पर चन्दन का टीका लगाया और फूल की दो-तीन पंखुड़ियों को मन्त्रोच्चारण के साथ उसके माथे पर फेंकते हुए उसने बग़ल में पड़े हुए आटे के उस पुतले की ओर देखा, जिस पर सात सुइयाँ थीं। उसने विवेक को हाथ जोड़कर आँख मूँद लेने का आदेश दिया। मन्त्रों के साथ कुछ चावल फेंके।

एकदम अलग कुछ दूरी पर देवराज लकड़ी के छोटे-छोटे टुकड़ों से एक छोटी-सी चिता सजाकर तैयार कर चुका था। अपने मन्त्रपाठ को रोककर पंडित ने सभी को सुनाते हुए ज़ोर से कहना शुरू किया :

"भगवान से बड़ा कौन हो सकता है? सभी को जो मन में आए करने की छूट है, पर इसका यह अर्थ नहीं हो जाता कि जादू-टोने और भूत-प्रेत के चक्कर से भगवान की मर्ज़ी के खिलाफ कोई जा सकता है। जादू-टोने से लड़ने का तरीक़ा हमें नहीं आता पर भगवान पर विश्वास करते हुए सारा कुछ उसी के हाथ छोड़ देने से अच्छा दूसरा तरीक़ा हो ही क्या सकता है? महावीर स्वामी के तो नाम लेने से ही संकट दूर हो जाता है। आज हनुमानजी की ही हम गुहार करेंगे। हम लोग चालीसा का पाठ एकसाथ शुरू करें, इससे पहले उधर की तैयार चिता पर इस पुतले को जला दिया जाएगा। भगवान करे इसके राख होते ही विवेक के शत्रु की वह मनसा भी राख हो जाए, जिससे उसने विवेक को मारने का प्रयत्न किया है।"

सुगुन भगत अपने स्थान से उठा, उस सुइयोंवाले आटे के पुतले को उठाया और देवराज की तैयार की हुई छोटी-सी चिता पर रखकर आग लगा दी। लोगों का डर और भी बढ़ आया था। पुजारीजी ने ज़ोरों के साथ हनुमान चालीसा का पाठ शुरू किया। लोगों ने स्वर मिलाया। दाऊद मियाँ और हनीफ एक ही जगह पर बैठे दुआएँ करने लगे।

पाठ समाप्त होते-होते वह पुतला भी राख हो गया था। कुंड में आम की सूखी लकड़ियों को सजाते हुए पुजारी ने कहा, "भगवान ने चाहा तो विवेक का बाल भी बाँका नहीं होगा।"

इसके बावजूद लोगों का भय बना रहा।

सूरज सरकता हुआ सागर के ऊपर उपला गया था। पूरब के बादल रेंगते हुए पश्चिम को पहुँच गए थे। हवा में न ठंडक थी न गरमी, बस खुश्की लिए बही जा रही थी। उस खुश्की की ही वह उमस थी जो धीरे-धीरे बढ़ती-सी प्रतीत हो रही थी।

झोंपड़ी को लौटते हुए विवेक का एक हाथ पुष्पा के हाथ में था और दूसरे में पुजारीजी का थमाया हुआ हनुमान चालीसा था।

मीरा घर की ओर न लौटकर खेत की ओर बढ़ गई। मूँगफली के पौधों की जड़ में आख़िरी चोंच मारकर घोंसले को लौट जाने का तीतरों और मैनाओं का यही समय था। कल शाम वह जीनत के यहाँ बझ गई थी और सुबह खेत पहुँचने पर उसने बीस-पच्चीस पौधों से मूँगफली के दानों को ग़ायब पाया था और पौधे मुरझाए हुए मिले थे। गौतम के बेटे ने तीतरों के लिए जो जाल बिछाए थे, उनमें कभी कोई तीतर नहीं आया।

मीरा अपने खेत में इस छोर से उस छोर तक चिड़ियों को खदेड़नेवाला गीत गाती हुई दौड़ गई। मैना की एक जोड़ी ऊपर को उड़ गई। मीरा ने अपने स्वर को और भी ऊँचा किया—

उड़ी जा उड़ी जा री मैना
तोर होवे बड़े बड़े डैना
उड़ी जा...
जा-जा तू लौट आना
फसलवा के दिनवा
बदले एक दनवा के
तू ले लेना सौ-सौ दनवा
उड़ी जा...

कुछ दूर दौड़ने के बाद दो तीतर नीचे-ही-नीचे उड़कर मदन के खेत में जा रुके। मीरा ने कंकड़ उठाकर उन पर दे मारा। वे वहाँ से आगे उड़े—पर अधिक दूर न जाकर दूसरे खेत में रुक गए। मीरा ने दूसरा क़ंकड़ चलाया पर वहाँ तक पहुँच न सका। खेत में दो चक्कर काटने के बाद मीरा घर को लौटने लगी।

अँधेरे के साथ-साथ उठ रहे थे उसके क़दम। बहुत धीरे-धीरे अँधेरा बढ़ रहा था और बहुत धीरे-धीरे ही वह अँधेरी चाह उसके अपने भीतर पैदा हुई थी। पहली बार जब वह चाह उसके अपने भीतर पैदा हुई थी, उस समय मीरा उस अकुलाहट के साथ जूझती हुई दग्ध हो गई थी। जीनत से वह हर तरह की बात कर लेती थी, पर उस चाह को उस आत्मीयता के सामने प्रस्तुत करने की हिम्मत उसमें नहीं आई। उसे लगता कि वह उसका अपना बोझ था। अकेले ढोने का बोझ।...और फिर वह अपने-आपसे अपने प्रश्न के उत्तर का तकाजा कर बैठती—क्या सचमुच ही वह अकेले का बोझ था?

उसकी अपनी स्फूर्ति जाती रहती। चिड़चिड़ापन आ जाता। पूरे शरीर की उष्णता आँखों में डबडबा आती। भूख प्यास को खा जाती, प्यास भूख को पी जाती और

वह चाह गिड़गिड़ाती रहती। गिड़गिड़ाती हुई वह सीली पड़ जाती और वह सीलापन बोझ बन जाता। सन्ध्या कहती, "तू मुझसे इस चाह को मिटाने का तरीक़ा क्यों नहीं सीख लेती?"

सन्ध्या एकान्त की बात करती। ख़ुमारी की बात करती। आनन्द की बात करती। और मीरा उन बातों को न समझने की प्रक्रिया को बनाए रखती। आँखों में मदहोशी-सी लाकर सन्ध्या बोल जाती, "और फिर चरम सीमा होती है, इसके बाद चहक उठोगी।"

उन क्षणों की मीरा की वह उदासी गहरी होती थी। उस गहरी उदासी के भीतर होती थी, वह दर्द-भरी गरम साँसें। साँसें जो अकुला देतीं। साँसें जो विस्फोट के साथ बाहर आ जाने के लिए बगावत कर जातीं। उसके उस संयम पर सन्ध्या हँस पड़ती।

"तुम लजवनी उबालकर पी लिया करो।"

"लजवनी क्यों पियूँ?"

"संयम आसान हो जाएगा।"

उस दिन खेत में शरीफा के पेड़ के नीचे सन्ध्या ने यों ही देवराज के साथ बिताए एकान्त के उस घंटे का विस्तार से वर्णन कर दिया था। मीरा सुनती रह गई थी। उस सुनते रह जाने में एक आनन्द निहित था। आनन्द जो बाद में पीड़ा दे जाता—पीड़ा जो अपने में आनन्द का अनुअंश लिए होती।

"अपनी चोली के एकदम इस तरह छोटी पड़ जाने की वजह जानती हो?"

मीरा सन्ध्या को देखती रह गई थी और जब सन्ध्या ने वजह बताने की कोशिश की थी तो मीरा ने अपना हाथ उसके मुँह पर रख दिया था। घर पहुँचकर उसने तख्ते पर से आधे आईने को लेकर आँखों के सामने किया था। आईने को धीरे-धीरे नीचे उतारा था। आईना ठिठका रह गया था, जहाँ चोली ठिठक गई थी।

उसे गन्ना चूसते देख उसकी मौसी कह उठती, "जब देख तब खालि गन्ना चूसत रहती हो।"

"बच्ची हूँ क्या जो दाँत सड़ जाएँगे?"

"जवान लड़कियन के गन्ना धेर ना चूसे के चाही।"

"क्यों?"

"तू त बात-बात पर केंव करत हो। जानत नाहीं कि गन्ना में बहुत गरमी होवेला?"

मीरा भागी-भागी नदी पहुँच जाती और देर तक डुबकियाँ लगाती रह जाती। शरीर की ठंडक मन-मस्तिष्क को भी ठंडक दे ही जाती।

जीनत के यहाँ से वह मदन के बाप की बही ले आई थी, जिसमें किसनसिंह की यादें और गीत इकट्ठे थे। रात को मिट्टी के तेल के चिराग़ की रोशनी में वह

उस हस्तलिखित पुस्तिका को खोलकर बैठ जाती। जीनत के यहाँ सपुरा के बालों से ढील हेरती हुई उसकी नज़र उस बही पर पड़ गई थी। किसनसिंह के गीतों से वह प्रभावित तो थी ही, पर वे मदन के बाप के गीत होते थे, इससे वह उनकी ओर और भी आकर्षित थी। बही के उसी आख़िरी गीत को गुनगुनाती हुई वह चल रही थी—

जीवन लागे साँझ के सुनसान डगरवा
धुकधुकी अँजोरवा में अँटकल बयरवा।

यह गीत मीरा को बड़ी सरलता से याद आ गया था। दिन में नदी किनारे भी वह इसी गीत को गुनगुनाती रह गई थी। खेत में जब वह अपनी ही धुन में उसे राग के साथ गाए जा रही थी, मदन पीछे आकर खड़ा हो गया था। मीरा के चौंककर चुप हो जाने पर मदन ने आश्चर्य के साथ पूछा था, "यह गीत कहाँ से सीखा तुमने?"

मीरा अपने-आपमें सिकुड़ी रह गई थी।

उसकी जबान काठ हो गई थी।

मदन आगे बढ़ गया था। मीरा अपने-आप पर झुँझलाकर रह गई थी। मीरा अँगुलियों पर गिनती आ रही थी। वह ग्यारहवाँ अवसर था। ग्यारहवाँ अवसर मदन के सामने गूँगी बन जाने का। ग्यारहवाँ अवसर अपने-आपको भीतर-ही-भीतर कोस जाने का। एक बार फिर पिछले दस अवसरों की तरह उसने तय किया था—इस बार मुझे हिम्मत से काम लेना होगा।

घर पहुँचकर मीरा ने अपनी मौसी को दोनों बकरियों को पानी पिलाते पाया। मीरा को देखकर उसकी मौसी बोली, "मना करल पर भी तू खेत पहुँच के रहले।"

"मौसी चिड़ियों का अंकुरों के नीचे से बीज चुग जाने का यही तो समय होता है।"

"मगर एसन बखत खेत में अकेले होवल जवान छोकरी ख़ातिर कहाँ ले अच्छा होवेला?"

"खेत में बनैला सुअर थोड़े ही होता है।"

"ना होवत है त हो जाए एक दिन।"

"मौसी, अब तो सरदारों की परछाइयाँ भी नहीं फटकतीं।"

"जीनत तोके खोजत रहल।"

यह कहकर मीरा की मौसी घर के भीतर चली गई। मीरा डोल से पानी लेकर हाथ-पाँव धोने लगी।

वह दूर के किसी गाँव से आया था। उसकी दाढ़ी नहीं थी, बाल लम्बे नहीं थे, फिर भी एक ही स्वर में सभी उसे स्वामी कहने लगे थे। उसकी असलियत का पता किसी को नहीं था। याददाश्त खोए हुए किसी व्यक्ति की तरह उसकी भावभंगिमा थी। उसे

न अपने गाँव का नाम मालूम था न अपना। वह अपनी जो उम्र बताता उस पर भी लोगों को सन्देह होता, फिर भी लोग उस पर विश्वास करते थे, उस पर आस्था रखते थे। उसे बहुत ही निकट से देखने के मदन को कई अवसर मिले थे। उसके चेहरे पर अजीब मासूमियत और आँखों में एक विचित्र चमक थी। उस आभा के सामने आँखें बरबस ही झुक जाती थीं। उसे सुनने के भी मदन को सैकड़ों मौके मिले थे। उसके स्वर में अजीब गहराई थी। ऐसा प्रतीत होता जैसे वह कुएँ के भीतर से निकली कोई आवाज़ हो या पर्वतों से टकराकर आती अपने ही स्वर की प्रतिध्वनि। उसके स्वर में लड़खड़ाहट अवश्य थी, शब्दों में कम्पन होता पर उसे सुन चट्टानें डगमगा जाती थीं।

वह किसी उजाले से निकलकर एक गहन अँधेरे में आया प्रतीत हो रहा था, जहाँ कोई भविष्य नहीं था। जहाँ अँधेरा-ही-अँधेरा था। बैठका के आँगन में अपने पहले भाषण के दौरान, जो कि उसने केवल सात व्यक्तियों के बीच दिया था, उसने कहा था :

"हमें अपने चारों ओर के घटाटोप अँधेरे को दूर करना है। प्रभु ने हमें एक सुन्दर धरती दी है। इस पर एकाधिकार है जिसे हमें तोड़ना है।"

वह बिना रुके घंटों तक बोलता रहता। लोग सुनते-सुनते थक जाते, कोई झपकियाँ लेने लग जाता तो कोई अँगड़ाई। वह बार-बार एक ही बात पर अधिक ज़ोर देता और कहता कि उसे अब भी पूरा विश्वास है कि एक-न-एक दिन यह सुन्दर देश श्रम करनेवालों का होकर रहेगा। यहाँ अपने लोगों का राज्य होगा। इस पर कुछ लोग उसे पागल कह जाते। स्वामी भी इन बातों को सुनता और हँस देता। वह एक रहस्यमय हँसी होती, जिसका मतलब समझना चाहकर भी कोई नहीं समझ पाता। एक-दो बच्चे उसे अजीब लिबास में देख छेड़ दिया करते थे, पर कभी किसी ने उसे बच्चों पर नाराज होते नहीं देखा था। वह जिधर भी जाता, एक-दो अधनंगे बच्चों को अपनी गोद में उठा लेता।

जब कभी कोई उससे उसके अतीत के बारे में कोई प्रश्न करता, उस समय अपने होंठों के बीच मुस्कान लाकर वह पूरे भोलेपन के साथ कहता, "मैं जो जी रहा हूँ, वही मेरा अतीत और वर्तमान है।"

"और आपका भविष्य?"

"वह तुम सभी हो।"

बहुत कम लोग इस उत्तर का मतलब समझ पाए थे, पर उस पर विश्वास प्रायः सभी को हो गया था। और सभी ने इस सच्चाई को मान लिया था कि हमें अगर किसी वस्तु की आवश्यकता है तो वह एक भविष्य है, जिसके लिए पूरे संकल्प और लगन के साथ हमें बहुत-कुछ करना था।

वह कभी किसी के खेत में पहुँचकर कुछ जोताई करता तो कभी अन्य कामों में भी हाथ बँटा लेता। किसी रोगी को धीरज बँधाता तो किसी को एक मुस्कान भेंट कर जाता।

गाँव में उसकी उपस्थिति से सभी ने यही एहसास किया था कि हमारे गाँव को नवच्रेतना मिली थी।

बारी-बारी से उसने बहुतों को भूख और दुख का परिचय दिया जिससे बस्ती में सच्चे सुख का मूल्यांकन हुआ। उसकी उस शक्ति पर सभी को आश्चर्य होता और चाहकर भी कोई यह नहीं जान पाया कि उसकी उस अद्भुत शक्ति का स्रोत क्या था।

उसके बाल घने और घुँघराले थे। माथे पर वह मिट्टी का टीका लगाता था और उसे चन्दन से भी निर्मल और शीतल बताता। इस बात को लेकर मन्दिर का पुजारी उसकी निन्दा करने लगा था। वह सभी कुछ सुनता और हँस देता। अपने प्रति बुराइयों पर भी वह हँसता और आभारी लोगों के धन्यवाद पर भी। हँसकर कहता, "धन्यवाद मुझे क्यों देते हो, अपने भीतर की जागी हुई भावना को क्यों नहीं देते? सोई हुई भावना कुछ नहीं होती। वह भावना जो कर्तव्य से बड़ी होती है वह जागी हुई भावना होती है। धन्यवाद तो मुझे तुम लोगों को देना है। जितना कुछ तुम लोग कर जाते हो उतना मैं कहाँ कर पाता हूँ। मैं तो जो कुछ भी करता हूँ उसके बदले में तुम लोग मेरा पेट भर देते हो। तन भी ढाँप लेता हूँ तुम्हीं लोगों की कृपा से। जबकि तुम लोग अपने और मानवता दोनों के लिए काम करते हो।"

मदन उससे तर्क नहीं कर पाता। इसके लिए वह मदन और उसके साथियों को कभी गूँगा और अन्धविश्वासी भी कह जाता। वह सदा यही चाहता था कि लोग उससे तर्क करें, उसकी बातों को अपनी हथेली पर लेकर उन्हें अजमाएँ, तौलें और परख के बाद उनमें से वास्तविक सच्चाई को अपनाएँ, बाक़ी को तज दें। बस्तीवाले ऐसा नहीं कर पाते दो कारणों से। एक तो वे उसकी और अपनी मर्यादा की रक्षा करना चाहते थे, दूसरी बात यह थी कि उसकी बातों में अन्तर निकालना लोगों के लिए बहुत दुश्वार था।

एक दिन मदन स्वामीजी के साथ किसनवा के खेत की सफाई कर रहा था। किसनवा महीने-भर से बीमार था। उसका खेत जंगल पड़ा था। उसका परिवार रोटी का मुहताज था। वहाँ पर चावल-दाल पहुँचाते समय लोगों को रोककर स्वामी ने कहा था, "जिन्हें हिम्मत की आवश्यकता है, उन्हें तुम लोग भीख क्यों देते हो? उसका खेत जंगल पड़ा है। सभी मिलकर उसे साफ़ कर सकते हैं, फिर तो उसकी पत्नी और दो बच्चे अपनी रोटी खुद रोप सकते हैं।"

कुल दस व्यक्ति थे। आधे खेत की सफाई हो गई थी। स्वामीजी ने मदन के

माथे से पसीना पोंछते हुए कहा था, "देखते हो इस पानी को, यह गंगाजल से भी निर्मल है।"

मदन के माथे से पसीना पोंछते समय उसके हाथ की मिट्टी मदन के माथे पर टीका बना गई थी और मदन ने तुरन्त ही महसूस किया था कि सचमुच ही मिट्टी का यह टीका सभी टीकों से अधिक शीतल था। उस समय मदन के शरीर की उष्णता मिट गई थी। समूचे शरीर में नई स्फूर्ति आ गई थी।

उसी दिन पड़ोस के किसी गाँव से कोई बीस-पच्चीस नौजवानों ने आकर स्वामीजी को घेर लिया था।

"हम पीड़ित हैं।"

"इन सुन्दर हाथ-पैरों के साथ?" स्वामी ने हँसकर पूछा था।

"यहाँ भविष्य नहीं।"

"काम की कमी नहीं। सामने के तमाम खेतों को देखो, गली-कूचों को देखो। चारों ओर काम-ही-काम है। भविष्य काम से बनता है।"

"अपने योग्य कोई काम..."

"अपने योग्य काम क्यों चाहते हो? तुम अपने को काम के योग्य क्यों नहीं बनाते?"

तर्क करने की शक्ति भी उस आकर्षण-शक्ति के सामने जाती रही और देखते-ही-देखते वे सभी उसके पीछे हो लिए थे।

परिश्रम इतना आनन्ददायक और इतना सुन्दर कभी नहीं प्रतीत हुआ था। वह सभी के पास से गुजरता, सभी की पीठ पर स्नेह की थपथपाहट देते हुए। लोटे के पानी को वह एक से दूसरे तक पहुँचाता और जब कोई थक जाता तो उसे बैठने को कहकर वह उसकी जगह ले लेता। सभी थक जाते, वह नहीं थकता। उसके चेहरे पर हर वक़्त वही चमक होती। सूरज की किरणों से उसकी आँखों की आभा और भी स्निग्ध हो जाती।

उसने मदन से कहा, "अपने-आपमें संगठन लाओ, अपने-आपको खड़ा करो। जो कुछ करना है अपने-आप करो। अपनी शक्ति को दूसरे के हाथों में देकर तुम अपने को कमज़ोर बना लेते हो। तुम मेरे भविष्य हो और तुम्हारा परिश्रम, तुम्हारा संगठन और भाईचारा तुम्हारा अपना भविष्य है। किसी भी कीमत पर अपने भविष्य का सौदा मत करो। उस पर विश्वास रखो।"

"लेकिन...जिस भविष्य के बारे में आप बातें कर रहे हैं, उसे तो इन गोरे मालिकों ने अपनी मुट्ठी में बन्द कर लिया है।"

"नहीं! अपनी बेबसी का कारण तुम खुद हो। तुम्हारा भविष्य आज भी तुम्हारे हाथों में है, आज भी तुम्हारे चमकाने से वह चमक सकता है। जाओ, तुममें से कोई

जाओ और पड़ोस के दूसरे गाँव में भी यह कह आओ कि वे आपसी सहयोग और प्रेम की शृंखला की आख़िरी कड़ी को पास के दूसरे गाँव से जोड़ दें। दूसरे गाँव से कहो कि वह अपने और दूसरे गाँव के बीच की दीवार को तोड़ दे। दीवार दीवार होती है।"

उसकी ये बातें मदन के रग-रग तक चली जातीं। उसकी धमनियों में जो दौड़ता वह रक्त न होकर उसी के शब्द होते।

तीन दिन के लिए वह बस्ती छोड़कर किसी दूसरे गाँव में चला गया था और लोग विह्वल हो उठे थे। ऐसा लगा था कि लोगों के शरीर की उमंगें चली गई हों। प्रोत्साहन और प्रेरणा दोनों से दूर थे। किसी घायल पंछी की तरह लोग अपने डैनों को मारते रह गए थे।

तीसरे दिन उसके लौटने की ख़बर सुनकर लोग जैसे थे वैसे ही नदी की ओर दौड़ पड़े क्योंकि वह नदी के रास्ते आ रहा था। जंगली फूल-पत्रों से उसका स्वागत किया गया। स्वागत के लिए सराहना न करके वह लोगों को कोसने लगा था :

"यह सारा समय काम में लगाया होता! मुझे समझने का तुम्हारा प्रयास आज भी अधूरा है। तुम मेरा स्वागत क्यों करते हो? परिश्रम का स्वागत करो, उसका स्वागत करो जिससे समाज और जाति का निर्माण होता है, जिससे विकास होता है।"

"वही होगा।"

"हम वही करेंगे जो आप चाहेंगे।"

सभी ने एकसाथ आवाज़ दी और अपने-अपने कामों में लग गए थे।

उस दिन पहली बार उसके स्वर में एक तरह की कड़वाहट-सी महसूस की गई थी, पर वह कड़वाहट नहीं थी, कुछ और ही थी। वह एक नटखट बच्चे को माँ की चटकन थी।

ठंडी रात में, एक बड़ी-सी आग के सामने उसने कहना शुरू किया था :

"यहाँ के दारुण दंड में आदमी ने अपने विश्वास को बेच दिया है। जिस गाँव से मैं आ रहा हूँ, वहाँ मज़दूर को खेतों पर विश्वास नहीं। मानव का यह विश्वास मोटी धूल की तह में खो गया है, उसे बाहर निकालना है। निराशा को खंडित करना है।"

वह कहता ही गया था। उसके वे शब्द अंगारे की तरह निकल रहे थे और मदन को इस बात का डर था कि कहीं वे अंगारे भी धूल में मिलकर राख न हो जाएँ। उसके शब्दों में कभी एक भारी वेदना-सी महसूस होती। कभी कहते-कहते वह समुद्र की तरंगों की तरह कराह उठता।

बाद में लोगों को यह मालूम हुआ था कि जिस गाँव में वह तीन दिन टिका था, वहाँ उस पर पत्थर फेंके गए थे। जमींदार ने उसे पाखंडी कहा था। अपनी तीन रातें

उसने एक बदनाम औरत के घर बिताई थीं। वहीं उसे आश्रय मिला था।

ये बातें एक-दूसरे व्यक्ति के मुँह से सुनकर बस्ती के कुछ नौजवान आपे से बाहर हो गए थे और वे उस गाँव की ओर दौड़ जाने को तैयार हो गए थे, जहाँ स्वामीजी का अपमान हुआ था। पर इससे पहले इस बात की ख़बर स्वामी तक पहुँच गई थी और वह उनके सामने आकर खड़ा हो गया था।

“स्वामीजी, हम आपके अपमान का बदला लेकर रहेंगे।”

“नादानी होगी।”

“हमें रोकने की कोशिश मत कीजिएगा।”

“मेरे अपमान का बदला तुम क्यों लेना चाहते थे?”

“इसलिए कि हम आपको प्यार करते हैं और हमें यह गवारा नहीं कि कोई...”

“बस, अब जरा मेरी भी सुन लो। तुममें इसलिए प्रतिशोध की भावना जागी है क्योंकि तुम मुझे बेहद प्यार करते हो। यह बहुत अधिक प्यार भी कभी-कभार मानव को बेबस कर देता है। ऐसा प्यार केवल उससे किया जाता है, जिससे कभी भी किसी भी हालत में बिछुड़ने की सम्भावना नहीं होती। यह प्यार उसी से किया होता। मुझे तो कल तुमसे बिछुड़ना होगा, उस समय तुम्हारी क्या हालत होगी! तुम हताश होकर अपने संकल्प को भूल जाओगे?”

सभी उसे एकटक देखने लग गए थे। सभी अपने सामने के उस व्यक्ति को समझने की कोशिश में थे।

दूसरे ही दिन भोजन के बाद उसी ऊँचे पत्थर पर खड़े होकर उसने उसी स्वाभाविकता के साथ कहा था :

“कल मैं तुम्हें छोड़कर आगे जा रहा हूँ। यह आगे जाना सदा मेरे जीवन का उद्‌देश्य रहा है। मैं कल जा रहा हूँ, इस विश्वास के साथ कि तुम्हारा भविष्य उज्ज्वल है। तुम्हें अपने निजी पैरों पर खड़े रहना है। धूप, वर्षा और तूफ़ान में भी। सूरज उगता रहेगा और डूबता रहेगा, पर एक दिन तुम सभी देखोगे एक ऐसा सूरज उदित होते जिसकी किरणें तुम्हारी सराहना करेंगी और तुम्हें छलनेवाले, तुम्हें दबानेवाले तुम्हारे सामने घुटने टेककर तुमसे क्षमायाचना करेंगे!”

“कल मैं जा रहा हूँ। याद रहे, तुम उदास नहीं होंगे। मेरे चले जाने के बाद तुम्हारा यह काम रुकने न पाए। तुममें शिथिलता न आने पाए। मेरी उपस्थिति का अनुभव तुम एक-दूसरे में करना।”

मदन ने उसे रोकने की अनेक कोशिशें कीं। लोग गिड़गिड़ाए और आँसू बहाने लगे पर याचनाओं का उस पर कोई असर नहीं हुआ।

दूसरे दिन सभी ने सूरज को ढलते देखा और उसके साथ ही स्वामीजी को क्षितिज की ओर बढ़ते भी देखते रहे। सभी को बिलखता छोड़ वह चला गया।

तीन दिन बाद–

बस्ती के लोगों को नदी के पास स्वामीजी की लाश मिली। कोठी के कुत्तों ने उसके शरीर के कपड़े को बत्ती-बत्ती कर दिया था।

उसकी नंगी छाती पर जहाँ गोरे मालिक की गोली लगी थी, उसकी बग़ल में गर्म सलाख से लिखा हुआ क़ैद का नम्बर था।

21

घर में कभी अकेली होने पर मीरा दरवाज़े की साँकल को खींच लेती और अपने को भीतर बन्द करके ही वह उफनते ख़यालों से मुक्त होने का विचित्र प्रयास करती। अपनी माँ से पाई हुई हँसुली को गले से उतारकर खूँटी पर टाँग देती। चाहती कि अपने जेहन से अतीत, वर्तमान और भविष्य इन सभी के ख़यालों को फेंककर उसे कोरा कर ले। पर...वह अतीत समय की लेई के साथ चिपका रह जाता। वर्तमान भीतर-ही-भीतर विद्रोह करता रह जाता और उसका भविष्य कल्पनाएँ बुनता रहता। मीरा मकड़ी के जाल से तार को सुलझाने की कोशिश में उसी में फँसती-उलझती चली जाती। बहुत कम अवसरों पर उसकी मौसी ने उसे उदास पाया था, पर जब भी उसे उदास पाया था इसी एक वाक्य से उसे कोस गई थी :

"तू ऐसने घूटते रहे जयबे बिन ब्याह के।"

कोई दूसरा सुननेवाला यह समझ ही नहीं सकता था कि वह सन्दर्भ ब्याह की बात से कैसे जुड़ सकता था, पर मीरा कृत्रिम मुस्कान के साथ अपनी मौसी के आगे से हट जाती थी। इस पर भी उसकी मौसी चुप नहीं रहती :

"दिन-ब-दिन चुड़ैल बनत जात हवे।"

अपनी मौसी के कहीं जाते ही मीरा घर का किवाड़ बन्द कर लेती और अपने को वर्तमान से काटकर उस एकान्त के शान्त क्षणों में जीना चाहती। पर वर्तमान के बाद अतीत होता, अतीत के बाद भविष्य और वह पिसती रह जाती, एक को नकार कर दूसरी दो चक्कियों के बीच। उसका आभास हड्डियों तक पहुँचने पर ही उसे उस पीड़न का पता चलता। पीड़ा और पीड़ा में अन्तर था। पीड़ा भूख की–नंगेपन की–अभाव की और इन सभी पीड़ाओं के अलावा बस्ती के लोगों के एहसास का बोझ...और उस बोझ की पीड़ा। पर उन सभी पीड़ाओं से अलग एक दूसरी तरह की पीड़ा भी। वह पीड़ा जो आँसू नहीं देती, चीख़ नहीं देती। आँसुओं और चीख़ों को जब्त करके जो घुटन का संचय करती जाती। और उस ढेर के भीतर पलता हुआ ज्वालामुखी।

बिरनी के छाते पर कंकड़ फेंककर उन बिरनियों को बिख्याते देख कभी वह खुश होती थी। आज वह भी उन्हीं की तरह बिख्या जाती पर उनकी तरह किसी को बिंधने-डँसने के लिए वह पीछे नहीं पड़ती थी। उस पर कई तरह से कंकड़ आ पड़ते थे।

"तुम बहुत ही सुन्दर हो मीरा!"

सहेलियों का यह वाक्य भी कंकड़ की तरह उसे बिख्या जाता। सभी कुछ उसकी इस सुन्दरता के कारण ही तो हुआ था।

"सूरत का घमंड न होता तो अब तक ब्याह कर लिया होता।"

रम्भा की माँ ने चाहा था कि वह उसकी बहू बने। सुमंगल ने भी यही चाहा था। देवलाल की चाची ने तो घर कोड़ दिया था। मीरा को अगर दुख हुआ था तो केवल इस बात का कि उस दिन से रम्भा ने फिर उससे बात ही नहीं की। उसने अपने भाई के पागल हो जाने का कारण मीरा को ही समझा। यह झूठी अफवाह भी उसी ने फैला दी थी कि ददिबल ने मीरा के लिए ही फाँसी लगा ली थी। सहेली के इस तरह दुश्मन बन जाने की तो मीरा ने कभी कल्पना भी नहीं की थी। ददिबल की आत्महत्या का कारण सभी लोग नहीं जानते थे, फिर भी जिन्हें मालूम था वे तो अच्छी तरह जानते थे कि मालगासी क्रिओल सरदार ने उसके साथ बलात्कार किया था। सन्ध्या नहीं होती तो मीरा कभी यह समझ ही नहीं पाती कि मर्द के साथ मर्द का बलात्कार क्या हो सकता है। ददिबल ने शर्म से देवदारु के जंगल में फाँसी लगा ली थी। वह केवल जीनत थी जो जानती थी कि उसी घटना ने मीरा को अब तक ब्याह से दूर रखा था। जो जीनत नहीं जानती थी वह मीरा भी अपने बारे में नहीं जानती थी। परन्तु वह कोई धुँधली-सी याद थी...बहुत ही धूमिल। वह याद जितना धुँधलका लिए हुए थी उतनी ही अस्पष्ट भी थी। वह पाँच-छह की रही होगी। घटना शायद दस-ग्यारह साल से अधिक की नहीं थी, पर अपनी उम्र से अधिक पुरानी और धूमिल थी। लेकिन उस एकान्त में जिसने उस ठेकेदार का रास्ता रोक लिया था उसका चेहरा मीरा को बराबर याद था। वह मदन था। उसके हाथ में गड़ाँसा था। वह घटना उस दिन एकाएक उसके सामने झिलमिला गई थी, जब अभी हाल ही में बस्ती की छोटी-सी बच्ची ग़ायब हो गई थी। तीन दिन की अथक खोज के बाद लोगों ने यही अनुमान लगा लिया कि पड़ोस की नई कोठी के नए कारख़ाने के लिए बच्ची की बलि दी जा चुकी थी।

कालीमाई की बहरिया पूजा से लौटने के बाद एक रात मीरा ने सपना देखा था। बलि का बकरा रस्सी तोड़कर उसके पास भाग आया था। उसी समय मदन का भूला हुआ-सा चेहरा उसके सामने उभर आया था पर उसकी अपनी कल्पना की आँखें क़ैद की दीवारों को भेद नहीं पाई थीं।

पत्ता नहीं डोल रहा था। रात गरमी से लसीली थी। ऊपर आकाश में भी स्थिरता थी। बादल के टुकड़े जहाँ भी थे, चिपके हुए थे। उस भारी उमस में मीरा ओरियानी के नीचे बैठी रही। उसकी मौसी ने दूसरी बार कहा, "रात के ओरियानी में बैठे के ना अच्छा ह और फिर शीत गिरत बा।"

फिर तो वह भी खीज उठी, "तू एतना गब्बर काहे हवे?"

फ़रीद के कुत्ते को सामने पाकर मीरा ने अपनी मौसी को आवाज़ दी, "मौसी?"

उसकी मौसी की आँख लगनी शुरू ही हुई थी। खीजकर उसने पूछा, "कोंचि बोलत हवे?"

"मैं जीनत ख़ाला के यहाँ से हो आऊँ?"

"हय कोनो बखत ह?"

"जल्दी ही आ जाऊँगी।"

और फ़रीद के कुत्ते को पुचकारती हुई मीरा जीनत के घर की ओर बढ़ गई, यह सोचती हुई कि शायद उधर घूम आने पर मस्तिष्क का तनाव कुछ कम हो जाए और उसे नींद आ सके।

वहाँ मदन पहले ही से मौजूद था। विवेक की चर्चा हो रही थी। फ़रीद कह रहा था, "मैं सोचता हूँ, डर की वजह से ही उसे बुखार है।"

"नहीं।" मदन धीरे से बोला।

"तो फिर?"

"पता नहीं।"

मदन को अपनी ओर ताक़ते पाकर जीनत ने कहा, "मैं भी सोचती हूँ कि डर ही के कारण उसे बुखार चढ़ आया है।"

"विवेक उन लोगों में नहीं है चाची, जो भूत-प्रेत की बातों से डर जाए।"

"मगर यह तो हो सकता है कि तरह-तरह के मुँह से तरह-तरह की बातें सुनकर उनका असर उस पर हो चला हो।"

"लेकिन चाची, बार-बार वह अपने हाथों को छाती पर पहुँचाकर दर्द से कराह क्यों उठता है?"

"लो तुम भी शक्की निकले! जादू-टोने का असर कहोगे क्या?"

इसके बाद काफ़ी देर तक किसी ने कुछ नहीं कहा।

मीरा ने धीमे स्वर में सपुरा से पूछा, "विवेक भैया बीमार पड़ गया है क्या?"

सपुरा ने सिर हिलाकर हामी भर दी।

मीरा अज्ञात आशंका से सिहर उठी। जीनत ने मद्धिम पड़ गए चिराग़ की बत्ती को उसकाते हुए कहा, "तुम लोग देखना, फजीर होते-होते वह एकदम ठीक हो जाएगा।"

मीरा मदन की ओर देख रही थी पर मदन को अपनी ओर देखते ही उसने आँखें नीची कर लीं। वह भी जीनत के स्वर में स्वर मिलाकर कहना चाहती थी कि जादू-टोना कोई चीज़ नहीं होती, पर बोल न सकी। वह सोचती, जब आदमी आदमी को इस आसानी से जादू-टोना करके मार सकता है तो फिर भगवान किस काम के लिए रह जाता है। उस दिन सन्ध्या से जादू-टोने पर बहस करके वह उस काली ताक़त को नकार तो गई थी, लेकिन उसी के साथ उसे बस्ती की वह घटना याद आ गई थी—अगर सचमुच जादू-टोना कुछ नहीं हुआ करता तो फिर वह बात कैसे हो सकती थी? मदन की गिरफ़्तारी के दो-ही-तीन महीने पहले की तो बात थी। नागफनी के जंगल के पास हवा-पानी से सूख-सड़कर कोई पेड़ उखड़ गया था। शायद इमली का बहुत पुराना पेड़ था वह। वहाँ इर्द-गिर्द की माटी लाल होने के कारण वहाँ से घर लीपने के लिए बस्ती की सभी औरतें माटी कोड़ लाती थीं। एक दिन कुन्ती हाँफती हुई ख़ाली हाथ बस्ती को आई थी। उसके चेहरे की घबराहट देख कुएँ पर के सभी लोग हैरान हो गए थे।

एक ही लगे कई प्रश्न।

"क्या हुआ कुन्ती? इस तरह तुम्हारे चेहरे के रंग क्यों उड़े हुए हैं?"

हाँफती हुई वह बोली थी, "माटीकोड़वा के पास इमली के पेड़ की जड़ से आवाज़ें आ रही हैं।"

सभी लोग चौंक पड़े थे। मीरा हँसती हुई बोली थी, "अपने बाप के लिए गाँजे की पत्तियाँ खोजती हुई तू खुद नशे में तो नहीं आ गई!"

व्यंग्य का ख़याल किए बिना कुन्ती आगे बोली थी, "पैसों की झनकार के साथ कोई बोल रहा था—इस जड़ के नीचे छिपाया हुआ खज़ाना है। मैं इसका रखवार हूँ। तुम खुद कोड़ोगी तो सभी खज़ाना तुम्हारा हो जाएगा, और अगर किसी दूसरे ने हाथ लगाया तो सिर्फ़ कोयले मिलेंगे।"

"नशे में न होते हुए भी शायद तुम नींद में होगी।"

"पैसों के खनकने की आवाज़ अब भी आ रही होगी—तुम लोग चलकर देखो तो सही।"

पूरी बस्ती माटीकोड़वा पहुँच गई थी। किसी ने कोई आवाज़ नहीं सुनी थी। कुन्ती के जिद करने पर जड़ के पास ज़मीन कोड़ी गई थी। हाथ-भर की गहराई के बाद सभी लोग मुँह बाए रह गए थे। कोयला-ही-कोयला। वे कोयले भी अजीब थे। जली हुई मिट्टी की तरह। लोगों ने हद तक कोड़ा था, ताकि उस रहस्य को समझने के लिए एक भी सिक्का मिल जाता। कुछ भी हाथ नहीं आया था।

इसके बाद कई दिनों तक बस्ती में उस घटना की चर्चा होती रह गई थी। सुगुन भगत ने कहा था कि इस टापू में लोगों के बसने से पहले जलदस्युओं की नावें इधर

से आती-जाती रहती थीं। वह ख़ज़ाना उन्हीं जलदस्युओं का होगा। वह आवाज़ उस हब्शी गुलाम की हो सकती है जिसकी ख़ज़ाने की रखवारी के लिए बलि दी गई होगी।

बस, उसी घटना के बाद से मीरा भूत-प्रेत की बातों को चाहे ऊपर से नकार क्यों न जाती थी, भीतर से वह उसके अस्तित्व की द्विविधा लिए रहती थी। अपने ब्याह से पहले कुन्ती पगली की तरह कूदती-फाँदती और चीख़ती-चिल्लाती बेहोश हो जाया करती थी। अगियारी होती, ओझाई होती तब कहीं जाकर वह शान्त होती थी। पुजारी तक ने इस बात को मान लिया था कि उसी हब्शी गुलाम की भटकती रूह उसे तड़पाती है। पर ब्याह के बाद जब कुन्ती एकदम स्वस्थ हो गई थी, तब मीरा ने एक बार फिर अपने अन्दर से भूत-प्रेत के ख़याल को झटक दिया था। आन्द्रेआ की माँ की उस डरावनी सूरत से भी वह कभी नहीं डरी थी...लेकिन उस सुईवाले पुतले ने उसे विचलित कर ही दिया। वह अब भी आशंकित थी।

जीनत ने कहा, "मदन, तुम मीरा को घर तक छोड़ते जाना।"

"नहीं ख़ाला, मैं चली जाऊँगी।"

"मदन को उधर ही से होकर तो जाना है। बखत-कुबखत न जाने कब बुरी हवा घेर ले।"

"ख़ाला, मैं इन बातों पर विश्वास नहीं करती।" कहने को तो वह कह ही गई।

"कई लोग उस वक़्त तक नहीं करते हैं जब तक कि खुद उन पर ही नहीं आ बीतता।"

मदन अपनी जगह से उठते हुए बोला, "चलो मीरा!"

मीरा खड़ी हो गई।

बाहर हलकी बारिश थी। दूर से कुत्तों के रोने की आवाज़ आई। मीरा के घर के पास पहुँचकर मदन ने कहा, "मुझे लगता है, तुम भूत-प्रेतों से अधिक मुझसे डरती हो।"

मीरा बिना कुछ कहे घर के भीतर चली गई।

22

कल की बैठक में हुई बातों पर मदन देर तक गौर करता रहा। वह समझ नहीं पा रहा था कि कहाँ तक लोगों का विचार सही था। आज फिर जुटना था निर्णय लेने के लिए। क्या होगा वह निर्णय? आज बैठका पहुँचने को मदन का जी नहीं कर रहा था। वह जानता था कि उसके न पहुँचने पर लोग सीधे धनलाल के घर पहुँच

जाएँगे। अतः बैठका में पहुँचना ही उसने बेहतर समझा। बैठके का प्रधान अपने उसी स्वर में कह उठेगा, "कल से कोई भी आदमी दूसरी बस्ती में काम करने नहीं जाएगा।"

इस निर्णय को सुनने से पहले ही मदन द्विविधा में पड़ा हुआ था। वह अपनी सहमति दे या नहीं। वहाँ का काम कठिन नहीं था। पैसा अच्छा था। लेकिन वह दूसरी बात थी जिसके लिए बैठक में दो मत की नौबत आ गई थी। सोन्द्रों और नालेताम्बी के घर का पानी पीना वर्जित मान लिया गया था। मदन केवल सोन्द्रो और नालेताम्बी के बारे में नहीं सोच रहा था, वह उन सैकड़ों लोगों के बारे में सोच रहा था जो उन्हीं की तरह ईसाई बनते चले जा रहे थे। उस पादरी ने बड़े गर्व के साथ मदन को यह बताया था कि तीन महीने के भीतर वह तीन सौ भारतीयों को सही रास्ते पर लाने में सफल हुआ था। वह सही रास्ता सलीब का रास्ता था—परमात्मा के पुत्र का रास्ता था। उसने मदन को यह भी बताया था कि शिवेन सीमों बनकर मज़दूर से सरदार बन गया था। पुनुस्वामी अपने दोनों लड़कों के गले में सलीब की माला पहनाकर कोठी के मालिक का रसोइया बन चुका था। वह फेहरिश्त बहुत लम्बी थी।

मदन ने बैठका के प्रधान से पूछा था, "सोन्द्रों के घर का पानी न पीने से समस्या का हल कैसे हो जाता है?" इसका कोई उत्तर उसे नहीं मिला था। उस प्रलोभन से अपने लोगों को बचाने का उपाय चाहिए था उसे। सोन्द्रों बैठका में पहुँचने से इनकार कर गया था। उसने छड़ीबरदार को यह कहकर लौटा दिया था कि एक बीघा ज़मीन यहाँ की एक बित्ता ज़मीन से अधिक महत्त्व की थी।

बैठका में मदन ने यह भी पूछा था कि हम रोटी के लिए अपने पसीने को तो बेचते रहे, क्या अब अपनी आस्था और आत्मा को भी बेच दें? वह जानता था कि इसके उत्तर में आज यही कहा जाएगा कि वहाँ का काम ही बन्द हो जाए। इस पर मदन को अपने-आपसे पूछना रह जाएगा—क्या ऐसा करने से यह सौदा रुक जाएगा? ख़रीदारी नहीं होगी? नाम नहीं बदलेंगे? धर्म नहीं बदलेगा?

दाऊद मियाँ ने कहा था, "ऐसा इसलिए होता है कि हमारी अपनी स्थिति अच्छी नहीं। स्थिति अच्छी हो जाने पर अपने मजहब से गद्दारी करके अपने को बेचने का सवाल ही पैदा नहीं होगा और न ही सौदा करनेवाले को सौदेबाजी के लिए हिम्मत होगी। तो फिर क्या इसको रोकने का एक ही उपाय था—स्थिति को सुधारना? मदन यह मानने को तैयार नहीं था। प्रलोभन के सामने स्थिति का क्या? एक हाथ में लड्डू लेकर आदमी दूसरी मुट्ठी को बाँधे थोड़े ही रख सकता है! दूसरे बड़े लड्डू को देखते ही उसका दूसरा हाथ आगे को फैल जाएगा।"

बैठका पहुँचने पर मदन को पता चला कि रात में सोन्द्रों ने बस्ती छोड़ दी थी।

नालेताम्बी भी अपनी पत्नी के साथ जाने की तैयारी में था। सुगुन भगत से उसने कहा था कि वह चोर की तरह नहीं भागेगा। उसकी पत्नी गर्भवती थी। वह यह नहीं चाहता था कि उसका अपना बच्चा भी इसी हालत में जनम लेकर जिए और इसी हालत में मरे। उस बस्ती में उसे अच्छा घर मिला था। अच्छी नौकरी मिली थी। अच्छा भविष्य मिला था।

भविष्य क्या होता है? मदन ने अपने-आपसे पूछा—वह तो अजनबी होता है। एक अजनबी के लिए कोई इतने पुराने और आत्मीय सम्बन्ध को झटके के साथ तोड़ कैसे सकता है? वह दौड़ गया नालेताम्बी के घर।

"यह तुम क्या कर रहे हो नाले?"

"मेरा बाप यहाँ मद्रास से आया था—जानते हो क्यों? अपने दो बेटों के वास्ते बेहतर दिनों के लिए। उसकी मृत्यु इन गन्ने के खेतों में ख़ून भकोरते-भकोरते हो गई थी। मेरे भाई ने एक सरदार की नरेटी दबोचकर खुद फाँसी लगा ली थी।"

"यह कहानी तुम्हारी अकेले की नहीं।"

"यह कहानी हम सभी की हो सकती है और उन लोगों की भी जो आज़ बेहतर जीवन बिताने लगे हैं।"

"अपनी संस्कृति और धर्म को बेचकर?"

"हमारे लोग तो बिककर ही आए थे।"

"वह शरीर का सौदा था नाले!"

नालेताम्बी की आँखों में आँसू थे। उसकी पत्नी सामने आ गई। उसके गालों पर भी आँसू थे, "मदन भैयवा, तू इनको मना ले।"

नालेताम्बी की बाँह पकड़कर मदन बोला, "तुमसे एक बात पूछूँ नाले? तुमने अपने विश्वास को त्याग दिया। ईसाई धर्म तुमने स्वीकार लिया। ठीक है तुम्हारी अपनी स्वतन्त्रता थी, अपनी खुशी थी, लेकिन अपने बच्चे की अनुमति के बिना तुम उसके जन्म-अधिकार को कैसे बेच सकते हो?"

"उसकी अपनी भलाई के लिए।"

"क्या प्रमाण है तुम्हारे पास कि उसकी वह भलाई उसी में है जो तुम कर रहे हो?"

"तो फिर क्या इसमें है, जिसे हम-तुम जीते आए हैं?"

"इसमें कम-से-कम अपने-आपको धोखा देने की बात तो नहीं है। मैं जानता हूँ तुमने अभी अपना धर्म नहीं छोड़ा है। तुम्हारे माथे पर अभी भी लाल टीका है। उधर जाने से पहले अपने लोगों का तो ख़याल रखो।"

"आदमी को एक अच्छा जीवन मिल जाए जीने को तो इससे अच्छा धर्म और क्या हो सकता है?"

"जिस जीवन को जीना अभी तुमने शुरू भी नहीं किया है उसे अच्छा कैसे मान बैठे?"

"दूसरों को जीते तो देख आया हूँ।"

"दूसरों का सत्य तुम्हारा सत्य कैसे हो सकता है? दूर के ढोल सुहाने होते हैं नाले!"

"मुझे अपने मन की करने दो मदन!"

कुछ देर चुप रहकर मदन ने धीरे से कहा, "तो फिर ठीक है। अपने मन की करके देख लो।"

मदन जाने को हुआ। नालेताम्बी की पत्नी आँखों में आँसू लिए सामने आ खड़ी हुई। मदन आगे बढ़ गया। वह झपटकर उसके आगे जा खड़ी हुई। नालेताम्बी चिल्ला पड़ा, "तांगाची!"

सारी दयनीयता के साथ तांगाची मदन के आगे खड़ी रही। मदन से कुछ कहा नहीं गया। नालेताम्बी आगे आया और तांगाची का हाथ पकड़कर उसे घर को घसीट ले गया। तांगाची के पाँव की झाँझन खुलकर ज़मीन पर छूट गई। मदन ने आगे बढ़कर उसे उठा लिया। धीरे-धीरे चलकर वह नालेताम्बी की झोंपड़ी की चौखट तक पहुँचा। धीरे से झाँझन को वहीं रखकर लौट आया।

रास्ते की बग़ल की बन आई पगडंडी से होते हुए मदन विस्तृत फैले पुराने बरगद के पेड़ के नीचे आ गया जहाँ से नीचे नदी किनारे केले के पेड़ों से डोलते हुए पत्ते उसे बहुत ही अच्छे लगते थे। इस बरगद के नीचे जब भी वह आराम के लिए बैठा था, उसे नींद आ गई थी। बस्ती के लोग इस जगह की ओर नहीं आते थे। नालेताम्बी के भाई ने यहीं पर फाँसी लगाई थी। लोगों का कहना था कि इस ठौर पर नालेताम्बी के भाई की आत्मा के भटकते रहने से पहले परियों की सभा लगा करती थी।

गोल पत्थर पर बैठकर मदन केले के डोलते पत्तों को देखता रहा। उसके अपने जेहन के भीतर के ख़याल भी उसी तरह डोलने लग जाते। यहीं पर बैठे-बैठे मदन को पहली बार यह ख़याल आया था :

> *इस देश में कोई भी गोरा ईख काटने का काम क्यों नहीं करता? क्या इसके लिए हम ही पैदा हुए हैं? एक भी गोरे आदमी का हाथ कभी तो खेतों की माटी से मैला हो पाता। अगर ऐसा नहीं होता तो क्यों? यह निर्णय भगवान के यहाँ से सीधे आया है या...रंग और पैसे के एकसाथ मिल जाने की यह साजिश तो नहीं? लेकिन पैसा लेकर थोड़े ही कोई आया था यहाँ! तो फिर रंग ही की थी वह हस्ती?*

इसके बाद दूसरे ही दिन मदन को मथुरा के गाँव के शिवालय से गिरफ़्तार कर

लिया गया था। आज मुद्दत बाद वह इस ठौर पर पहुँचा था। सभी कुछ आज भी वैसा ही था। तराई के उस पार वह खेत वैसा ही था। बस, नालेताम्बी रहा होगा जिसने अपनी कहानी इस तरह सुनाई थी :

"जिस गोरे के हाथ मैं बिका था वह लँगड़ा था। जितना मोटा था उतना ही जालिम था। मैं मज़दूरी के सातवें दिन काम पर था। एक दूसरे मज़दूर का पक्ष लेने के कारण मुझे उसे छोटे-से काले काज़-मोर में बन्द कर दिया गया था। उसका नाम काज़-मोर इसलिए था कि उसमें पाँच आदमियों की मृत्यु हो चुकी थी। मेरी भी हो जाती पर मैं बड़ा ही कठोर जीव ठहरा।"

नालेताम्बी की वह कहानी सच्ची होकर भी इस समय मदन को झूठी कहानी लगी। उस यन्त्रणा को सहकर भी नहीं झुकनेवाला आदमी आख़िर अचानक आज अपने को बेचने के लिए तैयार कैसे हो गया?

मदन को लगा कि यह उसी सच्चाई की मृत्यु थी, जिसे वह नालेताम्बी की झोंपड़ी में छोड़ आया था।

उससे कठोर सज़ा और क्या हो सकती थी? मदन तो सुनकर दहल गया था। नालेताम्बी को उस मौत के घर में हाथ-पाँव बाँधकर बन्द कर दिया गया था। सज़ा अगर इतनी ही होती तो आदमी उसे उस वक़्त तक सह लेता जब तक मरने की विवशता न आ जाती और वह अवधि महीने तक की भी हो सकती थी। लेकिन वह सज़ा उतनी ही नहीं थी। उस बन्द घर में बन्दी के सामने एक अँगीठी रख दी जाती थी। उसके धधकते कोयले के अंगारों पर सूखी हुई लाल मिर्च छोड़ दी जाती थी। घंटा बीतते-न-बीतते रस्सी में जकड़ा हुआ आदमी छींकते-छींकते और खाँसते-खाँसते आधे दम का हो जाता था और कई अवसरों पर दूसरा घंटा पूरा होते-होते वह ठंडा पड़ जाता था।

अँगीठी की राख ठंडी हो जाने पर ही काली कोठरी खोली गई थी और नालेताम्बी की साँसें चलती हुई पाई गई थीं।

वही जीव हार मान गया था?

सबसे दारुण दंड को झेल लेनेवाले ने अपने को प्रलोभन के हवाले कर दिया?

केले के पत्तों को डोलते हुए छोड़कर मदन बस्ती की ओर लौट पड़ा। उसे अपने खेत की चिन्ता नहीं थी। खेत को पार करता हुआ वह घर आ गया। उसे हमेशा से अधिक गरमी महसूस हो रही थी। उसके शरीर के कपड़े पसीने से भीग आए थे। कुरता खोलकर उसे खूँटी पर टाँग दिया। धोती को मरोड़कर जाँघिया बना लिया और नीम के पेड़ के नीचे बैठ गया। उसे लगा कि हवा कहीं पहाड़ की ओट में ठिठकी हुई थी।

उतनी ही उमस उसके अपने भीतर भी महसूस हुई।

वह चिपचिपाहट उसके मस्तिष्क के उन सारे ख़यालों में भी थी।

नीम के नीचे से उठकर वह नदी की ओर बढ़ गया। पिछली शाम उसने नदी किनारे मीरा को भीगे कपड़ों में नदी से बाहर आते पा लिया था। अपने शरीर से चिपके झिलमिल कपड़ों में संकुचित दोनों हाथों को छाती पर बाँधे मीरा रास्ता काटकर भाग जाना चाहती थी। मदन ने दोनों हाथों को पूरा फैलाकर रास्ता रोक लिया था। अपने में सिमटी मीरा खड़ी-की-खड़ी रह गई थी। मदन अपने उस वाक्य को खुद नहीं सुन पाया था पर मीरा सुनकर सिहर गई थी।

"इतनी सुन्दर तो तुम पहले कभी नहीं दीखीं।"

और फिर सभी कुछ बिजली की तरह कौंधकर रह गया था। मीरा जा चुकी थी। मदन के कपड़े और बाँहें नदी में डुबकी लेने से पहले ही भीग गई थीं।

अभी नदी दूर थी। पीछे से आवाज़ आई। मदन ने रुककर पीछे देखा। वह नालेताम्बी था। उसके मुँह से बात निकलती, इससे पहले मदन ने उसे सुन लिया :

"मैं नहीं जा रहा।"

23

उस दूसरी बस्ती की नौकरी को छोड़कर मदन और उसके साथियों ने अपने को खेतों में लगा दिया था। अभी महीना भी नहीं बीता था कि अभाव एक घर से शुरू होकर दूसरे घर तक पहुँचता गया। बैठका की ओर से जो अनाज़ बाज़ार से ख़रीद लाया गया था, उसका वितरण हुए भी इधर पूरा सप्ताह हो गया था। निर्णय लिया जा चुका था कि बैठका में सँजोकर रखे गए अनाज़ का वितरण दो सप्ताह से पहले किसी भी हालत में नहीं किया जाएगा। खेतों की पहली फ़सल शुरू होने में अभी दो महीने से कम की अवधि नहीं शेष थी। कुएँ, खेत, बैठका, नदीतट, हर जगह यही प्रश्न किया जाता रहा–ये दो महीने बाल-बच्चे क्या खाएँगे?

मदन ने जो प्रश्न अपने-आपसे कई बार किया वह था–उस दूसरी बस्ती की नौकरी कहीं हमने खोखले आदर्श के लिए तो नहीं छोड़ी? मस्तिष्क के तनाव के कम होते ही वह अपने प्रश्न का उत्तर खुद ही दे बैठता–और कुछ न सही बाप-दादे की धरोहर की रक्षा तो हुई!

मदन ने अकेले में वह सूची बना ली थी। उसने उन नामों को एक बार फिर से पढ़ा था। पच्चीस नाम आ गए थे। उसे पूरा विश्वास था कि सूची का कोई भी आदमी उसके प्रस्ताव को अस्वीकार नहीं कर सकता था। इन पच्चीस लोगों की बैठक बैठका में न करके उसी भूतिया बरगद के नीचे करने की सोची थी। फेहरिश्त के

पच्चीसों आदमी उसी के जोड़ीदार थे। अपने हमउम्रवालों के साथ तो वह उस बात का तकाजा भी कर सकता था। फ़रीद और विवेक से उसने पहले ही बात कर ली थी। दोनों ने उसकी सूझ की दाद दी थी।

फ़रीद के साथ मदन उन घरों को देख आया था, जहाँ तीन दिन से मुट्ठी-भर भात में गुज़ारा हो रहा था। हाँड़ी में बचे हुए अनाज़ को एकाध सप्ताह ले जाने के लिए और कोई दूसरा उपाय था ही नहीं। जिन घरों ने इस परहेज़ को अपनाया था, वहाँ बच्चे भी थे। मदन को इसी बात की अधिक चिन्ता थी कि ये बच्चे अपने पेट को दबाए कैसे सो सकते थे!

खेतों से एक-एक करके पच्चीसों आदमी निकलकर बरगद के विस्तृत फैले पुराने पेड़ के नीचे इकट्ठे हुए थे। बिना किसी भूमिका के मदन ने बात सीधे शुरू की थी, "बस्ती के लोगों को भूखों मरने से रोकने का एक ही आसान तरीक़ा है और वह हम नौजवानों से ही हो सकता है।"

उसने लोगों के चेहरे की प्रतिक्रिया देखी थी। हौसला पाकर आगे बोला था, "अगर हम सभी इसी क्षण यह निर्णय कर लें कि आज से कुछ दिनों के लिए हम घर पर भात न खाकर जंगल के फलों से अपनी भूख मिटा लेंगे तो शायद बस्ती के बच्चों के लिए कुछ अधिक दिनों के अनाज़ का प्रबन्ध हो जाएगा। मैं सोचता हूँ, पच्चीस मर्दों के हिस्से का खाना सौ से अधिक बच्चों की खुराक हो सकता है।

"मैं सहमत हूँ मदन।"

"मैं भी तैयार हूँ।"

और फिर समूह-स्वर में सभी ने स्वीकृति दी थी। सभी के चुप होने पर फ़रीद ने कहा था, "सप्ताह में दो दिन फल जुटाने की जिम्मेवारी मैं लेता हूँ।"

दो अन्य दिनों की जिम्मेवारी देवराज ने अपने ऊपर ले ली। हनीफ, भरतलाल और रामसेवक भी आगे आ गए थे। मदन ने मान लिया था कि अभाव की समस्या पर कुछ हद तक अधिकार पा ही लिया जाएगा। उसने अपनी दूसरी योजना भी सामने रखी थी।

समुद्री इलाके में झावे के पेड़ों से तन्दूर जलाने की बात उसने सुझाई थी। खेत के कामों से समय निकालकर कोयला पकाया जा सकता था और उससे खेत की फ़सल से पहले ही आमदनी की उम्मीद की जा सकती थी। यह बात भी मान ली गई थी और इसकी जिम्मेवारी सुमंगल और धनपतवा पर सौंपी थी। धनपतवा ने यहाँ तक कहा था कि समुद्री इलाके के क्रिओल मछुओं से उसकी दोस्ती हो चली है, अगर मछलियाँ फँसाकर भी कुछ पैदा करने की बात को ठीक समझा जाए तो वह उसका भी प्रबन्ध करवा सकता था। इस बात को भी लोगों ने खुशी-खुशी मान लिया था।

दूसरे ही दिन सुमंगल चार साथियों के साथ झावे के जंगल से लकड़ी काटकर तन्दूर की तैयारी में जुट गया था। धनपतवा लकड़ी की छोटी-सी नाव पाने में सफल रहा और जोसेफ के सहयोग से उसी शाम धनपतवा और हनीफ मछली फँसाने के काम में लग गए थे। इधर खेतों के काम को भी पूरी रफ्तार दी गई। आधे पेट खाकर भी पिछले दिनों से अधिक मेहनत की जाने लगी। चाँदनी रातों में गाने-बजाने का जो कार्यक्रम बैठका के आँगन में होता था, वह खेतों में ही होने लगा था। काम करते हुए लोग गा-बजा लेते थे। गाते-बजाते काम कर लेते थे। खेत की पहली फ़सल की बेसब्री गाने का विषय बन जाया करती थी–

पहली फसलवा के धीमा होवे चाल हो
माँड़ो की दुलहीन जैसा
जेकर पाँवे होवे महावर हो
पहली फसलवा के धीमा होवे चाल हो
ठंडवा में उमड़े बदरवा सा
जेकर बरसवा होवे देर हो
पहली फसलवा के धीमा होवे चाल हो
सौतन घर फँसे बलमा सा
जेकर वापसी लगे युगवा हो...

मक्की की बालियों के पहले दाने आने लगे थे। सब्जियों के पौधों में भी जहाँ-तहाँ प्रथम फूलों का झाँकना शुरू हो गया था। जड़ों की मूँगफलियों के भीतर दूधिया दाने आने लगे थे। वर्षा के अभाव में भी कुएँ के पानी की सिंचाई से हरियाली टहकार थी।

मदन खेतों की फ़सल की सुनहरी कल्पना में खोया हुआ था कि फ़रीद के साथ उसने लम्बी चोटीवाले उस चीनी को आते देखा। पास पहुँचकर फ़रीद ने कहा, "मदन, यह आह-चोय है। हमारी बस्ती में यह दूकान खोलना चाह रहा है।"

अपने चौड़े दाँतों को सामने करके हँसते हुए उस आदमी की ओर देखकर मदन ने पूछा, "किस चीज़ की दूकान खोलना चाहते हैं आप?"

उस आदमी ने भोजपुरी में अटक-अटककर कहना शुरू किया, "सँब चीज़ काँ... चाँवल काँ...आँताँ काँ...दाँल काँ, कपराँ काँ...।"

"हमारे पास ख़रीदने के पैसे नहीं।"

"हो जाँएँगाँ। हो जाँएँगाँ। इस खेत में पैसाँ ही पैसाँ...।"

"वो तो ठीक है, पर हमारे पास पैसे होने में अभी दो-तीन महीने से कम नहीं लगेंगे।"

"कोई बाँत नाहीं...कोई बाँत नाहीं...। तब तक हम दूकान बनाएँगाँ...हम सबों

को उधार देगाँ...। हम भगवाँन बुँध को माँनता...।"

छोटी-छोटी आँखोंवाला वह आदमी काफ़ी देर तक बात करता रहा। जाते हुए मुड़कर कोई चार-पाँच बार मदन को झुक-झुककर सलाम करता गया। दूर तक उसकी वह विस्मृत हँसी दीखती रह गई। उसके ओझल हो जाने के बाद फ़रीद ने कहा, "अच्छा हुआ, बस्ती में एक दूकान भी हो जाएगी। दूसरी बस्ती से अनाज़ लाने की मुसीबत से तो बच जाएँगे।"

कुछ देर की चुप्पी के बाद मदन ने गम्भीर स्वर में कहा, "हमारे परिश्रम की बूँदों की कीमत इसके पास इकट्ठी होने न लग जाए!"

"मैंने तुम्हारा मतलब नहीं समझा।"

"व्यापार को हममें से ही कोई कर सकता था।"

"इसके लिए पैसा कहाँ से आएगा?"

"तुम सोचते हो यह आदमी अपने देश से पैसा लेकर यहाँ पहुँचा है?"

इसका उत्तर फ़रीद ने नहीं दिया।

कई बार मदन सुन चुका था कि ज़मीन का काम पवित्र होता है। हर बार यह सुनने पर उसके मन में एक ही ख़याल कौंधा था–क्या यही कारण है कि हमारे अपने लोग ज़मीन से इस तरह चिपक गए हैं? हमें हमेशा-हमेशा के लिए मज़दूर बनाए रखने की यह साजिश तो नहीं? कहाँ से आई यह टेढ़ी सीख? अगर यह हमारे शास्त्रों की बात है तो किसने लिखा उसे?

वकील ने उस दिन कहा भी था, "ज़मीन से चिपके रहने से कुछ होने को नहीं। इससे अलग भी एक संसार है। पैसे का, प्रतिष्ठा का!" उसी समय मदन ने अपने-आपसे पूछा था–वह संसार हमारे संसार से अलग क्यों है? वकील ने तो कहा था, "सभी कुछ प्रयत्न से होता है।"

यह प्रयत्न अगर इस समय नहीं हुआ तो फिर हम पीछे रह जाएँगे। मदन ने भी यह चाहा था कि अपने लोगों का ध्यान व्यापार की ओर भी जाए...आज उसने यह अवसर किसी और को दे दिया। अब दे चुकने के बाद उसने अपने-आपसे प्रश्न किया–कहीं खुद लूटे जाने का अवसर तो हमने पैदा नहीं कर दिया?

सूरज का ताप कम हो चुका था, पर गरमी में अकुलाहट पैदा कर जाने की शक्ति अभी भी थी। सुगुन भगत इधर दो-तीन दिनों से यही कहता आ रहा था कि इतनी गरमी इस देश में कभी नहीं हुई थी। दोपहर में तो हड्डियाँ तक पिघलने को हो जाती थीं।

तूफ़ान की सम्भावना से लोग दहल जाते। लोगों की इस आशंका को खंडित करने के लिए मदन बोल उठता, "गरमी के मौसम में गरमी तो स्वाभाविक होती है।"

जबकि वह खुद जानता था कि यह गरमी स्वाभाविक नहीं थी। पिछली बार वह

क़ैद में था जब इसी तरह की अकुलाहट-भरी उमस थी और उसका विस्फोट हुआ था भयानक तूफ़ान से। कुएँ में पानी एकदम कम हो चुका था। हरियाली पर हलका पीलापन छाने लगा था, लेकिन वह दिन-रात का घोर परिश्रम ही था जिससे पीलेपन पर फिर से हरियाली तैर गई थी।

मकई के लहलहाते पौधों के लम्बे हरे पत्तों के बीच मीरा बालियों को निहारने में लगी हुई थी। उसके बिखरे हुए बाल उन पत्तों से भी अधिक लम्बे थे। मदन अपनी जगह पर खड़ा उसे देखता रहा। मीरा की नज़र उस पर नहीं पड़ी थी. इसलिए बिना किसी झिझक के वह गुनगुनाए जा रही थी।

मकई के पत्तों की चिलमन से आँखमिचौली खेलती हुई मीरा की वह आकृति मदन के अपने भीतर भी कहीं उसी तरह गुदगुदा रही थी। उसके अपने भीतर मीरा की जो आकृति बनी थी, वह धीरे-धीरे बनकर चिपक गई थी। कल मीरा उसके लिए मकई की खीर ले आई थी। मदन ने जानना चाहा कि उसे मकई कहाँ से मिली थी, पर उसके प्रश्न को अनसुनी करके वह इन्हीं पत्तों के बीच ओझल हो गई थी। मीरा की जो तस्वीर मदन के सामने सबसे अधिक आती थी, वह होती नदी किनारेवाली। भीगे कपड़ों में सिमटी हुई मीरा—उसका वह भीगा हुआ गोरापन!

उसने जीनत से पूछ ही लिया था, “मीरा के ब्याह के बारे में तुम कुछ नहीं सोचतीं?”

जीनत ने हँसकर कहा था, “उसके ब्याह के बारे में सोचनेवाली तो उसकी मौसी है। तुम अपने ब्याह के बारे में क्या सोचते हो?”

“बस्ती में लड़कियों के ब्याह पहले होते हैं।”

“वह तो तब जब लड़की के इस बस्ती से दूसरी बस्ती पहुँचने की बात होती है।”

मदन के चुप रहने पर अगला प्रश्न जीनत ही ने किया, “तुम कहो तो मैं मीरा की मौसी से बात करूँ?”

“कौन-सी बात?”

“उसके ब्याह की बात हो रही है न?”

“मौसी, पता नहीं तुम मजाक कर रही हो या नहीं, पर मैं तुम्हें एक बात बताना चाहता हूँ...।”

“बताने की ज़रूरत नहीं, मैं जानती हूँ। तुम मीरा को प्यार करते हो यही न?”

जीनत के जिस दूसरे वाक्य ने मदन को खुशी के ज्वार-भाटों की तरह अपने में डुबो लिया था वह यही था :

“तुम्हारी तो रिहाई भी नहीं हुई थी जब से वह तुम्हें अपनी आँखों में लिए बैठी है।”

24

मीरा अकेले में सोचती रह जाती।

सपना कहीं आदमी के अपने विचार या उसकी कल्पना का विकृत रूप तो नहीं हुआ करता? नहीं तो फिर उसने जो भी सपने देखे थे, वे उसके अपने विचारों और कल्पनाओं के बिगड़े रूप क्यों होते थे? पर यह भी तो हो सकता था कि वे सपने ही सही हों और उसके अपने विचार और उसकी अपनी कल्पना ही ग़लत रही हो!

मीरा अकेले में सोचती रह जाती।

उसकी अपनी कल्पनाओं की उष्णता और सपनों की ठंडक दोनों विरोधी तत्त्व होते हुए भी जो कुछ छोड़ जातीं वह और कुछ न होकर एक तरह का पीड़न ही तो होता था। इस पीड़न से जूझती हुई वह इस निष्कर्ष पर पहुँचती कि कल्पना और सपना एक ही वस्तु के दो सिरे थे। सपना वह होता था जहाँ सिरा धुँधलका लिए होता और कल्पना का सिरा चमकदार होता। उसके अपने विचारों और कल्पनाओं का अनुगामी होता हुआ सपना उसके विचारों और कल्पनाओं की चमक को साकार करने में असफल क्यों था? वह इसके उत्तर के लिए जीनत के सामने मौन खड़ी रहती और जीनत हँसकर रह जाती।

मीरा अकेले में सोचती रह जाती।

जीनत का यह कहना शायद सच हो कि मीरा जो थी वही उसकी स्वाभाविकता थी। वास्तविकता से दूर जाकर खड़े हो जाना और उसके आलिंगन की चाह में घुटकर भी खुश ही होना कुछ लोगों की अपनी स्वाभाविकता हुआ करती है।

मीरा खुश थी। खेत से गुजरनेवाला हर आदमी यही कह जाता कि मक्की की बालियों के तैयार होने में अब पन्द्रह-बीस दिन से अधिक नहीं लगने को।...और मीरा अपनी कल्पनाओं को गूँथने लग जाती। उसके लिए वह घड़ी आनन्द की पराकाष्ठा की घड़ी होगी, जब उसके अपने हाथों के परिश्रम की फ़सल से बस्ती के हर घर की रोटी सेंकी जाएँगी। वह सोंधी गन्ध उसके अपने पसीने की होगी। उस दिन मदन के सामने वह अपनी आँखों को झुकाएगी नहीं। वह उन आँखों में झाँककर अपने उस उल्लास को देखेगी। प्रतीक्षा में उसे ये पन्द्रह-बीस दिन ज़रूरत से अधिक लम्बे प्रतीत होने लग जाते।

पत्थरों की मेंड़ के उस पार से उसकी मौसी ने आवाज़ दी, "खाए के बखत हो गइल मीरा!"

मीरा को भूख नहीं थी। जामुन के पेड़ से टँगी हुई टोकरी में कन्द के आटे की लीटी थी और चटनी बराबर चौलाई का साग था। मीरा ने चाहा कि उसकी मौसी खुद खा ले। उसने कहा, "मैं नहीं खाऊँगी, तुम खा लो।"

"ए छोकरी, पेट में हवा समा जाई।"

वह जानती थी कि उसके न खाने पर मौसी भी टोकरी को नीचे नहीं उतारेगी, इसलिए फव्वारे के पानी से हाथ-मुँह धोकर वह जामुन के पेड़ के नीचे पहुँची। उसकी मौसी पहले ही से वहाँ बैठी हुई थी। मीरा ने टोकरी नीचे उतारी। लीटी के एक छोटे-से टुकड़े पर चौलाई का थोड़ा-सा साग रखा और बाक़ी अपनी मौसी के आगे बढ़ाकर जीनत के खेत की ओर बढ़ गई। जाते-जाते वह अपनी मौसी को सुनती रही।

"तोर से बैठ के कबो न खाल जाला। एही कारण त रोहानी नै चढ़ेला तोर पर।"

जीनत भी सपुरा के साथ वही कन्द की लीटी खाती हुई मिली। सपुरा ने लीटी का जो टुकड़ा उसके आगे बढ़ाया उसे पूरा न लेकर मीरा ने उसमें से एक नन्हा-सा टुकड़ा ले लिया। जिस चौड़े पत्थर का सपुरा बैठी हुई थी उसी पर बैठकर मीरा बोल उठी, "ख़ाला, इतनी गरमी? कहीं अंगारे तो नहीं बरसेंगे?"

"पानी भी तो नहीं बरस रहा जिससे गरमी कुछ कम हो सके।"

"रात की वह गरमी तो और भी असह्य थी। साँसें तक नहीं ली जा सकती थीं। मौसी कहती है कि यह गरमी तूफ़ान लाकर रहेगी।"

"मुझे भी तो ऐसा ही लगता है।"

"तूफ़ान आ जाने से तो खेत चौपट हो जाएँगे।"

"खुदा न करे तूफ़ान आए!"

कुछ देर बाद जब जीनत बैंगन के पौधों के बीच निराई करने चली गई तो सपुरा ने मीरा से पूछा, "आजकल तुम मदन भैया को गाना सिखाने में लगी हुई हो क्या?"

इस प्रश्न को भली-भाँति न समझकर मीरा ने सपुरा की ओर देखा। सपुरा हँसती हुई आगे बोली, "वह जहाँ भी होता है उन्हीं गानों को गुनगुनाता रहता है जो तुम गाती रहती हो।

"उन्हें तो तुम भी गा सकती हो। कौन रोकता है?"

"हमें भी उसी तरह सिखा जाओ तब तो!"

"तुम्हारा मतलब है कि मैं उसे अपने पास बिठाकर ये गाने सिखाती हूँ?"

"तभी तो वह इतनी अच्छी तरह उन्हें गा लेता है।"

"तुम यह क्यों भूलती हो सपू, कि ये गाने मदन के बाप के लिखे हुए हैं?"

"पर राग तो तुम्हारे अपने हैं। तुम जानती हो मीरा, कल तो मैंने मदन भैया से पूछ ही लिया था।"

"क्या पूछ लिया था?"

"कि ये गीत उसे किसने सिखाए।"

"और उसने तुम्हें कह दिया कि मैंने सिखाए हैं?"

"उसने तो कुछ और ही कहा था।"

"क्या कहा?"

"यही कि किसी कौए से सीखे हैं उसने।"

"और फिर तुम्हें तो मालूम था ही कि इस बस्ती में कौआ तो मैं अकेली हूँ।"

यह कहती हुई मीरा ने सपुरा के कन्धे से उसकी ओढ़नी लेकर उसे जामुन की डालियों के ऊपर उछाल दिया। सपुरा के हाथों की पहुँच से बाहर ओढ़नी ऊपर रह गई और मीरा हँसती हुई अपने खेत को लौट आई।

कल कुएँ से पानी लाते समय मीरा ने खुद मदन को वह गीत गुनगुनाते सुन लिया था, जिसे उसने दो-ही-तीन दिन से गुनगुनाना शुरू किया था। पहले तो उसे हैरानी हुई थी, फिर इस ख़याल से वह शरमा गई थी कि मदन छिप-छिपकर उसके गानों को सुन लेता है। इसी के साथ उसे मदन की यह बात भी याद आ गई थी—तुम मुझे अपनी आवाज़ से वंचित रखने की कोशिश करके भी सफल नहीं रहती हो!

उस समय इस वाक्य का मतलब वह नहीं समझ पाई थी। इस समय वह भीतर-ही-भीतर खुश थी।

अकेले में मीरा फिर सोच उठी।

मस्तिष्क के ख़यालों को जीवन में उतारने के लिए शब्द ज़रूरी होते हैं, पर वह थी कि अपने विचारों को शब्द नहीं दे पाती और उसके सपने सचित्र नहीं हो पाते। वे धुँधलके में आकृतियाँ मात्र होतीं। आकृतियाँ बिना रंगों की होतीं—निःशब्द।

अपने मस्तिष्क पर ज़ोर देकर वह अपने ख़यालों को स्वर देने का प्रयास करती। उन्हें रँगने की कोशिश करती, पर आकृतियाँ आकृतियाँ ही बनी रह जातीं। इधर कुछ दिनों से वह खेत में भी अपने साथ किसनसिंह की बही लिए पहुँचती थी। उस दिन पीछे से आते हुए मदन ने उसके हाथ में गीतों का वह संग्रह देख ही लिया था।

"तुम इसे जीनत चाची के यहाँ से उठा लाई हो न?"

उस बही को वह अपनी ओढ़नी में लपेटकर जामुन के पेड़ के नीचे रखती थी। मूँगफली के पौधों पर माटी चढ़ाने के काम को शुरू करने से पहले उसने एक बार बही से कोई नया गाना गुनगुनाना चाहा। उसने ओढ़नी से पुस्तिका को बाहर किया ही था कि मक्की के पत्तों को हटाती हुई सीता सामने आ गई। मीरा ने कोई दो सप्ताह बाद सीता को देखा था। वह हैरान रह गई। उसे लगा जैसे सीता महीनों से बीमार हो। सूखे हुए चेहरे के साथ वह आधे शरीर आधे दम की लग रही थी। मीरा के पास पहुँचकर उसने पूछा, "मदन को देखा तुमने?"

मीरा ने उत्तर देने में समय लगा दिया, "अपने खेत में...।"

"वह अपने खेत में नहीं।"

"तो फिर समुद्री इलाके में गया होगा तन्दूर देखने।"

"कब तक लौट आएगा?"

"हो सकता है कि वह इधर न आकर सीधे घर पहुँच जाए।"

सीता चली गई।

उसके चले जाने के बाद भी मीरा को लग रहा था कि वह अब भी वहाँ खड़ी मदन की राह देख रही थी। वह खो गई काल्पनिक संवाद में--

"मदन से कोई ज़रूरी काम है?"

"हाँ।"

"क्या काम है?"

"एक ज़रूरी काम।"

मीरा सोचती रह गई।

वह कौन-सा ज़रूरी काम था?

जीनत ही ने तो उसे कहा था कि सन्देह ईर्ष्या से जुड़कर एक ऐसा जाल बन जाता है, जिसमें उलझकर फिर बाहर आना दुश्वार हो जाता है। वह उलझी रही। हाथ-पाँव मारती रही।

बादल घुमड़कर भी नहीं बरसे। उमस और भी बढ़ आई थी। मूँगफली के पौधों के छोटे-छोटे पीले फूल अपने को मुरझाने से रोके हुए थे। मक्की के पत्ते हिल नहीं रहे थे। बैठे-ही-बैठे मीरा के चेहरे पर पसीने की बूँदें उभर आई थीं।

मीरा के जेहन के ख़याल ने आश्वासन के लिए हमेशा निष्कर्ष का तकाजा किया था। कई बार ग़लत और सही के चक्कर में घंटों की द्विविधा-भरी छटपटाहट के बाद भी उसके जेहन की वह अस्थिरता बनी रह जाती। इस समय भी बनी रही। उसने काम शुरू किया। बैठी सोचती रही।

कुएँ के पास अकुलाहट पैदा कर देनेवाली गरमी को लेकर बातें हो रही थीं।

"इतनी गरमी तो पिछले तूफ़ान के वक़्त भी नहीं थी।"

"रही तो ज़रूर होगी। पुरानी बातें हम भूल जाते हैं।"

"सभी कुएँ सूखने को हैं।"

"बरसात का भी आसार नहीं दीखता।"

"तूफ़ान आ गया तो हम मिट जाएँगे।"

"इस तरह डरकर तूफ़ान को जबरदस्ती घसीट लाने की कोशिश मत करो।"

"शाम के वक़्त का पश्चिमी आकाश का रंग देखकर तो दिल दहल जाता है।"

"आकाश के कुछ अधिक लाल हो जाने का मतलब तूफ़ान थोड़े ही होता है?"

"भगवान करे इसका मतलब तूफ़ान न हो!"

"इधर-उधर से जो फल आदि मिल जाते हैं वे भी नहीं मिलेंगे।"

"हद होती है हताश होने की।"

“आगम जो मिल रहे हैं।”

“आगम तो बरसा के भी मिलते रहते हैं। बरसा तो हुई नहीं।”

लोगों की आशंका को कम कर जाने का दम इस वाक्य में नहीं था।

दो तरह की कामनाएँ थीं लोगों के भीतर।

...तूफ़ान न आकर कुछ दिनों के लिए सूखा ही पड़ा रहे। खेतों का थोड़ा-बहुत नुकसान ही सही, सारा-कुछ विध्वंस होने से तो बच जाएगा!

...तूफ़ान के नाम पर हलकी-फुलकी हवा के साथ बरसा तो हो जाए, पानी का अकाल पड़ा हुआ है!

विवेक ने पुजारीजी से पूछ लिया था, “सूखा रोकने के लिए तो हरपड़ौरी गाई और इन्दरपूजा की जाती है, तूफ़ान को रोकने के लिए कौन-सी पूजा होनी चाहिए?”

25

रामजी की ईख की तू चूस लेइली मिठसवा
हमरो ख़ातिर छोड़ गइले सीठिया हो रावा...

किसनसिंह के पुराने गीत को मीरा की नई धुन में मदन गुनगुना रहा था। पाँच बोरे कोयले के बदले में पूरी बस्ती के लिए एक बोरा चावल आया था। अपने हिस्से का चावल जब वह मीरा की मौसी को देने लगा था, उस समय मीरा ने अपनी मौसी को इशारे से भीतर बुला लिया था। लौटकर सूप में चावल लेती हुई मीरा की मौसी बोल उठी थी, “हम लोग तोर हिस्सा के चावल तबही लेब स जब तू भात खाई हमरे हियाँ अयबे तब।”

मदन के लिए यह बिनमाँगी मुराद थी। मीरा के यहाँ खाने पर पहुँचने के लिए वह सुबह से अधीरता लिए हुए गुनगुना रहा था। अपनी अलसाई चाल से शाम आ ही पहुँची थी। बस और कुछ ही समय बाक़ी था। वह अपनी बेसब्री में गुनगुनाए जा रहा था कि सुमंगल सामने आ गया।

“मदन, जल्दी चलो।”

“कहाँ?”

“पुष्पा मौसी बहुत अधिक बीमार हो गई।”

अपने हाथ के हँसुवे को मुँडेर पर रखकर मदन सुमंगल के साथ बस्ती की ओर झपट पड़ा। परसों इसी बात के लिए सीता उसे बुलाने आई थी। वैद्यजी की जड़ी-बूटियों से पुष्पा की हालत थोड़ी-बहुत सुधर सकी थी, पर वैद्य ने मदन को अलग

ले जाकर धीरे से कहा था कि अगर स्थिति ऐसी ही रही तो खतरा टल जाएगा मगर इसके और बिगड़ जाने पर बचने की उम्मीद जाती रहेगी।

विवेक के घर पहुँचकर मदन ने पहले ही से कुछ लोगों को वहाँ मौजूद पाया। उसे देखते ही वैद्यजी ने उसे आश्वासन देते हुए कहा, "स्थिति उतनी नाजुक नहीं है। वह तुम्हें ढूँढ़ रही थी, इसलिए तुम्हें बुलवाया।"

पुष्पा के पास पहुँचकर मदन को ऐसा लगा कि वह एकाएक बूढ़ी हो गई थी। दो-तीन सप्ताह पहले मदन का ध्यान इस बात की ओर गया ही नहीं था कि पुष्पा की आँखें गहरी धँस गई थीं। उसके सभी बाल सफ़ेद हो गए थे। उसके चेहरे पर अगर कुछ था तो वह समय की झुर्रियाँ थीं। मदन को सामने पाकर पुष्पा ने उसे इशारे से खाट पर बैठ जाने को कहा। अपने टूटे हुए स्वर में वह बोली, "तुम बहुत अधिक काम करते हो मदन! एकदम अपने बाप की तरह रहे तुम।"

"तुम्हारी तबीयत कैसी है चाची?"

"तुमने हमेशा मुझे कभी चाची तो कभी मौसी कहा है।"

"दोनों तो एक ही चीज़ है।"

वैद्यजी ने बीच में कहा, "तुम्हें अधिक बात नहीं करनी चाहिए।"

"पुजारीजी, मैंने जीवन में कभी भी अधिक बातें नहीं कीं। अब तो कर लेने दो।"

उस दिन बात-ही-बात में दाऊद मियाँ किसन की पुरानी बातें बताने लग गया। पुष्पा और किसन पति-पत्नी नहीं बन सके थे, यह उसके जीवन की दुखद हैरानी थी। किसन के ब्याह के बाद सचमुच ही पुष्पा ने जो चुप्पी साध ली थी, वह उसकी अपनी बेबसी की चुप्पी न होकर भी एक ऐसी लम्बी चुप्पी थी, जिसे किसन ने समझने की कोशिश कभी नहीं की थी।

अपने बाप की मृत्यु के बाद मदन ने पहली बार यह महसूसा था कि पुष्पा का सदमा सबसे बड़ा था। उसके भीतर की चीत्कारती ख़ामोशी ने उसे भीतर-ही-भीतर तोड़ डालने में तनिक भी देर नहीं की थी।

मदन ने चारों ओर देखा। विवेक को सामने न पाकर उसने पूछा, "विवेक?"

उत्तर पुजारी ने दिया, "मैंने उसे पहाड़ीपार की बस्ती में वहाँ के वैद्य के यहाँ से दवा लाने को भेजा है।"

"अकेले गया है वह?"

"नहीं, फ़रीद साथ गया है।"

पुष्पा के अनुरोध पर पुजारी अपने यहाँ से रामायण ले आया। पाठ मदन करता रहा। उस समय तक जब तक कि पुष्पा को नींद न आ गई। उसके सो जाने पर मदन ने पुजारी की ओर देखा। उसके आश्वासन के बाद मदन अपनी जगह से उठा।

जाने को हुआ कि पुजारी ने कहा, "तुम विवेक के पहुँचने तक ठहर जाओ।"

पुजारी के चले जाने के बाद झोंपड़ी के भीतर की गरमी से बचने के लिए मदन आँगन में आ गया। छिटपुट तारों के बीच सात दिन का चाँद एकदम सर के ऊपर था। मदन बकाइन के पेड़ के नीचे बैठ गया। वह जहाँ बैठा था, वहाँ से मीरा का घर बाइसवें घर के बाद था। लोगों के नाम याद कर-करके उसने सारे घर गिन लिए थे। उसे दुराव बड़ा विस्तृत लगा। पूरे तीन सप्ताह होने को थे उसे भात खाए हुए। स्वाद जैसे भूल-सा गया था। तीन सप्ताह बाद भात खाने का अवसर आया था। मीरा प्रतीक्षा कर रही होगी।

सीता ने सामने आकर पूछा, "तुमने अभी तक कुछ खाया नहीं होगा?"

"भूख नहीं।"

"हमारे यहाँ तो चूल्हा ही नहीं जला। तुम कहो तो मैं..."

"नहीं, मैं कुछ नहीं खाऊँगा, बस थोड़ा-सा पानी ला दो।"

सीता पानी लाने चली गई।

मीरा के बारे में सोचने लगा वह। उसने चाहा कि उसके यहाँ से हो आए। वह भात पकाकर अपनी मौसी के साथ प्रतीक्षा कर रही होगी। पुजारी से आश्वासन पाकर भी मदन पूरी तरह आश्वस्त नहीं था। वह आशंकित था। पुष्पा के आँखें बन्द कर लेने पर वह घबरा गया था। उसके उधर चले जाने के बाद अगर पुष्पा को कुछ हो गया तो फिर मदन अपने-आपको माफ़ नहीं कर सकेगा।

वह बैठा रहा। सीता पानी लेकर आ गई। उसके हाथ से लोटा लेकर मदन ने एक ही साँस में उसे ख़ाली कर दिया। उससे ख़ाली लोटा लेकर सीता सामने के दूसरे पत्थर पर बैठ गई।

"विवेक कब तक आ जाएगा?"

सीता ने धीरे-से जवाब दिया, "जल्द-से-जल्द लौटने की बात कह गया है।"

"गया कब है?"

"गया तो दोपहर से है।"

दोनों चुप रहे। झोंपड़ी के भीतर का चिराग़ टिमटिमाता रहा। झींगुरों की आवाज़ें आती रहीं। मदन को अपने बीच की चुप्पी खली और उसने उसे तोड़ दिया।

"बहुत गरमी है।"

"हाँ।"

ख़ामोशी फिर छा गई। हवा सहमी हुई थी।

"तुमने मेरी बात नहीं मानी थी सीता!"

सीता ने पहले अपने-आपसे पूछा, फिर मदन से, "कौन-सी बात?"

"मैंने कहा था कि जादू-टोना कुछ होता ही नहीं, तुम डर गई थीं। मैंने कहा

था कि विवेक को कुछ नहीं होगा और तुमने मेरी बात का विश्वास नहीं किया था। बस्ती के सभी लोग डर गए थे। सुईवाला पुतला देखकर सभी ने यही मान लिया था कि ववेक का बचना नामुमकिन है। मैंने कहा था कि उसका बाल भी बाँका नहीं होगा। भला जादू का भी असर होता है क्या?"

"असर तो होता ही है मदन!"

"आज भी तुम्हें इस बात का यक़ीन है?"

"अपने ऊपर बीतने पर तो यक़ीन अपने-आप हो जाता है।"

"क्या बीता है तुम्हारे ऊपर?"

"बहुत-कुछ।"

"यही न कि विवेक की एक अँगुली में भी दर्द नहीं हुआ?"

"कभी किसी की अँगुली का दर्द कोई दूसरा भुगत लेता है।"

"सही-सलामत तुम भी हो। चाची को तो उम्र की बीमारी है।"

"अपने कुछ विश्वासों को दूसरों के साथ बाँटना असम्भव होता है।"

"विश्वास या अन्धविश्वास को?"

"कुछ भी कह लो।"

"तुम तो ऐसे बातें करने लगी जैसे आन्द्रेआ की माँ का बान अचूक रहा हो।"

"वह तो अचूक ही रहा।"

"क्या मतलब?"

"वह अचूक रहा मदन!"

"मैं समझा नहीं।"

"छोड़ो इन बातों को। माँ के बारे में तुम्हारा क्या ख़याल है? इन्हें कुछ होगा तो नहीं?"

"समझा। तो तुम इसी को अचूक कह रही हो। तुम सोचती हो कि वह जादू विवेक को नहीं लगकर तुम्हारी सास को लग गया! इतने दिनों के बाद?"

"मैं ऐसा नहीं सोचती।"

"तो फिर?"

"कहा न, छोड़ो इन बातों को। तुम्हें माँ की स्थिति सुधर जाने की उम्मीद तो है न?"

"वह तो बराबर है। मैं तुमसे एक बात पूछूँ? तुम इस तरह परिवर्तित-सी क्यों लगती हो आजकल?"

"मैं तुम्हें परिवर्तित लगती हूँ?"

"क्या बात है सीता? तुम बहुत दुखी लगती हो।"

एक व्यंग्यात्मक हँसी के साथ सीता बोली, "जादू का असर है।"

"कहीं विवेक के साथ तुम्हारा फिर झगड़ा तो नहीं शुरू हो गया?"

"लोग कहते हैं तूफ़ान आनेवाला है।"

"तुमने मेरा उत्तर नहीं दिया।"

"तुमने कोई प्रश्न किया था क्या?"

"कहीं विवेक फिर से...?"

"एक बात है मदन, सोचती हूँ तुम्हें नहीं बताऊँ तो किसको बता सकूँगी!"

"मैं तुम्हारे कोई काम तो आ सकूँ।"

"मैं इसलिए नहीं बताना चाहती। बताना चाह रही हूँ, इसलिए कि तुम जादू-टोने को खोखली बातें मत समझा करो। और फिर तुम्हें बताकर तुमसे यह उम्मीद तो रख सकूँ...फिर तो तुम्हारी बात भी ठीक रही...शायद तुम काम आ जाओ।"

"बात तो बताओ सीता!"

"बेशर्म होकर सुनाना पड़ रहा है। विवेक जीवित तो है पर जादू-टोने ने उसके भीतर के मर्द को मार डाला। तीन महीने होने को हैं—विवेक की बेबसी को। दो दिन हुए उसने यहाँ तक कह दिया था कि इस असमर्थता से तो मृत्यु भली है। माँ ने हमारी कोई बात सुन ली है और उसे मालूम हो गया है कि इधर तीन महीने से हम भाई-बहन की तरह एक खाट पर सोते हैं। तुम वैद्यजी से बातें करके उसे बचा...!"

वह मदन के पैरों पर आ गई थी।

मदन अवाक् बैठा रहा।

26

मदन यह मानने को तैयार नहीं था कि विवेक की हालत जादू-टोने का नतीजा थी। पुजारीजी से बातें करने के बाद वह इसी निष्कर्ष पर पहुँचा था कि बहुत अधिक गाँजा पीकर विवेक ने अपनी वह हालत बना ली थी। उसे पुजारी तक ले आने में मदन ने अपने को असफल पाया। उसने चिल्लाकर मदन को बताया था कि वह उतना ही मर्द था, जितना मदन। और भी अधिक चिल्लाकर उसने यह जानना चाहा था कि उस बात का पता मदन को कैसे लगा था। मदन से कोई उत्तर न पाकर उसने उसकी छाती के पास फतुही को मुट्ठी में लेकर पूछा था, "मेरी पत्नी एक पराये मर्द को मेरे अपने शरीर की आत्मीय बातें कैसे बता सकी? कौन होते हो तुम उसके?"

मदन ने कोई जवाब न देकर अपनी फतुही को उसकी मुट्ठी से छुड़ा लिया था। मदन की आँखों के सामने वही कल का दृश्य था। बैंगन के पौधों के कीटाणु लग गए पत्तों को तोड़ते हुए वह सीता के बारे में सोच रहा था कि जीनत आ पहुँची थी।

आते ही उसने प्रश्न किया था, "तुमने विवेक से क्या कह दिया?"

"क्यों?"

"सीता को मार-पीटकर उसने बेदम कर दिया है।"

"मेरे कारण?"

"वह कह रहा था कि वह बात सीता ने तुम्हें क्यों बताई! क्या बात हो सकती है मदन, जिसके लिए उस बेचारी को उतनी मार पड़ी? भीतरी घाव तो अलग, पूरा चेहरा सूज आया है। सिर के आधे बाल नोच लिए गए हैं।"

इसके बाद जीनत ने जो कुछ कहा उसे मदन नहीं सुन पाया था। उसकी आँखें सामने की मीरा पर टिकी रह गई थीं।

कड़कती धूप से मुरझाया हुआ खेत सभी कुओं को पी चुकने के बाद भी झुलसा ही रहा। बादल उमड़-उमड़कर छितरते-बिखरते रहे। उमस साँसों को बोझिल करती गई। वर्षा की सम्भावनाओं के साथ आशाएँ बँधती-टूटती रहीं पर लोगों का जूझना बना रहा। पसीना बहता रहा। धरती की प्यास बनी रही। इतने पर भी स्थिति के सुधरने की उम्मीद बनी रही। सभी को यही उम्मीद थी कि कल भी अगर पानी बरस जाए तो फ़सल अच्छी हो जाएगी। उस कल की प्रतीक्षा हर दूसरे दिन होती रही। आस्था और निष्ठा दबकर भी जीवित रहती है। वह जीवित रही किसी बहुत प्रचंड तूफ़ान से चकनाचूर होने के लिए।

दूसरे दिन का वातावरण गुमसुम रहा।

शाम होते-होते एक गरम हवा बहनी शुरू हुई। जो तूफ़ान देख चुके थे, छप्परों को पत्थरों से जाँतने लगे। दीवारों को टिकाए रखने के लिए लकड़ियों और खम्भों का सहारा पहुँचाने में जुट गए। खम्भों को पेड़ों से बाँधा जाने लगा। हवा का बढ़ना धीरे-धीरे हुआ। धीरे-ही-धीरे माहौल भयानक होता गया।

ऊपर बिना तारों का सपाट काला आकाश वातावरण को अधिक भयानक करता गया। देखते-ही-देखते हवा की रफ्तार तेज़ होकर दहाड़ने लगी। अपनी-अपनी झोंपड़ी से लोग झाँय-झाँय करती हवा की ताक़त का अन्दाज़ा लगाने लगे। दाऊद मियाँ ने फ़रीद को बताया कि हवा का यही रुख रहा तो आधी रात तक वह बढ़कर दुगुनी रफ्तार की हो सकती है। सुगुन पिछले तूफ़ान से लड़खड़ा गई अपनी छत की ओर देखकर सहम गया। झोंपड़ी अभी ही हिलने लगी थी। हवा की गति और बढ़ी कि वह गई। अपनी सारी शक्ति से थामे अधखुली खिड़की से बिजली चमकने पर मदन बाहर के पेड़ों को लचकते-ऐंठते और डोलते पाकर दहल गया। बादलों का प्रलयंकर गर्जन हुआ। पानी का झंझावात मदन को भिगो गया। हवा के एक तेज़ झोंके से खिड़की उसकी ताक़त को मात करके झटके से बन्द हो गई। बकरी को बाड़े से निकालकर घर के भीतर लाने के लिए मीरा ने बाहर निकलना चाहा। हवा के थपेड़ों

के चलते दरवाज़ा उससे नहीं खुला। मूसलाधार वर्षा की झटास से वह अकबका गई। किसी तरह एक लम्बी साँस लेकर वह पीछे को हट गई।

हवा की रफ्तार बढ़ती गई। पेड़ों से पहले पत्तियाँ उड़ीं। टहनियाँ और डालियाँ टूटीं। पेड़ उखड़े। झोंपड़ियाँ हिलने लगीं। छप्पर ऊपर-नीचे होते रहे। कई घरों में एकसाथ महावीर स्वामी की गुहार हुई। पवनपुत्र की मनौतियाँ हुईं। कुछ झोंपड़ियों की छतें टूटकर उड़ गईं। बच्चे चिल्ला उठे। बड़ों ने उन्हें अंकों में समेट लिया। वे सिमटे रहे। विध्वंसात्मक गति से हवा तेज़ होती गई।

बवंडर! चक्रवात! गर्जन! धमाका!

सभी के जीवन की सबसे लम्बी रात थी वह।

मीरा को अपनी लड़खड़ाती झोंपड़ी से अधिक चिन्ता अपने खेत की थी। कुछ भी बाक़ी नहीं रहा होगा उसका। उसकी मौसी ने आश्वासन दिया। तूफ़ान में ऊँचे पेड़ों को अधिक नुकसान पहुँचता है। मक्की के पौधे लुढ़ककर भी बच सकते हैं।

सीता की बाँहों में पुष्पा ने दम तोड़ दिया।

बुझे हुए चिराग़ को बार-बार जलाने की विवेक ने कई कोशिशें कीं। अँधेरे में केवल सिसकियों का आभास था।

आधी रात के बाद हर झोंपड़ी में यही सोचा जाने लगा कि सुबह होते-होते कुछ भी बाक़ी नहीं रहेगा। वह सुमंगल की छत थी जो सबसे पहले नीचे आई। लोग भागकर दूसरी झोंपड़ी में पनाह ले सके। उसी के साथ धड़ाम की बहुत बड़ी आवाज़ आई। आँगन में कुछ गिरा था। अनुमान लगाया गया—बरगद का पेड़ होगा। दूसरी जो बहुत ज़ोरदार आवाज़ हुई वह बादलों का गर्जन था। लोग काँप गए। बच्चों ने बादलों को माथे पर टूटते अनुभव किया और चीत्कार उठे।

संसार का अन्त गज-भर की दूरी पर प्रतीत हुआ। आँखें मूँद ली गईं। परिवार के सभी सदस्य एक ही बन्धन में जकड़ गए। साथ मर-मिटने का निर्णय हो चुका।

हवा के दहाड़ने की प्रतिक्रिया झोंपड़ियों में आतंक के रूप में हुई।

रात कटे और सुबह हो! पर सुबह का कोई आसार नहीं था। कुच-कुच घटाटोप रात में तूफ़ान और भी प्रचंड रहा। अपनी माँ की लाश से हटकर विवेक झुक आई दीवार को ठीक करने के लिए बाहर निकला। बाहर हाथ को हाथ न सूझनेवाला अँधेरा था। हवा के आक्रमण से दो बार लुढ़ककर भी किसी तरह वह पिछवाड़े की दीवार तक पहुँचा। बिजली के प्रकाश में नीचे गिर आए खम्भे को उठाकर उसने दीवार को सहारा दिया। पानी और हवा की झटास से साँसें लेने में भी दिक्कत हो रही थी। वह खम्भे के साथ नीचे को गिर पड़ा। हवा ने उसे सूखे पत्ते की तरह उछालकर दूर फेंक दिया। किसी तरह अपने को सँभालकर वह उठ पाया। खम्भे को फिर से उठाया और दीवार को ठीक करके जब तक झोंपड़ी को लौटता तब तक छप्पर

का एक भाग जा चुका था।

फ़रीद के घर के भीतर पानी घुटने तक पहुँचने को था। खाट पर खाट रखकर उसने दाऊद मियाँ, जीनत और सपुरा को ऊपर चढ़ा दिया था। वे तीनों छत के झुक आए बाँसों को पूरी ताक़त के साथ थामे हुए थे। हवा भीतर भी ऊधम मचा जाती थी। छोटे-मोटे तख्ते सभी नीचे आ गए थे। गोबर और सफ़ेद मिट्टी के लेपवाली पत्थरों की दीवार का अगला भाग ढह आया था। उसी रास्ते से हवा भीतर आकर और भी दहाड़ जाती। एक ओर झंझावात से, दूसरी ओर छत के रीसने से घर का कोई भाग बिन भीगा नहीं बचा था।

बिनसहरा तक हवा का रुख बदल चुका था। वह पश्चिम की समुद्री हवा थी, जिससे लोगों की बची-खुची हिम्मत भी जाती रही। आशंकित सुमंगल की माँ ने कहा कि जब तक यह हवा उलटकर अपनी जगह न ले ले, तब तक संकट टलने की उम्मीद नहीं की जा सकती।

बादलों का विस्फोटक गर्जन हुआ। बिजली कड़की। हवा चिंघारी। घर के मुखिया ने बाक़ी लोगों को अपने अंक में बाँध लिया। बादलों की लम्बी घरघराहट हुई। बिजली पर बिजली कौंधी। हवा झनझनाती रही।

बड़ी देर पर घटाटोप अँधेरा फटा। बिना सूरज का उजाला धीरे-धीरे फैला। वर्षा थमी हुई थी। बादलों का ग़रज़ना बन्द था। बिजली की चमक रुक गई थी, लेकिन हवा की रफ्तार अभी भी वही थी—पश्चिम से पूरब को। अभी हवा पलटी नहीं थी। अभी खतरा टला नहीं था। फिर भी उजाला फैल जाने के कारण मौसम की वह भयावह स्थिति नहीं थी। भय अदृश्य होकर अधिक भयानक होता है। उजाले में तूफ़ान आमने-सामने होकर कम डरावना था।

सबसे पहले मदन घर से बाहर निकला। बाहर हवा इतनी अधिक तेज़ थी कि अपने को अडिग रखना नितान्त असम्भव था। बड़ी कठिनाई से क़दम उठ पा रहे थे। बड़ी कठिनाई से अपने को सँभाला जा रहा था। भीतर से धनलाल ने आवाज़ दी :

"तूफ़ान बहुत तेज़ है! पेड़ गिर रहे हैं, तुम भीतर आ जाओ।"

धनलाल का एक शब्द भी मदन को नहीं सुनाई पड़ा। एक डाली उसके ऊपर से होकर झोंपड़ी से जा टकराई। हवा से संघर्ष करते हुए उसकी विपरीत दिशा को वह लपका। हवा उसे खींचकर पीछे कर गई। पूरे ज़ोर के साथ हवा को पीछे ढकेलकर वह आगे बढ़ा। रास्ते से पेड़ की डालियों, छप्परों के टुकड़े और दीवारों को हटाते हुए दो बार वह गिरने से बचा। हवा साँय-साँय किए उस पर आक्रमण किए जा रही थी। सामने के घरों की बुरी हालत थी। कोई बिना दीवार का था, कोई बिना छत का। देवराज के घर की छत अपनी चारों दीवारों के साथ दब गई

थी। अज्ञात आशंका से घिरकर मदन ने दीवारों के इर्द-गिर्द देखा। किसी की लाश न दीखने पर उसने लम्बी साँस ली और आगे बढ़ा। पहला आदमी जो उसे मिला वह फ़रीद था। उसके माथे से ख़ून बह रहा था। पास पहुँचते ही मदन ने पूछा, "तुम्हारा घर कैसा है?"

"अगर हवा की यही रफ्तार रही तो दो-तीन घंटे से ज़्यादा टिका नहीं रहेगा।"

"सभी लोग सही-सलामत हैं न?"

"सभी लोग सही-सलामत हैं।"

"पर तुम्हें चोट आई है।"

"सिर पर खम्भा गिर गया था। घाव मामूली है।"

दूर से उड़ती हुई एक डाली आकर दोनों के सामने गिरी। उसे हटाकर वे आगे बढ़े। मीरा के घर के सामने पहुँचकर मदन ने आवाज़ देते हुए दरवाज़े को थपथपाया। मीरा ने दरवाज़ा खोला। दोनों भीतर पहुँचे। उन्हें देखते ही मीरा की मौसी बोल पड़ी, "अभी तूफ़ान रुकल ना बाते, तू लोग घर से बाहर काहे होयल स?"

"तुम दोनों तो ठीक हो न?" मदन ने पूछा।

तभी उसकी नज़र देवराज और उसके परिवार पर पड़ी, जिन्होंने वहाँ आश्रय लिया था। देवराज ने आगे आकर कहा, "हम तो घर के नीचे दबते-दबते बचे। किसी तरह एक-दूसरे के हाथ थामे टटोलते हुए यहाँ पहुँच सके। अगर यह उल्टी हवा होती तो शायद बरगद के पेड़ के नीचे दबे हुए होते। वह एकदम हमारे घर के पिछवाड़े में गिरा है।"

देवराज की पीठ पर हाथ रखते हुए मदन बोला, "चलो! कुछ लोगों को हमारी मदद की आवश्यकता होगी।"

मीरा की मौसी बीच में बोल उठी, "ऐसन ज़ोर के तूफ़ान में अभी बाहर जाए के बात न सोच स! तूफ़ान के थोड़ा थमे त दे।"

"अगर तूफ़ान के रुकने की प्रतीक्षा करें तो तबाही आ जाएगी। जो कुछ करना है, अभी ही करना है।"

"अभी हवा पलटेगी तो तूफ़ान और भी ज़ोरदार हो जाएगा।"

"इसीलिए तो उसके पलटने से पहले जो करना है कर लें।"

फ़रीद और देवराज के साथ मदन बाहर निकल पड़ा। बाहर होते ही मदन ने आवाज़ को हवा के कोलाहल से ऊपर उठाकर कहा :

"पहले हम उनको सही ठिकाने पहुँचाएँ जिनके घर धराशायी हैं।"

हवा हाहास करती हुई आई और देवराज सामने न होता तो फ़रीद पीठ के बल ज़मीन पर होता। एक-दूसरे को सहारा देते हुए उस प्रलयंकर नाद करते तूफ़ान में तीनों आगे बढ़ गए।

27

हवा पेड़ों को ऐंठती-मरोड़ती रही। दो ढह गई झोंपड़ियों से तीन लाशें बाहर आईं। तीनों लाशों को पास की झोंपड़ी में रखकर मदन अपने साथ के सात आदमियों के संग विवेक के घर पहुँचा। पुष्पा की लाश के सामने मदन को अपना बाप याद आ गया। उसकी मृत्यु का वह दृश्य आँखों के सामने बिजली की तरह कौंधकर ग़ायब हो गया। विवेक अपने भीगे हुए कपड़ों में सिमटा हुआ बैठा था। मदन ने सीता की ओर देखा। सिर झुकाए वह सिसकती जा रही थी। मदन ने विवेक से बातें कीं। विवेक चुपचाप बैठा रहा। उसकी चुप्पी को अनुमति मान मदन ने दो अन्य साथियों की सहायता से पुष्पा की लाश को उठाया और उसे पिछली लाशों के बीच रख आने के बाद विवेक से कहा, "रेतनो चाचा की झोंपड़ी अच्छी है, तुम सीता को लेकर वहाँ पहुँच जाओ। हम बाक़ी लोगों को देख आते हैं।"

विवेक को उसी तरह बैठे पाकर मदन ने फिर से कहा, "यह कुटिया अधिक देर नहीं टिकेगी। चलो, निकल चलो यहाँ से।"

इतने में फ़रीद सामने आ गया। विवेक के कन्धे को पकड़कर उसने उसे उठाया और उसके साथ झोंपड़ी से बाहर हो गया। सीता खुद अपनी जगह से उठी और वह भी बाहर आ गई।

बाहर हवा बिख्यायी हुई थी। सीता उसके साथ जूझ न सकी। अधझुकी राफिया की दीवार को थामकर वह खड़ी हो गई। दीवार के साथ वह भी आगे-पीछे होती रही। मदन ने आगे आकर उसके कन्धे को थाम लिया। उसको पकड़े हुए मदन फ़रीद और विवेक के पीछे चल पड़ा। गिरते-गिरते चारों व्यक्ति रेतनो के घर पहुँचे। सीता और विवेक को वहीं छोड़कर जब दोनों बाक़ी लोगों के पास पहुँचे, उस समय तक कुछ और लोग बाहर निकल आए थे।

आधा दिन बीतने पर हवा धीरे-धीरे अपनी जगह लेती प्रतीत हुई। पर उसकी रफ्तार बनी रही। कभी-कभी तो लगता था कि क्षण-भर के लिए थमकर वह और भी विकराल हो गई हो। विद्रोही गति के साथ वह सभी को दहला जाती। सुगुन भगत के घर के सामने गिरकर मदन ने अपने घुटने को घायल कर लिया था। ढही-अधढही झोंपड़ियों से लोगों को निकालकर सुरक्षित स्थानों पर पहुँचाने के बाद सभी लोग अपने-अपने ठौर को लौट गए।

हवा हुँकार भरती हुई तोड़ती-उजाड़ती रही। दिशा बदलने से पहले एक बार फिर ज़ोरों की वर्षा हुई। कम हो आई रफ्तार ने एक बार फिर ज़ोर पकड़ा। कुछ ही घड़ी के लिए एक जबरदस्त तेज़ी के साथ दहाड़कर फिर वह कम होने लगी। और जब हवा सीधी बहने लगी तब कहीं जाकर लोग आश्वस्त हुए।

शाम होने को थी जब हर झोंपड़ी का दरवाज़ा खुला। सामने के बचे-खुचे पेड़ निपाती थे। आँगन से पेड़ों, डालियों और छप्परों का ढेर था। श्मशान की-सी उदासी के बीच तबाही का मुआइना होता रहा। मीरा खेत की ओर दौड़ गई। दूर से आता हुआ समुद्र का गम्भीर गर्जन अब भी जारी था। अपने छिने जा चुके सपनों के पीछे दौड़कर मीरा जिस ठौर को पहुँची वह हरियाली नोच ली गई पंजरों का जंगल था। कुछ भी नहीं बचा था। एक ठूँठे पेड़ का सहारा लेकर वह खड़ी रह गई। आँखें मूँद लेने के सिवाय उसे और कुछ नहीं सूझा।

अपने कन्धों पर हाथों का स्पर्श पा उसने आँखें खोल दीं। मदन को सामने पाकर वह उससे लिपट गई। मदन ने उसे अपने अंक में बाँध लिया। तूफ़ान उधर सागर में अपने दम तोड़ता रहा। सागर की लहरें उफनकर कराहती रहीं।

मदन का अपना मुँह मीरा के दाहिने कान के पास था। उसने धीरे से उसके कान में कहा, "मेरी माँ कहा करती थी कि आदमी की परीक्षा होती रहती है। यह तुम्हारी-हमारी सभी की परीक्षा थी। इसमें हताश होकर बैठ जाने का मतलब होगा असफल रह जाना।"

मीरा के दीर्घ श्वास को मदन ने अपनी छाती पर अनुभव किया।

मीरा की उन साँसों में उसके सपने बिलख रहे थे। उसने सोचा था मक्की की फ़सल बहुत अच्छी रहेगी। उसके आँगन के सामने सूखी हुई मक्की की बालियों का ढेर होगा। बस्ती के सभी लोग इकट्ठे होकर मक्की के दाने छुड़ाने पहुँचेंगे। उसके आँगन में ब्याह की-सी रौनक होगी। किस्से-कहानियाँ होंगी। चक्की की घरघराहट के साथ गाने-बजाने होंगे। सतवा के लिए मक्की के महीन बारीक आटे को अलग रखा जाएगा। भुनी और उबली हुई मकई की सोंधी गन्ध हवा में तैर जाएगी। मक्की के लावे होंगे और...

"लौट चलो मीरा! यहाँ कुछ भी नहीं है।"

बस्ती में सबसे पहले लाशों के क्रियाकर्म पर ध्यान दिया गया। मीरा को घर पहुँचाकर मदन उस झोंपड़ी को पहुँचा जहाँ लाशें थीं। पुष्पा की लाश पर केले के दाग़वाली धोती थी। मदन उस लाश को एकटक देखता रहा। वह सोई हुई-सी लग रही थी। लोगों से यह सुनकर कि अर्थी सजाने के लिए एक भी फूल प्राप्त नहीं था, मदन ने मन-ही-मन सोचा—कितना करारा व्यंग्य था कि पुष्पा की लाश को पुष्प नसीब नहीं हुआ!

उधर लाशों की चिताएँ जल रही थीं इधर लोग घरों से बचे-खुचे अनाज़ बटोरने में लगे रहे। आटा गलकर लेई बन गया था। कठिनाई से थोड़ा-बहुत चावल बटोरा जा सका। मीरा के शरीर पर भीगे कपड़े सूख जाने के कारण उसे बुखार चढ़ गया था। शाम होते-होते उससे अपने पाँवों पर खड़ा नहीं हुआ गया। जिस चटाई पर वह

सोती थी, वह अभी भी भीगी हुई थी। वह ठंड से काँपने लगी थी। ओढ़ने के लिए भी कुछ सूखा हुआ नहीं बचा था। मीरा कोने में खड़ी रही। घर में कोई भी सूखा कपड़ा न मिलने पर उसकी मौसी ने अपनी ओढ़नी उतारकर मीरा को ओढ़ा दिया।

झोंपड़ी के पश्चिमी भाग का एक अंश उड़ जाने के कारण रात में आकाश के तारे दीखते रहे। बुखार से दग्ध मीरा भूमि पर पड़ी रही। बीच में रावेनाल की दीवार लुढ़क गई थी, उसे एकदम ज़मीन पर लिटाकर मीरा की मौसी बोली, "मीरा, तू एकर पर आकर सूत जा बेटी!"

मीरा को उसी तरह अपने-आपमें सिमटी हुई पाकर उसने फिर कहा, "भूयाँ में ना सूत बेटी, ऊ बहुत ठंड बा।"

मीरा का हाथ पकड़कर उसने उसे रावेनाल की नीचे पड़ी दीवार पर लिटा दिया। मिट्टी के तेल में पानी मिल जाने के कारण चिराग़ का जलना असम्भव रहा। मीरा की मौसी ने दूसरे घर से चिराग़ पाने की कोशिश की। वहाँ भी अँधेरा था। अँधेरी रात में वह मीरा के कराहने की आवाज़ सुनती रही। खिड़की से बाहर देखने पर दूर के एक-दो घरों में रोशनी दिखाई पड़ रही थी।

मीरा के बहुत अधिक कराह उठने पर उसकी मौसी उसके पास जा पहुँची। उसके सिर को अपनी गोद में लेकर उसे दबाने लगी। मीरा का माथा धधकता हुआ ताप लिए था। उसकी मौसी एक ही वाक्य से उसे सान्त्वना दिए जा रही थी, "फजीर होवत-होवत तपवा छुट जाई।"

रात अभी-अभी शुरू हुई थी। सुबह को दूर जानकर भी मीरा की मौसी को सान्त्वना का दूसरा वाक्य नहीं मिला।

बुखार बढ़ जाने पर मीरा बड़बड़ाती रही।

"तुमने खेत की मकई देखी मौसी? मोटे-मोटे दाने आए हैं बालियों में।"

"चुप रव बेटी, नै त तप बढ़ जाई।"

"मौसी, कल बन्दरों का झुंड आ गया था खेत में।"

"बतयावत रहबे त तप न छुटी। चुपचाप सूत।"

"मदन मछली लाया था...मैंने मछली नहीं ली। वह बुरा मान गया। जीनत ख़ाला ने भी उसे नहीं बताया कि मैं मछली नहीं खाती।"

वह तूफ़ान के बाद की रात थी। पिछली रात जागरण होने के कारण सभी घरों में नींद समय से पहले ही पहुँच गई थी। प्रकृति की उस बेरहमी के भय और घाव को लिए हुए भी लोगों को जल्दी नींद आ गई थी। वह एक शान्त और बिना उमसवाली रात थी। उजड़ गए खेतों और घरों के दुख के बावजूद अपने जीवित बचे रह जाने के सन्तोष में लोगों ने जहाँ भी जगह पाई सो गए।

तूफ़ान के बाद की सुहानी सुबह के बारे में मदन पहले ही सुन चुका था। सचमुच

ही वह सुहानी सुबह थी, लेकिन सिर्फ़ उसी वक़्त तक जब तक आँगन में पहुँचकर लम्बी साँसें लेते समय मदन अपनी आँखों को बन्द किए रहा। ठंडी हवाओं के बाद आँखें खुलने पर तबाही सामने थी। सभी कुछ उजड़ा हुआ था। झुलसा हुआ था। महीनों-वर्षों का बनाया हुआ सारा-कुछ एक रात में उजड़ गया था। अतीत उजड़ा था—अतीत के साथ वर्तमान उजड़ा था। वर्तमान के साथ क्या भविष्य भी...? नहीं...मदन इतनी जल्दी अपने को हताश-निराश पाने को तैयार नहीं था। भविष्य कुछ दूर अवश्य चला गया था, पर वह उजड़ा हुआ नहीं था। मीरा को समझाते हुए भी तो उसने यही कहा था :

"हमारी एक कोशिश ख़ाली गई। अभी तो कई कोशिशें बाक़ी हैं। पगली, जीवन एक ही धड़कन की होती है क्या?"

कटहल के पेड़ के पास कई चिड़ियों की लाशें थीं, जिनसे दुर्गन्ध आने लगी थी। रामसेवक की तीनों बकरियों की लाशें अभी तक दफनाई नहीं गई थीं। रास्ते और आँगन से पेड़ों, डालियों और पत्तों को भी हटाया नहीं गया था। अस्त-व्यस्तता बनी हुई थी।

उस सन्नाटे में एक-एक करके लोगों का इकट्ठा होना शुरू हो गया था। बैठका के सामने सभी के मिलने की बात हुई थी। निपाती पेड़ों से सूरज के झाँकते-झाँकते सभी लोग बैठक के आँगन में पहुँच गए थे। सूरज की सहमी हुई किरणें अपनी निर्दोषिता व्यक्त करती-सी लग रही थीं। वह प्रलय तो रात में आया था। सूरज तो गवाह तक नहीं था। लोगों की अपनी आँखें भी साक्षी नहीं थीं। उस हाथ को हाथ न सूझनेवाले घटाटोप अँधेरे में वे केवल लोगों के अपने कान थे, जिन्होंने उस प्रलय को पास से गुज़रते सुना था।

यह जानकर कि सभी लोग आ पहुँचे थे, मदन ने फ़रीद की ओर देखकर उसे बात शुरू कर देने का इशारा किया। पर चूँकि लोग आपस में बातें किए जा रहे थे, इसलिए फ़रीद चुप रहा। मदन ने सभी को सम्बोधित करके कहा, "हम लोग चाहेंगे कि आप लोग पहले फ़रीद को सुनें।"

लोगों के चुप हो जाने पर फ़रीद ने बात शुरू की, "जो होना था वह तो हो गया। अब हाथ-पाँव बाँधे बैठे रहने से कुछ होने को नहीं। हम तीन-चार साथियों ने मिलकर कुछ बातें तय की हैं।"

उसने मदन की ओर देखा। मदन ने धीरे से कहा, "तुम बातें तो पूरी करो।"

"इस समय हमारे सामने तीन महत्त्वपूर्ण काम हैं। पहला तो टूटे हुए सारे घरों को बनाना है, दूसरा काम हमारे लिए अनाज़ की व्यवस्था है और तीसरा काम है उजड़ गए खेतों में फिर से प्राण फूँकना। घरों को छाने-बनाने का काम आज ही से शुरू हो जाना चाहिए। इस काम के लिए बीस आदमी चाहिए। जहाँ तक अनाज़ की व्यवस्था की बात है, उजड़े खेतों से कुछ मक्की, कन्द आदि बटोरे जा सकते हैं। पर

यह सप्ताह-भर से ज़्यादा समय के लिए नहीं है। इस काम के लिए पाँच आदमी चाहिए। रही खेत की बात, इसके लिए बाक़ी सभी लोग आज ही जुट जाएँगे। घरों की मरम्मत की जिम्मेवारी विवेक को सौंपी जा रही है, वह अपने बीस आदमियों को चुन ले। मैं पाँच आदमियों के साथ अनाज़ जुटाने में लगता हूँ। खेतों की जिम्मेवारी मदन की होगी। अब आप लोग अपनी राय दें।"

उसके रुकते ही धनपतवा बोला, "हम लोग तो जीते-जी मर गए। अब पंजरों पर कोई मांस उगा नहीं सकता।"

मदन ने खड़े होकर कहा, "हम लोग जीवित हैं अभी। और पंजरों पर मांस उगाकर रहेंगे।"

प्रतिक्रियाहीन भीड़ से कोई उत्तर पाने से पहले मदन खेतों की ओर बढ़ गया।

28

मीरा का बुखार बना रहा। औषधि देने के बाद पुजारी ने मीरा की मौसी को आश्वासन दिया था कि शाम तक वह चंगी हो जाएगी। शाम होने को थी, बुखार ज्यों-का-त्यों था। घंटे-भर तक मीरा की मौसी उसके तलुओं पर फूल की कटोरी मलकर भी हार चुकी थी। शाम होते-होते मीरा की पँजरी में दर्द भी शुरू हो गया था। साँस लेने में उसे दिक्कत होने लगी थी। पुजारी को फिर से बुलाया गया। मुआइने के बाद उसने यह कहते हुए जड़ी-बूटियों की बनी हुई दूसरी गोली दी कि उसे सर्दी लग गई है। पँजरी और फेफड़े को गरमी पहुँचाने के लिए उसने सेंकने का आदेश दिया।

खेत से लौटने पर मदन को मीरा की बीमारी का पता चला। अपने हाथ-पाँव धोए बिना ही वह आ पहुँचा। मीरा को उस दयनीय हालत में देखकर वह घबरा गया। उसने उसकी मौसी से पूछा, "मौसी, इसकी यह हालत कब से है?"

"कल साँझ से बेटा!"

"तुमने वैद्यजी को..."

"ऊ त अभी-अभी हियाँ से जात हवन।"

"क्या कहा उन्होंने?"

"सरदी।"

मीरा के पास पहुँचकर उसने अपनी हथेली को उसके माथे पर रखा।

"मौसी, इसे तो बहुत ज़ोर का बुखार है।"

मीरा ने अपनी पलकें धीरे से झुका लीं। कल रात से अभी तक उसने हर दूसरे

पल मदन को अपने निकट पाना चाहा था। अपने माथे पर उसके हाथ के स्पर्श को महसूस कर उसने राहत-जैसी किसी चीज़ को अपने में अनुभव किया और आँखें बन्द कर लीं।

"यह तो काँप रही है मौसी! इसको ओढ़ाने के लिए कुछ नहीं है?"

मीरा की मौसी को चुप पाकर उसने कहा, "मैं जीनत चाची के यहाँ से ले आता हूँ।"

"तू हियें रहौ बेटा, हम ले आईला।"

वह बाहर निकल गई। मदन ने मीरा के हाथों को अपने हाथों में लेकर कहा, "और तुमने मुझे ख़बर तक नहीं भेजी!"

मीरा के सूखे होंठों पर एक कठिन मुस्कान क्षण-भर को तैरी।

सामने की ख़ाली खाट की ओर देखकर मदन ने मीरा से पूछा, "तुम एक क्षण के लिए खड़ी हो सकती हो?"

मीरा ने सिर हिलाकर हामी भरी।

"तुम्हारा नीचे सोना अच्छा नहीं।"

उठकर उसने खाट को ठीक किया। मीरा को कन्धे का सहारा देकर खड़ा किया। रावेनाल की दीवार के छोटे टुकड़े को खाट पर रखकर उसने मीरा को उस पर लिटा दिया।

"आज सबसे पहले हमने तुम्हारे ही खेत की सफाई की है मीरा! तुम्हें यह जानकर खुशी होगी कि सभी कुछ नष्ट हो जाने के बावजूद तुम्हारे खेत से तीन बोरी मक्की प्राप्त हुई है। वे कच्ची हैं, सुखाई तो नहीं जा सकतीं, फिर भी उनसे एक सप्ताह के लिए हम अपने को भूख से बचा सकते हैं।"

इस बार वह सूखी और कठिन मुस्कान मीरा के होंठों पर न थिरककर उसकी आँखों में चमकी।

"तुम मेरी एक बात मानोगी? दिन-भर मैं खेत में प्रतीक्षा करता रहा। तुम्हें न आते पाकर मैं बार-बार अपने से यही पूछता रह गया था कि कहीं तुम बीमार तो नहीं पड़ गईं।"

मीरा उसे एकटक देखती रही। मदन बोलता जा रहा था। वह बोलता ही रहता अगर मीरा की मौसी जीनत के साथ भीतर न आ जाती। अपने साथ लाई हुई चादर और सन के जुड़े हुए दोनों बोरों को खाट की गोरतारी में रखकर जीनत मीरा के पास झुक गई। उसकी गरदन पर हाथ रखने के बाद बोली, "इसे इतने ज़ोरों का बुखार है और मुझे बताया तक नहीं?"

"फजीर के पुजारी बोल गइल रहल कि साँझ होवत-होवत ई अच्छा हो जाए, इड़े ख़ातिर हम चुप रहलीं।"

"इसे तो जरैया है।" यह कहकर जीनत ने अपने साथ लाई हुई चादर उसे ओढ़ा दी।

"कुसमी, तूने इसे कुछ पीने को दिया या नहीं?"

"ई घर में त ई बखत पानी भी ना बा।"

"मैं कुछ लाए देता हूँ।" यह कहता हुआ मदन उस धुँधलके में घर से बाहर हो गया।

बग़ल से पीढ़ा लेकर जीनत मीरा के सिरहाने बैठ गई। मीरा की मौसी ने खाट के नीचे से टीन के चिराग़ को ढूँढ़ निकाला। पड़ोस से माँगकर लाए मिट्टी का तेल उसमें भरने के बाद बत्ती को ठीक किया। चिराग़ जलाया और उसे बीच के खम्भे के छोटे-से तख्ते पर रख दिया, जिसके ऊपर टीन का एक छोटा-सा टुकड़ा अब तक के सारे धुएँ से अपने को एकदम काला कर चुका था।

मीरा के सिर को धीरे-धीरे दबाते हुए जीनत ने पूछा, "तुम्हारी पँजरी का दर्द कैसा है?"

"साँस लेने और खाँसने पर दुखता है।"

"मैं थोड़ी देर में अँगीठी ले आऊँगी। सेंकने से दर्द मिट जाएगा।"

चादर के भीतर भी मीरा को काँपते पाकर जीनत ने सन के बोरे को भी उसके ऊपर रख दिया।

"अपने सिर पर खेत की चिन्ता लेकर बीमार पड़ी है तू!"

काफ़ी देर बाद मदन जब दूध लिए पहुँचा उस समय जीनत मीरा को सेंक चुकी थी। मदन के हाथ से दूध लेकर मीरा की मौसी ने उसे गरमाया। दो घूँट पीकर मीरा ने कटोरा लौटा दिया। बस्ती-भर में दो ही तो गायें थीं। एक जुगाली छोड़कर बैठी थी तो फिर कभी उठी ही नहीं। दूसरी गाय का दूध केवल उन्हीं घरों को बारी-बारी से पहुँचाया जाता था, जहाँ छोटे बच्चे होते थे। बस्ती के दूसरे छोर पर बड़ी कठिनाई से मदन को दूध मिल सका था। मीरा के न पीने पर उसे दुख हुआ। उसके चेहरे से उस बात को ताड़कर जीनत बोल उठी, "दूध पीने से तुम्हें कुछ ताक़त तो मिलती! शरीर कमज़ोर होने पर रोग और भी दबाता है।"

"सुबह तक मैं ठीक हो जाऊँगी, ख़ाला!"

"अल्लाह करे तुम ठीक हो जाओ।"

न चाहते हुए भी जीनत के साथ मदन को वहाँ से हटना पड़ा। उस अँधेरे में गौतम राव का बेटा ऊँचे स्वर में गाए जा रहा था—

झरी गयले रे सभी गँछवन के फूलवा
बही गयले रे सभी अँखियन के लोरवा।...

जीनत के जाने के बाद मदन अकेला चलता रहा।

अकेले चलते हुए दिमाग़ में अकारण एक आवारा ख़याल आ गया—आदमी के पास जो कुछ होता है वह उससे खुश नहीं होता। अगर ऐसा होता तो वह अपने

अभाव, अपनी यन्त्रणाओं तथा असफलताओं से भी खुश होता।

आदमी उस चीज़ की चाह लिए होता है जिससे वह वंचित रहा हो।

अपनी झोंपड़ी तक पहुँचने पर भी उसे गौतम राव के बेटे का आलाप सुनाई पड़ता रहा। धनलाल और धनपतवा जागे हुए उसकी प्रतीक्षा कर रहे थे।

सुबह सूर्योदय से पहले ही दोनों को सिर पर लकड़ियों का बोझ लिए शहर पहुँचना था। तय हुआ था कि अगर सुबह चार बजे बस्ती से निकला जाए तो सात बजे से पहले शहर पहुँचा जा सकता था। बस्ती के लिए अनाज़ जुटाने का कोई दूसरा तरीक़ा था ही नहीं। लकड़ियाँ बेचकर उसी पैसे से अनाज़ ख़रीद लाने की बात थी। पाँच आदमियों के बोझ से बस्ती के लिए दो दिन का खाना भी मिल जाए तो सन्तोष की बात थी, पर लोगों को मालूम नहीं था कि लकड़ी किस भाव पर जाएगी।

बातें करते हुए सबसे पहले धनपतवा को नींद आई, फिर धनलाल को और बहुत देर बाद मदन भी सो सका। सुबह उसके उठने तक धनलाल और धनपतवा शहर जा चुके थे। उठते ही मिट्‌टी की सुराही से पानी लेकर उसने मुँह खँगारा और झपट पड़ा मीरा के घर की ओर। सूरज की पहली किरणें निपाती पेड़ों से झाँकने लगी थीं। रास्ते में लोटा लिए मैदान को जाते हुए पहला आदमी जो मदन को मिला, वह हनीफ था। जिस ढंग से वह अपनी धोती थामे झपट रहा था, उसे देख मदन हँसे बिना नहीं रह सका। उसकी वह हँसी क्षणिक रही। मीरा की हालत जानने की अधीरता के साथ वह आगे बढ़ गया।

दो झोंपड़ियाँ पार करने के बाद मदन को और ग्यारह झोंपड़ियाँ पार करनी थीं। वह बारहवीं झोंपड़ी मीरा की थी, जिस पर पिछवाड़े से आकर गुलैची की डाली टिकी हुई थी। एक तरह से उस डाली ने तूफ़ान के दौरान उस झोंपड़ी की काफ़ी रक्षा की थी अन्यथा पूरी छत उड़ गई होती। मीरा के घर से अभी वह दो घर दूर ही था कि मीरा को बाड़े के पास खड़ी पाया। वह खिल उठा। उसके पास पहुँचते ही उसने पूछा, “कैसी है तुम्हारी तबीयत?”

मीरा हँस पड़ी। उस हँसी के बावजूद उसकी शारीरिक कमज़ोरी चेहरे पर स्पष्ट थी।

“तुम्हें इतने सवेरे नहीं उठना चाहिए था। ठंड दोबारा लग सकती है।”

अपनी इस बात के साथ मदन को अपने जीवन की एक पुरानी बात याद आ गई। वह छोटा था। सवेरे उसकी माँ उसे जगाने की कोशिश में थक जाती थी। एक सुबह खाट पर बैठती हुई उसने मदन के कान में धीरे से कहा था, “सुबह-सवेरे उठने से आदमी बीमारी से दूर रहता है। सूर्योदय से पहले की बहती हवा में सेहत के लिए अमृत रहता है।”

अपनी माँ की यह बात याद आ जाने पर उसने झट कहा, “सुबह की यह ठंड हानिकारक नहीं होती।”

काली बकरी की पीठ पर हाथ फेरती हुई मीरा धीरे-से बोली, "मैं तुम्हारे ही बारे में सोच रही थी कि तुम आ गए।"

"क्या सोच रही थी मेरे बारे में?"

"हमारी ये दोनों बकरियाँ हैं न? इन्हें बेचकर सप्ताह-दो-सप्ताह के लिए चावल-आटा ख़रीदा जा सकता है।"

मदन से तुरन्त कुछ कहा नहीं जा सका। मीरा को अपनी ओर ताक़ते हुए पाकर उसने कहा, "चावल-आटे की चिन्ता तुम क्यों करने लगीं?"

"हम सभी तो खाते हैं।"

"उसकी व्यवस्था हो रही है, तुम फिकर मत करो।"

"पर इन बकरियों को बेचने में क्या आपत्ति है? बाड़ा छोटा और नया होने के कारण ये दोनों जीव बच पाए, नहीं तो दब ही गए होते!"

"इन्हें ख़रीदेगा कौन?" जानबूझकर मदन ने इस तरह का प्रश्न किया।

"शहर में तो हर चीज़ बिक जाती है।"

"ठीक है, बाद में देखेंगे।"

"मैंने जो चाहा था वह नहीं हुआ।"

"क्या चाहा था तुमने मीरा?"

"कि पूरी बस्ती मेरे खेत की मक्की की खीर खाए।"

"कौन कहता है यह नहीं हुआ! तुम्हें नहीं मालूम कि तुम्हारे खेत से तीन बोरी मक्की प्राप्त हुई है?"

"तुम्हें इन बकरियों को बेचवाने का प्रबन्ध करना ही होगा।"

"तुम्हारी मौसी को आपत्ति हो सकती है।"

"नहीं।"

"एक शर्त है।"

"कौन-सी?"

"तुम्हें पहले अपना ख़याल अच्छी तरह रखना है।"

मीरा हँस पड़ी।

29

स्थिति पर गौर करके मदन बार-बार एक ही निष्कर्ष पर पहुँच रहा था। लेकिन कोठी के मालिक से समझौता का मतलब था अपने को फिर से बेबस बनाकर सिर ओखली के हवाले कर देना। भरतलाल और हनीफ भी यही कहते रहे। और आज तो

रामसेवक भी यही कह गया कि कोई दूसरा चारा भी तो नहीं। निष्कर्ष को स्वीकारना मदन के लिए एक ही बात नहीं थी। मीरा की दोनों बकरियों के बदले अनाज़ लेकर शहर से लौटने पर उसने बड़े गाम्भीर्य-स्वर में मीरा से पूछा था, "तुम क्या कहती हो मीरा?"

मीरा ने उसी क्षण उत्तर नहीं दिया था।

मदन के साथ चलते-चलते वह ऊपर किसनसिंह की कुटिया तक पहुँच गई थी। तूफ़ान उस झोंपड़ी का कुछ भी नहीं बिगाड़ पाया था। उसी के आगे के सूखे तने पर बैठती हुई मीरा ने कहा था, "ऐसी हालत में कोठी के मालिक की गुलामी करना तो अपने-आपको आदमी के स्तर से गिरा देना होगा।"

"तुम ठीक कहती हो मीरा! लेकिन मानरक्षा के साथ-साथ कहीं भूखों मरने की नौबत न आ जाए।"

"तुम बता रहे थे कि भरतलाल का भी कोई प्रस्ताव था?"

"उसका अपना भाई जिस कोठी में काम करता है, वह यहाँ से तीन घंटे पैदल के फासले पर है। वहाँ पर काम की शर्त अच्छी तो है पर फिर यह फासला!"

"नहीं मदन, तुम इतनी दूर नहीं जा सकते।"

"लोगों को मेरे उत्तर की प्रतीक्षा है।"

"इतनी दूर तो आने-जाने में ही दिन निकल जाएगा।"

"वहीं ठहरने का इरादा है। हफ्ते में एक बार इधर लौटेंगे।"

"नहीं। मैं तुम्हें जाने नहीं दूँगी।"

"तुमने एक बात नहीं सुनी?"

"कौन-सी?"

"एक-दूसरे से दूर रहने पर घनिष्ठता अधिक बढ़ती है।"

"मुझे घनिष्ठता बढ़ानी नहीं है।"

"क्या कहा?"

"मीरा ने झट अपनी बाँहों को मदन के गले में डाल दिया।"

एक-दूसरे का हाथ थामे किसनसिंह की कुटिया के पिछवाड़े से दोनों उस ठौर को पहुँचकर खड़े हो गए, जहाँ से पहाड़ी झरने की झूलती सफ़ेदी सामने थी। मदन इस स्थान पर कई बार पहुँचा था पर इससे पहले सामने के दृश्य से वह प्रभावित हुआ ही नहीं था।

आज उसे लग रहा था कि सामने की वह प्राकृतिक सुषमा अत्यन्त ही सुन्दर थी। एक पहाड़ की गोद से दूसरे पहाड़ की गोद तक का वह इन्द्रधनुष उस मंजर को और भी खूबसूरती दिए जा रहा था।

दोनों कुछ और आगे बढ़ गए। आगे खाड़ी थी। दोनों खड़े होकर दूर तक की

तबाही को देखते रहे। मदन ने जैसे अपने-आपसे कहा, “काश, तूफ़ान न आया होता और इस दृश्य की हरियाली बनी होती!”

फिर उसे ख़याल आया कि शायद हरियाली के घनेपन से जलप्रपात इतना प्रत्यक्ष न होता और न ही इन्द्रधनुष इतना टहकार दीख पाता।

मीरा कुछ और ही सोच रही थी। वह बोल पड़ी, “इतने विस्तृत फैले देश में क्या यह ज़रूरी है कि आदमी कोठीवालों की चाकरी और गुलामी करके ही जीवित रहे?”

“अपना काम करके भी तो देख लिया हमने।”

“वह पूरा ही कहाँ हुआ है?”

जब दोनों नीचे को उतरने लगे तो मदन ने कहा, “आज तो तुम बहुत अधिक बोल गईं।”

इसके बाद मीरा ने चुप्पी साध ली। तंग आकर मदन सामने की काली चट्टान पर बैठ गया। मीरा भी चार क़दम आगेवाले पत्थर पर बैठ गई। मदन ने जब उठने का नाम ही नहीं लिया तो मीरा को विवश हो बोलना ही पड़ा।

“तुम अगर नहीं चलोगे तो मैं अकेली चली जाऊँगी।”

“एक बात तो हम भूल गए।”

“क्या भूल गए?”

“तुम मेरे बाप की झोंपड़ी को भीतर से देखना चाहती थीं न?”

“अब तो नीचे आ गए हम।”

“एकदम नीचे थोड़े ही आए हैं!”

“फिर से ऊपर चढ़ना चाहते हो क्या?”

“तुम्हें झोंपड़ी जो दिखानी है।”

“फिर कभी देख लेंगे।”

“मेरे उधर चले जाने पर तो फिर न जाने कब इधर आने का अवसर मिले!”

“किधर चले जाने पर?”

“नौकरी के लिए उस दूर की बस्ती...।”

“कहीं नहीं जाओगे।”

“क्यों? रोटी के लिए तो जाना ही होगा।”

“नहीं।”

“यह भी हो सकता है।”

मीरा ने उसे गौर से देखा।

“ठीक है, अगर तुम कहती हो तो मैं नहीं जाऊँगा, लेकिन...।”

“लेकिन क्या?”

मदन ने ऊपर की ओर अँगुली का इशारा किया।

"झोंपड़ी देखने?"

"हाँ।"

"पर मुझसे चढ़ा नहीं जाएगा।"

"मेरे कन्धे का सहारा लेकर तो चढ़ सकती हो!"

तय किए हुए रास्ते पर मदन के कन्धे का सहारा लिए मीरा जब ऊपर को चढ़ने लगी तो मदन ने धीरे-से कहा, "तुम बहुत ही सुन्दर हो मीरा!"

"गुदगुदी मत लगाओ।"

"क्या?"

"तुम्हारी इस बात से गुदगुदी होती है।"

किसनसिंह की झोंपड़ी के पास पहुँचकर मदन ने नीचे की ओर देखा। मीरा का ध्यान भी नीचे की बस्ती की ओर आकर्षित करते हुए उसने कहा, "क्या दशा हो गई है हमारी बस्ती की!"

"उस तूफ़ान के मारे तो हम भी हैं, पर क्या बात है कि वैसे लगते नहीं?"

"तुमने तो मेरे मुँह से मेरी बात छीन ली। सचमुच तूफ़ान के इस घाव को हम इतनी जल्दी भूल कैसे गए?"

"भूले तो नहीं। शायद भूलने की कोशिश कर रहे हों।"

पानी से भीगकर चिपक गए किवाड़ को मदन ने ज़ोर का धक्का देकर खोला। दरवाज़ा खुलते ही एक सीली-सी गन्ध आई। भीतर पहुँचकर मदन ने खिड़की खोल दी। मीरा अब तक बाहर खड़ी थी। दरवाज़े के पास आकर मदन ने कहा, "भीतर नहीं आओगी क्या?"

भीतर पहुँचकर मीरा ने झोंपड़ी को गौर से देखा।

"पसन्द आई मेरे बाप की झोंपड़ी?"

"कितनी शान्ति है यहाँ!"

"मुझसे तो ऐसी एकान्त जगह में रहा नहीं जाएगा।"

"मैं तो ऐसे ही स्थान में रहना पसन्द करूँगी।"

"सच?"

"प्यारी जगह है।"

"लेकिन अगल-बग़ल में जंगल-ही-जंगल है।"

"जंगल काटा जा सकता है।"

"तुम कहो तो कल ही से काटना शुरू कर दूँ।"

"इतनी जल्दी!"

"शुभ काम में देर क्यों?"

"कहीं यहाँ लौटते-लौटते जंगल फिर खड़ा न हो जाए।"

"हमारे यहाँ पहुँचने में इतनी देर लगेगी क्या?"

झोंपड़ी से बाहर आकर मदन नीम के पेड़ के पास खड़ा हो गया। दाईं ओर अँगुली से संकेत करते हुए उसने कहा, "वह दूर का घर देख रही हो मीरा! जानती हो क्या है वह?"

"कोंस्ताँ साहब का घर होगा।"

"यह वही घर है मीरा, जिसमें बन्द हैं हम मज़दूरों के पसीने की उन सारी बूँदों के मूल्य, जो कभी हमारे नहीं हुए।"

अपने बाप के मुँह से सुनी हुई उस घर की कहानी मीरा को सुनाने के बाद मदन ने कहा, "तुम जानती हो मेरा चले तो क्या करूँ?"

"घर लूट लोगे?"

"नहीं।"

"तो फिर?"

"उसके मालिक की नरेटी पर बन्दूक की नली रखकर उसे विवश कर दूँ।"

मदन की बात को अधूरा पाकर मीरा ने प्रश्न किया, "किस बात के लिए विवश?"

"कि अपनी तिजोरियों का सारा धन देश के अभावग्रस्त मज़दूरों के बीच बराबर हिस्सों में बाँट दे।"

"यह तो लूटना ही हुआ।"

"हड़पी हुई चीज़ को वापस लेना लूटना कैसे हुआ?"

"दिलेरी हुई क्या? दिलेरी तो उस समय होती जब अपनी चीज को लूटे जाने से रोका गया होता।"

"काश! ऐसा ही हुआ होता!"

"खैर...चलो मदन, नहीं तो देर हो जाएगी।"

तूफ़ान के बाद की सपाट पगडंडियों से दोनों नीचे उतरने लगे। सुबह के एक ख्याल ने मदन को फिर एक बार दबोच लिया—बस्ती-भर का बचा-खुचा अनाज़ दो दिन से तीसरे दिन तक पहुँचने को था नहीं। इधर नालेताम्बी ख़बर ले आया था कि शहर में अनाज़ का दाम दुगुना हो गया था। वह भी जाने-माने चेहरों को ही प्राप्त होता है। जिस काग़ज़ के साथ दूकान पर पहुँचना होता है वह भी तो किसी के पास नहीं। होता भी उनके पास तो कोई फ़ायदा नहीं था क्योंकि उस पर कोठी के मालिक के हस्ताक्षर की ज़रूरत होती है जो कि इस बस्ती के लोगों को मिलना नितान्त असम्भव था।

मदन इन्हीं ख़यालों में डूबा था कि मीरा पूछ बैठी, "अगले सप्ताह अनाज़ की

क्या व्यवस्था होगी मदन?"

मदन को लगा कि मीरा उसके मस्तिष्क के ख़यालों को ताड़ गई। कुछ विलम्ब के साथ उसने उत्तर दिया, "उसका प्रबन्ध किसी-न-किसी तरह हो ही जाएगा।"

उसके स्वर में वह दम नहीं था, जो मीरा को आश्वस्त कर जाता, फिर भी वह आश्वासन चूँकि मदन का था, इसलिए मीरा क्षण-भर को निश्चिन्त-सी होकर चल पड़ी।

वह भूखी बस्ती अधिक दूर नहीं थी।

30

तूफ़ान के दो सप्ताह बाद अनाज़ के अभाव को प्रचंड रूप लेते देखा गया। बस्ती के बच्चों का बिलबिलाना था जो हरएक के लिए असह्य था। टोकरी-भर सफ़ेद कन्द पाने के लिए मदन और फ़रीद को अठारह मील की यात्रा करनी पड़ी थी। उन कन्दों को मीरा ने अपने यहाँ उबाला था और बस्ती के सभी बच्चे उसके घर टूट पड़े थे। अपने साथ लाए हुए आधे कन्द को ताज़ा रखने के लिए मदन ने उन्हें ज़मीन के नीचे गाड़ दिया था। उसके खेत पहुँचते ही कुछ बच्चे उन्हें वहाँ से निकालकर कच्चे खा गए थे। जिन्हें नहीं मिला था, वे बिलखते रह गए थे।

बैठका के उस जुटाव के बाद अनाज़ के तत्काल प्रबन्ध के लिए जो आठ आदमी मछली के शिकार के लिए निकले थे, उनमें से एक आदमी चट्टान पर फिसलकर अपना पाँव तोड़ आया था। मछलियों से जो दो-चार पैसे आते उससे ढाई-तीन सौ आदमियों के लिए खाना जुटाना असम्भव था, पर चूँकि तुरन्त कुछ पा लेने का वही एकमात्र तरीक़ा था, इसलिए मछली का शिकार ऊब पैदा करनेवाला होने पर भी नहीं रुका। मछली के पैसे से पहले दिन जो अनाज़ आया था, उसे खाने से कुछ लोगों ने इनकार कर दिया था। मछली न खानेवालों ने मछली की कमाई से प्राप्त चावल को एक दिन नहीं लिया, दो दिन नहीं लिया पर तीसरे दिन लेने को विवश थे। पुजारी ने खुद कहा था कि मरकर धरम बचाने से क्या लाभ! धरम को मिटने से बचाने के लिए तो जीवित रहना आवश्यक है।

खेतों के काम की रफ्तार ढीली पड़ गई थी। लोग पानी पी-पीकर काम किए जा रहे थे, पर पानी पी-पीकर होड़ नहीं लगा सकते थे। तीसरे दिन माँड़, हर चौथे दिन भात की बारी भी इस बार बढ़कर लम्बी हो गई थी। खेतों में जूझते हुए सवा सौ लोगों में बस कोई दस-बीस ही थे, जिन्हें अपनी बारी पर भात नसीब हुआ था।

विवेक को जब पता चला कि कोठी के गोदाम में चावल-दाल भरे पड़े हैं तो अपने-आपसे यह पूछते हुए कि अनाज़ को सड़ाया क्यों जाए, वह अँधेरी रात में कोठी

के गोदाम की ओर बढ़ गया था। कई दिनों से उसे एक ऐसे अवसर की तलाश थी, जिससे वह अपने भीतर की लाघव भावना से मुक्ति पा सके। पहला विचार तो उसके मन में यह आया था कि वह आन्द्रेआ के घर पहुँचकर उसका गला दबोच दे। उसी के जादू-टोना ने उसे अधूरा पुरुष बनाकर छोड़ दिया था। ऐसा करने का मतलब होता जादू-टोने पर विश्वास कर लेना, जबकि वह उस तरह की किसी भी बात को नहीं मानता था। पौरुष तो ऐसे कामों से झलकता है जो कठिन हो और जिसे बिरला ही कोई कर सके।

उसे कोठी के गोदाम की पूरी जानकारी थी। वह यह जानता था कि आगे का वह बड़ा-सा फाटक तूफ़ान में टूट गया था। उसकी जगह पर लकड़ियों की घिरावट थी, जिसे वह आसानी से फाँद सकता था, लेकिन जिस बात को वह नहीं जानता था, उसी का शिकार होकर वह पकड़ लिया गया था। पत्थर और लकड़ी की ऊँची दीवारों के पास लकड़ी के छोटे-छोटे चिपटे टुकड़ों पर नुकीली कीलें बिछाकर छोड़ी गई थीं। विवेक के दोनों तलुवे लहूलुहान नहीं होते तो वह भागकर अपने को रखवारों से बचा सकता था।

तीसरा दिन था उसके ओझल रहने का। खेतों में जहाँ-तहाँ नए अंकुर आने लगे थे। सिंचाई के बाद मदन मीरा की ओर बढ़नेवाला था कि भरतलाल सीता का सन्देश लिए आ गया था।

"क्या कहा तुमने, तीन दिन से वह घर नहीं लौटा?"

सीता के सामने पहुँचकर भी उसने यही सवाल किया।

"तो फिर पहले क्यों नहीं बताया?"

"उसके लौट आने की उम्मीद थी।"

"कुछ तो कहकर गया होगा?"

"नहीं, कुछ भी नहीं बताया था।"

"तुम्हारे देखने में वह कौन-सी जगह है जहाँ जा सकता है? तुमसे झगड़कर तो नहीं गया न?"

"नहीं।"

"किसी को तो कुछ बताया होगा?"

"देवराज कह रहा था कि उसके साथ गाँजे का आख़िरी दम लेकर वह कोठी के गोदाम की ओर बढ़ गया था। देवराज को छोड़कर आगे बढ़ते हुए उसने उससे कहा था कि उसके होते हुए बस्ती का कोई भी भूखा नहीं मर सकता। रामनारायण भैया के बेटे को कल मैंने कोठी की ओर भेजा था। उधर से लौटकर उसने बताया कि उधर किसी ने विवेक को नहीं देखा।"

कुछ देर चुप रहने के बाद मदन ने कहा, "अनाज़ चोरी करने की कोशिश में

वह पकड़ा गया।"

"तुम तो विवेक को जानते हो, वह चोरी कर सकता है क्या?"

"वह चोरी तो नहीं कर सकता...पर शायद इस चोरी को उसने दूसरा ही अर्थ दिया हो।"

"वह कहाँ होगा इस समय?"

"यह कहना तो कठिन है...हो सकता है कि वह कोठी ही में क़ैद हो, कौन जाने!"

"अगर कोठी में ही हुआ तो फिर रामनारायण भैया के बेटे से झूठ क्यों कहा गया?"

"हो सकता है कि न भी हो। खैर, तुम चिन्ता मत करो, मैं उसकी तलाश में निकलता हूँ।"

"किधर?"

"पहले तो कोठी में ही देखना है।"

"मदन! कोठी में तुम्हारा पहुँचना कहाँ तक ठीक रहेगा?"

मदन ने इस प्रश्न का कोई उत्तर नहीं दिया।

"अकेले मत जाना।"

सीता के यहाँ से निकलकर मदन अकेले कोठी की सूनी पड़ी पगडंडी की ओर बढ़ गया। वह अभी नदीपार भी नहीं पहुँचा था कि पीछे से दौड़ता हुआ फ़रीद उसके पास आ गया।

"मैं भी तुम्हारे साथ चलूँगा।"

ठिठककर मदन ने उसकी ओर देखा।

"तुम्हें कैसे मालूम कि मैं कहाँ जा रहा हूँ?"

"सीता ने कहा कि तुम अकेले कोठी को जा रहे हो।"

बिना कुछ कहे मदन चलने लगा। फ़रीद भी उसके साथ चलता रहा—चुपचाप। कोई बीस क़दमों की लम्बी ख़ामोशी को फ़रीद ने तोड़ा, "तुम्हें मालूम है, मँझली भाभी के तीन साल का लड़का मर गया?"

मदन की चाल में शिथिलता आ गई।

"कब?"

"कुछ ही देर पहले।"

झाड़ी के भीतर किसी खरगोश की आहट पाकर फ़रीद का कुत्ता छलाँगें मारता हुआ झाड़ी के भीतर घुस गया। उस ओर से अपना ध्यान हटाकर फ़रीद ने इस ढंग से कहा गोया वह अपने-आपसे बात कर रहा हो, "हफ्ते के भीतर भूख ने तीन बच्चों को खा लिया।"

तूफ़ान में गिर आए पेड़ों से पगडंडी कई जगहों पर बन्द थी। दोनों को चक्कर

काटकर रास्ता ढूँढ़ निकालना पड़ा। ईख के खेतों से गुज़रते हुए मदन ने देखा कि ईख के खेतों को तूफ़ान से कम नुकसान पहुँचा था।

"फ़रीद, तुम देख रहे हो इन खेतों को? हवा भी शायद धनी की ताक़त से सहम गई थी। हमारे अपने खेतों में भी गन्ने का एक खेत है। उसका तो सत्यानाश हो गया है, जबकि ये खेत अब भी खड़े पड़े हैं।"

"तुम देखते नहीं ये दो कारणों से बच सके हैं?"

"यही कहोगे न कि पौधे छोटे हैं और पहाड़ों ने इनकी रक्षा की? तुम कुदरत को कम मक्कार मत समझना।"

फ़रीद को हैरानी हुई। इतनी रुखाई और निराशा के साथ मदन ने कभी भी बातें नहीं की थीं। उसने ढिठाई की, "तुम मेरी बात मानो या न मानो मदन, पर मैं तो यही कहूँगा कि तूफ़ानों के इस देश में वह गन्ने की खेती ही है, जिसे एकदम तबाह हो जाने का डर रखे बिना किया जा सकता है। बाक़ी कब चौपट हो जाए कोई नहीं कह सकता।"

"ग़रीब आदमी तो लोहा भी उगाए तो भाग अच्छा न होने पर फ़सल काट न पाए।"

"आज तो तुम भाग की बात करने लगे?"

"सुगुन चाचा ठीक ही तो कहता है कि हम लोगों के भाग पर कुत्ता मूत गया है।"

"सुगुन चाचा तो रंज में आकर यह भी कह जाता है कि नई पीढ़ी सोच ही नहीं पाती। यही हाल रहा तो पीढ़ी-दर-पीढ़ी हम गुलाम ही रह जाएँगे।"

"ठीक ही तो कहता है।"

"आज तुम नशे में प्रतीत हो रहे हो।"

"तुम्हारी नज़र में अगर मैं बड़बड़ा रहा हूँ तो फिर ठीक है, पर एक बात पूछूँ?"

"पूछो।"

"तुम्हें कभी ज़ोरों का बुखार आया है?"

"नहीं।"

"तो फिर तुम नहीं समझोगे।"

मदन के चेहरे को एकदम देखते हुए फ़रीद ने पूछा, "क्या नहीं समझूँगा?"

"भूख तो तुम्हें कभी लगी होगी बहुत ज़ोरों की?"

"वह तो अभी भी लगी है।"

"इतने अधिक ज़ोर की कि तुम्हें उसका नशा आने लगे और बड़बड़ाने को जी करे?"

"मुझे तो इतने ज़ोरों की भूख लगी है कि ताव में आकर मैं भूख ही को खाने

लग जाता हूँ।"

मदन रुक गया। उसने फ़रीद को ताका। हँसकर उसके कन्धों को झकझोर दिया। झाड़ियों की खाक छानकर फ़रीद का कुत्ता दोनों के आगे आ गया। लम्बी जीभ बाहर किए दुम डुलाते हुए वह दोनों के आगे-आगे चलता रहा। सामने अमरक का निपाती पेड़ था। कुत्ता उसके नीचे जा खड़ा हुआ। एकदम तने के पास अपनी पिछली टाँग को ऊपर उठाए एक क्षण खड़ा रहा, फिर आगे-आगे दौड़ गया।

कोठी का वह गोदाम सामने था। दोनों उसके निकट पहुँचते कि इससे पहले ही दो मालगासी रखवार सामने आ खड़े हुए। एक के हाथ में लाठी थी, दूसरे के हाथ में बन्दूक। दोनों के काले चेहरों पर पसीने की बूँदें चमक रही थीं। जो अधिक तगड़ा था, उसने कड़ककर पूछा :

"कोत जोत पे आले?"

मदन और फ़रीद के चुप रहने पर उसी तगड़े आदमी ने दोबारा पूछा, "कहाँ जात हव स?"

इस बार का प्रश्न भोजपुरी में था। मदन ने भी भोजपुरी ही में उत्तर दिया, "आप ही से मिलने आए हैं।"

"तुम लोग फिर से कोठी में काम करना चाहते हो? अब काम नहीं है। हमारे पास एक जहाज़ कुली है।"

"हम लोग नौकरी के लिए नहीं आए।"

"चावल-आटे के लिए आए हो?"

"नहीं।"

"इधर त्रेसपास है। आगे जाना मना है।" उसने बन्दूक तान ली।

"हमारा एक आदमी इधर आया था, वह अभी नहीं लौटा।"

"हम गोदाम की रखवारी करते हैं, आदमी की नहीं। बूरे दे पी ला।"

"हम मालिक से मिलना चाहते हैं।"

"तुम दोनों जाते हो या मैं..."

दोनों खड़े रहे।

31

फ़रीद ने लौट चलने की बात कही। मदन ने उसकी ओर देखा। फ़रीद की आँखों में भय का धुँधलका था। मदन फ़रीद को जानता था, वह बस्ती के दिलेरों में था। इतनी जल्दी वह डर नहीं सकता था, तो फिर उसकी आँखों का वह भय? हो सकता

है कि वह भय अपने लिए न हो। फ़रीद की जिस भावना को मदन नहीं ताड़ सका, वह यह थी कि फ़रीद नहीं चाहता था कि मदन की दोबारा गिरफ़्तारी हो जाए। रास्ते में मदन ने उससे कहा था कि वह विवेक को साथ लिए बिना लौटने को नहीं। फ़रीद जानता था कि मदन के मुँह से जो बात निकली थी वह कितनी कठिन थी। वह यह भी जानता था कि मदन की अपनी बात में कितना संकल्प-बल था। कोठीवाले विवेक की रिहाई के लिए तैयार नहीं होंगे और वह विवेक के बिना बस्ती लौटने को तैयार नहीं होगा। इन दोनों बातों के बीच बहुत बड़ी बात बीत सकती थी। मदन को जंज़ीरों से जकड़ा जा सकता था। फ़रीद के भीतर अगर कोई भय था, तो वह बस्ती की शक्ति के बाँझ हो जाने का।

गोदाम से कोठी कुछ दूरी पर थी। तीन चक्करदार रास्तों के बाद ही वहाँ पहुँचा जा सकता था। अपने भीतर के तनाव को कुछ कम करने के लिए मदन मीरा के बारे में सोच उठा। मीरा को देखते रहने में उसे जो सुख मिलता था, वह उसके जीवन के सभी दुखों को अपने में समेटकर उन्हें पिघला जाता। कभी-कभार वह इस स्थिति तक आ जाता था कि मीरा को बस देखते-निहारते रहने के अलावा जीवन उसके लिए कोई दूसरा अर्थ ही नहीं रखता। वह उसकी संवेदनाओं का क्षण होता था। उसकी भावुकता उस समय पराकाष्ठा पर होती और वह मीरा के साथ एक अलग ही संसार के सपने सँवारने लग जाता।...

"जानती हो मीरा, इस बस्ती से बहुत दूर जिस बस्ती में मेरे बाप ने अपने जीवन को जिया था, मैं उस बस्ती को देखना चाहता हूँ। वहीं जीना चाहता हूँ।"

"यहाँ के संघर्ष से भागना चाहते हो क्या?"

"नहीं मीरा, तुम मेरी एक बात को नहीं समझ पा रही हो। तुम नहीं जानतीं कि जिस बस्ती में मेरे बाप ने अपने जीवन को जिया था, वहाँ के संघर्ष इस बस्ती के संघर्ष से कहीं चार गुने अधिक थे। सुनता हूँ कि मिट्टी के उस टुकड़े पर इतने अधिक ख़ून-पसीने बहे हैं कि उसका रंग हर जगह की मिट्टी के रंग से अलग हो गया है। मैं उस मिट्टी को देखना चाहता हूँ, पर चाहूँगा कि तुम भी मेरे साथ रहो। हम दोनों एकसाथ उस जगह को देखें। चलोगी मेरे साथ?"

"कहो तो आज ही!"

"यहाँ की स्थिति थोड़ी सुधर जाए तो फिर चलेंगे...पर सचमुच चलोगी न?"

"तुम अगर इरादा बदलकर अकेले जाने लगो तब भी मैं तुम्हारे पीछे-पीछे दौड़ी चली आऊँगी।"

"मीरा, तुमने कभी जानने की कोशिश की है कि कोई तुम्हें कहाँ तक प्यार कर सकता है?"

"नहीं तो। क्यों, तुम्हारे अलावा भी मुझे कोई बहुत अधिक चाहता है क्या?"

"मैंने तो कभी सोचा ही नहीं था।"

"क्या?"

"कि किसी लड़की के लिए किसी की अपनी सुध-बुध जाती रहे।"

"सुमिया भौजी की तरह तू भी झूठ बोलता है क्या?"

"नहीं तो।"

"किसी लड़की के लिए सुध-बुध भूलनेवाला आदमी गूलर का फूल क्यों होता है?"

"मेरे बारे में कह रही हो?"

"पूरे तीन दिन बाद दिखाई पड़े हो।"

"तुम क्या जानो कि तन्दूर के सामने कोयले पकाते हुए मेरे ख़याल कहाँ अटके हुए थे!"

"थोड़ा-बहुत समय तो निकाल सकते थे।"

"जबकि वहाँ मैं भी यही सोचे जा रहा था कि शायद समुद्र की ओर से आँखें हटाकर पीछे की ओर देखूँ तो तू आती दिखाई पड़ जाए। एक रात वहाँ मड़ई में मैंने सपना भी देखा था। देखा था कि तुम ईख की भेली लिए आई हो। वह क्षण नहीं आया। मीरा, मैं बार-बार एक ही बात सोचता हूँ।"

वह चुप हो गया। मीरा एकटक उसे देखे जा रही थी। उसकी उन लबालब आँखों से आँखें मिलाए रखना मदन के लिए कठिन रहा। झपकी लेकर वह अपने सामने के शून्य की ओर देखने लगा। इधर पिछले दिनों वह समुद्र में बवंडर देख आया था—ज्वार-भाटे भी। उसे लगता कि समुद्र के वे बवंडर, वे ज्वार-भाटे मीरा की आँखों में प्रसुप्त पड़े हुए थे।

"सोचता हूँ, तुम्हें देखे बिना मेरी क्या हालत होगी! उन तीन दिनों में मेरे ऊपर जो गुजरा उसे व्यक्त नहीं कर सकता...बस, सोचता हूँ कि चार दिन की नौबत आ गई तो मेरी क्या दशा होगी?"

अपनी लम्बी अँगुलियोंवाले हाथ को मीरा ने मदन के मुँह पर रख दिया, इसके साथ ही उसने अपने सिर को मदन के कन्धे पर छोड़ दिया था।...

रखवारों से पार न पाकर मदन और फ़रीद पिछवाड़े के दुर्गम रास्ते से होते हुए बड़े साहब के सफ़ेद बँगले पर पहुँचे। सेंहुड़ की घिरावट के उस पार से एक सिपाही ने दोनों को वहीं रुक जाने का आदेश दिया, जहाँ से उनके दूसरे क़दम उठनेवाले थे। दोनों रुक गए। उस डाँट ने मदन को उन पुराने क्षणों की याद दिला दी। अपनी गिरफ़्तारी से बहुत पहले मदन को इसी ठौर पर जो कुछ झेलना पड़ा था, वह भूलने-भुलाने की बातें नहीं थीं, फिर भी उन्हें भूलकर ही अपने भीतर के प्रतिशोध को दबाया जा सकता था। मदन ने ऐसा ही किया था। किसनसिंह ने उससे कहा था कि इन क्षणों को भूल जाना ही अच्छा रहेगा क्योंकि इनकी याद में ऐसा प्रतीत

होता है कि आदमी जी नहीं रहा, बल्कि अपने शव को अपने कन्धे पर ढो रहा है। उस समय अपने बाप की इस बात पर मदन के अपने भीतर कोई ख़ास प्रतिक्रिया नहीं हुई थी। आज उसे लगा कि वह एक हारे हुए क्रान्तिकारी का हताश स्वर था।

सामने का डिठौड़ी का वह पेड़ अपनी दशा पर रोता हुआ आज़ भी ढिठाई के साथ खड़ा था। उस समय इस पेड़ पर पत्तों से अधिक छोटे-छोटे सफ़ेद फूलों के गुच्छे थे। मुनेस को पेड़ से बँधे देख रहे थे वे सभी आदमी। किसी से यह भी नहीं कहा जा सका था–'पारदोन ली मिस्ये...।' चमड़े की चौड़ी पेटी थी वह जो मुनेस पर बेरहमी के साथ बरसती रह गई थी। सौ तक गिनने के बाद बड़ा साहब चुप हो गया था, पर बौछार होती रह गई थी। मदन अपनी जगह से एक क़दम आगे बढ़ने की हिम्मत कर सका था–

"बस करो साहब!"

बड़े साहब ने रखवार के हाथ से चमड़े की पेटी ले ली थी। मदन का हाथ पकड़कर उसे इस तरह खींचा था कि वह पेट के बल ज़मीन पर जा गिरा था। पेटी के वार के साथ बड़ा साहब चिल्ला उठा था–"उसकी जगह तुम्हीं लो!"

तीन दिन बाद मदन अपनी चारपाई पर हिल-डोल सका था। तीन दिन बाद मुनेस की मृत्यु हो गई थी। उसका कसूर बस इतना था कि छोटे साहब की बेटी ने किसी सरदार के हाथ मुनेस के पास बगीचे के आम भिजवाए थे। बदले में मुनेस ने लालमुनिया की जोड़ी उसके पास भेजी थी। सरदार की मदद से दोनों बगीचे में मिले थे। दूसरे सरदार ने दोनों को देख लिया था। पहले सरदार ने अपनी देह बचाकर सारा दोष मुनेस पर थोप दिया था।

बाद में मदन ने सुना था कि छोटे साहब की उस लड़की ने ज़हर खाकर आत्महत्या कर ली थी। पता नहीं वह बात कहाँ तक सच थी! लेकिन उसी के बाद मदन के भीतर की प्रतिशोध की भावना शिथिल पड़ गई थी।

आज उस घर...उस पेड़...उस माहौल को देखकर मदन भीतर-ही-भीतर सिहर गया। सिपाही ने कड़ककर पूछा, "कोत जोत पे आले?"

"साहब से मिलना है।"

"मिस्ये फ़िन आपेल जोत?"

"नहीं, साहब ने नहीं बुलाया, हम खुद उनसे मिलना चाहते हैं।"

"नहीं मिल सकते–मिस्ये पे एना लेताँ।"

"हम अधिक समय नहीं लेंगे।"

"कहा न साहब के पास समय नहीं!"

दूसरा सिपाही सेंहुड़ की दीवार के बीच के छोटे-से दरवाज़े से सामने आ गया। उसने भी पहले सिपाही के-से कड़कते स्वर में पूछा, "क्या काम है मालिक से?"

"उन्हीं को बताना है।"

"नहीं मिल सकते।"

"सिर्फ़ दो बातें करनी हैं।"

"मों जीर बूरे दे पी इसी ला एँ।"

इतने में बड़े साहब को बाईं ओर के बड़े फाटक से आते हुए फ़रीद ने देख लिया। उसने मदन को अँगुली से छूकर उस ओर इशारा किया। दोनों एकसाथ झपट पड़े। उन पर नज़र पड़ते ही बड़े साहब ने ग़रज़कर पूछा, "कोमाँ वू ज़ावे फेर पूर राँत्रे इसी?"

"साहब, हम पिछवाड़े से आए हैं।"

"काम माँगने आए हो?"

"नहीं साहब।"

"चावल?"

"नहीं साहब।"

"अपने साथी को लेने आए हो?" व्यंग्य-भरी मुस्कान के साथ वह बोला।

"हाँ साहब।"

"तुम्हें किसने कहा कि चोरों की जगह यहाँ होती है?"

"वह आप ही की क़ैद में है।"

"तुम दोनों उसे छुड़ाने आए हो? दो सौ रुपए चाहिए।"

"दो सौ रुपए?"

"वरना कल तक पुलिस के हवाले कर दिया जाएगा। वह गोदाम से अनाज़ की चोरी करते हुए पकड़ा गया है।"

"साहब, हमारे पास दो आने नहीं, दो सौ कहाँ से लाएँगे?"

मदन को गौर से देखने के बाद बड़े साहब ने एक परिवर्तित स्वर में कहा, "तुम्हीं हो वह आदमी!"

मदन और फ़रीद दोनों को बात समझते देर नहीं लगी।

"वीलें बातार! तुम्हीं ने मज़दूरों को भड़काया था। तुम्हारे ही कारण मेरी पूरी फ़सल खेतों में सूख गई थी।"

इशारे से उसने सामने के रखवार से कुछ कहा। एक ही साथ चार सिपाही आए और इससे पहले कि मदन और फ़रीद को स्थिति समझ में आती, दोनों पर लात-मुक्के बरसने लगे। दोनों हाथों के बीच चेहरों को छिपाए उन काले प्रहारों को रोकने के सिवाय कोई दूसरा चारा नहीं था दोनों के पास। मोटे कठोर चमड़ों के जूते के वार को अपने ख़ाली पेट पर रोकते हुए मदन लोछिया गया। पेट पकड़कर दर्द को महसूसने का मतलब था दूसरी लात को पँजरी पर पाना। इसके आगे के लिए मदन

तैयार नहीं था। मालगासी रखवार की वह दूसरी लात उसकी कमर तक पहुँचती कि इससे पहले मदन ने उसकी लात को फुर्ती से पकड़कर पीछे को ढकेल दिया।

उस रखवार के गिरते ही दो दूसरे रखवार मदन पर टूट पड़े। फ़रीद ने उसकी रक्षा के लिए आगे आना चाहा पर उससे जूझनेवाले मालगासी ने उसे पीछे से जकड़ लिया। दोनों के वारों को रोकते हुए मदन पीछे को हटता गया। इतने में नीचे गिरे हुए रखवार ने अपनी आँखें बाहर किए मदन को लात जमा ही दी। मदन के सँभलते-सँभलते उसने उसे इस ज़ोर का धक्का दिया कि वह पूरी रफ्तार के साथ सेंहुड़ की कँटीली दीवार से जा टकराया। एक चीख़ के साथ मदन के दोनों हाथ अपनी आँखों पर पहुँच गए। दूसरी चीख़ के साथ वह ज़मीन पर लुढ़क गया। इतने पर भी उस पर लातों की बौछार होती रही। उस समय तक नहीं रुकी जब तक कि उसकी आँखों से ख़ून न झलक आए।

और, जब तक फ़रीद उसके पास पहुँचता, मदन के सामने का वह गहरा अँधेरा स्थायी बन चुका था।

32

मदन को कन्धों के सहारे लिए फ़रीद किसी तरह बस्ती को पहुँच सका। सीता के घर के सामने पहुँचकर उसने आवाज़ दी। सीता बग़ल के रम्भा के घर से बाहर आई। फ़रीद की उस आवाज़ से आशंकित सीता के साथ ही रम्भा भी घर से बाहर हुई। उसके पीछे उसकी माँ और उसका भाई भी सामने आकर स्तब्ध रह गए। सीता चिल्ला उठी :

“यह क्या हो गया फ़रीद? मदन, तुम्हारी आँखें?”

मदन की आँखों से अब भी ख़ून बह रहा था। यह जानकर कि सीता सामने थी, मदन ने अपनी पीड़ा को नकारने का प्रयास किया। बिना किसी प्रतिक्रिया के वह खड़ा रहा। सीता से कहना चाहा कि विवेक को वह नहीं ला सका, पर कह नहीं सका। अपने सामने के गहन अँधेरे में वह एक-एक करके कई जानी-पहचानी आवाज़ों को सुनता रहा।

कैसे हुआ? किसने तुम्हारी यह हालत की? बिलकुल नहीं दीख रहा तुम्हें क्या?

उत्तर न उससे दिया गया, न फ़रीद से।

और जब जीनत सामने आई, फ़रीद उससे लिपटकर रो पड़ा।

“उन लोगों ने मदन की आँखें ले लीं माँ!”

जीनत ने पिछली रात जो सपना देखा था, वह सच होकर रहा। फ़रीद की चोट

पर अधिक ध्यान न देकर वह मदन के क़रीब पहुँची।

"मदन!"

मदन के सामने के उस गहरे अँधेरे में भी जीनत की उस आवाज़ ने मदन के सामने जीनत की आँखों के आँसुओं को स्पष्ट कर दिया।

लोगों ने मदन को घेर लिया।

सीता के घर के सामने की भीड़ से अलग उधर मीरा अपने खेत में नई हरियाली को झाँकते पाकर खुश थी। तीन दिन पहले की वह बरसात समूच खेत में नए अंकुरों की कोमल हरियाली फैला चुकी थी। पूरे खेत में फैले इस नए रंग को मदन ने अभी नहीं देखा था और मीरा अधीर थी। वह अधीर थी कि मदन जल्द-से-जल्द खेतों तक पहुँचकर खुश हो उठे। हर दूसरे क्षण मीरा की पलकें बस्ती से आनेवाली पगडंडी की ओर उठ जाती थीं।

घंटा भी नहीं हुआ होगा कि मीरा के पास खड़ी जीनत खेत की नई रौनक को निहार रही थी। उसी समय उसने मीरा को अपना रात का सपना सुनाया था।

"रात में मैंने अजीब सपना देखा है मीरा! देखा कि तुम्हारे घर के सामने फूल खिले हुए हैं। मदन अपनी आँखों में पट्टी बाँधे तुम्हारे साथ आखँमिचौली खेल रहा है। तुम बहुत हँस रही थी। लोग कहते हैं कि हँसी-खुशी का सपना अच्छा नहीं हुआ करता। पता नहीं यह कैसा सपना था!"

मीरा हँसकर बोली थी, "तुम्हारा सपना सच हो गया ख़ाला! मैं हँस रही हूँ।"

उसकी इस बात को सुने बिना जीनत बोली थी, "मेरी आँख भी फड़क रही है..."

"सगुन अच्छा है ख़ाला! देखती नहीं खेतों को नया जीवन मिला है? यह तो खुशी मनाने का अवसर है।"

"लोग यहाँ भूखों मर रहे हैं और तुम खुशी मनाने की बात करती हो?"

"ख़ाला, तुम्हीं तो कहती हो कि दिन बराबर नहीं रहते? अच्छे दिनों का आसार जब सामने दिखाई पड़ने लगे तो आदमी खुश क्यों न हो?"

"अल्लाह करे तुम्हारे मुँह की बात सच हो जाए!"

जीनत के चले जाने के बाद मीरा आसपास के सभी खेतों को दौड़ गई थी। बरसात का वह जादू हर जगह था। मृत खेतों में बरसात ने जान फूँक दी थी। स्पन्दन आ गया था उन खेतों में।

इधर के अपने दो-तीन दिनों से मन में उठनेवाले सारे ख़यालों को मीरा इस कदर दोहराती रह गई थी कि उनमें एक शृंखला-सी आ गई थी, और कड़ियों में जुड़ आए ख़यालों को वह मन-ही-मन गुनगुनाती रहती। इस समय भी खेतों में आ गए स्पन्दन के साथ स्वर मिलाकर वह गुनगुना उठी थी। वह जो गुनगुनाती वह गीत नहीं होता,

जुड़े हुए शब्द होते। एक ही पंक्ति का राग कभी एक होता तो कभी दूसरा, पर उद्देश्य एक ही होता–आओ, इन खेतों में हम संग-संग घूम लें...यहाँ की अंकुरित और पनपती आशाओं में, आओ, हम भूल जाएँ भूख के दर्द को...अभाव को भूल जाएँ, पीड़ा को भूल जाएँ...आओ, सामने के पहाड़ की गोद तक चलकर आनेवाले दिनों की झलक देख लें...संग-संग रहकर हम एक-दूसरे की गिरवी पड़ी साँसों की गाँठों को खोल लें...नागफनी पर चलकर चुभन न महसूसें...आओ, हम दोनों एक होकर झेल लें जो भी झेलना हो।

गुनगुनाना बन्द करके मीरा बस्ती से आनेवाली पगडंडी की ओर देखती और एक खेत से दूसरे खेत को बढ़ती गई। वह रामसेवक के खेत से निकलकर हनीफ के खेत में आ गई थी, जब सपुरा दौड़ी हुई उसके पास पहुँची।

"मीरा, तुम यहाँ हो, वहाँ अनर्थ हो गया!"

"क्या हुआ?"

"मदन..."

"क्या हुआ मदन को?"

"उसकी आँखें चली गईं।"

"क्या कह रही हो तुम?"

"सेंहुड़ के काँटों से उसकी दोनों आँखें..."

"नहीं।"

अपनी ओढ़नी पीछे छोड़ वह बस्ती को दौड़ गई। जहाँ पहुँचकर उसे रुकना था, वहाँ बस्ती के सभी लोग जमा हो गए थे। वह रुककर फिर आगे नहीं बढ़ सकी। भीड़ की मोटी दीवार के उस पार से जिस आवाज़ को उसने सुना वह एक आदमी की आवाज़ नहीं थी। कई आवाज़ों का मिला हुआ स्वर था वह–हाय का स्वर! आह का स्वर!!

एक शून्य!

और वह उस शून्य में खड़ी रही। तिलमिलाकर फिर स्थिर हो गई। वह भीतर से उबलनेवाली स्थिरता थी।

वह मदन को उस समय देख सकी जब वैद्य के लिए रास्ता बन पाया। आँखों के नीचे ख़ून की जमी हुई परतें...और...मीरा ने उस अँधेरे को महसूसने की कोशिश की जो मदन की आँखों के सामने था। उसे अपने भीतर की उस प्रलयंकर चीख़ को भीतर-ही-भीतर रोककर उसी तरह स्थिर खड़े रहना पड़ा। उसकी वह स्थिरता भीतर-ही-भीतर खौलती रही।

वैद्य के सिर हिला चुकने के बाद मदन को जीनत के घर पहुँचाया गया। मीरा दौड़कर वैद्य की झोंपड़ी में पहुँची।

"चाचा, थोड़ी-बहुत उम्मीद तो होगी?"

वह चुप रहा। मीरा ने अपने प्रश्न को दोहराया।

"बोलो चाचा, थोड़ी-बहुत उम्मीद तो होगी?"

वह चुप ही रहा। देखते-ही-देखते मीरा की आँखें डबडबाईं और छलक आईं।

पुजारी ने मीरा की ओर देखा, फिर धीरे-से बोला, "उन आँखों से काँटे तो निकाल सका, पर उन्हें रोशनी देना मेरे बस की बात नहीं। कुछ पत्तियों की पट्टी बाँध सकता हूँ ताकि दर्द कम हो सके और घाव भर आए। इससे आगे तो नहीं जा सकता।"

मीरा के बाक़ी आँसू आँखों ही में जम गए।

"कुछ तो किया जा सकता है चाचा?"

"कुछ भी नहीं किया जा सकता।"

"किसी दूसरे वैद्य..."

"तुम्हें कैसे समझाऊँ मीरा!"

मीरा ने अपने को समझा लिया। कुछ घड़ी चुप खड़ी रहने के बाद वह जीनत के घर की ओर चल पड़ी। उस घर के भीतर से उसकी मौसी का स्वर बोल उठा :

"मीर...चाँद देख के तू केकर मुँह देखले रहले बेटी?...कुत्ता मूत गइल तोर भाग में।"

मीरा का अपना स्वर इसके विपरीत रहा—बस्तीवालों ने सुबह-सुबह किसका मुँह देखा था? क्या वह अन्धापन मदन के अपने-आपसे अधिक बस्ती का अन्धापन नहीं था?

मीरा को सामने पाकर जीनत ने भी यही कहा, "अन्धी हो गई यह बस्ती!"

इस बस्ती को जीनत ने कभी गूँगी बस्ती कहा था, कभी बहरी, कभी अपाहिज बस्ती। गूँगी उस समय कहा था, जब मुखराम की पत्नी के बलात्कार के समय किसी ने भी मुँह नहीं खोला था।

उस वक़्त बहरी कहा था, जब किसनसिंह के लाख धिक्कारने पर भी कोई आदमी हड़ताल के लिए तैयार नहीं हुआ था, और अपाहिज तब कहा था जब बीच खेत में डेढ़ सौ मज़दूरों के बीच सुरेखा की चोली फाड़ दी गई थी।

आज तो उसके लिए पूरी बस्ती अन्धी थी।

दूसरे दिन मदन के बिना जाने पाँच आदमी पड़ोस के गाँव के थाने में पहुँचे। धनपतवा ने हाथ जोड़कर गिड़गिड़ाहट-भरे स्वर में अपनी फरियाद सामने रखी।

"थानेदार साहब, हमारा एक आदमी कई दिनों से ग़ायब है। कल हमारे दो आदमियों को बेरहमी से पीटा गया है। उनमें से एक की आँखें फोड़ दी गई हैं। अगर आप हमारी सहायता नहीं करेंगे तो यह जुल्म होता ही रहेगा।"

थानेदार ने धनपतवा को गौर से सुनने के बाद ज़ोर से ठहाका लगाया।

"तुम जिस ग़ायब आदमी की बात करते हो, वह नदी में कहीं डूब मरा होगा। रही आँखें फूटने की बात सो वह तो एकदम साफ़ है।"

"आप ही तो क़ानून हैं माई-बाप...अपराधियों को आप ज़रूर सज़ा दें, ताकि आइन्दा ऐसा न हो।"

"कोई अपराधी हो तब तो!"

"दिनदहाड़े आदमी को मार-पीटकर अन्धा कर देना क्या अपराध नहीं?"

"किसी ने किसी को मार-पीटकर अन्धा नहीं किया।"

"हम झूठ नहीं बोल रहे साहब...!"

"तुम झूठ बोल रहे हो। जिस समय यह घटना घटी थी, तुम पाँचों में से कोई वहाँ था?"

"हम पाँचों में से तो कोई नहीं था, पर बस्ती का एक दूसरा आदमी तो साथ ही था।"

"जिस समय यह घटना घटी थी पुलिस का सिपाही वहाँ मौजूद था। उसने आँखोंदेखी बात हमें बताई है।"

"नहीं साहब, वहाँ पुलिस का कोई भी आदमी नहीं था। कोठी का मालिक और रखवार थे।"

"तुम भी वहाँ थे?"

"नहीं।"

"तो फिर इतने विश्वास के साथ बातें मत करो।"

थानेदार की चीख़ से धनपतवा सहम गया। थानेदार ने अपने स्वर को नीचे लाते हुए कहा, "हमारे अपने आदमी का कहना है कि तुम्हारे दोनों आदमी मालिक से अनाज़ माँगने पहुँचे थे। मालिक के यह कहने पर कि अनाज़ नहीं है, दोनों में से एक आदमी साहब पर लपक पड़ा था। वह साहब की गरदन को दबोचे हुए था कि कोठी के दो कुत्ते उस पर कूद पड़े थे। कुत्तों से डरकर दोनों व्यक्ति पागलों की तरह वहाँ से भागे थे और उसी भागदौड़ में तुम्हारे दोनों आदमियों में से एक सेंहुड़ की दीवार पर जा गिरा था और उसकी आँखें सेंहुड़ के काँटों से घायल होकर जाती रहीं।"

"आँखें सेंहुड़ के काँटों से जख्मी हुई थीं यह सही है, पर वह अपने-आप उन काँटों पर जा गिरा था यह सही नहीं।"

"तुम्हारा मतलब है मैं झूठा हूँ?"

"नहीं साहब।"

"तो फिर यहाँ से ओझल हो जाओ।"

पाँचों आदमी बस्ती को लौट आए।

33

ठंड से काँपती सुबह।

सूरज की प्रथम किरणों के कोमल ताप में अपने को सेंकती हुई पेड़ों की परछाइयों से अलग धूप के बचे टुकड़ों में अपने भीगेपन को सुखाते हुए गौरैया और मैनाओं के झुंड। उनके डैनों की फड़फड़ाहट और फिर दूर तक फैली लम्बी ख़ामोशी।

उसी विस्तृत ख़ामोशी में डूबे हुए खेत। खेतों में तैरती हुई ख़ामोशी की सक्रियता। सुबह के फैलते उजाले के बीच का अँधेरा गलियारा, जिसमें अँधेरे को टटोलते हुए मदन निराई में व्यस्त था। बैंगन के पौधों और उग आई जंगली घास के बीच के अन्तर को टटोलकर घासों को उखाड़ते हुए और एक ही साथ पौधों पर माटी चढ़ाते हुए मदन पौधों की दो क़तारों के बीचोबीच उकड़ू ही बैठे-बैठे आगे को बढ़ता रहा।

मुँडेर के उस पार से मीरा उस पर नज़रें टिकाए रही। क़तार समाप्त होने में अभी दस-बीस पौधे और थे। अपने सामने के काम को रोके हुए मीरा खड़ी उसे देखती रही। मदन को दूसरी क़तार में पहुँचाकर ही वह अपने काम के साथ आगे बढ़ना चाहती थी।

बस्तीवालों ने जब मदन को खेत के काम से अलग रखने की कोशिश की थी उस समय उसने मुस्कराकर कहा था, "अपनी मृत्यु का अहसास नहीं करना चाहता हूँ मैं। खेत ही तो वह स्थान है जहाँ मैं अपने अँधेरेपन को भूल सकता हूँ। नहीं तो अपने को जीवित मानना बड़ा कठिन हो जाएगा। और फिर जिस दिन मुझसे काम नहीं हो सकेगा, उस दिन तो पूरी बस्ती लाख चाहकर भी मुझे काम में नहीं लगा सकेगी।"

अन्त में दाऊद मियाँ ने कहा था, "उसे छोड़ दिया जाए अपने खेत के साथ।"

इधर तीन दिनों की लगातार वर्षा के कारण मदन के बैंगन के पौधों में जो जान आई थी, उसे वह अँगुलियों से देखकर खुश था। उस खुशी में उसने मीरा से कहा था, "मैं जानता हूँ, तुम्हें हमारी इस शादी की इतनी जल्दी क्यों है...लेकिन मीरा, तुम प्यार और दया इन दोनों को अपने अलग स्थान पर ही रहने दो। मैं तुमसे बस, थोड़ी-सी मोहलत माँगता हूँ। मैं इस अँधेरे जीवन का आदी हो जाऊँ फिर। मैं तो तुम्हें अपने सर्वस्व के रूप में पाना चाहता हूँ, मात्र लाठी के रूप में नहीं। बस, कुछ दिनों की बात समझो।"

जीनत ने मीरा को समझाया था, "शायद मदन का सोचना ही ठीक हो। तुम भी उसकी भावनाओं को समझती हो। अन्धेपन से वह मुक्त तो अब न हो सकेगा, लेकिन उस अन्धेपन को वह भूल तो सकता है। वह उसे नकारने के लिए तुमसे समय

चाह रहा है। तुम्हें समय देना होगा।"

छलक आई आँखों से मीरा ने स्वीकृति दी थी।

सूरज सिर के ऊपर पहुँचकर भी हवा की ठंडक को एकदम से ख़त्म नहीं कर पाया था। माहौल में अब सिहरन थी, इसलिए मदन और मीरा दोनों धूप ही में बैठ गए। मीरा ने पोटली खोलकर मान्योक की लीटी और चौलाई के साग को बाहर निकाला।

"आज क्या लाई हो मीर?"

"जो कल लाई थी।"

"कल तो चौलाई का साग बहुत ही अच्छा था।"

मीरा कुछ नहीं बोली। आज का साग बिना तेल का था।

"मैं पहले पानी पियूँगा।"

"तुम तो पहले ही पानी से पेट भर लेते हो।"

"पानी से पेट नहीं भरता मीरा! अगर ऐसा ही होता तो फिर आदमी को मुसीबत उठानी ही नहीं पड़ती।" कुछ रुककर वह आगे बोला, "पर कौन जाने पानी से अगर सचमुच ही पेट भरने लगता तो शायद पानी का भाव सोने से भी अधिक हो जाता!"

मीरा ने लीटी पर चौलाई का साग रखकर मदन के हाथों में दिया। लीटी को हाथों में थामे मदन अपने ख़यालों में डूबा ही रहा। उसने एक स्वप्निल स्वर में कहा, "मीर! सच पूछा जाए तो मैं अपनी इस स्थिति का आदी हो ही नहीं पा रहा हूँ। अब तो एक और प्रण मेरे भीतर विद्रोह करने लगा है। कब तक?"

दोनों चुपचाप अपने हाथों में खाना लिए बैठे रहे। मीरा चाह रही थी कि मदन पहले खाए, फिर वह शुरू करे पर मदन अपने ही में खोया रहा।

"शायद प्यार ही है मीरा, जिसमें स्थिति को सबसे अधिक सहना पड़ता है। एक बार पुष्पा चाची कह रही थी कि प्यार की सार्थकता इस बात में है कि स्थिति के साथ जूझकर दर्द को हद तक झेला जाए।"

"तुम्हारे साथ भाँवर काटे बिना भी तो मैं तुम्हारी उतनी ही हूँ, जितनी सात फेरी लेने के बाद बनूँगी। हमारी शादी के लिए अगर तुम दुखी हो तो यह नादानी है मदन! आख़िर ब्याह होता क्या है? हमारी इस आत्मीयता से भी वह बड़ी होगी क्या? निभानेवाली चीज़ है...समय आया तो उसे भी निभा लेंगे।"

वह एक सरसराती हुई हवा थी, जो मदन के कानों में किसनसिंह के स्वर को गुँजा गई—जानते हो मदन, हमारे अपने लोग जब से इस देश में पहुँचे हैं, उन्होंने कोई त्यौहार, कोई उत्सव नहीं मनाया। तुम्हारी अपनी पीढ़ी तो गिरमिटिया नहीं। तुम किसी बन्धेज में नहीं, फिर भी न जाने कौन-सी दास मनोवृत्ति है, जिसके तुम सब

भी क़ैदी हो!

"क्या सोच रहे हो मदन?"

"पुजारीजी बता रहे थे कि एक महीने बाद होली है मीरा!"

"वह तो हर बरस आती है चली आती है, किसी को पता तक नहीं होता।"

"इस बार यों ही नहीं जाएगी मीर!"

मदन को समझने की कोशिश में मीरा चुप रही।

दूसरे दिन शाम को बैठका के आँगन में बस्ती के सभी लोगों का जुटाव हुआ। वहाँ भी मदन के कानों में अपने बाप का स्वर गूँजता रहा। उसी के बीच मदन ने कहा, "कहते हैं कि होली खुशी और समृद्धि का त्यौहार है—विजय का त्यौहार है। कुछ ही दिनों में यह त्यौहार आ रहा है। बैठका के सदस्यों की ओर से यह तय हो चुका है कि हम इस बार इस त्यौहार को मनाकर रहेंगे।"

भीड़ से आवाज़ आई :

"यहाँ पेट भरने के लिए रोटी नहीं, गुलाल-अबीर कहाँ से आएगा?"

मदन ने अपने स्वर को अधिक ऊँचा करते हुए कहा, "अपने अभाव के बीच ही हम इसे मनाएँगे।"

कुछ दूरी पर आमड़ा के पेड़ के नीचे से मीरा मदन को सुनती रही—एक विश्वास के साथ। उसे सबसे अधिक विश्वास था अस्मिता की रक्षा की लड़ाई में। वह मदन के साथ थी। पूरी बस्ती साथ होगी...बस्ती ही नहीं, पास-पड़ोस के दूसरे गाँव, दूसरी बस्तियोंवाले सभी साथ आ जाएँगे। अपनी पहचान के बाद ही अपने अधिकार की आवाज़ लगाई जा सकती है। उसे विश्वास था मदन की योजना पर...उसे विश्वास था उस योजना की सफलता पर।

जुटाव की समाप्ति पर मीरा ने मदन को फ़रीद से कहते सुना, "यार, कभी दूर तक देख पाने के लिए आँखों का गँवाना भी अर्थ रख जाता है।"

वह फिर से किसनसिंह की आवाज़ थी, जो पूर्वी हवा के साथ आई—हमारी सबसे बड़ी भूल...आज तक हम छोटे-छोटे मुद्दों पर लड़ते रहे। हमारा संघर्ष बस्ती का संघर्ष बनकर रह गया है। जब तक यह संघर्ष पूरे देश का संघर्ष नहीं होता, तब तक पार पाना मुश्किल है। कई कोठियों में लोग आज भी बन्धक हैं। मेरा एक प्रयास असफल रहा है, इसका यह मतलब तो नहीं कि इस बढ़ते हुए अनर्थ को मिटाने का दूसरा प्रयास ही न हो!

मीरा से मिलने पर मदन बोला, "इस देश में अकाल नहीं, अभाव नहीं, फिर भी क्या कारण है कि इस तरह मुहताज और अभावग्रस्त रहें? यहाँ सरकार है, पुलिस है, फिर भी न्याय नहीं हो पाता। मुझे अपने बाप की एक बात याद आ रही है मीर... एक बार बैठका के आँगन में उसने सभी से कहा था—'हमारे अपने लोगों ने इस

देश के जंगल को काटकर इसे हरे-भरे खेतों में परिवर्तित किया, लेकिन इसके बावजूद यह एक भयानक जंगल है। यहाँ आज भी जंगल का क़ानून है। दबोचकर चबा जाने का क़ानून। अगर ऐसा ही रहा तो इस देश में मेहनतकश मज़दूरों के पंजर ही होंगे जो चलते-फिरते दिखाई पड़ेंगे।"

कुछ देर चुप रहकर मदन ने मीरा के हाथों को अपने हाथों में लेकर कहा, "तुम साथ रहो मीरा, तो मैं अपने बाप की अधूरी लड़ाई को फिर से लड़ने की कोशिश करूँगा।"

"पर वह तो लड़ी जाती रही है मदन!"

"उस ढंग से नहीं जिस ढंग से उसे लड़ा जाना था। इसीलिए मैं तुमसे महीने-भर का समय चाहता हूँ।"

"महीने-भर का समय? किसलिए?"

"मैं इस देश के बैठका-बैठका में पहुँचकर होली का आयोजन करवाना चाहता हूँ। मैं चाहता हूँ कि होली हमारे लिए एक त्यौहार के साथ-साथ संगठन का बहाना बने।"

"यह तो ठीक है लेकिन तुम..."

"मैं जानता हूँ तुम क्या कहोगी। तुम मेरे अन्धेपन को मेरी कमज़ोरी मत समझो और फिर मैं अकेले नहीं जा रहा। मेरे साथ फ़रीद और देवराज भी होंगे।"

मीरा चुप रही।

मीरा उस समय भी चुप रही—उस समय, जब मदन फ़रीद और देवराज के साथ एक बैठका से दूसरी बैठकाओं को निकल पड़े। भीड़ से अलग वह ऊँची चट्टान पर खड़ी तीनों को पगडंडी से ओझल होते हुए देखती रही। वह जिस चट्टान पर खड़ी थी, वहाँ से दूर तक फैले हुए ईख के खेतों की हरियाली विविधता लिए हुए थी। तूफ़ान का मारा हुआ एक निपाती पेड़ अपनी सूखी डालियों के साथ अपनी पहचान खोये खड़ा था। दूर तक का वह अकेला पेड़ था, जिसे पिछली बरसातें भी पत्तियाँ नहीं दे सकी थीं।

मीरा की अपनी आँखों में आँसू नहीं थे। पिछली रात उसे इसी बात का डर था। वह डरती थी कि कहीं इस अवसर पर उसकी आँखों से आँसू न बह जाए। मदन के दूर होकर फिर ओझल हो जाने तक भी उसने अपने आँसुओं को बाँधे रखा। और अब जब उसने चाहा कि वे आँसू बह ही जाएँ ताकि वह अपनी पलकों को हलका पा सके, तो भी आँसू नहीं बहे। उस लम्बे संयम ने आँसुओं को जमा दिया था।

मदन को विदा करने से पहले मीरा ने उससे कहा था, "मुझे बस एक ही बात का दुख है मदन...इस लम्बी यात्रा के लिए मैं तुम्हें अपने कन्धे का सहारा नहीं दे पा रही।"

मदन ने हँसकर उत्तर दिया था, "एक मर्द को मुसीबत में दो ही कन्धे काम आते हैं मीर...! तुम्हारा कन्धा तो जीवन-भर के लिए है। दूसरा कन्धा मित्र का होता है। याद है जब मैं विवेक के लिए दुखी हो रहा था, उस वक़्त तुमने कहा था कि फ़रीद जैसा दोस्त भी लोगों को कम मिलता है...आज उसी फ़रीद के कन्धे के सहारे जा रहा हूँ। फ़रीद के कन्धे पर तो मेरा हाथ होगा...जबकि वह मेरी हर याद होगी जो तुम्हारे कन्धे पर टिकी रहेगी। होली पर मिलेंगे।"

ठंड बढ़ती गई।

एक के बाद एक सुबह सिहरन लिए होती और हर दूसरी शाम अधिक उदास होती।...और इसी में अभावों के बीच बस्ती में होली की तैयारियाँ होती रहीं। सुगुन बारह नौजवानों के साथ रामलीला की तैयारी करने में लगा रहा।

वह होली जो बस्ती के लोगों के लिए देखते-ही-देखते आई थी और सारी तैयारी अधूरी प्रतीत होने लगी थी, मीरा के लिए बड़ी देर से पहुँची थी।

बस्ती में झाल-ढोलक के साथ होली का खेल शुरू हो चुका था।

उसी चट्टान पर खड़ी मीरा सामने की पगडंडी पर नज़रें बिछाए रही। सामने दूर तक फैले ईख के खेतों में जहाँ-तहाँ गन्ने के श्वेत-बैंगनी फूल झूमते दिखाई पड़ रहे थे। बग़ल का वह पतझड़ा पेड़ अब भी डालियों के पंजर लिए उसी तरह खड़ा था।

मीरा खड़ी एकटक पगडंडी के उस छोर को देख रही थी जो दूर थी, जहाँ धुँधलका था, जहाँ गन्ने के खेत क्षितिज से मिले हुए लग रहे थे। वह खड़ी रही अपलक नज़रों के साथ—तेज़ धड़कनों के साथ। बहुत देर बाद, बहुत दूरी पर पगडंडी जहाँ मरती थी वहाँ, उस धुँधलके में उसे तीन अस्पष्ट और धुँधली आकृतियाँ दिखाई पड़ीं।

मीरा की धड़कनें और भी तीव्र हो गईं।

●●●